泰州文獻

第四輯

鳳凰出版社

ISBN 978-7-5506-2253-1

9 787550 622531 >

圖書在版編目（CIP）數據

陋軒詩 / (清) 吴嘉紀撰. 雙虹堂詩合選 / (清) 張幼學撰. 桐引樓詩等 / (清) 黄雲等撰. -- 南京 : 鳳凰出版社, 2015.10
（泰州文獻）
ISBN 978-7-5506-2253-1

Ⅰ. ①陋… ②雙… ③桐… Ⅱ. ①吴… ②張… ③黄… Ⅲ. ①古典詩歌－詩集－中國－清代 Ⅳ. ①I222.749

中國版本圖書館CIP數據核字(2015)第247607號

責任編輯　王愛榮
裝幀設計　姜　嵩
出版發行　鳳凰出版傳媒股份有限公司
　　　　　鳳凰出版社(原江蘇古籍出版社)
　　　　　發行部電話 025－83223462
出版社地址　南京市中央路165號　郵編:210009
出版社網址　http://www.fhcbs.com
印　　刷　揚州文津閣古籍印務有限公司
　　　　　揚州市開發區鴻揚路22-2號(6幢)　郵編:225009
開　　本　889毫米×1194毫米　1/16
印　　張　37
版　　次　2015年10月第1版　2015年10月第1次印刷
標準書號　ISBN 978-7-5506-2253-1
定　　價　540.00圓

(本書凡印裝錯誤可向承印廠調換,電話:0514－87969255)

《泰州文獻》工作委員會

主　　任
藍紹敏　陸志鵬

常務副主任
盧佩民

副 主 任
戴勝利　王學鋒　張培成　佘江涛

委　　員（按姓氏筆畫为序）
丁少華　方標軍　成愛君　季春芳　周興安
查學斌　姜小青　奚愛國　陳士宏　黄林華
曹茂良　曹學賦　許大才　張國祥　萬永良
程榮穩　鄒祥龍　費振鐘　劉　玲　劉仁前
劉宏鳴　潘時常　薛金林　顧維中

《泰州文獻》編纂委員會

《泰州文獻》學術指導委員會

（按姓氏筆畫為序）

江慶柏　金良年　茅家琦　華學誠　徐　雁　畢飛宇

程章燦　楊九俊　魯國堯　劉玉才　顧　農

總序

泰州古稱海陵，漢初（公元前一一七年）置縣，晋末（公元四一一年）設郡，南唐（公元九三七年）建州，始稱泰州。

泰州濱江近海，物阜民豐。漢唐以來，糧鹽並舉，商貿繁榮，爲溝通南北的重要港口城市。泰州素爲文教昌明之邦。唐初立州學，北宋建貢院，明清開學政試院，產出大批科舉優秀人才。泰州自古人文薈萃。走進泰州的，從范仲淹、富弼、陸佃，到孔尚任、吴讓之、蔣春霖，都留下深遠影響。走出泰州的，從張懷瓘、胡瑗、施耐庵、王艮，到李清、吴嘉紀、柳敬亭、黄龍士、李鱓、鄭燮、劉熙載、李詳、梅蘭芳、高二適，都在各自領域爲中國文化作出巨大貢獻。

泰州遺存的文獻也很豐富。僅據《江蘇藝文志》所載，便有二千七百餘種，涵蓋經、史、子、集的方方面面。其中，尤以明清時期爲夥，占到百分之九十九以上。這當中不排除由於種種原因，致使元以前的一些著述湮没無聞，但明清兩代，確是泰州文化的繁盛期。在這些文獻中，如《書斷》（張懷瓘）、《水滸傳》（施耐庵）、《王心齋先生遺集》（王艮）、《宗子相集》（宗臣）、《陋軒詩集》（吴嘉紀）、《板橋全集》（鄭燮）、《藝概》（劉熙載）、《李審言文集》（李詳）、《黄龍士先生棋譜》等，在中國文化史上都有重要地位和深遠影響。

與此同時，對鄉邦文獻進行整理的也代不乏人。自宋至清，周氏（周麟之等）、宫氏（宫偉鏐等）、陳

氏（陳應芳等）、徐氏（徐鳴柯等）等都曾致力其事，爲泰州留下了許多寶貴的文化財富。清嘉道間，鄉人夏荃編輯《海陵文徵》二十卷、附録十二卷，《海陵詩徵》十卷。民國初年，曾任江蘇省省長的鄉人韓國鈞歷經十餘年編成《海陵叢刻》計二十三種六十六册。

二〇一一年九月召開的中共泰州市第四次代表大會，提出了建設文化名城的任務。爲此，中共泰州市委、泰州市人民政府決定編纂《泰州文獻》。這是泰州有史以來對本土文獻最大規模的整理和彙編。它對於保存、利用、研究和開發泰州的歷史文化，尋繹泰州獨特的地方文化價值，爲泰州文化建設提供歷史人文資源，意義重大。

爲了保證編纂工作的順利進行，市委、市政府專門成立了工作委員會、編纂委員會和學術指導委員會。工作委員會由市委、市政府領導和相關部門負責同志組成，負責對編纂工作的領導和協調。編纂委員會由相關專家、學者組成，具體負責《泰州文獻》的編纂出版工作。學術指導委員會由江慶柏、魯國堯、程章燦、茅家琦、華學誠、徐雁、金良年等國内知名文史專家組成，負責對編纂工作的指導和把關。

編纂工作按如下幾個步驟進行：（一）進行文獻調查，建立文獻檔案；（二）精選有代表性、有學術價值的作品影印出版，選目由編纂委員會和學術指導委員會共同審議確定；（三）編輯出版《泰州文獻總目》。

《泰州文獻》分爲四輯：

第一輯『官修舊志』，收録泰州地區現存所有官修地方志。

第二輯『地方史料文獻』，收録泰州地區歷代重要的筆記和史料。按内容又可分爲史地類：收録有關泰

州歷史地理方面的著作，包括方志、專志、雜志等；政情類：收録有關泰州政治、經濟等方面的著作；文教類：收録有關文化、教育、圖書館等方面的著作。

第三輯『家族文獻』，收録泰州地區重要的家譜、家傳、家集與名人年譜。按内容又可分爲家乘傳記類：擇要收録泰州家族譜牒中的譜序、家規、家訓、箴言、族約、族記、祠田記、塋田記、雜記、著述等資料；家族總集類：以家族姓氏筆畫爲序。

第四輯『泰州文存』，收録泰州地區作者的詩文著作及其他代表性著作。按内容又可分爲學術論著類：收録泰州作者的經史雜著；文集類：收録泰州作者的詩文集；地方總集類：收録泰州作者的詩文合集。

考慮到《水滸傳》、《封神演義》（《辭海》云『一説陸西星作』）、《檮杌閑評》（學界多謂李清所作）等小説流傳甚廣，版本豐富，故不再收録。其他如堪輿、術數類著作，泰州人撰泰州地區以外的地方志、地理志類著作，一般性的彙編、摘鈔類著作，亦不予收録。

《泰州文獻》原則上收録現轄區内的作家作品。但從尊重歷史出發，泰州學派創派人物、明代思想家、哲學家王艮，平民詩人吴嘉紀等人，歷史上均屬於泰州地區，對泰州地區具有深遠的文化影響，他們的作品亦予收録。

前人給我們留下了豐厚的文化遺産，我們既要加以珍視和傳承，更要在前人的基礎上，創造出無愧於今天這個偉大時代的新篇章。這是我們更重要的使命，讓我們爲之努力。

《泰州文獻》編纂委員會

二〇一三年十月十八日

凡例

一、《泰州文獻》（以下簡稱《文獻》）分爲《官修舊志》、《地方史料文獻》、《家族文獻》和《泰州文存》四輯。

二、《文獻》收録範圍原則上爲現行政轄區内作者的著述和與泰州有關的重要著述，但考慮到歷史上曾屬於泰州地區的人物，如泰州學派的代表人物王艮、平民詩人吴嘉紀等對泰州文化深具影響，對他們的作品亦予收録。

三、所收著作成書年代限於一九四九年以前。

四、《文獻》所收著作，以學術價值、使用價值較高爲原則，適當兼顧版本價值。

五、《文獻》以影印方式出版。如有蠹損、殘缺、漫漶不清處，原則上以相同版本予以補配，以保證完整、清晰。

六、《文獻》對所收每種著作均撰寫提要，置於該著作前面，以方便讀者瞭解作者生平、主要内容、學術價值等。

七、《文獻》除保留所收著作原有頁碼外，均新編頁碼，每册頁碼自爲起訖。

八、《文獻》最後一册編有書名索引和作者索引，以方便讀者使用。

目録

官梅集

（清）鄧漢儀 撰

《官梅集》一卷，清鄧漢儀撰，據南京圖書館藏一九八〇年泰州古舊書店鈔本影印。

鄧漢儀（一六一七—一六八九），字孝威，一字舊山，又稱舊山農、舊山叟、舊山梅農。清泰州人。康熙十八年（一六七九）召試博學鴻儒科，因年老授内閣中書。著述甚富。海内言詩之家咸宗之。

是集爲鄧漢儀自定，一卷。前有龔鼎孳、方苞、陸舜、劉藥生、葉野六人所作之序。集成，由劉藥生鑒定。是集名爲《官梅集》，蓋因師劉藥生倍才漢儀，故時招之讀書於芙蓉署。又署中多植梅花，漢儀與師友吟詠其間，『八閲月而《官梅集》成』，故志之，『亦感一時遭逢之雅而知已爲不可忘也』。是集綜計一百又八篇詩，皆屬七言，多爲友朋雅集酬贈之作，如《舟次贈别唐祖命髯孫用龔孝翁張詞臣韻三首》《同唐祖命中翰張詞臣丁謙龍孝廉唐髯孫茂才夜集龔孝升奉常寓園即席次韵二首》等，或訴離别，或抒襟懷，情真意切，深婉動人。是集亦不乏些許記事、寫景、諷怨之作，如《聞篇》一詩，勾沉古今，巧用典故，讀來蘊藉清新，滿口留香。此外，是集亦有少許題畫、題壁詩。龔鼎孳序謂漢儀詩『遠規柏梁，近矩魏晋，前追蘇李之轍，後迴鮑謝之旂』，言不虚也。當是時，不獨龔鼎孳，又桐城方苞、太倉吴偉業、吴州陸舜亦與漢儀唱和不衰，且之四人亦同爲復社君子，故相交相知甚深。

（張文豔）

官梅集序

東閣官梅動詩興還如何遜在揚州即境懷人風流標映迢迢千載鬱爲雅談吾薄遊海陵采綴淵藻藥生使君贈書盈几厥有風人之篇欣荷覽持衿情相接中間連璣編貝名彦如林乍到山陰目不給賞瞥見一題白門喜同社偕集曰人言吾黨虛名甚試問當年執政誰銕案崚峋唾壺欲缺已盡讀其諸什絕麗無雙菰蘆中乃有此人則吾孝威鄧子也鄧子以吳趨之妙族生東陽之秀里少弄柔翰長交名流瓊華敷藻於中外璧樹含芳於左右氷紬鮫雨織子雲

油素之書范艷班香桃孝穆珊瑚之位名動卿相文滿國山兼以神簡孤超門風蕭澹清鮭蜀酒時等味於五鯖謝米潘輿尚待資乎三釜而人惟菊似客許蓬開孔座雖登氣長橫鶚嵇疎獨許性不馴龍卓乎孺子之遐標不愧眞長之畏友即嘯咏日盈于叢竹而介貞彌表於猗蘭矣爾其爲詩也遠規柏梁近矩魏晉前追蘇李之轍後廻鮑謝之旃以至揚開抗磨上初下晚漢妝巫雨宜大呼上天子之船御柳宮煙會特勅入舍人之院香奩句就步爲花搖紈扇笑迴髻將柳綰莫不比音八律絜采七襄固兼出而並齊紛雲屬其波委也若乃簫當橋寂山高紅樹之鵾角爲晨吹城墮王鈎之月鈿轅繡柱半藉芳塵瑤瑟翠翹同銷烟草昭明溝古傷流水之難回杜牧情多怪珠樓之似夢固已身同秋士賦咽蕪城飛絮飄搖蘭成自語空江杳靄叔寶能愁不只閱斜日於鳳臺遙題吳晉昧荒潮於越嶠獨響鷓鴣矣夫詩之爲道以言性情論詩於今尤必取懷抱懷抱遠者其人必忠孝其語必幽深其取友必簡嚴而遇物必深厚正則之想靈叫帝愬茝譽蘺捐玦珮于湘君告然疑於山鬼頓使離離清蔚起楚水以波瀾終古而還椒者猶

椒桂者猶桂君子以安其霰雪美人以爛其車旗拾遺之困蜀哀江聽猿拜烏驪路迴腸於罷酒故園眼亂於隨風乃猶娓娓龍湫祝春姿於溪壑解人難索哭者自哭歌者自歌臣子以奉其日星朋友以召其風雨蓋兩君子生當憔悴世隔悲歡或含辭負屈絜語如顛或泛梗依人低頭忍泣鬧萬世柔腸之祖最宛轉而不聊入老人失路之心偏酸辛其有謂長鑱難託漁父何知其別具懷抱有如此者孝威逸才曠世少年負盛名羽獵上林方當搴壯乃吾獨觀其意思所寄蒼茫綿邈一往而深似此心期不睽今曩吾

安能再把臂于寒谿老樹邊與我吳陵諸子揖騷而坐杜蒹索水部於季孟之間耶

丁亥初冬社弟龔鼎孳拜手題於京口寓樓

官梅集序

余以乙酉夏來涖吳州兵火流落井邑孤虛昔人道院清涼之樂渺乎若不世事也居頃流徙日還門風再集民謳于塗而士弦於户參軍吏部之雅與有修焉余因採風而人士葦出貼經之餘吟望不輟余亦不能閉何遜之閣設孔融之尊然竊有願焉户外之屨亦遂幾滿而鄧子孝威則拔其尤者歟鄧子姿才敏贍妙絶時人每清風朗月坐余絃酒官梅之下風流轉佳引人著勝郄家賓不入幕則誰可賓者每入吟嘯永日不獵而有喜心翻蜀郡麻弄上黨墨意體互出句字相生太冲之賦不十年而紙筆盈筐昌谷之囊輒一出而烟雲滿楮唱嘆滋多官梅彙集其亦水部之和歌而廣平之別調乎詩備諸體亦極群情清新掩庾俊逸駕鮑沉雄擬杜遒秀如韋關河放溜而未始無聲霽晚孤吹而自然入調既女郎之歌綽板復老將之戎幽燕至抽其繭緒揆厥思愁觸手蒼涼喻懷悲壯大都愁苦之調易工和平之音難造矧士各賁志自有胸中每多塊壘也今其集授梓將與同人共讀之不其香雪亂落吹滿騷流懷袖耶

濟南友人劉孔中藥生父題於芙蓉清署

序官梅集

客夏鄧子孝威來吳門訪余於采山別墅意况慘悴兩人各出袖中詩讀之不禁淚淫淫欲下也迨別去寒暑載離而孝威以官梅一編見寄江楓朗月把誦徘徊寧無情之槩於中耶夫士之抱奇情盛藻者當其遭遇聖明出入金閨固侍從而奏甘泉之賦亦從容而扈驪山之遊著作紛紜良為絕盛至若棲遲草澤偃蹇歧途歌五噫以抒哀悵四愁之莫慰則或王粲登景升之閣杜甫遊中丞之廬任昉賴文憲以知名袁虎藉仁祖而增價淵明之逢特進不乏酒錢相

如之遘臨邛且多恭敬則於是飛西園之蓋傾北海之尊叉手而溫尉遜奇七步而陳思退舍雖不敢擬天祿石渠之勝然投翰歎息綺麗難忘永日行游極歡迺罷謂非文人之雅觀賦手之極觀耶則孝威之以官梅命篇是殆有懷邪可抑也孝威少負英妙之才江東名流拱揖恐後固久聲馳洛下而譽滿雲間乃時值仳離至彈鋏而食若無魚閉雪而任從僵卧當此之際誠難遣懷乃長山劉藥生先生以眼之青拔眉之白未即令吟老空谷嘯盡高臺迺延司馬之車為置梁王之宴而孝威亦箕踞自若諷詠連宵一樹梅花春愁欲曉正使水部情魂復起孤山風格如存孝威雖貧籍滿署梅花覺烟玉佳人贈我芬馨累句不散則藥生先生之貽孝威誠何必琅玕瓊玖之紛若耶嗟乎余屈首吳趨徉狂未敢每瞻山水輒起悲哀而孝威擁桂樹於淮南搴芙蓉於江上百篇告就三斗淋漓藥生先生其為詞壇領袖不真曠代也耶然孝威雖坐蓮幕邇琴臺而悵東門之已蕪憫人琴之俱化悲來四座風雨無端忽覺靚面傾城消索殆盡則猶是客歲吳王宮畔把一卷青衫淚濕時也

丁亥秋仲同郡社盟弟葉襄聖野氏題於采山堂

邊

官梅集序

士抱曠世之才而長裹窈窕結志嶔岑如井子春王無功輩翔溯青霞猶夷白露即有賢王公子欽文好道招隱山阿而糾形抗跡致存高渺老椒蘭之鬱鬱生不知城闕之嵯峨比鸞鶴為群忘情當世其文彩不蔚於空山風雅無傳於讌會斯亦已矣至賦才典麗氣振青霓筆輭縱橫風雲頓起有不思英彥聯鑣聲歌華闥而徒刻畫蟲吟悲嘯宿莽者哉此鍾子伯敬有云鄴下西園詞場雅事惜無蔡中郎孔文舉禰正平其人以應之嗟呼士有奇才而又有奇遇花新

酒熟秘閣談兵山足水邊名流造請勒劍氣而纏綿對馬首以慨嘆逸情天半詞炙雕龍而舉世之人嘆若神仙渺不可匹豈非士既其才又既其遇是可以增長而永譽者歟我友鄧子孝威與予生同閭閈風雨聯吟往往叩鉢詩成酒闌紙盡未嘗不歎士衡之無才而鄙陳思之不速也奈白鳳空來青衫徒濕才多見擲李女朝譏孝威賦招隱之篇而予亦有行路之嘆嗟乎士恨不才耳遇不遇豈可量哉嶧龍劉師來牧予州進同社數子披其詞藻鮮不為刮目而倍才孝威時招之讀書芙蓉署八閱月而官梅集成官

閣梅花何水部之風流具在也孝威攬義以名厥詩將亦琴尊高會附使君之風流以傳達也不則巾車漉酒稚子候門較賦雪王園陳詩公讌固各足千古孝威誌之其亦感一時遭逢之雅而知己為不可忘也予故曰士恨不才耳遇不遇豈可量哉

社盟弟方苞伯英題于清漣草舍

癸

官梅集弁歌有序

鄧子孝威與余官閣聯帷較讐玉海風燈月案唫嘯閒之彼此唱酬之樂不異晨昏橘裏白眉匪我過也鄧子官梅集成而余亦著琴鶴餘音之帙比余附之未遂當兩部鼓吹而鄧子則一卷氷雪矣歌以弁之

霧禽悲薄暮奇馬嘶亂流志士感勝心淚落關山秋朱萼吐光迷鄞水臨川巨筆焰才子開元鉛水滴宮人天寶鮫珠零內使春燈秋帳官梅閣有情未免猶如此喬桑漏月月半明人人懷抱熒熒清此夜不必聽玉篴別有腸肺生商聲何堪風日新亭上咫尺之

外關山情澁霜滿梁動衙鼓蕆鞋漸鎖芙蓉午空庭晝白形影孤芒芒百端緒能吐不著離騷亦屈原敢賦新蒲如杜甫白琯簪來筆筆愁一草一蟲送悲苦咄嗟行吟踽踽踏莓苔自有心胸塊壘來風光好惡兩無定逐人嚬笑為裴徊吟望強半對搖落哀不樂兮樂且良握君手飲君酒桓宣武兮哭種柳戟君鬚登君斂王處仲兮擊唾壺壺口缺柳條折憂從中來不可漫滅風景蕭蕭山河○○懷以亂深目與愁結人情古今縱錚筆舌述懷懷可言飲恨恨難說噫吁嘻痛乎傷哉鄧○州八斗才登臨每上宋公戲馬之高臺○○○學楊朱泣塗窮真可悲○○○○○○○○○偪迫纔我非一觴一詠何○○○○○○○定因鸜鵒謫却教抑塞磊落之士疾丞○○○

盟弟陸舜玄升氏題於茱萸酒○

官梅集目

喜晤陳涉江侍御賦贈二首
和宋其武太史舟見新柳原韻二首
二月念六瀰師北旋小牧邗上和劉　師閬
　宿天寗寺原韻二首
送金又鐮視篆高郵
次答陸元升見寄
題劉嶧龍師官閣讀書圖
連雨
贈林蔚起中翰

懷李小有大令
春日苦雨署中因雨斷酒夜半口占破寂
署齋寄潘曉青
來咸遠郡丞以愚公席上限韻詩屬和賦寄
李小有盟長復來吳陵以鐵驅拙言見示二首
余澹心來吳陵邂逅于唐祖命邸中賦贈二首
劉愚公孝廉招同成石生侍御吳源長觀察龔
　孝升奉常向遠他軍諳夜集蕭齋分賦
同元升問祖命謝林歸期原韻
周元亮老師招同唐祖命中翰張詞臣劉愚公
丁謙龍孝廉宗定九茂才夜集署齋賦謝
唐祖命復招同詞臣謙龍玄升定九陪　元亮
　師夜集觀劇
余澹心來吳陵即返棹郡城載桃葉東去因次
　祖命催粧韻奉贈十首
劉藥生老師招同唐祖命中翰丁野鶴司李張
　詞臣丁謙龍孝廉崔子荊山人殷不侮幕客
　唐髯孫陸元升茂才讌集芙蓉署齋限韻二
　首
贈送唐祖命游雲陽兼東令嗣髯孫用玄升韻

　二首
衙齋同元升坐雨用七虞
題唐髯孫區室四首
芙蓉署送崔子荊歸長白次元升韻
劉藥生老師以事至京口同丁野鶴崔子荊將
　為金焦之游恨不得共詩以寄之二首
遠林游高沙甚困復至吳陵詩以嘲之
賦得一路看山到武夷呈贈周元亮老師之閩
　臯二首
寄贈來咸遠郡丞時視陽山邑篆二首

官梅集 丁亥詩編

濟南劉嶧龍老師鑒定

吳州鄧漢儀孝威父著

同社陸　舜玄升父閲

喜晤陳涉江侍御賦贈

春雨鳴榔下石頭一船書畫寄千秋剛逢　花間
酒獨上孤僧月裏樓撫事　歌何忍戀
揚州夜來忽作都　轡游

又

海角羈棲莫淚彈故人蓴菜可同餐　興亡

語滿渡騷吟山水寒鏁騎蚤閩宣殺賊　旗空擁號
登壇只令追說淮淝事悔殺朝廷誚謝安

和宋其武太史舟見新柳原韻

揚子江深二月天簑烟箬雨半漁船幾人搖落同枯
夢一樹風流自少年青眼若為隋苑盡細腰寧受楚
宮憐空餘驛舍千條在送客無心奏管絃

又

何許春風徹楚天吹來柳帶繫孤船攀條不憶西征
日種樹猶存大業年似借輕烟江外織恰隨好月畫
中憐玉關人散無車馬留得羌聲拂夜絃

二月念六制師北旋小牧邗上和劉　師問
宿天寗寺原韻

邗濤百尺挂飛檣隔岸漁燈掠水黃曉夢欲尋芳艸
路征旗猶捲大河霜不堪酒對離宮黍何處烟炊隔
宿糧鼓角城頭寒欲盡柳隄空老白公航

又

閩天萬里促艨艟壯士依然唱大風繫馬綠楊嘶苑
北啼烏青草徹江東寺深雨夜三更燭岸落春霜十
里蓬喧罷官梅催返棹麥芽欣對日曈曨

送金又鏕視篆秦郵

玉帳宵嚴罷參軍擁篆游酒分宣武座月想庾公樓
官驛花飛燕漁帆浪起鷗莫言攜鶴暫司牧自君儔

次答陸玄升見寄

南浦輕帆握別同春雲千里送歸鴻人離楊柳寒山
外家在梅花細雨中短夢可憐櫻筍隔新詩剛值燕
梁空風流莫更悲江左芳艸依然滿舊宮

題劉君嶧巃師官閣讀書圖

使君青齊彥早讀中秘書丘壑有餘悅墳典無苟疎
曠馬懷古道義農與興居雖結明時珮不忘韋帶初
簿領紛旦夕遺編恣獵漁峩峩官閣清芬烈繞衣裾

高鳥鳴槐柳輕烟冒芙蕖石泉煎午茗園圃刈朝蔬
著史軼遷固(師有讀史腋之刻)採風埒麟睢(師有吳陵國風之選)搜古
得嫏嬛愛覩遹璠璵且飛西園蓋為京東海魚樽酒
集嘉賓言笑皆起予賦聲何琅琅公子揖應徐樗櫟
唯鄙人信宿邦君廬丙夜披絳帳分藜較石渠獲聞
諸大義桀發心胸舒觀其吟覽暇宰割及有餘以此
服先訓仕學交相胥何為綰墨綬沈頓忽居諸作吏
此事廢鄙俗何繇除

連雨

連雨無昏旦鳩聲歷亂呼雲垂疑近屋草暗已成蕪
苔蘚侵床濕風花入酒沽試來汀際望縹緲出漁艄

贈林蔚起中翰

簪筆逍遙集鳳池江門烽火徹天時中朝屢犯王丞
相近塞全無霍驃騎斷髮若吟西浦月擔囊欣採北
山芝酒闌爭望關東氣未必華陽散馬宜(蔚起是夜與余談天官家言)

懷李小有大令(時以明月篇見寄)

歲暮天涯別驪歌酒一尊梅開孤嶺月節到六朝猨
水國艱栽秫江臯獨佩萱奚囊分我讀不忍閉柴門

春日苦雨署中因而斷酒夜半口占破寂

半月連陰雨人情寂似秋枯燈餘影濕綠夢閑窗幽
苔署甑空棄花村酒自篘步兵當此際漠索竟何求

署齋寄潘曉青(客歲花隣倡酬獨盛今來雨坐索莫無群賦以志感)

去年愁斷落花村薛荔深陰閉早暾人隔一橋通酒
約詩成半帙擬清言何當歲歲鶯簧滿却見家家燕
壘昏香署鐘鼓還惜別新詞無處寄黄門

來威遠郡丞以愚公席上限韻詩屬和賦寄

風雨連宵積深巷蛙吠池塘春水漲柳色非關隋代
青桃花猶似秦時絳高齋有客劉更生憂時不語懷
多戇喜接名流如聚星爭呑濁酒疑渴虹海陵從事
雅翩翩相見不煩修登降吟詩夜半歸未歸樹上棲
烏驚鼓撞

李小有盟長復來吴陵以餞驅拙言見示

故人重攬袂揮淚讀新詞車馬寧辭困雲山未療饑
時窮難放眼官拙敢抒眉文酒天涯夜驚心是路歧

又

詞壇名早著垂老困江干知己無多輩深恩在一餐
裘應憐范叔鋏不共馮驩要識陶彭澤非真少熱官

余滄心來吴陵邂逅於唐祖命邸中賦贈

石城江雨夜初晴一舫移燈續舊盟邗北已無隋夢

同

好海東尚有客星明美人久佇長門賦公子新傕短
遂聲蕭寺月闌驚把袂相思何必恨啼鶯

又

曾來海角聚霜天我獨遲尋訪戴船見面忽消春雨
恨論心擬對夜鐘眠故人却共梁園客濁酒重澆杜
若篇為是琵琶催曲處隔簾隨意惜花鈿澹心曾為胡姬作合

重圖時祖命有謝林在幞

劉愚公孝廉招同成石生侍御吳源長觀察龔
孝升奉常向遠他軍諳夜集蕭齋分賦

高齋涼雨拂樓櫚一夕飈燈炤客裾舊夢東山催蠟

屐新歡北固釣鱸魚那堪酒熟無巾漉恰喜詩成與
病踈故國烽烟談未了銅駝應不似當初

同玄升問祖命謝林歸期用原韻

江上何須怨逐臣楚南桃葉伴孤身玉妃有浦皆名
洛簫史無樓不是秦好疊新衣歸舊篋莫將纖月妬
佳人幾時載得紅粧去贈取輕螺一抹春

周元亮老師招中唐祖命中翰張詞臣劉愚公
丁謙龍孝廉宗定九茂才夜集署齋賦謝

芙蓉池畔美遨遊笳鼓無須問楚謳鎖苑人歸官署
月小山客到畫屏秋不拘禮數因嵇阮每促新詞出

應劉明夕布帆淮水急夜聲想在宴花樓時將遊淮上

唐祖命復招同詞臣謙龍玄升定九陪周元亮
師夜集觀劇

使君高嘯發東京命駕還追阮步兵有酒且同山簡
醉無心偏識孟嘉名曲因名士翻多誤月為諸君若
倍明還憶梁園秋雨夜幾回歌舞說平生

余澹心來吳陵即返棹郡城載桃葉東去因次
祖命催粧韻奉贈

文園車騎逐花飄貰酒新來念四橋不道揚州征戰
後月明猶有玉人簫

又

邗溝風雨病難支猶向紅樓訪雪兒惟有多情京兆
是教人別樣畫修眉澹心自云佳事乃張介子所促

又

連宵秉燭與啣杯即挂雙帆海上回想有青鸞天外
到春雲南浦故相催

又

選得瓊花只一枝分明隋苑未開時殷勤護取春風
夜小語私憐却問誰

又

十幅紅綃織彩鸞嫁衣裁得倩誰看催燈且向空箱疊長短猶須問阿歡

又

歌吹年年青雀舟嘗如杜牧在揚州却驚好夢成佳事月照芙蓉水自流

又

雙柑斗酒興方酣一線桃源徑自探倘向女兒樓下過不通名姓認江南

又

翩翩翠袖慣雙遮今日因郎繫絳紗不語自憐頻聽取隔簾曾送舊琵琶

又

閒奩收拾點胭脂驄馬來時儂未知日日花間尋蛺蝶令朝促出故偏遲

又

阿母新將寶帳披喚聲小字應聲痴嫁來建業才人去曉月殘風學製詞

劉藥生老師招同唐祖命中翰丁野鶴司李張

詞臣丁謙龍孝廉崔子荆山人殷不侮幕客

唐髯孫陸玄升茂才讌集芙蓉署齋限韻

高臺命酒集仙凫不道梁園客盡無地是淮南猶有桂算來江左况兼鱸虛齋烟冷人疑鶴官閣風來雨到梧為是使君耽著作強將鉛槧製三都（時同玄升較次玉海）

又

雲山何必羨吴興水部樓開上一層日落遠峰青入榭風搖古樹綠移燈好從梅墅通杯酒莫便桃源覓僴藤握手難堪遠離別夢飛汶水又金陵（時野鶴子荆將歸齋州祖命髯孫將歸白下）

贈送唐祖命游雲陽兼柬令嗣髯孫用玄升韻

吴王宫殿草初平安語何須更問卿奪鳳有人棲異國聞雞何客報天明橋連丁卯三更月騷唱庚寅滿渡聲劉尹縱誇供帳盛莫忘海北故人情

又

敬亭梅落夜潮平裘馬翩翩到長卿千里趨庭勞子舍數年彈鋏去承明佩刀豈壯封侯色詞賦還催擲地聲此去優王祠下過吹簫入縣可勝情

衙齋同玄升坐雨用七虞

夜雨官樓急昏燈焰夢癯林高風易響山遠壁全圖幾載連盟社今宵擊唾壺匡床渾不寐更起喚狂奴

題唐髯孫匾室

闡君新卜築絶遠世間塵松菊餘三徑圖書繞一身溪魚堪供客山鳥只呼人但願頻嘉遯衣冠足避秦

又

五嶽遊難遍幽棲衹敬亭鹿床人不到蛙鼓夢嘗醒容膝偏宜懶齋心何用銘夜來門外看應指少微星

又

剡溪誰築屋所少是郄超伐木新穿徑尋花舊置橋蓬蒿應滿户風雨任連朝却起吟詩句多慚兩鬢凋

又

清世無徵聘安居且獨遊茆齋麋鹿跡春樹鷓鴣愁

何用懷京邑聊為枕謝樓尊公歸計近好與醉鄉謀

芙蓉署送崔子荆歸長白次玄升韻

踏雪携節訪舊游還家剛值麥苗秋花開隋驛迷官舍酒載秦郵覓渡頭裘馬故人依歲月烽烟何地卜林丘多君畫我棲巖石永夜相思上北樓

劉藥生老師以事至京口同丁野鶴崔子荆將為金焦之遊恨不得共詩以寄之

使君畫舫自從容釃酒臨江二客從六月黿鼉千片雪三山樓閣半天鐘登臺可憶袁絢弄擲石猶尋郭璞踪最是憑欄凄絶處漢家陵寢只孤松

又

鐵板何人唱大江盡收山靄入船牕波潮隔樹飛林磬風雨連帆到寺幢寒接諸峰疑虎豹燈依古佛只花牻當年玉帶聽僧説恨少攀樓屐一雙

遠林游高沙甚困復至吳陵詩以嘲之

不入廬山社翻為梁苑游吟高秋到樹酒半客登樓強語溫僮僕良懷遂馬牛却憐飄泊甚無策動諸侯

賦得一路看山到武夷呈贈周元亮老師之閩臬

一路看山到武夷烟雲十幅照雙眉人過笠澤思鱸

膾客向榕城訪荔枝畫舫琴尊孫鶴共官衙晴雨凍猿知從今不作邗樓嘯楊柳如逢水部詩

又

一路看山到武夷濤聲吹送白雲旗仙衣臨海天無瘴蠟屐穿峰寺有碑豈教百蠻催草檄應逢九曲障罘罳何堪閩水秋猿叫無計追陪謝傅棋

寄贈來威遠郡丞時視陽山邑篆

江東詞賦出名家占得西山爽氣加官味只如揚子水詩情端繞杜陵花蒼茫水國煩栽秫蕭瑟侯門看種瓜(指吳鹿友故平章)百里只今謳誦徧豈須烽火悵京華

時河間郡告警

又

别後春燈夜雨深思君採葛向荒岑好憑慈月憐孤雁穩放青山入素琴舊苑花開殘夢到新街酒熟故人尋扁舟未敢輕過從但對官梅屬苦吟

聞簫

玉簫已斷古揚州猶有清聲入夜謳却恨鳳凰飛不下未知弄玉在誰頭

青樓怨

來威遠郡丞風流客也今昭易盡逐諸妓崔子荆為予述其狀詩以譴之

蕭山公子風流絶訪妓朱樓人盡薛秦淮十日酒燈闌簫管疑飛聲又咽如此妙舞壓花鈿鸚鵡偨娘識少年擬共雪兒樓上醉何妨琴客舫中眠一行条佐來東海落月秋風佩蘭落狂來猶問莫愁無夢處却驚巫女在茲來坐擁昭易符詣熱當年白與蘇却使紅裙拋鏡去幾看紫玉炤簾孤狄斜可惜春風道車騎文園春雨懊自是羅敷謝使君却使朱顏斷音耗噫吁嘻大堤有女正邀郎為問君來可斷腸

寄贈陳上儀師白門

陷

使君吟思寄芙蓉明月官街興未慵萬里雪銷通曉騎三春雁盡護居庸（先生自泰復調冀州）南來書訊邊城少北望旌旗御闕重（闖賊限北京）草觸歸來鴛水上傷心愁聽六朝鐘

又

烽火傳聞建業燒一枝何處寄鷦鷯湖田水漲蒹葭夢山寺僧歸薜荔橋巢許豈須藏姓字廟廊端不愛漁樵句吳斷髮從前事短笠猶堪學種苗

又

廣陵春雨暗平蕪白下南冠事有無名重自應防蠆尾身輕久已狎鵜鶘不妨夜月長陵夢何處秋風故國鱸芳草王孫愁獨劇知君倦眼對宮烏

方白英蒙冤繫廣陵獄中三月二十二日燈下拈韻寄懷

之子才名重奇窮到纍因今知尊獄吏往媿嫚王侯阮籍難言放禰衡盡是讎家貧誰拯贖親老獨呻嚘豈嘆華亭鶴終成楚國猴野狐翔永晝鼯鼠嘯昏籌淚盡江淹筆心餘叔夜愁梁王終未恤晏子擬何求知己空憐惜窮交幾俠游不堪長絷足忍見苦囊頭詩以銀鐺瘦杯從肺石投羅浮難夢到犴狴急更籌

題丁謙龍漁圖

傍水孤亭出垂綸自古今桃花容礀隔蘆葉避鷗尋風雨難操艇烟霞漸入林應同嚴子輿託想萬山岑

又

夙有蓴鱸癖茲來訪季鷹得魚還曬網沽酒正留燈應和滄浪曲誰稱蓑笠僧志和奴尚在頻為理漁罾

李小有以瞻麓大司農奏疏見示賦感二章

閩南萬里一孤臣涕泣君門痛未伸嶺海自難興絕國建康何處救遺民出師前後空留表報主風雷尚有身閣驛只今猿叫絕飛魂應不到三秦

又

驄馬行行早入朝尺書傳去拜嫖姚何堪湘楚千山戟空恃錢塘一夜潮海上已無人似虎殿中唯有客盈貂孤忠贏得先君問犀帶輕拋可禁腰（末句司農公舊夢也）

衙齋雨後喜梁大年自秦淮來

積雨墻深薜荔陰官衙枯對一床琴人來桃葉歌移櫂客問壺盧笑入林嬾飲建康城下水還聽何遜閣中吟自然品調追秦漢籀篆寧須重賞音（大年係篆史名家）

和劉藥生師同丁野鶴月夜泛舟維揚用原韻

却喜清流共一航騷歌風起暗瀟湘佳人豈有瓊花夢公子猶分薜荔香棹入倦雲飛遂響酒依明月亂燈光官衙客況多寥落剪燭催毫興敢忘

又

濤聲一片亂秋心清露霑裳月未沉隔岸草平魚盡出萬山人靜鶴初尋鄉思應為多情老（野隺與藥師皆籍山左）官況寧如知己深此夜揚州添勝事畫船樽酒對秋琴

壽劉藥生老師

使君清嘯發南樓海國烟花入望收白帝秋高鴻雁夢青雲人在鳳凰州近傳片石銘慈父（海陵新建久碑誌愛）

別東山識謝侯願得仙鳧長叶瑞荊門從此只依劉

衙齋同梁大年陸玄升坐月

官樓深雨後共集夜鐘初高樹妨新月流螢入素裾問愁南北異托嘯亂亡餘好學陶彭澤山巔去荷鋤

同唐祖命中翰張詞臣丁謙龍李康唐馮孫茂才夜集龔孝升奉常寓園即席次韻

左掖追陪問幾年銅駝秋雨夢中還酒來別苑思投轄滅燭空堂更索箋塞上何人重勒馬江南從此到啼鵑平原十日期過從莫遣琵琶早上船

又

雨　盤

才子重逢大曆年何須惆悵海桑遷登臺自發蘇門
嘯托乘還催鄴下箋但到故鄉思作鱠每逢良夜怯
聞鵑東南王氣留君輩肯惜同傾酒百船

同沈林公陸奠兩炤四劉超玄僧心鑑　涼大
樹集飲風䮃雨至晚即宿李元玉齋頭

命駕適西野景物何蕭森清流繞長郭輕嵐起崇林
宮觀幾十載黿鼍盤空陰前朝陵殿改倘此造物欽
涼飇樹號至吹我滿衣襟靜對高鳥出俯視游魚沈
側聆鐘磬響忽共樵蘇尋酌醴呼邛友寓此幽居心
風雨入清晝撫弦揮商音崢泓且蕭瑟四座起哀吟

招隱披蘿薜行與桃源深

贈瑯琊丁野鶴司李

淮浦風高劍氣秋中原有客問旄頭先生曾為東平鎮監紀　祖
生空自屯江北杜甫長看去華州一鶴閱來南北變
先生有遇鶴志群龍銷盡古今愁躬耕莫向遼東去嶧峄沂
濱好飯牛

又

斷髮同遊入梵林莓苔秋雨坐論心詩傳白下諸君
事集匯黃初七子吟阮籍未知穿幾屐陶朱要許散
千金夜來嘯傲吳陵道絕鑾難為解劍鐔

朓

又

放馬官銜一賦詩故人傾倒濁醪時隨流也學東家
佞舉姓誰當北海兒千里論兵風雨暗百年作客雁
鴻悲蕭條舊國無宮闕何處鍾山任採芝

又

東南名輩已銷亡齊國唯君擅偉長一代殷劉空坐
論千秋蘇李只詩章浮家入海寧辭險釃酒臨江未
敢狂閱盡風塵俱熱客見君願解薜蘿裳

劉愚公僅三招同龔孝升奉常成价人茂才兩
集山園即席限韻

同人爭命駕共集辟疆園城樹多棲鳥江峰墜短猿
竹涼風易入花暗雨頻翻著屐苔三逕開燈酒一尊
蟬聲當夜噪蟋蟀傍秋喧萬壑烟俱出空堂語獨繁
梧新應濯濯霞舉自軒軒欲訂蘭亭社如尋杜若村
淮南催作賦江左共清言未了何周債慵招屈宋魂
巖登唯謝眺鞍據匯深源幸集人如玉遙看夢有痕
吹蘭誰帝子攬茝只王孫歧路非餘恨他鄉且負暄
時清容嘯咏情至略寒溫坐久衣香接人歸墅月昏
海天蚕尚隱邦上水全渾想有琵琶贈寧無團扇存
濁醪雖已醉終擬作鯨吞

王雪蕉先生解滁和兵備任來憇吳陵以詩集
見貽賦此寄
先生大雅唱關西共識聲名華嶽齊南渡風流歸舊
燕北來春雪到征蹄吳宮可柰先為沼隋苑誰來看
欲迷却惜嚴公離鎮日旄麾纔問浣花溪
又
泗濱拋却進賢冠畫舫吟秋選夜灘朝正求賢虛管
樂代推作賦祇江潘偶閒咏史尋名士喜未通名揖
上官何日共尋巖壑勝王裴酬唱幾盤桓
舟次贈別唐祖命髯孫用龔孝翁張詞臣韻

君下秦淮二月天著書多屬義熙年亭開樽酒銷殘
夢帆別山城擁暮烟折柳應追前五代過江不汲第
三泉從今清朗添惆悵縱飲原輸叔夜賢
又
陶家青柳繫壺觴歸去秋閒蟋蟀堂舟楫到江原不
亂
險池塘入夢幾經荒狂來公子猶哀郢亂後才人又
客梁歧路尚嫌無酒醉黃公壚畔解青驦
又
芳草城臯去復留斷腸可柰夏為丘人如逸少難堪
別地匪臨邛莫浪游一舫棹深桃葉夢萬山雨入華

林秋敬亭吳苑雖千里他日相逢各僧牛
同林公西庵即事次韻
別有桃源天一方桑麻舊里未荒涼禪林客到鐘初
嚮野艇漁歸葉自香詞賦幾人推鮑謝山川何處更
齋
齋梁枯魚濁酒當風坐對飲三騶未是狂
嵇子震中翰顧余草堂賦贈
相思千里欲尋嵇忽枉高軒過竹谿把酒應揮江左
涕登樓不聽海東鼙秋風淮水魚難釣明月官衙鶴
共棲一自禁鐘銷歇後石渠何處更燃藜
得陳上儀師白門手書賦懷

不意鴛湖夢翻來建業書幾行無涕淚一別恁蕭疎
空憶陳蕃榻誰同范粲車天涯明月近聞已下南徐
吳陵晤郭石公賦贈
忽泊仙舟問酒帘相逢一笑夢初添幾年明月分簫
市此夜紅燈徹畫簾諷嘯不妨同顧愷風流誰道遜
江淹空亭跡掃飄然去隋苑期君訪露蒹
題黃仙裳樵青圖
避世真無計行歌托負薪入山迷虎兕捫塚識麒麟
閒結漁童伴孤尋販藥人斧柯良自愛官路滿荊榛
又

亂 豺

伐木千山響非真為友聲踏雲頻上嶺擔月不歸城
白石真堪煮丹雞若共盟莫吟禾黍句林下有人驚

立秋日復同林公飲西庵用前韻

策杖重尋水一方暮雲殘葉報秋涼城過白雨寒螿
急湖帶青畦野稻香酒熟不妨來栗里詩成豈教泣
河梁傳聞孔禰同時盡避世何能學楚狂

新秋訪丁野鶴於貝葉庵聞東警歸甚迫再疊

前韻奉酬

葉落蟲鳴滿寺秋傷時還為泣江頭二千里外誰軍
壘一半心知已并州送客夜生蘆荻雨登樓曉發杜

鵑愁即今走馬歸沂泗何處桑田可牧牛

又

邂逅同君聚竹林醉餘不禁動鄉心關東群盜爭亡
命齊國高流最苦吟欲上治安羞白髮偏逢離亂擲
黃金津塗到處多豺虎故李將軍莫佩鐔

又

閒題甲子自編詩恰值江州送酒時草澤多虞憂故
國家居已壞恨纖兒屢看塞雁驚秋早欲夢荒雞到
枕悲便說項劉征戰罷商山憔悴只尋芝

又

鎖 亂

洛陽置酒說興亡晉祚空憐也不長粵海自難支調
發中朝幸不罪文章逍遥應擬莊周幻先生有漆園諸集慟
哭猶非阮籍狂何事兵戈東武急勞勞客子夜褰裳

送龔孝升奉常游江南

秋風瑟瑟蘆花渚秋月搖搖楊柳墅君奚為兮早促
帆客窗夜握愁人語君自燕臺下廣陵離宮幾處冐
枯藤渡江情為瑯琊死作客樓同王粲凭猶喜知交
聚林麓作賦添燈新釀熟君才可比陳思王諸賢亦
自應劉族唱酬十日良歡娛秋風忽憶三江鱸畫船
欲去茱萸岸好夢忽過鴛鴦湖君渡邗溝問揚子鐵

索半鋪江面水僧歸祗聽波潮懸漁歌乍見蛟龍起
從此鼓枻訪寒苔伍相之祠西子臺更聞會稽山水
天下勝靈葩古樹鏡中開君挾清思兼雅興萬山不
抄穿鐘磬詞客應餘屐共誰道人只有雲堪贈況有
閨媛筆墨媚香風拂拂指中蘭吟章畫幅爭相疊秣
陵眉影半吳山羨君年正少那復遠慕嚴陵釣羨君
名甚高那復長棲仲蔚蒿丈夫離亂各有意飲酒遊
山畢吾事蒼巖紅葉猿叫霜傷心愁對六朝寺但願
如范蠡功成身退五湖湄但願如康樂伐木尋山太
守愕廟廊不易山林豪薜蘿反覺簪裾縛我恨未從

君踏破萬山之青蒼徒守淮南桂樹終相望

新秋送向遠他歸秣陵

久病歸思急經秋旅夢深馬蹄黃葉下燕子白門心陸賈裝初滿支公話已沈好攜瓢共笠穩卧舊香林（時結遠林庵傍香林寺）

李小有自延令來同沈林公集丁野鶴寓庵

逆風苦雨打行船暫見同人笑拍肩明月似因良友好秋鐘只在白雲縣卜鄰擬近龐公宅（余與先生有村居之約）種秫誰分陶令田（時解懷集令）此夕齊謳兼楚些傷心莫教入水絃

雨中劉愚公招同陸玄升徐小韓劉僅三夜集因止宿齋頭時玄升初至海陵

百里芙蓉一棹回相逢應與共銜杯雨深十日難通夢燭斷三更且索陪荒寺蟲多風葉亂曲廊人靜暮鐘來蕭然半榻堪留宿漏板何嫌更急催

題張詞臣橘庵次韻

繁侈寧誇金谷園一龕棲隱謝時喧當門嘉樹原生楚遶屋新川不是樊夢去不知棋幾局興來恰得酒過垣此間便是桃源路那許漁郎覓水根

又

尊鱸載得夜歸園葉落蟲鳴聽不喧身是有巢忘甲子柯經幾爛在丘樊簪冠不帶頻窺牖蠟屐時過肯避垣好共靈均閒作頌淮濆枳樹未同根

宗定九過訪龍樹禪林同陸玄升小集

此地無車馬終朝對薜蘿亂雲鐘磬出荒草鹿麋過且酌醇醪味毋矜鴻鵠歌乘風難可望吾計本巖阿

同西生玄升僅三復集愚公草堂即事

雨餘秋滿墅客屐暇頻過葉落從希見亭高向夕多傷時偏對酒失志莫狂歌但得長嘉遯青山好荷蓑

題宫紫玄春雨草堂四首

別去承明事隱淪半谿桃葉待漁人家藏雞犬原非俗夢到禽魚漸已親隔水燈連山下月沿堤香喚雨中尊只嫌尚與都城近難載林宗折角巾

又

萬事烟霞尚可為草廬新築傍湖湄六朝豈必驚蕭管三徑依然倒酒卮竹外陰晴農課穩山中寒暑佛幢移為君屈指燕吳事布襪青鞋可勝思

又

清流何許隱巖阿且學鷦鷯寄一柯屢閱滄桑增史記不藏名姓自烟蓑溪光宛轉船經渡樹影微茫月

較多我欲輞川尋勝事王維清興近如何

又

武陵烟月已非初海國城臯可卜居西子夢深吴苑鹿王弘情寄越江魚梅花春社孤山似芳草池塘六代餘還叩倪迂清閟閣菰蒲一榻又馬如

新秋同丁野鶴朱清瑟劉愚公僅三陸玄升宗定九邀龔孝升奉常社集柏庵草堂分韻

郎官湖畔遇青蓮且脫宮衣漫學顛獻說山林多謝朏驚看樂伎即龜年秋聲搖落星邊樹夜色霏微磵外煙莫怪君庄遷植柳陶家原少種秔田

又

絃酒年來興日增況逢鄴下集良朋渡江豈必真名輩入社今看盡慧僧千里麻鞋霜雪徧一宵兩涕夢魂憑才名只數參軍勝新調驚看壓廣陵

八月六日劉藥生老師招同龔孝升奉常劉愚公丁謙龍張詞臣孝廉朱清瑟徵君陸玄升劉僅三茂才雅集陳園限韻分賦

雅集清秋夜何煩競鼓吹地閒蟲語徧人靜月光移北海寧無酒山陰未缺詩此宵蘿薜會定勝掖垣時

又

公子風流甚虛堂聚德星開燈分水白飛蓋出山青秋半鱸堪膾烟空鶴不醒何當涼露徹麾騎索銀瓶

又

此地偏東海文章揖漢京況逢劉子政共集鄭康成撾鼓風連朔催觴葉滿城只愁絃管盡忽復到天明

又

滿酌忘星曙遙將烏鵲憑濤聲連八月桂樹□千燈酒興推山簡才名附彥升莫催雙槳去獨向鑑樓登時孝升先生將之廣陵

贈汪蘭碩外翰

九華山色隱眉端一代才名自建安黃憲近從京雒返鍾離新闢講堂寬應知雅望推三絕誰道清流薄一官縹緲笙簫吹未已帳前我欲贈琅玕

和劉藥生老師舟中獨酌懷鄉之作時東國有警

濤聲一片挂秋桅落盡江楓綠尚堆船泊寺門初過雨劫深隋苑又飛灰赤眉堅壘兵難下黃耳銷魂夢不來唯有淮南秔稻好使君肯惜罷金罍

久不晤白英秋仲自邗上歸集於林公齋頭限韻賦贈

數子聲名壓海東嘯歌偏在亂離中梅花夢隔三春社玉笛聲寒六代風無恙渡江愁洗馬重逢去國舊梁鴻青燈共唱離騷罷山閣何堪擁暮楓

送別陸玄升兼長輿

蕭寺連床話秋蟲影最新日歸因婦約惜別奈花新風雨飄前路衣裳慰遠人平原遲返棹應共翦香蓴

送潘曉青移居招煙村舍

何處秋風剌短船隔林黃葉挂詩瓢已拚出世同孤衲何用聞歌識暮樵高閣水兼鴻雁淨空亭鶴向薛蘿招可知白社人相憶愁聽梅花一曲簫

又

陶家只是愛歸田肯向秋雲泣杜鵑時事應同雙鬢改山林留得幾人眠長貧尚有雲堪贈獨醒聊參酒是禪安得龐公閒共隱杖藜支破一谿烟

贈送梁大年之白門兼寄澹心遠他伯紫

江介生微涼客子遠言別橘柚帶遥霜蒹葭亂如雪念昔暱官衙相見貽瓊玦籀篆互咨嗟古道見冰鐵羈客易懷歸豈乏公子薛每多休文病致感梁鴻熱艫枻映芙蓉天涯遍蜻蛚有不盡斟酌相顧愁懷絕聞子挂征帆將訪鍾陵碣鍾陵山水奇挺毓多英哲夙深縞紵交令悵神魂寂故國盈黍禾哀音自啼鴂繒弋彌天張何敢重鳴咽因子寄雙魚周道傷車轍況復歲月遷烟霞任明滅

八月十一日同里社諸子邀劉藥生師夜集愚公草堂尋放舟攬金焦之勝有詩見寄即事奉答

使君多逸興五馬到山莊月白庭分樹天青雁帶霜帆吹江海路人載水雲裝遥識登處臨風烟正渺茫

又

丘壑本胸中茲來野望空萬山檣影失孤閣浪聲同

坐石天風冷烹泉沸火紅吟魂江夜寂豈獨美蘇公

贈別何野航歸青州

驅馬斜陽內東行入鼓鼙烽連河草岸陣擁嶽雲西驛店分燈火荒城掃蒺藜鄘生名久著切莫說三齊

仲秋念四日龔孝升奉常招同楊贊皇職方成石生侍御儲中游大令劉愚公孝廉袁天游上舍劉僅三文學夜集抽慶堂觀劇兼以叙別即事賦贈

空堂列燭引吳歈賓主東南四美俱人是客鄉翻別酒夜當月黑亂飛烏過江草接佳人夢舊閣烟深帝

子圖可惜吟壇秋雨後短帘獨自問茱萸

青簾詞

（清）鄧漢儀 撰

《青簾詞》一卷，清鄧漢儀撰，據《名家詞鈔六十種》本影印。

鄧漢儀有《官梅集》，已著録。

此書收録鄧漢儀詞十首，題材爲紀遇、憶昔、哀悼、送行等。鄧漢儀詩名籍甚，詞作亦見佳篇，頗可誦讀，如《永遇樂》上闋：『二十年前，曾來臺上，看殘歌舞。明月難留，彩霞易散，紅袖都黄土。今秋重到，却驚亭榭，不似西州舊路。嘆堂前，飛飛燕子，祇益江山愁苦。』

（周　忠）

青簾詞

吴陵　鄧漢儀　孝威

武陵春 紀遇

不是銷魂誰肯住，花裏會經綿。流落天涯更幾年。眉際宛相憐。　那用更歌金縷曲，小語當絲絃。緑酒紅燈雨似煙。撩好不成眠。

浪淘沙 憶昔

遊跡憶羊城。臙雨啼鶯。紅蕉花放緑珠亭。洋燭三條燒不盡，閒與搊箏。　更促譜新聲。城上三更。烏絲細寫懊儂情。只自臨風人欲别，記取春醒。

小重山 金陵

淮水横拖柳線柔。曾聞簫鼓夜，美人游。一從好事斷香鉤。西窗月，不肯勸梳頭。　黄雨更深秋。怎禁桐葉下，一更愁。寒潮依舊繞城流。無人處，私倚閲江樓。

蝶戀花 金陵

庭樹宮花開徧了。唱徹鶯喉，一夜春雞曉。綉被牙牀香篆小。羽書邊馬沉沉杳。　擒虎兵來驚夢覺。如此消魂，天上人間少。脂冷髩低心事悄。官家自古多煩惱。

滿庭芳 弔袁荊州籜庵

茂苑花飛，白門柳斷，才人煞是凄凉。夜烏啼處，檀板剩青霜。憶得裁絲按曲，消魂也、隻字難忘。今朝裏，騎鯨化鶴，人去月茫茫。　當年曾出守，章華夢曉，巫峽雲香。奈叔敖官罷，江海空囊。還更飄零绮席，黄昏後、捎點絲簧。誰能料，歌喉尚咽，悄語别吴娘。

鳳凰臺上憶吹簫 送孫介夫之石城

燕泊邗堤，蟬嘶江館，送君更上吴舠。擬石城踏月，淮水聽簫。况值秋風將近，正暮雨、咽斷空潮。好登閣，閒招北里，細譜南朝。　蕭蕭。君今一去，有誰同載酒，復向紅橋。念經年聚首，一旦魂消。縱說魚箋易達，何如耶、銀燭相邀。還生怕，青娥顧曲，又放歸橈。

名家詞鈔

八聲甘州 感舊

入華堂孔雀與芙蓉，到眼總迷離。是隴西大姓，関東右族，粧點呆思。何意狂奴上坐，傾倒碧螺卮。似屬経過地，欲信還疑。　果是貂蟬宅第，曾游絲花片，繚繞牙旗。奈甘泉烽徼，天上竟騎箕。數烏衣、已非王謝，縱

豪華不似太平時，衹剩得雕梁紫燕如話相思

念奴嬌

年來驚看是揚州戰壘依然花竹瑣闥重簾蕉雨度却羨平溪寒緑硯匣新移香奩徐展占盡今生福隋家天子枉誇清夜游曲　最是紅粉青螺解人情緒舊地風流熟薄倖分司殘夢覺轉煞腸中車轂齒髮雖憑雲霄總幻何似花間宿眞無箇事直教打點金屋

永遇樂 新秋康山雨集送園次還吳門

二十年前曾來臺上看殘歌舞明月難畱彩霞易散紅袖都黄土今秋重到却驚亭榭不似西州舊路數堂前飛飛燕子衹益江山愁苦　且同把酒邗城絕頂坐瞰六朝煙樹舊地雲生風雷大作龍吼滄江雨應看鐵甕新潮灌注催送離人隻櫓但不識此番別後更逢何處

夜飛鵲 席上有憶

幾番何遜宅讌飲連宵剩憐霜市星橋而今特事翻騰極秋來着意蕭騷忍復重登綺席頻玉卮齊舉銅斗徽敲漫誇佳勝甚心情刻画鸞簫　想殺堂空人靜簾子揔依然其奈香消便待寬棠再試花容重整此事迢遥從今分付揔抹將剩粉殘翅向蒼霞深處漁燈社火認取鴻毛

陋軒詩

（清）吴嘉紀 撰

《陋軒詩》十二卷《陋軒詩續》二卷，清吴嘉紀撰，據清嘉慶間刻、道光間增修本影印。

吴嘉紀（一六一八—一六八四）字賓賢，號野人。清江蘇泰州人。成童時習舉業，一入清後棄去。專工於詩歷三十年，不交權貴，氣節文章，皆爲時重。隱居海濱，家貧，破屋數間，不避風雨，因題曰『陋軒』，遂以命其詩。善書法，宗六朝，《清史稿》卷四八四有傳。其《陋軒詩》凡十刻，除四刻已佚外皆存。此十二卷爲清繆中依汪楫所匯，於嘉慶間刻，道光年間增修本。後夏家谷又增一百二十首，編爲續二卷。

是集之詩大抵五七言，古今體皆備。有懷親、憶友、叙事類，於高岸深谷、細柳新蒲之感尤甚，情多纏綿沉痛，如《懷吴後莊》《僻壤》《落葉》之作。而泰州多以煮海爲業，吴嘉紀隱居後從此計，深知鹽民之苦，故其詩對此多有所撰，且常爲名篇，是其代表作。如《絶句》寫白首老人六月煮鹽之辛勞，末『走出門前炎日里，偷閑一刻是乘凉。』一句常被後人誦讀。《臨場歌》以四言歌行，描繪官吏逼債，百姓鬻子之場景，痛斥官商勾結，悲憤之情溢於言表。又因作者親歷明清易代，目睹江淮生靈塗炭之慘，故此類體裁亦有表現，如《翁履冰行》、《堤决詩》、《劉民船》等作，感觸深切，每有幽咽之音。覽其詩，狀景之作，幽峭冷逸，有王維、孟浩然等諸家之致。人民疾苦之作，善於因題制宜，表達不拘一格，自有特色。且風骨頗遒，情感深摯，後多爲沈德潛、洪亮吉等人所推重。

（李　姣）

原序

今天下何處士之多也以余所見今富貴利達者之家其坐客多世俗所稱處士者焉彼富貴利達者視其家食用玩好之物無不具獨不能具其文章通知古今載籍之語乃挾其勢與利思鈎致貧賤失志稍知詩與文又自驕語爲高士者以充其玩好之一物而彼驕語爲高士者欲以其詩與文汲汲然求知於人不幸貧賤失志益甚遂俛首甘心充爲富貴利達者之玩好而不辭余觀古處士未常不受知於富貴之人特其終身所受知者一人而已名且大顯於天下古富貴之人於天下之士固無所不好然誠得士之報使天下後世信其心之誠然好士者亦不過一二士未若今天下兩者相過多而相得者不益彰也以毛公薛公之隱於博徒賣漿也知從之游者獨信陵君耳同將平原君亦好士未常知毛公薛公在其國中也以北郭騷之賢幾不受知於晏子既知之又幾失之蓋賢者之難知而又不肯屑屑求知於人若此以予

觀我友泰州吴子埜人之詩與其所以立身持己者可謂不愧古處士而當世之大公卿好士者之衆能深知其詩與其立身持己不媿處士篤好之表彰之如不克者惟櫟園周先生一人即阮亭且云我官揚州三年未知海陵有吴子今乃從周司農公知之予益以歎吴子之爲處士非予所見爲多者之處士也周先生之知處士果有異於世之所爲好士者也兩人者皆達矣皆不可及矣予故樂得而敘之

康熙戊申首夏吴下同學弟許束書於廣陵玉笑亭

原序

海陵吳野人積學三十餘年著爲詩歌古文辭凡若干卷然橐鋒埋照不屑以才炫世亦無有知者櫟園周先生始奇之爲梓其詩行世而後野人之名不脛而馳於大江南北吾友汪子芾斯復裒其全集錄詩近四百篇續梓以傳刻成而予重有感矣野人家東淘爲瀕海斥鹵魚鹽沮澤之鄉賈儈雜居習尚奓競其於詩文筆墨之事固非所論而野人以一鶴孤騫翛然雲表不干名又恥藉昔流

延譽居僅蓽門蒿徑旁有野水虛明荻蘆森錯日惟鍵戶一編吟嘯自若雖餅罄屢決不復問故其爲詩冰霜高潔刻露清秀不得指爲何代何體要自成其爲野人之詩而已然吾聞其生平天性孝友與人交嚴冷難合至緩急患難則不以生死入暫異其於新安程琳同里王東丹兩事爲尤著且其鄉有王汝止先生者曾受學餘姚以躬行實踐力排矯飾爲事若野人之氣專容寂篤行潛修其聞道而後與者歟予故因詩並述其人之梗概若此使讀其詩者遂以求其人而知野人之不僅以詩足尚也屏山宗同學弟周祚拜書

原序

同郡陸廷掄撰

數十年來揚郡之大害有三曰鹽筴曰軍輸曰河患讀陋軒集則淮海之夫婦男女辛苦墊隘疲於奔命不遑啓處之狀雖百世而下瞭然在目甚矣吳子之以詩爲史也雖少陵賦兵車次山詠舂陵何以過使其得志出厥懷抱裨益軍國民生不淺奈何託之空言也然而吳子蒿目愴心孤吟而永歎者尚不止此予自申酉杜門垂廿載不知戶外

事獨時時耳吳子名辛亥館海陵以爲必識吳子越十年不識如故今年癸亥夏四月始定交於館舍予見吳子大喜吳子見予亦大喜爲張燕置酒相樂也已而相泣嗚呼予當初閉戶時猶壯盛即吳子亦未艾乃今吳子近七十予亦去者無幾吾兩人者皆老矣而始得一遇俟河之清人壽幾何不可重爲太息哉吳子詩自三事而外懷親憶友指事類情多纏綿沉痛而於高岸深谷細柳新蒲之感尤甚予讀之往往不及終卷而能而吳子酒半出袖中詩屬爲序予亦何能究其言悉其旨乎少陵云傷心不忍問耆舊復恐初從亂離說而陋軒集中亦有往事不得忘痛飲求糢糊之句然則予之不盡言也亦猶少陵之不忍問也又若吳子之百觚千爵以祈糢糊也悲夫

原序

唐書之傳隱逸也總二十有二人中間或隱或仕略相半而爲道士之學者數人焉史臣謂隱之槩有三而其所述皆下槩也噫何其隱之難也上焉者身藏而德不晦萬乘之貴尋軌而委聘次則挈治世之具弗得伸或持峭行汎然爵祿使人君常有所慕企末焉者資槁薄樂山林內審其材終無當於取舍故遯跡不返使人高其風而不敢訾史臣之論率如是以余觀其論列諸人若朱桃椎田

游巖李元愷盧鴻陸羽之徒其於泉石烟霞淘膏肓痼疾矣若王績吳筠賀季真秦系張志和陸龜蒙諸子文詞卓越以詩歌相雄長詠諧放蕩浮沉榮遇之間當時慕之後世傳之身雖隱而名益彰豈寂寂無所表見者比哉揚之泰州有吳先生者名嘉紀字野人隱居東淘名所居曰陋軒與世罕接家最貧雖豐年常乏食以歌詩自娛樂獨與余兒舟次善嘗竊誦其詩於周櫟園司農爲刊其初稿繼家弟斯分司東淘慕其賢爲再刊其集於是江南北家有其詩漸達於京師濟南阮亭王公尤時時口其詩不置先生之名雖欲俱隱不得矣余獲交先生久間入城必過余家故得盡覽其作大抵四五言古詩原本陶潛王粲劉楨阮籍陳子昂杜甫之閒七言古詩渾融少陵出入王建張籍五七言近體幽峭冷逸有王孟錢劉諸家之致自脫拘束至所爲今樂府諸篇卽事寫情變化漢魏痛鬱朴遠自爲一家之言必傳於後何疑歟先生之詩日益多不自收拾其友方子千雲裒其前後詩

重刊精好吾黨義之詢其人孝而樂善又左右於先生賢矣先生以其所刊首示余且屬爲論次余何足爲先生序顧不鄙棄而必見屬者或以余之知之也噫余之所以知先生者獨詩云爾哉大都號爲隱逸者多違乎時不得已而託焉者耳苟有知而舉之者卽攘臂而起肩相摩於道求如桃椎諸人塵芥徵辟走林草以自匿者幾人乎若先生名雖聞於時身處海濱自甘窮寂不肯託迹於終南嵩少爲釣名竊祿之計愛其詩而願見其人者

至想像不可得此其品槩何等也先生生平無所好惟酷嗜茶有鴻漸魯望之遺風焉他時有傳逸民者當與並列云時

康熙十八年己未六月望日郡同學弟汪懋麟拜譔於百尺梧桐閣

野人吳先生小象

海上吟詩到白頭
菱蘆滿地一沙鷗
一生不出東淘路
自有才名十五州
歷城秋史王苹題

如皋黃學圯書

欽定四庫全書附存目錄提要

陋軒詩四卷 江蘇巡撫採進本

國朝吳嘉紀撰嘉紀字野人泰州人泰州多以煮海爲業嘉紀獨食貧吟詠屏處東淘自銘所居曰陋軒因以名集其詩頗爲王士禎所稱後刊板散佚此本乃其友人方于雲裒集重刻者也其詩風骨頗遒運思亦復劖刻而生於明季遭逢荒亂不免多怨咽之音

陋軒詩集總目

陋軒詩卷一

泰州吳嘉紀野人著

吾廬

吾廬清谿中年久半傾圮圮者不復問存者還欲倚老梅共橫斜撑拒臨流水有客念傾頽贈糧令葺理負戴駭鄰人升斗分匠氏仍缺石與木來朝賣一豕力作何紛紜癡兒間老婢窻牖次第明巷徑復委委家人意頗貪指點舊基址迺欲典衣裳更求廣居止微笑謂家人戸外寒方始且留此隙

地以待春風起我自荷一鋤種菜柴門裏

送人歸黃山

入雲山路碧重重歸去追隨石戸農幾畝秫田今有主一間茆屋在何峰烟崖芝草哀年採雪嶺樵人落日逢悵望浮丘蹤跡遠鍊丹臺上倚青松

雜述

道傍梧桐樹跼蹐無顏色同生天地內獨苦風塵逼往來多覆車終日隣荆棘託根旣失所枝幹徒疎直天寒丹鳳遥凡鳥競棲息

又

攺鋤爲斧斤耶作採薪叟壯心誰謂平利器猶在手入山哭松柏搶虎先儕偶日暮謳吟歸相應聲前後城市戰雲黃顏熱頻回首

又

西施兒女流出處不草草歌舞一朝善起別會稽嫗欲報君王讐趁此顏色好蘇臺夜醉月吳苑朝爲沼功成辭故鄉五湖以終老

又

東陵荷鑱者人言是故侯榮華浮雲散衣食惟自謀廢宅鋤爲圃舊物無一留雨露難更希蕙草逢窮秋柴門落日過饑雀聲啾啾

又

老雅一何拙乃育杜鵑雛骨肉雖滿眼寧知族類殊雄飛去啄粟雌歸來飼餔用盡慈烏力鎩翼不得烏雛散爾毛禿饑困向誰呼

又

楚國有羈人相隔三千里歌嘯在扁舟浦浦蓮花美嗟我不共賞惆悵盈盈水採花落月前採實秋風裏蓮花留自看辛苦寄蓮子

又

夫壻去從戎深閨紅粉在夜夜形影單迢迢二十載舊心雖未移年華不相待寒衣無人寄欲裁還自怠玉鏡塵匣中何時見光彩

又

疊山養老母賣卜建寧津故國久淪亡難言非宋人賤隸亦識面潛匿多艱辛母沒徵書來子道已

克伸絕食別親友從容死其身

義鶴行

山寺高塵市逕蹬如雨鶴來爲巢巢成子生翼億神勞十日雨漲海水遠去覓食笑殺村豎攀曳上寺潛以鵝卵易其子卵破子出雌鶴待飼子出形殊雄鶴驚呼飛飛色怒疑雌睛私他羽東西南北徧告同類去日瘦北風悲同類四面來瞋目厲喙且視且猜無端紛紛逼迫俄頃天窄地促可憐雌也潔如玉懷不得明義不受辱啄爛巢中雛自掛

山頭木雉見雌死轉嗔爲啼同類無賴各返南北東西踽踽癯癯夜示孤棲栖遲到曙月落梧檟同類復來聚偕厦幸一雌鸛乃是新寡雄不顧去回野終身不雙以報泉下

元日

物物漸親類村村皆向晨東風今日至老態一番新眼底貧交在罇中釃酒醇擕來梅樹下彜色正宜人

懷吳後莊

海內諸兄弟吾憐吳後莊負薪歌下里學稼養高堂有病還耽酒無求不出鄉平山分手處木葉又蒼蒼

僻壤

僻壤無春至安知春已殘海雲千里黑塞鴈一聲寒老去謀生拙時危作客難直西是鄉路日日出門看

逢方子傳

飲水近蜃蛤棲林近鷹鸇升沉變幻多道人心不

遷朝出投人經夜歸同僧禪竳如塵壒內長齋三十年閱歷悲世情揭來菰蘆邊蘆中老窮士但言沮溺賢腰鎌欲求侶賣屨偶得錢相邀共一醉踽踽就人烟

挽劉昇

劉昇儀真人歙縣潘楚玉僕也楚玉性褊急少違意輒撻撻無虛日昇不怨也楚玉母病昇割股肉和藥療之楚玉死家業中落昇黽勉負荷爲嫁女塟女楚玉之子次璜稍長爲娶妻妻死復娶家益窘昇筋骨且衰矣乃賃於人力作以供幼主衣食晝瘁至死程雲家哀之作義僕傳余賦挽詩

粱肉厭葵藿庶臭薄蒯菅繇來棄卑賤志士復何言可憐一寸草寄生桑樹巔不自知微細思欲庇樹根身是主人身何以能酬恩撻膚不怨數割肉不辭難所嗟門戸衰緩急日多端精衛力已竭死喪海水傍洲渚雲徘徊哀鳴下鵜鶘在日慢斯人鄉鄰悔且傷剖石出美玉璺蚌露珠光禮質雖鄙

陋今日見中殤

又

野田秋茫茫俗鬼方揶揄汝身今始逸去臥莫踘
躅為人別貴賤為鬼論賢愚汝應為鬼雄羣鬼難
與爭在世苦無歡謝世乃有名我友方夫子雲干捐
錢治丘塋殮形厚衾襯表德題碑銘隄樹綠隴前
喔喔村鷄鳴蘆葦霽日來夕風颯然清行人駐馬
弔樵牧有歌聲一歌岧岧山再歌深深水忠信有
倚藉不愁路傍死

七歌

嗟哉我父逝不還一棺常寄他人田田中水闊波
浪白渚禽夜叫聲淒然傚廬去此地幾尺陌阡經
歲無人跡父在曠野兒在室淚眼望望終何益北
邙土貴黃金少毛髮鬔鬖兒已老世人賤老更羞
貧寸草有心向誰道嗚呼一歌兮歌音淒乳鴉聲
苦山月低

又

嘗見里人稱母壽抆淚即思我慈母慈母謝世值
饑年棺衾草草何曾厚我昔抱痾母在時千里就
醫不相離調兒形容一何瘦涕淚落入手中糜只
今災荒生計拙茆檐臥病對風雪昔日食中母淚
多今日病裏晨炊絕嗚呼二歌兮歌辛酸孤身無
倚海天寬

又

叔兄昏夜行閭里突遇惡少椎擊死前代之冤今
不理嗚呼伯兄慟不起伯兄一櫬羈南莊叔兄一
櫬州城傍兩兒白骨亦難聚安望死生同一鄉我

兄我兄昔有四出門入門今少二海內誰為擊筑
人懷裏空存不平事嗚呼三歌兮淚縱橫寶刀為
我牀頭鳴

又

寒鴉偏叫四兄室四十獨宿到五十中夜擁絮身
苦醒不恨日出恨月出仲兄垂老更多疾歲儉門
衰千慮集黃金錯買里人田白頭難覓忘憂術幾
人索逋幾催科中庭雜沓無虛日嗚呼四歌兮歌
未央失羣飛鴈不成行

又

夫沒三月兒出腹我妹心苦無人告四體饑困不得乳兒哭母哭聲滿屋紝績一日得十錢手作口哺到三年昨夜燈前初學語向舅呼翁音楚楚兒語翻令阿母悲急掩兒口淚如雨嗚呼五歌兮雨霏霏孤燕將雛何處飛

又

朝尋道人夜臺去王劍爲僧身亦死故鄉三益存者誰樊上荷鋤王仲子仲子學稼我問津欲訪江

南舊酒人賃舂賣卜各鄉縣天下英雄受貧賤慘澹關河落日微眼昏髮短幾相見嗚呼六歌兮歌晞噓篋中空滿知交書

又

夙昔常輕萬里途出門大路成江湖波濤洶湧魚龍亂車輪馬足胡爲乎逡巡持斧采枯木雪花倒落叫鴻鵠歸來餓子牽衣啼甕下有薪甑無粟豯友網得尺半鱗就余沽酒言苦辛下山晨月去如水時不再至徒傷神嗚呼七歌兮終惆悵志士顏衰心益壯

嘉樹詞

閣中有嘉樹三月好花發年年此時節遊子在天末天末軒車來幾時顧影徒矜妖冶姿狂風一夜催春老落盡榮華君不知

臨場歌

雖曰窮竈戶往歲折價何曾少逋胥役謂其逋也趣官長沿場徵比春秋兩巡邏來竟成額例兵荒之餘嗚呼誰憐此窮竈戶

掾豺隸狼新例臨場十日東淘五日南梁趨役少遲場吏大怒騎馬入草鞭出竈戶東家貰醪西家割彘殫力供給負却公税後樂前鉦鬼咤人驚少年大賈幣帛將迎帛高者止與笑月下來日相過歸比折價笞撻未歇優人喧闐危笠次第賓客登筵堂上高會門前賣子鹽丁多言箠折牙齒

寄吳公調　余去歲往淮時公調尚客余里

昔日窮愁裏看余發舊林懸知遊子況尚在故人心書去夢魂遠花開離別深喈喈啼綠樹求友愧

春禽

題張良進履圖

大怒椎秦博浪中，壯心急遽笑英雄。入前雙履慇勤進，喜殺橋頭黃石公。

題卓文君當壚圖

聽罷清琴傍綠罇，如花麗色照當門。臨邛日暮酒徒散，笑視夫君犢鼻褌。

絕句

白頭竈戶低草房，六月煎鹽烈火傍。走出門前炎日裏，偷閑一刻是乘涼。

河邊廢塚

長眠誰可免，念汝在河隅。泥土已摧盡，兒孫應久無。方將憂陷溺，豈暇辨賢愚。死後復飄泊，人生多此軀。

落葉

枝上曾幾日，夜來秋已終。又隨天地意，亂下戶庭中。不靜月斜處，偏驚頭白翁。何須怨搖落，多事是春風。

吟詩秋葉黃圖爲吳介茲題

離羣已三年，悵望惟搔首。展圖看秋葉，無意逢我友。生石爾何思，景物供攬取。高吟豈不快，賞音有人否。疇昔會康山，寒色徧槐柳。此境頗彷彿，幾欲就攜手。攜手不可得，黃葉愁人心。爾如葉在樹，我如葉出林。蹤跡日東西，念爾長獨吟。

過史公墓

纔聞戰馬渡滹沱，南北紛紛盡倒戈。諸將無心留社稷，一抔遺恨對山河。秋風暮嶺松篁暗，夕照荒城鼓角多。寂寞夜臺誰弔問，蓬蒿滿地牧童歌。

懷汪舟次

不覺一年盡，凜冽閉空館。愁至又逢夜，夜長歲翻短。前日君遠來，乍使貧家煖。萍葉依藻絲，風波易飄散。村村梅花開，江山雪飛滿。

送友

緩急爾何賴，道旁皆傭夫。分明跨下走，相視惟踟躕。枯罌思酒漿，空掌思干將。干將令怨平，酒漿使愁忘。二物不能得，櫂船夫避讐。堅鋼忽繞指，翔鷹

聊變鳩鳩鳴前村晚細雨開梨花行人欲借宿誰
是魯朱家

郝羽吉寄宛陵棉布

澗上老人心悽悽無衣歲暮嬌兒啼多年敗絮踏
巳盡滿牀骨肉賤如泥出門入門向誰告唯有朔
風過破屋我友何繇知此情遠寄宛陵布一束大
兒次兒意忽足小兒懶就簷前旭老妻裁剪自矜
能還餘一端作翁服對雪何須命兕觥看梅自此
尋蹊曲高卧窮濱二十年無端今日受君憐卜築

還期入山谷桑麻翳翳雲霞鮮稚子讀書婦織素
兩人一耒同畊田

贈孫八豹人

有明風雅推西秦前有獻吉後豹人獻吉直道事
天子諫諍不顧胥小嗔男兒抱才復得志進退榮
辱懷俱伸豹人生也獨不辰天地兵荒二十春奇
士落落淪草莽關河相對長酸辛詩紀甲子身去
國柴桑出處杜陵貧遊越遊吳髮盡白無聊又卜
刑上宅客橐虛名剝啄頻披衣欲出還蹙額車馬

紛紛徒汎愛妻兒依舊炊無食蕭疏樓頭鳴鼓鼙
葦相祠前長荆棘鄙人曳杖叩蓬門香醪斟酌蕉
陰碧微醉顏熱忽不懌呼余與語淚沾臆從遊赤
松是幾時我輩衰頹眞可惜

哀羊裘爲孫八賦

孫八壯年巳白頭十年歌哭古揚州囊底黃金散
巳盡笥中存一羔羊裘晨起雪渚渚取裘覆兒女
亭午號朔風兒持衣而翁風聲雪片夜滿牖殷勤
自解護阿婦裘之溫煖誠足珍不得衆身爲一身

吁嗟乎長安天子非故人羊裘冷落對邗水他年
姓字齊嚴光今日饑寒累妻子

內人生日

潦倒巨園二十秋親炊葵藿慰余愁絕無暇日臨
青鏡頻過凶年到白頭海氣荒涼門有燕谿光揺
蕩屋如舟不能沽酒持相祝依舊歸來向爾謀

王太丹死不能塟吳次嚴汪次朗賻金發喪
感泣賦此

朝尋齋外飛野鶩人跡不到如窮谷中有老友王

太丹經年臥對蕭蕭竹故鄉故人吳賓賢往往慟哭來齋前客問哭何為哭我老友不能歸妻子就食去老友將與他鄉狐兔蒿艾相因依哭聲遠傳赤岸鄉吳子次巖中夜獨起心傍徨不重黄金重白骨一緘百里忽寄將汪子次朗同心侶車過朝尋腹酸楚可憐西風雨雪天袖底餘錢盡皆與吁嗟乎次巖從未一識王太丹太丹平生友且為雲為雨況身沒已久安能戚戚戀戀遥相關吁嗟乎次朗心悲朋友死為客曹叟昔喪淮南陌賴子贈

金錢旅櫬歸窀穸至今山中未死者稱子義俠猶籍籍吁嗟乎賓賢不能埜友徒愀然若非二子交何繇全始信兄弟多在四海間吁嗟乎太丹今就舊山高低野草白左右溪流寒詩魂月下來長夜方漫漫

吳谿送汪虛中兼懷吳後莊

凜凜歲寒天送君歸舊川溪光浮佛舍塔影壓漁船客路閒雲外家山落照邊不愁逢酒伴囊有賣文錢

送汪耳公之沙丘

沙丘宜遠望三十六湖前下第去為客含情獨上船詩書成皓首妻子怨青氈不寐聽鳴雁蘆中曉月圓

送吳仁趾

二月秦郵路蒲青荻長芽湖波低落日驛柳聚歸鴉風俗多漁父閭閻半酒家鄉愁隨處少況乃値桃花

又

去年同送客載酒入菰蘆松柏露筋廟波濤甓社湖春風幾人別暮雨一舟孤明日盂城泊知君憶老夫

谿頭

谿頭有芳樹茂葉秋尚碧主人門館閒偏反常自得惡蟲何處來張喙入我宅延延潛陰底恣喫弗暫息食足生子孫分據枝南北侵擴若固有俱忘身是客須臾軀體肥與樹同一邑樹悲不能言形神但跼蹐供給漸難支饑窘倏相迫葉盡族類死

貪戾成狼籍悔不身微時留菜遲遲食

揚州雜咏

董井 漢董仲舒先生舊宅內

一泓漢家水苦深汲者寡當日供大儒今日飲戰馬

瓊花 揚州志云宋慶曆淳熙間兩移植禁苑皆踰年而枯送還揚州榮茂如故

荆榛滿荒臺奇花不可覩聞道芳菲時只愛揚州土

玉勾斜 煬帝葬宮人處

莫嘆他鄉死君王也不歸年年野棠樹花在路傍飛

第五泉 張山人品次

山人不可遇石甃久蕭條我乞僧家火時來煮一瓢

平山堂

荒丘青草深永叔沒已遠日落荷花香長隄一僧返

隋隄

何地春最多隋隄臨淥水飛飛揚柳花愁殺行路子

浮山

蒼黝一片山城中自渺渺春風草不生絕却牛羊擾

梅花嶺

步出廣儲門見草不見樹陌頭往來人遥指梅開處

登康山 山以康海先生得名

康公急友難喪名無慍顏夙昔懷高蹤荒丘始躋攀木葉下淮甸冥鴻去不還俯仰何所遇但有江南山想見浩歌時清風庭戶間

又

終歲羈人寰登臨忽生趣夕陽澹澹斂倒上城頭樹同人命素甕言笑罕塵務草根來蛺蝶沙渚宿鷗鷺龍鍾不還鄉羞見東西路

風潮行

辛丑七月十六夜夜半颶風聲怒號天地震動萬

物亂大海吹起三丈潮茆屋飛翻風捲去男婦哭泣無棲處潮頭驟到似山摧牽兒負女驚尋路四野沸騰那有路雨灑月黑蛟龍怒避潮墩作波底泥范公隄上遊魚度悲哉東海煮鹽人爾輩家家足苦辛頻年多雨鹽難煮寒宿草中饑食土壯者流離棄故鄉灰場蒿滿池無鹵招徠初蒙官長恩稍有遺民歸舊樊海波忽促餘生去幾千萬人歸九原極目黯然烟火絕啾啾妖鳥叫黃昏

朝雨下

朝雨下田中水深沒禾稼饑禽聒聒啼桑柘暮下雨富兒漉酒聚儔侶酒厚只愁身醉死雨不休暑天天與富家秋櫓溜淙淙涼四座座中輕薄已披裘雨益大貧家未夕關門臥前日昨日三日餓至今門外無人過

九月四日吳雨臣見過是日雨臣初度

俱是先朝戊午生相知端不爲同庚黃塵戰伐無年代白首漁樵此弟兄萑葦人稀雙鴈下茱萸節近一谿晴疎籬陋室秋光在莫厭頻來酒共傾

舟中九日

過節淒然病裏身強披敝褐對江津初霜白鴈隨遊舫故國黃花怨主人幾度登臨成老大半生飄泊喪精神干戈滿地親朋遠愁見茱萸刺眼新

送方爾止

出郭朔風吹敝裘亭皋東望使人愁隋宮綠酒離前飲魯國青山老去遊寒鴈背羣飛夕照霜砧何處搗殘秋欲攀隄柳增惆悵黃葉蕭蕭落馬頭

送吳仁趾北上

河干落月明林木晨裝悉攬衣欲何之候已鳴蟋蟀西北路如矢丈夫門始出鶴飛曠野低馬走金風疾行人倏不見空見長安日

又

長安盛公卿錦衣動朝曦毛褐不需同姓名翻易知浮譽詎足恃驕人未可爲平生臥蘆葦疎散如鳧鷖此鄉應接多且免寒與饑

又

鳥跡世無傳汝也攻篆刻用刀金石間只似用筆

墨馳騁見老態聰明行古式晉唐字屢變末俗沿
陋識斯人李蔡後李斯蔡邕書法一生已

又

黃山程仲子飛濤抱琴亦北遊城郭糞壤飛松風自
颼颼菊開試攜手不異栖林丘入門思巢許出門
見王侯京華可避世何必五湖舟

贈汪秋澗

秋澗九尺軀雙腕最有力自稱草野臣提刀能殺
賊家破讐未報亡命走江北黃金買紅袖將身委

聲色荒淫不得死無聊弄筆墨赭顏與黃蓳生氣
盈絹幅時賢慕絕技他鄉遂謀食懷中一寸心到
老無人識

翁履冰行

老翁履冰手挈稚孫釜甑塵積貸粟前村村農穀
富莫肯念故翁別倉庾跼蹐歸路富人如虎顏色
難干風壓河心骨重心酸翁泣語孫生無一可河
伯應聲冰開人墮其子望見急遽來援欲引轉仆
骨肉纏綿一門三世齊陷波裏飛鴈哀號無手救

衛

答贈王幼華

郃陽王伯子爽氣松林秋名成不出仕擔簦來揚
州非無薦紳交樂與漁樵遊籬花黃一城訪我城
南樓攜手出邗關喟然登古丘翩翩雲際鶴何事
隨海鷗寒原落日下木脫風颼颼與君共無衣歲
晏豈不愁

菖蒲詩

程雲家入萬蘿峰十里行澗石邊遇菖蒲

采之不得離石並石采之繇歙沃植至越
至江淮止於南梁館舍新水清泠寒翠掩
映蒲根石稜不可辨別賞弄之次賦詩四
首以贈雲家

鬱鬱菖蒲細葉脩然生長山中不知幾年清氣在
澗碧叢近泉自憑靈虛露沫受烟

又

菖蒲鬱鬱幽人采采顧戀峰壑根抱石起石實生
我形氣不解纏綿出雲遷轉伊始

又

何以乘之晶晶玉杵何以漉之泯泯甘瀾故巖棲身客水妙顏越江吳岫隨君往還

又

遊駕安稅荻岸茆叁奇卉至止海樹裏徊窗隙風度水中月來禁吾衰晚遲爾花開

淒風行 傷饑竈也

淒風細雨何連綿晝暗如夜飛濕烟幾千萬家東海邊六七十日無青天生計斷絕老人幸先就下

泉孩提無襦長隨母眠阿母眠醒腹餓不得眠壯者起望西鄰乞食廛市不復來還迴望東鄰入口閉柴扉扉外青草春芊芊水響潺潺鬼泣漣漣官長愍然分俸糴穀更日久勞苦勸富戶各出糴穀金錢富戶躑躅聚議此戶彼戶一斛兩斛商量捐

江邊行

江邊士卒何闒闒防敵用船不用馬督責有司伐大木符牒如雨朝暮下中使嚴威震舊京軍令還愁不奉行親點猛將二三十帥卒各向江南程江南誰家不種木到門先索酒與肉主人有兒賣不服供給焉能屢其欲老松古柏運忽促精魂半夜深山哭一一皆題上用字樹樹還令運出谷出谷到江途幾千將主騎馬已先還家貲破盡費難足衆卒仍需常例錢道路悲號不住口槎枒亂集成山阜一朝舟檝滿沙汀只貴數多不貴精君不見揚州戰船六百隻輸盡民財乘不得寒潮寂寞葦花開日暮灘頭渡歸客

鄰翁行

鄰翁皓首出門去慟哭悔作造船匠伴無故舊囊無錢此去前途欲誰傍聞道沿江防敵兵造船日夜聲丁丁工師困憊不得歇張燈把炬波濤明監使還嫌工弗速如霜刀背鞭皮肉肉爛腸饑死無數拋却湖邊飽魚腹力役人稀大將嗔遠近嚴搜及老身眼看同輩死亡盡衰羸焉有生歸辰回望故鄉妻與子蕭蕭落木西風裏爨下連朝方斷炊柴門寂寞無鄰里常憑微技日圖存微技誰知喪一門君不見船成蕩漾難舉步千檣萬櫂蘆灘住

增金急募駕舟人有司又派江南賦

汪大生日

八月八日發桂香汪大生日人稱觴老夫笑與汪大說君之生日是二月君不見二月四日天地昏神鬼號泣沙石奔北風怒吹乾江棹棹折纜斷舟船翻蒼鼉老黿列南北張牙磨舌待人食君也沉沉疊浪中但言此身死不得須臾如有物湧身出浪頭浪頭四體輕開眼見覆舟奮臂一躍上舟底水苦滑滑按折指蕩漾波心逐野凫回看僮僕尸

浮起月不明雪千里氿氿漸覺灘瀲邇起向江村問路歸為人又從今日始

挽饑母 饑白眉母

金石有銷毀人生豈長堅潛寐何時醒愚智同丘樊令德式閨閫膚髮親黃泉黃泉呼不應嬌兒日暮還到家如夢寐拭淚庭闈間籠中有藥裹棬中有饔飱入室欲反哺不見病母顏明膏鎮中腸煎迫詎可言

又

丈人樂施予房中志不違金盡君莫愁苟有嫁時衣受者得意去予者空手歸無衣天更寒災至歲云饑赤子內入懷女紅易餔糜窮櫚値夜深霜風裂人肌手僵欲得火窺竈無然灰依倚爨下薪紼績待晨曦

又

憶昔燕城破白刃散如雨殺人十晝夜屍積不可數伊誰豢不戮鬼妻與鬼女紅顏半偷生含羞對新主城中人血流營中日歌舞誰知潔身者閉門

索死所自經復自焚備嘗殺身苦崩榱墮檻底偏存命一縷事定夫也歸故妻出垣堵禍害百萬家無恙獨此戶仰面謝蒼天回頭案重舉

又

靈山無頑雲古松無麗英人子娛父母豈必身顯榮阿翁事遠遊春暉掩柴荊慈母為嚴師誨子心怦怦旦夕何所授漢書與孝經經書雖陳言所貴能躬行願兒為曾參願兒為陳平曾參敬其身家貧有令名陳平席門外長者多車聲

茉莉

深閣晚粧近，爭開羅綺前。芳馨風綏綏，採摘月娟娟。種自宜南土，根難到隔年。北來烽火靜，處處賣花船。

藕豆棚

僻巷都栽豆，縱橫蔓幾層。陰森時倚杖，實小預期朋。涼露晨光聚，寒蟲夜語憑。自慚非老圃，蔬食入秋增。

賣書祀母

母沒悲今日，兒貧過昔時。人間無樂歲，地下共長饑。白水當花薦，黃粱對雨炊。莫言書寡效，今已慰哀思。

集江曙生南城別墅

南城五株柳，高士一家邨。人跡隔溪水，秋聲在葦門。客來烹野菜，自起倒清罇。幾載離羣恨，燈前總不言。

客悔齋送汪舟次之龍岡

正植梅花開草堂，扁舟何事去天長。家園入夢同遥夜，老病無依各異鄉。藥裹半囊爲旅食，詩篇幾帙是行裝。他時見月應相憶，君上龍岡我蜀岡。

陋軒詩卷二

泰州吳嘉紀野人著

海潮嘆

颶風激潮潮怒來高如雲山聲似雷沿海人家數千里雞犬草木同時死南場屍漂北場路一半先隨落潮去產業蕩盡水烟深陰雨颯颯鬼號呼隄邊幾人魂乍醒只愁徵課促殘生斂錢墮淚送總催代往運司陳此情總催醉飽入官舍身作難民泣階下述異告災誰見憐體肥反遭官長罵

碾傭歌

殘夜不寐聞傭者鞭牛碾稻伊嗚而歌陋叟爲衍其義

月照地上霜人來碾稻輸官糧夜清剝啄聽不誤忽忽夢裏披衣裳碾軸轉轉欲見米米糠分別風車底吾儕勞苦不用愁驅走不寧更有牛大牛且休息小牛當努力不見蓬蒿深巷中主人昨暮炊無食

又

颺場朔風度臂有鶉衣足無屨疇昔田禾豐稔時積得餘糧常易布碾軸轉轉初見米市人爭糴風車底吾儕困憊敢不歡今日得食休論寒粗者委妻子精者奉主人不見隸催碾餉急主人三日不迎賓

秋霖

破屋暮寒生秋霖不肯晴借糧鄰老厭衣葛里人驚聲慘憐鵁鶄花鮮怨決明天涯有鮑叔早晚訪柴荆

長林吳處士

長林吳處士白首客江干沽酒錢應盡思家月自看久貧親友薄多病歲時寒雙鯉無人寄何辭勸爾餐

一錢行贈林茂之

先生春秋八十五芒鞵重踏揚州土故交但有丘塋存白楊摧盡留枯根昔遊倏過五十載江山宛然人代改滿地干戈杜老貧囊底徒餘一錢在桃花李花三月天同君扶杖上漁船杯深頹熱戈市

遶郄展空囊碧水前洒人一見皆垂淚乃是□
□錢

客中七夕時與汪長玉別

斜月照天河牛女遥綣綣如何同此夜人間天上
異懽怨昔爲深山石今爲出山泉可憐皓首飄零
客來飲君家離别筵杯闌慷慨歌一曲君上扁舟
毋躑躅吉水溝頭楊柳黄望江城外醽醁綠

看雪行贈揚州少年

雪高一尺雪猶落東家西家會少年追歡不顧野

無路浪用只憑人數錢一時齊披銀鼠襖有客獨
著猩猩氊孤舟泛出揚州郭梟馬飛上平山顛老
鷹僵死柳樹折茆屋壓斜藤蔓纏隔江看山坐僧
榻臨水憶鱖呼釣船大甕沽來浮蟻綠行厨炙熟
蚌蝛鮮何須訪訊戴安道郄笑寒酸孟浩然俗人
遊熱爾遊冷如此繁華劇可憐

鄰家僕婦行

主人妻没啼赤子賤妾乳哺置懷裏妻没主人產
亦破草青門戶雞犬餓夫子束裝擔兩頭與妾昏
夜適他州戀此襁褓未能去夫也怒罵去弗顧短
簷黄雀雙雙飛對影難禁涕暗揮牀上呱呱泣不
已牀下餔糜重料理妾無夫主有子敢怨獨宿饑
寒死

破屋詩

避喧數椽在谿北苔巷蓽門意自適鄰舍無繇窺
我貧幾年全賴此四壁壁老土柔力漸微或傾或
側紛狼籍野貍黠鼠恣來往青天色冷接牀席妻
子常驚瓦礫聲勸吾修葺苦逼迫昨夜雨歇天作

霜烈風怒號落吾宅宅舍壓倒存一半其下兒女
聲喈喈倉卒提攜出戶來草中坐待朝日白日高
舉室喜重生雖失栖遲翻不惜君不見昔日巍巍
公與侯朱門畫棟雲霞流轉眼蓬蒿生甲第身死
還爲當世羞何如野老斷垣敧柱下骨肉囙依無
所求

送孫豹人

眼暗我行路頭白君問津同是衣食計天涯成老
人咫尺會面難況隔吾與秦尋常一壺酒斟酌情

倍親瘦馬饑嘶野枯蓬轉入壟離別何足道悲君
多苦辛

又

關河霜月在槭槭黃葉飛鴈行傍遊子西風凋布
衣豈不憚行役同氣人久違下鞍逢菊花香醴慰
渴饑晚歲骨肉重家貧聚會稀鄙人有老兄來朝
亦東歸

税完

輸盡囊中麥税完不受責肌膚保一朝腸腹苦三

夕

送貴客

曉寒送貴客命我賦離別髭上生氷霜歌聲不得
熱

答櫟下先生

窮冬伏枕何人問櫟下先生寄我詩遠問只愁身
便死憐才幾見淚霑頤（來詩有把君筆墨淚交承之句）吟成梁甫
徒增慨老遇鍾期不厭遲氷雪谿頭扶病起爲君
珍重夕陽時

城閉不能出汲江水汪舟文乞諸豆腐店得
水半甕煮茗供余喜賦

故人憐我渴無賴去汲江流逢閉城賂出路傍殊
可愧擔來竹下有餘清不愁旅夜衰年病共對空
齋落月晴茆店雞鳴天欲曙夫妻竟爲罷謀生

贈歌者

低聲緩轉小絃柔冷雨凄風送暮秋蕩子不知緣
底事酒醒燈下只搔頭

歲暮留別鄭仲嬰

朱瑟奏高堂絲絲相纏綿丈夫久飄零焉得不受
儕偶憐天都鄭生肝腸厚伯通廡下歡攜手昔人
殺身酧一言何況寸心贈我久竹西歲暮官梅香
君懷老母我思鄉釣船明日東洵去君亦負米鑾
江路看君事事如古人窮經不厭多苦辛不見蔡
澤無媒伏生老蓬蒿終不沒其身

懷江象賢

邗江三月半孤客此時情病起家重憶愁來野自
行落花關外舫嬌女竹西箏無數繁華子春風送

出城

重遊邗上途中寄懷周櫟園先生

病裏又爲客登車聞曙雞海明殘月上野闊數星低憶昔吟梅下同君在竹西來朝過舊館碧草正萋萋

五月初四夜

令節我何嘆頻年天一涯宿烟孤館樹啼雨五更鴉老去病除酒夢中身在家幼兒依阿母頭戴石榴花

陋軒詩　卷二　七

新僕

語少身初賤魂傷家驟離饑寒今已免力役竟忘疲前輩親難慳新名答尚疑猶然是人子過小莫愁笞

得周僉憲青州書

北風荒城來緼袍少顏色欲歸家苦遠尋友路不識故人青州宦清貧食無魚相憶三千里冰霜寄尺書開書竟何如分我以俸錢攜歸盡糴米妻兒過凶年

哭吳雨臣（歙縣人諱元霖自號古迂甲辰九月十日覆舟皖江溺死）

男兒終一死溝壑亦堪息所嗟七尺軀乃爲蛟龍得常聞抱忠信可以履不測斯人忽淪喪天不與有德波濤浩茫茫閨中愴胸臆日暮彈箜篌哀音正悽惻

又

壬辰歲云凶盡室命如縷君解囊中金趣我出行賈販薪白駒場糴麥清江浦腐儒得利歸笑視署不取妻子活至今叔牙隔泉土南望九江雲思君淚如雨

陋軒詩　卷二　八

登觀音閣（隋妃吳絳仙梳粧樓舊址）

荒丘蕭瑟絕人蹤坐看江南遠近峰隋苑杪秋還落葉平山亭午正鳴鐘草間雜沓誰家墓樓上梳粧舊日容多少繁華今已矣西風吹老木芙蓉

再登康山

南郭登臨值好天草堂風景尚依然樹頭葉落空巢裏江上山青夕照邊愛有謌童催客醉慚無樂府使人傳梅開雪霽還來此倒盡殘鐏一枕眠

寄孫八豹人

蓬蒿满城郭孫八客其鄉明月連宵好秋風古寺凉借書攲枕讀沽酒喚僧嘗須遣羇愁去天涯髩巳着

孫八期過人家看菊不果 同郝羽吉分韻

溪上誰家菊開扉任客看杖藜方有興風雨忽無端昨夜燈光裏茆亭水氣寒徒憐泊船處花影出闌干

郝羽吉寄梅

歲歲貧家地春風長綠苔多情江上客遥寄嶺頭梅嫩蘂他時碧繁花到日開茆檐雨雪霽沽酒待君來

雪後夜發寄南梁徐子飲

風雪夜半晴水聲喧古渡海門明月起照徧淮南樹褰裳望伊人獨泛扁舟去野田鴻鴈鳴何處南梁路

又

南梁近東淘雲水接氛氳孺子門前樹雞鳴我當聞昔者造其室酒漉枯魚羨積雪壓檐竹搖光夜紛紛

又

紛紛竹與梅清芬結為友孝子養雙親娶得賢慧婦古髻新裝束精妙世希有入門未三朝羹湯持在手

又

手中復何攜青錢穿紅繩數去沽壺漿醉君堂上朋阿姑不厭客内助爾更能曲澗發林花好景何

層層

哭妹

百年各有盡勞者身先朽吾妹是窮民何嘗願老壽委化蝸舍中乳鴉啼門柳人間送死具傷哉十缺九箱昔親故稀霜雪凍窻牖紡績撫遺孤饑寒為寡婦孤兒未成人中道失慈母往時餅與餌今口不在手

又

前日欲出遊臨行妹致辭淚滴咽喉瘖意說永别

離悲風從天來摧折庭樹枝骨肉死亡至我行將
委誰不行餅桁空兒女號寒饑躑躅未終日此意
妹已知蒼惶就下泉及我在家時

送鄭小白之泉州

出門逢暮春花落大江濱一水連三浙千山入八
閩聽猿榕樹暗下馬荔枝新羈思何能遣沽醪有
主人

難婦行壬寅六月瓜州事

寧為野田莠不為城中婦莠生雨露培婦命如塵

埃江頭六月舉烽燧東南風吹戰艘至官長首嚴
出城禁嬌娃豔婦縮無地愚者爭向船艙匿覆木
覆石水關出木下石下塡人膚日蒸氣塞人叫呼
舟子耳聞眼不顧往來邏卒逢無數短篙刺刺漸
離城岸上骨肉喜且驚夫來挈妻父挈女開艙十
人九人死吁嗟乎城外天地寬如此此身得到已
為鬼家人畏罪不敢啼紅顏亂瘞青蒿裏

東家行壬寅六月揚州事

東家錢多高興發娶婦無端當六月婦家愛女竟
不辭楚練齊紈日夜治治成衣裳粧次第上着六
層下着四綿綿纏纏直到老風俗舊例重綿襖一
事違俗恐弗吉阿母不肯纖毫少女兒低頭泣無
言擁入繡輿簫鼓喧眼見新人就火堀安能忍死
到夫門夫家賓客實萃屋爐燃松焰几燒燭到處
骨肉皆鬼伯忍將餘生相廹促有生歡樂轉成悲
始悔爰天作事非裹尸更不需繒帛送嫁衣為送
死衣

楊蘭佩招同諸子泛舟

火雲蒸萬戶何地覓微凉柳樹隨隄曲荷花出郭
香繁華看舊苑老病入歡場一任笙歌亂淸譚自
野航

次韻答黃鳴六見懷

簁簁雙鯉下邗溝直向東洶去不留從尾至頭長
尺五為君傳得萬尋愁

又

城西水氣未生塵白鷺紅橋是比鄰籊籊竹竿期
不至荷花惱殺釣魚人

又

乾坤何處可題詩攜裏江山雨洗時時鳴奇畫六水起峰低人不見雲生樹冷鶴先知

九月二十二日揚州城西汎舟同諸子各賦一題得荒寺

衰草逼隋宮禪房秋寂寞日斜僧不歸落葉驚黃雀

酒旗和汪舟次

甕中釀已熟欲喚銜桮者秋晴客未來搖蕩柳陰下

秋原和郝羽吉

曠莽蕪城西風高草蕭索射鵰駿馬來狡兔走撲朔

黃葉和程飛濤

枝頭霜露寒秋浦轉生色茆屋在其中蒼茫不可識

和詠老人燈

閭閻子弟氣崢嶸何事高年市上行鶴髮入塵心易熱龍鍾遊夜骨偏輕衣存舊式同袍少杖近歡場去路平南極一星相掩映餘光不用與人爭

又

妄京閱歷已成衰襟抱分明欲向誰謾作有情隨景物聊憑徵焰見鬚眉鼓鳴稚子諠相引簾捲佳人笑且窺擾擾六街來復去風光還似盛年時

冶春絕句和王阮亭先生甲辰清明作

良辰恰好值天晴城裏居人盡出城不怕春風欺老態也臨邗水過清明

又

幾家杏花春雨後幾家梨花溪水隈畫船不厭朝朝上芳樹須教緩緩開

又

水邊深樹鳥聲和樹下輕風吹笑歌惱殺紅橋賣漿媼韓家園子醉人多

又

輕薄兒郎放紙鷂一絲牽引入青雲蛺蝶喜歡飛不倦雙雙只傍石榴裙

又

老圃醉眠庭樹根樹陰拂拂揺蔓菟牆頭一鵲叫
不醒飛下灌花古瓦盆

又

天上紅日已亭午划船正去浪船還妖姬相見不
相喚各撥琵琶過水關

又

雜管繁絃奏野航聽來聲調是伊涼邊關子弟江
南老今日曲中逢故鄉

又

岡北岡南上朝日落花遊騎亂紛紛如何松下幾
抔土不見兒孫來上墳

題舒樓贈徐蕢階

隋珠欲自珍斂輝就魚目斯人慕黄綺棲止在塵
俗高臥朝已昏相知樵與牧雨晴一登樓野色悠
悠綠

又

谷風稍起蟄蔆菱入闕門好鳥幾時來已啼鄰家

園端坐閱時運羣生各就暄惟有紫蘭花相看兩
無言

又

仲宣昔望會檻外山崔嵬鄉思結雲木楚風吹不
開登樓客已遠作賦誰後來念汝月嘯咏鬢絲垂
到顋

又

平生共鄉里谿上對宇住夜夜水中月照青東西
樹野艇散漁燈烟林醒宿鷺岸曲板橋長相尋互
來去

夏日題程梅憨洗桐圖

秋蘭娱屈子籬菊媚陶公如何程梅憨乃好青梧
桐翳翳蔭林堂蕭蕭緣澗水已堪託琴書還畏雲
泥滓澗聲上樹飛林氣濕人衣炎暉炙四野此地
陰霏霏眼底無纖塵心神亦清絕翻笑潁上翁祇
令雙耳潔

程聖瑞坐中聽吕方旦彈琴六首

住山徒夢想過日在塵埃鶴髮人無賴龍脣客抱

又

暨陽譙習隱程氏有諸男耕釣年皆少風騷與白
酣君山遊雪後吾道寄江南想見聞琴處梅花碧
水潭聖璘族人川伯仲旭季和客江陰閒方旦琴皆有詩

立冬前一日過施發若別墅看菊見贈黃白
二本

板橋谿上入垂楊殘雨霑衣草路長客菊叢叢爲
圃地疎籬曲曲讀書堂羣安脆弱凋寒野獨蓄芳
菲發夜霜節概挺然當歲暮人間何必貴松篁

又

陰晴終歲荷栽培淺白深黃次第開野水孤茆塵
隔絕斜暉三徑客衰徊名傳湖上初逢賞種自昭
陽遠購來高趣主人偏會意寒芳分贈老夫同

又

枝上烟霜暮不嘶蒼頭提抱到柴扉可憐小室籬
花滿自笑空囊酒伴稀夜靜燈前香漸漸寒生壁
上影依依田間嗜飲陶元亮發興還應待白衣

又

來野烟初綠樹村雨欲黃梅忽似雲峰裏松濤萬
壑哀

又

軫促商音至林虛物態生晚沙摇月色鳴雁落秋
聲海近七絃闊風吹四壁清只愁幽響散自起掩
柴荊

又

花鷁先生里杯香處士家無心成聚會揮手作烟
霞泰岱遊榮叟滄溟泛伯牙不須矜古調時俗重
琵琶

又

大雅難爲和庸人强辨音自憐惟匿影俗賞轉傷
心門内林泉在襟前涕淚深君看東海老行坐亦
孤吟

又

韓錢吾老友宛平韓卲蘄縣錢肅潤皆善琴疇昔共孤舟燈下漁
樵曲江干草木秋薊雲沉浙水越梗轉燕巳生死
無繇見關河萬里愁

江淮秋盡轉繁華，菊蕊香中賣酒家。杖掛青錢煩地主，風吹皂帽傚天涯。頻年飄轉身如葉，今日鄉閭老看花。從此荷鑱門不出，海風村雪護新芽。

酒間口號答句曲張鹿牀（大來）韻

看雲藜杖手中持，身在塵埃詠采芝。孟陋布衣須自愛，袁閎土室正堪思。華筵設宴今何夕，老友相逢昔未期。不放淡梧同醉倒，海天霜月雁鳴時。

又

芳馨酒盞日同持，應勝囊中朮與芝。客路野蔬鄉

佐飲，仙鄉山色漫相思。江湖釣艇客誰坐，京雒蒲輪爲爾期。醉鄉故交論出處，自憐牙脫髮黃時。

割肉詩爲新安汪孝婦作

枯魚不可遊，貧室難久居。仁賢懼禍患，殘費到肌膚。兒子遠負米，丈病欲寄書。門外十萬賊，殺人日不休。病者症是膈，中已絕五穀。搶攘孰就救，新婦起躑躅。白日弗照夜，張燈在巖谷。仰告頭上天，俛視臂上肉。肉隨利刀下，自糜作羹湯。忍痛釜甑際，天角東南明。上堂先進湯，上堂再進羹。羹湯甫霑唇，翁日胸懷潤。不知病何往，從此復啖噉。果餌意所親，美炙無綴設。鄉舍牆頭問行路，山下說賊衆。得聞之，傳令整行列，毋驚孝婦里。兵馬去楚楚，兵馬楚（上聲）鄉里人，來看饒餉爲（去聲）孝婦。佐翁晨暮飧，醴醮光聚罌，鹽豉味盈簞。開籠見雞跖，受筐得豚肩。于于何紛紛，來往林麓間。借問婦何處，家住松明山。山中多翁媼，孝婦亦有人。誰能顛沛時，遽令翁病痊。蘇耽井中水，韓衆藥一丸。汪家新婦肉，同是仙人丹。

題畢吏部醉眠圖贈方恂如

何以了一生，蝌蚪與酒栖。方生悅吏部，繪畫以寄懷。閉戶靜相對，近前酒味來。塊然樽罍傍，土木其形骸。人生有如此，萬事皆浮埃。只恐比舍釀，不如白墮醪（劉白墮善釀香醪，飲之經月不醒）。醒解俗情至，膓腹難洗滌。吏部眠未醒，方生心已焦。

送雷希樂

海岸試一望，悲風夕蕭蕭。堅冰不可飲，低雁徘徊翔。無以慰其渴，何言謀稻粱。遊子宿酒醒，忽驚非

故鄉出門逢舊識握手陌路旁相識誰相知人各有肺腸柳鳴蒼鷹雛野過短日光故廬在何處惻愴上河梁

又

回頭念若翁芳蕙隱深莽艾陵湖水上高詠結茅宇馬班世空傳沮溺情自苦竹西芙蓉花相對戹同舉宛然一笑言已歷十寒暑我今飄素髮翁乃入黃土殘生寄乾坤顧影悲羈旅論文無知音送子淚如雨

船中曲 繇東淘至邵埭作

石尤何太狂爲惱離家客十里朱顏村到來頭已白

又

流水逢村住行人有底忙去來不一盼菜花他自香

又

船姥憐阿女坐船招女壻蘆葦靜新人淹淚足家計

又

儂是船中生郎是船中長同心苦亦甘弄篙復蕩槳

又

戚墅好泊船湖來雨颯颯圓笠碧蓑衣菱中射野鴨

又

野鴨銜水飛小兒拍手笑寡婦撥船來回頭老鸛叫

又

旗子插船頭客人坐安穩儂聽提督差官兵致來近

又

東家禾不收相從學駕船篙檝勝耙耰日日數人錢

又

斷梗不怨風浮萍不思土鄉園捹棄絕租吏餓殺汝

又

黄牛愛上河白魚愛下河上河樹陰大下河蓮葉多

又

可憐邵伯湖昔湨今安在水中田土來魚鱉走入海

與仔靖弟

吞聲臥蓬蒿顧影驚衰老揭車逢歲晏不若三春草况余實凡材地瘠生意小漫自計珍賤伊誰共

襟抱鶺鴒亦已鳴花葉亦易槁紛紛榮落外吾愛連枝好

又

賤貧欲誰嚮趙壹遭鄉閭翳然枳棘間鴞多黃鵠孤霄漢豈無路羽毛不得舒吾弟禦侮來意氣靡羣夫寒暄時相須如彼葛與裘九月颶風作海色愁閉鷗阿兄把曾酒阿弟佩吳鉤門楫有藉在多難復何憂

又

時俗攻文藝腐氣銷清真悠悠三百年章句困殺人吾叔情何似（弟尊人玉水先生諱纘姬山東庚午舉人）秋天遊孤雲方舒倏然卷惝怳江淮濱堂上歎荻水門外理絲綸風波曾不避葭菼甘自淪清節㬋漁竿呂嚴何足云

又

疇昔童稚時抱文謁吾叔顧我衆人中謂是藍田玉田忽變爲海玉猶未出圓淚眼看滔滔泥途就碌碌清晨侵露出薄暮昧烟歸燕麥炊作餐兔絲

織作衣衣食亦猶人誰知我寒饑回頭念賞音此生幸一遇苦竹不開花春風空煦煦

寄程蝕菴

練江巖岫內沙白葦蕭蕭鶴髮浮孤艇漁竿閱兩朝嶺雲流作瀑澗樹側爲橋不得來携手思君顏色凋

又

曾連老東海周衕臥高車（商雒一名高車山）貧賤同輕世登臨各異居楚雲逢一鴈淮水送雙魚疎懶應容

我三年始報書

廣陵過嘉樹堂贈汪左巖孝廉（時四十初度）

偶遊歌吹地不覺歲時增人疾佯狂叟君稱耐久朋瓦盆栽蕙草石鼎煮江冰賓主繁華外清談共一燈

又

裘弊仍披褐羹香半是葵讀書因悅母祖塾自教兒雪失荒城路風栖勁木枝年華値强仕欲出轉遲遲

又

枳棘叢雖密蘭芝氣自芳處懷鄉親友合德發文章他日謝安石清風田子莊臥看嘉樹大綠蔭滿空堂

又

白岳白雲裏（君白岳人）松門石徑斜半空飛瀑布其下有人家山響猿呼子烟香樹發花幾時隨我友仙境醉流霞

十月六日羅母初度贈詩六首（羅有章懷祖臨思之母）

我有盈尊酒其名曰流霞一酌精神清再酌頗酡欲贈世人飲世間人何多躊躇塵俗內日入抱還家聞有羅生母林下風灑然到門斟一觴酒香梅花前尊酒何足惜要别愚與賢

又

早年良偶偕並影在山林盡洗臙脂妝春沒身獨任石泉流入戶爲君清釜鬵巖谷暇日多提攜試登臨野鹿作山侶風松無俗音鮑桓挽遊駕朱孔樵遠岑雲起翠微中皚皚會人心

又

君子事遠遊門戶將焉恃積蓄稍有餘云是母經理人家有當積毋謂不在此腴田讓叔季寶飾分娣姒娣姒競桃花巳獨守秋瓜割瓜弗棄蒂苦味盈襟袂高義與山齊鬚眉媿巾帨

又

三子何翩翩侍母機杼傍教之夜開書焯焯檠燈明詞華夙所薄榮譽心尤輕賢聖傳人間豈必皆簪纓他人望子顯母乃誨兒藏箕山碧靄靄潁水

流洋洋懷珠被毛褐堂上有輝光

又

長公咏佳句憶昔客揚州詞氣能感人春風共和
柔城郭人民熱仲子獨如秋心慧情易虛堦庭樹
飀飀養母兼事佛茹菜不食牛豔豔槿花發輝輝
螢火流遺榮背微光來伴東海鷗

又

攜家棄新安卜此海陵居海陵稱沃壤其人多荷
鋤出郭新椰來鳴禽如笙竽老人重避世稚子學

爲漁罔首望兵火舊栖已成墟俗澆民必亂慮遠
室無虞故鄉千萬家明哲誰相如

汪持後過訪時有豫章之遊

荷杖若翁後來遊東海濱清吟兼奉養孝子是詩
人狎水沙鷗逸憑風乳燕新還閶訪同調蓽下問
迷津

又

老逢黄叔度相與可忘年忽別海濱月獨登江上
船樹陰迎槳綠荷葉近窗圓泊宿潯陽夜空山聽

落泉

挽鮑念齋有序

念齋諱耀祖父蔓斗乙酉客蕪城四月兵
屠城耀祖在宛陵聞父訃時方九歲往蕪
城尋父屍不得筍中得父敝衣抱歸歲時
泣祀奉母守節母死哀毁成疾因卜地以
敝衣實棺中招父魂同母厝於南梁栽樹
左右日夕攀樹枝哀號灑泣踰年死聞者
莫不悲之

獨遭傷心禍應爲早死人魂招衣當骨淚盡子隨
親孤稚遺天末三棺客海濱手栽原上樹毿毿野
陰新

陋軒詩卷三

擬古　　泰州吳嘉紀野人著

陽春二三月天桃花發紅十五女當壚掩映桃花中錦衣誰家郎過門駐青驄殷勤就沽酒持贈雙玉珫酒直曾幾何郎意良爲儂長跪還玉珫願請陳鄙衷葑菲體誠賤終不爲飄蓬儂雖未有夫何敢謾相從

又

故人千里外寄我以松子再拜受遠遺種植家園裏幹節出泥沙雨露同桃李芳菲如錦時每不令人喜到今三十年舊顏獨不改寸心久弗渝故人亦如此

又

大漠數千里蕭條古邊塞昔時征戰卒但有白骨在故鄉永不歸野魂泣枯萊廟堂策戰勳何年及汝輩北風愁殺人慘澹寒日晦亭堠徒連連守禦漸弛廢衛霍沒已久列士悲且慨

又

暗牖得明膏安用皎月光久客有賢主何須思故鄉酒闌親昵散嗟哉夜未央羇思成苦調錦瑟不在傍出門無人語枯葉下高桑徘徊望廣川何處有津梁

程飛濤送苦蒿酒

又見海榴開鄉園夢幾回老年怕爲客連日只銜杯野月臨新竹城烏下古槐故人得名酒自送一鍾來

又

肺病頻年歲嗔人羨苦蒿此時斟忽滿垂老興初豪飄泊安吾道沉酣賴汝曹今宵容易睡一枕不須高

姪女割股詩　有序

姪女名長仲兄嘉紳女也適曾氏居與兄鄰甲辰冬兄病女時孕四月蒼惶趨省仆地胎墮越十日兄病篤產婦入人家俗以爲忌女至門不得入乃撫楯哭曰去父咫

尺不得一見面耶悲號灑泣感動鄰里歸焚香籲神前刲左股肉股下寘半枯瓠貯血顧所握刀鈍恐家人知不敢礪刲久之肉乃離股然不甚痛其夕糜以餉兒食之病愈女刲處亦尋愈察瓠中血無涓滴也人皆謂神明默佑云

産婦不入門恨殺舊風俗淚眼徒望望門楣分骨肉肉是吾親肉刲以作羹糜婦是愚婦人肅以奉神祇神降清風生糜香老親豫鈍刀全父子人來看空瓠

送汪二楫遊攝山

楫也忽歎壯身纆轗軻笋皮笠子藤杖荷大笑出門訪名嶽先去攝山山頂坐眼看東海夜月升手弄寒空曉雲破叠浪崖名勢連峭壁湧白乳泉名聲自崇嶺作憶昔郝髯偕我來中峰澗中石上臥細苔冉冉終日溼古樹森森兩崖大懸泉曲折遠投澗分散亂從樹根過郝髯倦遊今負瘵鄙人飄泊正苦飢致汝登遊屢回望攜手侶伴少兩箇佳山良

友可怡悅兼此二者誰能那日落且向棲霞寺江峰寂歷歌自和爲我寄語六朝松老幹無恙眞足賀

十月十九日贈王黃湄二首時黃湄三十初度

蘭若生山中花葉自葳蕤芳馨感君子移植白玉墀一朝蒙顧瞻形影何光輝榮華及時敷常恐秋風吹盛年難再得景曜日夜馳老驥伏櫪下努力亦已遲

又

我衰爲傭者君壯稱進士天涯俱窮途出處無一是寒風吹枯桑怒號郭門裏鴻雁哀鳴來遊子塞兩耳感君懷慨慷相逢顏色喜酒酣發悲歌燈前拔劍起聃彼孟嘗門紛紛蹤珠履我曹無其才飢寒何足鄙

善哉行二首

華鐙熲熲命曾調絃親交滿堂誰不豪賢一解名花易零良宵易晨及時弗樂老來逼人二解夢騎虎身竊當麋頷麋頷有角抵觸孤客三解寶刀在手疾豚

橫行勳著人間退守躬耕解四涇水入渭濁我清波
貧賤不廉受辱良多解五

又

車輪薄薄迅如日月逢舊道旁各驚華髮解一黃鵠
自怨騫舉高高顧盼網羅辛苦雲霄解二含意勿吐
竊愧稱夫羣士仰訾潤脣短軀解三夸父逐日帝女
填海雖罕成功志願恆在解四解憂澆夜唯絃與觴
醉彈一曲星辰搖光解五

客中行二首呈關中王季鴻

川陸無人聲層雲黯短日白髮行路子歲暮慘無
色褐敝帶復斷寒軀傴不直陽烏東南飛肅肅振
羽翼水澆舟楫絕徒望舊家室采茶滿懷抱辛苦
人不識低頭還入門脈脈向儔匹

又

淵淵東海水盤盤泰華山爾我結交情豈不深且
堅曾飽重貧賤風流存往編何須歌越謠所願名
譽賢今日美少年明日凋朱顏男兒生一世倏如
雲過天匡衡不讀書今人誰爲傳

送王季鴻之西泠

高堂十二月佇望車輪返浮雲入吳會誰知獨偃
蹇夜起別親人殘月照餐飯鴻雁已北飛斗柄亦
東轉還家未有期冰霜路更遠江樹晨風鳴徙倚
心腸斷

又

雄雄匿澆莽不知毛羽鮮君子在草野幾人識其
賢西湖春二月桃李爭芳妍觀者皆快意遊子獨
愴然此鄉雖云樂不如歸舊川毛義室有親趙壹

囊無錢莫待花落盡山山啼杜鵑

汎舟詞贈程臨滄飛濤

汎舟何處所汎出郭門去郭外蓬蒿滿廢宮盡是
古人行樂處古人不可見今人載酒來烏雅飛出
煬帝塚黃犢走上吳公臺程生兄弟殊英妙酌酒
勸予開口笑予亦回尊相勸語痛飲應須及年少
君不見畢茂世劉公榮一生生涯唯爛醉天壤間
傳飲者名又不見吳賓賢肺病天涯常獨眠今日
病除就麴蘖髮禿形羸已暮年

送王黄淊之海陵

是我還家路，扁舟汝獨行。千人初𥳑氣，去國各含情。海水孤城暗，霜風一雁鳴。此鄉稱僻壤，誰更識虞卿。

别徐大次源歸陋軒時贈予臘酒園梅

臘酒與園梅，提攜送我回。香從石甕出，花上野航開。故里陽春近，東風暮雨來。到家樹樹了，斟酌與悠哉。

傷戴酒民

平生有真樂，飲酒與使錢。朝急窮乏友，暮賓歌舞筵。金盡罍亦竭，形骸合棄捐。獨惜蘭蕙質，委化荆棘間。酒伴不相顧，風雨鳴杜鵑。徒聞存白骨，不得及黄泉。

又

慷慨出門去，親戚悲牽衣。寸心既許人，寧復問是非。嶮巇至絶命，高歌對落暉。自笑如浮雲，無山不可依。鄉路雖咫尺，生死總不歸。閨中老寡婦，引領空歔欷。

上巳集汪叔定季角見山樓分得風字

來登汪氏樓，眺望春城中。開襟向遠山，悠然來清風。令節因命酒，發興有羣公。鳥歸靈曜暮，烟暖櫻桃紅。行樂及芳時，此意古所同。勞勞百年内，况予成老翁。

送汪左嚴歸新安

出城屢極目，江南多翠微。遊子念舊山，清涕滿裳衣。丘墓荒草裏，常望兒孫來。松枝樵采盡，猿聲月下哀。一朝得歸去，快如兩翼飛。斷蓬風吹轉，舊根暫相依。歎息身未閑，不得買釣磯。

又

舉世躭麴蘗，唯君愛啜茶。煑泉聲蕭蕭，宛在山之阿。亦齋春月白，招尋到君家。左嚴久家揚州千年雲霧草，早春松蘿芽。皆新安上産清凉味滿椀，消渴奈人何。時時持飲予，謂予抱此痾。今日新安去，幽事豈不多。看君策斑馬，白首搔天涯。

題亡友江天際畫甲辰秋汪舟次招諸同學泛舟平山天際即景作畫

斗羊落日散秋山，沽酒維舟綠樹灣。座上畫師成

隔世空留風景在人間

城北汎舟

高塍流細泉湖草碧芊芊燕子歸僧舍楊花落酒船艮辰連雨後往事古臺邊水調無人唱隋宮起暮烟

過孫園

北郭繁華裏閑園人不知野荷入門長隄栁向亭垂老圃收桑葚鄰家唱竹枝開罇因取醉鶯語夕陽時

送程翼士

出城江水大雨歇開夕陽程生攜妻子歸去東臺場輕舟入浦烟風起芙蓉香去者方愉悅送者忽徬徨宿昔舊茅屋與君同一鄉海潮漂里巷親友半流亡家有臥病妻秋月夜正長蕩子貧不返望望涕霑裳

七夕送王阮亭先生

黃河新秋時凉風吹去舫帆底宦遊人欲發重惆悵月高銀漢斜雙星黙相向回首望廣陵烟樹浮新漲一鳥失其羣雲霄自飄颻

又

官閣風自清塵務日以寡俸米用不足時時向人假清廉聞玉墀琴書赴金馬劉侯不可留耆老淚盈把臨行取一錢贈與釣魚者（先生時有贈遺）

七夕同諸子集禪智寺碩公房再送王阮亭先生

蒼惶不肯別送送多纏綿泊船尋古寺秋螢飛野田草深去途隱處處生寒烟山僧惜離人殷勤煮

石泉今夕且歡會新月正娟娟

又

蘇公送客處高岡滿荆棘今日別離人於此重攀陟入戸訪詩碣（蘇長公送李孝博遊嶺表詩碣）塵埃試拂拭作者時已遠宛如見顏色江山重文章斯道迹久熄出處雖不同吾曹各努力

與汪伯光二首

八月潮汐落草白范公隄隄上隄下海雲黯鵁鶄哀叫風淒淒君家何爲久羈此黃金散盡歸途迷

涼秋席門掩窮巷林雨淅瀝鴉欲栖多病用如徒有壁一寒范叔正無綈試看親友感恩者藥餌酒錢誰爲攜

又

昨夜河漲太無賴狂瀾竟從衡門入架木作巢茆屋中一家人共雞犬集夙昔故交不得見長橋高岸俱爲隰惟爾寂寥偏念我小舟溯洄每尋及蘆葦花開月照人重陽節近風吹笠我適遠歸爾病起酒杯會須同爾執

宿白米村

黃葉樹頭下北風溪上涼村孤愁獨夜人老適他鄉水店飛螢入秋田晚稻香故林望不見葭菼暮蒼蒼

東淘九日

野水沉沙岸邊鴻到竹扉在家時節好送酒友朋稀晴日爭收豆霜風促補衣東籬花發盡只爲主人歸

送吳後莊歸灣沚

籠鳥不忘空櫪馬不忘途遊子踐霜雪寧不懷舊廬僕夫晨在門惜伴留須臾平生共歡樂東西倏異居昭昭西山月流光及路衢親愛從此隔悵望雙飛鳧

又

憶昨君抱疴攜手在海漵東籬菊正花夜夜明月照病起淚轉滴離羣適遠嶠良會固不常其時年各妙君今復罹疾旅舍相慰勞慰勞病稍蘇荒江問歸棹褰裳更送君臨水見老貌浩浩東流水逝

波何時倒葉落難上樹人老不再少何如疾疢時得共開口笑

又

隱居在何處乃在魚鹽中邈哉於陵子門戸多清風織布煩山妻詩書嬌女攻姓名何用著方將爲人傭湯湯黃河水泥沙混濛濛掉尾遊其間不須別魚龍

留別王黃湄

雞鳴攬衣起顧侶心踟躕晨月在簷楹歡會戀斯

須丈夫非連枝安能守根株舉步便隔絶何況秦
與吳海驚會東翔塞馬思邊隅升沉各有役愴愴
即長途

又

桑榆風烈烈行子踐荊棘歲歲此道途疲我筋與
力身孤多憂懼野曠昧南北日沒故鄉遠烏鳶號
我側一從別家人頭髮都不黑悲哉志士軀用以
求衣食

又

念君客江城破屋無來賓除夕酒錢絶雪片飄紛
紛搔首望秦川懷中轉車輪綺紵着昏夜辨者復
何人可惜翩翩鵠翔入梟鷙羣

傅谿孤子行追挽徐鏡如處士（諱之鑑　式家之父）

傅谿水濺濺流谿上羣兒嬉遊誰者兩稚子登臺
攀樹枝太息夷猶太息雖何他人有父有母我兒
弟亦人命運獨罹愁苦歸睞吾祖母頭白身羸前
來挈孤思欲存此二孤貧家尚有機杼山月在簷
夜織絲雞鳴天曙起織素絲素各成匹里姥購去
孤兒食粟孤兒衣布孤兒稍稍成人堂上齒耄矣
不能茹辛呼弟行賈東適江淮南適越與閩蕪陰
春暮榆綠日晚榆上老鴉啼遊子心腸斷貿米返
故山雲漾路不明入里詢祖母鄉鄰指丘壟長跪
丘壟前我非祖母何繇生蒼穹廣大恩難名恩不
報作人何爲呼天號泣涕下霑衣不如早就下泉
題書與弟好視吾一雙黃口兒女一慟便去下泉
噫歔欷去不歸祖母孫子長依依

贈徐式家

人生莫早孤早孤意悽惻髫年適遠方況復長寄
食黃葉一飄落故柯難再識丈夫思報親立身天
地間宿昔寡師友安得稱聖賢出門復入門秋風
涕潸然欲歌上晉田欲弔尹伯奇尚有賢叔母相
視如親兒有弟同一身依依重連枝骨肉不我薄
努力當此時

早春寄汪三韓

別來已旬日西望心若失春風至蕪城曾否蘇疢
疢念昨相送時贈我錢與屨屨以踐野霜錢以酤

村醴坐使羇滯客平憤到鄉里感君懷區區欲報無璵璠竊效古人義遠寄蒭蕘言蒭蕘意何如錦箋長跪書上言復下言願君愛其軀君與故人厚歡喜烹雙魚

折陋軒梅花入舟中作

清溪正發數株梅惆悵芳春別釣臺手折花枝登小艇前途看到十分開

康山宴集送王黃湄遊豫章

迢遞送遊子兒童扶病身登高花刺眼勸酒淚霑

巾猿狖啼深夜江湖正暮春客途今更遠何日却歸秦

宿從容菴

老僧借宿處窗對大江開茆屋無門戶寒潮夜去來火明揚子渡鐘動妙高臺蕭瑟憑風雨繩牀有舊醅

郝母詩 郝羽吉母

傷心稱未亡伊昔紅顏時仰矢蒼蒼天俯挈煢煢兒家國値滄桑兵刀耀朝日殺人奪婦女城中無

處匿用盡千黃金母獨先時出不歎家屢空孤雛毛羽豐無心慕雲霄避世屠釣中頗爲晨昏計悽惶走西東今日上扁舟明日乘羸馬回首故鄉雲愴然雙涕下棲禽暮啾啾負米歸江頭老母顏色喜庭開海石榴

題孫豹人撫琴圖

高生入秦伍氏適吳鉛筑鐵笛困辱窮途孫郎出關焦桐坐撫懶事成連羞爲阮瑀悽悽秦聲烈烈壯心聞此音者誰不沾襟

題振衣千仞岡圖爲郝羽吉

峩峩高岡鸞鶴之鄉彼何代子來遊來翔手整襟帶身俯松篁緇塵弗及笑弄景光昨日世網搔首相望今日天風衣衫飄揚

題汪長玉舟中獨酌圖

郭門青甃舒州舊杓抱上釣船任船飄泊葦白江清鷺飛漠漠飲盡陳醴醉眼寥廓

題汪舟次雲山圖

會慽瑶枝炤燿塵俗開襟抱膝儵在岑谷泉沫濺

頂松風吹足近拾芝朮遠棄鄉曲之子曰否子偶停軸未遂封留焉敢辟穀山雲浩浩澗流肅肅只恐更來容衰毛秃

題程飛濤獨坐抱琴圖

憶在梧下聞君鳴琴高山流泉兩人會心君今兀坐碧梧空館皎皎冰絃欲揮意懶豈惜古調知音則遠

吾親

秋來三夜雨田園盡沉滯吾親波淚中敗棺魄憑

仗豈無所生兒他山遠拾橡常恐飢凍死去住長飄蕩望歲歲更凶四野惟菰蔣殘骼傍隴畝何日歸泉壤

吾兒

吾兒齒已壯歡樂平生稀豈惟室無婦四體無完衣狀貌亦猶人時命與願違不知背老父涕淚凡幾揮昨宵谿月上閉門撫金徽隔垣聽汝奏傷哉雉朝飛

經三里廟

此地烏鳶集當年將士雄同讐東海上授命戰場中廢戍雲猶黑秋田蓼自紅家家餘寡婦野哭對西風

遣興

矯矯越石父縲絏意迫促何人來救援舉國擁膏沃平仲悠悠者左驂解相贖君爲不知巳巳見離困辱患難受人恩奚須辨石玉後車方入門請絕亦何速

又

燮光昔中闈內戚亂三綱頭禿身謙恭糞壤餙馨香四十八萬人功德盛稱揚勢利使人愚不察否與臧遠哉蔣元卿稱疾歸草堂終身不復出徑蒿芃芃長

又

鄉鄰賤貧窶元叔嫉復惋骯髒傷薄俗器業亦少隘彥方遭世亂播遷荆棘內德音及群愚盜賊聞教誨煌煌紫靈芝華豔照蕭艾不見爭訟人望廬惡然退

又

處士申屠蟠因樹以爲室黨人盡罹禍評論獨不及八俊名弗與半畝趣自適董卓何人斯乃欲呼之出荀蔡鑒不明清譽一旦失（荀爽蔡邕）蟠也臥樹根不起亦不匿雲鴻飛冥冥網羅徒爾密

又

吾聞焦孝然樵薪煮白石鄰舍有飢困餽贈不自惜饑者飯其遺常有好顏色漢亡身遂去臥處畱松栢即今東海濱日旰人未食親戚盡老醜雞犬

同偪側生不逢斯人延頸空太息

又

朝過烏衣巷石城黯無暉植杖訪王謝門第久矣非晉室既淪喪二姓亦顛危海內戰不息笳聲日夜悲風流衆子弟瑣尾向誰依傷心舊燕子雙影自飛飛

又

陶潛重其腰慷慨歸鄉井有田須自耕舉室無宿糧吟咏喜身遂辛苦逢歲稔酒熟秋氣佳黃花秀

挺挺茅檐聚素心言笑到酩酊客去枕肱臥夢寐侵遊甚

曬書日作

弱齡多病嗜詩書藥裹書帙盈篋笥散髮養痾萬卷前人生如此眞得意十年戎馬門中原産破無聊歸蓽門丈夫久困形容醜手持經史換饔飧鄉里小兒氣驕矜凶年擁穀如璵璠饑時但得許升斗我直十倍何須論即今五十暗雙目衰疾纏身輟誦讀飲食藥物向誰求牀上殘編餘一束細字

糢糊半銷滅鼠跡蠹痕手難觸握出茅齋憶往年炎暉杲杲吞聲哭

懷王鴻寶二首

茅屋場圃上開門對芰荷主人解衣臥日夕凉風多此中今有誰但有狸與蛇何事盡室逃公家賦稅苛追呼曾幾日村村無人家念昔歲稔時酒熟雞發花人烟暮曖曖荷篠來相過

又

日入原野暗鳥雀向林歸吾亦驅黃犢谿上認柴

罫入門濁醪熟山月下茅茨半酣發慷慨因唱郢中辭鄰舍傾耳聽曲終方寸違衆人謾賞音益傷知我稀樊村綠楊柳眄睞涕欲揮

送王幼華歸秦

步登郭外山佇看去輪轉登山未及巔去輪已遠遠遠遠尙隱隱黃塵倏隔絕歸人望白雲送者指明月願爲前途月昏曉尤皎潔一更照君宿五更照君發

寄答汪扶晨

病渴老益甚命棹還田家情人相追送贈我紫霞茶此物瘳疾疢歲産苦不多感君回首望已隔芙蓉花花紅江水碧歸程盡三百茅齋林木裏明月照牀席獨飲山中茶憶此山中客

憂來

憂來望南梁烟火秋霧靄落日不見人隔水狗鳴吠遊子久不返徐夭源中庭長蒿萊松桂手自種連枝日已大軒車及時來閱此堅貞態

題王西樵司勳桐陰讀書圖

已著薜蘿衣尙羇泥滓路回首昧白雲鄉關是何處慨慷歌咏懷宿昔林泉趣夜來孤燭下夢見三桐樹淸陰生草堂碧葉滴凉露起來尋畫師含情乞毫素

吳仁趾復移家來廣陵二首

草閣蓬門趣自殊原思貧窶莫踟躕東鄰笑爾懸鶉子借問繁華似昔無

又

菊開謾漉陶潛酒予以肺病止酒月出須烹陸羽茶老眼

近諳南郭路會尋僻巷到君家

九日懷王西樵客廣陵

海雲何漫漫北飛來鴈南去燕田家酒熟少親眤開門望君君不見我荷長鑱返故園君飄短髮羇他縣幾枝黃花不得共悔却從前稀見面灣頭茱萸顏色新紛紛絲管出城闉相如多病誰會問落葉秋風愁殺人

重陽後二日寄贈汪三韓

霜降衆芳歇時菊生意饒孤花挺窮秋天地何寂

寥此時同懷子索居豈不愁蘿逕候三盃疾病日以瘳采花汎良醞一酌盡一瓢

歸後贈菊 予去年九月到家

荒蕪籬落菊還開知是應門稚子栽勿歎頻年多寂寞花時又見主人回

野泊

野渡人歸盡沙田鴈自呼船停楓葉落月沒客身孤何處鳴刁斗衰年在道途倘能免憂辱飄泊敢長吁

夜發

田家夜收稻吾亦適江關燈火遠相映去留俱不閒水陪仙女廟月上謝公灣一路饒風景扁舟任往還

初冬郊園飲集 分得殊幽二字

北郭競提壺暄風春不殊詞人多在眼吾道幾曾孤籬下花迎馬池邊樹集烏疎慵來自晚非是厭歡娛

又

應接吾曹簡追陪此地幽停歌聞落葉把酒傍閒鷗勝會兼紅粉歡場已白頭論文永今日人醉古揚州

葭園讌集 第二會分得東臺二字

葭園清絕郡城中邃屋層巖一徑通豈少名賢吟竹下又傳折柬到牆東 時王西樵司勳復以手札見招 月明隋苑夜方永燭照子都歌未終自愧沉痾常止酒黃花笑殺白頭翁

又

尚未離羣君莫哀生涯今夜是罇罍樹中曲檻鷺鷥宿池上幽居窗牖開聞笛可憐人欲醉觀魚應許客重來老夫實愛垂綸好不向滄溟憶釣臺

分賦古蹟得第五泉

荒丘絕壑纍石蒙荆棘疇昔烟霞侶修綆於此汲提攜瓮罌潔滴瀝苔蘚溼靈液生天壤何心冀賞識人偶辨甲乙名已傳都邑伊予家海濱潮汐作飲食鹽井難沃胸原泉苦相憶數載願弗遂一瓢今始執悠悠寺鐘聲颼颼秋山色披榛自去來

松風動蓑笠

送汪左嚴北上

燕山十二月寒氣正凝沍雪打披裘人風號無葉樹之子攜琴書臨歧別親故先春到薊門今夜宿何處村冷雞早鳴橋危馬䠶渡疎星照僮僕殘夢經道路淮甸隔雲望金臺仰面遇三策獻廟廊知音笑相覷

歲暮送汪舟次遊匡廬用遠懷塵外蹤五字爲韻

泛泛木蘭舟高匡廬巘發與風雪時裘裳道途

遠聊以攄心胸因之卜棲遁歲盡行人稀江澄布帆穩天邊五老峰烟靄蒼蒼晩

又

遊子何所攜素琴與青鞵俯仰湖山際天風吹人懷遠公昔結社此地有茅齋長嘯白雲壑送客蒼松厓高風今邈矣猿鶴君且偕

又

杳冥香爐峰高臥堪幾旬只愁雪不化不知天地春晴霽試出戶雲物多鮮新飛泉一萬仞半空聲粼粼解衣箕石坎滌盡人間塵

又

湖波連松杉寒山互明昧陶謝往來後斯人繼高會惜哉廡下人阻絕雲山外十年共歡娛一朝殊嚮背徙倚塵埃中相憶摧肝肺

又

吾鄉有施老人比陳元龍振翮臨此邦翛然鸞鶴蹤登眺得閒暇尊酒須相從吟詠鷺洲勝盤桓就亭松歸來山月下虎谿聞夜鐘

程臨滄飛濤兩尊人雙壽詩

隱者多入山丈人唯愛石但存巖栖意城郭亦自適常閒位置勞已見岡巒積引泉爲砌底種樹苔蘚隙有時攜良偶閒夜煮雲液艷艷林花發泠泠池月白賢哉廡下賓邈矣鹿門客優遊以偕老高風齊往昔

又

里巷盡人子誰娛二人心君家賢孚息欽然思何深伯氏志祿養笑綰頭上簪膝下依仲子手弄焦

桐音昨夜明月佳曳杖來相尋主人聞客至罷鼓丘中琴羣木寂不響餘音散空林

晚發白沙 同汪舟次吳仁趾限沙字

黯黯雲垂野喧喧浪激沙黃昏初放艇白首正思家江戍聞寒柝漁燈見宿鴉飛蓬真似我歲晚更天涯

渡揚子 限本題三字爲韻 同汪舟次吳仁趾

霧斂大江流淼淼吳楚路北風吹寒潮吾掛片帆去遠岫隔樹蒼狂湍擁橈怒抱膝遊空濛舒襟忘

驚懼鳴鴈何連翩飛下金陵渡

又

歲晏無衣食奔走悲中腸舉頭見攝山神情忽飛揚山色如舊日疎鐘到野航中峰定憐我齒落髮誰蒼未遑來結屋倚棹空相望

又

落日壓峰頭斜光射江底洪波亂清暉蕩漾數千里城郭何勞勞衣裳在泥滓常聞陸山人賞此中流水瓷罌自引汲酌共二三子

送吳冠五還屯谿

客路夕陽低逢君歸舊溪狂歌杯共把無意手重攜石澗清人影晴沙健馬蹄回頭看蕩子皓首獨棲棲

又

此日新安路千山雪正晴濁醪香野店獨樹候柴荆過嶺春禽語臨溪夜月明往來與樵牧款款故鄉情

陋軒詩卷四

泰州吳嘉紀野人著

鳳凰臺訪錢湘靈贈詩二首

翳翳寒雲下荒臺何嶙峋鳳凰不來遊梧竹愁殺人誰愛一抔土抱琴來結鄰登臨發慷慨長句助有神時時江山際清風吹衣巾李白逝久矣斯人洵可親

又

隴畝在南村歲凶不得食吏胥徵稅苛親戚共亡

匿平生工詞賦出門路人識文釆成饑寒盛名有何益昨聞故園松樵人斤斧逼扁舟遣兒歸涕淚正霑臆

登清涼臺即虎踞關

此地舊京華登臨落照斜雄關空踞虎廢殿只啼鴉山脊明寒燒江心長白沙來遊吾獨晚搔首聽悲笳

登燕子磯

空翠壓蒼波高亭試一過江流向北小山色向南多風雪孤舟遠饑寒兩鬢皤浮家願不遂老眼看漁蓑

又

危磯猶似昔曾同王鴻寶登此孤客獨傷魂親友浮雲散關山曉霧昏疾帆衝白鷺怒浪擁蒼黿俯視維舟處潮收露石根

為錢湘靈題潁川君絕筆二種後

閨中風味亦何清學佛耽詩已半生字畫眞懷三四載安仁惆悵不勝情

又

金陵歲暮對斜曛病婦音書久不聞邂逅鳳凰山下客霑衣偏說潁川君

秣陵酒徒歌贈吳介茲

秣陵吳生今酒徒絳脣白面蒼髭鬚年已三十産業無終朝擊劍歌烏烏去冬相逢桃葉渡老栢樹下人提壺霜落華筵失凜冽月來深夜隨歡娛長干老春眞有力遊子臘月衣無襦今年臥疾蕪城隅出門送君倩人扶榾柮炙醅未及把灑泣睞兮

傴僂軀丈夫豈作兒女態爲予貧病心踟躕帆前
鴟雛與侶伴掌大雪片飛江湖君且痛飲歸舊都
君不見杜陵野叟在泥途空牆日落妻兒餓窮谷
歌成手足痛吾曹溝壑等閒事臨歧顧戀徒區區

栝園詩四首贈周雪客（栝柏葉松身因以四字爲韻）

嶇嶔數株栝幹素葉何碧君家清陰下三世宴賓
客凜冽歲晏時巖壑冰霜積今君憂患餘重來拭
白石儔侶轉寥寥此木獨如昔人生戀故舊物性
貴孤適天寒色不凋何必松與柏

又

殘冬憶名園滄江命舟楫入門清風起謖謖響松
葉故人喜我來襪束不暇屧霜蔬把鋤劚濁酒隔
牆饁開軒試舉杯蒼然遠山接十年走東西僮羸
馬無鬣羨爾於陵子歸來有舊業

又

爾祖此習靜（如山先生）不知春與冬掩卷時出戶開襟
對羣峰蹀躞向小橋鹿麑隨短節傴僂塵壒外伊
人洵可宗我來訪高蹈寒泉暮淙淙但見栖鳥回
孤雲已無蹤徒然嘯歌處仰首看喬松

又

紀也非斷蓬家在東海濱門外即流水狂歌把釣
緡妻兒饑驅我青鞵入紅塵一生何疎散垂白翻
苦辛曠哉園中池水石清粼粼風景豈不佳回首
惣愴神美人（峰園中峰名）頂月何須照老身

勸酒歌二首爲汪季璪（時季璪二十初度）

爲君彈清琴調苦未免傷人嘲爲君歌白紵曲長
愁見東方高何如燭下金叵羅殷勤斟香醪香醪

味醇色復殷會使朱顏常不凋三萬六千朝過去
七千二百朝從此朝朝飲美酒那羨仙人王子喬

又

君不見隋家苑昨爲歌舞場今爲狐兔窟眼前景
色那有定山岳轉瞬成溟渤人生難得沽酒錢況
君翩翩正少年滿堂賓客皆好我追光逐景相周
旋往昔有劉生其人稱大賢一石飲盡枕鍤臥搖
手不聽婦人言

旅懷二首贈汪牧公

春風吹幾日草木都葳蕤遊子有肺病萌芽亦已滋空囊尚羞澀皓首唯低垂時無韓伯休疾痛欲呼誰故鄉路漫漫俛仰不敢思嗟哉命一縷燈前聽子規

又

藥物日盈筐煎汁勸吾茹竊感汪郎惰食苦不知苦汪郎洵多藝未嘗向人語心偶憐孤客我已免二豎朝授神農經夜話伯通廡扶持疾病人斯道亦云古

三月三日絕句二首

船頭昨夜雨如絲沃我盆中蘭蕙枝繁蕊爭開修禊日遊人正是到家時

又

已見江城桃李開風帆飛渡五湖來揚州有五湖滄溟三月水初泮飽看芽齋綠蕚梅

傷哉行

鶤雞鳴桑榆朝旭動溟渤雨晴宿霧斂海圻曠兀兀此時送吾親就彼丘中穴破幔不蔽棺親戚豈且啞輓輀心自悲送死具都缺所念河之濱一抔勢碑硎行人村口來遠帆墓門列老病未死兒抱土掩親骨

又

墓田固姪有族姪珍范公隄東偏脈脈春流外西南對澄淵近水蘆葦多鷺鸛何翩翩姪也忽相售肯不多索錢遂使我二人容易及重泉落葉向故根吾祖塋在前三世祖謙公墓墓後卽鄉廬遠遠見人烟依然是桑梓廡以娛長眠

又

緬懷乙酉歲里閭爲戰場長跪借人隴雙親厝其旁石槨製未了子孫散匆忙亂定主人歸枯棹種稻粱引水二三尺迫我速發喪見此五内裂還家谿日黄小兒如哀猿饑臥喚爺娘俯仰生死際夜夜淚千行

又

慈師語我曰三月廿二吉汝其亟爲槨時哉不可失倉卒聞師言空手計安出貧窶鄰里外豈無交

如漆巳推食食我復千恐見疾不悟素心者委曲
更相恤匍匐救有喪高情罕其匹瓊瑶光采多持
報是何日

哭吳周

形骸甃何處遥望但潛然同病吾猶在（吾與周皆有肺病）
貧交汝最賢買山徒有約學道苦無年俊逸豐豁
集（周著豐豁草堂集）人間自此傳

又

傷哉倡和友寂寞把君詩老滴招魂淚生無會面
期青山躬稼地丹旐出門時想見茅簷下呱呱一
歲兒

又

丙申赴友難周也願相隨冒雪攜裝出租驢讓我
騎犬鳴投宿店燈照下鞍時飲礪西風裏禁寒泣
共持

又

重壤懷生友遊魂到遠舟形容猶夙昔風景只颼
颸缺月長橋落清淮半夜流醒來憶攜手惆悵海

西頭（七月十九夜夢周於茱萸灣舟中）

寄閻再彭

武陵桃杏然淮南桂猶好斯人塵網中高翔獨何
早出城結草屋栽樹來啼鳥俛仰日悠悠衰頹巳
稍稍秋雨過田園家人采葵藻開軒延孤賞舉案
勸一飽仲子有賢妻灌園足娛老

又

躭幽賦招隱好我須同行（再彭隱處名一蒲其友張虞山悅之乃爲結屋並治釣具）淼淼楚水中雙雙釣魚航棲遲共菰蒲飲啄
多滄淚自比於巢許人稱日閻張子生東海濱獨
著薜蘿裳聞君居有鄰欲往河無梁臨流試極目
葦花秋蒼蒼

又

鄘交吟見志揚惲醉擊缶人情固多忌其調亦傷
厚嘯歌乃娛懷憂患翻自取緬彼大雅流迴哉淮
陰叟春風隨手來群物解顏受朝看天際雲暮倚
門前柳士窮無怨音時俗安能咎

送高雲客歸遺安草堂二首

遐哉閶中八擔手竹西路紅橋正放芙蓉花黃葉
忽落梧桐樹回首仙霞意凄絕故鄉宛在雲深處
棲遲只憶大池邊草堂池水秋蕭然何妨抱甕澆
蔬圃那慣尋人問酒錢深夜月明不復眠散髮狂
歌獨扣舷羨君欲歸便歸去蘆葦瑟瑟開江船

又

雪峰巃嵸半空起君家舊業茲峰裏千巖古雪壓
城郭四序清光映妻子妻寒畢室無怨嗔苦節累
世已如此今君何事來江干塵中觸暑行蹣跚鹵

人能吟不能熱不覺長歌行路難路難羞作飛蓬
轉足蘭還山力未倦開笥重看玄晏書閉門續著
高士傳雲客著續高士傳北馬南禽難重親天涯老病獨
傷神遣安堂中偃臥去夢見栖栖織屨人

送吳仁趾

鳳凰臺北路迢遙冷驛荒陂打暮潮汝放扁舟去
懷古白門秋柳正蕭蕭

又

秋山遶郭儘堪遊莫宿城西孫楚樓予去臘與舟次仁趾同遊

後夜酒醒思舊伴烏啼殘月不勝愁

送方虞臣遊楚四首

青錢用盡時問渡欲何之夜雨人無酒秋風鬢已
絲船頭分菡萏浪底出鷓鴣萬里江湖路蕭條一
畫師

又

謾遊蹤不定望遠意多違詞客悲秋處江山木葉
飛新知前去覓鄉信北來稀霜降君惆悵人家又
擣衣

又

失路仍分手臨觴各黯顏才多成蕩子老至憶鄉
關明月澤中樹啼猿江上山天寒渡湘水愁見竹
斑斑虞臣家有斑竹園

又

到時逢早鴈中夜起搔頭風景重陽節饑寒八口
謀忘機人不識薄醉自銷愁容易吟清絕方干共
遠遊時附方季舟

屯谿先生

芷谿先生貌魁梧惆悵世間磊砢路高歌自攬懸鶉衣把劒人嗤猛虎步大雪醉上黄金臺擊筑之人不可遇俛首忽見金谿公板屋蕭瑟烏啼樹非無戢屐舊賓客患難一朝散如霧先生慷慨來扣門一室五載同晨昏薊門月白人聯榻燕市花黄酒滿罇即今已白金谿冤又見門庭車馬喧公也動爲海内法座上獨拜先生言君不見東園桃李花正妍孤松顔色如去年主人却憶歲寒日敷榮競艷徒紛然

糧船婦

秋風河上來吹我饑饉夫雖有如花婦不及盤内餔日暮何諠諠河灣泊糧船船公坐上頭盼睞見紅顔遣人遍殷勤吾家衣食足若輩愁餓死試來同力作力作到一年償錢令汝歸力作到三年無錢令汝歸阿夫呼婦語與卿勉相從不從便餓死爾我長西東匍匐起偕婦婦淚落如雨昨日閨中人今日舟中婢儔侶聞添丁餽酒遺犍蹄河南艤船來河北艤船來船公中心喜舉手數斟酌自謂佳麗貲已是虞羅雀羅雀則有雄匹婦則有夫誰知匹婦志千折不可移阿夫泣相持依人且低眉力作到三年無錢共汝歸阿婦默無聲人眠篷落月急遽離船公慷慨尋鬼伯抱石投邗溝波濤爲不流行人揮涕看尸横溝水頭

答贈羊山先生二首

步出南郭門稍稍離塵壒清風悠然來景物與人會頻年親道路飄轉成老大愁疾纏一身仰天但長嘅日落上河梁遠山秋靄靄邂逅壺丘子偕我遊方外

又

杳杳吳門岫翛翛鸞鶴羣羽儀不可見仰止徒殷勤淮南叢桂下不悟揖清芬周易把三卷此外皆浮雲一燈照茅檐羲皇向我云雨歇花更發半夜香氤氳

送王司勲四首

身閒方嘯傲組解豈蹉跎琴鶴辭人去炎涼奈爾何青山過雨淨黄菊到家多試聽楓林下樵夫正

踏歌

又

清絶孟夫子遐哉王輞川雅音曠千載歴下踵先賢文選樓頭月平山堂外蓮新詞吳女羨歌滿泛湖船

又

倚杖看秋柳長謠憶阮亭（阮亭令弟有秋柳詩）賢兄仍遠別老淚忽雙零歎我胷空白唯君眼最青天涯復何賴落日共徐行

又

山寒明月出犬吠遠人歸入戶梧桐長憑軒鴈鶩飛鄉鄰言欵欵燈火夜微微莫問年凶稔生涯有釣磯

偶歸東淘茅屋寄楊蘭佩二首（蘭佩與予同庚八月十二日五十初度先予四十日）

原埜乍涼颸抗策還三徑雨餘秋草青返照冷冷映家人聞我來烹蔌開藏醖寂寂叢桂發亭亭籬菊迎時物競招隱晚芳殊引興惜哉美人遙此意難持贈先民采芝歌臨觴獨吟詠

又

俗士羨逃世高人偏入城門外勢利區門裏絃誦聲檐花向酒落園鳥隨人鳴論文與析疑昆弟即友生自愧披裘者道路日營營乞米年方暮狂歌客問名東餧成貪鄙叔牙知我情

渡江

終歲唯行役荒江幾問津風淒青塞鴈浪駭白頭人飄泊誰知我饑寒易此身雲山不相厭擊汰就嶙峋

泊東溝

寒潮衝北渚夕照見東溝身出江心浪魂招葦下舟數錢尋酒店高枕近沙鷗穩繫中流楫飄搖任石尤

同汪長玉阻風朱家觜二首

岍上北風急紛紛飛荻花賈船停擁浪江戍遠吹笳有恨黃天蕩無棲白項鴉危途頻慰勞得伴勝還家

又

黃壚山下店往日飲偏豪壓酒紅顏麗當門綠樹高長歌重慷慨勝地已蓬蒿惆悵寒江水人來見二毛

哭徐泌二首

素心苦難得朝露偏易晞嗟哉芳蘭質不待秋風萎就養更何人雙親寄天涯琴書委塵埃親友長別離夙昔羅浮東海陵有羅浮山棲遲一茅茨相憶每相就雞鳴樹依依主人今何適景物猶往時臨谿試

延頸五丙車輪馳

又

生栽雪墅梅泌種梅處顏曰雪墅死葬雷塘土舊樹鄉里惜新墳鷗鷺伍委化人譏悲平生爾最古應念貧交者㾗㾗殘生苦窮途類衰𩦺世態如猛虎還家誠已疲羸疾久沸瘉鴈鴻寒叫野風雪夜侵戶歲暮亦何為灑泣懷仁祖

飲康山草堂九月八日汪長玉招同王西樵郭飲霞汪左嚴程翼士分韻得一東

山堂木脫草芃芃客子登臨思不窮塞馬偏嘶南郭外籬花只似故園中鐏開已見當頭月鬢短先驚落帽風座上酒人交最古悲歌何用弔康公

揚州九日和王西樵登高二韻

佳辰易使旅愁增隋氏荒丘强一登疾病自空無酒日飄零誰是授衣朋淮田稔歲齊收稻漁艇斜陽各曬罾楊柳蕭疏江霧斂秋山遠見碧層層

又

只思種菊老東洵極目秋原首自搔郭外酒人船

泛泛灣頭鄉路水滔滔行經廢苑逢樵語飲汲清泉見鬚毛歎息儒冠全悞我天風今日為誰高

懷汪二用落月滿屋梁猶疑照顏色十字為韻

年華無駐時鬚髮皚於鶴芳春又荏苒遠道仍飄泊蕭吹斂微雲曜靈輝碧落偶逢西江使相送出南郭臨流望所思逝波浩漠漠川禽戲鱗介林瞳歡鳥雀物情各有適予懷獨鬱若

又

扶病送君行歧路團團月君行不我顧我亦歸溟

渤嬌兒牽衣語溪水繞籬潔疾疢雖爲蘇朝食乏
薇蕨山川二千里當誰尋汝說詎意同心人離居
肺肝熱青錢寄來時海天正風雪

又

中夜懷遠遊晨裝不暫緩一帆江山際去去樵風
滿出門多苦辛君情自瀟散子也志四方皓首棲
廢館茲遊弗汝從惆悵失艮伴臨河渡船絕汲井
素綆短旁人不相知啞啞笑子嬾

又

西山六百字吟成寄予讀手筆真絕倫巨璧宛在
目水碓殊尋常何爲倏鞏蹙故鄉念老友賃舂於
村屋一從此詩出辭客盡稱服我願好事者勒之
蒼崖曲醇意與高言允矣照山谷

又

五老接青天元氣春混茫君排白雲來倒日搖山
光仰指霄漢遍俯瞰江湖蒼蒼真於此地真堪結
草堂只愁虎谿鐘催君歸下方松徑墜斜月谿流
夜淚淚不見陶淵明搔首三石梁

又

夜半急雨來驚鴻聲啾啾不眠起長歎人在古吉
州翳然瘴癘鄉蠻山荒且稠猿狖愁煞人時時啼
不休妻絕獨眠夜傷哉斗粟謀吳天斷北信灨水
長東流徒令行路子引領頻夷猶

又

冉冉樹中草植根苦不卑因依生意薄寸心常憂
疑自我客君家盧陵夢見之須臾亦艮會覺來惜
已遲庭前寒梅花是君手種枝東風入門來南枝

生葳蕤日夕相顧盼思君君不知

又

蕭蕭旅館夜忽忽華燈照故舊不得見輸心許年
少抱琴過我門慕我廣陵操相與始逢迎驕矜露
稍稍分手當何如對面已非笑寄言輕薄子敝廬
臨海嶠謾議阮氏窮終學任公釣

又

硉矹吳公臺泱漭茱萸灣隄柳綠酒船與君時往
還今予在舟中櫂歌春風間鶯鶯飛上下桃花水

潺湲風景不異昔君滯豫章山豫章路悠悠夜夜
樓故關爲聽杜鵑啼凋却舊朱顏

又

東家樹梨栗西家來采食口腹藉別人那能長得
力吁嗟和氏玉數獻無相識掩泣低雙眉嚮人乞
顏色舂米城市裏牧豕隴畝側不如歸去來攜手
同作息君看梁伯鸞思友吟愴惻

歸東淘答汪三韓過訪五首 限野外貧家遠五字爲韻

郡邑難久居歸去東淘社行行故鄉近蓬蒿蔽原

野時候當播穀膏雨霏霏下隴無荷鋤人路有催
租馬白骨委塵埃盡是逋賦者皮肉飼饑鳶居室
餘敗瓦哀哀鴿鴟啼汩汩溪流瀉我歸菌髮暮方
歎生計寡鄉黨復遘患倚徙淚盈把

又

徒隸持州帖鴈行柴門外族有逃役者署名呼我
代我無半畝田征稅何繇泒密網及無辜無地可
趨背兒女藏四鄰酒食緩挐吹用盡腐儒力未免
公家逮落日望曠野颼風淒以大嗟哉越石父脫
驂人安在

又

修綆纏轆轤展轉暮與晨自我還家來中腸多苦
辛鶴鳴海雨霽萬物歡陽春入門避辰時出門逢
故人故人何翩翩交我不羞貧空手來赴難悲憤
幾霑巾不悟荆棘場矯矯見松筠叔牙情不易黃
金那足珍

又

十載雞黍約三春杖藜過百憂對汝失一甕趨鄰

賒停午茅簷下把盞睞庭柯我羨萇楚枝君憐紫
荆花花下憶而兄宿昔各吾家枝葉仍海甸塤篪
異天涯主賓意何限悢悢到棲鴉

又

僻壤斜陽多荷杖上修阪春風吹平蕪野綠油油
遠是時擕勝引田間一繾綣未敢問桑麻焉得遂
棲遁行人亦已稀海天稍欲晚稚子報黍熟長吟
望烟返

送吳眘西歸長林四首

孟夏雨初霽海村桑葉肥小麥蔪蔪秀雉來麥上飛悵然違遊子顧盼思嚴扉十年困馬足四體縣鶉衣世態已閲歷長策莫如歸檗樹無甘蔭氷壑無炎暉從來高蹈士不厭寒與饑去去故山中努力餐蕨薇

又

長林何處所泉潔山秀峙曖曖人烟際灌木四五里枝上老鴉多春來各生子子幼含哺勞子大雄雌侍恩勤雖已極骨肉一巢裏此時垂白母望遠

閭自倚行路稍欲稀夕陽半山紫兒也遠歸來無米親亦喜

又

老夫貧賤交强半是君鄉兵甲阻來往雲峰苦相望逢君問所思十人九人亡而翁最知我墓已拱白楊感念平生歡不覺淚霑裳自顧遲暮景宛如斜日光出門道無車入門甕無糧何時磨鏡去一慟亡友傷

又

君家草堂前種禾有山田糗糒日不足何嘗無豐年况復征賦急村野正喧闐里胥夜捉人不問愚與賢君試荷耰耡鄰里相往還劬勞及農時刈穫償租錢歸來山月下晝室情依然雖無儋石儲庶得高枕眠

過徐經白幽居二首

草路行人少蓬門野色閒吟詩過白日避世駐紅顏疎牖羲皇意陳醪琥珀殷自然拚一醉借宿竹陰閒

又

芳韭慳鹵壤芍藥盛徐家植來已百年種多奇艷他宅移種輒憔悴以萎里人稱徐家芍藥云歲歲春將暮叢叢自發花我來思賞玩豔色已泥沙棨日無人問君應起歎嗟

松蘿茶歌

東南產茶非一鄉盧仝當日推陽羨月團雲腴那易致山莽野蔎市井徧今人飲茶只飲味誰識欽州大方僧名片松蘿山中嫩葉萌老僧顧盼心神清竹籠提挈一人摘松火青熒深夜烹韻事倡來曾

幾截千峰萬峰叢亂生春殘男婦采已畢山村薄雲隱白日卷綠焙鮮處處同蕙香蘭氣家家出北源土沃偏有味黄山石瘦若無色紫霞擷山兩幽絶谷蹐蹊寒苦難得種同地異質遂殊不空南鄉但空北叟巖汪子與吾徒不惟嗜茶兼嗜壺大彬小徐盡負蹟水光手澤陳以腴餅花冉冉柎掩映空與舊式天下無有時看月思老夫自煎泉水牆東呼郝髯陸羽無優劣著櫝微萢觸手别靈物堪令疾疢瘳今年所貯來年啜憐予海岸病消渴遠道寄將久不輟二君俱是新安人我願買山爲比鄰一寸閒田亦種樹匙香椀汁長霑脣況復新安之水清粼粼

七月初六夜贈吳仁趾移居二首

蕪城蟋蟀鳴節候傍七夕寂寂新月下家家茉莉白女熱復何在凉颸已槭槭之子别故鄉是夜遷其宅兒女雜琴書意況各自適鮮新石徑草滴瀝槽牀液晨光啟雙扉遲爾素心客

又

爾昔家海濱來往蘆花洲陋軒與雪阿兩家寒颼颼自爾入城來時賢尊倣裘蒿徑弗容屐更爲棲止謀人生貴適意居室亦須求烹葵召親昵種竹就清幽未知風雨夕幾迴思舊遊得新不忘故庶免前人羞

程臨滄三十初度贈詩

朱顔須久駐日車不停轢人生比四時難得者春夏程郎乘高軒光輝映鄉鄰將身受歡娱年齒甫三旬出門志四方入門養二老錦衣老萊衣被服任懷抱行樂情易恣學仙世易欺保巳惜景光延年理在兹

寄題龔大野遺新居

亂離足飄泊老大還郊坰江水與有意流轉一浮萍親戚復誰在虎嘯山風腥驚疑兒女色顧戀歸人情翳翳寒烟墟蕭蕭茅草亭琴書既有託斂跡謝逢迎澄潭入郭流羣峰繞舍青悄然松際月聞爾商歌聲

又

君鄉是舊京山盤江瀠洄勝槩今何似處處蒿與萊邈哉爾幽居却傍淸涼臺落日試登眺吳楚潮皚皚三山若圖畫鍾阜何崔嵬樵牧指伊人俛仰襟抱開誰知遊覽意百感從中來

送程子布

嘯傲終年傍俗喧君眞不媿古晨門天寒祿米持沽酒雨夜家山憶灌園北冏鐘聲搖碧落南朝木葉下黃昏扁舟夫宿金陵渚鳴鴈蕭蕭獨黯魂

送程升玉時別妻家歸省

朝思建業暮言歸令弟梁鴻自寡依淮海孤舟同婦坐菰蒲幾鴈近人飛關心里巷生秋草極目江山上夕暉琴瑟到門親一笑征衣解却換斑衣

東歸道中

人烟四望稀野雪不見路歸鴉與暝色稍稍隋宮樹

九日冒雨登康山草堂康修撰海別墅寄汪舟次

風雨海西至雲山江上重人愁鬢毛換節好道逢逢薄俗嗤金盡貧交餽酒濃壺觴何處好載向草堂松

又

歌吹爭讙會城池待夕陽背人高處立引領寸心傷前輩泉臺下同袍瘴癘鄉老夫無倚賴羞見菊花黃

又

聞道廬陵客年來邈輿增出城衝猛虎入谷訪高僧祇樹君應憩儒冠世久憎東鄉是歸路雲岫不須登

歸燕

春色空梁少霜華昨夜新他鄉徒有子倦羽漸無鄰已識時將暮終難令傍人故巢託王謝簷雀未須嗔

送汪三韓之秦郵分韻得七虞

澤國年饑日寒天客去孤淮流淚入郭塔影倒沉湖征稅逃田父孫蕢秦郵名酒媚酒徒泊船雲水際遮莫數錢沽

送汪左嚴之虎墩分得冬字

澤滿哀鴻羽墩留猛虎蹤布帆君獨往海岸正窮
冬鹽竈人休市年荒里罷春吾廬在直北試望數
株松

寄汪虛中 服願得萱草枝五字爲韻

愁眼看黃鵠天涯淚如霰何心慕雲霄奮飛實所
願微哉道上蓬身逐凄風轉景光忽已暮故根亦
已遠何如青松枝泉石相纏綿蒼蒼雲岫外辛苦
君不見

又

美服昏夜掩美玉石中匿悠悠天地間眞賞那易
得自我別同心懷抱多偪側魑魅立歧路顛倒我
南北車側同旅笑壯腕不與力毛褐御安暉葛屨
行霜域寒暄總自詒敢怨人顏色

又

明明海濱月翳翳桑下門避地來吳江攜手如弟
昆亡友吳元霖 吳周與汪同里 有暇時命酒無憂不對萱樂極
哀情至東西各飛翻只今舊酒徒唯我與君存老
夫閉門出君亦歸田園饑雀戀空倉羸驥懷故軒

死別長已矣生別傷我魂

又

扶晨君從姪邂逅廣陵道開尊始晤言平生便傾
倒可憐輕薄場恭敬嚮一老歸去就林泉與君忽
幽討嘯咏近鶯鶴登臨無晏蚤徒思蹤跡遐不見
顏色好松泉寒濺濺嶺雲暮浩浩終然黃帝山相
隨拾瑤草

又

百年亦易盡歡樂須及時膏沃媚形骸俗情每如

斯念君齒已壯當世人不知鵾懸冰雪候蟻視鄉
里兒歲暮空山裏梁甫吟正悲悲吟和者稀儔侶
君相思天寒無驛使惆悵梅花枝

還家二首

近海無淡水唯冰淡且潔天地不冱寒清濁何繇
別紛吾返故林窮冬雨澤絕兀兀野桑枯颼颼朔
風發河伯喜人歸一夜水生骨古諺云犁星沒水生骨 漁艇
成阻滯狐狸競馳越家人嚮河笑擎伐兼抱挈千
斤光晶瑩一堂氣凜冽閉門煮月團貧家歲堪卒

又

夷吾困窮日分金感叔牙叔牙適有金交情安足
誇不見汪伯子（粲葬）債主紛如麻翟鬛出見人西風
吹雪花客路一相遇怪我鬢髮華囊中稱貸錢視
之如泥沙脫贈豈必多我已得還家迷雲楚天鴈
遶樹隋宮鴉報德空有懷川原白日斜

陋軒詩卷五

泰州吳嘉紀野人著

送汪于鼎文治兄弟歸春草閣（限池塘生春草五字爲韻）

翩翩兩汪生惻惻遥相思相思來相尋攜手淮水
湄清泠松澗雪不受塵埃欺臨水見遊魚慨然懷
故池早食猶在尊征車已載脂罇酒歡娛地轉瞬
生蒴湲哀泉下隴頭東西南北時余亦欲高卧浩
歌還東菑

又

歸軒嚮何處萬松鬱青光君家萬松前一閣臨池
塘雲水四時張蕩漾如舟航空山晝無人風細水
花香隨意自來去雙雙紫鴛鴦

又

歙州半汪氏司馬最有聲（道昆前輩）身後猶籍甚端不
爲公卿我聞著書處松杉凄以清山水洵奇絶復
生爾弟兄年少伏草莽鄉人未敢輕峻孫有季直
侃裔有淵明家風久勿墜豈不賴後生别業尚在
山遺書尚在籠還家各努力允矣寶榮名

又

氣脆積雪盡隄樹榮振振山雨池上來草色亦已
新擔簦兩遊子歸來正及春登臨入翠微窻牖開
良辰浮雲一時散黃山出蒼旻三十六青峰靄靄
遠嚮人會心發長謠佳句助有神寂寥山谷中高
調無四鄰

又

我愛新安江水淸石皓皓一瓢可以飲松蘿茶名味
尤好往歲賢昆季東望溟渤島寄我松明茶二君家歙

之松明山迢迢吳楚道君言種茶人白骨久枯槁僧大方
遺叢蔓巖谷萌芽混野草到家春暮時千峰霽懷
抱烟霞最濱處爲子擕筐造

流民船

泗水漲入淮千里波滔天極目何所見但有流民
船橫流相盪激篙短不得前家人滿船中肢骨撐
朽胔人生非木石飲食胡能捐嗚呼水中央日暝
風颯然

又

撥棹欲何之遠投烟火處歲儉竊盜多村村見船
怒男人坐守船呼婦行乞去敝體無完帬蔽身無
敗絮嬌兒寘夫膝臨行復就乳生長田舍中那解
逢人訴一米一低首淚溼東西路

又

鹽城有三人云是親父子洪濤沒其廬適遠求居
止饑寒世俗欺同伴氣都靡三人萬人中屹如山
島峙長歎呼彼蒼擕手蹈海水志士逢溝壑將身
會一死釜中生遊魚井上有敗李我餓難出門閭

之慨然起

徐日嚴送酒

飢饉爲債頗非計別侶歸我東淘田谿梅始花野
雪大徐君抱酒來門前君意旣厚酒復醇一瓾一
日堪醉眠甕儲有無不更問日日如泥到有年

送王玉久歸茅山

結廬雖福地家無辟穀方白石煮不爛無食愁高
堂勞勞負米兒邈邈今還鄉持此且承歡新穀將
登場鄉里聞君歸叩門擕酒漿咸稱新吏賢七月

未開僉吾族老與少差得緩逃亡月照谷中屋雞鳴牆下桑高眠須適意勿便趣行裝

秋日懷孫八豹人六首

江洲芳草歌時序已蹉跎閉戶真無賴干人復若何南天淡瘴癘北客懼風波中路逢名嶽開顏試一過

又

大雪迷他縣奇寒困老人抱痾惟獨臥卒歲與誰鄰家遠江千里書來日五旬急難兼悵望淚眼過冬春

又

疾病辭修水行舩入漢陰歸裝空計日適遠更何心岸樹下雙鶴漁舟橫一琴悠悠欲誰贈郢上有知音

又

王郎（關中王黃濬時爲潛江令）苦幽獨今日失咨嗟夜夜夢中友轔轔門外車秦聲歌短調才子近長沙攜手清風裏秋蘭爲發花

又

潛江卑下地年歲幾時豐舟檝城池內鳧鷖里巷中縣官真范冉過客是梁鴻杵臼家家絕何繇慰轉蓬

又

衰年經百慮我輩豈長存努力辭飄梗還家學灌園兒童須負米居止必同村極盡餘生樂朝朝扣衡門

過江漢緯寓園分韻

維舟便入門草路似山村樹色侵荒埜鶯聲聚廢園幽人此偃息酒店隔牆垣漫漫邗溝水相尋一笑言

寄別江漢緯

掛帆更回望病友在南林楚塞秋聲起淮流日暮深野禽爭獨樹村月急鳴砧我識雷塘路舟中有夢尋

舟宿海安鎮懷江漢緯

獨處煢煢爾若何荒園古木對沉痾人間孤孽關

心少眼底親知失意多露溼士城鳴蟋蟀門臨秋
楚渡鷺鷀江干海岸相思苦試聽滄浪有櫂歌

祖姑詩

雙飛畫堂燕春來又銜泥堂中紅顏女歲歲惟孤
栖孤栖何爲爾有母年齒衰今年復明年朝昏不
暫違膝下辛苦多織作致甘肥女身日以長母身
日以羸桑榆戀斜景依依能幾時淚下未及收里
姥來門楣東家有賢郎相煩求蛾眉溪閭閭姥來
倉皇愁生離懇懇託家媪徐徐出謝之東家去諾

諾西家又遣媒人生各有志紛紛徒去來媒妁殷
勤言祇以煎人懷今年復明年荏苒歲月徂母年
旣七十女亦三十餘霜風吹林木落葉辭舊枝傷
哉黃髮母一夕赴泉臺骨與肉離別天傾地崩摧
女也何所賴抱痛長號呼浮雲爲黯淡翔鳥爲徘
徊月落空房冷至哀毀形骸母女相繼逝見者靡
不悲家人出卜甃甃母以女隨生死在親傍鳳願
巳克諧迄今三百載丘塋猶負鬼往事問故老小
子仰前徽援筆傳孝女慚非絕妙辭

寕四公詩有序

紀七世族祖寕四公諱汝寕兄弟四人公
行二伯兄汝賜公洪武時爲蔡權鹽法事
應例充雲南烏撒衛軍六年歸寕公以弟
代兄役赴衛至黃陵廟前遇風覆舟溺死

我聞洪武皇帝二十年中原子弟多戍邊開邊拓
宇歲不歇故鄉那得歸耕田海樹烏栖溪月圓烏
撒軍人萬里還盡室驚看如夢寐老親喜極轉潸
然骨肉欵欵重依依不知假期難久延訪舊比鄰

方載酒催行里正已鞲鞴妻子更牽衣雙親齊撫
背頓足仰面向天哭高天暾日爲昏瞑就中一弟
中心煩呼人賓兄起相代入門自裏頭出門自束
帶軍令不用暫留戀彎弓挿箭隨前隊驅馬渡吳
山山溪日落無人行密林峭蹊馬蹄側枝上鷓鴣
時一聲慷慨征夫顏色苦開眼不見親弟兄行行
歷楚疆七澤魚龍鄉波濤匈訇氣壩翳回頭數望
耶與娘危檣敧柁往前去黃陵廟前風大狂風狂
舟楫覆壯士逢天殤未把吳鈎舒國奮翻成李樹

代桃僵白骨從此日漂泊閭中延頸復何望君看東海鎣篌引悽愴哀音千載長

范公隄行呈汪芾斯先生

范公勞苦築長隄洋洋潮汐不復西黃壤黑壤接廬舍南場北場多鳴雞運鹽搰搰車在野穫稻蒼蒼水泱畦老弱嬉遊日無擾風俗宛與成康齊遺愛千年東海淊只今强半是蒿藜此中啼號有赤子長者試與重提攜

又

烟火七里曰東淘淘上儒生饑拾橡商歌無限不平意不嚮親朋嚮官長官長自顧室何如生魚釜中遊蕩蕩攜手海天秋正半清風皎月長隄上閔頁口腹羞累令陳遵醴醼會盈盎腐儒廉吏俗情稀閒鷗漫笑人來往

題易書圖贈蘇母 唐李昭母以珍玩易書教子

卓哉李氏母珍玩家有餘未肯愚其子乃以易詩書奇書異帙充梁棟世俗紛紛那知重卷軸倏爲志士有淸宵白日恣吟誦草間一朝光彩著鸐雀改顏遊鸞鳳始知玩好最蠢物達者入手皆有用此風邈矣千餘年蘇宇之母世稱賢紡績換書授孤子兼父兼師意惘然母子勤劬燈影闇雞鳴夜夜空閨寒織作日久書亦多麻縷珠玉總一般二母教子眞可法李爲其易蘇爲難矧母高節難盡述郎今春秋已六十紅顏茹荼到白首竹叢松葉冰霜集宇也出爲鄉黨師李昭趦步懸不及是母是子天壤間門內門外山島立當代何人采國風願向輶軒陳此什

謝徐式家送菊兼奉別

入戶何心對草萊故人憐我遠遊回不知明日還行路自櫂扁舟送菊來

又

鴉啼溪色樹蒼蒼采汝籬花上野航前路重陽誰送酒今宵片月倍思鄉

晚發蘘祉湖

終年住城郭今夕在菰蘆淮水渾無岸秋天半入湖見人浮鴈起逆浪去船孤明月眞如畫何煩蚌

吐珠 湖中老蚌吐珠光耀遠近

過露筋祠

祠祀烈女蕭蕭同嫂夏夜經湖濱時蚊厲

甚嫂避去蕭爲蚊嚙露筋死

湖日映藤蘿荒祠艤棹過狂瀾聲滾滾遺像骨峩

峩蘩藻當門綠鴛鴦隔樹多皮膚生不重利喙欲

如何

過韓侯釣臺

放艇來爲客登臺獨弔韓少年從古惡楚水至今

寒芳草憐人過殘碑背市看我窮誰顧盼也把一

漁竿

過漂母祠

薄劣淮陰市淒凉漂母祠畫衣紛蘚跡繡幔網蟲

絲進食調饑處哀人受侮時高情臺下水千載碧

漪漪

隄上謠

汴泗河淮水合勢高行我下河工退滔滔

又

牛鳴鷺嘯不見渡船側水如矢直到隄邊

又

水聲斷舟腸登高望儂村喬木不見頂何處是柴

門

又

斷竹拾葦作巢居胡爲乎生人爲漁死人飼魚

隄上行二首

高低田沒盡橫流始歸海壞隄石出何磊磊官長

見田不見湖搖手不減今年租未崩河隄餘幾丈

畱與催租者草枯風瑟瑟往來走驛馬

又

坼傷婦如花枝不粧首飾髻低垂達官大賈畫船

近長跪欲告腸中饑舉頭不覺雙淚墮隔河望見

露筋祠 露筋烈女也

送汪濬之西泠

田園荒白嶽毛髮禿揚州老去無長策天涯復浪

遊琵琶勸酒婦風月渡江舟浩蕩烟波上忘機一

海鷗

又

千年書法絕叟獨愛羲之今古人誰辨臨摹老匆被沿溪濯石硯倚樹看鵝兒景物東南勝逍遥歲晏時

又

雙峰看不厭畫舫足徘徊湖水三十里梅花兩岸開夕陽明古寺積雪冷荒臺冉冉鳬鷖起漁人送酒來

又

富春君莫望江樹嘯哀猿灘峻懸湖落山多宿霧昏十年別親友此路近家園佇看漁樵去遊人獨黯魂

送汪長玉之薊門

斑騅鳴蕭蕭遊子急行役北風增慷慨出郭無離色親愛惜睽違開罇待官驛背人雙鴈去隔水數峰碧酒酣因止宿泠泠野月白攜手登高丘嘉會盡今夕及時不歡娛來日徒相憶

又

北望臨碣石薊丘何巍巍伊昔昭王時國中盛賢才一士蒙敬禮齊趙紛來歸陳蹟復何在草根惟夕暉君今遊此都清風吹襟懷誰知郭隗後國士驅馬來悲歌飲濁酒醉上黃金臺

日落

日落穆家灣日落馬家灣兩灣地僻易爲賊往往橫刀挾矢林莽間饑烏下啄冢中骨浮雲不見江南山曾一經過喪我膽今日孤身仍往返何當復似□□時桑榆翳翳人烟遠

挽鄭母 鄭仲嬰母

朝與慈母違暮與慈母違菽水苦不足承歡未敢期悄悄念桑梓行行寡容儀縫衣相送處回望多斜暉努力學聖賢鼎養或有時年華逝冉冉志士無錦衣還家北風勁芳萱遽巳萎有米母不食晚饔爲誰炊一櫬寄他舍宛如客未歸飛飛霜夜雛棲宿嚮何枝

復洲田四首與老友陳鴻烈

洲田復與民官長示告諭故主前來看猶疑夢未

竄落葉遇回風衰林尋舊樹寥寥亂後人歷歷沙上去烽燧壘尙在望望生驚懼十年避兵戈萬姓淌道路他鄉溝與壑一步一回顧

又

斜日寒江流褰裳試遵渚不悟餘黎民重蹊舊田土廬墓在何處四顧唯榛莽雉雞見人飛狐狸嗥且怒生理何暇計先須蔽風雨刈草覆我皆叠石爲我堵不復辨東西向山編竹戶室成誰往來蘆中有漁父

又

泱莽大洲上君亦結茅茨雖無百畝田蕪穢轉易治耕牛託老僕詩書誨嬌兒開門清風來江平水滴滴明月出遠峰哀笳不復吹時時聞盪槳城中輸賦歸餘生免喪亂稅課安敢遲

又

朝築潮水隄暮鋤野蘆根且以餬口腹漫思長子孫我聞甲申前此地如桃源雞犬江山際灌木淺里門霜落秋穗熟橘柚香村村日晏釣魚歸鄰里笑語喧想見太平時家家酒滿罇

宿三江口

淺水迴沙岸淒風送角聲月明鄉樹遠潮長客船輕飢饉多爲盜隄防正用兵歸心中夜劇江北聽雞鳴

江上阻風

避風隨賈舶拋纜對蘆花濺沫驚灘鳥迴波卷岸沙漁船來賣酒江水汲煎茶過日偏容易征途鬢已華

挽方爾止

斯人盛文采時運苦不遇行唫三十年鄉井恥歸去豈不極勞瘁久捹死道路兵戈淚眼看青卷衰年著儻居秦淮閣日望鍾山樹黃河清幾時人命倏朝露飛塵上琴瑟衡門下鷗鷺哀哀稚女啼慰問無親故

又

往昔隋宮路逢君酒壚邊擊節市人中高歌聲凄然慨慷來百憂囊罄無一錢失意惟酒遠中途及

黃泉沙浦飛白鶴江波映紅蓮雖無要離鄰幸有
漁父船旅櫬何用歸三山二水前春風殘夜月歲
歲啼杜鵑

過鍾山下

玆山大江南形勢何雄特萬樹隱蟠虬四序葱葱
碧常懷山上雲今作山下客綣綣路人語嘩嘩崖
日夕勝地縱搏爪半天稜瘦春但見下牛羊不逢
舊松柏乾坤遭燬鑠禍害及木石暮角受降城寒
潮瓜步驛渡江吾遲遲回首淚霑臆

贈程飛濤

末俗矜繁華衆人悅雷同城中與四方相倣何時
窮（古諺城中好高髻四方高一尺）廣陵俗尤甚巨戶如王公食肉
被紈素極意媚微躬歡樂成憍愚不幸財貨豐我
愛程仲子矯矯魚鹽中春草野萋萋中有幽蘭叢
何以別氣味君試臨清風

又

種樹城郭內喈喈啼春禽昆弟何容與彷彿棲山
林良辰集朋儔綠酒花下斟月來失暝色灑灑舒

胸襟君情復何向高梧與鳴琴舉手弄素絲開軒
受清陰清陰蔭連枝素絲娛知音

詩二首贈郭飲霞博士

老樹憯淒風旅人愁歲暮歲暮雨雪多鄉園憶親
故栖栖子何爲悵悵在岐路見人唯傴僂所嚮詘
言語亂絲賓懷袖何繇別緇素夕鳥戀林栖流水
知東注婁婁望川原吾廬不能去

又

茸茸蕙蘭發皎皎官梅清君子適在鄉里巷多芳

馨一氊十年坐朝埜尊先生空憐顏色壯荷玆爵
位榮歸來無酒錢大雪滿荒城何以慰親友日暮
心屏營揚雄貧嗜飲劉向老傳經遐心寓簪紱昔
人同此情

送周雪客北上（限難爲心三字）

半年騎北馬兩度向東安緩急親知少關山道路
難濁醪憑自慰長鋏對人彈又見悲風起蕭蕭易
水寒

又

渡江逃去路下馬問相知林雨鴉歸早梅花酒熟時愁人不得醉歡會轉成悲多難無長策衰徊空爾爲

又

路遥夜不息力盡涕難禁榛莽愁饑虎桑榆羡野禽迴腸催白髮空手急黄金此日誰相贈貧交一寸心

過程臨滄山閣看梅 同諸子分韻得六麻

主人愛種植城市有烟霞梅放來登閣牕開正對

花林風摇坐雀蘚石啄饑鴉萬戶笙歌裏冰霜自一家

又

聞說羅浮勝春來到處花雲中流澗水雪裏住人家客路饑凍衰年墮齒牙只思扶杖去卜築問桑麻

又

閣上春光始園中逸興賒一城啼曙鳥四序有名花兄弟無多客招尋必煮茶婆娑此林麓每到似還家

又

春風懷故里溪水遶園沙漏屋誰添草寒梅又發花簷低枝上下月出影橫斜滿目芳菲意傷心不在家

送郝羽吉

長男昨已婚老母今待食入門復出門俯仰情孔亟春風別桑榆依依何默默林中嬌鳥鳴道傍芳草色物情皆自豫行子不得息生涯况依人志氣

始偪側我矩人以圓我鈎物偏直世途齟齬多負米君努力

寄湯巖夫

相識各已老十年復阻絶登高望浮丘日落江湖闊同心怨離居白髮禁久別自君歌北風乾坤盛雨雪褰裳欲何之舉步泥滑滑踽踽避膏沃栖栖采薇蕨波瀾不上山熠燿空照熱披裘棄遺金愧殺吳季札

懷錢湘靈

蕭條萬竿竹念君羈此間春風吹不到饑凍有苦顔㡘㡘華門暮翩翩棲鳥還高賢棄道傍蘭蕙同草菅俛首欲何言登高眺江闊水雲淸可把沙路杳難扳淚落鳳凰臺家在鳳凰山

古意寄王黄淄

揚州青銅鏡多年陷泥滓雖文半已蝕妙質幸猶在一朝蒙提攜稍得見光采常感磨瑩力不致鑒別㱃逝將與儀容百歲相終始奈何漢江去棄置空房裏鞶帶徒爲飾塵垢復欲涴儻非故時人誰更拂拭此

青萍港

青萍港樹翳翳野烟入河河水黑來船去船樹根繫人家門開鵝鴨歸酒店月出藤蘿細糢糊缸底釀鮮新網來綴村無盜賊客有錢買君一醉高枕眠

海安鎮

古鎮樹修修長河流汩汩西顧吳陵大東來楚尾盡淮泗英雄起戰爭將軍公（開平）此地築孤城城土只今尙壘壘吁嗟人事一朝改來甄去犢暮逡巡草色愁殺行路人

馮店

孤舟近馮店居人望不見颼颼風鳴店前桑我行滯此呼誰援雨下雪下天已暝來鵝去鴈不識面前櫂船頭後把舵遠水青來盜賊火饑寒誰能死勿變草野稍見戈爭荷爾輩縱然不殺人解去縕袍凍殺我

白塔河

朝發黄金壩暮宿白塔河河流上河泥土沃夏收麥莢秋登禾人家隱隱暮春遠楊柳脩脩燈火多咫尺下河浸洪水哭聲水聲一千里上河農夫下河哭船來繫樹遭驅逐同是耕田鑿井人何惜樹陰不借宿

仙女廟

急湍湧雷霆淮水入江瀉孤舟別家客泊此過遥夜遥夜未央白髮新饑寒思共糟糠人梁孟吳門有賃廡朱孔山陰會采薪萋中鄕里覺來違仙女

廟前花纂纂毛禿鴛鴦相背飛東望菰菱淚雙滿

茱萸灣

安石怡情地滃滃茱萸灣安石不在茱萸在秋來到處花斑斑自開自謝雜榛莽千年此物無人賞廣陵城東酒店多晉時月出滄波上漁歌淒凉岸樹綠我櫂扁舟來止宿

秦潼

秦潼水霧中屋上棲野鴨蘋花蓮葉遍里巷野鴨飛下爭啑喋有船田父皆爲漁十口五口依菰蒲

蒲多村少心腸亂網得大魚無米換亭午風順客船來烟生茅店人炊爨可憐冷落紅顏婦凶年賣飯不賣酒

催麥村 催麥鳥也村多此鳥故名

村南催麥村北催麥催得小麥長四尺晴日照地菜花香更晴十日麥亦黃姑思食麪婦打手 焦氏易林云尸饑打手 麥穗滿田不得嘗朝饑暮饑時有數椰陰茅屋家人聚試看門外無田人髮禿足皸獨行路

哭妻父王三重先生二首

鳲鳩啄我隴上土農夫田父歎息迯冬去春來雨雪多前村長者僵臥死村孤水大弔客絕角角雞鳴桑柘裏平生無榮復無辱耄年情性如赤子榮叟行歌身帶索黔婁謝世斂無被生不羞貧沒亦然清風謖謖吹鄉里

又

十年力田九不穫晩歲偃息甥之廬廬中過日有書帙柴門衆樹陰扶疎甥也捨此遠賃廡臨行囑婦司中廚糗糒入手先致翁諸兒簞豆需其餘人

多食少心腸苦我婦朝饑每到晡舂米人歸今有儲炊飯餉翁翁已徂惆悵外孫問字處春花谿月滿階除

題荷山草堂圖贈徐仲光

泱漭江湖間青山何巃嵸山水相掩映曠然澄心胸崖壑宿古雲屋宇當清風沙鷗入籬飛琴書在高窻伊人不得志杖策歸山中柴門松樹老樵徑石橋通世事勿復問澗泉鳴淙淙

又

潦中不生梧道傍不生藻山公爲荷蕢五岳盈懷
抱北風摧卉木寒灰共枯槁骷髏將何之雲際山
杳渺結廬自悲歌炊藿時一飽泉石誠足娛壯顔
倏已老光采秋蘭花零落同野草

又

蹋蹋懸鶉人籊籊釣魚竿廣眉不肎做畫室罹饑
寒饑寒竟欲死擔簦來江關蹩躠欲誰向逢君陌
路間提攜梅樹前淸琴對月彈琴絃常苦直梅子
常苦酸君聽蜀岡上啼鵑摧肺肝

廣陵送汪扶晨歸潛川

露白桂花香命駕聊遊衍牀頭金欲盡竹西舟重
泛秋水沒蘩華流民雜鳧鴈人郭尋舊居鄰里半
巳換驚心蟋蟀鳴過眼雲烟幻世事迭榮枯吾曹
値貧賤去去故山中餐薇飲石澗莫以錢刀少遂
令鬢髮變

贈吳景尼三首（歙縣潛塘人）

不用歌二龔不須讚四皓今日塵埃中高趣有吳
老斂跡親庸俗寄情在義皁丹砂笑人愚白髮顔

自好問年巳七十無人識懷抱亂後故園蕪客中
見子小日暮讀書歸牽衣索梨棗

又

長者有令德蕙草多芬芳芬芳易感人近者靡[illegible]
臧一從辭歙浦家國罹禍殃避世魚鹽中淸風在
門牆貿疑與問字往往來登堂放歌對隋柳把釣
懷澄塘王烈羈遼東范宣客豫章到處風俗美終
思還故鄉

又

采藥去鹿門織畚老蒙山泉石娛夫婦齊眉豈不
歡倉卒罹大亂閨閤急紅顔入井復出井女中逢
大賢曲護冰雪意全生鋒刃間慷慨厲孤節流離
經五年終焉歸夫子軒車辭幽燕只今淮水上鴛
鴦鳴關關寶劍分復合古鏡破仍圓高士配貞女
雙美人爭傳

九日懷程翼士客吳門

凄淸授衣時辛苦還家叟雨霽良辰來茱萸發戸
牖呼兒分果餌倚杖閱雞狗衰年在鄉井未覺風

景飄鄰圃念倦遊贈我蔬與酒氣寒鴈來早草枯蟲默久觴至誰共銜思君坐搔首

又

行賈小人事心力殫錙銖如何骯髒懷亦與齷齪俱吁嗟菰蘆中鴻鵠鶬鳧渴饑共儔侶少壯輕道途泉悅爾趣同誰知中心殊吳月起松栝麋鹿驚相呼鄉愁慼然來脈脈臨其區

附程翼士舟歸東淘作

客久吾道拙囊空汝倦遊故鄉無百畝壯日盡孤

舟村吠隔花犬谿飛銜雨鷗相攜應不厭同是倣貂裘

挽程母 令子飛濤割股肉二次首及之

昨稱介壽觴今歌薤露詩南山成北邙變故倏如斯井臼秋蕭瑟鄉鄰涕漣洏廣莫遐高上行者皆仰之賢母有盛德殁後令人思衎上留衣裳形容不可追孫兒可憐甚含弄永無期

又

嘗聞身上肉可起牀上親親命倘復延兒也敢惜身霍霍手握刀昏夜告明神一割痛入髓再割血盈巾持肉方作糜鬼伯不待人園韭剪逾茂晚日落更晨肉去生有時母沒會無因寒雲黯苦塊哀慟動秋旻

泰州吳嘉紀野人著

秦淮月夜集施愚山少叅寓亭聽蘇崑生度曲同郭汾又楊商賢汪舟次

洛陽蘇生善度曲今夕相見秦淮河秦淮渺渺江水漲其時月出清光多生也惜良會臨風爲我歌清音不使管絃佐嬌鶯哀狖樽前過一座搔頭聞白雪四鄰傾耳擬青蛾却憶盛年歡場擅高譽珠履主人最有情玉顏弟子從無數樂極哀來世

運遷東西亡命鬓皤然楚水吳山如舊日翠翹紅袖總寒烟還家那有妻兒在絕技唯聞坎壈纏往事紛紜勿復道今日詞人吾亦老風塵困頓誰相識身世歡娛恨不早曲罷出門何所之石頭城上笳聲曉

過宏濟寺

鐘聲聞谷口勝地試攀躋白日無塵事長風淨石隄潮翻沙浦小山壓寺簷低坐對娑羅樹鷓鴣不住啼

挽戴㕣二首

侵晨治行裝省親歸舊宅鄉雲空在眼催促逢兒伯甘脆賓道塗老母死生隔汩汩泉水逝淹淹槿花夕室暗鼠嚙書林秋葉墮席彷彿形容在戶牖氣槭槭

又

同學無多人妙年君且慧靈心出敏思著手便有致稍解亦已倦有恆君則未晶勵悔不早傳世無精藝藝精竟何益念昔徒欷歔

辛亥孟夏二十八日三兒嘉經歸葬東淘

二兒呼五弟荷鋤隨我發爾我將老死應收三弟骨行行兒廢墟荆棘何翳鬱饑鳶啄狸骼野蔓牽人膝二十八年來始有家人跡朽櫬在何處形骸雜土木肢體拾容易砂礫亂爪脊撥剔到天暝全軀乃無缺嗚呼甲申歲兒禍生倉卒身飽强横手命盡少壯日官長來相視行路色慘戚磊磊讐人頭指日白刃割哀笳忽四起鐵騎來萬匹野積戰士屍城流殺人血羣兒出獄門亦各操鈇鉞依倚

猛虎區兒者咸竦慄飲恨歸去來待時臥蓬蓽次男名瑶琴襁褓兒愛惜衆謀立爲嗣此支庶不歇四歲離所生命仰伯母活不悟大人心憐女不憐姪綺襦擁外孫兒也足無襪弱膚受風霜氈髪叢蟣蝨憊極走還歸持抱生母泣我時實貧窘寸心與誰說今年兒齒壯摧殘膚疢疾媒妁不議婚徭役長被責敢望吾宗大仍愁兒祀絶冤魂久飄零今日就窀穸薆薆鄉樹近沃沃水菱碧死者抱痛瞑生者吞聲哭報讐事已矣斜陽遍阡陌

汪芾斯先生四十初度

旱潦淮南甚魚鹽舊業蕪潮聲寒擁日草色晚飛凫召杜來何後黔黎苦欲蘇五年蒞茲土夫子最勤劬

又

撫人皆是惠省事更稱賢黑壤存千室蒼生戴二天蒹葭隄月下雞犬海雲邊到處追呼少閭閻足穩眠

又

歲首亙寒候海濱狐兔驕琴堂對風雪蝸舍念漁樵稍益詩書色潛令傲慢消猪肝何用給仲叔意陶陶

又

此地昔爲宰羣推王孟津高風踵張范素學鄙韓申老壽酬仁政歌思遍海民無疆千戸祝今又見斯人

挽王秀才斌

懷抱人難測衣冠自不迂傳經多弟子結友半屠沽死去文章在年凶產業蕪故林滄海畔鳴噪盡饑烏

又

賦詩悲亂世易簀及芳春夙昔寧知佛精魂實避秦老妻單弁豎殘帙委流塵杖履難重遇桃花處處津（斌卒之前日夢一僧邀往須彌山寤題詩云本是須彌極樂身沉淪苦海幾多春憑君引我還山去趂有桃花好問津）

送張山侶歸小谿茅屋予時別家

衡門非放歌主賓悵隔絶（張有訪予不遇詩）岐路今搔首

會聚成離別谿水芙蓉遶四鄰柳風拂簷村酒醇田間景物真堪戀愁殺孤舟行路人

挽船行

疲困駕船人人船雙趦趄老姑起把舵新婦爲縴夫尙存異鄉息自愴薄命軀夏日懸中天灼死岸傍樹纏頭苦無巾裹足猶有布數罷商人錢拭淚盼官路路長縴繩短挽船不敢緩

章兒病何豫充雨中來視贈詩三首

羸軀負米在凶年辛苦今成困頓眠安得疾瘳兒遂起老親無食也歡然

又

溪無流水隴無禾久旱窮濱災疾多今日何生來賣藥范公隄上雨滂沱

又

一經自是傳家物肘後方書且救貧便有青錢日盈把腐儒何事不如人

歸里與胡右明二首

潦後復大旱穀價貴荆吳疫癘纏饑民喪亡滿道途故里災尤甚中宵憶吾盧歸舟不待曉取道緣楊湖水淺菱草長翳翳薇游魚烟火何處乞秋陽淨平蕪鷹鸇遙睨雀盜賊僞爲漁人險物情異行止多跼蹐

又

行路不知疲近鄉翻蹙額水涸原野高衰草蕭蕭白天心凶歲忍我室多藜阨養生急饔飧救死缺藥石淚迸老妻啼病勢嬌兒劇出門自悵悵入門仍脈脈雨歇秋氣佳黃花發檐隙何以遣予愁籬外來嘉客

哭劉業師 師諱國柱字則鳴江西人寄籍泰州梁垛場

叢棘真難偶孤松倏已萎黔公衾不足卜氏淚方垂四日前師喪次子死喪誰相救高寒俗所嗤手栽籬菊在瑟瑟海風吹

又

管樂成虛願荆高匪我儔放歌悲失鹿蹈海看鬬鷗門巷青蒿塞江河落日流師亡吾已老壯志復何求

又

南州雖故土梁梁有高賢黃髮鹽烟內青鞵野水邊傳經猶有子歸里若無田餬口逢凶歲淒凉老伏虔

又

回首思冬夜扶兒訪蓽門海風折衆樹野雪陷孤村白酒呼鄰借黃精佐客飧家貧供給薄脉脉愴予魂

又

貧士不可死家人唯掩扉室寒蠅懶入餅罄鼠常稀我亦多兒女門東待蘇薇看師身後事涕淚倍霑衣

江健六過訪閱其近詩有贈

天寒朝日如夕暉桑葉颯颯蘆花飛風落河濱叫鴻雁刈楚捕魚人出稀老夫側立滄海上來牛去馬不可羈入門倚徙搔白頭久別貧交遠相訪嘗聞餬口在江湖亂後鄉園歸去無梁子饑炊却熱釜阮公獨往遭窮途思友詠懷何耿耿梁鴻思友阮籍詠懷一卷新詩冰雪冷風人半是窮愁人乃知坎壈非不幸

送江健六之長洲錢塘

長歌去路遙遙遙去何處楓橋與斷橋兩岸梅花五更月布帆吹去風翛翛嘯傲山水前豈遂稱豪賢豪賢舉動笑腐儒飲酒縱博膽氣麤朝出赴急難夜歸提頭顱一旦功成不受報有時義在仍捐軀不然潛身至老死結屋種樹臨江湖雨晴放艇隨漁父客散分餐飼鶴雛君不見吳要離宋林逋

詠古詩十二首贈郝羽吉

諸古人予與羽吉所夙慕也詠之以自勗並以勗羽吉

甯戚窮適齊旦暮牛因依細草勸牛食扣角歌所懷桓公夜出郭商歌聲正悲遭際商旅中後車載之歸尺半長鯉魚鱗鬐光葳蕤粲粲石何白漫漫夜未晞當其身未遇淒涼單布衣賢聖雖自命儔侶爭相譏

又

巢繇稱至潔衣食亦相須儻欲遂高尚未可厭錙
銖達哉范少伯易名曰陶朱但計刀與錐不言越
與吳貨殖偶加意貲財便有餘餌美魚爭戀財多
人易愚一朝別鄰里揮手散膏腴受者感且送提
攜傍菰蒲扁舟倏已遠清風吹五湖

又

邯鄲圍日急衆欲帝强嬴秦民死不爲齊國魯先
生慨然訪趙勝乃以口舌爭開口屈梁客數語却
秦兵孤鳳鳴霄漢萬族仰其聲區區寵與位那足

詘高情超人不相知樽前金滿籯一笑拂衣起東
海歸柴荆

又

下士鄙滑稽不識義理存翩翩東方朔待詔金馬
門皇帝好殺戮得罪方紛紛同列盡緘口斯人獨
笑言罪偃氣何壯割肉度何溫巧言寓忠藎聽者
中懷忻身全事亦濟誰謂辭不根斋之以優俳武
帝眞寡恩

又

衆山何犖确於中挺五嶽人苟不自卑應須嗜丘
壑臥看松上月行採澗邊藥心跡既已遐塵網焉
能縛漢運昔中衰禽慶家索寞茅屋三卷易嘯歌
對碧落新莽祿不食故人儥不却同好得子平擔
簦著芒屩冥然投雲峰秋空一雙鶴

又

伯鸞貧牧豕遺火及他室義不負若主尋問償所
直盡驅其豕去不足身爲役樵汲每行坐卑微無
恥色小人奴長者耆老交相責時危適吳夫婦

勞筋力盛德杵臼間遂爲皋叟識數椽借棲遲四
體聊偃息憑君餬吾口著書送餘日

又

郭泰不可卽人稱爲神仙樹下逢茅容言談何依
然雨止攜泰歸家中待舉烟炊黍以爲飯殺雞以
爲餐雞黍一時熟跪奉阿母前徐徐出食客蔬糲
不盈盤老親養不輟良朋心轉歡敬友道如此容
也眞大賢

又

淵明與田園獨居每搔首搔首復跋足遙望南村柳其下多居人情高風俗厚力作共陌阡羲皇在戶牖幾年懷此鄉今日去爲耦五男與弱女抱琴或牽狗籬邊菊正花入室催漉酒殷勤語稚子柴門候賓友

又

百年傷毋單遺體誓不媛孤清懶近人獨契孔思遠遠廬偶一造入戶樽已滿燈影照茅檐笑語接繾綣勝引旣同心雪花復在眼良夜寧惜飲榻在遂忘返主人護醉眠取具覆緩緩溫綿衾冷骨酣夢倏中斷起來却臥具賓主淚齊泣

又

曇首離奇人年少無競心背財散兄弟自取書與琴歌調尤絕妙康樂慕其音挽髻著袴褶匹馬來相尋相尋不相近載躧入中林舉聲嚮謝侯野靜松蕭森一唱皎秋月再唱醒棲禽曲罷謝欲前歸騎已駸駸

又

襄陽孟夫子紅顏樂巖阿灌園不入市釣魚臨滄波釣得槎頭鯿沽酒造鄰家顯者期弗顧醉來一高歌淅淅竹露滴清響何用多誦詩天子前觸忌將如何佳句實自賞無心競榮華歸來鹿門山雪月松徑斜

又

茶味世不識濁俗何繇醒鴻翼覆野啼陸羽眞天生飲啜道遂廣荈蔎辨尤精採摘穀雨前歸來山月明夜火暄僧舍幽芬淡人情吳楚幾原泉氣味本孤清汨沒山谷裏幾與衆水幷逢君一鑒賞人間盡知名至今品題處滴溜寒泠泠

漲落

漲落見村墟藻荇掛死楓蓮子河中央饑殺岸上翁翁媼久飄零荷鋤返鄉里趯鋤戀故土鲂鯉樂溪水古陌行人來鷺鷥雙飛起

德政詩五首爲泰州分司汪公賦茀斯先生

嶺梅豈不淸感人者芳馨黔首雖至愚懷德有同情荒荒瀕海岸役役煎鹽氓終歲供國稅鹵鄉變

人形佽兒草中臥蟋蟀其悲鳴倘不逢良牧何繇
慰羣生撫字日已勞罷癃日已寧祝良作甘澤遍
野起歌聲

又

夫子昔高臥別業吳山下圖史娛弟兄吳越擅風
雅冷然湖山際襟抱各瀟灑令譽倏以廣長嘯別
松檟伯子陟雲霄仲氏膺民社蒼茫潮汐區何堪
詘靜者鷗鷺迎清琴蒹葭隱斑馬煌煌瑚璉器光
采及原野

又

風潮飄蕩後萬井莽荆榛黃草連遠天鳴雁愁殺
人茲郊實寒陋亟亟思陽春春風一朝至草木鬱
然新噓煦六年來慈祥四海聞當代選循吏徵車
正轔轔赤子涕漣洏唯恐失其親耆老扶竹杖鄙
生出山雲未暇贈劉寵方將借寇恂

又

鷙鳥避叢棘鯉魚肥泉水仲舉稱高賢乃下徐孺
子孺子不仕君榮華草菅視一榻何戀戀心實感
知己往來古不廢干謁余所恥軒車過鶉衣攬挈
若蘭芷野月臨冰雪田玉出泥滓孤雲漫悠悠僾
室重貧士

又

頻年禾不登流離滿海邊困餓傷萑葦容易把戈
鋋使君騎馬來淚迸流民船賑饑日行野羅米時
借錢或有强肆者辱之以蒲鞭一誡消衆蠹散去
如雲烟只今中十場里巷何晏然牛車夜不歇雞
鳴月在天民物各自適誰知官長賢

讀印人傳作歌贈周金谿先生

千餘年來尚楷書篆體唯憑印信傳秦章漢璽苦
難遘時俗臆見空拘牽一從近代有文何文三橋何雪漁
頭如雲畫窺青天鈍鐵在手代毛穎象牙棗木失
其堅肥不喪真瘦不枯龍搏鵠峙相糾纏慧心漸
文趨簡便磊磊石塊採青田坑東柔澤如可食燈
光出土珊瑚鮮坑東燈光皆石名海內繼起日稍稍新安
梁谿尤多賢金谿先生最嗜此高手到處與往還
錦纏帕覆隨出入宦遊載滿烟波船斯道彰明五

十載金谿實爲風氣先只今能事復誰數老成強半歸重泉不憚苦心訪遺蹟肯教絕技同寒烟生者死者爲作傳印人一一在眼前異哉吾鄉黃濟叔蓬蒿中挺孤芳荃淡心厚蓄流精光意所欲到手已然諸家豈不各稱善濟叔兼之無愧焉如皋濟叔里丘墓松楸護賴古公名堂文章星斗懸誰知黃也身存日姓字不出鄉閭邊若非遭遇周夫子懷瑾握瑜祇自憐

客中送汪文台之衡州

老懷易忘失偏不失羇愁金盡浪依人悲君亦遠遊遠遊何處所春水滿揚子江樹鵑啼一片月雲山客路三千里寒泉皎皎下青松君到衡山定憶儂題罷音書無北雁躑躅獨上祝融峰

初夏送王鴻寶之海安鎮向崔朗生乞菊二首

蔣生借二仲三徑思悠哉我亦歸田舍君應日往來青春悲已去黃菊約同栽發興求名種扁舟遠溯洄

又

斥鹵海安鎮清風崔氏林籬低沙鳥入菊長草堂淡花待飛霜發人今冒雨尋寒芳贈不惜持抱碧森森

黃山歌送程飛濤

躡芒屩抱鳴琴登嶺望天都天際何嶇嶔嶇嶔復氛氳昔住軒轅君丹成騎龍上天去三十六峰唯白雲雲生雲漲失丘樊天海浩浩波濤翻扶桑日低却倒照精光萬頃搖心魂巖巒絕非人世境磽确都無泥土存巘松葉細幹下垂盤曲石上拏瘦根空洞氣冥漠暗瀑聲潺湲林淡鶴鳴風瑟瑟老龍臥處寒潭昏伊予慕名勝無羽難高騫白日駛旦暮紅顏落家閭天桃過雨花葉新村村石路淨無塵君今逍遙去遊覽萬壑千丘正暮春登臨倘與赤松遇服食時有明霞親年華不能老雲峰任卜鄰只愁見月思鄉縣又櫂扁舟返故津滿山瑤草輕拋擲松下青猿笑殺人

題喬雲漸小像

尼父坐榻望管寧何當卜居來荷鍤送殘生

病中哭周櫟園先生

建業來雙鯉先生去九原風流餘劍佩精采散乾坤舊侶沉痾日殘生一綫存支離東海上茅屋遠招魂

又

往弔應扶病知音苦不多白頭慙我在青鏡為人磨樓閣塵書畫門牆長薜蘿頻年車馬少今日復誰過

又

荷衣裁昨日竹杖曳何之幽徑蒿生早荒齋月去遲錦纏新刻印稿剩未成詩景物都如舊無緣見所思

又

洛下何時返人間暫住難生涯逢短景死所得長干螻蟻殘簪紱蕭蓬沒蕙蘭霑巾賓客淚不與露同乾

舟宿堰上有懷吳載澄（吳時在汪使君幕中）

頭不戴鶡冠身不衣鹿皮片石為淡山幽意無人知眼中浮雲盡塵尾清風隨匿鱗泳靜淵愬翼投高枝紛紛巖栖輩應為丈人嗤

鶖來詞

六月蝗為災有鶖自東來來立田中如老翁禿頭長頸驅蝗蟲羣蠢赴海齊趯趯飛走不疾鶖啄食食既飽起高飛人來爭穫救公饑（稻名）田公田姥呼鶖拜恩德爾比鳳凰大昨日憔悴今日歡他家流亡我家在我願家長在舊村爾鶖老壽多子孫子

孫翱翔遍天下年年護我農夫稼

為湯巖夫題大滌精舍圖

誤闖遂洗耳祛垢因濯纓所保甚微細未足稱至清不見翠微內遙遙懸戶庭窗外峰羅列檻底海旬訇氣勢相盪激白雲曠英英長風吹入松一山皆水聲豈惟肺腸淨簷楹亦光晶幽人此歌嘯高趣有誰并薜蘿製為裳藜藿采作羹不謀衣與食安知姓與名老夫牙齒落無地可歸耕轂襪敗泥滓舟車違性情樹茶乃求甘飲酒乃求醒乘桴思

塞鴻集霜渚海燕巢廈梁羇旅各有託安用別炎涼惝怳亍何之寒夜宿菰蔣聽雞憶同志見月起長望夙昔隔千里今宵同一鄉曖曖桑榆烟濛濛雲水莊不謂膠與漆翻成參與商岸上種芳蓮池中樹甘棠君勿笑顛倒世事眞難量

夜發蠻子莊寄黄天濤

蠻子莊前掛席歸姜家堰上月輝輝情人相近起相望淮水不流低雁飛

哭汪三韓

秋氣入中庭使我芳樹萎白日不與光君亦從此辭東流潑潑逝零露朝朝晞人生幾日客念君獨早歸夙昔負奇懷動爲時俗嗤瓊玖在懷袖光輝有誰知志大年命促千古同歔欷

又

遊魂汝安託郭外多丘墳林木鳴悲風不見親昵人草根傷衿佩血氣隨飈塵狐狸暝來宿弗別愚與賢寧知白髮親徙倚門楣邊往時出門去不待日入還原野今已暮極目惟寒烟

又

同氣多白眉孚息兩黄口抱兒昆弟間嬌鳥啼槐柳好風起竹叢灑然到戶牖開襟賦新詩往往兼親友興味一何逸但未買田畝鄉鄰第宅高卿相章句取豈不榮且豔君視若芻狗

又

俛首師丹經亘絲抱羸痾獨坐靚牀頭奈此緑罇何稍愈謝服食對酒舞婆娑侶伴來扣門檐下發新花及時且行樂莫計去日多却笑賈終輩棄繻

與投沙濁醪不解飲歲月空蹉跎

又

北風稍已寒葉落黄公店蒼蒼隋苑樹盼睞淚如霰昨日此分手病中各眷眷君道長相思我期重會面平生言猶在金石質已變窗中書卷高雨後茱萸豔同病故人來入門君不見

弔謝承啓

疾風揚沙礫原野黯無輝蕙蕕方不辨志士將安之舉手謝丘園褰裳行崄巇跼蹐至摧敗憂來發

狂癡狂癡天地間羞作弱男兒脊明祇自煎杼急
爹亂絲稻粱在籬下雀飽黃鵠餓徒然如精衛神
哀形體疲蒼海何時涸白日但西馳勞苦願未酬
老死令人悲

正月三日晨之東亭午歸東淘風帆來去皆便舟中賦此

晴暉殘雪在谿中來去孤舟一老翁自說今年出
門好樵薪恰遇鄭公風

贈鮑節婦二首鮑爾榮母

南梁烏爲巢樹上生爾雛樹下寡婦心愴然紡積

日暮炊無烟市來餅餌那足茹飼却嬌兒遺却女
氷堅雪厚日難過眼前黃口何時大

又

南梁烏烏老小烏來反哺巢高翅弱飛不起南梁
孝子愛殺爾山松青青谿水長母年六十身體康
酒饌朝昏盈豆甌阿母舉匕淚如雨東林荼蓼西
蔗枝今日甘芳昨日苦

送張蒻人明府歸江南因邀汪晏溪登天妃
山頂分韻三首

兩岸楊花落送君搔白頭衰年愴別路斜日戀扁
汁浬躍漁晉得人歸海市休晏公溪上木不厭寂
寥遊

又

橈停石梁下路到土山頭曠野無人跡涼風近麥
秋蘇叢銷勝地海氣敗危樓諸佛塵埃裏翻增過
客愁

又

吳郡秋天過郝羽吉吳仁趾琴樽此地遊渚寒花皎沙

晚雁啾啾舊好成飄梗殘生託釣舟登臨一回望
淚灑斂羊裘

顧友偍書萱花見贈

遲暮隨飄梗荒蕪歎故丘徑花常入夢樽酒不忘
憂有客來蝸舍題名是虎頭一枝圖贈我風露晚
悠悠

東淘雜詠十首

范公隄

宋范文正公築

莼莼潮汐中矹矹沙隄起智勇敵洪濤胼胝生赤子西塍發稻花東火煎海水海水有時枯公恩何日已

勉仁堂

王心齋先生精舍

先儒樂道處明月寒塘出（門外地名月塘灣）枯樹曉啼烏頹垣春長棘余亦生此鄉水濱訪其室獨往意悠悠沙禽起衡泌

竹園

紀四世祖顯卿公墓上竹也公仕元爲提舉至正間棄官歸隱新豐園甃街㨾鄰里人至今德之

抽笋思凌雲結根宵㑛海野霜叢森森水月碧靄靄一從種植來幾遇人代改蕭瑟天海間淸風四百載

東寺磬

文銘和尚遺物

我來弔高僧古寺淡蒿艾人間留一磬身後覺羣昧嘽嘽日墜淵淅淅風生檜淸音送出林適與幽人會

崇寧觀鐘

鐘鐵質相傳神冶所鑄鑄成冶人晨別去戒曰勿暮勿鳴也黃冠疑焉旋撞之冶人甫去二十里聞鐘歎曰聲止此矣

大器方遠聞去程未及半時俗昧神工徘徊鳴海岸臨流鳥雀靜將曙星辰爛璜璜塵中人一聲殘夢斷

白龍潭

郎伉湖村舊傳有白龍育子於此至今梅雨時鱗爪每隱見雲際居人相顧喜曰白龍歸矣其年必稔

風起枯榛鳴遠村晝如暮神物久飛騰寒潭尚雲霧田荒男婦散水冷鷺鷥聚龍子不歸來豐年幾時遇

古石梁

場北

塲北夕陽多石梁空登陟行人戀景光去水無休
息閒泳魚逐羣倒生草垂色樵牧暮還家相逢半
相識

常家井

在常家竈

竈丁日食鹽澹味詫爲異可歎清泠泉乃生斥鹵
地旱天澤不枯夜月茶堪試淒涼蔓草中汲引誰
遠至

園田

通倉橋西

烟火幾十家園田三百畝野雪甘青菜春風脆新
韭門閒時繫船市近易沽酒我無買地錢空羨荷
鋤叟

影山

在新豐團澤中

決漭東海邊一上何竦峭地僻名不章湖清影自
照棲雲林樹低驚月鶴雛叫秖應垂釣翁繫艇來
登眺

汪愧前新婚詠物詩二首寄贈

釵

南金持作釵金堅色蒼蒼良工懷古儀製出雙鳳
凰質貴容止和毛羽亦非常無心食竹實懶去鳴
高岡連翩欲何向願佐新婦裝握來玉臺前見者
歎無雙著髻珠玉潤入鬢膏澤香徐徐出房戸人
欽兩輝光棲託既得所恩情何敢忘永結百年歡
追隨以頡頏

琴

迢迢雲峰下翳翳孤桐枝桐枝甚微細生長無人
知雅音中自具空望手指揮一朝利斧斤遭遇寂
寥時根株留山中枝隨良工來紛紜塵俗裏始見
不凡材固以膠與漆飾以黄金徽黄金何光采膠
漆不相離明月來閨閣軒牖殷勤開良夜既如此
請君彈素絲

贈汪長玉

索居寡忻豫薄言訪親故扁舟入殘荷左右滴清
露人來宿鷺起葦盡曠野曙早歲識伊人樂與同

旦暮寒暄時向往鬓髮白道路淮村月照花海岸雞鳴樹幽興人不知長河自來去

又

靡靡衆情內長者如鳴琴古調淸且和感人亦何深世俗不相識遺身在幽林泉石須偃仰時運有升沉嘗聞鄕里間親交頌徽音遠岫跂足望春風吹衣襟鍾君可爲師安用紱華簪

又

堂上急糗糒雪裏上江船行行遇疾風舟覆波浪

間失足蛟龍憐負米神鬼憐入水復出水身體獲安全天日重照曜於今巳十年誰知更生者崇德志益堅周行夷且長獨往方慨然

夏次功來東淘業鹽贈詩二首兼答汪叔定見寄

不妨魚自涸明珠皂帽青袍碧海隅伏驥幾曾忘道路困鱗聊且就霑濡地偏野月來隨客俗厚商人肯敬儒應接得閒還嘯咏東淘新酒正堪沽

又

來鶯去雁任紛紛茅屋淸谿遠俗氛自是孤蒲堪送老誰知言笑得同君秋晴海上尋黃菊日落淮南見白雲獨有良朋懷故舊臨岐一倍惜離羣

送喬孚五北上

兩家茅舍一淸谿同日歸來手重攜積水葦花方掩映秋風蓬葉又東西交稀自結王生襪歲晏誰遺范叔綈騎馬看山兼望遠川原斜日暮凄凄

又

秦郵邵埭去經過極目飛飛鷗鷺多水上饑寒銷

赤子淮南井邑貯黃河轉輸久廢公家藏勞苦常聞役者歌今日隄成明日潰空令藿食淚滂沱

又

及至河流向海奔狂瀾巳沒幾千村陳潘（陳公瑄潘公季馴）此日存遺跡淮泗何人問水源吹律谷邊春意在黃金臺上布衣尊懷中計畫分明甚七邑餘民待一言

又

披裘誰是汝同心（謂孫豹人）浩月當頭酒滿斟鄒衍逢

時成往事荆軻醉處一長吟年凶乞米關河遠身老辭家歲月深又値薊門霜雪至紛紛雲雁有哀音

泰州吳嘉紀野人著

寄鄧孝威

銅爐何代兮製古無人識歲月磨雕文渾然見異質置身綺席上豈不勝金玉夜深吐芳氣氤氳入不歇奈何美人遙寥寥自一室燃灰遂枯槁朱火成隔絶迭迭雖甚馨何繇爲君發

又

黃鵠大羽翼乃向蘆中翔鼎烹奉仲孫顧之涕盈

裳甘肥信云美怙恃去高堂榮達事事好不如老親傍人生得終養秬褐庸何傷髮白車輪邊展轉爲餱糧裹糧望廬返依依暮景光

又

運會今如何紛紜執管籥有懷不肯默絲調發哀樂歡娛情易靡悲愁響易索孰是和平奏尚須貫人鐸大雅久荒蕪斯人起林薄操持正始音一唱諾衆作矯矯泥滓中何用嗟淪落（時選 詩觀）

汪扶晨自新安之吳門遇於竹西奉送四首

次扶晨留別韻

泉石辭高臥風霜漫出遊獨行悲曠野卒歲在扁舟烽火終年舉人煙幾處稠故山回首望不見陣雲收

又

臘盡歸無計知稀懶自嗟故人來扣戶良夜似還家逝水離雲壑飄蓬遇雪花艱難經歷了念汝髩毛華

又

相見當歧路貪悽共酒杯去春廛下米行折嶺頭梅晴浴江鷗悅饑鳴澤鴈哀褐衣珍重甚老母別時栽

又

路梗聞兵過囊開見客貧低顏聊貰酒高興忽尋人殺戮遺身體歡娛報苦辛吳歌催酩酊燕語李花春

采葑行

東家來采葑西家來采葑采罷去樊圃根荄委泥土孰爲可棄孰可珍貴賤繇來本一身分歡共娛在疇昔失意顧盼今何人南山北山手堪捧世間莫如恩義重高歌拔劍出門行里中少年誰最勇雲翻雨覆紛相欺鴻鵠無煩燕雀隨君食園瓜我食瓠甘苦分明各自知

與程梅慼

昨聞徽州忽遘亂灊峰憶我程梅慼居民逃難莫敢哭晝投山北夜山南山鬼前嘯猛虎後巖昏谷邃路茀詎血氣少年罷已甚疾病奔走君何堪不

謂赤眉敬長者烽火不近灊峰嵐六邑沸騰日殺掠此鄉醉歌人自酣始知善類若蔗枝根荄託處多芳甘朝來寇退病亦瘥行裝束與蒼頭擔涉江蹈海何錄錄欲就安豐老友談野菜霽生牧豕地岸花暄坼釣魚潭亂後相逢若爲喜春風鶴髮同鬖鬖

灣港謡

郎刺船儂夜炊飯熟共郎食未畢船頭已見飛鷺鷺鷺鷺飛飛下啄蚌水大船輕到灣港樹鳴東淘

鷄海黑三塘岸來到灣港程一半

舟中贈程聖瑞時聖瑞在江南

羽檄日徵兵瑟瑟風嘶馬寒雲愁殺人十日暗原野開門試延頸毛褐雪雹打腐儒是贅疣行路何爲者有客駕舟來借宿桑榆下

又

負米辭行旅尋親適他縣江淸舟自孤烽舉士將戰戰壘行欲盡春風蕩吹面阿翁若爲喜舉頭忽相見柴門杏發花日出飛雙燕

又

江南多水村村村植梅樹花開雪始晴蕩漾湖日暮此中好隣舍櫂船互來去茆屋臨稻田婦人織棉布自然足衣食何必桃源住

題圖詩十二首

甲寅孟春汪生伯先生七十初度先生行誼類前賢者親友繪圖以介壽紀同孫豹人製詩

劉殷授七子經史圖

受福貴多男昌後須設教男多教勿施住哲何繇肖譬彼笋與笙雅音奏古調不蒙君吹噓徒然具孔竅昔者劉長盛挺挺北方嶠七子皆不凡因材各相造經史几案高燈火軒楹照淸談誤人國閉門不敢效

王祜三槐圖

積善如種木生意日夜滋吾公旣破故蒔植以寄懷懷者誰見諒祗應天地知天若知此懷吾後有大時地若知此懷定茂吾三槐轉瞬樹凌雲華袞兒孫披良辰齊襟抱童稚掃堦墀仰面覷淸陰黃

鳥鳴喈喈

虞玩之綌屐圖

踽踽虞少府來造蕭公席光輝衮繡間斜鉸一雙屐及席行且止醜物驚貴人舉手取相視回頭趣贈新新恩豈不榮念故意逡巡一從競奢侈薦紳多謬戾敝屐甚細微少府不肯棄儉約使人厚永堪式頹世

陶侃運甓圖

嬴氏廢井田千年民失所耕織既無資衣食將安取皇天篤范家希文大門戶困窮憐本族俸祿買田土田父笑荷鋤稻花香帶雨秋成聚老幼樹下開倉庾誰更有緩急餘廩以待汝雞栖命棹歸處處煙火舉

郈成子反璧圖

右宰倏罹禍兒啼婦徬徨車輪何方來患難肯相迎只緣杯酒歡平生不能忘祿食自此分同棲隔垣牆孤兒稍成立故璧出輝光已嘗存母子終更潤籍籛戔戔山岳高浩浩海水長俯仰天壤間丈人德難量

楚丘先生說孟嘗君圖

七十楚丘生披裘髮皓皓田文不相知乃謂先生老人生貴有用何必形容好善士如五穀衆士如野草錯薪徒紛紜嘉禾令人飽運會值列國時事多煩擾詞令與謀畫老成國之寶雞鳴狗盜徒雖壯那足道

龐德公釋耒荅劉表圖

人生各有爲照曜同白日去來相馳逐筋骨不遑逸中原劇多事志士欲致力郡邑雖幽偏砥礪得衆鑿光闇抱挈入光曙抱挈出四體惟自勤寸心有誰識從此慣勞苦遂以濟家國光陰與人聖何可易拋擲

劉凝之散錢圖

錯刀解擇主不聚義士囊志安隱荆州歲儉多感傷眼中饑困人無計充其腸十萬遠相遺云是衡陽王高人心忽負受之氣揚揚提攜到市門分散何匆忙春風吹道左愁苦變歡場紛紛糶米去竚看樂未央

王烈感化鄉人圖

君子在鄉曲有如薰在鑪薰香使人聞不擇賢與愚漢運昔云替彥方棲家丘盜賊一相念不覺赧然羞中懷人勿欺遺劍守道周清風起松下謖謖遍鄉閭今日山中蘭昨日野中芻君看爭訟人望見長者廬

范仲淹義田圖

庸人愛子弟往往使爲官小杜承榱桷常有崩摧患劉侯造廬公言設隴畝間新苗何油油妻子耘于前冠蓋雖炫燿力作意自閑鴻鵠巢高枝黿鼉穴深淵耒耜遺兒孫亦欲求其安安危世誰知長吟對峴山

衛武公規箴圖

伏生年九十聖經授來學榮叟年九十彈琴歌且樂强哉衛武公爾室尋愧怍年已九十五警顧何矍矍古栢自孤清甘霖更滌濯出入有明戒怠荒

防暗作泉水容易流德基容易薄殷勤語師工倘類童求角

萬石君家居圖

漢臣曰石奮徵祥集其家祿糈到門來擔石一何多天子稱爲君尊祟無以加歸來暮景長皇恩日優渥榮遇歷五君躬行先四國兒孫盡孝謹卿相盈廟廊朝回鄉里羨令德受冠裳百福繇一人省侍向高堂

寄程雲家

大絃音和平小絃音清峭音響雖不同與君實同調古曲雅適淡時俗每非笑下里安可向東海不妨蹈海水何茫茫伊人在前谿雨歇開門望遠樹鵓鴣啼

又

褰裳就葭菼微風生水湄水湄有芳草氣味迺始知子莊徙杜陵幼安適遼東經授亂離後榻穿羇旅中野蒿長入門春花開入夏萋萋更尋君依然舊館舍

種梧桐歌贈萬菴

開士避地來安豐鹵鄉始有碧梧桐短袂長鑱自塵外疎枝直幹生定中海雨人眠夜颯颯炎天日午陰濛濛禪宮如拭浮雲過汲水澆樹樹皆大和鳴不見鳳凰栖軟語時偕樵牧坐怪殺秋風直北來乾葉蒼蒼墜幾箇爲菀爲枯總一身蕭條風景轉宜人獨立長廊看月色不知霜露濕衣巾

送程四之祝塘

老燕自栖栖荒谿風瑟瑟開門見布帆扶杖看行

客斜陽共屏營暮齒經離索鴻雁下蘆洲沄沄秋水白

又

北風吹飛凫散我水上霧扁舟出荻花試問祁塘路溯來五山小月上雙槳去稍近石崖行松梢滴清露

又

江鄉好風俗結識多老農秋京釀濁酒新秫家家春前山風景佳提壺願相從蓑笠不畏雨雲起鹿

娘峰

又

已買暨陽田尚須嘉樹林藝植曾幾時茆簷生絲陰獨坐對禾黍風來聞鳴禽爲君隔城市莫問世古今

九日同夏五作

嘆息三秋暮蹉跎萬事非年衰初學稼霜降未成衣隔水蘆花潔開門塞雁飛登高無處所海岸雨霏霏

又

風雨朝如晦乾坤日用兵秋魂聽鬼哭老眼看人爭榛梗方爲害東南稍厭耕吾家二十口溝壑正關情

又

淵明醒對菊偏使白衣憐今日尋無酒貪交適有錢野蔬烹後糝河蟹擘來鮮賴汝酬佳節壺觴緩緩傳

過鑑空和尚故居

杖藜及戶轉徘徊相識緇流隔夜臺皓月當頭懷往昔幾經離去聲手委塵埃成林碧樹皆親種遍地黃花只自開棲烏不知人已去鐘鳴各認舊枝來

又

谿邊從此笑言稀獨往孤雲背落暉浮世同爲行客舍禪林但見故人衣欲知遺教花仍墜應念餘生露未晞我挾俗情空顧盼懸燈虛室暮輝輝

初冬

海桑還落葉田舍始休農暇日窮人得行雲老鷹

從地偏欣事少盧敵畏隣春歲月躊躕過中原正舉烽

贈汪五南珍

往昔隋宮路鵲噪老槐樹扣門尋令兄竹月夜相過樽前諸弟出五弟年最孺燈燭照襟袖爽氣軒然露拜受長者果羞爲童子語是夕始識面良辰期必晤老成衆所輕風雅心獨慕低頭親卷帙轉眼貌魁梧汝齒何其盛余髮亦已素文舉稱正平林宗契叔度心交毋忘年何論早與莽

贈郡伯金長真先生二首（遷江寧叅窓）

在昔二千石嘗聞劉寵賢當其別會稽朱輪誰攀援耶谿與山陰老生來翩翩余亦草茅士釣魚東海邊時遭鄉里笑憪扣諸侯門明公涖吾郡雨下乾旱天歲豐雞犬靜閭閻多晏眠奈何棄此去恩澤惟一年辞不褁馬際藜杖氷雪間今日遠相送自愧無大錢

又

永叔嘯歌處山上忽有堂我公多好懷於此來彷徉（公衮建平山堂）綠樽對遙嶼座客吟短章豈惟山澤榮士氣亦已揚誰知五色鳳欲棲千仞岡德音雖未遐瞻顧逹輝光我來新宇下三山跂足望自無雙羽翼安得共翺翔華棟明雲岫佳詞唱酒航異日思遺愛郭外荷花香

贈汪觀瀾先生時九十初度

居愛大海濱遊愛廣陵城海大好釣魚城郭有交情於中誰最密二汪如瓊英（謂叔定蛟門昆季）迢迢就光采每每費逢迎客來賢父喜僮僕掃中庭會參酒食多分甘及友生山雨過園林石澗幽蘭馨醉飽臥簷下樵船夢渺溟

又

蒼莽隋苑樹東風吹新鮮氣暄鶯早至樹下飛翩翩丈人悅良辰披襟自開顏坐石聽寒濤登樓見遠山健勝如少壯人乃賀耄年花底斑衣舞松陰白日閑晧然數老友提壺來扣關

又

豪賢當代推聘幣及林薄孰知孤雲意嬾向塵氛

託開戶橫素琴天地夜寥廓月低竹影長野風鳴
老鶴榮公逢仲尼自述平生樂逍遙閱歲時歌詠
清巖壑翁適與同年高趣還相若

又

蒼穹好施予恪惜惟光儉自非天所篤誰比石與
金衆人各有身衆人各有心瞿瞿衆人內翁獨似
臨深平楚曠茫茫嵬然聳孤岑擊磬亂石中靈者
發清音音清聽彌遠躬厚慶平聲易任年壽不可量
酒漿徐徐斟

汪節婦詩

節婦姓張名蔵汪汝萃妾萃死無子兄汝
蕃以子楫嗣之婦與嫡王氏素不相能母
家孀姥以張少年勸之嫁且曰主翁立後
異日從昌大於汝無與也不應其母將強
之婦大慟欲自殺母自是不復言年四十
楫爲諸生有聲稱觴盡一時名士婦召昔
時孀姥謂曰此諸君皆爲妾來主翁有後
於妾豈無與乎女不再適非爲名也汝曹
常謂我守此無名今日聊相可耳聞者莫
不嘆息未幾病卒

停車下馬人云是郎君友登堂稱兒觥生辰拜庶
母庶母無兒女自誓爲寡婦年齒今四十寡時年
十九嫡既不相好親戚又相非內外苦逼迫嘔血
摧肝脾不謂至今日磨滅未成灰今日大設宴親
戚盡招來各各羨貞潔事事多光輝茹荼非爲名
孤雲亦有託從一志已遂入房舊疾作嘔血不留
餘絕命歸丘墟

贈方生詩四首

天都方干雲直樸嫌慨少年以至孝稱於
鄉比居南梁室稍饒樂善好施人勿怠也
鄉里人德之請老夫賦詩

乞藥詞

乞藥乞藥父病馬嶺醫住白岳白岳暮去曉始來
一月去來三十回峭壁陰長山月落松風瑟瑟猿
啼哀不愁草中出猛虎只愁堂上臥老父低頭嘗
藥雙淚垂藥味不及兒心苦

周急詞

多財令人愚亦復令人賢親交來扣門欲貸主人家裏錢有錢當用與子孫主人蜀用倉浪天天雨天雪謂親交來乎錢急難者萬饑困者千幾人離患幾人舉烟笑殺西家齷齪兒飲食生長青銅側體胖心肺勞夜夜憂盜賊

受侮詞

此揶揄彼睚眦水上風來波浪生鷺鷥無端集於枳時俗計校苦不休赤丸白刃爭報讐江海納水

千萬里下來那擇清濁流山麋擁大角龍蛇擁小角長者襟懷自坦夷異類相逢任抵觸

贈櫬詞

南河有梁北河有梁怒潮之上成坦途漁樵在前後牛羊牛羊過橋上高丘丘下死人陳不收路旁不少惻隱心木匠去領方家金金寘懷中人不見櫬櫝聚散匠人店海村寒食草始青東風輕緩飛新燕遊魂各抱髑髏喜方君更欲買蒿里

寄題汪于鼎文冶始信峰草堂（峰在黃山）

滂水藏蛟龍不拒鰕與魚世人爭入山誰賢復誰愚田泥畎美珵浦水還舊珠時危在鄉曲貧賤懷亦攄高山華門前去去聊卜居石烟淨毛髓天漢涼衣裾未遑問治亂且自全我軀兄芧而弟堵築室何劬劬

又

茲峰常夢想今到峰上頭松瘦氣長清四敘如深秋開門臨萬象散髮人悠悠雲生散花塢水白蓮花溝日月走一壁階庭凌九州移爾昆季情銷人

古今愁畏壘寓庚桑社山棲吾上青青千歲猿招之從我遊

又

眞僧乘化去精舍存遺址（一乘和尚曾於峰頂構定空菴）步虛何代人（道士鳥巢）瓢笠宿於此石龕冷無烟白月籠傍起聳然來獨坐復聞江烈士（石壁鐫寒江子獨坐五字乃江文石先生書）清飈卷巘雲飛鶴投泉水卒逢君父難褰裳別桑梓髮過三山豎頭擲九衢死何用蓮花青何用靈芝紫烈士即仙佛吾慕寒江子

送吳蒼二歸新安兼寄汪虚中扶晨子鼎文治鄭慕倩諸子

園中折花娛眼前老翁結友許少年少年開口易然諾豈必古士皆輕薄吳郎舊家子饑困不受隣媼哀負米常竭仲繇力說詩遠就匡鼎來軒墀顧盻忽清絕彷彿坐對西谿梅鶯鶯愛水馬愛路昨日相逢今日去勸盡村醪人轉醒停杯問汝往何處刈了嘉禾田野閑白雲茆屋練江山故人俱在山中住淚滴船頭送汝還

送分司汪芾斯先生歸錢塘

帆前葦下鴈聲悲回首東亭夕照時何日鳴琴重到此海鷗隄柳最相思

又

黃花毎入訟庭開今歲花開人已回蟋蟀自吟門館靜分明秋月為誰來

又

頗無刁斗近窮檐還喜輸公役不添露水初乾斫新草强梁子弟各燒鹽

又

范公隄西田父歌飛得蝗來不與禾雨滿池塘蒲葉嫩家家門外鴨兒多

賦得對鏡貽汪虬隨新婚

鑑物渾如秋水鮮揚州鏡子使人憐盤龍在底無波浪穩泛鴛鴦一百年

又

洞房深處絕氛埃一朵芙蓉冉冉開顧盻忽驚成並蒂郎君背後覷儂來

臘月四日贈袁姊丈漢儒

萬歷年間老者樂子弟學問倉廩盈柴荊晝無訟胥抑道路夜有商賈行東淘邊淮地瀕海竈戶煮鹽農力耕雲黃隴畝稻將熟烟暗茆茨雞共鳴南里北里孰高義吾翁若翁皆有聲桑梓謾說知交少青松更耐女蘿繞門闌喜色君始過林薄哀吟我猶小轉眼饑荒致亂離傷心朝野遭塡掇吳苑野鹿上臺遊鼎湖飛龍入雲杳男兒壯志伸幾時舉琖人村聽啼鳥生產緜來不關慮蝸廬豈厭長

居住室人儉歲任艱辛春米績麻忘曉暮留客典
衣足飲食教兒學圖完租賦近水竹令庭戶閑當
階苔引琴書趣一榻常依繡佛眠連宵未覺金樽
誤糟牀經帙日隨身白髮朱顏已七旬儻魯連
排患難清虛韓順海鄉鄰[ ]風俗今非舊落日
躑躅淚滿巾余亦衰年爲釣叟愁來無處見先民
漁竿在掌作雄劍往往遺笑尋常人

夢硯歌贈汪蛟門舍人（舍人夢得十二硯因以名其齋自著有夢硯歌並記）

老夫有一硯質美貌姝醜濡煤點筆三十年寒暑
不厭真吾友買文人少米囊空持出換穀十五斗
舍人有一硯精堅世無偶鳳凰池頭人竊去歸來
宵舍唯搔首端谿石貴無錢購栩栩夢向廣庭走
縱橫几席雲烟生磊磊落落皆瑊玏水痕墨瀋何
淋漓蟠立龍行互蚴蟉澄泥老坑素所愛一十二
枚任意取從此文思有神助齋名詩句傳人口與
君同是硯主人摩挲舊物今何有君獨神遊霄漢
上我如饑鳥鳴林藪殘編禿穎有何用破袖多寒

徒內手安能提挈入華胥石塊分贈吳陵叟

程節婦

節婦歙縣程岫母也岫父懋衡公甲申之
變不食死婦事姑舅撫三幼子孝行義方
鄉里推重丙辰秋年六十矣紀與岫友悉
其家世因賦其尊人大節以俟世之採風
者

谷爲陵人世非鼎湖龍去不歸隴上禾熟程公腹
悲（解一）公無名位如龔生公無門逕如蔣翁不願立

他人地上飽食令終（解二）朝不覩餐夕不覩餐室中
新婦長跽前夫子有志見女子衣何敢牽（解三）歌呼
慨慷仰邪術邪付之誰邪揮手就泉下笑謂室中
婦汝稱未亡（解四）未亡人捧羹上堂但見堂上雙白
頭不聞故人聲與音泣不以面淚滴中心（解五）未亡
人抱杼下堂但見呱呱黃口不見故人容與顏車
輪入懷轉我肺肝（解六）肺肝殷勤菽水甘馨舅耄姑
耋瘖者起盲者更明（解七）檠燈照夜傳簡授編孟博
士行方將爲世規矩寧知母也惻愴勞苦三十三

年入解鄉衎呼天霜飛五月昏陽揮戈空駐落日九解
哀哀寡婦神鬼祜爾煢煢孤兒鄉鄰莫敢侮爾嗟
哉母今日之生嗟哉公昨日之死十解

詠走馬燈和黃摶遠

紛紜鐵騎猛如彪甲士持戈坐上頭鞭策未施行
已疾道途多險去無愁軼群毛骨從誰辨接踵奔
騰那自餘爭戰只今方擾擾杞人看罷不勝憂

又

鬬勝家家燈火紅高蹄峻耳製尤工趨爻不住行

陋軒詩 卷七 圭

空際遂伴何曾到暗中南陌笙歌歡夜永西莊父
老願年豐隴頭黃犢强于馬春雨梨花唱牧童

送方菘中申野昆季之西泠

越嶠梅將放吳船櫂不停雪消春水活雲落遠峰
青周易攜三卷村醪載百餅鄉愁容易起月在夢
兒亭

又

燕子來紅樹鵝兒戲白沙湖山人入畫兄弟自爲
家門閉移松影書開落柳花虎跑泉味美日日煮

新茶

二月九日詩三首與徐式家

一樹不作林尺布難縫衣貧賤無友生戚戚中腸
悲行路隨販牛覓食傍野鷄不掩饑凍色應受鄉
鄰嗤念爾期期者我里來棲遲出入二十年交態
未曾衰爾家隄柳東我家隄柳西同蔭復同根日
聽鵓鴣啼

又

開屏積雨晴野色入懷抱幾日不出門處處生春

陋軒詩 卷七 丟

草遲暉移節敍暄風變枯槁同生天地間我獨形
容老何以散我憂樽罍與朋好携幼上舟航涉谿
采蕁藻親昵相尋來海天月皓皓

又

時俗尚辭華結交亦相須賦詩酌醇酒膠漆應不
如夜深燭影薄星月落庭隅履跡未出門中情稍
已疎交遊徒爾爲雷陳今則無麻根不生葛犢母
不產駒文士滿華堂不如一直友九畹滋幽蘭不
如禾一畝

題王大像

王大既沒其友李十一貌其田間小像沽酒祀之爲題絶句二首

何緣世上見情親粉繪經營一寫真觴酒藥燈風雨夜需衣重對故時人

又

槐柳陰凉夏日斜含情獨立在田家石湖水上飛鳧子茄屋門前發稻花

送汪蛟門

蘆中水禽呌夏雲將變霞飄飄宦遊子方舟適京華親友從此違還顧望巖阿黽勉事貧交三年子在家徒爾相扶植蓬菅終匪𢈔欲別我何賴隨子看荷花水香風稍來落日思情多芳馨難久戀搔首獨咨嗟

六月十一日水中作

驟雨催隄决奔雷向海驅虛空浮屋宇里巷入江湖蛇齒時愁嚙蛙聲夜與俱急難誰救汝稚子莫號呼

又

產業眼看破詩書心最關浪中千卷去架上幾時還君有親愁思浮萍笑老顔水頭八十丈又報黑羊山

初秋作

地僻無來往閑吟在蓽門微風生絲樹東郭欲黃昏稻沒人炊麥瓜香里灌園鷄栖林月早不異住山村

又

出郭驚洪水褰衣上戍樓怒來塵世換高擁海天流新鬼漂千里棲人寄一舟蕩摇波浪際淚眼看閑鷗

又

深莽沒僧屋愁霖崩海城荒蕪林鳥去容易草蟲鳴旅況惟雙樹新涼近五更傍人憂纆擾多謝曉鐘聲寓陳家菴

九日寄徐式家

清波晃蕩荻花齊徒倚衡門獨杖藜家在水中霜

降早船行林半驚飛低凶年酒貴鄉人醒返照村
空寡婦啼浦漵黃昏君不見凉風衰柳思凄凄

歸舊居後洪水復至步屧不得出戶跼蹐連
旬九月十七日徐仁長沈亦季程雲家仰
岐方蒞中王于蕃攜酒饌來訪柴門邀同
泛舟至梁梁夜深宿清暉堂限平生飛動意五字爲韻

霜降漲復至瀰瀰與階平坐臥洪水間盡是鳧鷖
情北風吹蒲葦日夜聞雨聲今日天忽高霽色新
柴荆郊原見樵牧遠樹午鷄鳴何能就人烟一杖

徐徐行

又

籬落魴鯉遊氣寒白浪生饑犬走上牆狺狺吠水
聲溯洄者誰子舟楫來相迎秋暉壓桑柳澤國搖
空青故舊滿眼前壺漿勸我傾兀然醉中流笑與
浮鷗幷

又

攬衣望梁梁草間路微微夕陽入草根人各負戴
歸道途何紛紜嗟哉歲云饑耕牛賣已盡烟火村
舍稀去年此時節家家鷄燕肥蘆洲接稻田新鴈
高下飛

又

野水闊無垠東連碧海湧明月對船來萬象波前
動居然星漢遊左右雲溶溶微吟懷李郭攜手類
朱孔酒盡夜更沽提攜一樽重

又

羇宿清暉堂白露多秋思叢叢桂樹下款款道人
至方子傳言笑今何在遺蛻已委地造化偏役我奔

馳費薇蕨飄飆一片雲又向堂中寄入林鳥雅啼
海月欲西墜夜靜菊花開邈然自得意

送瑤兒

瑤兒余長子大年也丙辰孟冬病歿里中
舊俗歿之三日家人隨親戚攜酒治饌設
魂車焚祀里門外謂之餞程余欲往里老
謂父不可以送子余徘徊門欄登高而望
以老眼送之作送瑤兒詩

送瑤兒出門闢門外生死別行人駐足觀鬼馬在

後仙幢在前刲僧徧袒搖掌導寬鈸子聲錚然鄰
挈酤友炙膰汝黃口兩兒大者執梨栗乳媪襁負
之里門瑤兒里門臨河湄中流無梁舟楫稀楚天
西漏淮水東飛蛟鯨掀翻崩湍怒彭咸窟宅何可
依瑤兒里布荒丘枯白楊枝上妖禽啼夜霜魚鹽
死客子骸骼寄此鄉年年寒食無祭祀羇囚之鬼
難與相羊袖中粔籹汝母實未許分作他人糧瑤
兒惝怳焉之曠野悲風埃色黯蔚長牙闊口利爪
敦背來往豺狼彿病後汝力微生前汝膽細彼伺

人者侊侊欲前寧不畏郊原四顧多險艱魂兮杳
渺不知還擊鼓吹簫促命駕靈輀彷彿雲烟間雲
烟見老父將去仍緩緩老父眼睫血淚滿夜臺汝
夢長人世吾日短落暉躑躅啼𪁺𪄀送瑤兒心腸
斷

明毅先生杞族叔也善相人

海岸光光雙眼開見人肝肺不須猜道旁曲士應
趍避明毅先生顧盼來

又

烽火笳聲三十年乾坤氣色久茫然靜中揮麈觀
人物豪傑何曾到眼前

又

尋常品格也堪論日日鄉鄰扣蓽門與弟言恭子
言孝丈人高義並嚴遵

又

灑然蹤跡遠風塵苔巷茅櫚自在貧不使姓名傳
市井肯將皮相媚時人

又

臨流久絕羨魚情射鴨寒谿白髮生草裏孤蘭蒙
採掇君言我是濁中清

又

高年喪子失扶持休咎從前已可知生意人間餘
幾日且依殘照哺孫兒

陋軒詩卷八

泰州吳嘉紀野人著

歲暮送程梅懸歸潛口

戎馬猶酣戰舟航獨遠歸青山茆屋在白髮里人稀店近醅香發江寒雪片肥菰蘆舊游地回首重依依

又

潛口無人處山頭倚杖時樹沈雲漲壑室冷水生池茶笋春風長烟霞老態宜衡門殘夢醒松月曉吟詩

又

舟流壓東海啼眼暗西河水災之後余哭長子患難會誰援門牆獨爾過貧無金玉報老柰別離何送送霜風裏霑巾血倍多

又

汪生岸舫同里巷髩髮雜蒿萊壁立賦何益樽空愁更來雪田鋤野蕨山漏面寒梅暮齒蕭疎甚因君笑口開

送汪左嚴之太湖教諭任

髮白初膺命瓊青未離身古文傳弟子薄俸寄慈親水闊邗江月梅深皖國春依然是負米勉矣宦遊人

又

讀易長松下攜琴石澗邊洞雲霑舊帙林鶴聽鳴絃造士應多術居鄉昔最賢江山淳朴處今日有師傳

途中贈吳子遠

鴉啄河干雪人行郭外烟回頭逢我友攜手上漁船鑪火延深坐壺漿助穩眠看君北風裏一路費青錢

又

椎冰依進艇負僕遂肩輿垂老津還問明朝歲又除寒雲沉野木瞑火動江墟借宿田家好衡門夜晏如

又

雪止川原合茫茫中夜情倦身臨岸側僵足揣途

行渚凍鴈難下村光鷄易鳴三塘桑柳近僮僕計歸程

送喬東湖之吳門

出門忽大笑雪盡見青山掛席東風來浦禽鳴闗闗草木帶行李春晴無醜顏前路遊趣佳擡頭海岸遠岸上飯牛人離羣日欲晚

又

稽古禿兩髩躑躅葦花洲碌碌腐儒冠何如漁父舟夜隨鷗鷺宿時與商賈儔不則傭保間筋力受

人餐高吟思友詩不弱梁伯鸞

又

吳會何氛氲太湖春二月梅花八十里水上懸積雪君來開正滿晝靜香共發俗人不可攜樹枝誰最好綠蔓酒店花黃髮岷峨老（西川余生生時客虎丘）

後題圖詩十二首

新安徐翁文振長者也春秋七十同里汪叔向悉其生平繪古人盛德事以彷彿翁紀賦咏古人詩盡咏翁也

題遨遊圖

計然姓莘名研遨遊海澤自號漁父范蠡嘗請見越王研曰越王爲人烏喙狼步不可同安樂也

衣搖風笠戴雨遨遊海澤日漁父海澤多洪波漁父多善策鴟夷子師爾肥家烏喙王用爾覇國烏喙狼步不可依朱公齊相計全非蒹葭深處持竿在獨坐扁舟看鶴飛

題采芹圖

劉殷七歲失怙祖母王冬月思芹殷往澤中慟哭有頃芹生徧地

張公嗜蓴劉姥嗜芹秋風蓴菰美冬月芹菜不出水堂中停匕頻相憶堂下孫兒心愴惻霜涯氷涘忽生芹涕淚滴處來陽春採歸徵佐醯鹽味芽白莖青愛殺人

題共被圖

姜肱字伯淮與弟仲海季江共被起臥及娶兄弟相戀不入房室以孝友聞屢徵不

起桓帝令工貌其像肱引被韜面以眩疾
辭曹節等薦之徵爲犍爲太守避去
入門人情喜室中新嫁娘牀上合歡被姜生娶婦
夜燒燭夜來只同二弟宿被闊温有餘宵長睡不
足徵車何爲來驚駭中林鴉容顔懶使皇帝貌風
昔羞令閭豎誇起偕阿弟避地海之涯樹有枝兮
枝有花與君共根本君胡戀弟不顧室家連枝茇
骪老天涯

題清儉圖

胡壽安德性清儉爲新安令民化之嘗眠
一紙帳題詩云紫郎芬翰最奢華臥雪眠
雲自一家雪又不寒雲又暖扶持清夢至

梅花

新安江高林宛與日落空山鬼虎嘯一朝鬼啞虎
潛跡問政山前縣官到郭門騎馬流泉清村舍飯
牛冬日照梅花開徧鳥啁啾館署人稀爭訟休嶺
雪洞雲寒不已夜深高臥人羅浮

題撫孤圖

沈道虔善琴隱居石山捃拾以給諸孤兄
子冬月道虔單戴融迎之爲作衣服並與
錢一萬及還悉以供諸子無衣者宋文帝
聞其慈愛遣使存問賜錢三萬米一百斛
以給孤兄子嫁娶徵員外散騎侍郎不就
鎌刈藿歸筥拾穗歸努力舉烟不救兒饑吾兒饑
何可見之諸孤活待我親交贈我稱親交贈我錢
清廉何可爲溝壑在我諸孤前天子憫諸孤轔轔
使臣車載米來載錢來山中二月開桃花孤男壯

當有婦孤女長應有家男婚女嫁老人始服衣錦
食祿老身不欲三畝菜田一畝竹清風謖謖吹山
谷就綠陰彈白鵠

題遺經圖

南朝柳世隆廉靜寡欲張緒問曰觀君舉
措將欲以清名遺子孫乎荅曰一身之外
亦復何須子孫不才將爲爭府遺其財不
如一經
工師愚貴粱木父祖愚嗇錢穀粱大柱小室每傾

貴厚德薄多競爭家有不測患里無君子名但知擅利寡婦清不識說經楊子行篋中金几上卷遺子孫何者善柳世隆君不見

題義田圖

范希文寘田千畝以濟貧族日有食歲有衣婚嫁凶葬有助

朝力田暮力田禾熟未肯棄一粒主人持竿來隴前餓鴉餓雀畏人打東西南北飛上天伊誰寘田一千畝倉庾悉令宗族有扶老攜幼日營營量人

緩急與升斗牆桑垢柳棲水雲枝上禽啼遠近聞五月涼風六月雨稻花葳葳娟希文

題贈牛圖

漢劉翊自陳留罷守歸路逢知交困乏停車解牛以濟其急從者止之翊曰覩難不救非志士也乃徒步歸

與逸組初解登車看鴻翔鴻翔不離伴人生故舊安可忘中道遇知交饑困使人憂還家妹無季子金負軛尙有伯陽牛脫贈勿復顧起步歸林丘林丘路遙遠故人難已免不辭身憊足生蒭

題服食圖

鄧先生名郁隱居衡山辟穀三十年惟以澗水服雲母屑日誦大洞經梁武帝敬信殊篤起五岳樓貯之白晝魏夫人乘雲而降從媼三十並著絳紫羅繡袿襡年皆可十七八許謂郁曰君有仙分所以來也

鄧先生住祝融峰霄漢氣滋峰頂松峻巖懸澗泉淙淙服藥誦經冬復春換吾骨兮清吾神天上飛

下魏夫人夫人遙顧五岳樓氛氳駕底雲波流映如江水盪輕舟飄飄少媼從鸞車答顏羞殺人間花含馨發豔先生家先生窗牖無纖埃耳聆仙語心胸開東海搖光曉日來

題停車圖

賈恩伯至性謙和遇士大夫雖在街道停車下馬接引恂恂曾無倦色

得冠便忘笠貴來易驕逸鄙夫將身委車馬出入不異膠與漆相逢豈無舊相識溓轂著幰動不得

跚舉半空欲何爲氣蓋一世有底盍不見路旁聲
嘖嘖竚看官人揖人客軒高騎勝貴無敵官人何
人賈思伯

題焚券圖

李士謙嘗出粟數千石以貸鄉人值年穀
不登債家無以償皆來致謝士謙曰吾家
餘粟本圖賑贍豈求利哉於是悉召債家
爲設酒食對之燔契曰債了矣勿爲念也

缾罄莫就鄉里假往見債主顏色下李公座上賓

如雲於中豈無賢豪者巳憖歲凶粟難辦何勞命
酒陳佳饌歡會未能辭醉飽債了燈前又焚券醒
人餒士天所罰公也接引何纙絻鑪中烈火池中
冰世俗炎涼開眼看欲離困窮無羽翰今夕何夕
長者盼

題愛下圖

陶公爲彭澤令不以家累自隨送一力給
其子書曰汝旦夕之費自給爲難今遣此
力助汝薪米之勞此亦人子也可善遇之

下山流泉去不息貧戶生兒富戶役舂米寒夜闌
鷄鳴樵薪遠山見虎跡瓠瓢滋味苦難嘗人生誰
願離耶孃耶孃念子勞家裏賃奴爾力來助爾自
家骨肉獲安逸焉得不顧他人子蒿萊生野蘭生
谷貴賤同被陽春旭五柳先生書上詞爲人上者
應三復

汪長玉南珍邀過劉仍先看西府海棠

達旬風雨晴今日燕子飛來廿四橋纔說名園花
欲放多情酒伴巳相邀

又

紛紛蛺蝶入林遊綠葉初生嫩蕊稠欲語嬌花看
不得醺醺樽畔客搔頭

又

深林仍有最高臺坐對清風一舉桮空際芳菲吹
不散亂隨斜日蕩胸來

又

青樽入夜還留客白髮逢春轉怕花不分歡娛屬
年少禁持老態醉君家

自海上至竹西送汪舟次之贛榆教諭任

雨止聞鷄鳴披衣坐孤舟新柳三百里一路上揚州桃花照田父草色娛朧牛竹西春風來絲管何啁啾倚棹忽不懌念君將遠遊

又

家有范生甑人彈貢氏冠可憐天下才逡巡就小官俸米焉能飽萃簪安足歡艮騶不好攖美瑜不懸山則知高賢意不是愁饑寒

又

兹鄉胡相公仕進始上舍駱達引善類權豪性不佾前賢遺風在東望稅高駕吾子好樞人儔偶多倚藉常憾滯蒿萊胸懷無谿壑謫看三尺劍操持今有杷

又

石欄東海上齊魯氣佳哉講席罕塵事登臨自吟詩淮南頗葭菼慨然歎我衰同學二十載未曾久別離黃鵠已高翔鷗鳥難隨飛欲遊陳仙洞會須扶杖來

汪舟次別後詩二首

渺渺河流遠石隄蒲青沙白畫船低船中攜手同來客隔在秦郵湖水西

又

老人離伴若為情皓首湖干落日生天際一帆看欲盡杖藜扶上鉢盂城

吳蓍遠邀過野竹居

老叟賣茶處麥田飛野雉籬邊江岫近屋後竹林低過雨陰如水聞雷筍出泥山泉煎欲熟入座聽

鶯啼

池蓮歌

陸羽嬉吾里黃天濤妾也麗而能詩咏芙蓉詩尤佳病歿天濤傷之賦琴怨余為作池蓮歌

隨郎何處行清風池水邊風吹荷葉捲得使儂見蓮

又

荷枯采荷根根斷見亂絲纏綿有底蓋無復舊蓉

儀

送汪三于鼎歸新安

七年一見面蹤跡又東西離別君何易壺盧手自提睛江才子驛綠樹小姑溪醉上扁舟去鷓鴣處處啼

又

舊國前途近嗚嗚畫角悲牛羊草色晚宮闕麥花時半畝誰爲圃三山直對籬清凉臺畔客（龔野遺）老去使人思

又

茅屋在何處嵬峩始信峰雲來翻作海巘側倒生松筍蕨漁樵社門庭鹿豕蹤自然無俗態若輩可相從

又

此日烽烟靜空山蘭蕙塲門前閑倚杖石上漸生雲田舍還堪住松杉總未焚翩翩雙白鶴清唳爲夫君

又

酒伴紛紛去（時汪左嚴之太湖汪舟次之贛榆）天涯獨黯懷歎娛辭白髮疏懶負青鞵山色晴分楚江流暮入淮矣言思叔度新月下高齋

八月十二日寄楊蘭佩（時楊六十初度）

我思楊子又三秋海水江波日夜流避色中原新鶴髮思家北地老羊裘門牆士授書千卷蓑笠躬耕雨一上梁甫吟成情不懌乘風獨上五湖舟

又

弟兄絃誦欲誰希東海峩峩大布衣（昆玉私淑吾里王心齋先

生曾爲修其祠宇）跬步後先一相接草茅豪傑幾會稀地荒刺眼蓬生里河決驚人水入扉奇語涇陽舊同學講壇今日鷺鷥飛

又

紛紛帶甲駕舟航君亦謀生適豫章陵谷狄啼松月暗江湖人戰水雲黃莘研妙策終垂釣王烈高蹤半是商何日吳天烽燧靜匡廬山色下潯陽

又

廬中疇昔數追隨同齒（余年六十亦）同心人未知虞夏

詠思錢照裏兵戈消盡盛年時單鷗泛泛羣何在野鶴翛翛自不羈此日貧交更招隱淮南叢桂惹盆枝

郡城未得一晤彭爰琴將歸東淘題其山中獨坐圖寄之彭在金公署中

歎息城中人未閒塵埃咫尺隔容顏浮舟我去臥蒼澥開卷君來棲碧山得意各隨林鶴遠淸吟獨見岫雲還從今幽夢會相訪只在水聲松影間

大姊沒百日矣詩以哭之

三日不見姊便去抔柴扉即今已百日扶杖我焉之骨肉到衰老泉水下山時前水與後水聚散何可期悲哉南北枝同根異榮萎殘月照戶牖如聞聲與噫隙裏駒難駐遼東鶴未歸年華我亦暮淸淚空纍纍

又

飼齏蕪爲羹糜粥朝當糗心酸腸腹苦無告貧家婦家貧多早死吾姊不幸壽操持五十年精血透井臼翁齋手烹蔬姑病手濯垢二人養已終績紝買田亂屋角稨豆花門牆竹與柳晚景將優游誰知骨遽朽

又

姊丈習章句高情輕腐儒里閭値顛危往往起相扶同志門內得援彼寡與孤義室金不止歲饑尤拮据半菽亦分食數椽爰共居寡婦免再嫁孤兒今有發他家骨肉聚夫子懷抱攄廚中甑生塵吟詠樂有餘

又

譬怨吾未報草間甘老死悲歌鄰里愁姊也顏色喜殷勤相憫勞貰醪鱠河鯉觴至感知我淚下如秋水我今擊劍歌賞音復誰是吾姊一寸心煩煩九原裏願弟爲詞人願弟爲烈士不類屈原嬃不懟譏政姊

寄贈方寧士

君從程季游程雲家季也於余厚知君善事師心好師之友相識忘老少見招潔林藪徑花笑迎杖家醞香出甕雜賓此地稀明月中宵有自憐田野趣

每與城市偶豈不煩藝植伊誰辨苗莠愛汎主人
勞跡恭交態甋盞念君可親藹如玉初剖砥礪石
應須光輝塵未變雪晴東風暄綠見南梁柳陳醴
儻更斟來攜穆生手

二月十三日王鴻寶七十初度贈詩四首

當時鄉舍已全非寂寞樊村一布衣避地至今牙
齒墮力田連歲稻粱稀烟深草澤耕牛散水落蓬
門舊燕歸若竹寒松生意在春來膏雨正霏霏

又

豈有蒲輪來日邊伏生毛髮已皤然哀吟且過兵
荒候得志還須二十年伏生九十就徵浦漵看雲親鸛鶴
藩籬問字繫舟船盈車克棟都歸腹卷帙捻來換
酒錢

又

門東索飫我徘徊君亦霜田拾橡回雨室饑寒垂
老甚百年懷抱幾時開遣憂林卉逢人乞佐飲園
蔬共友栽記得重陽風雨裏扁舟遠送菊花來

又

陋軒詩 卷八 十七

終朝催賦騎駸駸賦外誅求力豈任官長撻膚凋
赤子先生隨手散黃金人如颣颣山雲去澤共泱
泱海水深里巷不平誰更起對君彈劍一長吟角斜
場災我場暫代輸課久之角斜猾鰶當我場代輸
不免令祖仰菴先生禦强歷險燕僞控告當事乃
復歸課於角斜然
先生已散千金矣

詩四首贈程雲家

團團芳荷葉生長南村渠朝昏近田父相親同茭
蒲其上飛鴛鴦下游紫鱗魚雨晴水氣凉晝舫來
徐徐清風葉上起吹向遊人裾遊人盡解顏賞弄
生歡娛物態豈異前人情則已殊知希俗自間愛
汎中易疎爲盞墄覆首製裳可被軀不遇屈靈均
甘隨秋草枯

又

東風着地吹一夜生芳草萋萋復衍衍及此時光
好歲歲娛何人天涯綠不了伊余栖遯處終日車
馬少雨色柴門靜露凉村徑曉夫君相尋來裳服
遙縹緲贈佩思何深褰芳時未老常恐同秋蓬分
飛愴懷抱鶗鴂聲莫悲來年春更早爲我羈王孫

陋軒詩 卷八 十八

芊眠遙遠道

又

草木搖落盡孤桂挺軒墀自有青青葉無慚松柏枝衆中著顏色致爲君所知氷霜何烈烈人樹同依依轉瞬玄陰散繞林黃鳥飛陽和醒天地妍醜爭華滋滋樹但如昨君心亦不移君心胡不移曾共苦寒時賞識窮逾感風光盛易衰擾擾繁華裏堅貞與君持

又

遊子嘆海棠嬌艷成寂寞昨日烟際開今日風前落階庭失藉在蛺蝶飛裵徊紛紛賞花者門外不復來愛惜實自致攀條君莫哀客路景將晏及時命酒桮酒桮須對人酒桮勿對樹樹春思榮華人遠思親故親故苟同心貴賤長相聚請看從風花東西南北去

喬東湖自吳門歸東淘示山樓讀書圖設題二首

歸裝忽問海邊鷗海浦經年憶遠遊去路柳花香四馬來時荷葉綠扁舟峰霑久照支硎近水湧春雲震澤浮今日窮濱得攜手逢君更在讀書樓

又

何須吳市嘆飄蓬鬟鬟雲山有路通千尺雪迎藜杖冷萬巖花向石窻紅奇書久識君能讀勝地遙憐我未同不信江南憶江北試看人倚小樓中

挽楊集之

逃名有底用崇德亦徒爲伯道人難贖韓康世已知圖書汙鼠跡筐篚網蟲絲室內啼聲苦烟低欲

雨時

又

喪亂芳年過追隨往日頻看山垂淚眼蹈海獨醒人藥店生青草蒿原散舊鄰重來高隱處飛燕爲迎賓

虎墩弔吳子遠

歎息流波逝不問渚雲沙鶴意徘徊亭空海上月誰看家在谿南花自開桑梓多時思倦羽乾坤到處有深杯玉蛆綠蟻終何益惟見青蠅入戶來

又

雲翻雨覆俗情頻此日貧交孰可論鵠髮與君方執手虎墩揮涕已招魂行尋人跡漫漫雪立聽鷄鳴遠遠村最是歸途堪記憶提携除夜到衙門

舉世無知者五韻五首和贈吳茶二

出亦無儔侶入亦無儔侶霜風入葛衣骨冷呼誰語黃金急他人阿父不還汝毋卿受恩者啞啞笑貧宴蜉蝣競朝光蟲蛸矜溽暑父書叢笥中諷詠自容與兒願學賢聖賢母歡相許采薇暮歸來烟

火稍稍舉

又

摯公愛季常師弟為翁壻高賢託兒女豈是溫飽計況汝煢煢人味苦如瓜蒂時俗好桃花伊誰采蘭蕙立身自有志失意羞垂淚長者何慨然汪岸舫乃以婚女妻米舂廊廡下車挽田闌際夫婦雖賤貧淸風著當世

又

求友須傍漁涉水須近蒲漁者輕風波蒲叢有鷗鳧忘機日來往何處情不愉汝謂夠有道呂嚴各異途未問出與處先辨賢與愚渡江復浮海扣門尋老夫野潔葦花吐林鳴桑葉枯相逢轉惆悵沽酒一錢無

又

展汝贈余畫漸江畫山碧江晴時掛席嵐水間幽人爾何思長謠采白蘋獨往意遲遲繪者今安在孤雲藐難追疇昔桑田改車輪腸裏馳揮毫聊換酒易服遂披緇自號曰山僧人稱曰畫師平生懷頗

頗海內幾曾知

又

江上秋風生夜深鳴戰馬聞之旋掩耳淸涕已霑灑□此何時詩書手倘把有弟逵餬口弱小慧藉寡仗劍相尋去樵路入松櫝鷄啼湖月斜伯仲西山下秦箏橫野艇吳酒白深斝悲歌要離鄉豈少知音者

古鏡詞贈王子蕃

夷則師曠鑄十二鏡第七鏡名夷則沉井中千年乃出厭俗顏千載甘泥

垢奇光飛出井涵爲西家有西家十五女拂拭纖纖手笑謂鏡中人我堪儔汝否顧盼既絕世年齒復不多仙照駐芳容日月奈我何新妝麼容與妙舞人婆娑空閨易踟躕形影終安託欲結百年歡但恐遂輕薄

清鏡歎和王子蕃

妾貌若芙蓉常聞旁人羨不有青銅鏡何緣自識面自識因自憐含情對相眄夫也獨不顧盛年去鄉縣他縣浮雲闇故鄉北風多浮雲掩明月北風

吹郄花芳菲欲過時遊騎不思家罷鏡起攬衣蟪蛄鳴日晚已誤一生顏夫子何用返

冬杪自東淘泛舟至廣陵送汪岍舫北上三首

汎汎海濱月漁船照我臥夢見紫霞人騎馬揚州過登高望東海水上孤雲作念子遙盼睞篙檝莫敢惰村醞沽幾升河魚釣兩箇相尋一笑言不畏風雪大

又

修修山村竹生雜桑與麻良工採洞簫吹噓動巖阿幽音易爲感聞者皆歎嗟世不乏異材如汝何能多一奏歲時稔再奏風俗和物生貴有用豈必老烟霞

又

海水與山雲相思隔川阜何如濁酒梧長得在君手鷓鴣用頗適鸚鵡名不朽李詩云鷓鴣杓鸚鵡梧對月斟頻滿及時醉自取君今往長安罇罍別老友罇開罍便隨老友難別離

正月六日王子蕃邀同程雲家泛舟西谿五首分韻

春來浦漵悅鳧鷺歲稔鄉園罷鼓鼙藜杖新年扶我出壺盧霽日看君提草生頹舍人家靜柳壓清波畫舫低野老沙鷗機慮少醉醒同在晏公谿

又

蘭橈欲進意遲回臨海居民安在哉西谿即古臨海縣榛莽空看栖鴈去城池但有暮潮來東風响响親逢鬢殘日輝輝傷酒梧世事浮雲多變幻樵歌一曲

使人哀

又

又值春光碧海濱，谿暄氷泮見游鱗。乾坤閲歷顔難駐，少壯知交態一新。（于蕃齒最幼）到處不忘泉石想，登高聊騁道途塵。芊裘嬾與軒車近，恐使彈冠薄釣緡。

又

烟墟晻藹野疇斜，問訊谿中仙女家。一自杼聲聞下里，千年泉水出寒沙。（里有仙女繰絲井）離塵古甃自生蘚，照影今人誰似花。環珮遙遙不可遇，荒原徙倚暮雲霞。

又

天妃山下水泠泠，田父柴門野色青。蛺蝶隨犂遊麥隴，鴛鴦並翅下雲汀。何時有地秋收穀，暇日西賓釀滿瓶。刀斗無聞租不負，月明淡夜徑花馨。

贈王于蕃新婚

頻頻雙蠟燭，淡淡照洞房。房中何所有，繡幞爛生光。幞上繡何物，黃鵠白鷺紫鴛鴦。菰茭藻水碧如

拭，人戶彷彿荷花香。夜久燭影低，鷺翔鵠舉爭餘輝。渚邊獨有鴛鴦懶，只是貪眠不好飛。

又

林青樹氣暄，枝上名花開。曉色霑濡，夜來露初芳。雅艷無纖埃，凡蝶不敢棲，遊蜂飛徘徊。閨中女兒始爲婦，粧成階下看花來。看花來，折在手，把嚮玉鏡比容顔，新婦新花相似否。

又

宵清月入牖，香鑪几案間。東鑪名合歡，西鑪名博山。銅質年深類周鼎，冶師技巧如魯班。鑪中火正紅，婦西爇香郎在東。繚繞雙煙成一氣，但隨羅袂不從風。

陋軒詩卷九

泰州吳嘉紀野人著

送友人之白門 友廣東人

有客入門來不識客何人長跪問姓字是我平生親吳雲與粵梅相見有何因復問離居日庭草二十春庭草綠又黃我耄君齒強會晤只須臾喜極生悲傷江濤低遙岫磯雪壓野航不知從此去別路幾何長

又

桐城方老儒爾止秦淮僦高樓窗檻對鍾山見君常淚流流淚有何用志士成荒丘君今欲安適採蕨野颼颼飢馬鳴廢宮斜陽使人愁尚有丈人龔柴丈圃可與樹杉楸長鑱倚雪山攜手山上頭江海天水寬白雲時近遠建業日夷猶羅浮不思返

江都池烈女詩

烈女姓池吳廷望妻也未嫁廷望從軍南征戰死其父吳某素稱里中無賴欲以女婚次子女之父兄憚之屬姨母語女且勸之嫁女不從自縊繩斷者三竟縊死吾友張琬爲作傳命紀賦詩

旌旆搖野風戰馬顧羣嘶壯士志封侯不娶娉婷妻娉婷方盛年桃花三月時三月轉盼盡征戰返無期無端葬沙場血污泣遊魂覓來信已至葬麻竟成真招魂親剪紙涕淚濡羅巾朝爲未嫁女暮稱未亡人蝴蝶飛過牆栩栩尋春芳安得人踟躕鬼伯隨婉孌婉孌是尊長出言何不莊令人亂匹配人生豈牛羊烏棲城郭黑三星檐前明壁上懸一燈熠燿人嚴糚生小不知路死路行最能永從黃泉伴三結朱絲繩鄰舍聞此變日出走來看從未識女面今日見容顏一枝紅桃花霜雪色尤鮮問女首何飾夫家聘時簪聘時更何物玲瓏雙耳環女意何所嚮面南身裹裯巾帶微飄揚如上望夫臺問女住何處草屋女所居草屋有此女此女天下無鴛鴦不擇水泥滓產明珠商人爭殯葬酹酒多士夫酒酹起黃沙沙場鬼還家還家徒夜遊得妻不得侯始悲謾好勇生死滋繁憂傳戒後世

人慎勿把戈矛

舟中寄懷吳去疑

不見江南人遥望江南雲後雲氣光晶前雲行逡巡逡巡行復止依依如戀羣物態有如此余益思故人夕風吹浦漵野色迷我津鳧鷖各有類孤舟欲誰親唯有楓林下潮聲漸漸聞

燕城病中謝吳彥懷寄敬亭茶葉

授衣時節霜頬下消渴人眠日欲斜客路凄其誰倚賴宛陵棉布敬亭茶令舅郝二寄布

贈黃秀葊

夫子何邐迤性不受羈絆皎如清秋鵠緩翼遊天漢襟度近儕偶困者失惋歎復如琬液味令人愁自鼓秔香鄰伯田竹翠蕃籬觀曉歲樂家園慵歌白石爛獨有樽中物一宵不能斷大雪滿淮南着屐登高岸折得嶺頭梅歸來挿几案細君罄巳漉斟酌夜同看

又

求堅必須石求漱必須漆客中逢勝引依倚過時日寸心昔巳知交態久益密孤燭秋照人啼螢雨入室親昵在眼中顧盼惟恐失與君俱遲暮手應疏卷帙苦吟自不輟嗜飲吾堪匹甌香茗若蘭甕濁漿如蜜醉醒情誰慰寒暄戶屢出安得共買田種茶兼樹秫

南梁同王于蕃之燕城程雲家送至海陵時雲家欲歸新安省毋舟中有贈

送別臨歸路回頭竟似裝望雲聊命駕逐伴似還鄉雙槳河冰觸孤村店酒香今宵非夢寐燈燭照舟航

又

沙白路將半雞鳴天又晨追隨嫌短景信宿任迷津老藉樽中蟻寒縣雪裏鴉離家當歲晏羨爾欲歸人

曉發朱家莊

宿鴈飛鳴起勞人知夜闌樹搖東水白霜灑北風寒籬鴨田家放烽烟澤國殘五湖氷未合且喜去程寬

挽歌爲何去驕賦

憶昨客邗上寒夜同汪虔言張幼蔣汪舟次何山公飲何去驕別墅笑言達旦起支戸樞各酩酊別去今余重尋舊遊去驕已物故虔言亦以舟次宦遊京雒山公去淮北執手慰予惟幼蔣一人自傷年已遲暮道路日益奔走親交又稍稍散失寒來內手龍鍾無依對幼蔣不禁潸然泣下也幼蔣曰去驕又字茹初名起泰二十五歲死

復甦吟詩二首乃絕其詩云苦海沉淪無盡時人生何用壽期頤吾今步屧離波浪明月蘆花任所之　屋倒舟翻亦殺人斯人斯世損吾真碧天洞裏桃千樹長嘯歸來處處春

邗上再經過車輪轉我懷昨夜明月今未缺胡爲昨夜照君之紅顏今夜照君之枯骸人有形骸誰不銷毀笑題詩句別苦海海波浩蕩無津梁中有人思君兮向月望月欲落兮搖清光水氣瘦肌骨

微風噓衣裳鸛鶴不飛洲渚靜蘆花千里愁人腸

又

徙倚更何望我望碧天洞碧天杳藐洞安在盼睞不見肺肝慟座上酒器猶未收酒徒四散如水流買醉青錢不在手雪片打白愁人頭愁來何可釋思君淚霑臆野中蓬梗長飄零洞裏桃花自顏色桃花兮可親嗟無人兮告我以去津途長日暮身踆踆年過六十不獲已桃花笑殺行路人

送汪扶晨時汪歸潛口

枯桑天風來颯颯鳴江村道上行旅歸鄙人方出門出門守獲已毛禿胼子昏何以慰羇老艮友爲家園梅花八檐低張燈開酒樽奔車我暫歇君已懷巳樊雲霞不忘岫葛藟知庇根舊棲各顧戀歧路我何言

又

徃年到潛口倚閭見白髮今日到潛口疎籬惟積雪雪上乳鴉飛遊子心斷絕笑言不更聞子母從此訣靈輀何轉轉牽挽出門閾何處蔭母樹何處

葬母穴麻衫衰手胼抱土掩枯骨山深夜無人杜
宇啼斜月

初春送程雲家歸江村三首

峩峩澗氷泮肅肅雲鴈遠乾坤始春暉先照遊子
暖遊子良苦辛足繭頭毛短千里常望鄉三年乃
結伴途負仲由米家傳萊子畚柳色渡江來導爾
扁舟返

又

賫萊佩左右秋蘭束作薪俗情有如此芳意難自

陳膏沃擁下愚嫮修多賤貧匵瑾雖云美不如近
市珉望巖親鹿豕臨水濯衣巾夫君欲安適本是
山中人

又

烏雀飛且鳴江村到歸客水雲上樹棲湰湰柴門
白風光暄荻水離別大松梢舊山在簷前晻曖日
已夕飲汲思沽泉倦眠晏公石回頭睞塵埃昨日
曾行役

孤鈞一首呈臬司金公

孤鈞生寒谷桃李近門闌門闌扶植多華滋殊不
難不見陽和至嬌鳥聲綿蠻翠樹芳菲菲遊人顧
之歡盻彼谷中鈞蕭條猶昔顏春風不擇物動蕩
無時間自然噓煦意肯及氷雪間何心競榮艷但
欲離苦寒

和韻答周雪客五首

蒼然菰菱中日與鷗鷺處豈不忘機慮終念寡笑
語踠足望三山掉頭尋舊侶人坐海濱船雲生江
上嶼十年憶梨莊無翼可翔舉誰知一燈前今夜

吾與汝

又

牛羊亦已歸落日山腰細問路角聲中何處中丞
第衢巷暝烟淡茲如隔身世伊予遠褰裳思欲見
蘭蕙荒榛滿道途舉趾多牽縶聽爾負薪歌行人
隨清涕

又

杖藜入園居粲粲石如瑜主賓足盤桓梧樹天下
無雪後剪畦韭竹中提酒壺不悟客再至園在主

已殊浮雲多倏人變態生須臾往事不得忘去聲痛飲求模糊

又

我歌白雪辭少小思離奇四十不改調笑殺鄰里兒長鳴振饑寒獨往謝華滋一從珠樹萎翠羽集無枝擊壺困頓夜磨鏡冰霜時忍淚之曠野大聲哭相知

又

城闕何紛紜故交盛車馬顏色如金玉禁持略不

假裘披塵墟內爾趣徒瀟灑長策是栖霞試看中峰下松林樵父歌石澗泉聲瀉去去掃敝廬手招同心者雪客有別業在栖霞山中

送程飛濤遊茅山時飛濤四十初度

江闊霧始收放船隨落湖渚渚草新綠沙暄鷺鷥驕長吟望江南疊玉峰岩嶤霞色秀寒松鐘聲搖碧霄停橈問前路漁父遙相招

又

招招過石橋千嶂梅花落纔入華陽洞忽覺衣裳薄舉世慕神仙畢竟何人學丹經塵古殿明月出暝壑之子投宿來驚起三仙鶴

又

鶴乘茅真人翩然翔翠微雲氣庇阡陌年年稻麥肥花樹馨婦子雞犬情依依遐哉此鄉民淳悶無是非已是地上仙何須騎鶴飛

又

飛舉術如何清風度林藪采得石菖蒲日月在吾手一服顏色美再服年命久登眺晨光中石立泉

聲走鼯從桑扈遊笑謝王庭綬

泊船觀音門十首

征南十萬卒如蟻泊歸舟懸旆纏雲腳悲笳裂石頭清平他日夢行旅夕陽愁亾國恨無盡滔滔江水流

又

磯上誰長嘯蒼然老匹夫江山六朝在天水一亭孤秃樹翔歸鷺層濤捲亂鳧漁舟安穩甚吹笛入菰蒲

又

鍾山雲何似吳陵客重來松杉茭已盡鶴鶴暮空回特特高原立頻頻倦眼開東風吹不歇草色出寒厓

又

郎以山為郭堅完世所稀雲鴻應得度塞馬竟如歸隴雨耕時大人烟戢後微年年禾與黍養得駱駝肥

又

江路條昏黑狂風吹倒人怒潮奔上岸小艇泊無鄰何事歌彈鋏惟應把釣緡深深建業水欲飲轉傷神

又

兵火猶存寺乾坤未息戈前朝寄何物古樹指婆羅陰冷山僧坐花香水鳥多盤桓吾不厭一日幾回過

又

鼓鼙聲颯颯道路色淒淒盤髻婦馳馬橫刀兵捉雞山城常罷市帝里已成畦黃屋光輝耗紛紛碎入泥

又

寒潮看又落漸漸見山根拾蚌凋沙軟打魚江水渾饑民春滿路米店晝關門吾亦餬吾口愁來只自言

又

短褐張道士（張瑤星）長安舊錦衣饑眠紫峰閣老掩白雲扉塵世鹿還逐鼎湖龍不歸時時一回首血

淚盡情揮

又

高情憶吳季（吳介茲）小築面秦淮書帙集連屋蘭花開上階看人澆菜圃邀我到茅齋山色在門外春風多好懷

送程三

夢裏鄉頻望塵中髩已華有生長作客無意得還家嶺石碧于樹山泉流出霞春風先汝到開遍楝江花

又

宅卜虹梁滙門臨白石谿當時此避世埒壤灌成畦山氣偨蔚發雲層壓樹低故園今在眼不怕子規啼

四月一日送汪梅坡之東亭

樹上鶯啼猶是春城東雨過不生塵菜花蒲葉故鄉路獨倚杖藜看去人

汪長玉郝乾行過宿陋軒 時與汪郝同舟自廣陵至東淘

何處堪餬口窮濱去掩扉荒年遊易倦飽食老應

稀籬長陶潛菊鄉看原憲衣一舟偏有色載得故人歸

又

槃莽長玉號 常解榻于我意何親設醴繁華地看花二十春谿聲淸戸牖月色溼衣巾歲歲君家客今宵是主人

又

一室誰尋問將公遠溯洄 郝羽吉 船停村犬吠詩罷徑花開歡會成疇昔風騷寄草萊阿翁苦吟處今子放歌來

又

信宿須謀醉追隨願學漁店賒新釀酒厨膾鈎來魚雨雨羊求影寥寥氷雪居欲酬雞黍約更起摘園蔬

之東亭訪吳楞香

暮投竹西宿夜向海上發蒹葭兩岸深坐聽蘆聒聒 海鳥名叫則天雨 浮橈碇芳荷新水澄曙月此時懷抱好將與何人說衰年儕偶稀細雨舟航返桑梓在

眼中故人亦不遠

又

故人光采多瑋瑋璆琳器顧我砂礫中遲暮嗟同志志同出處殊我實由自棄負薪歌聲哀舂米筋力匱軒然老烈士東縛饑寒傍良馬甘鹽車老死何足傷

劉希岸招飲於南梁 次劉見贈韻

習靜門常掩追歡客乍過打衣淫雨大入眼故人多 程雲家自新安來王于藩亦在席 老愛家園近醒嫌鬢髮皤勸

醪君有咏佳句似陰何

栟臺老人行贈徐仁長

噫吁嚱明膏照夜煎迫自悲義士出門路逢嶮巇君不見栟臺老人髩如絲一室坐臥滄海湄蓽門草深樞牖斜瘵或歌或哭蛩啾蹏卵寒不去暑不去戚愉困餒不去故山棄寘舊茅茨山中猿鶴多愁思思君不見栖澗月掛巖雲哀啼橋我青松枝問君何為然要欲報相知相知沒遺紅顏妻可憐天邊黃口兒煢煢身影無倚藉母子攜手將安之

陋軒詩 卷九 十五

叫跳遇魑魅狒狻來虎羆老人夜起拔劍與之鬭鴟鴞遍野光芒馳東方漸高氣逾猛鬼畜伎倆無繇施海可竭山可移愚公帝女君謾嗤君不見寡婦勿復受人欺孤兒頎然能咏詩老人今日始得意花下絲酤斟滿巵

送洪雨平侍臣歸白龍潭幽居

我聞白龍潭乃在黃山中懸泉蜿蜒向潭落彷彿白龍遊碧空竹木溟濛聚水鳥巖巒飄灑吹天風林棲永懷容成子瓢飲不見浮丘公伊誰卜宅潭之傍雙扶玉杖來相羊結侶時與鹿麋偶讀書夜闇蘅杜香北斗掛簷月當窗山腰四面寒潭光雲馳波湧天地動三十六峰如舟航回看始信峰翠名毿毿汪生謂于鼎文治時雨平昆季受業于鼎之門亦有草堂在瘦松屈曲下前匡造物靈奇鍾後海欲招同心擊缶吟兀坐片石橫琴待一室師徒相授受兩家兄弟盛文采杳杳武陵安足誇天桃此地明於霞白龍潭一名桃花源橋敧洞口引來屐水到人間流去花我欲臨流樹桑麻刺船遙訪幽人家逃津不用停橈問迎客

陋軒詩 卷九 十六

飛飛有白鴉山下有白鴉一雙

送汪梅坡兼寄悔齋蛟門

嗟哉伯鸞牧豚長卿賣酒繇來賢哲草莽間饑寒困辱無不有䛐也鄙人豈其偶悲吟拾橡東西走入山坎壈多照水形容醜門庭自絕親朋跡詩句偏傳道路口道路何人珠樹瑤華掩映萑與莨結我懸鶉駭我栖鴉不辭信宿在鹵壤頓使烟火臚貧家道路何人鶴鳴谿曙懷我新詩攬衣去扶杖佇歧路問君去何處嗟哉老驥駑駘同驚蘅芷芬

榛棘薪叢聚而我孫孫衆人中此時何得蒙君顧
顧盼謾躋踏玉堂待君几席虛堂中兄弟如璠璵
揺綵筆曳華裾思輝已知霄漢近夢寐應與漁樵
疎若蒼竹林月遠遠茅草廬木榻倚思海上客鯉
魚早寄江南書

贈程隱菴

晩年厭奔競命駕歸林丘汲水煮山荈聞君彈海
鷗海水何蕩蕩鷗鳥何修修無心波浪間南北東
西遊夙昔望溟渤風景不銷憂今日絃指際頓覺

陋軒詩　卷九　七

此生浮葭蘆可以栖鴈鶩可以傳機慮澹已盡餘
生復何求

又

軫回調忽變庭戶陰濛濛無端幽澗泉鳴我茆屋
中四壁飅飅寒又復聞風松風松散煩囂澗泉澄
心胷半生慕岩栖茲役何時從餘音聽未畢起望
江上峰浮雲爲君盡巒岫青蘢蓯

又

有時內兩手抵死絃不揮怕遭俗人賞甘忍終日

饑渥渥羅浮路孤雯鸞鸞飛自抱絲綺琴遠尋白
板扉向我奏古調思情何依依豈不憚辛苦知音
古今稀西山有樵徑東海有漁磯願言謝塵網從
子歌采薇

題孫豹人醉吟圖

足前山多路不平腸中憂來思欲鳴溉堂先生爾
何愛盛年鶴髮已蘇蘇一片浮雲辭故國邈然意
興隨糟丘及時縱酣斟在手對景淸吟弗住口不
爲虎豹嘯衢路乃若蟲鳥啾林藪調古懷悽須自

陋軒詩　卷九　六

禁聞聲澌有人相尋謂爾樂沉湎謂爾躭聲音紛
紛誰識先生心

又

茂世盜飲但求醉蹇劣顏面不堪視靈均行吟悴
爾形濁世豈能容獨醒何如玉薤貯金罍一酌再
酌幽思來思若黃河碧空下酒作波濤萬里瀉吟
聲浩浩容色閒既如陶元亮復類白香山獨有深
情無可似孤影躊躇詩酒間

垂釣行答鄭絳州

風吹明月上海樹照我鬢髮成蓬麻壯志猶存貌已老夜深顧影生歎嗟悔未從學安期生徒羨其棗如大瓜又未獲從李廣遊彎弓射虎南山頭斂抑猛氣上小舟天海之際垂釣鈎幾千萬里看殘日三十六年披簑得魚攜歸故林路木葉紛紛歲云暮絲縎不慰妻孥飢繦褸徧遭鄉里惡歌罷將懷語阿誰睚酣舉足加何處門外飄然逢子真如鷗如鷺清谿濱不隨白雲眠谷口乃謁東溯似富春嚴光蹤跡君休擬賤子平生無故人

鄰人盧慎年七十無子親戚亦寥寥也夫婦止樹下蒔擬自給處歲晚霜露欺人困餒不免慎抑門語我以懷作詩慰之

樹下風清藝植人銜門終日絕來賓海榴開罷山梔放獨有庭花不厭貧

又

蒿長牆短雀來栖牆裏皤皤一老妻掃拾人歸烟火舉蔬香茆屋月輪低

又

曉駕驕驄晚牧羊人間富貴劇堪傷饑寒不逐浮雲變坐擁牛衣看鳥翔

又

須知悍獨易相存積雨家家水入門凶歲形容魚鶩笑人生怨殺有兒孫

東山五首送程川伯

東山雲光氤氳一峰兩峰每結伴江北江南遙望君望望不見宿林莽朝來變作下山雨爲君溉蘭復滋杜

又

東山泉鳴山巔落石穿岩幾千仞一山草木顏色鮮潺湲直到農夫田田中水白鴛鴦飛絲頭紅掌鴨兒肥秫花香裏主人歸

又

東山桑陰廬墅東山麻露涓涓葉秋根冷蜻蛚語堂上思婦燈下織治絲積縷思成匹持作衣服稱郎身郎歸雪夜如春日執綺擁郎在天涯何似門前桑與麻

又

東山松山中自孤清東山人松下來躬耕耕田亭
爲麥與菽念此枝頭風謖謖野鶴山麋同偃蹇解
衣坐卧情何遠呂公灘上夕陽斜猶聽風松不思
返

又

東山尊人歸日日新漿渾里巷故交來扣門瓶中
亦復擕村酒灣灣月綠田家柳席前飲食分兒童
階下茱萸侍賓友兒童得酒開口歌賓友不爛醉

茱萸欲笑他

隄决詩

庚申七月十四日淘之西隄决俄頃門巷
水深三尺欲渡無船欲徙室無居家人二
十三口坐立波濤中五日夜抱孫之服作
隄决詩十首詩成對落日擊水自歌境迫
聲悲不禁纍纍涕下

田桑溪柳棲野雞洪水西來崩我隄村村稻苗今
安在川飛湖倒接大海盡說小船直萬錢誰知檝

短不能前一浪打人亦半船

又

今日隨人去築隄明日隨人去守隄颶風霪霖無
休息土逕泥流積不得杖藜登高看水長東舍西
鄰白泱泱蝦蟇入門坐竈上

又

浮來草屋如浮萍蟋蟀啾啾屋脊鳴家人延頸望
天曉水作北風寒氣早桁無衣裳甑無餐空腸瘦
骨當狂瀾何時有暇愁饑寒

又

有客徙室就高崇贈之籬邊菊數叢蕭蕭晚芳予
所嗜常捧泥土雨後植影落清波戀老身何須一
處同沉淪作花好對新主人

又

暮年辛苦飼孤孫黃口命倚白頭存餅餌斷絶已
兩日水中走來抱我膝鶖鴒天上鳴嗷嗷歎息汝
祖非其曹不得銜汝出波濤

又

鷙貓公然蹲屋梁黃犢只欲走上牆家家登艇向
高岸水烟中人開眼看平生骨肉安在哉有兄有
兄（同祖兄）居崔嵬曷不垂手援我來

又

兄之舟船繫樹下恰我貧窮不肯借伊昔漁父渡
窮士行路之人尚如此緩急自傷有所求低顏更
與何人謀盡室應從正則遊

又

漉起甕中數升黍竈沉薪溼不可煮家僮營營欲

奚適毒蛇蜿蜒遍阡陌高歌落日慘我顏膠漆故
舊阻河關安知我在洪濤間

又

去年夏秋雨澤絕嘉禾枯似翁媼髮今年天漏夏
月冷黃魚黑鱉戲樹頂無稅無糧官長猝吏胥用
錢求開徵以災爲豐爾最能

又

劉生（希岸）寄我糴米貲餓結簷頭乞火炊炊熟欲餐
轉瞬躑念生囊中錢已無容易用錢俗所鄙違俗

更有程季子（雲家）刺船尋我漲瀰瀰

題汪孝子子齡先生遺像

孝子遺棄榮名隱居煉丹峰下竭力養母
四十年弗怠母老死孝子慟甚哭輒嘔血
亦死令子于鼎文台以行樂圖見示圖繪
孝子松泉間面護草不違北堂萱生前素
志云

悲哉孝子爾力爾血力竭逢哀血盡存骨骨隨老
母皓月青峰昔聞芳躅今識舊容儀若古賢情則

嬰兒言念北堂愁然以思攀桂茹芝莫如樹護松
蔭我葉泉滋我根根葉長茂樂不可言

撫遺腹孤子行三首贈夏節婦（夏世長母沈氏）

南舍兒飼餹餅北舍兒襦褆褆中舍之兒呱呱啼
吞聲生共畝他舍倚藉多中舍惟一母牀上索乳
如饑狖乳勤哺數母身瘦時暮急衣裳手中布短
刃尺涼煢煢母子在深夜簷月照厚階前霜

又

花開不見根兒生不見爺生者死者將安賴黯然

少婦持人家袖潤懷堅誰知玉石膏煎腸中心自明白眼前赤子看漸長夜讀孝經機杼旁已知身體屬父母呼母問父在何方母悲摧兒恢視舉手爲母拭涕淚

又

鷄之老者雙翩翩導雛飛飛在前一飛稍出林再飛飛到野雲邊雲銷野曠雛散去老者翩倦歸巢眠禽鳥劬勞乃如此人中寡婦尤堪憐今日又來日今年復來年木填東海波欲涸滴滴泰山石已

穿不見遺腹子骯髒稱男兒地下公日睫瞑堂上姥身體衰嗟嗟撫孤寡婦不可爲

陋軒詩卷十

泰州吳嘉紀野人著

逋鹽錢逃至六竈河作

草舍不盈丈乃在鹵壙中濛濛黑壒飛户外起秋風何能免沾汙已覺改形容居人若鬼魅衣食常不充往昔過汝曹心魂悸且惘今予獨何辜栖止與汝同

又

稱貸鹽賈人山西錢三月五倍利傷此饑饉年追呼

雜胥吏其奴突竈户牙爪虎不異腐儒骨稜稜隨俗受罵詈秋清發茱萸償錢期已至空手我何之鄉廬聊棄寘

又

日傷故園落洲洲蘆花開新鴈此時至孤鳴夕悲哀我亦始離群行坐無好懷長謠思同心道阻不可偕風末聞櫂歌何人達溯洄呼兒匿草中叱咤債主來

又

鹽貴賈贏甚索鹽不索錢黽勉更東去牽船買鹵還中夜起披衣牢盆賃人煎蟋蟀無宇託愁音遍野田北斗低照地我在霜露間賈子爾何人使我夜不眠

又

曠野風又起葦乾葉颼颼海岸欲下雨狼鳴五更頭衰年近異類驚定淚旋流眼中無護草何以忘我憂土室絕親愛雪窖長淹留往哲已如此老夫復誰尤

又

故里水蕩蕩垣傾巷無屏吾妻此臥病終日謝饘糜甑上澤蛙躍牀前秋蘚肥無金可糴米病腸幸不餒壯年鮮共林衰疾更分飛何當似萊子織畚隱翠微

又

海水東北徙新沙細草綠稍稍蕪鹽池紛紛買耕犢煮海每絶糧有地因播穀雨多鹵氣消露白禾苗熟芳香炊在釜子粒散如玉珍產不擇鄉何須地土沃

又

苾茀秋原鞠平生海水濱花葉誰采采腰鐮來樵人束縛衆莽中爨煙漸相親當其花發時野意何清新蒿艾各自得孰知汝遵倫託根近下愚豈不同錯薪

又

雄雉喪徊飛羽毛何陸離孤蹤傍潮汐文采欲奚施豈無山澤侶道遠不可追入草聊自潛尾長人

易知隨鴻苦無力變饜非此時常愁觸羅網顧盼心驚疑

又

北風揭萬族蒼蠅氣先靡橫飛力何微仰點鳴不已時哀物態醜患遠人情喜念我初來時鹵鄉聚如蟻帶聲到盤餐遺穢霑巾履驅除恨無術悶悶杖自倚

又

氣臭行若飛俗呼日鼈蝨區身藏水榻穢種散書

怢謷人膏血飽何夜昏黑出拙哉一愁人於此來抱膝斧鑿羨僮僕爬搔增老疾何能久食〔音嗣〕渠海岸望朝日

又

髯公〔郝羽吉〕似靈均情性受芳馨籬下蘭茝多常使醉人醒宴我此聚會焚香掩軒櫺香氣何氤氳夜深燈影青山泉流入渭一半流入涇分離會幾日清濁倏異形

又

伯子〔汀長玉〕對債主瓊花糞壤前丘樊縶雲鶴不得飛翩翩人小但爭利虎饞寧避賢丈人氣槩世乃不如一錢乾坤悲枳棘湖海夢蓀荃惟子實同病相望徒相憐

又

夫子〔豸豹人〕不可測置身夷惠間今日袚華袞昨日把釣竿泊如塵壒內流水與高山驅車方北上倒卬又南還帝王好詩賦妻子足饑寒奔走更誰嚮自歌行路難

又

老人立樹下遲客來秋原原上雨初霽麥芽青到門笑謂牧牛豎好持沽酒樽酒未知濃否乃沽自遠村佐飲虀鹽味無拘山野言願贍及窮困愧我非王孫

又

誰送一樽來河涯嘷瘦狗遙知舉案人嗟我乘桴久自抽頭上簪暫質店中酒僮抱入鹽烟驚鷺起荻藪銷憂味必醇寄遠懷何厚欲飲轉躊躇月痕在甕牖

呈四兄賓國

歲潦野無實餓烏遠騰飛遲回挈空筐我亦望盧歸里閭漲始落藻荇掛垣扉鴟鵞帶居人烟火一何稀吾兄棲廢宅恬憺自忘機蕭蓬新物態寒暑古絺衣閉門秋樹裏反照夕微微

又

朔風散昏霧天地廓無涯回瞻桃李樹顏色今若何逐鹽氣節靡過時憔悴多吾兄乃種梅寒極林

發花濃霜如雨露肅殺容轉和始知冰霰中此是
眞繁華疎枝影盤跚新月出我家

又

少年兄尚勇壯亦悅聲音咻頭掛古劍席上橫清
琴詎能適人意時命違寸心絃斷不更續鐵鋒埃
螘侵猛虎爪縮縮單鴛淚涔涔盛衰情不易缺陷
恨常深空餘漸離筑拂拭自沉吟

又

曩時慕雲霄棄去爲樵牧膏腴讓他人藿食我不
足志氣誠清虛受禍則腸腹驅走傷薜衣滯淫夢
茅屋骨肉成枯葉紛紜謝寒木只今存一兄歲暮
淮南曲吾道在桂叢連枝雪中綠

又

紫蘭怡深山錦鯉戀澄潭窮鄉味如茶吾兄心獨
甘腰鎌遣歲時花藥劚茅檐阿弟曷舍此舟車北
與南問年兄七十弟亦六十三出戶涕霑灑臨風
髮鬖鬖浮雲野冉冉離別老何堪

題程雲家拾橡圖

簞豆不屑盼先生得無饑里舍笑商歌愁然欲焉
之青青竹筥手提攜山谷清風早已知辛勤吹橡
樹其實下離離安用身受仁祖米不須口茹黃公
芝攀石林陟雲陂前路狙公是我師

又

采掇望雲山古人餓未了老夫努力追前修一笑
覩君東海道頹陽清夕原單鵠響秋昊君齒壯盛
吾髮皓蓼莪各自詠懷抱君願逢林類捃拾腹同
飽我願遇韓終烟霞顏更好

懷羅大字有章

世人設結交其後每多悔誰能二十年猶是舊交
態壺醞醇易醉匱瑜潤堪佩憶昨渡揚子扁舟坐
相對潮長石磯低花深村犬吠回首望南徐江中
山靄靄

懷羅仲字懷祖

仲也躭苦吟亦復有禪癖釋子滿四座詩人爲上
客結納東淘老笑言廣陵陌憶昨還家時灣頭李
花白餔糜我則無解贈君不惜儻非鮑子金安得

凶年麥

移菊復歸陋軒喜戴岳子過訪

家貧傷轉徙漲落見丘樊起抱籬邊菊言歸廡下軒荒階仍散影故土倍交根已有攜尊客看花到蓽門

又

暫寄他籬下重尋舊路回隨人秋渡水勸我老銜杯扶杖依依看當門綴綴開寒芳嫌俗物之子不妨來

亦退後同戴岳子晚步因過季園時季秋九日

細草垂桑柘紛紜如薜蘿村莊寒水出樵牧夕陽多澤國年頻饉殘秋氣轉和蘼園蕪莽莽尋路與君過

又

水中微徑出沙石白粼粼枯柳不棲鳥空亭始受人東淘漁火聚西寺磬聲新吹帽風何急蕭蕭落葉頻

題戴岳子深秋圖

湖濱楓槭槭巖際菊斑斑瀟灑戴安道形容苑在深秋間秋深隴畝天欲寒乃補茅屋乃葺柴關羨君躬耕安交田羨君家住松蘿山稻粱亦已穫婦子亦已閒正好騎牛與泛艇江北江南獨往還

悲巽公歙縣郝士儀

悲巽公冬之夜魂車鬼馬門外駕不待東方尙倉皇辭館舍館中有詩書舍中有兒女妻孥噫昔歡樂地奈何兒女妻孥于此哭公弗於此歌歡樂成

悲摧堂上母耄何依尋常出戶負米老人額蹙聲欷只今口不甘簞中之菽水手但撫楲上之斑衣垂涕望兮開屏膝下人兮歸不歸

又

悲巽公在中年瑤樹不結實疾風吹華落野田野雲飛片如鷺鷺白衣白冠公之親知親知到門思曩時雪積地上影我疎梅宵深月出童子炙酷往往與公吟詩舉杯今夕是何夕秉燭望公回夜色冥冥照不開公乎公乎幾時來

又

悲髯公肺肝厚二十五年事老友老友歲寒棉布迢遙寄宛谿老友歲荒洪水漂屋霆霖沒畦妻兒叫呼魚鼈內徙宅青錢寄竹西老友好遊絕巘躋攀江流吳楚際人立天水間㹶峰流泉會一峰千折萬折聲潺湲老友於此濯纓滌顏但見東海日出團團般般醒鶴呼子鳴深山公偕老友坐澗石弄松雲吟嘯不知還

舟中贈王子蕃

萍蹤空傍水邊鷗鷺自忘機我自愁歲儉業蕪皐廡下天寒人在楚江頭渚風亂聒羣飛鴈野日斜熏獨去舟時晏路長多謝汝酒錢攜共老夫遊

又

田父開顏對雪花豐年氣色到桑麻忽驚草屋埋雲內又見江梅發水涯點點火來垂釣艇飄飄旗動賣漿家黃昏阡陌人歸盡凍殺難栖遶樹鴉

又

回念去冬冬已殘同君吟嘯適江干溝頭楓立海雲蕩湖上鴨飛淮水覓范蠡遊船宜偃蹇孟郊詩境只清寒樽空燈黑夜將半雪止月來人坐看

又

平生猛氣向誰陳擊筑高歌意未伸虎步支離傷老大鶡冠凋敝怨風塵城中細雨春求友江上洪波晚問津閱歷少年輕薄態始知君是可憐人

送劉希岸歸呂四場　呂神仙四至此場故名

南梁南去可移情處處蘆洲有鴈聲半畝卧雲懷舊業一舟如月在歸程寒宵綠酒須盈琖鄰榜黃

金任滿籯山驛梅花海岸雪令君詩思峭然清

又

何能更一降純陽風景脩脩呂四場天際白雲人盼望水邊玄鶴自翱翔呂四鶴稱仙種兩三鄰舍蒹葭住五百程途雨雪長去去酒錢安用數流霞早已熟仙鄉

又

逸興應知中路增紫狼碧漢樹層層偕僧松壑齊浮櫂乞火竹罏寒煮氷萬里潮聲江海合千尋石

路杖藜登何當共宿翠微裏夜半開門看日升

又

樹上烟霜鳴曉雞燈前機杼憶山妻如萍如梗有何事一載一回尋舊栖擁棹遠看村靄靄出門猶記草萋萋歡顔想見到家日竹徑茅檐黄口啼杪秋希岸生子

留别汪梅坡二首

我生如蜻蛚草間吟不休思欲吐悲憤不鳴復何由林薄白露瘦野風宵飈飈羣物怡四時我獨當

窮秋含情將安適挾瑟海西頭諠諠十萬户誰者爲我儔歡場厭商音賤伎矜俚謳褻褻語同調蘭欲化爲蕕

又

藹藹古貧士孤雲不可攀爨火絕七日詠歌有好顔伊予懷清芬骯髒葭蘆間士生立有行先欲堪饑寒如何缾罍罄勝引乃相關手持糴米錢送我歸考槃考槃東海上門開野雪寛對此思仁祖何敢謾加餐

南梁泛舟正月四日同程雲家戴岳子方喬友

櫂向柳隄邊漿沽茅店裏春風蘇萬物已在河之淡枯容變好顔先自酒人始

又

酒人頗忘機不繫中流船晴光暄入水波動清鮮鮮鳧鷖爾何慕浮到樽罍前

又

前谿是安豐小築橋邊住相思北郭生佇望南梁樹白雲幽意多往往隨人去

詩四首爲隆阜戴節婦賦婦汪氏戴勝徵之母

隆阜樹湛湛鹿車遊其中雙情共一娛所向多春風柰何時命衰黄壚没爾雄没者良已矣寧知生者悯朝爲並栖鷰暮作單飛鴻鴻飛金天寒人泣玉鏡圓遂甘堇荼味乃自桃李年

又

隆阜月遲遲入門復上堂怡然見公姥衰疾須扶將新婦起爲子忍心稱未亡虎嘯山頭風鷄鳴樹上霜酸辛百年養黽勉二人喪鄉鄰爭歎羨舉動

合禮儀事親有如此不弱親生兒

又

隆阜雪深深夜闌寒寡婦餔糜活赤子紝織勞纖手堅冰齊泰華母德共高厚兒今如古士踽踽米自負人皆笑兒迂母不謂兒醜百計存藐孤艱難力轉堪不慼嬰與杵嬰杵猶是男

又

隆阜泉泠泠霑濡遍遐邇于中有賢豪聳若江峯峙身自持門戶義仍及桑梓得穀即飯饑有餞頻救死宗族子憑藉周親墳蜾蠃人今多緩急尋問曾朱家朱家是婦人龔髮猶未華

寄答席允叔

淮瀆海浦路迢遞記得蘭舟繫板橋多少離憂人不見鴣鳴桑柘雨瀟瀟

又

嘯咏如今已白頭賞音人遇葦花洲滄浪鋤我雄心盡一曲漁歌涕泗流（允叔逃時賢詩采及拙作）

又

欲上平山春未能杖藜西望白雲層灣頭柳色多情甚爲爾青青過海陵

送汪以言

魚目竟入市隋珠豈應藏斑騅髮髮欲安往長安之日多輝光遙指西山是別業白雲一片塵埃接逢世家傳劉向經干人獨恥馮驩鋏昨朝相見笑開口今夜屏營又分手落月斜搖銀燭花歌兒低壓玉缸酒可憐少年輕別離不聽江南黃鳥啼欲問歸時何敢問天涯芳草正萋萋

燕子巢陋軒十年矣今春余適在家值雙燕來內人顧之色喜乞余賦詩

雙燕來舊巢在柴門海日白藹藹補巢雨後憐泥輭逐伴園中嗔樹礙綠樹空梁隨意栖年年此時驢馬嘶閨中顏色獨顰頞與郎離別范公隄

又

雙燕來鳴且盼頹垣僻巷往來慣戀故寧知家計貧慵栖不怪門開晏簷際春梅又發花郎君今歲未離家匹偶但得長如爾不妨相對鬢毛華

雨中栽菊

枯野得春雨芳草青過河籬落既霑濕可以種黃花小童荷鋤立看我着笠蓑筋力誠已衰爲勞苦不多細莖倚篠筴翠葉清泥沙萎然寒秋色頃刻遍貧家琴書從此託吾願亦有涯

又

去秋源入門抱菊登舟航離立家人中影比稚子長故土一朝別悲如客去鄉嬌鳥銜林花東風銷天霜籬落得重寄枯根又發萌藝植倘及時不難

英蕃蒼荒谿閉門户九日偕友生倘能免飄轉何必醉壺觴

李家孃已下三首補詠舊題

乙酉夏兵陷郡城李氏婦被掠掠者百計求近不屈越七日夜聞其夫歿婦哀號撞壁顱碎腦出而死時掠者他出歸乃怒裂婦尸剖腹取心肺示人見者莫不驚悼咸稱李家孃云

城中山白死人骨城外水赤死人血殺人一百四十萬新城舊城内有幾人活解一妻方對鏡夫已墮首腥刀入鞘紅顏隨走西家女東家婦如花李家孃亦落强梁手解二手牽挽語□□笳吹圖圖日低歸擁曼睩蛾眉獨有李家孃不入□□栖解三豈無利刃斷人肌膚轉嗔爲悅心念彼姝彼姝孔多容貌不如他解四豈是貪生夫子昨分散未知存與亾女伴何好髮澤衣香甘言來勸李家孃解五李家孃腸崩摧箠撻磨滅珠玉成灰愁思結衣帶千結萬結解不開解六李家孃坐軍中夜深起望不見故夫

子唯聞戰馬嘶悲風又見邗溝月清輝漾漾明心肝解七令下止殺殘人生塞外人來姝似男聲云我故夫子身沒亂刀兵慟仆厚地哀號蒼旻解八夫既歿妻復何求腦髓與壁心肺與讐不嫌剖腹截頭俾觀者觳觫若羊牛解九若羊若牛何人東家婦西家女來日撤營北去馳驅辛苦鴻鵠飛上天兒不離土鄉園回憶李家孃明駝背上淚如雨解十

王解子夫婦

如臯王解子酷嗜酒里有義士妻某氏臯

當遣戍縣官差役往送解子與焉觸悲惋終夜爲之罷飲其婦詢知願　代義士妻解子許之送至戍所値鄉人以金贖義士妻還不知其爲解子婦也姚潛爲余言命余賦詩

張羅待黄鵠鴛鴦乃罹告義士妻遣戍解子罷飲酒慘慘還家門色驚糟糠婦漿醞寄性命今何不入口問訊執壺前解子起搖手汝曹婦女流中懷豈堪語若欲知其繇汝且將壺去漿醞非刀劍能

平不平事汝亟將壺去義士妻遣戍其婦毅然謂堂堂義士妻此去爲奴婢羞辱儂念之面貌外不識他人可代伊何人可代伊搔頭惱阿公公也無庸惱願代者是儂解子得聞之歡喜涕還墮汝曹儻如此我拜汝曹坐未明肩輿出曉至官衙裏鞲鞍遣戍人點名及解子銀鐺繫馬上戈挺荷馬前意氣火伴中寧知路險艱蕭森北林樹黤黮黄河烟蘆葦隱漁火宿鴈雙雙鳴回首眯鄉土夫婦欲何言月落別黄河日出見戍樓來日關塞外永辭我故夫高情生惻怛淚下如連珠無端故里客邂逅他鄉陌深悲義士妻遽解黄金贖仁義感道路見者欣相告誰知有匹偶天睛全骨肉西風吹歸騎東皋指茅屋解子婦言旋義士妻免辱團團臺上鏡皎皎匳中玉解子樂何如滿引桮中醁

吳氏

吳氏名伍安豐場人嫁曾高高父病篤聞里人有割肉療親疾者以其事語家人欲高效之也時高亦病婦乃慨然代高引刀

割左肱肉刀利切骨血流十二晝夜死見者莫不悲之

女蘿施黄檗同烟復共雨枝葉有憑依命運獨罹苦解一婚姻遘良時鵲銜李花枝人稱新婦好媒妁有光輝解二厨下作羹炙堂上嬰禍灾西隣送媒去東隣迎醫來解三飲不宜湯液啜不甘糜粥鬼伯促人命鬼易急人肉解四大人無弱女亦復無他男肺病肌肉約封割男何堪解五夜起星辰下刀先在婦手明神跪拜已利鋒肱上走解六啾啾群鬼泣燈滅

風吹低谿搖草木亂門外猪羊嘶（解七）剜身詎從俗
忍痛隸代夫寧惜涓涓血十二晝夜流（解八）得肉舅
乃愉代夫婦遂死嗚咽家人哭何人能贖爾（解九）婣
黨競來看香名傳里中昔爲女蘿絲今爲蘭蕙叢
（解十）

我昔五首效袁景文

我昔客途逢敗兵弓弦旆影風秋鳴㲠騎如狼散
草莽居人雜竄奔縱橫漁船貪利夜賣渡金大乃
許載人去暝色潛行睹則隱口乾腸飢我能忍

又

我昔攜家亟逃難海雲霾霿晝昏宴野空蹄響賊
馬近我船欲速行轉慢須臾燔燒閭里紅風漂船
入蘆港中蘆葉菰葉蔽男婦引衣掩塞啼兒口

又

我昔避亂走三夜蕪臙倦覓碧藉藉道路梗塞不
得前奠莊寺外僦草舍半間草舍日百錢夜傍主
人雞宼眠壁隙臭蟲餧俟血齧人不待燊火滅

又

我昔兵過獨還家畦上髑髏多似瓜鳴毛滿蹊舊
狗死籬菊自放霜中花天南伯兄天北季驚覓棄
絕故園地又聞土賊聚稍稍細雨夜啼九頭鳥

又

我昔有鄰怨開罪之（崔省）提刀堰東入重圍手詠羣
賊氣力盡身委萬鋒肌肉飛頭兒聚馬覩好漢相
誡勿近虎墩畔虎墩燈火秋樹間妻妾夜望丈夫
還

過金山寺

屢向征途見此山興來維艇一躋攀忽開襟抱魚
龍際況載篺罍水石間吳楚千年流白日風塵半
世損朱顏留雲亭上人微醉坐看江帆暮往還

又

雨後山清鐘磬新松篁栖宿白鷗親江雲飛近郭
公墓海月蕩來揚子津馳騁於今無馬路（舊傳人騎馬上）
山興衰不問有漁人誰知勝地仍擐甲鳴角嗚嗚
愴客神

望焦山

砯砯中流見石屏波濤蕩激坐來聽曾聞氷雪臥
高隱但有松杉畱戶庭雲起南徐翠壑動潮連東
海半江青回風明日吹船去山腳先尋瘞鶴銘

寄學憲田綸霞先生

炎炎秦餘後經學乃在齊邈矣子莊氏嵬然漢帝
師家風久勿墜天際軒車來作人江南北一鳳毛
輝輝文采非無徒楷模世所稀山桐入爨下賈鐸
沉路蹊賞識今日遇永辭燔與泥

又

冬暉始及春寰宇忽生氣層氷失其堅啼鳥亦稍
至陽和詎有私寒者先得意我聞攬芳人辛苦仍
樹藝桃花李花開復好淮南桂夜明野雪晴醇酎
熱觴觶坐遲薜蘿衣蘭舟艤林際

送新安程文中之江右

去國愁隨江水長林猿噭噭月蒼蒼何時客路人
新建到處雲山似故鄉

又

菽水荒年謀養親風波遠涉問迷津田間稼悅荷

鋤叟江上花迎負米人

嗟老翁

弔黃周星也字九煙汪扶晨云九煙於庚
申五月五日投錢塘江死

嗟老翁徵聘來翁應稱疾臥鄉里不則遯跡異縣
雲山之內煙壑之隈徵聘來未及翁翁避地已三
十有六載曷爲一旦謝人羣捐軀體不待天年終
吁嗟哉翁閱世間亦有翁隱南山亦有翁隱北山
求賢詔書下龐眉皓髮紛紛乘車騎馬別松關童
稚識翁顏儒生誦翁文詞當代遺老非翁誰年七
十立路岐出不可處不可嵬嵬一老不死復安之
吁嗟哉翁求死死何方海內久無家首丘奚所望
月輝不藉星孤茝能芬芳丈夫蹈義寧必牽衣灑
泣妻孥旁延頸睞遠峯晻晻茸茸中有人兮飲飛
瀑依長松要欲躡其蹤披蘭帶蘅佗自適志士難
與言心胷嗟老翁浙江鳴高潮低潮忽怒生思悄
悄兮人抱石來贍狂瀾兮眦血霑纓願見彭咸願
從屈平野雨浮激沙渚暮浪湫湫兮江鬼迎嗟老

翁幾時還清儀擢影行企企乾坤迫窄罷留連歌嗚嗚兮酒伴色愴愴兮漁船嶂微陰月半圓林花發紅水蒲綠歲歲年年啼杜鵑

重過隣家廢園

過橋市井隔觸石杖藜響低風吹豆花亂落苡蘘上

又

客到草亭坐叢叢憶桂花昔年秋未了露水白蒹葭

又

四望沒藩籬蟲鳴曠野冷斜陽隔水來草上行人影

又

主人歡樂場今日牧童在枕石自謳吟羔羊齧青菜

茶絕懷郝二

三徑蓬蒿一老身愁聞穀雨是今晨自從郝二夜臺去空梳空鐺乾殺人

又

箬簍鉛瓶封且題頻年千里寄柴扉數錢今日與山店買得松蘿茶名忍淚歸

重寓六竈河聞雁

不覺淚如雨雁聲聞草中栖遲仍此地搖落又悲風霧出鹽場黑潮翻海浦紅稻粱東去少與爾共途窮

寄吳昌言

江雲變爲水日暮聲潺湲引領攬衣袂清風吹澤

蘭奪芳會有期涉遠思古歡一從索居來幾易暑與寒予髮既已禿聞君鬢亦斑紫芝欲笑人去日殊不還祝鷄霽松下種秫煙隴間安能共長往不見俗士顏

又

鹵壞昨行賈高情誰可比無心一沙鷗飲啄羣鳧裏蕭葦怡泳游魚鹽靜棲止郎事有仁義刀錐安足鄙一朝聚老幼焚券別海市只今舊門庭薜荔滴露水巷思倜儻生家祝鴟夷子感人以德音歌

詠何能已

又

芳躅復何在乃在宛之濱碧浮岫逶遠白折溪沄沄依稀桃源洞容與釣弋羣瞿硎避世翁此地昔嘗聞廬舍弗可見山山起白雲白雲足娛人賞弄今有君汪倫里貰酒謝朓亭爲隣醉來便高臥庶不弱先民

客夜寄汪少文

瓜瓠纏草屋旅人臥屋中乾葉四壁鳴夜深起飀風颼颼風愁予心兩載獨行吟曠野不可處披衣望城陰去去無車輪苦思黃叔度復願爲飄蓬轉向隋宮路

又

莫笑老年人敘說多往昔記得爾啼時石池藕花白纔見弧懸門旋聞冠加首氷雪清肺腸日月過戶牖杜若及時榮雲松自言青歲寒有顏色終讓爾芳馨

陋軒詩卷十一

泰州吳嘉紀野人著

贈別李艾山

送君返興化予亦歸安豐灣頭南北帆各受鄭公風釣弋葭蘆中平生願相從如何一見面蹤跡又西東野鶴掠枯草水鴈上寒空側望綠楊湖煙雪曉濛濛

又

哀樂不能已寄情詩與歌時俗昧其本紛紛競詞華盛極詩乃亾徒爾如鳴蛙江河流滾滾何繇挽逝波醇意謝糟粕高文冐岩阿黽勉扶正始如君良足多

又

薄命憂患多悲歌天地小摅懷若嘯虎轉眼成飢鳥詩書辭家園揖讓見朋好人情鬻風雅我意營溫飽林亭花灼灼江湖月皎皎昔年娛性情今日作傭保

又

年年淮南漲淼淼昭陽田既驚里爲沼又苦家無饘出門亦暮齒問字逢少年豈難拜白髮不易解青錢歲盡繁華地曇空風雪天何似舊茅屋樂飢湖水前

又

鴟鴻思共渚芝朮思共岑聲氣倘相同離居情益深歎息各年耄杖藜難遠尋安得似栗里何能如竹林蘭香老友至鶯語春醪斟此懷弗克愜惆悵羅浮陰

贈陸懸圃

水雲深荻花望君長相思今夕是何夕道途攜手時顧盼各涕下君老吾更衰蓬蒿銷志氣慷慨亦徒爲地主俞錦泉悅賓客玉佩出羅幃歌聲何婉轉舞袖復翾翾紛紜朱顔中白髮人徘徊忽驚君在眼心胸豁然開氷蟲不向日蓼蟲不嗜葵或泣或愉悅我心惟君知

又

山泉流到澗滋味還相同李杜韓蘇後吾曹氣頗雄何心冀名世哀怨寫心胸鄙人安足言君文亦已工靡靡草茅內肅肅挺孤松誰知握毛穎不若佩吳鈎毛穎困豪傑吳鈎報恩讐寒野月黯黯老木風颼颼草殷敵人血腰懸讐家頭平盡世間路絃歌從去聲君遊

卒歲

履氷返故里倦身獲稍閒村墟多積雪凜凜生暮寒烏鵲亦懷栖各認舊林還車轍復誰顧詩書聊自看維廬則有堵維井則有榦老年逢卒歲布褐

無一端晚暉檐下來梅影落我冠家人進簞豆肘見容色歡借問何爲爾門外追呼寬

勸酒歌贈喬功偕

臘梅開花醖香發親戚攜觶造門闔造門闔來勸翁念翁遯跡楚雲東阜幘布幕臨大海蘆花蒲葉多清風清風吹吹塵起奈何未若蟻浮鸚鵡螺蠡來醉鄉可避世請翁聽我勸酒歌

又

燭光漾漾酒殷瓢雪飛入簷見酒消瓢與杓引翁

嘗念翁辛苦容貌蒼汾河恒岳家鄉遠吳樹淮隄
歌思長長歌復短歌古調清泠泠不如濁醪注瓦
缾缾來醒者多智慮勸翁一醉安性靈

又

桑田變易城市改翁家書卷年年在東壁卷西壁
書中間惟應置酒壺萊衣芰裳膝前侍偉節慈明
天下無門戶須開明月欲來甕中又漉新熟醅有
書有子願已足翁不痛飲胡爲哉

送何龍若

無事坐谿上青天度白雲光采殊可攬騁與盡殷
勤如何賞弄懷倏忽思紜紜關山妒艮會舉步即
離羣影散悲落葉心焦近燔薰路側戀親眤斑雛
鳴夕曛

又

鴛鴦下田間飲啄同鶖鴝洲渚怡野性顧盼以遨
游得展聚會情翻因稻粱謀大風催勁翮將舉復
夷猶去程方汗漫感子念儔舊儔舊欲安適桑梓
趣悠悠非惟毛羽小心實好林丘

篆隸印章歌贈何龍若

幾十年間工篆隸布衣獨數黃雉皋書須毫楮黃
不然以石爲紙筆則刀白日照牖石飛几孤情卓
犖思嘐嘈丞相中郎（李斯 蔡邕）微妙意脫然出手心不
勞戶外車馬忽雲集是時頭顱已二毛厥初推重
谿櫟下迺獲聲價來蓬蒿父執相呼者何人南徐
何郎今髦耋熟精其技弗嘗試偶試便爲時賢褒
田產蕪盡仍下帷門東無奈兒啼號新坑（石名）入壓
質衣購鈍鐵餬口行路操寧知賤貧趾邀蹻市井

輕薄身類遺精製詎受不與錢旅餬塵壓煙難高
行李氷霜問北關道迷坎壈尋東海俗方譏吝類
寒鴇我獨愛君如駿鷙從來金臺會鑒賞此日上
谷尤風騷況君少年善詞賦才藝俱足稱世豪詎
乏知音若櫟老吹笙擊筑傾松醪簷際落花向座
飄歌童舞妓娛我曹興酣起作猛虎步籬下豺狗
誰敢嗥

廣陵送黃秀楚歸新安

稚子歡攜酒山妻厚製衣鄉園生未識書劍老言

歸飲伴天寒𨓜行人歲暮稀渡江雲岫見杉檜影
微微

又

漸與漁樵偶休嫌鬢髮華泉聲扶杖聽酒釀到村
賒鳥聚冬林語梅開雪谷花行裝入仙境何處是
君家

又

閭閻無宅在家世有棺存時歸葬令高祖母曾祖曾祖母古骨青
山得新鄰柏樹繁月明林見鶴雲冷岫聞猿不信

隨風梗飄飄近本根

訪田綸霞先生

冰雪稍已盡蘆中偃臥醒慨然念所思曉月上漁
艇氣象來草木歌謠越鄉井春風鶴髮叟野鶩伞
裴領莪莪江上山擊汰頻延頸

渡江

近江心忽曠獨坐泛小航雪水蜀山來吳楚天洋
洋晚晴亦煙霧春氣增混茫櫂歌徐自發鳧子漾
人傍流波不暫住中帶日月光泮轉何時寧我髮

今已黃落水鳴嶺岫紅霞壓松篁徒羨瘦仙鶴山
巔棲且翔

句曲道中

未明開店扉星斗巖樹上捨舟逐侶伴入山穿林
莽泉壑錚淙咽驢走犖确響松風來吹衣客意何
蕭爽曾讀父老歌仙鄉積夢想將身轉塵埃如鳥
嬰羅網華陽愁殺人咫尺不能往

傷程梅愍

如客浮蹤苦易湮客中爲客更悲君臥看海岸度

明月病望鄉山深白雲葉餌在筐蛾拍拍藤蘿垂
牖蝶紛紛旅魂從此謝羈絆芳草寒煙淮水濱

又

澗水嶺雲猶往時家人望信啟荆扉故山已有青
松待久客惟將白骨歸任昉溪邊醅欲熟嚴陵灘
下鱖初肥平生痛飲高歌地愁聽寒鴉噪落暉

又

山色葱葱是紫霞誅茅相對遠移家數峰雲滿鶴
巢樹三月雨 人採茶嘗擗間身衰里巷曾偕鄰

叟話桑麻春風今日依然好開遍潛川川上花

又

范公隄上欲黄昏疇昔同君一笑言積雪北銷淮樹出斜陽東逼海潮翻會心景物成孤賞轉眼情親隔九原除夕酒錢穀雨茗更誰相餉到柴門

廣陵舟中寄許蔭錫

海氣作東風藹然吹片席逸興託虛舟飄飄隨所適雨驟谿聲懸草新蚚影碧蘺蘋勇之野澤鵝慵避客昔者早春夜五塘水月白汎艇偕素交除憂

命歡伯荏苒西逝景依稀舊遊跡攜手復何時愁看梅蕊坼

又

江蘺北渚發辟芷南林榮臭味雖相似幽蹤不獲幷渴士憂澄波醒客須濁醪引領望所思雞鳴樹膠膠吳楊情何愜漁竿老勿抛叔度是我師公瑾令八醉終焉往從之湖海以肆志

寄吳靈稚

我思扶杖去遨遊良友佳山古歙州嶺上日斜樵

箇箇澗中雲起鹿呦呦村無災沴人難老里接松杉地易秋白水碧岩尤勝絕先生家在石橋頭

又

結交何必手曾攜卓卓芳蹤我所思薇蕨味甘虞夏後綺園身老漢秦時泉聲欲熟煎茶竈草色初來洗藥池卻笑伯休稱大隱姓名翻使俗人知

又

鴉公習靜綠谿灣掃石焚香日月閒展不出門四十載雲同住屋兩三間滄江有路多修阻白社何

人共往還眞趣玄言君獨會宛然支許在塵寰

寄澄塘吳仁夫

一鴈南飛乍失羣江湖雨雪夜紛紛去留共値歲云暮老大還悲手易分歙浦幽懷臨積水揚州舊夢隔浮雲黃金散盡歸鄉邑惟有貧交不忘君

贈趙雷文儀部 時榷稅揚州

豐饒自古說江淮此日惟聞澤鴈哀莫歎疲民全少力須知長者善臨財東風扇野銷霜雪好雨當春換草萊賈舶商船歌頌起一河清水伯開來

又

自慚蓬鬢日東西又值邗關花滿枝餬口塵泥應到老寅身傭保久相宜舟航接尾潮生夜歌吹無聲月白時袁虎開襟聊詠史清音却被謝公知

田綸霞先生見示方園雜詩次韻奉答

幽偏負郭地靉靆過江雲隄繞新栽樹沙黄昔駐軍季長來稅駕仲彦與去聲論文坐見煙塵靜絃歌足解紛

又

道途存暇日心跡寄閒園山對竹西屋人憑花下軒新醅方和郢醇酒一畱髡矯矯九皋鶴何勞籠與樊

又

竹籬臨野水栟樹接谿田雪大頻飛絮寒生欲入氈風光故鄉似懷抱尺書傳幾夜王孫夢萋萋芳草邊

又

軒車厤罕到偃息復何辭窗下羲皇客案頭韓杜詩自然成獨往不顧屢違時桃李栽培倦清霜已滿鬢

又

我亦思逃俗年來懶入城放歌村釀滿把釣海天清自曳看雲杖僮攜煮茗鐺祇應共夫子人外聽啼鶯

又

影園鄭超宗先輩園名郎此地何處認荊扉冷落廢墟在一雙新燕飛草香過細雨峰遠帶餘暉回首思賢

主賓來每似歸

又

隋樹立如峇淮流青若苔園中春已暮城裏舫還來遊興當年好名花滿地栽芳菲催酩酊百朵牡丹開壬子春同孫豹人遊方園時堂前牡丹發花一百枝

又

野月晴茅舍汀煙壓板橋鷓鴣歸泛泛薜荔掛條條一榻更何日三江正落潮只愁仙櫂去松菊意無聊

題薛醉白行樂圖（醉白修禊日初度圖繪蘭亭景物）

修禊曾傳王右軍青山邈邈水沄沄當時風景誰
留得少長人中喜見君

又

憶昔屠城慘不堪尸骸堆裏出奇男不祥之事易
除去聞道君生三月三

又

落地已卯逢上已寘身今始在蘭亭良辰美景宜
行樂我友何曾一日醒

又

林泉安得久追隨爾我朱顏道路衰別後登山與
臨水暮春天氣倍相思

雨後

蒼天施雨澤赤地洗塵埃鵝掌拏新水蟬聲咽遲
槐霑濡存晚稼時節過黃梅猶喜黑雲在斜陽熏
不開

送汪悔齋使琉球

異域需新命朝端餞遠行路從雲際下人過竹西

棠（悔齋家廣陵）雁鶩歡徒御關河別弟兄中原樹鬖鬖
回首告爲情

又

使命儒臣重推尊衆議同節臨尚氏國帆滿鄭公
風忠信魚龍衛遐荒雨露通舟人笑相指黿鼉海
波中（黿鼉嶼在琉球國西）

又

渺渺仙舟遠翩翩彩旆揚東南心眼濶中外姓名
香始快鯤鵬意誰言天海長共瞻上國使文德布

殊方

又

波濤休遠駕島嶼繫孤楂傍日承恩國含煙迓客
花蕉馨濃酒熟螺飾舞衣華景物爭芳夜歡娛未
有涯

又

漢字咸來問雲車試一停敎行守禮俗人祝使臣
星海色三峰秀松陰四境青廉名知久著不羨郜
金亭

又

舉步中山頂披襟四望時看君何縹緲念我未追隨痛飲婦人釀（其俗婦人嚼米釀酒）獨吟才子詩蕃王供翰墨醉態想淋漓

又

雲路達三島王程經兩淮素交猶在目綠酒暫相偕自愧星霜髩餘生齷齪懷煩君語仙鶴雞鶩戀藩柴

又

亦既竣公事願言還故郊祖筵精製饌嫡媛自臨庖海船飛天際閩峰見樹梢囊中蕉布在歸以贈貧交

戴岳子載白岳之石來遊海濱自題曰石桴桴止東淘復適河阜與之晨夕既多褰裳臨流於其行也贈以言

吾道屬滄浪辭山適海澳浩歌求我桴采石不采木石是山中石浮石如浮山持此巖壑趣漾入菰蘆間蘆花秋氣來洲渚日欲晚獨坐依海天人隨片雲遠

又

麋悅口銜苹客悲身近人讀書淘之市笑殺東西鄰蠅蚋上樹喧不讓孤鳴蟬吞聲移櫂去海動沙灘煙煙中秋草生野色熒熒碧生意雖違時淒凉情自適

又

河阜露已白鷺鷥飛皚皚翛然禾黍鄉游子泛宅來谿水秋更澄垂手摘鮮菱茆店婦賣酒鄰船漁

舉晉客路風景佳晤言親戚少斷石有本根終念故山好

旅夜寄吳符五

歲云暮矣河水冰夢到家園身未會涉遠忽驚人已耄驅愁深恨酒無能鳥啼欲落樓頭月鼠鬪微明壁上燈不寐夜殘情兀兀笑言安得共良朋

又

蕪城鶴唳客停舟懷古悲吟帝子丘（見示劉影軒集）明遠賦情何婉麗牧之詩態最風流充庖夜炙黃雞美

勸影春醪綠蟻浮昨日見招成爛醉老身輕泛似江鷗

題吳楷士新築別墅

已在山中住入山還卜居老松主人至積莽小童鋤結構如看畫栖遲但讀書雲來爲二仲絶勝蔣生廬

又

可憐㛹髮處谷口石橋頭茆屋人家遠桃花澗水流煙霞資飲食麋豕共林丘我亦忘機者願言從子遊

又

縹緲軒轅氏騎龍去不回愁雲常似海丹竈尚留灰閣對黃山築窗臨碧水開心胸豁霄漢三十六峰來

又

潛川汪岸舫痛飲一先生身老滌醽味人存赤子情偕若稽古昔有鶴守柴荆新館舊明月花間甃茗飲

贈郡伯崔蓮生先生

薜衣甘屢老槃阿擊劍觀書只嘯歌海岸蘆花空花蒔柴門草色新來過亦知廣厦階庭近偏是貧家雨雪多自分苦寒同竹木何期今日值陽和

又

淮南幾見駐車輪十邑絃歌俗一新人識文翁能造士誰知杜母更臨民花開城郭禽聲轉秋熟村莊酒味醇飽食醉謳千萬戶先生笑看太平人

黃孝昭招同吳岱觀介茲蔣前民魏廓功飲集幽齋限眞氣二韻

鴻鴈夜鳴悲羣飛過城闉燈燭今何夕照君堂上賓念君左盛顏賓客皆老人夙昔或紱組不生或垂綸此日願頹同願同賤與貧腴瘠任人擇錦褐入夜均萍梗偶相遭言談情倍親林寒樹謖謖徑白石粼粼歌呼以適意誰復嫌我眞

又

澗水清冷冷河水有滋味豈不好甘美要欲辨涇渭中情倘灼然形穢亦足貴不悟邂逅間俾我襟

懷慰夜深月將出煙霜色醱甕衆客如蕙蘭郎人
若蒿蔚杯酒作陽春一時俱有氣

贈張蔚生先生興化縣令時署泰州分司

天邊涔水下淮揚興化波濤接海長魴鱮成羣游
里巷槐榆露頂認村莊未知樂歲逢何日尚有餘
民戀故鄉召杜藹然來稅駕陰森雪窖見朝陽

又

城闉漲落散湖雲原隰村墟次第分已見夏畦歸
復業還偕寒士坐論文日熏桃樹庭無訟風入蘭

叢室有芬茲邑舊稱儒雅俗家絃戶誦又紛紛

又

早夜煎鹽鹵井中形容黧黑髮鬖鬖百年纔少生
人樂萬族無如竈戶窮海色昏昏啼怪鳥榛聲獵
獵起悲風此中疾苦誰曾問今日張君昔范公

又

清晨徒隸掃官衙安穩閭閻飛落花辟壤何緣近
琴鶴往時相望隔蒹葭恤災不覺垂雙淚續命真
能活萬家惆悵仙舟歌返棹無繇借寇使人嗟

題方嘉客撾鼓遺像主人撾鼓左右列三美人一執檀板一捧酒壺一吹笛

蝦蟇競鳴埃壒裏夜來聒聾老翁耳伊誰擊鼓鼓
逢逢赭顏卑幘長鬚公俗物擾人公色怒手握雙
桴驅使去大聲勢逐蒼崖崩小聲韻倚橫笛度世
上賢豪何足論醉懷轉向兒女吐一自庸奴殺禰
生至今山岳不曾平微技定須存氣象不悟斯人
移我情亦復骯髒就長夜腥煙血燐燒枯野朧朧
月落靈鼉鳴魑魅咽喉一時啞

挽崔凌岳先生

志士心懷苦躬行尤艱難芰荷以爲衣荼蘖以爲
餐一身集百憂要使二親歡愛弟親已歡枕被霜
雪寒提攜兼教誨脊令生羽翰翩然蒞邦郡民歌
政教寬發揮皆家學何必自爲官況復膝下人一
一俱鳳鸞汝子如我子高堂語不刊搢紳頌令德
行路意悲酸平生如夫子生順死亦安

崔宗爲妻葛氏挽詩

雙鵠俱南遊翱翔得所棲飄颻遇回風雄鵠忽北

飛南北會當逢分飛情苦悲豈知時運乖雌鵠翼低垂年壽有蚤暮嗟哉永別離雄歸惟見雛雄歸不見雌死者腸已斷生者若爲歸

題吳九霞雪夜山行圖

積雪已踰尺飄落猶絮絮茫然夜山中攬褐適何處老父在天涯緩急往相助身體爲親有艱難肯自顧林氷膠宿鴉見人飛不去暗澗駭左逢側巖愁右度魑魅亦斷絕向誰問前路

又

晝行畏讐家夜行懼虎狼虎狼或可脫人意難隄防石觸指爪裂棘纏肌肉傷行路何其難況在雪中央皇天生一草必令榮且芳人子有用身豈遂委道傍前林榛莽動颯颯風氣凉髣髴有人來不覺生徬徨

寄贈程孝常新婚 雲家之子

翰墨程生善聲名一郡傳里人因擇壻弱冠已稱賢璧上龍屑在鑪中雞舌然含毫復何爾新婦翠眉邊

又

江村二月半沙白草萋萋林樹水雲聚人家山鳥啼室香巾漉酒煙煖甑蒸梨喜煞含飴者孫兒今有妻

又

已識才華美還憐德性溫厚誰棄粱棟珉自讓璵璠夫婦雙棲廡綠歌獨閉門伯鸞雖可學何必戀丘園

又

谿晴流活活山夕翠微微棲宿鴛鴦喜去來樵牧稀畱賓催煮醞喚婦學烹薇新舊意飛動而翁正遠歸

題許山人白描畫鳳送王山史歸華陰

翩翩孤鳳有威儀問爾翺翔何所之野翟山雞遍城市時人只愛羽毛奇

又

湯湯淮水失同遊無賴誰憐一白鷗莫道忘機是此鳥爲君惆悵海西頭

又

梧陰竹實滿乙樊歸去仙厓招旅魂愧我顛毛都白盡空思玉女洗頭盆

又

分手衰年已自悲看君雙鬢也絲絲南京北地三千里老態相逢更幾時

過郝乾行青葵園

深户巷中閑雨多生蘚苔客來家醞熟君指玉蘭開光采分臨牖芬馨下入罍奈何此嘉樹顧盼轉

徘徊

又

適遠人無着追歡夜亦良㳄歌因信宿酒者即家鄉瓦盎栽叢蕙銅鑪爇妙香木瓜花欲放賢主又移牀

又

此身忽自厭題墅曰青葵履豫常懷懼方榮已念衰暄暄春去葉濯濯露盈枝節序何妨晚寒松與爾期

又

秋色更堪愛去年余在家清明鋤黑壤籬落種黄花今日人攜鋤春風菊長芽栽培聊共爾不恨滯天涯

又

夜話復誰共門生吳彦懷燭燈冷林薄風雨撼江淮海水月流野荻花霜覆階別離幾十載君不忘荒齋辛丑彦懷讀書陋軒

又

但得羲皇意寧須山水居啼林無俗鳥連屋有遺書孤咏聲情苦高眠應接疎故人謂山漁芳躅在念子頗相如

雨中集樂允諧新築幽居

別墅繁華里林巳趣轉賒小齋懸石澗絲樹接鄰家卜築還餘地承歡更買花老親易菴先生厭歌吹從此得煙霞

又

漾漾新流漲峯峯蔓草芟春催林潤澤煙引石巉

巖甕釀啼鶯勸餅花喜鵲銜追陪願學圃我亦有長鑱

又

更有幽棲地江村雞犬寧寒潮流世代遠岫碧階庭稚子炊茶竈漁人抱酒餅遙知花月夕空醉復空醒

又

旅愁徐失去故舊綠樽前痛飲須終夜重逢已暮年燭燈光照壑舍宇泛如船酩酊雨聲裏聽隨鷗

鷺眠

送吳三劍空

薊門歸馬一聲嘶笑指隋隄車又脂顏色偏增南北路風光況值豔陽時村家白墮消鄉夢驛舘倉庚轉樹枝歌醉不應求勝侶盧溝橋畔草離離

又

黃花開徧古揚州伯氏令兄鹿園當時此北遊折柳又看難弟去臨觴祇益故人愁迢迢霄漢逢青眼遂逐塵埃到白頭從此客途誰藉在春風自攬敝全

裘

陋軒詩卷十二

泰州吳嘉紀野人著

題圖詩十首贈吳君仲遜

樂志圖

仲長統字公理倜儻不矜小節州郡召不
就思卜居以樂其志

閒雲戀岡巒芳蕙怡丘樊幽人欲安託夙昔有志
存處恬生趣味事熱多競奔居止遠軒冕聊以媚
雞豚琴尊親魚鳥聊以娛心魂手攜老氏書坐與

故人論松柏壽吾里日月在吾門逍遙樂其志達
哉公理言

雅量圖

呂文穆公始爲相有朝士於簾內指之曰
此子亦參政耶同列欲詰其姓名公曰若
一知姓名則終身不能相忘固不如不知
也

光芒席上器中窄外壘嵬榮貴誠足珍寡受亦易
始呂公朝士中川中之大海溪澗江河湖滔滔於

此滙簾下伊何士妄言使人駭香櫳置一區氣味
各不收資禁易知名任爾侵蘭茝既知不能忘長
者徽音在

奉母圖

潘岳閒居賦微雨新晴六合清朗太夫人
乃御板輿升輕軒遠覽王畿近周家園稱
萬壽以獻觴或一懽而一喜

孝子愛年華亦復愛景物景物不養親虛擲良可
惜霏霏雲雨晴鬱鬱茂林碧薄薄輕車音遲遲老

人出禽鳥鳴喈喈清風左右翼仰睇天宇澄遐邇
聽第宅遊歷忘衰老徘徊動顏色承歡及良時兒
也進雲液

慎交圖

蔣詡舍中三徑惟羊仲求仲從之遊二仲
皆挫廉逃名之士

豪士愛苦汎座上盈嘉賓醇酒引情言居然雷與
陳燭短酒肉闌主賓意已伸不待出門戶紛紛皆
路人吾慕蔣元卿荒廬塞棘榛闢徑待誰過羊求

乃其倫俗態何足盼衰年益相親砥礪豈必多一
鎈勝萬珉

恤孤圖

張裔與楊恭善恭早逝遺孤未成人裔迎
其母子分屋舍與居孤長爲娶婦置産業
使立門戶時人義之

人子畏早孤圃花畏晚榮榮晚霜露欺早孤情煢
煢昔爲懷中玉今與瓦石并時勢一朝異誰爲曰
與嬰不悟張夫子視孤若已生兩世門戶計一堂

琴瑟聲雲巘何峩峩松巖何巍巍高山世上有高
義今世稀

節儉圖

宣巨公爲御史中丞秉性節約常布服蔬
食瓦器帝幸其府舍見而歎曰楚國二龔
不如雲陽宣巨公

萬錢供七箸列錦衣軒除侈者一盼睞猶言無可
娛人生同所願飽腹與煖軀何爲恣情欲不顧家
室儲試看宣巨公天子過其廬貴幸世無比服食

唯麤疏樸誠易厚物省約則寡須楚國兩賢人盛
德或不如

好施圖

北魏李士謙好施歲荒出粟千石貸鄉人
明年又荒人無以償公對衆焚劵設粥賑
濟全活萬餘人或曰子陰德大矣公曰陰
德猶耳鳴人無知者今子已知何爲陰德

彼耆者好施君子亦好施雨露降霄漢禾黍以蕃
滋恩澤有時偏畝畝逢荒年君子開倉廩用穀以

佐天饑饉貸且賑時豐不用償老幼存活多頌聲
溢故鄉鄉人徒嘖嘖李公不爲名陰德人不知請
自聽耳鳴

解紛圖

朱冲字巨容少有至行鄉村失犢誤以冲
犢歸後得犢慙謝以犢還冲有牛犯其禾
冲屢芻飼牛無恨色居安南人有爭者冲
以禮讓爲訓親黨化之村無兇人路不拾
遺惡蟲猛獸皆不爲害云

凱風吹林芳聞者願相從栖託附麟鳳寧憂豺與
蟲世俗日已澆爭起骨肉中不有禮讓訓何以化
頑兒高士如玉鏡善惡如形容醜陋倘自見羞與
佳麗同山澤患害絕田園稻粱豐人生朱公鄉眞
有義皇風

御下圖

東漢劉寬性仁恕雖在倉卒未嘗有疾聲
遽色桓帝朝爲廷尉時當朝會嚴裝訖婢
持肉羹翻汙朝衣寬神色不異徐曰羹爛

汝手乎

貴人重玩好小物情每親勞勞僕與隸賤之如埃
塵僕隸親生身貴人親生身賤者視貴者形體亦
猶人趨承微有誤奈何遂怒嗔爾行固蹇劣良由
褊其中仁愛寓倉卒君不見劉公劉公誠可師問
婢不問衣

教子圖

韓魏公琦教子以義方有五子忠彥官僕
射封康國公端彥贇善大夫粹彥吏部侍郎
純彥徽猷直學士嘉彥附馬都尉

連翩馬上郎云是弟與兄弟兄有五人同時皆顯
榮朝回多輝光觀者盈路旁借問爾誰家云是魏
公郎魏公有德行厥後自應昌孰知堂上訓稟稟
惟義方樹禾須土腴植藝須篠扶施厚報亦厚可
爲嚴父模

攜美人圖題贈汪楳坡

深山曲水絕塵埃氷雪層層花亂開高士此時眞
快意手中攜得美人來

又

粧罷婷婷白玉姿人間羞煞俗臙脂胸前欲佩宜
男草林下先成連理枝

又

微風吹入水邊林珠翠梅花香共深莫恠鴛鴦不
相離世間難得是同心

又

誤把飛瓊夢裏誇許渾有夢飛瓊詩羨君今已到仙家疎
枝弱態影清凋不識是人還是花

吳陵午日寓袁家菴作

身暇乃知靜城中如遠村客驚時節換老畏應酬煩稚子炊茶竈新支贈酒尊今朝鄉思切只爲近家園

又

釣艇歸蒼海良辰醉綠醑誰知爵半路兀坐對高梧今日老漁父前生屈大夫好辭有何益吟罷獨踟躕

又

泛然任栖泊不敢恨淹留積雨忽成霽涼風已似秋荷香浮遠渚柳色動行舟逆旅俗人散堂空得自愁

又

禪室僧皆醉疏籬鳥自鳴閒中頭更白飲罷悶還生艾葉時當採槐陰露洗清故林高臥處豺狗正縱橫

音隱歌贈俞錦泉

君不見晏倩避世金馬門簪纓袞袞高蹈存君不卜筮成都市空簾隔人情似水沮溺豈必雲山住乾坤到處身堪寓君不見俞錦泉亦棲闤闠亦入城景物盤桓絕係戀性情寄託惟音聲海月飛上林樹枝熒熒華燭照巵匜長袖窄靴裝未畢主人已是開襟時齊心勸綠醑嬌唱領朱絲曲精不用周郎顧調古祇應郢客知借看門外來公侯聲入俗耳主人羞應酬只令梧在手闔閭爭避錦纏頭獨有漁樵四座多花前命舞還命歌蓑笠釣竿及斧柯雜錯釵鈿與綺羅老夫城郭走踖踖招去歡

飲不待夕知我平生嗜泉石善謳取媚同心客謳者妙顏我髮禿宛如桃杏繞古柏隱居趣味君何羨鴻鵠翱翔懶集林請聽（平聲）今夜絲竹內盡是先生山水音

打鰣魚

打鰣魚供上用船頭密網猶未下官長已備驛馬送櫻桃入市爭味好今歲鰣魚偏不早觀者倏忽顏色歡玉鱗躍出江中瀾天邊舉七八相進冰填筈護付飛騎君不見金臺鐵甕路三千却限時辰

二十二

又

打鰣魚暮不休前魚巳去後魚稀搔白官人舊黑頭販夫何曾得偷買胥徒兩岸爭相待人馬銷殘日無算百計但求鮮味在民力誰知夜益窮驛亭燈火接重重山頭食藿杖藜叟愁看燕吳一燭龍

自城中歸東淘哭袁姊丈

海岸凄凉又落暉出門何處覓相知如雲如霧客長逝或哭或歌予自悲照影螢棲蜻草色呼羣鵲

噪古槐枝平生風景依然在語笑因思曩昔時

又

水際閑門青草生衰年過日有經聲香燈儼若高僧在齋舘長如古寺清謖謖寒濤鐺茗熟非非時豔徑花榮與君來往稱媚黨不減人間親弟兄

又

何曾得見沒時顏百里睽違若萬山天曉畏看星落落櫂歸愁聽水潺潺治塋表聖親刪送自祭淵明意趣閒去去夜臺偕我姊不殊梁孟在人間

又

吾衰壯志未銷磨侶伴嗚嗚對酒歌萬里可憐頻悵望柴門從此罷經過黃昏形影燈前寄白首知交地下多亦識死生無異理哀來難遣奈情何

望君來　思循吏也

望君來荷鋤夫嗷嗷待哺同鳥雛野寬毋逵日欲晡不慰饑渴蒿與蒲誰念頻年水旱多隴無黍麥畝無嘉禾蛙鄉魍魎仍催科不有黃穋奈此赤子何望君來君未來溝壑里巷歌聲哀

又

望君來愚竈戸日蒸野草氣方暑小舍煎鹽火燄舉鹵水沸騰煙莽莽斯人身體亦猶人何異雞鶩籠中煮况復今年春夏雨弗息沙柔泥淡絕鹵汁坐思烈火與烈日求受此苦不可得不有杜詩誰與說胸臆望君來來何遲遠見琴鶴人色怡

又

望君來老儒存眼看十場愁心自捫胥徒但徵里閭稅子弟不道周孔言往時社學那可見菜花草

色海墟徧於中豈無商歌者織屨廬中匿顔面不有文叢風俗何繇變馬聲蕭蕭車轉轉望君來君至止賴詩說禮自今始

嗟哉行贈錢烈士（名嘉字麟圖）

嗟哉田仲郭解斯人已徂殘忍者不復有人斷其頭顱嗟哉世間道途何處無蝮蠍徒爾按劍太息胡爲乎不見官人虐人孤晨箠夕撻兒無完膚兒潛身入野雪哭昨日王孫今日困辱爲人奴嗟哉哭聲一一何悲行路泣下悲哀行路何人虞山烈士

遠自彰義門來慷慨前與官人言彼孤王孫當以金贖官人搖手不受金咨言雨下勿再入雲泉出不更還源彼童子若鶵雞在舌籬藩雖有兩翅豈能得上天飛翻烈士聞之髮豎心意煩官人宦遊北上烈士亦徒步入彰義門疾呼向大廷誓必贖孤義欲捐生黃金臺下誰不直此不平之鳴爰有忠烈裔排患拂衣起隋珠趙玉挈還烈士花開夜樹月出東水侶伴舉酒賀醉歌長安市雨入雲源見泉鶵雞翅飛上天獨惜手把龍泉仍使官人頭乃與項領聯回睇官人車輪轉烈士中腸且擕孤兒歸故鄉嗟哉

夏日題松圓老人畫寄吳蘭根

海濱三伏亭午時鴉鵲斂翼匿蒿艾老夫病熱將安適牀上展閱松圓畫庭宇冉冉雲氣來山川蒙蒙雪片大巖裂風吼石欲墮泉銜竇凝霰微灑迸遲行路者誰子身縮驢背笠覆蓋僕夫褐飄步不進手僵指直難結帶遙向小橋尋徑往不知何村有漿賣伊余臥遊甫未畢倏覺暍疾盡已瘥腳赤

焉用層冰踏神寒反思某日曬因念白沙吳居士暑天事佛弗弛懈遠心西漾隨鯉魚畫圖寄去草堂掛清涼趣在炎熱中此意但有居士會

喜汪簡臣自京口歸東淘過訪二首

東淘柳條向西青枝上晨鳥飛且鳴晨鳴暮鳴思無聊念君西遊適金焦山月妙高臺江松三詔洞沙鷺水花接笑言漁翁釋子相迎送范公隄邊舊草堂杲月醇醪乾壺觴我友直似壺中醞醒人夜夜不能忘

又

雲散碧巖巻巻高拭開老眼看故交時簡臣病愈離落
雞犬有歡顔故交身體安如山我昔避債匿蘆渚
子解金錢擲債主虎狼莫敢施爪牙爲逢仗劍魯
朱家家舍梅開卒歲時歸來酌酒對花枝我友直
似掌中劍懦夫日日不能離

醉竹先生歌贈汪長玉

歲寒三友松竹梅昔嘗聞高趣吾尤念此君陰低枝
斜風雨裏可憐醉態頻徙倚仲秋八日弧懸室先

生生逢竹醉日竹醉世情渾不知東西南北任人
移先生亦是忘機者湖海飄然酒一卮淸節曾爲
神鬼祐癸卯春長玉負米舟覆皖江性命獲全消有神助虛心又見親交
推況復百年已過半更生不飲生何爲今辰初度
賓屢至一壺一壺主人醉此君酩酊扶筇簷下
早待先生睡

程寡婦歌

明星墜爲石高田流作海天地變遷有如此世人
心志形容阿誰長不改形容長好伊維仙人心志

不改伊維寡婦忠臣臣忠識大義臨難往往致其
身婦人脂口澤膚十人九人腸肺愚節操曷繇自
勵門戶胡能獨扶君不見程寡婦乃是程淯妻夫
死婦不死祇綠黃口兒女須提攜餔糜終朝爨煙
冷刀尺半夜燈火低只今歲時不知凡幾換嬌女
嫁人稱賢媛兒讀父書雙雙光光名譽達八十歲
舅爲樂多方豆有甘肥壺有酒漿糜中裁粟糕上
裳孫子在膝婢成行寡婦猶然茹荼蘗躡冰霜吁
嗟乎苦味寒威何日已一門四世咸相倚上不學

天星下堪愉海水寡婦寡婦吾乃程淯之友今日
登寡婦之堂把箋作歌悲且喜寡婦頭白閨門中
程淯目瞑泉壤裏

京口何龍若僑居吳陵城中奉訪有贈

門內語鵓鴣門外無車馬城郭里巷綠樹色來原
野何年此卜居蝸舍趣瀟灑雨餘菜自種客去書
還把白雲映萊妻宛在三山下

又

楊雲情嗜飲對月思酒壺識字雖無用飲君尚有

徒[illegible]應粟囊則空虛閭閻雜糅仁風俗[illegible]
殆猶念醒不念飯此地亦難居

別詩代方多符作

程方二生共寄跡市井十餘載情好甚殷程適課生佗往方臨別躑躅殊難爲別也余時與二生同寓舍因代方賦詩

若爲野田葛我爲田中蘿生計偶相近纏綿意何多趾趾同出入錢錢贍室家弟昆寧異此管鮑不讓佗人事倏忽改各言天一涯明朝天一涯今夕共燈花河魚煮爲膾甕酒紅於霞須臾且飲食濰樹啼醒鴉皎如西嶺月斜照東逝波去君漸以遠回首奈君何

旱蓮草

渡口水清放湖蓮園中雨晴開旱蓮旱蓮雖讓湖蓮美一生不受路人憐

又

林中籬下風氣凉白花綠葉自然芳不嫌采掇人年老生性能令老益强 本草云旱蓮草益血固齒

旱浮萍

水萍逐水去不還旱萍生根籬落間有根且戀田園土日與桑麻共好顏

又

不去漂流奈爾何江湖景色門內多鷗鳥菱花莫相憶微生今已離風波

自東淘至河阜訪戴岳子不遇止宿谿上新齋

自汝移家去東淘一老愁人識毛禿鳳我飯力衰牛兩岸水雲涇幾家村樹秋倚舵望河阜曉月落扁舟

又

到岸與猶在水花秋氣鮮竟遊安道墅不返子猷船煙火魚鹽內圖書鳧鶩前家僮留客宿益識主人賢

又

步屧暮谿上衡門寒水深雞塒蟋蟀語魚穴鷺鷥尋養毋[illegible]熟留賓酒自斟中宵猶不至薄醉一

詠歌淮水楚雲東詞賦翻因轉徙工黑夜誰能知錦繡青氊只欲老英雄舞聞村樹雞聲起讀借鄰家燭影紅前哲娉修多若此天涯不用恨途窮

又

不求簪組但懷鐔節孝傳家恩怨深雲際飛龍豈知已潮邊精衛是同心只今四十齒猶盛空對蹉跎桮自斟煦煦春暉勞夢想生辰涕泗一霑襟

哭汪生伯先生

平生親與故車馬紛紛來入門各躑躅上堂見裳衣故物宛如昔丈人安在哉有道遠云亾氣色黯江淮鄉鄰何所仰手攀庭樹枝搖落懷陰庇暮鳥鳴悲哀

又

露水白秋草蟋蟀鳴呴呴人生若寒煙誰不歸丘墟黃葉落原野牛羊色躑躅孤雲逝悠然暮景在桑榆依依戀廬舍隱隱見圖書憶昔獨安坐顧盼興蕭疎檐鴿向索食飛翻下階除

又

橫琴

贈程雲家時四十初度

寂寞姣生憫問天蓬門藝植謝人憐白衣客到黃花裏阜幘翁歌碧海邊釣弋野情臨水靜賤貧交態比金堅雞鳴鵲噪東淘路相慰相尋已十年

又

凜凜颸風啼老鴉悲秋誰不鬢毛華謾嫌景晏身逾老且喜年豐醞可賒遠水渚前楓落葉斜陽隄上客思家招來痛飲復攜手萬里醉看蘆葦花

又

梧枝禽向竹枝翔暮色淒淒天雨霜入戶鎖憂桑落在開軒兀坐菊英香也知膠漆為同類不信雷陳肯異鄉昨夜扁舟吾訪汝月明新雁下南梁

又

辛勤頗為稻粱謀少壯光陰付旅愁杖屨幾時離斥鹵耰鋤常悔別園丘松林石澗鶴雛聚茆屋柴門江水流更說煉丹峰似畫終須借伴晚年遊

又

在昔靖南侯猛氣臨巨川蛟龍値其影避縮如蚓然何哉一布衣慷慨劍戟間開口陳大義契合繇片言威猛變恩澤願言授高官士卒盡歎羨將軍眞好賢月出戰馬嘶清風吹轅門祿糈豈不沃錦服豈不鮮一笑拂衣起誰知魯仲連

又

秋風吹斷蓬飄轉心不惕倦身獲有託中路喬松在節概既相親鄙吝亦自改朝日與夕月二十有六載寒燈照戶庭梧竹陰毿毿桀冬醅始熟止宿榻重解我今策杖來廡下誰相待

哭妻王氏癸亥仲冬一日

王氏名嚌字智長上聲歸余四十五年嘗願先余死問之曰冀得君挽詩耳今子死余哭子有詩涕泗之時詩愧不工然子願酬矣嗚呼子願獲酬余悲可勝言哉

昨日餔糜粥共食情何怡神清若無病夜話雞鳴時如何東方明咽喉息已微俄頃異生死念之發狂癡執子舉案手從此長別離海上停鹿車人間棄斗衣木脫風烈烈別我去何之

又

入門不可見出門登高丘茅草霜打死寒氣野颷颷狗吠古墳中狺狺使人愁我妻素畏狗弱魂今獨遊掌中無餅餌急遽將奚投崦嵫雲縱橫斜景黯黯收故夫方悵望回首見之不呼我我不聞欲答夫何由

又

傷心今爲誰東海商歌者哀怨五內滿時藉音聲

寫棲禽中夜醒惻愴集梧櫝山妻披衣起傾耳殘燈下秋花爲我落林雨爲我灑孤調何酸淒猿啼蛩咽野蘊結我方吐妻淚已盈把相對攄性情詎云慕騷雅閨房有賞識不敷知音寡

又

結褵無幾時家國丁喪亂夫婦是鴛鴦蘆花爲侶伴兵燹同閱歷容顏各凋換願言惡衣食暮齒足昏旦誰知淮南田歲歲水漫漶射雉蕭蓬墟懸鶉斥鹵坼猶恐我志遷固窮爲我言高義歸夫子飢

寒死不怨（怨平聲廣韻二十三元韻音鴛後漢班叔皮北征賦音淵）

又

西舍景欲晏貪家天始晨蠶僕徐徐起怒覷餽上
塵掃除頗不煩門巷苔蘚新詩書出篋笥質米復
貿薪雲煙動楊樹烏鵲飛水濱炊熟鄰媼來令我
老婢嗔妻也入廚下簞豆給最均釜餘已所餐舉
手授鄰人借問何爲爾人飽甚于己阡陌慘無色
漁樵行徙倚請看謝世日哭聲滿桑梓

又

儉室鮮宿儲驚聞客遠顧黽勉一側屣低顏澀言
語車轉腸中輪牛鳴門外路回睇竹木影廚煙已
煦煦祭器出意外精食兼清酤周旋成主賓需被
及僕御男兒徒作人氣色祿內助團圞月入幃開
箱鼠馳去平生衣與珥半作需質具

又

始悔盛年時餬口日奔逐人生有歡娛乃以易饘
粥行裝倣中夜星斗歷簷綠遊子落月照辛苦同
草木欲發仍淹留旅伴相迫促門鴉雙雙起渚鷺

雙雙宿掩耳出扁舟愁聞室中哭

又

我本荷鋤者谿中種梅花俗人隔流水老圃爲鄰
家日月臨軒窗高枝低枝斜終日應接少閒門煙
霞多猶記大雪夜幾樹花婆娑香醪斟已盡子爲
我煎茶

又

居處絕車馬籬菊爲我客生長相因依歲晏趣彌
適栽種有同心泣下思疇昔花開重陽日風雨移

入宅參差雜琴尊淋漓需几席秋氣凉夫妻毛髮
滿頭白相與坐花中從朝至暮夕深夜更秉燭寒
影散四壁

又

雄燕朝銜泥雌燕暮銜泥顛毛稍稍禿雙影依依
偕思勤久不劬類我老夫妻題詩思昨日夫東婦
坐西不厭生計苦但求耄年諧風光猶似昨梁上
倏孤栖門庭人跡稀錦瑟聊自攜故雄語未了故
夫亦已啼（齋中巢燕秋去春來十有四年內人曾乞余作詩爲賦雙燕來二首其二首結

句云舊階春梅又發花主人今歲未離家匹偶但得長如爾不妨相對鬢毛華蓋以余頻年飢驅道路終願如燕之不相離以卒余爾人暮齒也今春雛燕雌燕死共雄悲語空梁余爲涕零如雨未幾內人奄然棄世余栖栖出入自語自悲又一雄燕矣

又

我曾欲遠遊夫前婦後從飲泉還采芝南澗復西峰峰腰雲霞起宿鶴鳴青松扣門素交來倒甕酒槳濃此志亦易遂吾求殊不豐生無一日娛死別忽匆匆並蓮單辭蒂孤劍永背雄褰帷徐入房彷佛擬形容疾風吹埃盡何處尋遺蹤

又

念子如杖藜衰老不能離飲食及寒暑時時蒙察伺只今臥一室奄殞方告匱稟冽氷雪中誰更來相視我年近七十幾日在人世此別雖不久獨活傾作計槳火隨悲翁巾盡血淚高天碧無情孤鴈空嘹唳

題亾友程梅慤淡栢讀書堂圖

汏寥庭宇點塵無萬帙千籤栢色扶閉戶先生聲欬欬披帷幾度欲相呼

又

桑柘蕭條海市空相尋誰復念牆東兩行老淚忽成笑永別故人來眼中

董嫗

客行斑竹村有嫗田間哭野曠人跡稀嫗手牽黃犢犢口齕齕食草色莽莽緣哭聲一何悲牛全爲躑躅客行聊駐足近前問緣由心念主人恩欲言淚還流主人韓秀才諱默家住蕪城裏城破兵屠戮夫妻先自死妻蕭氏縊死梁上夫溺死井底所生兩

男兒一死從嚴親諱彥超幼者名魏在母懷孿舉託老身憶母將縊時復抱幼兒乳乳兒幾會飽倉惶分散去門外積骸高昏暮何西東褁兒兒不啼共人死人中死人蓋生人尸血糢糊紅五日殺人了駱駝鳴蜀岡匍匐夜出郭隴晴麥穗黃麥仁采餵兒煙火投村莊兒我各無恙田夫歎且驚今年麥穗黃明年麥穗黃兒儀稱郎君軀體如父長甫宇尤骯髒落筆善文詞往來多益友稍欲大門楣郎君今安在書劍燕山陲燕山三千里懷思斷肝腸語

罷辭客去倚犢向北望北路驢馬來飛動遙相呼郎君不捨我今日歸來乎謬誤弗自知但怪無人聰烏雀返墟落煙寒樹色暝客亦掩耳歸嫗聲難再聽

車笠詞贈汪左嚴

君乘車相逢道左背君趨我戴笠道左相逢就我揖背君君不怨就揖色何溫設醴勸我飲炊黍授我餐還愁稍失故人歡頑鐵自謂堅懶入金鑪冶貧賤不驕人今日爲去音長者

歸里別汪殿居

攜裝出東郭霽日雪上黃暄氣蒸籬落人家水仙花名香年年歲杪歸一路沽酒嘗今日望桑梓欲發轉徬徨除夕誰慰我空有壺中樂頭愁茆屋裏深夜燈燭光故人來相送淮浦鳴鴛鴦溫言綏去舫清淚霑離觴君胡易泣下昨日亦悼亾

又

不謂惡少里乃有人追隨藹藹林際風嚮我襟懷吹襟懷非蘭杜時爲斯人開疇昔始相遇斯人是孩提拜見悲歌客嗔看市井兒人言膠漆堅浸漬則分離童稚遠壯盛君情猶未移雞黍有久要笠簦有誓辭前賢交道在終願君扶持

泊舟揚子橋寄所知

蒼鹿遊長林銜苹鳴呼麃情好對依依心同跡復邇如何雲與霞出谷各棲止疇昔師伯陽平生慕綺里采藥是何時索居皆暮齒揚揚曉渚花泯泯春江水石梁明月來引領何能已

又

坼草色萋萋草上飛江鷗借問客何事終日如行舟舟行有停時客行無時休海雲流壓樹東聘故園丘伊人蒹葭中高詠情優游千篇詩已傳五岳願未酬懷抱寫謝素名山與滄洲水聲冷茆屋巒岫藹悠悠誰知宗少文閉門獨臥遊

又

君曾與我約共卜盱眙居桑榆禾菽麥其地頗有餘其人不慢老况復能崇儒不見閩中叟黃仲丹先生栖遲若故墟有友可以偕有田可以鋤人生獲如

此此外更何須邀焉收牟山柳毅傳書處杖藜去徐徐
倘遇柳先生應授養生書

哭汪母

家家男婦悲借問慟何爲里巷憑賢母凋傷失我師古叙初入篋舊珮尚懸樾山谷無容色青松遠巳萎

又

生息逾百口辛勤衆一躬圖書列厢下筐篚蒲盧中疎竹影殘月寒鴉啼北風傳經兼課織夜夜一

燈紅

又

海外忽心動遥知親倚門歸遲觸崩浪疾櫂打驚黿鼉噪瓜洲樹人來守禮村母憂見兒解瞑目復何言汪懋齋自琉球抵家次日母即臥病不起

又

年年母生日門泊海濱船蓑笠五湖客笙歌百歲筵雨晴山有樹春老野無煙惆悵稱觴者今來拜柩前

又

昔賢當困餓一飯不能忘念母盤餐德于余三十霜羸驂行已倦客鳥去安翔未有涓埃報漁竿老自傷

送汪叔定字張人

出城官路香微風飛柳花暮春作客意無賴况復折柳天一涯巖石匌訇落瀑布爲川爲河下山去當時泉石同深山今日去留各異路黄鵠刷羽清江濱奮身一直上秋旻回看鷄鶩籓柴下爭食爭

飛笑殺人

又

共住里巷中旬日不相見城闉斑騅嘶一聲行色向人人戀戀前路林鶯音未老看花尤愛長安好已識公卿館閣開應知昆季聲名早令弟蛟門別來今幾春碧梧修竹署齋新時任西曹聞道盛時刑漸措舉朝推重讀書人

又

十丈紅塵外門掩樹陰中把卷啜茶四五月北窗

之下多清風燕月圍鬪花菱菱過從稍稍來冠𥘵

誰道貴人趣不同于中我有情親在王黃湄吳鹿園殷勤

爲我語情親雲路泥途隔幾春祿米頻年分寄遠

不曾飢倒采薇人

汪庾齊之贊應親迎贈詩四首

芳樹啼鶯淮水濱廣陵歌吹自俗門閑喜過乘

龍日城郭爭看奠鴈人

又

畫舫牙檣遶湖洄射陽湖畔水花開春風微响晴

波小一對鴛鴦並翅來

又

城中無處不繁華紈裿何心向俗誇琴在幃中書

在几宛如徐淑配秦嘉

又

華燈深夜焰含羞避逅居然勝女牛天上銀河只

數尺郎今歸自大琉球

吳野人先生陋軒詩以周櫟園司農所刻爲最初本康熙前壬寅司農來揚州因汪舟次知野人爲序其詩梓而行之名曰陋軒司農所命也同時作序者有計甫草王阮亭兩公阮亭時官揚州推官因司農知野人雪夜被酒爲作詩序翼明走急足寄陋軒當在是時今集中幷無王序卽帶經堂集亦未編入殊不可解康熙丁未錢塘汪芾斯分轉東淘雅重先生爲裒全集得詩四百首續梓以行吳周祚序言之甚詳厥後方千雲鴻逵合先生前後詩重付梓人汪蛟門序稱其刊刻精好此語信然余家藏陋軒詩爲　先君子所遺乃方刻也近亦罕有汪周二刻都未及見嘉慶時拼茶繆竹癡中復爲剞劂刻工較遜於前且原詩六卷分爲十二失其舊矣然其表章前人之功自不可沒此陋軒詩四刻之原委也道光辛卯繆板歸富安徐氏頃又展轉出售余卽購回但字多漫漶重加校訂闕者補之譌者正之閱五月而蕆事因詮次其說於簡末鄉後學夏嘉穀謹識

原序

三原孫枝蔚撰

泰州之安豐場海濱斥鹵之鄉也明正德間有布衣曰王艮號心齋以理學聞不百年有布衣曰吳嘉紀字賓賢號野人以工詩聞自兩賢相繼出而四方譚安豐場人物者皆嘖嘖心齋賓賢不置口心齋能爲嚴苦峭厲之行而賓賢憂深思遠所爲詩多不自知其哀且怨者似與顏子之簞瓢陋巷曾皙之沂水舞雩旨趣殊焉余不獲及見心齋猶幸得交賓賢垂三十年習知其爲人甚醇厚而狷介者狷介則知恥醇厚則善自責善自責則怨於人者寡怨也非於人有所不平之謂也其哀也不過自鳴其所遇之窮且以爲詩不出於誠意則不足傳也故其體如此今有斥人者曰汝不誠則受者必艴然怒而詩之不誠則往往强自託於佩玉鳴珂以爲文不必標枝野鹿以爲質也然乎否乎此其非是亦最易別白者矣然予每三復其詩又未嘗不深有慨於古法之久亡也自鄉舉里選廢而簡

原序

祥符周亮工撰

予己丑過廣陵與汪子舟次交舟次每以制舉業相質時年甚少未嘗見其爲詩也越十三年予復至廣陵見舟次詩甚工予驚詢之舟次曰東淘有吳賓賢者善爲詩予與之遊同學詩愧不逮也後每見輒言賓賢不置若惟恐予不知有賓賢者且曰賓賢每把先生詩匆匆不自禁淚輒涔涔下每札至輒詢得先生新詩不聞先生寄予詩則急錄

之去聞先生近帙至則倉皇大索若逋予逋負者先生獄事急則向予曰安得雲中舒金色臂援周先生使不死再見其三數詩先生固不屑與人同調而又時發虞仲翔之歎以予論若賓賢者可謂先生同調亦不可謂不知先生者矣因出其手錄陋軒詩一帙示予予讀之心怦怦動已又見其寄舟次札有夕陽殘照於時有幾之語不禁心悽欲絕謂賓賢嘗恐不及見予予幸返今乃有不及見賓賢之感矣急賦一詩寄之及退而語廣陵人則

兮考槃之詩作矣自井田廢而大田南山之詩作矣賢如賓賢而窮如此吾不獨爲賓賢悲也後世有位君子有讀賓賢之詩如吾之悲者願無如吾之徒悲而慨然以舉行周禮爲任庶幾怨調罕聞而賓賢之詩有益於人之國家不既多乎或曰賓賢今之處士獨無意於學顏曾與曰命不同也顏曾非窮人也夫既得聖人而爲之師且其家庭亦必有可樂者顏淵死於顏路之前而曾晳父子間事孟子略載之憂於國而樂於家窮於出而通於

處賓賢都未有此也而何疑於其哀且怨乎嗟乎賓賢之哀怨乃其詩之誠也心齋踐履篤實其學一本於誠使賓賢得與生同時則亦心齋之徒矣豈獨以其詩鳴哉

絕不知有賓賢者鍾山龔野遺曰吳賓賢家東淘東淘產鹽人擁高貲家不蓄書閒有書輒以覆瓿或以拭牢盆賓賢居陋軒環堵不蔽自號野人野人每晨起繙書枯坐少頃起立徐步搡不聿疾書已復細吟或大聲誦誦已復書或竟日苦思數含毫不下又善病咯血血竭髯枯體僅骨立終亦不廢里人相與笑之曰若何爲者若不資素而固食淡數指目以爲怪物野人終不之顧東淘舊有分司使者署一使者至詢此間有能文士否屬胥對

曰某不識能文士何等也見有手一編向之絮語忽作數十字欣欣自以爲得意或者其是乎使者則亟詩之見數請數辟去辟之不得强與之見見則大悅以爲眞能文士士固無出其右者東淘人譁異之以爲是淡食者固可與長吏揖耶自是望野人若不及漸有過其廬者野人終閉戶不與之接嗟乎賓賢如是卽不旦夕死其終死於陋軒必矣因彙其前後之作刻爲陋軒詩予門人昇州吳介兹日讀野人詩想見此老彳亍海濱空牆落日

攢眉索句路人作鬼聲唧唧揶揄時昔宋登春見謝榛詩曰何乃津津談貴丐活展賓賢詩竟卷如入冰雪窖中使人冷畏嗟乎介兹數言可序野人詩矣舟次名桓賓賢名嘉紀舟次别有集賓賢是集行世會有知之者獨分司其地者能物色野人當非俗吏而忘詢其姓氏惜哉

吳處士墓誌

江都汪懋麟撰

處士名嘉紀字賓賢一字野人其先世載家乘中居泰州安豐場地濱海斥鹵煑鹽爲業處士生而穎異好讀書獨以温然儒者居其鄉初學科舉後遂棄去閉門窮居蓬蒿土室名所居曰陋軒終日把一卷苦吟自娱晚年善病或幷日一食不以告人里人不知也近海多暴風疾雨水湧數丈鹵地爲魚場人絶粒動稱凶年處士廬舍汚塞每歲水

至常及半屝井竈盡塌苦吟不輟其爲詩工爲嚴冷危苦之詞所撰今樂府尤淒急幽奥皆變通陳跡自爲一宗近代嚴棲之作鮮有過之者積既久稍稍流傳於時爲周櫟園王阮亭兩公所知兩公官省郡强致之力疾一出布衣草履低頭座上終日不出一語兩公善譚論每説詩樹議鈎致處士數語微中而已兩公雅重之即送歸海濱處士生平不妄與人交所善惟三原孫豹人枝蔚郃陽王幼華又旦休甯汪舟次楫歙縣郝羽吉士儀處士時飢寒不給舟次羽吉時緩急之其見知於周王兩公也則舟次延譽焉處士篤於孝友其諸兄有死於鬭者竭力以斂其遺孤逋場税爲州吏所搒掠處士匍匐營救州吏聞其名即省釋處士生數子皆不學或舂賃無以自養故閉門以窮老終處士生於前明萬歷戊午九月二十二日歿於　國朝康熙甲子春三月年六十有七所爲陋軒詩若干卷板行於世處士既卒之明年幼華以都給事中典廣東鄉試返命紆道揚州哭之留金其家時

舟次亦以翰林奉使海外憂歸爲經紀其葬葬於梁垛閘家舍之原爲之書碣曰東淘布衣吳野人先生之墓遠近義之余交處士稍晚常屬余序其詩至是余兄舟次命爲墓誌不獲辭處士素謂余知之也

陋軒詩續卷上

泰州吳嘉紀野人著
鄉後學夏荃退庵輯

促織

小蟲鬧夕響一若為寒侵不顧愁中夜公然榻下唫能停孤客夢兼到去年心閱盡秋聲處哀音不似今

酬公調諸子見過不遇之作

交寡如吾者門庭常是秋君初尋澹侶我又似孤舟茗至鐺仍默（雨臣攜茗見惠）堦虛日自幽媿無林氏鶴有字向誰投

苦雨

癯影朝猶臥書來頻叩關不堪愁病者更入雨風閒屐沒空街水泉高隔墅山賴逢幽詠客一為解衰顏

夜坐

窗冷不能眠攬衣起長嘯杳冥半夜秋空我十年累階庭如荒山中有古初意繁蟲聲忽亂月欲上

頹砌

題壁上畫菊（同公調）

籬下佳花猶未蕊一枝亭亭已在此香光寂寞近如無只似秋煙上空紙何必登高期故人茲卉居然重九身花中高士君不愧不卑不媚難為鄰下有一石靜如客羣葉生陰石欲碧石亦落落自為儀高嚴不借花顏色兩君並立成良友冷香澹致終年守其中尚餘半尺地不知欲待誰家叟日黑燈新我再看久之忽覺身上寒

待雁（同儋天然友人王水心分韻）

鴻雁在何處空懷雲外蹤無聲來靜寺有客倚孤筇燈黑無絲聽羣高不易逢蘆花開岸岸秋色待君供

送公調歸白門

斷岸蘆花下是君明日舟清溪秋水前是予明日愁明日果然別無計暫淹留憶昔麗媛篇酬唱雨不休半榻雨風聚一月性情謀詎意海風惡令君懷故樓故樓淮水上秋色正清幽江長楓槭槭月

冷雁啾啾兩槳掉其中歸人復何求獨有同懷友寂寥海上洲

初八日雨中送公調

故人白門去東海少同晗送子雨中路懷子江上琴孤舟千里意一世兩人心今夕泊何處莫聽哀雁音

輓方侍泉

君病常欲死作客又不歇孤影寄他鄉數日忽長歿憶昔呻吟聲夜蟲共切切母弟不在玆玆痛向

誰說殘宵千里魂冷店半牀月此時高堂人憶君正淒絕誰知遠游子海上已白骨

雨夜謝眉生見懷

哀林兼積雨十日不離聲蕉破亂難聽愁長醉易成故人如異域白日似前生忽到懷余字吹燈憶汝誠

早發

雞啁呼短童燈此草軒壁衣裳無次第霜氣入窗隙出門如古人侵星以行役撫躬繹前慮慮亂翻難繹圯上彼何人未曉亦聞屐

夢公調

春光不可待（公調會期明春再晤）入夢尋君面君面似江光澄霽慰余念如何來春花亦在江之甸夢知別離苦故使君相見

送友人入村

里人顏色厲如虎吾人挾瑟歸遙墅墅前空水白畦畦中有老屋待君棲煙中一棹來何遲荻影鴻音高下之寒阡歸盡負薪叟日夕孤村少攜手小

樓月出村欲曙是君憶我高吟處

待王太丹

夜至天寂然無數啼鴻過聆聽豈不幽益覺孤我坐風燈滅一半草牖寒將大遂夢不復尋展榻期君臥

又待太丹

古屋寒多慮縱橫生壁藤枯動冰澗不聲野鶴栖難向我柴荊欲入不入似君性情

相卿移居

楊子愛友聲佳客不去席興至忽移家移家兼移客深深几席閒談言宜古昔茶嬡杯有香窗新月愈白感君待我句預掃寒宵壁

冬日田家

風起柳枝鳴今日冬滿村野老無閒時荷鋤于衰原侶伴亦已寡力倦憂愈繁子婦共作苦襟裙帶兒孫常感落日意息我以黃昏

人盡說年豐余田半黃草只嗟已力微不慨鄰苗好歸來手足疲薄醪慰枯槁無端今昔愁滿腹向

誰道徑上故人來枯葉響不了

殘葉一村虛臥犬冷不吠帶夢啓柴荆落月滿肩背地荒寒氣早禾黍連水刈里胥復在門從來不寬貸老弱汗與力輸入胥囊內囊滿里胥行室裏餓人在

牧童就鄰塾黃犢在野稀夕至寒聲亂斜巷黑無輝兒女塞風隙相與話依依胥作到雞鳴燈影出其扉

庚寅除夕

犖動悉無聲星色青戶左歲除貧未除兒女不嗔我況有几上梅可以三更坐短禿四五枝影我半窗火

歲首書懷

昨夕歲方去歲來又茲曉來去壯士顏焉得不衰老醉後彈霜刀顛倒歌懷抱座無擊筑人誰識歌中好

入歲三日答吳雨臣

谿午探梅歸見君詩在壁君詩如明月輝我人外

宅逢以所探梅炤之至於夕歲易旦色新念子不得息微茫草上霜孑屐有初迹

雪夜聞鐘

雪鐘聲雖遠猶能醒靜客哽咽如泉到衰林盡爲白開戶覓餘音滿目太古色立久耳目寒身忽爲枯石

夜歸

獨行草中日沒野黑呼人不應欲退不得墓木葉亂其下鬼集風走水上狐出土隙一身區區險惡

亙及

河下

冷鴉不到處河下多居人鬱鬱幾千戶不許貧士鄰寒城天欲暮方是主翁晨主翁酒醒起衆好隨一身巷西車馬來杯盤旋爲陳豈能卽遍及只嫌味不珍誰知里閭外積雪連城闉窮檐有明月冷照無衣民安得如爾輩金錢買陽春

邗上過愼履先生賦贈

使君與余生共里相知轉自他鄉始古人一二金石交其初不易皆如此蕭寺寒雲歲暮天一榻悠然對雪眠不問城中車馬熱只計杖頭沽酒錢餘錢買得一雙鶴鶴傍有我亦落落海上看雲忽憶家輕舟載去歸林壑

蜀岡下過依園同鴻寶分韻得依字 園主乃吾里韓翁

高處正尋徑園丁已啓扉石前容我拜竹上見樵歸地主能相逐鄉心到此稀沿岡寒樹靜何鳥不思依

拜曾襄愍公墓

吁嗟吾郡曾先生先朝曾帥塞垣兵嬉戲之際皆神算嘗令沙漠人夜驚曾見風塵淸萬里廟堂從此妒疑起熱血無由結主知先生抱恨刀前死一覩逍遙萬里歸當年國事已全非壯心無限復何用城裏子孫今亦稀悲哉白骨委荒陸行人一拜誰能哭日暮蕭蕭寒柰青口馬亂來墳上牧

早行

强辭羇夢起一褐自憐單星在荒城動燈留宿處殘猶能失意返敢憚去塗難擁絮放孤艇天低積水寒

白莫村夜發至樊上宿鴻寶館

雁鴻栖宿盡同月在霜舟望子一村柳息余千里游犬聲如水裏梅影在窗頭魂夢頻依處今宵當故邸

歸後送希文鑾江

雪後歸來貧且閒招君共掩溪上關入門見我慘不言又似從前離別顏北風冽冽走荒牖看君酌

盡一樽酒頓使羈身入醉鄉若無離恨竟分手分手去放寒艑君不自憐轉憐我月出江鳴深夜坐

哭王體仁

體仁不可死白髮雙高堂終老無薄田謀食各一方體仁不可死諸弟紛成行未有治生術參差依君傍體仁不可死弱女乍扶牀尙未知悲泣弄物如尋常昨聞坐父櫬猶索栗與漿體仁不可死瓶中梅花香前夜親折來慟飲一百觴觴古鑪復舊紙窗多輝光方書及詩史森然盈筍筐我從江上

歸聞君病弗臧策蹇踏霜曉形影如癡狂銜憂入君戶君已殯於堂悲哉平生人如君何温良猶憶乙未冬同盟偕程郎（謂程詹影）蕭寺對白水歡期百年長未幾程郎病書來自維揚我走冰雪中遠去爲治喪記得君送我西風淚浪浪去此曾幾時君又忽云亡譬如僑家客君輩俱束裝我獨在天涯飄零尙茫茫轉不如夜臺二子同徜徉所以易簀時君言如歸鄉一笑逢詹影誦吾詩幾章

卒歲

卒歲苦貧儉欲貸人囊飧雞鳴溪未曙先擬懷中言了了多所謀出戶思忽繁此際慙已甚況乃入其門主人舊知我一見酒滿尊誰能背妻子就茲飽與温婉轉辭杯斝懷欲吐復吞唯恐主人厭舊好飜不敢不如風雪天歸去眠高軒且樂十日餓不受一人恩

寓季州來先生城中別業

扶童歸里去冰雪守空庭半榻分君冷孤燈照我醒車來依舊少鴻過悄然聽不負先生意雙扉日

日扃

雪夜念爲憲希文去梁村

小屋擁衾坐洽洽聲暗聞羈縻同此夜風雪更離羣一艇宿何地眾村皆似雲嚴寒在君處愧我未能分

夜發

客意急前路中宵刺小舟寒潮隨棹去明月有聲流襆被裏諸子夢魂圍一愁雞鳴霜滿岸莫辨古揚州

至邗次日送希文往真州

虎邱纔返棹又自東裝行對我十五夕送君三百程酒當邗水勸冷傍破衣生明日舟開後東西各雁聲

往郡城訪楚江漁者不遇

歲晏無聊賴窮濱况孤處偶然念漁者不顧雪盈路殘燈見苦辛沙雁同晨暮行行廣陵近屈指成良晤豈知蕭蕭人復向洞庭去洞庭落葉多與波俱不住枯立深惆望獨有潮邊樹冷風吟別離何時更長聚

雪夜

紙牖夜過半漸如明月侵已能無俗累不覺有鄉心酒力人皆倚寒威我獨任荒荒雪堂裏孤坐待鐘音

訪羽吉留酌

幽巷曾頻記冒寒今乍尋舟車當日約風雨故人心室淨來梅影窗虛待竹陰濁醪離別後欲醒不能禁

尋酒家不得

歲暮羈孤邗水涯驟逢好友郎爲家相攜幾里共謀醉若得一壺安敢賒殘市塵黃過健馬冷城日黑亂啼鴉當年帘影無蹤覓歸去終宵慙對花

送曙生歸新安

纔能一相見別思又當晨殘臘入雲去前途與雁親過江茆店晚下馬故山春冰雪不曾犯知君非旅人

訪姚孱庵

又爲探風至蕭條歲杪時人閒今有爾天意不亡詩七尺何嘗孱孤舟欲傍誰甲兵前路遍好自愛須眉

送爲憲歸里

失意共爲客君先歸海隅羈愁今夜倍鄉夢一時孤野艇鐘前發村醪雪上沽去留俱抱冷袁傲莫懷吾

送希文復往東海客余陋軒

一榻在閒牖游人夢更依縱然無我伴聊可當君

歸雪積梅花凍風號烏雀稀貧家寒不去好爲看兒衣

向鄰僧乞白秋海棠種

緇流無物累佳種或能分他日思君處秋齋一砌雲

天甯寺曉月

竟夜不能寐數疑天已晨披衣聞去雁出寺看歸人對外連霜白城頭上月新無勞冷相招還是遠遊身

早春寄懷吳希文

江南江北兩孤雲一旦風來吹作羣嗟予咄咄轗軻裏得知此心猶有君思君掩我溪頭室此中曾共數長日長日荒唐如去年故人已爲飢驅出二月桃花開滿汀知君愁裏酒初醒雨後思家登小閣隔江山影一時青

雨後過麗祖不遇

一人獨坐梅花開憶君因憶君齋梅曳杖去尋溪外路風雨宵爲游人住地上枝頭冷一園入門疑入雲中村烏鳥不啼我衣薄俯仰良久無人言輕風淅淅天欲晚吹香曲折來高館宛似故人乘月返

過江象賢寓齋看梅不値聞昨夜同方麗祖理絃梅下

雨歇幽人出門去落落閒卻老梅樹客來領此一庭雲彷彿夢入西溪路聞君偕友坐花陰彈出空山風雨音餘音淒絕應難散我向亂枝深處尋日暮階除歸凍雀主人不至庭漠漠參差花影上衣

飛想因昨夜絃催落

責硯行 爲王太丹賦時太丹病劇

夫子傲岸坐虛牖友生遺贈俱不受匣中一片溫然硯託我換錢治身後何曾頃刻離袖懷今日攜出朝尋齋朝尋憶昔明寒燈兩人一硯爲三朋或語或默各窈窈此坐彼臥同嶒嶒豈知夫子病云劇不求諸人求諸石市朝持去尋知音齊道不若黃金色昨夜歸來逢一翁欲購又値囊中空撫弄珍惜不去手竟月面赤徒相從節近淸明淒雨多

洽門不復有人過硯依主人猶似背主人欲去將奈何

哭王太丹

有鳥飛海東音影兩相須中路失其群愴然向天呼噫嘻更噫嘻與君結相於性情總無異別離嘗有餘二年去白甸三年吳村居十年虎墩客未遑歸舊廬今年四十七忽喪蕭蕭軀有生苦隔絕永隔將何如思君白甸時骨肉多艱虞俯仰無可向荒野自悲嘘從茲抱深恨是君長齋初思君吳村時水聲亂階除終日不見人浩浩斟一壺大醉起作字酒氣紙上舒是時在茅屋一幅雲煙圖思君虎墩時朝對一卷書夜對一庭月蒲團坐空虛耳目停往來木石無此枯思君虎墩時尋君不敢疎風雨中小艇霜雪上瘦驢半月不過君從來此事無居人數見者嘗閒笑我迂入門乍呼君君歡動眉須親為設牀席命婦烹瓜蔬十日五日留三更二更俱不寐或不言竹影滿身扶思君虎墩時懷我天一隅每望東淘樹哀吟抒歔吁一燈朝尋齋

宛轉歌嗚嗚幽情與深意理物任所驅蒼氣及老致高岑不能殊思君虎墩時送予歸里閭行行已分袂回首頻顧予還自上岡阜看我遠迴車思君欲喪時危坐氈氍毹不受朋友贈賣書製衣襦意念如冰雪俗塵不得污思君欲喪時七尺稜稜癯夕入聲欬欬曉出行徐徐兩旬在左右殷勤進杯盂交情今日了不忍離須臾思君未喪時還我藥與醻不留扶弱骨只憂故人痛故人即健在無君安用乎思君未喪時同過酒家壚一醉方在手自歎身欲徂再生願為僧寂棲深山隅不親世煙火松陰一萬株又托我身後又自歎無雛二月初九日記得君語吾去此曾幾宵存沒倏異途星影炤冷戶風聲帶啼烏君辭海上去我在人間孤

苦雨

江北春雖早經旬雨又過屐聲溪路絕苔色與牀多夜靜千山瀑燈昏一屋波徒思去年月虛白影朦朧

淘上訪龔柴丈

海上拔髮翁孤吟若寒烏非無求侶思屣屧不躡
倒恭聞柴丈人經我淘之道欲尋如我者而與云
屐抱二月海風裒戸戸梅花曉柴車且莫歸與子
班荆草

同鴻寶季康南梁重訪柴丈

三客放漁船七里訪柴丈雨裏復煙裏溪上兼舟
上白鴿入水啼㛹草帶風長景色新余杯擊棹長
歌往

雁盡

洲渚一時寂開扉何處尋沙虛舜有跡燭滅聽無
音記得故人別亦如茲夜心可憐孤坐客寥落對
遙岑

淘上遇李小有

君書一年不離手出門忽然逢巾車蕭蕭搣搣其
衣裾只如開卷對君書相逢卽是別離處夕陽荒
草生前路

自虎墩歸見搏遠雨窗寄懷之句三日後答
以此章

遊倦返衰林聞君寂寞吟遙知當積雨憶我響幽
琴三月袖中字孤鴻天外音徘徊無可寄報以此
時心

寄題黃公言煙鬟小結

江北避人者公言致足賢爲園徵客句種柳引村
煙世上不容傲此閒可以眠柴關君莫閉我欲放
漁船

遠村卽事

半夜狂雨聲未嘗須臾默荒茫千里波中無一草

綠墅墅晝無人家家舟出屋野人筋力疲歸來如
槁木炊煙煮新雨難止癡兒哭飢餒水聲中無地
尋種稑海上干戈後此意向誰告

雨臣就醫江南夜半憶之

當門老樹寂寥風白露溼庭庭愈空酒醒樓頭一
半漏燈昏榻下雨三蟲此時欲覓共吟客起步忽
思多病翁江水杳冥來路遠尋余魂夢莫頻東

和集之簡文登泰山絕頂觀日出

徑盡惟有空低頭聞烈風峯高天欲到海動日將

紅星影落節下朝光開夜中身如古初士步步入鴻濛

和夜過采石懷太白

載酒過青山草色前人意因懷李青蓮此地先子醉浩歌江山中皎然狂士氣明月還似君夜夜峯顛出

弔壺

憶昔掩柴門清泉共曉昏忽如孤鶴去不與故人言茗色無由托濤聲空自喧鐺旁殘礫在片片是君魂

陋軒詩續　卷上　九

獨酌

羲皇不再至眞淳無常時賴有杯中物邈與太古期柴門十日雨人跡絕苔堦尊醪陳茆檐松竹綠離離孤影爲我客揮杯屢勸之此意陶公後寂寞無人知

和雨後客至聽琴

老梧葉上雨初歇空陰如水扶吾屋白鶴殘蟬兩不吟此時可以彈高琴扣門忽到知音士相逢落落不爲禮抱琴與客坐松根雨後幽懷絃上論

讀荆軻傳

此生若獲報秦怨此身雖殺復何求嗟乎壯哉樊將軍拔刀長歎贈人頭白衣白冠送之子蕭蕭易水悲風起所待之人竟不來徵聲羽聲空倚徙謀秦客亦不爲少刺秦術亦不爲拙一時壯士俱死亡秦則未損一毛髮不平如此向誰論歸來慟哭掩柴門提出匣中霜雪刃忽見荆軻一片魂

陋軒詩續　卷上　十

說客

戰國無君臣說客出戶牖繁音如亂蛙無處不是口一士伸於前眾士揣於後議論良可聽俄頃即已朽七篇而千秋誰似孟家叟

秋夜

草屋紙窗破冷風徹夜鳴羇人對此境自然夢難成愁至滅明燭披衣屢坐行炤戶星一個咽露蟲幾聲寸心千萬緒紬繹到天明

懷徐鳳祖

落落徐孺子杖藜看海雲不羇全似我何地可容

君賴有尊中釀時披篋裏文見懷同此際木葉亂紛紛

寄王鴻賓

養母值凶歲荷鋤安所之莫將長夜歎一使老人知殘犬桑顛吠輕舟屋上馳洋洋歌泌水誰謂可忘飢

酬鳳祖甬臣搏遠水涓見過得六魚韻

除卻二三子誰能來問余荒荒蘆外日汎汎水中廬載歌復載嘯不冠亦不裾瓜蔬酬意氣莫謂食無魚

秋懷

凶年雖寒至殘秋貧愈悽嬌兒夜中冷抱我肩臂啼老妻愛癡臥晏起常日低至此亦不眠坐牀至鳴雞滿屋風泠泠孤燈蟲淒淒世上寒與飢茲夜到已齊汲泉清盥濯開門向前蹊營營衣食途從未知東西

沈簡文贈畫

沈子大醉後懷抱書於紙落落幾枝花宛如醉高

士醒來歎奇絕不自知所以他幅再圖之百計不能似殷勤藏笥中日留待知己俗客欲借觀挹牀罵不止

偶成

颯颯風沙裏朝朝語笑稀飄零幾鶴髮寒暑一鶉衣肺病憎書卷鄉心對夕暉妻兒守飢困定不怨遲歸

南湖

野風吹樹樹可憐遠村近村無人煙好奇偏屬窮途客薄暮又在南湖船亂鳥連翩下夕照細泉淅瀝歸秋田平生哀樂殊多事醉聽山鐘鳴晚天

摘扁豆

村舍盡逢秋貧翁何所求一管提戶裏半畝是牆頭酒熟應堪佐朋來不更謀餘花結未了風露正悠悠

落日

忍別妻兒上小舟嗷嗷飢雁叫蘆洲老人觸目多加此落日空囊何處遊古樹經霜無碧葉寒溪過

市有清流幾時得伴田間叟飽食高歌學飯牛

陵羽吉

雨雪遠遊身抱疴休愴神山期耕老日天不夭傳人握手知何處無書又幾旬朝朝溪上水徒見夕陽新

謁岳武穆祠在海陵泰山頂

祠宇巍然俯一城背人瞻拜淚縱横草荒石徑牛羊亂風急山門鼓角聲河北當年輕與敵中原今日復誰爭檐前歷歷江南岫悵望徒傷野老情

贈潛川汪陶庵

武陵今日是潛川中有陶庵稱最賢種樹那知衰老至入山獨在亂離前客稀澗戶朝調鶴酒醒松窗夜聽泉應笑當年同隱者漫將名姓被人傳

短歌爲豐溪吳節婦賦

雨雪零松柏青人倫變奇節見吁嗟吳氏母芳年形影孤忍心稱未亡珍重腹中雛雛出腹聲呱呱一年二年乳與餔五年十年詩與書二十三十稱眉須來年年且近四十鄉有賢名門有車前以續吳嗣後以大吳宗子今多子懷愈舒上無慚皎日下不愧良人志堅于石心如荼始知昔日不輕棄此軀不學人間小丈夫

謁心齋先生祠

我亦生斯里先生稱大賢人傳元以後學在漢之前破廟唯餘草殘爐不見煙階墀卿相滿擁衲憶當年

送周雪客遊新安

三秋尋老友千里去新安地主雲中候天都馬上

看蓮生黃帝竈鶴唳呂公灘登眺須扶醉深山瀑布寒

鄉後學夏嘉穀校刊

陋軒詩續卷下

泰州吳嘉紀野人著

鄉後學夏荃退庵輯

學圃草堂爲胡益賦

解組歸來更卜居寒溪老樹與蕭疎高情自古憐三徑吾道於今重一鋤朝採露葵留客飯夜分漁火課兒書地偏莫患無鄰並隔水梅花是我廬

對雪選鴻寶詩

子不生今日子身安肯賤子不至今日子詩安得善吾子稱詩人滄海愚風變況以平生心盡寄野人選攜琖入寂寞詩境身親遍閒刪子所歎更去人所戀寥寥幾詠歌字字存顏面日夕庭烏稀白雪隨一卷

哭王水心 名劍末年爲僧號殘客

同里有四人異姓稱兄弟鄭僑急友難七尺早徇義道人王袞丹肅默古松類學佛忽有得中歲謝塵世論齒君最長羸軀寒惴惴顧影常自言大年安可冀今果辭白日正首邱園地前日遠歸來爲葬二親計二親未能葬長歎抱痾睡榻下無兒孫鍇中無藥餌骨枯流水傍君復何人瘞憶昔好苦吟溪上柴門閉一字不孤冷終夕弗肯寘偕前往來客我獨云同志吾輩爲樵漁相訂終年歲垂老苦飢寒去覓刀錐利其術豈不善不是腐儒事孤身宿逆旅竟與匪人值躑躅歧路閒華髮傷心鬄八載走山川緇衣備勞瘁計較平生日何處非失意憶昔歸故鄉蹤跡寄荒寺親朋還隔絕故妻終擯棄樊莊王老友聞之垂雙淚扁舟共子尋沿村呼姓字踰垣君未忍出見茅簷際子瘧發此時草草又分袂回望相送處水闊斜陽墜

元宵過飲采臣齋中時采臣他出

夕踏風聲出人家燈火新入廬尋靜者積雪涼我身端然虛室中一樽爲主人竟對一樽坐斟酌兩無語眼白酒琖空又自出門去去來無將迎月落橋西路

寄子期

知已不在眼眼前春又殘可憐離別處夜夜猿聲

寒孤月更來弨七絃無與彈愁看江海路日夕生
波瀾

哭琳仙

獨臥佛燈裏故人不至不肯死風寥寥雪絮絮故
人千里至執手一哭已無事魂魄欲別形骸去
賣汝書葬汝軀送汝出南郭南郭鐘磬音徐徐野
日微野煙夕鴉雛昏語促歸客呼汝呼汝別汝去
伴汝只有道旁樹
歲歲言歸家今朝歸地下悲哉游子魂夜夜尋父

不能捨父不知霜晨起頭白身寒空倚徙自啓破
柴扉迢遥猶望爾
酒是爾知已沽得一斗來澆爾對爾我悲悲難言
不知爾悲復何似魂兮爾且醉吾暫忍吾淚
寂寂南郊陌細雨煙迷長是夕梟藂北邙土寒食
草青皆有主君獨飄零白水濱贈君紙錢亦無人
誰憐死後君更貧
不愛世上名甘心淪布衣只寫江南山換酒慰朝
飢昨夜酒盡月滿室自愧年過李長吉半世精魂
詩幾篇別去託我人間傳

寄子崔 時子崔病愈

憶昔白門返山山陟凍雲有衣曾共我遇冷必思
君服氣病初去掩扉鍴自聞書緘長不寄只恐怨
離羣

送文在

高閣聽啼鳥忽然思故山攜裝新草上拜母萬松
間月出村臨水人歸酒照顏醉來開戶坐三十六
峯間

白虎墩歸坐友玉齋中同諸子試新茗分韻

廿里抱奇渴解衣投爾林山魂來月下泉色汲松
陰白髮幾人醒清齋半夜心是喧歸寂莫只有一
鍴音

友玉客舍逢金翁啓明賦贈

昔年聞說金家翁今日相逢客舍中八尺軀寒如
雪刃未入柴門先有風主人為汝沽醇酒氣熱顏
紅傾數斗醉來言及眼前人人頭恨不即在手又
言當日國初亡兵散馬斷山日黃一身已破十三

矢猶自縱橫在戰場壯事無端成往昔不覺雪霜頭半白里巷羞傳俠烈名江湖甘作賤貧客

深夜舟抵樊上過鴻寶不遇宿其村館

瞑色行不了片帆投冷村入門逢友出待我有燈存半夜見三子四鄰謀一樽就君歌飲處醉臥接精魂

爲木天題畫（時木天將歸上唐）

濃綠數百樹茅屋三四閒堪偕白髮友此中終歲閒旁有憶山人云似吾家山看罷東書卷放舟辭

我還

雨宿朝尋齋同諸子分韻

相見懶歸去歸途況阻長暗洲燈影淨空屋雨聲荒一簟靜深處半生魂夢涼白雲寒瀑裏不復憶山鄉

送木天

昨聞子欲去竟日不曾飯燈火照高筵游子果然返賓朋圍一樽吾獨握空琖忍使雙眼醒看爾孤帆遠

一歲吟將盡狂情共者誰祇應入殘雪持去報相知邗水簫聲後荒庵大夢時令君不孤寂濁酒野人詩

初三夜逢雨臣（時雨臣客劉莊）

北望皆荒草迂翁不可招唯餘新月影來上故人橋（雨臣去歲別余爲余置一橋于門前題曰故人橋）溪冷夜搖落雁啼風寂寥劉莊酒薄甚何事尙停橈

客少

客少戶嘗掩天寒犬不吠梅花當故人終日坐相

對

憶老朋

開戶一天霜老朋在前路別時去我遠記得頻回顧

微雪

微雪入林飛林昏影愈微嗟君寡儔侶安得自光輝

烹茗

山人不可逢烹煮所遺茗恰好別時月光來炤孤

一歲吟將盡迂情共者誰祇應入殘雪持去報相知邗水簫聲後荒庵大夢時令君不孤寂濁酒野人詩

初三夜遲雨臣 時雨臣客劉莊

北望皆荒草迂翁不可招唯餘新月影來上故人橋 雨臣去歲別余爲余置橋于門前題曰故人橋 一溪冷夜搖落雁啼風寂寥劉莊酒薄甚何事尙停橈

客少

客少戶嘗掩天寒犬不吠梅花當故人終日坐相

對

憶老朋

開戶一天霜老朋在前路別時去我遠記得頻回顧

微雪

微雪入林飛林昏影愈微嗟君寡儔侶安得自光輝

烹茗

山人不可逢烹賚所遺茗恰好別時月光來炤孤影

十三夜酌季大來舟中賦贈

先生臥水濱卿相不能親孤艇領羣鳥雙童扶一身波聲過牖冷月色上溪新沽酒蘆花下慇懃醉野人

之三塘投宿子崔宅

車聲衰草裏辛苦覓荆扉幾樹啼棲鳥三塘上落暉閉窗生夜火以酒厚人衣之子殷勤甚令予驩似歸

渡江訪雨臣 時予與雨臣皆病後

歲寒是客罷遥征憶爾難辭辛苦行如月小舟隨岸遠待人殘雪隔江明病除亂後存雙影燈冷潮邊話五更滿眼香醪予欲醉金山忽聽曉鐘鳴

和雨臣京口雪望次韻

大江寂絕無鴻度水色淡然中有船船上漁人山際樹一時俱化雪中煙

同鴻寶酌江月下

舟子落帆後滿江皆月明同斟初熟酒不說故鄉

情一望有餘冷平生無此清蕭蕭蘆葦下漸覺起潮聲

登燕子磯

石尤風急舍漁舟步就危磯頂上亭目縱始知家更遠身高恐似夢初醒幾層山色凭時過一面江聲坐後聽日暮頻隨車馬去欲招寒月醉香醪

訪林茂之次茂之喜予過訪韻

鍾山臘月尋閒叟石路寒多雪未消聞我姓名出漸漸坐君齋館空寥寥亂餘每恨隔千里老裏相

逢得一朝兵甲在郊又分手何時同赴舟人招

晤公調

孤客正惆悵故人如夢逢野煙隨冷屐遊事入嚴冬酌酒遠尋店憶家同上峯坊看天欲暝處處落寒鐘

登雨花臺

步尋古衲談經處處處松陰老更蒼千里客來雙屐冷六朝人去一臺荒風塵有恨高雲接石徑無花衰草長坊久不知歸路遠共隨啼雁下斜陽

自題陋軒

風雨不能蔽誰能愛此廬荒涼人罕到俯仰我為居遺病一籬菊驅愁數卷書款扉誰問訊禽鳥識樵漁

寒夜試吳昌言所惠園茗

寒泉白石鐺試茗掩柴荆對月不分色無人偏有情精神深夜醒煙火一家清穀雨新芽嫩還期送我烹

詠劉生寓齋紅梅

四野寒無色芳菲占一家風前時掩映雪裏自高華影傍新燈好枝依醉客斜劉郎曾手種錯認是桃花

送汪子兼寄其兄

新柳帶風柔送君臨渡頭潮生淮海岸日落木蘭舟遠道誰相慰青年已解愁孤村有羇客憶弟正登樓

今日

梅花落滿地寒色倒侵軒春好唯今日人稀似遠

自題陋軒

風雨不能蔽誰能愛此廬荒涼人罕到俯仰我爲居遣病一籬菊驅愁數卷書款扉誰問訊禽鳥識樵漁

寒夜試吳昌言所惠園茗

寒泉白石鐺試茗掩柴荆對月不分色無人偏有情精神深夜醒煙火一家清穀雨新芽嫩還期送我烹

詠劉生寓齋紅梅

四野寒無色芳菲占一家風前時掩映雪裏自高華影傍新燈好枝依醉客斜劉郎曾手種錯認是桃花

送汪子兼寄其兄

新柳帶風柔送君臨渡頭潮生淮海岸日落木蘭舟遠道誰相慰青年已解愁孤村有羇客憶弟正登樓

今日

梅花落滿地寒色倒侵軒春好唯今日人稀似遠村門親魚鳥伴飢煑蕨薇根此外非吾欲兒童且閉門

題項楚生幽居

見松便儗松閒屋日日抛書兀坐看戶外不交人一箇園中惟種竹千竿聲傳靜夜林風細影亂空階夏月寒稚子煑茶妻煑蕨全家直似住煙巒

贈陸老人建之

偶然行樂滄海東救病十年囊底空小兒誰不知名字貧士嘗聞稱此翁深巷衡門隱塵市閒種梅

花醒沽醴梅開月出吟自高醴熟朋來笑弗止葛巾竹杖芰荷衣襟懷何處不忘機無情白雪生雙鬢頓使先生憶故扉

懷吳雨臣

已許漁樵出處同舟車何事又西東頻年戎馬迂儒賤此日乾坤我輩窮對酒鄉心生月下哭親血淚落塵中故山松菊荒蕪久莫使衰顏逐轉蓬

谿翁

農子都憂旱谿翁獨問天不才無死法垂老遇凶

年草白如關塞塵飛遍陌阡城中催賦吏策馬到門前

喜劉師移家至淘上

春風吹綠東淘柳師弟相逢皆皓首吾師經史飽胸中何事栖栖只餬口憶昔青氈坐此鄉數十弟子同一堂吾師學大才更異執筆恥作今文章其時我年方弱冠如航巨壑初得岸業成慷慨出衡門海內誰知遭喪亂江山非舊各酸辛浮雲富貴讓他人吾師匿影四方去我亦哀吟臥水濱水濱

漠漠戶牖啓繩牀破屋多風雨身寒羞受故人袍腸餓不借鄰家米何幸吾師刺艇來復攜八口居吾里吾師吾師不憂窮春秋七十顏如童狂歌敝褐與時絕賣卜負薪期我同他日無慚高士傳小兒休笑兩衰翁

蟋蟀

疏林秋氣入蟋蟀一齊鳴舉世應同醒貧家那不驚戶庭難得曙天地正無情肺病衰年客牀頭片月明

贈郝羽吉

歙州有靜者卓卓自高蹈生卽遇平世亦不秉耕釣十年客東海呼我爲同調新茗折足鐺殘荷秋水櫂兩人夜不倦片月時相照高秋憶敬亭一杖去登眺醉題泉石遍醒愛須眉少更欲買山隱不使巢由笑

新寒

門東楓樹葉初稀前日清秋今已非白髮病夫鐺火絕蒼苔頹屋野風圍鐏罍誰給三升醞妻子同懸百結衣無數鴉啼天欲暮杖藜扶出就斜暉

滄海故人行贈吳雨臣

山東驢背江南舟古迂先生十年遊滄海故人陋巷月古迂先生幾迴別逐逐風塵甘苦辛區區懷抱自迂拙有褐羞向王侯曳有謀懶與親朋說故人無食廡下歌先生獨肯遠來過避囂苦話青山好此會齊驚白髮多半生俯仰無尤怨今日衰頹奈若何我臥不得志君遊復失意夢裏徒憐舊業存囊空難遂歸耕計嶺頭泉松下地吾儕聊作浮

雲覩村醪且就開花騂

丙申除夕

鬢髮逢離亂應隨猿鶴羣此生徒有恨明日尚無聞（明日四十）疾愈酒還戒鄰賢泉更分梅花一瓶外何事不浮雲

虞美人花

楚漢已俱沒君墳草尚存幾枝亡國恨千載美人魂影弱還如舞花嬌欲有言年年持此意以報項家恩

去歲行

去歲歲除夜糴米十五斗門外終朝謀食途竟能旬日不趨走北風暮起頹屋寒老人欲眠眠何難風集木聲益烈吹下皚皚一天雪癡兒對雪舞且悅那知煙火來日廚頭絕

琴歌贈周生

白嶽山人蒼海遊夜夜一琴傍衾裯有時夢醒絃觸手滿牀皆是山泉流鄉思無端生日晏抱琴過我淘西澗入門竟對瓶花坐彈作思歸幾鴻雁雁

鴻次第落江臯身去故關萬里遥夕陽入浪雲迷路空依蘆荻鳴嗷嗷嗷嗷之聲聽不得明月正從聲上出我亦有愁在胸臆與君曲罷共踟躕霜村樹樹風蕭瑟

過懶雲齋看梅主人因留茗酌同鴻寶麗祖賦

偶踏晴光過此園梅花樹樹放初繁半空落日如沈水幾片寒雲欲入門座上心魂依淡漠香中煙火煑泉源高言未了東風至吹出清冷月一痕

同麗祖舟過大樊莊訪鴻寶

一舟容二客撐入野天晴亂木闊無定夕陽流有聲樹生村落近犬吠老朋迎便即煑藏酒牆頭新月橫

送友人

丈夫未得志庸愚競相嗤不能一刻耐拔劍去天涯數日苦留君多應未深思聚既無一可何須不別離舟車逐孤影慷慨當路歧燕梁與吳楚從此將何之朝廷大典兵遣帥征遥陲欲得工文士壯

彼軍中辭吾子今琳瑀去作將軍師戰伐倘未息善自調渴飢戰伐倘既息當無負鬚眉

往邗尋殘客上人不値

殘客音書到相期邗水頭別離過五載魂夢滿孤舟新柳曉城月寒煙荒市樓支筇在何處不見使人愁

贈金鳴甫

隱者滿山谷此翁偏在城常看鄰樹影不斷煮茶聲一任往來熱獨留庭戸清荷竿如我輩始肯下

階迎

題漪園次麗祖韻

虛亭新水中處處受微風一座蓋無夏四鄰唯有空柳陰連草碧人面近花紅歌起游魚至悠然樂意同

偶述

一螢草中出漸向林外去爾明會幾何便卽知道路

鼠老語兒孫莫厭王無食西家倉廩肥風波多不測

南鄰種豆翁中夜不能逸白髮與豆苗天明一齊出

晴

旱天兩朝雨雨足復能晴野鳥有餘適溪翁同此情葦低搖水色日落入蛙聲縱步不知返歸帆處處生

澹生爲予鼓琴

老友將辭我房中出素琴松風當暑至谿鳥入屏

尋頓使別離恨變爲山水心從玆一揮手餘響落空林

送澹生遊南樂兼懷謀伯公燿甯士諸同社

雖云數日別相送亦愁生谿白雨初足裝貧舟愈輕故人四五輩新月二三更應共澹情處聽君琴一聲

放舟至柳下

日落溪乍秋攜尊上小艇共作一片雲浮入深柳影蟬鳧上下鳴其中客轉靜微風吹顔酡疏酌入

清冷欲尋曩遊蹤明月來樹頂

梅女詩

芳蘭深谷中將開忽自落不向風光粹不受風輕薄於戲淘上梅翁家阿女可並幽蘭花卓立衆卉見標格耻就人世凡紛華不覺年過二十後命苦一朝喪阿母母歿悲母旋自悲自悲許作蕩子婦蕩子儀顔亦有光豈料逝水爲心腸似倚少年隨伴出不商不賈不疆場飄零竟弗思鄉曲閨中年紀二十六窗前一樹雙老烏夜夜烏聲傍獨宿倏

傳蕩子返故里白髮紛亂阿父喜逝水誰知不戀源恩恩又束舊行李阿父看畢入門悲泣語吾女將安之詎意房中一寸心久與泉下路相期村北有女惷且醜是時嫁郎爲新婦阿父聞之心旁皇歸來女已病在牀門外阿叔問病至窈窈房櫳徐徐出盈盈容貌冉冉儀玲玲雜珮莊莊意向叔塞默垂首低阿叔相顧神慘悽怒言吾家女如此那堪去爲蕩子妻女去歸房涕自語從今不得依老父缺月不明風氣寒潛起自經堅閉戸其夕阿兄共一庭聞聲急來救復醒咿嚶漸與阿兄語何可令弖勞此形阿嫂在旁淚如瀉慇懃餉食晨且夜解顔接嫂若平生嫂去寘食匡牀下心知前路漸不吉暗數不食到七日盈盤清水自沐軀鴉鬟雲髻還頻櫛櫛沐既罷日欲曛悉出箱籠衣與裙願留微物表衷悰女伴一一爲區分獨有明珠一百夥身前身後應隨我紺絲親綴雙朱鞋五十在右五十左妝成形影宛若仙家人驚悲哭滿前危坐奄然目俄瞑阿父號呼尤可憐東鄰盡來營殯具

西鄰皆爲營葬去去覓沙明水白閒安寘娉婷貞女墓墓中魂魄難再歸化作皎皎孤雲飛

懷寄後莊

念子冰霜骨依人邗水涯愁呼孤影語貧使一身卑月白夢歸里風鳴秋滿枝羇窮吾亦慣且學弱男兒

放舟過東亭訪方子傳汪虛中

一帆水煙上遙向海城飛別客不堪久入舟翻似歸蟲聲衰草岸雨氣薄絺衣漸覺人家近輝輝燈

影微

雨宿大聖寺聞仇松弟復病不得往視悵然賦此

寄宿海城寺窈冥宵氣淸傍梧知雨歇與佛共燈明好友近還遠沈痾去復生思深愁寐著賴有幾蟲聲

送汪甯士

去年當此日君來扣我扉今年當此日君來別我歸歸山豈不樂對我轉欷歔不恨別離多只憐同

心稀雁聲雜墜葉村村寒落暉行子盡愁歎君身況單衣念君客吾鄉顏色常苦違兩人各有爲未忍言是非迢遞隔江海會面甯易希今夜江北雲明夜江南飛南北不相顧寸心徒依依

九月十五日過胡翁寓齋值紅梅開一枝同諸子分賦

步入山翁徑寒梅當戶幽微紅隨菊放殘葉爲花留不作一林雪偏爭幾日秋人間霜露遍春在此齋頭

十月五日過虎墩訪澹生

風狂獨行役爲厭久離羣埜水聲搖路蘆花冷過雲無村不愛霽有月始尋君幾夜高窗裏雁聲誰共聞

山關別澹生同麗祖賦

茫茫離況入晨寒僮僕因依別亦難君在樓頭窗莫掩蘆花行盡我迴看

別澹生後虎墩道上同麗祖看蘆花

步去酒初醒蕭蕭一望淸漸隨殘日霽接到遠天

明水近似難夜風停時有聲白頭兩歸客如在雪江行

醉詠雁來紅

悄然獨立聽啼鴻枝影攲斜庭戶中爾倚寒風吾倚酒老來顏色一般紅

吳搢公惠硯

半尺冷山骨何代爲人取整缺各自然壘氣積已厚不知燈火前看白幾人首平生恥妄託昨歸君座右君復代擇主寄贈淸溪叟磊磊且默默奇士

到庭牖雖欲時相向跋不愼其手作賦二十年知已恨希有從此氷霜朋呼君爲老友

過東亭訪趾振招同以賓松弟集飲壚頭

歷遍奇寒到水涯荒城樹樹正棲鴉西風訪友成良夜明月先人在酒家身接醉醒忘老病客如冰雪盡幽退偶然得聚離羣後縱有羇懷莫漫嗟

登東亭南城夕眺同以賓趾振松弟分韻

各憐荒堞不歸去四面曠然寒我魂遠塔立殘村霧影枯榛生滿夕陽痕望中恰遇一天霽空處偏

留今日暄鳥送淒音童送茗苦吟趺坐到黃昏

十七日別趾振得寒字

渡頭雲黯黯欲別一何難不識此時酒可勝前路寒渚禽無侶靜野雪對愁寬忽覺舟行緩勞君雙眼看

送錢退山

抱琴適薊邱黃沙幾千里衰年伴酒徒落日臨易水昔人白衣冠慷慨曾渡此人今復何在寒流但瀰瀰君去試悲歌定有淒風起

六朝松

歷盡古今雪還留最老柯鬼神聲下集日月影中多懶逐春林茂閒憑野叟過幸生秦以後不辱此巖阿

宿白末邨

黃葉樹頭下北風溪上涼邨孤愁獨夜人老適他鄉水店飛螢入秋田晚稻香故林望不見葭菼暮蒼蒼

鄉後學夏嘉謨校刊

雙虹堂詩合選

（清）張幼學 撰

《雙虹堂詩合選》不分卷，清張幼學撰，據泰州市圖書館藏《海陵叢刻》本影印。

張幼學（？——一六五四），字詞臣，明末清初江蘇泰州人。明崇禎十四年（一六四一）與陸舜、張一僑等在里結曲江社。清順治三年（一六四六）中舉。知浙江鄞县，凡八載，政通人和，遷大興，去時，攀留盈道。尋卒，鄞人爲之泣，祀名宦。另著有《鄞署餐柏稿》、《汝陰遊》一卷、《塞上遊》一卷（兩書均入《雙虹堂五刻》），《青樓恨傳奇》等。

是書爲一九二零年鉛刻叢書《海陵叢刻》之第十九種。張幼學善詩，有詩名，著詩頗富，其雙虹堂詩凡經七刻而未能稱備，其友徐堯章爲之合訂諸刻，成《雙虹堂詩合選》八卷。民國九年（一九二〇），韓國鈞又據八卷本鈔本刻印，收入《海陵叢刻》之中。該選收詞臣詩八百餘首，彙集詞臣同人並徐堯章本人語評，附之詩後，以供鑒賞。其體例一曰『分叙諸體』：所收依其詩體分爲古詩、律詩、排律、絶句等，諸體下復分五言、七言而録之；二曰『以時爲次』：書中詩之排序，在分體之外，略參以歲時，如先《九日山遊》後《十六夜步月鳳山》之類是也。是書雖名『合選』，搜羅可謂宏矣。其所收張幼學詩，不拘一格，遍及諸體，内容亦繁雜，葉落、夜飲、洗竹、移竹皆自有詩，足以見詞臣詩之全貌。略而言之，其詩渾雅壯涼，又有坦夷自然之趣。如其古體詩《山中人》『我愛山中人，只在山中住。冠蓋不相尋，盗賊不相顧』，可謂平易率性；律詩則有《聞雁》『幾行云腹冷，千里月華明』之句，又得蒼凉之感。概其詩近古，遠慕魏晉、三唐，可謂有詩才也，在清代詩人中殊可稱道，當爲清初諸老中一鉅子。

（張　航）

序

詩之所以尊爲經者先王道德龐昌既有以正其性情復有以隆其風化故衢壤歌謠攄悰舒臆者皆可爲風至雅頌則大聖人發揚祖德訓誥臣民文辭深厚經宣尼一删而篇什殆雅馴矣然風有正變雅有小大亟列商魯文固不同意亦較殊讀者取六義之源流以辨其體製開袠二南便見周家風化之隆塗巷皆成雅材甯必屬贔肆詞驕駢奮調始爲鳴國家之盛哉由其性情沐浴於道德者深家無奇行俗盡秀民風氣所開遂爲千古文字所獨絕以是知興觀羣怨草木鳥獸非本之君父未易振文采颺雅烈也詞翁張父母以維揚名家秉牧茲土其政教絕類古人其論詩也亦然詩之道自三百篇而降屢變變而愈雄以人之性情與山川秀淑之氣孕觸而出而舒慘細大天人盛衰之故作者有不知其然者如寶鼎靈臺金釵玉樹體法不倫千百年後晰肌推理靡不感慨存焉蓋時有可變而有必不可變者此必不可變者無論漢魏六朝即風雅頌亦所不變況唐以下乎今讀　先生詩經緯宮商皆合法度抑揚頓挫動露丰神昔文中子之黜靈運休文以爲傲與治然則謹而典將非其人不許而先生之詩深遠矣今者周召二南之化僕已與父老敬佩之嘉會堂序奏歌清廟必有頌穆如者行將與天下共睹之耳

甬上治年家晚弟范樫拜題

序

天下之詩之善莫詞臣若也天下之人之善莫唐山若也蓋詩之善氣主之氣不雄不可爲詩雄則曠曠則豪邁而駿逸反是則纖媚庸薾或失則卑或失則弱氣不靜不可爲詩靜則恬恬則淵微而雋永反是則粗鄙而躁率或失則浮或失則俚詞臣之詩則雄而靜者也其朴厚似靖節其蒼涼似工部其峭潔如謝宣城其澹遠如王摩詰余故曰天下之詩之善莫詞臣若也唐山之爲人也剴爽而眞摯慷慨特達坦夷直遂視人之厄如己之厄氣誼可方古人又博學閎才無所不妙余故曰天下之人之善莫唐山若也然眞率而豪邁詞臣之人如其詩駿麗而壯涼唐山之詩如其人以唐山而選詞臣之詩又安得而不盡善哉

崑山年弟陳覺先躬乙氏拜題

雙虹堂選詩紀事

余偶至鄞旅中無所事詞臣因盡出其雙虹堂諸刻俾余合訂其初或以時叙或以體叙凡七刻然詞臣工於詩亦富於詩存者半失者半固不止於此七刻也余爲之分叙諸體凡八卷諸卷中略以歲時之先後爲次彙諸同人之評附以臆見手錄付梓人以傳於世蓋詩之工者一人愛之人人共愛之一世之人愛之百世之人無不愛之自古至今未之或異詞臣之詩固人人愛之如一人必世世之人愛之如一世則茲選將與陶杜諸詩並壽天壤矣至其詩之工妙雜著評語中不復贅

國山同學弟徐堯章唐山述

跋雙虹堂詩

有君才無君學有君學無君學之博有君學無君識有君識無君識之卓窮年皓首檢殘編檢盡殘編盈一握遂東稀訝白蹄見之不廣胡云奇深山豹窺一錢見之不多胡云全滉瀁滄溟淼然大謾笏智井窮青天挈智瓶說書鈆未見君亦云云五鹿羣折朱雲既見君擬非倫小巫大巫力不及小杜大杜勢不立宗風自有畸人倡一祖西來震旦日

昭餘周繼芳仲濂甫拜手題

雙虹堂詩原序

三年贅言序　海陵丁日乾 謙龍

吳州詞臣余友外此漢漢已吳州詞臣善詩外此落落已兩人束髮雅有騷情每風燈月案提攜歡欸相遭亂離哀江頭而吟澤畔倉鶊楊柳不足賦也余最後爲詩然唱酬不鄙得與流連主客吟望耽佳丙盃詩卷之樂不翅天際眞人也迺後吳州則時村隱山深林密似有武陵漁人之意棲遲城闕攜句驚人飄律呂而聞和切惟余與詞臣兩人多矣夫詞臣豈僅以詩名哉然以詩言其詩亦名詞臣豈不以詩名哉形骸悠忽意味落穆劉伯倫王平子合爲一人清虛陶瀉何等胸次其出言爲霹靂爽籟於清風凝纖歌於白雲今其詩三刻矣刻畫五噫鼓吹四愁中原竟陵之後又得斯編洵足歌和春卿唱高秋憲也縣體具備絕無揣摩漢魏而下晉唐而上每有興會便若相師然意之所到非辭之所剽也詞臣洵足壓倒元白然開府清新參軍俊逸

水部且有降服其心之人卽奈何不以白也無敵遇我詞臣也讀是集者令日佳辰隨以茗酒每向蘆洲雪白柳岸月殘倚橈而歌扣舷而和不禁再酌佳泉濺人齒牙一飲瓊漿沁人心脾更何處覓郢中白雪矣

江上吟序　吳門鄧漢儀 孝威

天下形骸所接必有限獨於夢爲無窮當其因想所至飛越千里亦復有生平未面偶於文字結因緣想像其人顏色佳好則中宵排闥入我夢魂啼笑無端低徊欲絕大抵天皇以降留此一綫以通情思雖復西施去我千世吾苟夢見卽爲眞何必丹靑或假片言伊誰相妬正復所歡日狎形貌爲拘余與張子詞臣慕之不啻西子以爲幸生同時可得望見則姑遲遲音訊待其來降而此中有神不令予兩人得親顏色則每託之夢夢張子翩然而來偕予歡好則更手緘佳句慰我相思張子素深情定不似丹靑假貌結我累夕則更出其詩迴環諷詠白晝虛幃彷彿依稀亦復如見則知牡丹亭未見而

夢夢而思思而病病而死死而復見者其事未盡荒唐不可信予與張子近於夢且病而猶幸未死則以有詩在吾梓其詩而張子可嘗在予夢並以冀張子之不終予夢也

偶存草序　宣城唐允甲 祖命

余游海陵交詞臣最晚詞臣以予爲可弟畜也亦暱余最深詞臣爲人器宇深廣難量汪汪千頃波澄不淸撓不濁吾郡中黃憲也其爲詩氣體高妙不務摛藻而珠玉生於字裏飄飄然有世表意正如姑射山神人斷人間穀食肌膚若氷雪綽約若處子飲風吸露翔於四海之外詩評謂李白爲詩仙詞臣當之矣聞詞臣兒時卽能作韻語間譜腔度曲塡詞令積之又久其業益富其詩益工今刪其舊作行之僅數百葉一出一入字直百金可畏也昔崔信明常自矜其文鄭世翼遇之江中索其稿信明欣然出衆篇相示世翼覽未終篇曰所見不逮所聞然則楓落吳江冷之句不既多乎詞臣此集懸

諸日月誰爲增減使人讀之亦可謂探驪龍先獲珠矣又何必縟旨星稠繁文綺合始足以盡詞臣哉坡公云觀摩詰之畫畫中有詩味摩詰之詩詩中有畫余謂讀詞臣詩如見其人則人與詩並存也甯惟逸詩矣

七刻序　四明費緯祁 百男

楊用修先生曰文有仗境生情詩或託物起興惟優於性靈者寄旨遙深體物婉摯方其興會來屬傳之咏唫高超自命獨登作者之壇其人其詩適相肖也讀其詩親炙其人更推服其性靈過人遠也張父母詞臣先生詩名噪海內二十餘載祁初上公車過邗關輒熟耳之春王鳥影高翔輝映海天萬井從諸君子後挹紫芝眉宇頓慰平生景慕洵哉標格過於詩矣既迺循覽茲集備極瓌奇磊落雄沈姸麗與夫牢騷激楚之致或贈畣言情或流連感遇或端居觸緒或咏物怡懷無一不盡變極工譬之琴心則撫絃動操衆山皆響歎息移我情焉詎非性靈所發有過人者乎先生目窮五車胸富二酉

謀篇卓絕堪命令當代於詩僅見緒餘卽今甫理盤錯游刃恢恢如芙蓉之出匣雖剸犀截蛟莫克舉似讀先生之詩以探先生之猷蘊能蠡測竟斂抑閭之言者心之聲也以吉心肇新政以慧心發異響政通民和得詩之平固知性靈之感有獨至也奚俟假天風海濤興酣得句然後云抒此大文哉

七刻跋

四明汪　濤 高源

癸卯春張夫子自吳陵蒞我鄞州公餘之暇出雙虹堂塞上草贅言僞存篇相示如探驪海珠源家珍纍纍竊聞藏笥倘富冀極大觀偕同學敦請發篋付之剞劂刻成捧而讀之知夫子之詩之妙誠有不可殫述者其選體古詩行饗格高結響異殆兼曾魏之勝五言獨步長卿之長城也七言規摹盛唐衆體畢備而不墮中晚絕句短章靡非安石碎金中郎枕秘都人士各手一編而知平子茂先不克耑美於前矣謹跋

塞上遊草自序

世途憂樂未有不相半者如家居久且佚矣而足跡不離里閈有見聞不廣之歎游涉誠丈夫事而去故鄉適異國羈身拂志則又感慨係之余非喜遊者然歷計生平家居僅半丁酉從友人爲塞上游過齊魯歷燕趙而周旋於雲中上谷之間得以縱觀邊隘兩重山川關塞之勝其爲山則劍聳波迴雲興霞蔚大設地險爲南北之藩垣者也其爲水則源微流大如竹箭如建瓴橫相激射不可以方圓畫也其爲道路則或山巔或澗壑或亂流或淖泥或可以驅萬馬或不可以容驂騎者也其爲原野則秦與漢與古戰場也余往以仲春歸以仲秋時已逾三詩僅滿百大約得之於逆旅長途舟中馬上而已其爲怡悅者十之三其爲憂懼者十之七夫老死鄉曲達士所鄙顧遠遊之難亦不可不知也風霜雨雹來集無時難在天崎嶇險阻風波盜賊難在地至於人情詭過山魈毒適沙蜮其難有倍於天與地者而吾人以一葉之輕漂搖振蕩於中一有不諱光天化日之下皆足以相阨不幾以父母之身

雙虹堂詩合選　七

試於摧枯振落而無難者乎則茲篇之刻蓋以愼遊爲同人告浮雲落日人生有涯孟氏正命之旨諸葛靜儉之說蓋不可不三復云

雙虹堂詩合選　八

雙虹堂詩合選卷一
陵縣幼學　甫著　同學諸子彙評

古詩

五言

秋日過田家

金風動木末禾粒欣微霜吹成關萬物所幸無蓄傷秋日既明霽秋雲復蒼
涼場圃手根莠高庾如茨梁雞犬有喜色屋舍皆堂堂老人藉藁稭婦女縫
衣裳見我不復避向恃有酒漿夜飲藏核出朝飯新禾香相對但溫厚所言
皆平常（平淡古貌古心呼之欲出）衣食有至理何必思羲皇豳風至今在官長毋相忘
（唐之善學陶者諸王爲最以澹朴深厚中有一種清貴之氣故不可及如此詩極厚極細極澹細讀之又極秀極貴極蒼無詩頌氣亦無田野氣方可謂深於陶未許淺薄人學步）

月夜

明月浩如水清風時一來（起得閒遠高潔又極自然最似右丞）見此發遙想望之登高臺庾亮鎮
不淺仲文安在哉（字字維源十九首之遺風僅以簡遠目之者未足與言此）

村居雨中即事

微雨入麈土歸燕揚天風遠山白滅沒溪水碧溟濛枯枝躍喜鵲平沙落哀
鴻灩灩豆花紫歷歷楓樹紅遐睇廢近理野人尋遠空秋心一何苦乃在風
雨中（讀之覺秋聲滿颯）冒笠事遺秉持蓑貽牧童寒蔬翠盈圃荷鋤植豐菘時逝不
云澤歎息天工（從宣城永嘉石室諸篇中得來所以格麗而密氣清而厚）

雨晴

小雨僅成流濃濃潤蔬圃江聲暫不喧風回見檣艫遠峯如掌文歷歷皆可
數（可當子久一幅富春圖）一村墟滿夕陽孤煙出山塢暮爽侵危樓歸陰辭極浦靈雨門

屯膏隴上農夫苦徒秉手中鋤禾根代堅土安得沛汪濊拄鍤聽蛙鼓（寫望雨憂旱之意如在老農心口中）

龍埂坐月

夜遊愛風細微行步嵉嵲長江淨無煙依微千頃雪漁火宿江濆蛙聲續歌
闋長嶺松陰下白石一何潔趺坐言素心微情共怡悅世事如聚蠅朽索馭
豪傑亦有赤松子從遊愧前哲（一氣讀之筆筆流動方是善於選體者）

田南樹園激流植援（用康樂題同沈林公邵孝威賦分得七虞）

努力事耕種相從舉社雩老夫有閒日種樹田南隅於今已十年柯葉相扶
疎豈惟適遊識兼足田家需修林養夕照（養字說得有情）繁肆供樵蘇激水使林綠
折樊令途紆本非天然事聊以成幽居羊求久不來三徑就荒蕪（六朝詩每每靈而不清整而不動即靈運亦或不免故予每謂田南樹園激流植援入字題妙於詩讀詞臣詩覺詩妙於題矣）

魚

魚亦知有餌魚亦知有鉤後害豈不顧其貪實自求（發人猛省）哲嘗謂當返久嗜
成淹留一掣捐餘生饑鱗充餒羞（危機所伏貪人貿貿讀此爲之悚然）

古詩二首

與郎相逐久親體無二膚一旦言遠遊空房長獨居妾夢江上石郎夢江鯉
魚遠心不同思何用寄雜襦

又

妾蒙金屈戍郎着鐵裲襠豈不顧同衾國事催分張妾夢入遠塞郎夢歸空
房相夢不相值泣下沾衣裳（漢人古詩不可學此妙在不學漢人而得其神）

多杪懷陸吳陵時吳陵客邗上遥有此寄

寒日照高柳嚴風鳴雲間獨隼擊空闊衰草滿黃山時盡天地老物歸造化

問我滕容茨龕所思在邗關無翼難奮飛臨風一潸潸念子珪璋府宜廟冠劍班溫其如玉美胡然題石頑窮冬羈客旅廣陵聽潺湲時序固衰促天道重往還聲悟隨姤復功名美朱顏丈夫自得意世途豈有艱佩我以采菲遺子以秉蕳并當中原驅毋令有或扳 自命語神氣岸異

壯涼之氣妙於輕舉若一板重神氣便索

月夜凌雲亭望

山月照無極登眺臨四虛金焦兩拳石銀濤躍龍魚淪漣衆溪水欸乃三更漁茫鞋踏松影蛙聲出村墟天空望不盡雨後清有餘當有容成來掃石讀道書

隨手寫來絕不着意力自厚氣自足此殆天授非人力

與潘曉青索扇

持箑勞右軍望之若饑渴邇英高閣中杳然若丹穴物情欣及時用舍會有節 茲句雜之淵明諸詩不復可辨 秋風近棄捐何當迨炎熱

曉青雅人深致書法清勁可喜且神姿修偉竟不及中齋讀詞臣詩感慨係之

邑中遇九日

中秋到城邑荏苒已重陽風雨連晦朔鞠花平野黃時事無已極不言徒心傷出門多畏途戎馬紛翺翔登高一爲望望中能斷腸不見好風物但見頹垣墻且復引大白衰草鳴寒螿

詞臣善飲酒性極豪邁而醉則溫克每與二三知己及令弟碧如侍其尊人治翁先生飲高歌歡洽天倫之樂人爭羨之今詞臣官四明惘老伯而在杖屨逍遙登山臨水詩酒嘯歌天童雪竇之間皆爲養志之助奈何高風逸韻徒在人夢想間能無泫然

自邑中歸步陸吳州來韻

浪遊大非意策蹇臨紆道入世苦不遲出世苦不早歸到北窗下茸茸多茂草栽詩答知己懷彼商山老

張陸生同里幼同學其篤學好古相若其才情雄邁相若其隱顯出處亦復相若乃知古人友朋之樂固自有神理乎合處

新桐雨

新桐入長夏幹葉無分碧微雨中夜來瀟瀟滴永夕曉起生初涼對之似怡懌慎勿向秋風淒不爲君惜

苦熱行

炎丘大火流金石當之悱人非金石資盛苦何可述朝苦暘又來夕苦輪不疾當午風如薰時時吹汗出高臥北窗下揮箑聲搯搯況是道路間中情負重恤亦有廣樹陰勞勞不敢佚 說至此苦乃甚 所以劉伯倫大罵褌中蝨

詩有全局妙而一二句不稱者亦有一二句妙而全篇不稱者讀苦熱行初讀之覺一二句妙再讀之乃覺全局俱妙是其氣力深厚處

喜雨

赤日臨長夏旱魃菑禾稼人犢無乾膚轆轤響清夜東南霖雨來停車聽殷雷初至猶滴瀝回風便咍豗解牛食長草披蓑決深沼忽有不得意雨多恨田少

得此轉意便曲詩因貴真亦患太直

見雪寄唐杜公

閉戶朝未開窗隙見飛雪披衣一起視中霤積瓊屑庭中欣燭遊玩之忘寒冽暫觀目爲眩久立足如鐵罍中搜剩醪少許幸清冽呼奴溫以火小飲柔僵舌 真境真事寫得淋漓 爲念唐山人詩瓢應不竭

詩到真處着一毫粉襯不得然非筆力高卻又寫得不透快不雄麗探喉而出能使筆底如話如畫此老杜擅場詞翁何多讓焉

自責

董生不窺園史氏稱其精季子股流血揣摩方有成進業在勤苦砥志宜堅貞所急一不就何以收令名 自愛者當書之座右以代箴銘 停軸理心緒揮劍斬游情 非神勇者不克 去日已苦多慎勿虛邁征

古今才人以著作傳世者未有不由攻苦而得徒恃天分不尙精勤縱有一得必不可傳讀此詩乃知詞臣學問之有本

夜中作

薄衾中夢覺西風如穿窗深窗委曲入絺帷曾如鐵笛烈雲外商蟲鳴閨
除寂我獨人心爺以思婦閨人生未百年中閨年奔駒華悴命有賢達無
多殊老翁揎背爪豈必尋麻姑 見得到說得透身歷其境者始知

志感

貧夫無賢婦貧士無良友豈無賢與良黃金不在手賤兄恭弟賤子無慈
母豈無慈與恭黃金不在肘交歡願身一錢生百醜 會此當汗下浹背 所以慷慨
入孤行不求偶
不是罵世是勸世生炎涼世界中丈夫安可不自勵

悄然歌

魚龍波濤瞰遠 風雨 如 高原凝望落窮 五字可與州詩少
深房小兒女喃喃語絲縷老倩牙齒落司炊爨 與上四語不相妙
付工力悉敵
聞大廈鬼正相半 說得可駭可怖 步出城西高墻万木江湖集商

閨根滿亭騎龍鶴橋爲之病見秋草草中蟲吟早高山杜子規
隴頭秦吉了 想落天外 獨坐書帷事門外熟客至所話多市獪寒暄雜眞僞 足令此裝
愧死入地 李廣苦其心心忽辭身去鞭霆游萬里耿耿終無措孤眠懷遠人入夢
無歡春死憐羅愛晝惜趙貞貞春花開復開秋月缺又缺青山行嵐長江
水渡邊關朝菌哭蜉蝣蝸國笑蜃樓諦聽彈指聲還如鐘悠悠年老苦不少
年少苦不老 讀之淚數行下 早花苦不晚晚花苦不早無情無聖賢 聖賢正是千古多情人 多情
多苦惱無生何地佛不死誰家老令多官長知 詞臣居官廉以律身當是有感於此 囊空妻兒悲
紅妝畏多露醜婦嗤顰眉飲酒無紀律題詩輒窮苦飛既愁折翼蟠又憐泥
土入生良獨難仰天一長歎乾坤且缺陷當作如是觀 罵妄求不知足者統下針砭
不必出於一時不必出於一事可作數首讀亦可作一首讀無次第無端倪悲歡感慨忽遠忽近忽怒忽罵忽慈悲必欲求其次第端倪便是說夢

擷草整歸遺婦

結草作坐具團團淨如几遺婦無他好可以績麻枲貧家鮮生計饔飧賴十

指勉哉田里心愼勿慕華綺 家政瑣節有品地在不可不知
伯鸞德耀千古稱爲美談只是不辭貧賤耐得辛苦便是豪傑便是聖賢此等人不重富貴正惟此等人方可富貴天下人不能處貧苦必不能處富貴處富貴一如處貧苦非有大學問大識力未足以語此

大無

嗟哉天未仁匪旱便傷澇雨暘錯其序五土失卑燥良農坐束手兒女沸啼
譟富室糴糠核貧者安足道旅路挈囊走白日忽見盜朝廷恤遠人奇窮自
允告官長未敢信猶自急糧漕豈不惜身家走險甯所好
流離遍野催科如虎當以此詩繪圖入告

齙齙翁

嗟彼齙齙翁衰年無所好早夜竭心計定身已老耄減食營囊橐仰面忍求
告滿眼犯星起枯咽向風譟錙銖而千萬錙鍮自矜奧上天怒且笑散之有

二道守身本小心意外出強暴忽然興大獄所有一朝耗不然動衆瞰中夜
緣到金貝惜血拜跪獄劇盜群如佳夢醒後反增懊暮塗苦何益作
歌以自悼

旅飲

悴入悴出期一介小人亦復不爽獨怪雖白之老不能減今古皆然當以此詩致其深者

堅臥減鬱不眠賴醇酹自奉有常期但苦無甚醉木榻怨拘牽晶盤反滋
味莫訝嘗昏昏旅中第一義
非痛飲不足以消旅況惟困於游者知之

夢後

白日抱膝坐夜夢走千里天便不勞人人亦復勞已勞人人怨天勞已人不
悔縱悔但恨夢夢從何處起
此等詩非才人不能着筆俗手爲之必不能如此渾蒼

偶示

草木初無知生理故不息風雨即飄搖其中理自直根株本堅固况有人培植發榮自扶蘇舒華好顏色萬物人惟貴所恨多知識反覆鑿混沌諸凡在胸臆（此苦我輩尤甚）朝夕自相煎焚灼不暫熄心欲舉千鈞此身無氣力心欲游萬里此身無羽翼方寸時耿耿終年常惻惻所求無一成早已鬢絲織有春必有秋有盈必有昃豈有千年人但恨自催逼（千古同慨）空手上北邙終復何所得（白首同所歸何不學仙塚纍纍）

戒博

（廣成子曰無勞爾形無役爾神無俾爾思慮縈縈乃可長生今人無不犯此安得不早衰詞臣學道人故能作此語彼蚩蚩者正未念此）

五竅促人肘驅之使蒱博其心如伎貪其影如賊攫有食不得飧有酒不得酌有夜不得息有日不得作羣居不相類匪盜而行掠一博得梟盧喜如儺者躍孤注得雉塞困如病者弱飛旋未定時拍案呼如灼意鈍瞻顧遲兎脫

不及縛當其居勝時恨不盡其囊局變如風迴展轉復輸卻不惟棄前功抑且傷己膜雖悔不可追背人頻跌腳局外袖手觀言之殊鑿鑿及其當局中便如盲而摸甲既信短長乙又云錯落各自是其是不知何所學終有一人驗自矜能臆度亦有慷慨人揮金互酬酢當場較錙銖一文生擊搏密友以此疎厚交以此薄方寸時洶洶細思有何樂易得用多吝業廢家爲索勝負兩家事同歸於落魄心昏神失舍病痼醫難藥痛彼如醉昏可悲亦可愕長言當箴規願君守此約（以呼盧破家智者不免此詩大慈悲救拔此輩脫離苦海）

瓶花

種花圖久遠插花圖目前紅白互相借交錯聽所遷異質各殊采共器爭一妍譬彼燕越姬同室求愛憐泛泛無根株託體於清漣孚容與憔顇轉盼而移焉橫枝委塵土美色貽棄捐安能望樗櫟不才得長年

（寓言微眇殊足令人深長思）

瓶花解嘲

種花滿籬落東風開好枝浥露洗新妝自媚無停時麗質難久駐常恐霜雪滋不惜委塵土但惜無人知美人愛顏色玉手相扶持（爲悅己者容花亦想當然）坐我古玉瓶飲我清漣漪妝臺照羞澀旨酒澆寒姿人生貴良遇爲容欣在茲回首望故林風雨夜披離殘英雜涔淖無緣眞足悲

（才人易知己難得一有心人雖死何足辭篇中纏綿感慨有一段悲惻無聊之意在言外有心者讀之不禁欷歔長嘆）

爲瓶花判

名花入金谷重煩培植功移蘭避當路分菊成幽叢一旦發奇葩人事襄天工媚人以云報自憐非本衷披枝傷其心治容栽及躬攀折快人意不如聽霜風士爲知己死女爲悅己容有才不掄擢不若爲蒿蓬二花莫相妬搖落將無同託質自不堅行藏焉有終南山有松柏十丈停蒼穹匠石不敢顧壽

亦終無窮低枝吐輕豔罷得幾時紅（讀此丈夫當知所以自立）

（老杜不可及處只是說得雄快如垂老別無家別留花門茅屋爲秋風所敗諸詩令人如身履其處目見其事愁風雨之聲颯颯猶在人耳化工手筆只是一味眞率如在人意中便是超凡入聖每讀詞臣詩亦擊節以爲工部再來）

吾心

吾首知吾髮吾舌知吾口吾睫知吾目吾指知吾手吾心不知身氣血聽其走譬身如大魚譬心如敝笱洋洋跋扈去二星空在留弱索馭奔蹄一擊不可紐百神不秉令徒佩大君綬作儆告心官上帝將爾咎既有典守責愛養使仁壽奸邪不可容盜賊不可藪（今人五官百骸盡爲容奸藪盜之府銷鑠此身日就枯滅而不覺哀哉）有蠹爾當剔有舍爾當守廉吏眞可爲奈何求速朽

（學道人語如清夜鐘何用雲門棒喝）

山中人

我愛山中人只在山中住冠蓋不相尋盜賊不相顧六月不出門半夜不行

路不飲高座酒不過大江渡醉在山中醒寐在山中寤喜在山中笑悶在山中步至味盤中饌大廈溪邊樹珍玩牀頭甕功課雨中圃挈伴青山來邀賓白鶴赴朝飧烹澗泉夕宴屠瓜瓠野花妻姿婢老農師保傅奇屬妙對死却市朝心纔知林泉趣默向蒼天笑誰當識其故

詩傷於刻畫過於奇險足傷渾灝之氣然出之太率又鮮深厚唯詞曲此種詩却又平易中有猶爽自得之妙方可言性情之樂

偶示

嗜慾滯人身千鈞綴飛鴿羅網不可破屢跳仍在脚朝市與深山有焰皆甚虐一息不歸穴騰驕向人灼轉戰肆攻陷強敵難鎖却束手守孤屯揭竿皆鹵掠藥多病轉深登高石忽絕乾坤大破碎何處有安樂靜思心茫然如坐無門幕冉冉山頭雲無心任飛落傲游適吾志虛舟淩廣漠

前篇激楚蒼涼此篇雄奇俯逸才人見性語自與枯禪外道迥別纖瓢笙燒煉氣無撫塵蒲團氣作此種詩不從陶杜中來終難免俗詞老固才高切由識到

夜林

野林晝無人況復夜無月五字令人不寒而慄黑風三次吼金銅豎毛髮狼虎立而啼狐狸手長笏老樹骨槎枒偃僂走如刖魑者魅之帥彪者魈之卒吐火互熒碧嘯聲動陰樾樹響如洪濤叱嗟聲咄咄泰然天君定猶夷陟鬼窟

幽險處足令長吉咋舌坐廣庭中讀之覺陰風颯颯逼人

病

微病不足醫終日長掛牘譬如藕中絲急切斷未能善醫來戒勉多云嗜欲勝下性苦濡滯生猱那不騰瞋搐此靜坐發生之術只在五字中勝參苓數許腹中氣蒸蒸良久就和洽隱隱雷鼕鼕日月積小損老大成衰徵四大累足悲三山安可登

讀此可得却病延年之術彼服餌金石以求長生者眞懵懵也

望岱

岱宗嶽之長衆山無與匹望之十日餘乃自雲中出泰岱之高五字中畫在目前所歷羣峯初謂無紀律至此反顧之厥理固有壹于嶽爲朝宗戴冠或贅蹕龜蒙爲

牧伯新甫爲渠幹放來最親幸乃若加諸滕岱宗固無言巖巖勢崒嵂我來迫征途未能遲力疾徒抱仰止心迢迢望超軼松濤聽虛無天門想觀日白雲丈八峯烟霧相對望但見膚寸雲彌天散陰翳行行重行行悵悵似有失不及攜吾叟直造諸天室

妙在句句是望岱覺諸山供拱峙雲日陰晴變幻歷歷如在目中然始終只了得一望字故妙子美誰門望嶽詩不得專美於前雄曠極矣肌理自深細非淺人所知

夜行

陰壑留古風崎途帨暗石蹇驢夜中行前却深踖踖弛轡聽便宜與汝互扶掖星火幸熹微林木復迢窅人生哀有涯經忽與拋擲山嘴轉鳴鑾歎息有來客

人生涉世終老固已是走險身冒霜雪經歷危險亦未免以父母之身體行殆人生有理想之須掃一生此令人懍懍至弛轡聽便宜與汝互扶掖情與境妙不可思議詩到極處造化已在人爲之耶抑天爲之耶

渾河

騁騎出居庸道險鞭轡策萬山束蟻徑泉迫流亦窄八達少夷曠雞鳴復踢跡沿麓盤曲行一步高一尺何啻千萬步邈如入天宅乃有渾河水從空發注液滔滔西北來鑿石不敢隔洊流未及半中乃踞羣石水石兩無讓十里閭激濤捲雪濺大澤雷霆轟吾爲石力或不勝時爲所拋擲上谷諸高峯素稱天下脊以茲成建瓴千古一朝夕循流誓其變積愁爲之釋

古人遇一景境得作一詩匯成與高山大川幽岩絕壑分量相等氣勢相敵如崔顥黃鶴樓浩然洞庭嘉州慈恩寺浮圖諸詩似千古有此勝地必不可無此詩山川借才人之筆而才人亦借山川之助以完其氣力到者如廬山絕頂諸峨許大題目只有十字而運上三峽諸名勝參寥數語而其氣勢之勢能以少勝多亦有以如海如潮浩瀚參疊瓊者如李白夢遊黃山工部春陵行諸篇氣勢雄偉壓減一語不得又令人愛其多多益善之才情氣力足與境界相配方可提筆以詞臣之才逃天地開絕大絕奇之處胸中先已籠罩得下故縱筆所如覺山川奔命恐後渾河之洶湧恐不足歇腕底風雷

破悶

上下千萬年我生同瞬息如彼長夜中流星掣光影歡樂苦無多愁來亦不永造物有節制奄忽非不幸患者積悲痛達人發深省總各就飄化千金失

俄頃念之爲悃然骨肉皆浮梗血氣一飛敗燃灰不再冷徉狂復瞻顧終老無一遑對景且停車寫天勿坐井三光尙我用所迷忽當境

讀偶示破悶諸篇令人猛省作出世想非學道人不能作此語

來宣兩閱月早夜所栖漸有相暱之意又迫西行鞅掌之勞與炎歊之苦交集且茲地半畝荒亭小池流水與吾周旋久一旦棄去彼縱默然而我心戚戚乃爲詩以別之

天風一葉身飄忽墮茲里當作如是觀勿謂偶然爾掃榻出羣書當窗安一几東隣廬白堂前後兩亭峙其一築土山亂石叢其趾又一小麒麟登望山如岡有水西北來曲折入深沚日夜聲淙淙琴筑不去耳高榆數十本散蔭庭庭裏盛草沒馬春閒花亦榮萎晨起掃塵蓁默坐無移晷衆禽喧復靜孤泉鳴不已石峯指爲丈草花、作婢炎贈我以涼清風權相被時幸我以雨山雲鬱蒸起我與我周旋所賴諸君子今茲欲言別令我心如痗聽水水鳴

咽看山山徙倚禽鳥解留人庭樹晨已跂踧踖相慰勞深謝不我鄙暫離便當返秋期復來此匹馬入斜陽身遠心且邇

才人無情多是薄倖情人無才何殊市儈天下眞正才人未有不多情者山川泉石花鳥蟲魚感人進之濃淡耳有心人進之纏綿綢繆流連歌哭自有一段悃情深至處只將燕子樓會眞詩認做情字者未許讀誦臣此詩

贈雉皐令李公

今之作縣者言之可長歎既無官長榮而有造次患聖朝功令嚴纖過必深鍛上官喜怒雖少缺便凌慢百姓風俗惡無端至糾纏友朋干乞多一拂生譏訕曲盡邑令之苦眞是畏途白面歷危疆無才人所玩鈍器遇盤根有事不能判政績雖多奇未必書靑汗瘢垢少疑似其間便滋蔓我亦作縣人行將親牘案每念負荷難焉得不嚴憚雉皐有神君仁明而廉斷涖任未期年其聲高月且催科棄敲朴訟獄自消散笑譚靖寇氛爰養紆畢閒清風過留牘兒衣纔至骭君子至於斯未嘗不授錄水鑑列羣品間心及柔翰朝廷許其清上官愛

其幹百姓加額賀友朋交口贊作縣至李君優游而泮渙與我嚴憚心何啻如冰炭作縣不可惰作縣不可濫作縣不可俗作縣不可悍作縣如理絲心清迺不亂作縣如學書心閒迺運腕可見詞臣令兼有守有爲刑輕民樂得力有素難易存乎人不作亦非算我心儀李君歌此以代諺李君展讀之當不謂河漢

作令之難今日爲甚公之令雉游刃有餘則又不覺其難也大抵廉以律身慈以惠民如公者安見令之不可爲哉此詩即治譜左券

獨步

獨步山下路浮烟蔽江口昨夜月明中故人猶對酒

前溪桃葉諸篇晉人妙處只在若有意若無意此詩亦然

與夏郁生

見卿三年前傍卿三年後他日復何如思之令人瘦

淺得妙然一瘦字令人思之難盡却又甚深

口占

帳外春風寒帳底春風暖寒暖豈春風佳人若爲轉

落想似近而實遠非尋常思路所及覺懊儂諸歌尙傖父氣

秋夜雨

秋雨夜生愁靜聽愁堪數數字妙全體生動不是雨愁人人自愁聽雨四愁字安頓得妙一字自有一意故不覺其複

並蒂菊花

靑女夜來過遺下同心結曉挂東籬花黃金燦雙玦誰知其雄雌但覺相喜悅佳偶易生妬愼勿近霜雪

初讀之似淺似直徐味之極深極曲賦物之妙的的第一手

偶示

桂英宜早摘美人宜早死色衰愛弛四字是美人末路冏不若死之早也終軍繫南越烈烈竟終始譬之采葑非不知有下體爲尾良獨難遺行失君子

志感〔一行之失足敗終身晚盖之語大是誤事讀此知嗣翁操行之堅固自有素〕

少年見前輩大抵皆強壯及我強壯時前輩皆淪喪轆轤遞相轉新陳互推盪與我同少人漸以蒼顏向詩書無文理筆墨無波浪強人入其中大事皆廢放〔咄咄恨事爲之奈何〕天不肯教諭地又多欺誑若不早思量臨歧空悵悵〔是學道有得語與禪宗迴別〕

春客海陵值孝威出署彼此相訪皆不値忽孝威以歎梅病作相示因步前韻奉復

圖見同一望相左亦如之江南春色好空折梅花枝臨風懷高情對雪想寒姿孤館獨不寐一榻空自支聞君抱新疴臥此春遲遲貧病相因緣誰曰君不宜士當飽煖日不忘寒與饑〔詞臣可謂不食其言〕君子遇良朋殆于遇明時相期各努力毋爲徒傷咨

雙虹堂詩合選　十三

〔吾黨中詞臣孝威文章氣誼卓絕一時詩歌高貴蒼涼亦略相等宜其相得甚歡也〕

雜詩

古人怨離別合形思一身若令形竟合依舊是孤人〔想路曲甚幽甚漢晉人所未及〕但願同心意別離皆近親〔此意又深一層〕

風

破扇叫〔叫字奇〕腕中汗膚濕生鹵雲濤斷續來一陣橫〔橫字妙〕飛雨〔古人作詩有以一字傳者有以一字廢者鍊字之妙作意好奇不得奇則雖穩然數句無一奇峭字如平原廣衍令人心目不快如此詩叫字橫字是一篇生色處〕

赤松游贈李小有六十

李君今六十珠玉滿天下赤松吾師乎青蓮後身也〔倩而不佻〕辟穀酒爲糧浪遊仙給假宏文恣川河古鬼畏傾瀉高寄在眞玄清神復瀟灑昨逢姑射人相贈芝盈把杖以葛陂龍駕以逐影馬與君爲壯游不復饑驅者〔今人作壽詩竟如村倩應付如惡優唱曲令人欲嘔如此作壽詩字字蒼異句句奇恣壽詩何爲不可傳小有何幸得此〕

子夜歌

明月之下北斗七星顚倒一夜〔如樂府古詞又如焦氏易林以此作情語奇絕然清商曲正是有此非深於詩者不知〕

又

莫歌行路盲婦執爨知薪何處〔奇語奇想才人爲之祇覺幽細入俗手則俚矣〕

又

春日遲遲楊花飛飛簾子不知

又

望郎來來何暮鋸有齒走黑路〔古諺古語多不可解只覺其妙此詩亦然〕

又

誑儂儂不信怒郎郎復來鐵筋著蠟燒所喜心不灰

又

恐儂累郎飲迴杯勸儂醉儂自不愛酒何與郎君事〔四句中眞情眞境非才人之筆寫不出寫亦不苦脆〕

雙虹堂詩合選　十四

又

因儂未理髮裝覓明月中持衣覆郎背郎不怕秋風〔寫女郎之情着不得一些脂粉氣〕

又

曬郎曾幾時照鏡眉怨低買臣微服歸有印人不知

又

儂身如明鏡郎影時相顧要去便去休端然留不住〔晉人清商曲之妙不在纏綿悽惋而在蒼涼深渾傖人只知效其摹寫情思至於古人骨法神氣全失之矣知此方許讀詞臣子夜歌方許讀漢晉一切古歌〕

村居

讀書中田廬燕坐薄秋水暑清蟲促衣陰久禾生耳迴思朱明時時序一何駛撚指桂花殘新霜及雁尾〔此種詩可謂極厚然有靈慧之氣故令人不見其厚祇見其秀〕

夢母

夢母索兒祭夢母持兒哀夢母念兒貧曾攜簪珥來不足有衣服更貿易冥財未別忽驚寤能無肝腸摧

畊讀

畊有外品四獵圃樵與漁讀有外品四仙佛畫與書我畊不得粟我讀不乘車行將事外品聊以自安舒詞臣令藎水築門守積勞成疾尚難免於怨謗今日爲令之難一至此人心之險一至此賦不若畊讀外品與世無求也爲之三歎

擬古

清霜怯白日依草留斯須草意何不諒謂卿將殺吾草枯霜亦敗流離入泥塗寄語如霜人畏人將自屠此亦詩中比體也寓意甚遠

出郭吟

風水相搏怒簸哀湍行邁皆人安勞數端重裘不暖單絞不寒所居既遷亦復同觀齊形異受匪天所安自爾君子當易念難四言自曹孟德而後惟陶靖節爲最以近于三百篇故難工也此全是漢晉人餘

瓠瓢銘

以疾得老以老得材孰得失哉

雙虹堂詩合選

廣陵張幼學詞臣甫著　同學諸子彙評

古詩

七言

登君山

昔聞君山名今上君山行江樹明復滅山翻縱復橫松根累累藏恠石龍行土中見其脊奇句似李長古苔蘚斑駁鱗甲皴新者蒼黃古者赤七字可當荆關一幅畫澄江如練從西來曾波萬疊藏陰雷高山大川古今在登臨之子悲從來才人心眼自高筆下寫出另有一種奇氣不似他手只向山水臨摹也

酒酣擊劍歌

濁酒一斗傾滿腹下我衫袖掀我眉却酒起舞舞更歌主人壁間掛龍屍倏忽魚腸吐腥鍔渾脫溜灘雪山落寒星照天光熒熒老冰立風神漠漠疾風

入鐔發清吼越溪老蛟駭而走如也光怒濤驚心駭目醉舞亦自成波瀾霜華迸出雙眸寒沃爾一卮爾亦醉掃清魑魅大地寬人知其奇而不知其妙處在穩奇而不穩終非妙手徐文長詩每多奇句奇字細讀之無字不穩故爲獨絕此可謂神似

少年行

少年負俠世所宗臨江傲睨輕吳儂金鞭策馬狹邪道狹邪酒釅花氣濃片時兩意相期許千金一擲無恡容春風吹滿流蘇帳夜月澆盡琉璃鐘濃麗中仍是豪曠上苑于今花爛熳北邙自古草蒙茸君不見女蘿千尺縈喬松松幹昂藏如怒龍又不見三株珠樹色鬱葱孤鴻矯翮霄漢衝斷頭穴胸乃將種沈舟破釜何橫縱態色若留腥着屐鈍根不斷雉羅籠浮雲聚散空嘗在夢有鐘聲醉有節詩之雄者雄於沈沈是神至雄是氣足徒以豪肆爲雄者終是[illegible]氣如此詩方可言沈雄

哀江頭

春殘一劍楓江流寂寥江上多離憂淩雲有聲徒愛惜白雲無和空淹留躍馬揮日纙長佩蟉龍撥雲求瀛洲瀛洲綽約仙女子搴幃欲進還凝羞紫玉歌成璇宮入明珠佩解湘漢游倏忽天風散雲雨銀河修阻隔女牛玉人一閉鳳凰閣珠簾不捲珊瑚鉤江聲夜在豹文枕月色寒侵湘綺幬望爾三山只渺渺愁予一水何悠悠時隔江抑望江北楚中雲樹空明浮淪漣如與天漢通顛爲乘槎博望侯東流浩浩罔終極人生不測如幻漚芙蓉爛熳易衰老晚雲樓閣哀江頭

詩之蒼涼者雖於艷麗風格神采色色明媚而老氣無敵如此詩方可謂艷麗方可謂蒼涼徒以纖濯爲艷粗厲爲蒼者僞父也

哀王孫

萋萋芳草天涯修思美人兮徒離憂蓀橈蘭旌望何極涔陽極浦終淹留淹留彼此費征邁涼風暗缸湘綺幬有力難可返逝者無言空自悲流潾人生胷復長要眇達心何不迴旋游庭桂翻風自矜蘤芸英如聚委莫秋駐顏昔

甾有大藥兮人輟食思丹丘呼咄哉王孫何悠悠造物爲鶴予爲鳩

極似古謠

任人呼馬或呼牛雲霓擾擾排鳳翼嶧陽修樹當歸休任魚可得釣竿折秦鹿已醢良弓隸洞庭長波日渺渺二處不見千古愁呼咄哉王孫何悠悠

讀者咸謂此詩從楚騷中脫化來不知皆從漢人樂府中陶鎔得來故神氣岸異而骨幹幽豔

九日會陸吳州以詩見嘲

九月風高涼似水荒岡敗葉闪風起白菊爭隨黃菊開鳳山不讓龍山美聯袂山巔細雨來長歌野鳥爲裴裒萬重烟水縈愁緒幾紙新詩侑茗杯秋深稻黃湖蟹壯持螯高據曾峯上大呼劇飲如長鯨游人數輩橋頭望中有高士善屬文作詩嘲笑陶徵君免俗未能聊爾爾問君胡乃亦云云

巧而不纖

方今海內頻烽警明年此會知何境重陽何必不登高辜負良辰恨駒影

曠敱高懷率然出之性情皆見不似他手以雕繪爲工

賦得美人兮天一方

望美人兮天一方一日不見思如狂

此起句妙在用古句而實是詞臣之句非古人之句如曹孟德用毛詩竟是孟德詩絕不似引詩

何當三秋懷君王寤寐思之起徬徨東流浩浩望蕩蕩星天無月遙蒼蒼五更風凝來清霜負衾緯緯滋淋浪安得疾飛過雙鵠疾飛如是佳人傍

渾脫流勁漢人之遺六朝人刻意摹漢入者正未辨此

賦得眇眇兮予懷

眇眇兮予懷雨霧兮風霾孤枕長兮與夢偕眇眇兮予懷筒拂兮角蝸夜吹燈兮臥枯蘚眇眇兮予懷孤枕長兮與夢偕雨霧兮風霾眇眇兮予懷夜吹燈兮臥枯蘚筒拂兮角蝸

妙在即疊上數句成篇纏綿令人讀之不能已

賦得盈盈樓上女

盈盈樓上女齠齡屬夫婿黃金屈戌光瑩瑩帳懸流蘇鳳初吐桂梁蘭室玉闌干炫燿珊瑚琢樅礎曲房脩巷多春風人力善能變寒暑纖歌緯緯舞凄凄激楚回風繖白苧而當夫婿有遠征十年于茲惟獨處清霄煌煌夜何長

重門齒齒秋不阻幾處梅花落玉簫誰家月色懸砧杵盈盈不復舊盈盈蛛絲燕巢難爲情空床絃索時一拂琴瑟有知出悲聲

明三百年善爲此體者唯何大復爲最以青韻全是漢人也讀此覺更過之

贈畦允

吳中山水英雄藪楚人負擔隨其後海雲堂下遇林宗傾蓋一言許爲友其人有才且善詩與我無聊但飲酒醉後江天潑墨光瀝瀝雄文動星斗放筆高談山鬼驚舉頭長嘯江濤陡

陡字叶得穩而警

詞賦眞堪石作聲韜鈐却厭金懸肘方今西北事燃眉武雨謀雲掩項走愧我曾無倚馬才願君一展屠龍手言盡使君發長歎不得意事嘗八九往年挾策干當事當事錯愕不敢受書中銀鑄作金魚竈下蛙涎作龜鈕始知豪傑匪囊錐可惜乾坤成敝笱天上仙人不可邀人間何物難爲朽白簡青鏤且自娛金弓玉矢聊相偶汗洋學海幻蛟龍錯落文河落蝌蚪君不見彭澤陶徵君貯粟瓶空惟五柳筆墨依

稀上士心風流膾炙今人口珊瑚十尺豈無人宿昔豪華今在否（詞中亦有高峯激流突兀湧洄合人遲迴其中尋討不盡）

送劉超元從王憲使之楚中

海陵劉生英雄士弧矢常懷四方志墨瀋竄翻江海流劍光欲使蛟龍避火鞭三尺走雄人玉麈千言聳耳聵烺烺武庫當韜鈐嶽嶽英風馳驊驥才高羞與俗士伍項強不爲官長媚由此一身徒兀然囊如晴空少雲氣當今人情本厭貧況復骯髒犯時忌不妨白眼醉論文僅有青鏤饑嚼字王公旌節來我邦珍重清寒遠華僞相逢傾蓋如平生磨切疎狂使純粹奉詔移旌守武昌招君入幕參清議片帆隨雁入瀟湘寒濤萬里撲酸鼻君侯不食武昌魚之子勉哉馨闍器奪我詩壇我則悲贈人佩言人不愧作賦雖無金石聲把酒不言離別事望入洞庭煙水深天南日暖勝翹企（超元意氣慷慨才情博大詩中寫照甚確）

賦得吟苦詩從萬里來

商風吹骨寒於冰醯甕鷲物牽塵纓大廈屢勞意匠營欂櫨梁棟斷不成黃庭有人呼神明飛龍蹴霧招心旌御風泠泠地縮程酒儒俄詫金石聲天吳移海注管城（可想見如瀾如海之所自來）玉版刷雪銀濤生燈下故人笑起迎丈夫曾當有知己顧價南岡弔詩鬼（友人從西安官歸云見杜工部詩稿刪易點竄備極苦心蓋有興初稿一字不類者白香山詩後人咸病其率亦以屢易而後成可見才人未有不苦吟者今人之才不逮古人而每出之率易安得佳勝以此當知悔悟）

擣衣曲

秋風昨夜吹黃葉征夫攢眉妾驚骨（驚骨二字深切警動）曉牽鳴玉辭寒絲夜疊殘衣就庭樾海霧絲絲散碧空誰家砧上無明月千回百疊不肯休忘却閨房華燭竭玉笛樓高欲斷魂霜華夜久時侵髮鄰家亦有擣衣聲良人豈亦從征伐

（以古樂府之骨作詩直是魏晉此種詩從學問中陶鍊得來未許淺人捧心而效）

壽黃少初四十

黃君少年攖百福初度開筵泛黃菊長生錦誥來仙籙芙蓉爲裳荔爲服綺堂畫廠笙管簇瓊樓花抱琅玕馥羨君才華富天祿羨君意氣凌山谷白嶽千尋盛靈族上有喬松下有茯得氣鍾靈君已夙金門謁罷思桃熟（壽詩易俗此獨雅可見才人手筆之妙）

苦命歌

世有苦命人歌此苦命歌萬物各有命此命苦獨多當其孩抱時瘡痏復災疾父母費心力恭齋而佞佛稍長就傅攻簡編小有聰慧苦喜眠八行十行便成誦一日兩日都茫茫二十以內童子試二十以外諸生肄棘闈如海入如山咫尺青雲不可致況復鼎革干戈殷一蟻九曲穿屯雲苦命一條脫鋒鏑殘雪幾卷蒙燒焚（蒙字妙）龍飛三年忝鄉薦鄉薦之苦更瞑眩家徒四壁路

三千譬如空拳便驅戰草草一戰垂頭歸人囊兩瘦風霜肥（瘦字肥字生情風霜說肥尤妙）忍貧如忍三年艾避客如避六軍威蠢心不善算衣食一文要費千鈞力桂薪珠米觸手空榆莢階前留不得雖云貧者士之常今太常兮不可富日月風雨水土石天地有物皆相妨（非身歷阨窮不知）此命但貧猶可耐水纔一尺風波倍半面重表六服人事必稱名如見愛承有瀕海之田園懶農偃僕非我言種桐半死在全伐杭稻每受波臣吞苦命更兼犯惸獨母妻子女皆無祿骨肉仳離如剝筍（人生至此何以爲情）夢回酒醒猶聞哭壯哉鼠雀無奈何化爲狼豺不敢訶兀然一身衆所射親朋鄰右徒然多（徒然多三字寫盡世情）命既苦苦生病五官四肢無痛楚中有不可言之症命既苦苦生愁生平奇愛莫如酒兩三蕉葉頹然休苦命之苦苦無際子平果老推詳細十二宮中盡坐虛一盤星裏多逢忌少年坎坷壯蹉跎金寒水冷無調和側聞垂老稍[illegible]色知他壽算能待麼歸來反教眉展放有命不須重惆悵北燕南粤夫何爲收拾身心付無妄造

物於我無恩仇富貴功名有盡頭人生命苦當甘受何用求登抝命樓（居易俟命之理非學道人不知）

（每從愁困憂患中讀孟夫子動心忍性數語便覺有卓然自立意氣凜然著書工部流離轉徙而詩益工柳柳州蘇文忠遭貶斥而文愈奇窮固非士之不幸紈綺粱肉淹沒人多矣才人不經磨鍊英華神采安得煥發固知艱苦備嘗天之仁愛我玉汝也然非詞臣大根器大學問承當得起發洩得出使感憤鬱噎之氣抒爲沈雄壯涼之詞非命世偉人未易語此）

櫻桃詩次盧介眉來韻

明珠的的生圓火寢園春薦稱珍果風雨一驚鳥聲碎（啾唧之聲恍然在耳）酣紅亂壓葳蕤鎖美人曉起喧一笑下堦自折何婀娜前日助嬌風藥鮮今日滿枝霞實夥芙蓉小院寂無人青籠長竿無不妥玉盌傾來對鏡餐千顆萬顆如一顆前歲櫻桃今歲結今歲櫻桃又舒朵開花落實年復年常駐朱顏偏不可（結束處獨有遠神）

同陸吳州王賓臣牛天章游珍珠泉（入公山下又名咄泉）

迢迢芳草路藹藹杏花天初擕琥珀酒來看珍珠泉奇泉的的生平地渾淪太古留元氣陰迴陽伏皆上升萬竅千源常不昧一泓澄澈玉新鋪照我鬢眉畫不如初聞潺潺魚噴沫細看泠泠盤瀉珠（此種刻劃極似老杜）餘波婉轉穿芳甸響入平蕪聽不見紫蟹青芹徧處生游人冶女交偷面（偷字入神）列坐爭騎石（騎字好）科頭共濯纓流觴喧衆笑瀹茗對孤清始知勝地能醫俗洗盡邇來塵百斛半醉歸途日已斜一雙好鳥猶相逐（寫得蒼蒼莽莽然有一種幽艷之致隱現筆端）

（此不從景物中來從性情中來故賦景物易賦性情難）

撥琴篇呈劉藥生刺史

俞牙撥琴情藹然欲鼓不鼓思成連刺船而去年復年精神寂寞如枯禪海上三山望淪漣惟聞怒竅與哀湍山木震吟三耳穿天風海水無言詮狐狸怪獸更我前不然鳶鳥啄且喧使我恐怖心如煎齏糧不多難自全撫絃泠泠操水仙水流山高惟自妍始知困窮生仁賢柔絲脆管道不堅蓬萊之山

其嶠圓吾師居之樂佮佮泝洄相從聊扣舷何以移我情與天（詩貴幽貴遠貴渾朴然非氣力才情相御而行易失之平漏藏遁于壯涼寓渾厚於典麗明朝三百年解此者李崆峒一人而已識此乃知詞翁之不可及）

贈唐祖命

神仙不識字當爲掩鼻者神仙不飲酒當臥鄰甕下造物本來貧頹氣豈傾瀉齷齪所以多軒軒所以寡苑陵唐君固奇士傲骨傲才不可二亦玉胸中無俗物藍田舉體無常平少年簪筆入黄扉海內拭目期龍變交成天子賜顏色（顏色曰賜妙）筆落古人爭追隨陶潛昔爲斗米吏邵平今作秦瓜叟孤鶴閒雲不擇天浮雲野馬吾何有唐君來何暮塵土十年纔拂袪唐君若來何卜衡門一徑爲君掃與君飲遠不如君勍與君吟詩不如君清操觚又不如君生臨池墨不如君精差足勝之曰疎放唐君又云不多讓（以上十二句作一氣讀見用筆之妙連用十君字轉換入妙此豈等常思路所能到）

（每恨贈人詩非過譽即不及讀八本平事詩或溢美固失之要皆長人者七而贈言者才具兼亦不足以稱之或是恨事非詞臣不能爲此詩非祖命不足當此詩固不失之儉亦不失之諛）

淇水

淇水一河清流長繞淇城不見淇上竹只聞潺湲聲淇水潺湲流日夜臨淇使我憂心瀉何當一洗胸中塵垂綸獨釣淇之下（余最愛太白長短句變化無端似古歌謠似騷似雅不可端倪然俱在人意中無一詭僻語故絕惟詞臣深得之）

秦淮行

秦淮妓宋寶湘被擄北行舊與曹生有手歸約留詩店壁頭望其知而贖之也見者悲之多以詩和張子爲作秦淮行

秦淮碧水沈青甃水外紅樓咽晴晝中有雛燕嬌新春日高怕聽金衣哢北風吹起削盧千驚破雙文池畔夢三千鐵騎捲沙來一石銀轎教妾控（情景悽惻不忍多讀）邯鄲道上理殘魂新嘉驛裏添新痛慇懃磨淚寫哀詩詩多淚多（兩多字疊淒然情至）壁[illegible]空誰念文姬曲調悲懸知仙客交游衆黄衫白馬有心人人自

寄書書不動（格調神韻雖以學成實有天授不可強也如此詩丰采駿異骨力高古無一字一句落人牙後由其天分高氣魄大豈淺淺者所能彷彿）

石尤歌

石尤石尤怨氣吹香喉死爲厲風阻蕩子遊意在勸人夫婦之綢繆今日[illegible]爲作惡阻歸舟翻沙咽人口騰浪打舩頭作歌告石尤請回舛怒無相矛正位西北鼓陽侯吹我天涯夢還諸故國樓吾當投膠解楫永無他求（與供奉幽澗泉遠別離同一奇調妙在句句與胸中所欲言筆筆一一咄出非才人不能）

天井閘觀濤

曲河千里波紋眞市舶帆雲空裏渟石喉一鏁怒濤生掛布[illegible]箋二十尺赫赳顯橋如手花堆向空潭作龍宅掘泆珠汞倒瀾汍潑剌銀梭橫跳擲雙丸尚有飛伏時奔流一綫無窮碧知君先我到東溟憑寄夢魂應不惜（分有合百無一句不奇恣無一句不朗爬）

楊花（全體雄健似不經思而字字若烹錬而出近代詩人惟峻峭能有之詞臣工力直出其上）

來時儀柳如枯鬮歸途綠重春梭殘換眉顰我羞未已留[illegible]向人飛不寒時物驚人水波促解帆海坎萍漫漫（讀至留雪句人飛不寒疑是鬼斧神工九原可作青蓮子美當爲擊節）

再過柳溪未訪半千舟中書此乞畫

六月過訪苦炎酷袖紙乞書嫌穎禿展轉濟秋秋更冬今茲又已一陽復昨過柳溪乘便風今過柳溪恨期促柳溪不遠我不間往來但望溪[illegible]屋春杪香山爲余畫（毘陵惲道生畫法得黃董之神近時第一手）做得四家殊不俗所以望君之畫來裝褫共成十六幅（自然處不覺其率放妙）君當爲我成此願閒過柳溪拜君足

送崔灐一刺連州

咋噫東滄何洸瀁天垂而下水騰上（奇想奇句不驚人聞來）一浪千尋一波萬丈一物千鈞一氣萬狀河伯望而歎曰大奇乃有崔君以文與抗吞光逐影走鴻濛四瀆百川供好尙龐鼉失居蛟徙窟筆馳墨驅共惆悵遂令丹鉛頭白人飲食字句各稱其量（八字如焦氏易）才大爲衆驚盛年倘家荐五十走帝京乃拜連州長昔爲東海英今爲南溟望聞南溟之爲海也更奇收之爲文倍恣宕上比蘇柳不多讓一兩帶我伏讀之海耶文耶老益壯（俗題能作奇語故可傳）

過兵謠（有此骨力方可擬摹古人亦可自我作古樂體高渾分讀之有如古歌者有如奇文者總之才人之筆無所不可）

五羊城外旌旗直烽火十年猶不熄朝廷豈是喜兵戎疆埸不容有反側既軫吾民復念兵歲歲更番令休息當知道路甚修長不免地方苦供億（說得深切事情惟工部能爲之）天子有命支國課有司只是驅民力亦知民力不宜驅只恐上官銷未得牛羊酒醴水同流芻茭秆藁山共積豈料所需正復多繫馬又入平民室雞犬無遺是所甘女婦相牽斯已極一翻動擾有戒心再聽風聲便

驚魄千公門鬻小如卡五都市上稀人跡（百姓畏兵之現如在目前）未必將軍盡縱兵然而百姓如聞賊國家事有不得已賢將心當無所惜所願約束嚴且明庶幾過師于枕席

秋夜聽韓經正鼓琴行

銅龍滴渴良宵水蠟炬高燒橫綠綺君平微醉有餘清須臾十指龍飛起初彈徽軫稍張更空堂鳥鼠弭縱橫正如故人千里到高樓巷子時一聲再鼓悠然發天籟乍高乍下多當耐美人妝罷出房櫳回咽一顧生姿態（覺疾徐高下溢颯爽在人耳）久之絲肉忘徘徊呼啞雁窟出獨當促柱丁丁互相逼秋風凄緊秋雨來忽歛繁音齊入亂酒坐回魂尋續斷白雲片段青山前晶錯落明珠貫罷彈却坐無一言開堦風露何泠然乃知技精入神妙紅塵萬斛成儲天平生浮氣親箏笛古樂當前聽不得韓子教我良苦衷似乎常有微雲隔今夜天風開我襟乃覺歌泣皆高深莫歎紛紛不相入宮商自是古人心

（人之擅絕技者多不能諧俗經正鼓琴入神入妙詩歌亦奇勁不俗磊磊落落流離南北困窮以死知者傷之有詞臣之詩麗正傳而經正之琴亦傳誰謂人琴俱亡耶）

爾爾歌爲周雪山賦

制科取士三百年末季積漸生齟齬進賢大冠如斗印纖纖射之惟片紙棘垣內外分雲泥小兒擲跳英雄死（眞可痛哭流涕）五色迷離無他燄亡國敗家而已矣上天愛惜才能人愍其黃馘塡蒿里蹂躪詩書誤筆墨變易乾坤亂臧否吳陵周子負鶩才生當今日從波靡搔首難詢賈誼天鞭心欲飲昭陽水隋珠彈雀大所矜肯將章句埋奇士雞肋揮擲糞穢中豁然欲與相更始周子不覺失聲笑免俗未能聊爾爾荊棘既除道坦坦請向華山騎騄駬（雪山天才卓絕爲文章不屑繩時目詩歌奇放不減長吉其嗜浮屠言如柳柳州所得殆過之蓋吾黨中有道之士而名稱失雪山已置度外然同人不平之鳴何能已已讀詞臣一詩足可槩其餘）

春歸曲

長安辭客夢一葉吞波臣越燕立危戈草花紅綠身（身字奇妙而穩）春盡路纔半路恨不如春柳絮怨春歲空下（柳絮曰怨妙甚）忽憶邯鄲雪吹馬

（極壯涼極深曲予最愛鮑照行路難以爲空前絕作者得此豈後來居上）

持抱歌爲彭來作并侯公勇讀之以明未相負也

持抱郎郎莫去郎去郎自歸楊花又作風中絮（興亦及此欲泣欲歌有心人何忍相負）

持抱郎郎不應豈是未相憐多情恐作它時病（更深一層）

持抱郎郎不語何不一相商萬恨千愁徒自苦

持抱郎郎忽起門外馬頻嘶腸斷一聲河滿子（此中未嘗無有才人未嘗無有情人不可一槩抹却）

周元亮重過海陵

丈人乘憲龍飛初惠我海邦無槁枯（謂爲維揚備兵使）鞭揚秕以歐豺虎掃除心地安良愚紀綱屹立鄙張趙名理綰結歸程朱弘文大章麗珪璧驚才利筆如湛盧持披風雅之墜緒能以岳牧兼師儒（元亮不愧斯言）我輩都同蠅附驥公眞不異鳳將雛一行遷轉判鄉縣十年消息沈江湖聞公知遇聖天子聞公轉遷

卿大夫悲公遭逢鷹隼忌喜公又值雨露蘇絪縕野馬何擾擾夢醒蕉鹿何于于海濱重復望顏色都如天日爭奔趨李邕眉目豈瓌異阡陌聚觀塡巷途

（氣勢雄渾骨格高老不似他手失之諛失之諫失之浮豔也）

送盧不文移家山村

不文策杖來東莊告我移家山之陽我言此生會有事安能長往歸柴桑（此詩當分三段看却又一氣渾成奇絕）不文掉頭向我說人生有限之韶光男子立身但兩處隱山林兮出廟廊文不爲相武不將營營于市何所望身中之寶貴無方我當存之亡羊有僕可以司茶湯有妻可以縫衣裳瘦田可以種稻粱茆屋可以遮風霜此身雖貧不甚苦何用逐逐而皇皇行年七十已過半非復桃李之芬芳知足不辱盡餘齒云云用行而舍藏我聞此言心惕惕恍如濯熱于清涼

上天有數人有命尺有所短寸有長萬事得失總歸盡未來過去徒中傷（即述不文之言爲詩故妙）不文之言類有道拋却奇怪求平常我將粗了目前事偕子同歸以徜徉（此顯殊難酬）

（坦易中有蒼涼之致能以胸中所欲言一筆寫向紙上竟如相對晤語此有天分不可強也）

賦得春日長安馬上看花時

春日長安馬上看花時長安春色橫來（二字妙覺花鳥草木車馬士女雲物山川歌聲酒櫨旋舞于前後左右）相追隨御河新柳碧千眼（眼字奇）絲絲總與春風吹春風吹不歇白李紅桃媚生豔沖融日漾海棠絲玲瓏香瘦丁香結白馬金鞭取年少看花看徧長安道長安道上綺羅嬌人面春風爭一笑曲江濃綠罩華簪君恩天春雨共深一長寸草不足報古之皐夔稷高無臧心不愧科名此實難紛紛結綬復彈冠都言馬上看花好獨向隆中抱膝看

（題極腐作儉語不得題極古作時語不得從雄渾中得腕更從艷冶中得古此中神理正不易知）

蘇克廉五十贈以詩

汾有鼎兮岱有松蘇君大雅之亢宗靡靡虺蜴草根走陡然拔起驚人龍心空秦鏡照膽宇才雄武庫藏心胸火鞭奕奕奪神氣遂令七子無嬌容春風吹起蝴蝶夢夜月澆盡琉璃鍾毋甯不飲飲必快

方是得飲中三昧者

科頭戟手難攖鋒我非公榮可倫比風晴月好相過從此中浩浩有眞氣轉移惡緒成歡悰古之高士不盡遇可以飯牛可賃舂可以騎驢王屋山可以煉丹香爐峯風際雲合會有日指揮譚笑皆勳庸長跽一言爲君壽喬松古鼎無春冬

克廉篤學好古行修名立爲雉皋名宿且高懷逸致可方古人詞臣周旋久故言之雄快而得神

題何天申草蟲畫卷

三年不見何天申癯面敝衣如故貧手畫一卷亟展示問我何如前古人開窗玩之幅相續驚起相顧還拭目絲縈縠蹴昔所長近日新添元氣足天申之心能入微天申之筆能應機一花一草如可摘一蜂一蝶如欲飛天申之技精至此河阜東亭人不齒未嘗一過問先生乃令先生饑欲死封君巨賈盈千家有錢但買河南花大凝規模北苑廓金裝玉軸爲堂華先生不言人不識何怪舉世不相得勸汝來往江淮間見有眼人愼無匿

有心人雖有眼人亦不易寥寥天壤亦未必有有亦未必遇況江淮間耶

翦紙補帳歌

牀如火蚊如麻帳如敝笱蚊以爲家補之復補之紙將半於紗庶幾今夜蚊無譁

三十一字耳曲折勁又樸又老又秀又奇可當數百言讀耳食者請今人不如古請以此詩發其矇

飲燈市酒樓

長安美酒多醁醽長安燈火煇繁星酒人踏歌入燈市酒樓列炬光熒熒典衣貰酒醉燕市人煙闐聚多層次妖姬麗色鬭新妝銀蟾寶靨還相譬陶陶叶飲無主賓尙書東壁來招尋奕奕公侯四五輩相逢一笑皆素心陸海煙

雙虹堂詩合選 十二

花歡未已秉燭籠燈還復起司馬開門揖布衣兩行紅粉華堂裏清歌一曲酒一觴醉與不醉皆斷腸歌笑一時狂頓發丈人致語茲無妨列坐飛觥多誤謬銅龍滴澁蓮花漏人生樂事曾幾何懊儂絳續催將晝

豪舉之氣奕奕猶在筆端

喜周雪山歸自四明

蛟門烽火照海明波濤夜雜金戈聲汩汩魚龍徙巢穴周君乃作堇江行素心澹然碧瞳炯游虎游鷗能不恐周君歸來海亦平一片青天日如捧

雪山訪老僧于天童將以入道同人疑其從此逝矣久而復歸海陵故以爲喜予與林公宇官俱有長歌誌之豪邁縱肆無出詞臣右者

贈問水

吳山高邃水深故人一去遐其音意亂不得久相念年復一年離我心去年策馬幷州道今年返棹長淮陰相逢認面幾不識況復霜華髮裘深客歸復得逢歸客歡喜過獲千黃金師正倦遊我無事詩成酒醉還相尋

天岩慧篆文人也詩歌辭賦俱有奇氣落落寞寞自負若超然如孤雲獨鶴對之令人塵心俱盡以示法論僧品必在登座諸衲之上

龍孫歌

唐君之子爲龍孫龍孫之弟生于辰有父有兄既如此知其必是非常人春雷繞空雲五色頭角嶄然歧且嶷君家故有鳳皇池佇看絲綸滿胸臆

瀟洒遒勁有康對山李崆峒之風

九日觀平山射烏

秋雲滿空雁橫野西風獵獵黃茀下茱萸作佩菊爲糧登高共戲平山馬平山楊柳色離披不是分花勸酒時兔走寒岡雞出沒鷹橫大野暫參差廣陵年少驕相勝十戈剩處乘閒興游騎斜添雁柱箏筒歌小壓蟬兒鐙齊彎鳴鏑各誇威一箭射烏烏破飛擲下金錢喧一笑搖鞭先逐暮雲歸

雄偉悲壯不使俗人容易着筆幷不使俗人容易上口

此題予與同人皆有作林公之悽惋江衣之雄快詞臣之壯涼一時幷絕曾幾何時而林公江衣中公皆作古人自牧雪山諸子江天雲樹握手爲難讀此詩感慨係之

雙虹堂詩合選 十三

贈又琴

燕趙佳人稱絕色我遊燕趙殊難得脂肥粉重誠哉言但有儼雅無輕逸(輕逸中仍自儼雅則唯又琴爲然)歸來竊聞有佳人稱神道仙滿胸臆幾度放棹桃花源茫茫烟水難蹤跡今春乘暇歸草堂梅花處處開芬芳美人倏忽落天上生平見乎日未嘗(驚喜艷羨之意如在耳目前)大江南北舊遊處吳姬幾輩擅名場吳姬幾輩擅名場恨不令見張二娘

何仙掌齋頭看菊

春花爛熳陽春裏百卉千葩鬬紅紫秋林搖落多悲涼蘭桂菊花而已矣菊花名一種類多奇姿異態爭婀娜更粧設色無停趣春花雖麗難相過兼之勁節凌霜鍔九月涼秋偏叢櫟齊抱清寒守故枝不比春花開便落何君天下有心人(仙掌精於岐黃之術兼預風雅爲流輩所推重)平生賦性含幽貞花喜得君作知已君喜得花爲好賓新開草閣臨流水手植寒花密如齒目所未覩耳未聞譬猶四海之君子(妙喩)一觴一詠何陶然絕勝周旋羅綺前萬里白雲看落照一聲高雁過吳天幽人供花如供佛餐英作枕眞唐突清高身與夷齊游變化丹成黃白術雨雨風風愛護雖殷勤莫放酒杯乾歸來醉傍枯桐臥清夢還須到碧欄

大風篇

大塊噫氣播而爲風皇大震赫搖撼太空(起句絕似朱明西頭諸詩)天吳簸搧波立雷邊捷鬼百千萬億隨豐隆濃林摧老綠芳樹失嬌紅簷雨逆霤上炊煙反突攻(近景寫來最難得如此老而脆)龍拏搶脊向人擲鮫魚水蜮聚哭千幽宮鰲極西遷九千里羽毛鱗介飄蓬墮葉不知所終爲問彼蒼何所感慨而不平于中君怒而臣鞠躬父怒而子困窮天地怒而萬物恫怒者不自愼其一往而何以慰八極之忡忡慨江湖之游子憂調燮之上公敗垣嫠婦破艇釣翁牀閣怨女嶺外孤忠冷釜病士衰年疲癃飢烏窘兎高蟬夜蟲卑禾燥菽去燕來鴻樂氣盡

生理童噫吁嘻和風甘雨稱熙融秦皇漢武非英雄(離奇夭矯慷慨淋漓心手中亦有驚雷掣電奔繞腕下有似讖者有似謠者有似易林者有似樂府者變幻出絕不猶人)

秋熱得雨

渴龍晝跨濃雲立雷邊捷鬼驅水出(寫得奇俱是幻筆)須臾逐去三足烏天吳搧海洪濤汨澡浴世界成清涼始令秋屬西金玉高樓看瀑白于練敗荷瑟瑟珍珠濺

中秋前一日江舟夜飲

水外有山山外水炤以月明層次起沙樹遙隨黯澹分波瀾細入光明裏(寫秋色空明幽遠無際)瑟瑟西風下鬢毛好將卮酒酹寒濤明朝尚在江干宿珍重姮娥玉鏡高

雙虹堂詩合選

廣陵張幼學詞臣甫著　　同學豁子彙評

律詩

五言

聞雁

天地飽霜氣 出手岸異妙在飽字聲情俱壯 於中聞雁聲幾行雲腹冷千里月華明宋玉悲兼進江淹恨更生瀟湘迷處所良夜共深情

七言近體易俗五言近體易霸若刻意鍛鍊又鮮自然渾雅深厚不率不俚如此稿者絕似劉眘虛

夜飲

剪燭臨長夜愁心寄酒杯雁聲雲外落春色雨中來 五字中有聲有色兩宮潑墨圖寫不盡 人事多留憾天涯正可哀梅花已零落復有晚風催

秋水

時事屢代謝長江水自流塞鴻留隻影孤鶴掠行舟雪鏡千山暗霜濤萬態浮古今憑弔裏寒浸蓼花秋

工麗中正復流宕便覺氣體高妙

夜深作

夜靜木葉響窗前成雨聲 意中語寫得逼勁由是筆妙 掩書追幻想披氅煖餘醒燈絕古人倦雁來天語生空庭深坐久秋味在三更

讀至雁來天語生不覺節浮白者其人必不知詩者也

山居卽事

芙蓉香滿池枯坐或彈碁晚酌曉仍醉春衣秋復宜 天然妙句正不以有意得之 花開風靜後雲散月來時相對惟杯酒陶然無所思

銀山道中

幾轉黃泥路山家石作牆長江緣履舄遙雨蔭衣裳 遙字妙蔭字從遙字來便覺生動 櫻笋成新市魚蝦滿歛梁到來徒應接身世遂相忘

試劍石

草昧初投袂英雄鼎足分青萍斷山骨赤帝續炎氛鳳池秋黯湛龍埂石紛紜宰割當如此提鋒憶使君 相傳爲孫仲謀漢昭烈試劍處在潤州江滸

山中夜同陸吳州坐聽風

悲風繞樹杪聲響一何哀權倩片時盡鄉心千里來 俱從聲字生情故妙 魚龍躍暗浪烏鵲驚孤臺夜深萬山裏游子居天涯

甘露

金焦平落鷺江海浴殘曛愧我登臨晚令人指點勤石留吳漢跡碑臥宋唐文萬象橫襟帶山僧與客分

一二從遠處說到近五六從近處說到遠江上佳勝始覺周至

淩雲亭

登峯造無極有亭聳雲間萬態互吞吐太虛相往還天晴衆嶺出日落長波開 開字有天空雲滯之妙 舉頭望瓜步身在潤州山

溜馬礀

雲陸坡如注崖懸石欲掀孤行猶掣肘九折已驚魂漢室的盧老吳門匹練翻空餘嚙蹏迹千古在南藩

字字典實却字字空脆典實易空脆難典實而能空脆更難

海雲樓

攜得驚人句登樓納海雲高低千嶺出明暗一江分有道緣時甓無聊祇日醺滔滔目前水東去又何勤

五日登甘露寺後淩雲亭

江晴風日好佳節只須臾坐石傾新醱臨風采弱蒲猶龍趨競渡好鳥勸提壺晌午山頭望潮生屈大夫

和二桃主人見寄韻（題極闊大詩極閒靜）

東風三十度游子不知春奈何求敝屣緣此失芳鄰烟水遙歸楚山川望入秦秋風時一起張子便思蓴

北固山寄李元公

客子來江上江花笑楚囚清風時酌酒明月獨登樓溘死難爲態狂生誰與儔淮南烟水裏惆悵望君侯

古栢

峴支分北固雙柏據山巔雷雨尋常事（雷雨說尋常妙）冰霜數百年蒼髭朝出穴紫氣夜朝仙箕踞空堦下橫經讀內篇

北渡過大王廟前有感

七月江流漲扁舟載悶回重經前渡處仍見舊歌臺瞪目尋春色微吟送酒杯天涯有遺恨何日復能來

懷諸陸

商飈發天腹晚紅弄清暉之子隔山水相思忘調饑罍中搜宿酒客裏檢秋衣歸時不可測高眺長欷歔（以漢晉作骨幹以初盛作丰容自與時手迥異）

曉發

天河化爲霧寒色滿河濆月魄乘陽散雞聲隔水聞（寫曉景聲色如見如聞）徘徊迷舊港晴霽卜新雲舟楫長途裏人生何太勤

過東淘

十年狂飲處今日道重經草樹湖雲暗魚蝦海市腥（尋常景物鍊得甚異）交游逢舊好離亂歎新亭獨上高原望遠天無限青（此青字與齊魯青未了青字同其高貴）

懷鄭子房

離亂忽分手我君江北南奈何人異雁空有思如鴛筆札遺青鏤圖書見素菴五湖明月好誰與共狂愁

弔銓部許若魯

乾坤傾仄日生死事良難（從容就義固是不易）往轍嗟馮道今人見比干孝能遵教誨忠不愧衣冠遺咏留青史長吟泪顆寒

其二

慷慨臨君難從容致我躬冰霜慚至性日月照孤忠報國三年血還家萬里風（壯烈語足令忠魂欲泣）分曹司尺者今日竟誰同（若魯先生捐生殉難留詩六章寄其父予讀其詩忠孝凜然一時同死思宗之難者皆制科中人也誰謂制科負朝廷哉此詩足與先生同不朽矣）

溪橋（和潘曉青東塘八韻）

高柳線垂垂長枝拂水湄石梁秋雨過藜杖夕陽低（低字獨有情景）宛轉通芳甸徘徊鎖碧漪觀魚兼觀水樂此不爲疲

煙水

遠岸依平楚高低入望中暫明都歷歷旋暗復濛濛葉溼非關雨林深不受風（雞荊關未易着筆）南宮如可起點墨將無同

漁火

水宿隔人煙依稀唱采蓮聞歌知極浦因火見漁船楚竹存青葉湘潭變碧漣尊鱸張子意蓑笠是何年

村歌

操作苦不已幸無塵俗心以茲下里調嘗對巴人吟相杵夜方急飯牛秋正深高山與流水何物非知音（清淺中仍是古峭蓋從古詩中脫化來）

山月

空山無所見明月過荒苔樹影可千尺猿聲時一來漏聽松子落香是桂花

開欲覓幽人跡擣詩認草萊

河霜

夜永雞啼早嚴霜被野河斷橋人跡淺古渡月明多積水寒鴉夢冲風蕩客舸芙蓉深苑裏砧杵思如何

茅屋

溪山無剝啄深處結茅堂堊壁畚黃土求楹伐白楊桑麻全繞戶薜荔漸遮墻畊饁無多路歸來正夕陽（此詩是摩詰得意筆劉長卿便無此自然）

滄浪

長波何浩淼一望意爲傾雲影徘徊白霜柯遠近頻（頻字奇而確）扁舟歸極浦寒鳥弄春聲孺子誠多事叨叨濁與清（翻案妙）

寄吳六御

相逢即傾蓋前此未通名把袂曾無隔栴歡別有情酒垂霞是筋歌好雪爲聲久不聞長嘯令人念子荊

偶成

世路正何極令人羨水漚前途強半漆海市是耶樓若問錢雙手空餘酒一頭石樓花炫爛吾意大如秋

舟行

買棹浮秋澗擺尊認野臺遠鷗鷥影散香槳逐蘋開流水還如故青山依舊來（出得自然絕不鍛鍊却非鍛鍊者所能到）繁華九落後魚鳥作游媒

平山僧烹第五泉

勝槩凄涼後招提僅燕泥所存惜是老都訝客來奇姓氏勞新問衣冠認舊知烹泉破孤悶酬以壁間詩（雙還離合之致寫得濃至）

感遇

似箭三千日如環十許年心雄思拘命口佞說憑天此際猶垂首何時可息肩觸藩無是處拍案眼空圓（居易佚命古人所難可見今人口說瀰天胸中未必爾爾口佞二字非詞臣不能道破）

其二

壯志空蕉鹿浮生任馬牛低回尋畫粉忽漫按吳鈎豈日從吾好其如不可求匡山書再否張子欲歸休

夢萬賓臣

好友無前期中夜忽相赴極歡不暇言狂笑聲無數迺今問起居云販中州路顏色好如昔當是夢之故

遲人不至獨酌書此

刁斗連江滸關嚴雁不通從朝坐至暮計日復書空有酒堪迎（迎字奇）夢無文

可送窮偶闔門剝啄環視意恍恍

天妃宮

峻閣倚曾巒虛窗見至寬長松疑徑寸空雨望瀰漫朔吹簷鈴苦殘陽戍鼓寒倦游兼中酒高臥碧天端（五言近體貴老然須從蒼秀中見老乃佳一味以朴率爲老終是才少）

紅葉

不謂三秋葉紅于二月花山山疑夕照樹樹炫奇葩蘇蕙機中錦文君臉際霞霜風搖落處翻足羨榮華

其二

九月亂楓丹霜濃葉倍殷對江成赤壁依寺作花關亂灑離人淚全酣客子顏御溝題句冷脂水自潺潺

其三

山徑葉紛紛停車坐愛勤巧聯丹嶂合不與落暉分野墅陪黃菊空山染白雲夜來靑女過遺下石榴裙

其四

霜重吳江冷寒凝木葉緋與黃相點綴留綠只幾希散燒廷枯岸燃霞翥翠微漁舟行渡處吹落滿蓑衣余初選時四首中存其一繼讀之覺四篇中各有至處賦物之妙思致幽曲故皆錄之

夜雨書懷

微雨夜經庭憂中百感生夢回苦塊冷寒入布衣輕握筆詩脾溢開窗夜氣清荒城秋柝靜無樹不風聲

旅臥

月黑星光淡曉寒知有霜短衾入秋水頑鼠蒐空堂較蒼鼠竄古瓦更覺蒼脆身客夢俱客恨長更亦長前庭風獵獵宿鳥已高翔

新月

一線秋空跡五字起得空遠足振一篇之勢分光苦未多引弓星作彈垂釣漢爲河合魄方成兎分眉不是蛾銀潭虛挂處棲鳥起南柯

陸右臣以贈文卿詩見示書以戲之

白社三山遠紅塵一水排良朋推玉筝午夜拾金釵景入遙天好詩推近作佳淸狂刋不盡風雨滿河涯

送張眉生還句曲

不適壯游意風波復渡吳貧交無厚餞遲別只村沽勿怪龍蛇易應憐燕雀愚丈夫寧爾爾他日望前驅

詠海棠

三月艷陽時海棠花滿枝蕚紅嬌欲滴絲碧嫩常垂午夜偏宜睡酣春可療飢杜陵方絕筆何處得佳詩

端陽前一日雨中示友人此等俗題何處着手詞臣絕不求異而筆筆雄雋眞是妙手

十年希雨澤今歲獨湎湎洗幹梧枝綠删頭菊蘖滋庭涔澄供硯廚缶漏承宦佳節艱遊賞空令榴火吹

持三塘近草叙詣唐韶言值出游書留案頭

忽有臨文興含毫敍唱酬立言窮我技來訪值君游阮籍重迴馭山陰獨返舟遙知靑陌上杯斝正綢繆

喜鄭子房自邗江來

正爲長日困忽報故人來啟笥投文刻臨篇服異才快惟心自省愁與目俱開起向南窗下淸風入茗杯

莊南作自然處絕似王孟以格調全從淵明得來

五月已及澤六月事耰耨苗有懷新樂人甘望歲勞水邊聽布穀桑下脫絺袍野墅多容與因思陶令高詩亦與陶令同高

病中唐韶言以詩見問步來韻答之

盛熱終成苦間愁暫不驅病爲君子虐形共野人癯君子野人四字雋而不纖積磊胸中有懸方肘後無得君詩一紙絕勝輞川圖

步潘曉靑來韻

只今春正好輕靄壓南枝何事偏愁坐梅花欲笑時懷淸期醉少居閙索言遲斧子誠頑鈍臨風以意隨

唐韶言病詩以訊之

忽聞君遘疾何處受勞傷消渴同司馬休糧效子房高明神所忌貧苦士之常百事俱從少茲爲却病方

寄懷翟玉衡

所隔無山水經年少唔歌憶歎如理夢追思往事盡於此三字計日似彈棱海國風霜
厲山家寒暑和少陵得意筆剡溪有煙棹乘興肯相過

望甓社湖

一騎沿湖上湖堤委曲長水天分一線烟樹忽中央風緊潮頭白春寒草脚
黃鍊字鍊句俱臻極至天涯幾發輒愁對此茫茫
心境清曠意思安閒興酣落筆得句自異最苦是勉強應酬俗氛糾纏安得有快心得意之筆故詞臣集中塞上游蹤詩獨妙豈非以清曠安閒之故

過韓侯釣臺

有術逢其主無能衛厥躬一時憑氣餒千古惜英雄死後慚田市生前負蒯
通從來題似者名智或名忠
淮陰侯才智大器量小故不可言忠並不可言智若忠以成其智則功名可與周召比隆矣何至爲婦人所給而駢首就戮

清江浦渡河

大河流萬里到海向潺潺水力如稍懈沙情亦漸開沙說情字奇渡喧征馬過日

落釣人還二句一忙一閒情狀如見我是尋源客崑崙何處山

宿碩山中

竟以山爲地雖高實坦然朴得妙藁黎藏小塢荊棗占開田石髮無還有岡腰
斷復連髮字屢用得者而穩脆而不佻杳無投止處落日倦垂鞭

過南旺湖

蒲荻橫相侵人家住水心天晴魚艇遠湖闊釣絲深風雨時明晦山川自古
今說得大而不廣經過秋正盡特地起蕭森

夜泊黃河口

秋初離紫塞秋盡到黃河爲問同來水何時此地過燈光出遠棹烟氣護涼
波畏路無全夢宵聲鈴柝多
詩到渾厚處最難靈動此詩極靈動處却極渾厚所以爲難

黃淮抵淮

計程三百里今日始乘風湖寺幾帆畔山城又腋中舟行之疾如在目中隙衙隨岸爲
雙槳起沙鴻隔艇昏多笑應知此意同

秋園分韻 四豪

主人能愛客開宴過軒高快論庸三耳悲歌感二毛候蟲分鼓吹晨色辨旌
旄歸路人烟競從知萬物勞

又 七陽

人生艱雅會今夕喜傳觴縱飲無堅禮清言有最良玉簫當夜好絺袷近晨
涼後約須珍重衡門未可忘

又 三江

愛此園亭好分花並玉缸長蘿能貫石深草欲齊窗讌笑容相盡疎狂聽不
降使君知國士誰謂定無雙
三首蒼芥莽蒨若不經思故神采具足丰容岸然

戊子春再過晉陵蔣集生齋頭飲

十日從容飲三年契闊情酒酣同度曲月冷坐彈箏小結因春綠高談與夜
清落花如有意池面笑相迎

入居庸南口

作客平生慣今成塞上游稱身留谷口隨面轉風頭劍戟排諸嶺弓刀映獨
流故鄉烟處遠回馬望幽州
幽州且回馬面望故鄉之遠可知正與首二句相映

宿居庸關

雄關傳第一門戶尙依然亂岫如窺屋孤城欲到天風沙迷返顧鼓角喚初
眠寂寞思前事歸鴻入暝烟
才人壯游過名山川必有奇句可傳予讀詞臣此詩至孤城欲到天慨歎才人必不可不遊老死牖下不知埋沒奇句幾許

月夜飲丁漢公半園

萬事指都屈無加對酒高況乎捐禮數可以恣牢騷讀此覺三百篇猶是桎梏椀綠三年橘盤紅五月螯此生多勝會何必不蓬蒿

又

日飲偶成趣其歡忘主賓卻此方可與銜杯清言當異味明月是添人不火詩書熱非寒造化貧半園高議處豪士愼相嗔苛體可優俗人惡妓一夕喧鬧累日不已二三知已世歡暢飲忘主賓捐藏骸其樂不可舉似詞臣滿公天懷曠逸爲吾黨風雅之宗故深得此趣

答劉樂生老師來韻

廬陵三月好無棹入山陰夢尾尾字妙可味而不可解然正不必解□解每有之可與解人言也千峯影風前萬里心草堂人黯黯驛路馬駸駸穎水淸堪挹魚期許更尋

哭庶韶言

酒杯與詩卷斷送一生過永夜爭奇字春陽聽踏歌寄歸君已矣生死我如何誰獨長年者傷心問逝波

又

悵情若長別亦有不相關至如夫子者當在古人間昔抱慧心至今將傲骨還高情留彷彿煙樹鳳凰山

又

吾嫂及吾姪哀哉孤且貧起君於死地何法處生人讀至此令人淚數行下天聽一何遠世情誰復眞豈惟知已痛行路欲沾巾

又

隔遠無恨稀寄詩徒亦滋又思壯年別豈無還共時捐館爾何速買帆余竟遲人生如夢幻離據乃如斯有才之人多貧至貧而歿死妻子無以爲生慘至此極矣同人中江衣中公白英韻言俱受此禍至韻言無法處生人又不如三君子之脫然無累也詞臣至性人故言之哀切如此

分紙半千以宮中故紙百餘分之諸同人因共賦分紙詩拈分字

側理五十萬佰儲出右軍亭非玄草虞物昇浣花分玉版鏤晉雪濤箋起側雲尋書徒廢却莫向子甄醴

麥飯坐橘庵中同諸子飯麥飯味甚甘拈韻共賦麥飯詩

小亭廠南戶煒煒一榴花人語閉門絕炊烟出樹斜天機宜土物風味是山家只此已多福貧夫何有涯

又

嘉賓無異供麥飯餉華堂門主感厚意用古自然貧家爲泛常渭濱煨箭何東野食蔬腸甘苦雨無據行人牖外香

乞水右臣坐橘庵水于予四作乞水詩同人和之限一先

孟夏不及深黃梅晴過天北際但有菜南冷何處泉借人清甃穿發我破鉛煙何極工緻又十自然故妙得以解孤悶松風午吹先

爲李天助解嘲次原韻

李子貧非病蕭然水似門客來雙鶴白雲宿一窗昏妙在宿字更令昏字有情木古霜爲耳萍流浪是根爾來殊浩浩生計在漁村

又

李子貧非病衡門足嘯歌不惟輕冕紱且復傲烟波水宿雲隨影霜船玉滿蓑君看結駟客所得孰爲多

冬暮發平山至甘泉

別帳酒初舉僕夫鞭屢揚山川幾極目風物漸他鄉市冷氷圖食村荒土築墻親知遥望處應念去途長三四遠遊初發之況如在意中尤妙在五六所見之異風物頓殊鍊句警動並上下俱覺恰然

曉發大儀

行役素非諳曉征思黯然晴蟲啼露草寒馬踏星天眼前景物非才人不能寫寫亦不能如此壯涼自反但當已何求爲所牽故園春酒熟高議愧時賢

除夜走上塘

歲殘偏住客除夜共思親古道遥愁日荒河遠逐人兩年駒隙换千里馬蹄頻何以消孤悶青帘麯米春

過易水

易水寒車過長波留古寒（古寒妙覺歌聲蕭蕭猶在人耳）至今悲慨士猶作別離觀我轍無停軌人生比急瀾漸離殘筑在翻調譜新歡

易水弔荊卿

譏道荊卿俠荊卿俠竟虛有慚燕太子不敵夏無且（使荊卿咋否無語）易水歌聲苦秦庭劍術疏斷無生刼理（始皇豈可以生刼真負太子丹契于期矣慙甚慙甚）何事用踟躕

雪

苦突天垂被連宵雨雪更濕使知履薄寒到失裘輕辨色大疑近無聲地已平（咏雪從無此警句）素心無限事兀坐望空明

望西山

北地黃塵壯西來爽氣高烟中分道路雲際起波濤拱極連諸輔籌邊斷不毛何知覽形勝計日許遊遨

燕市偶成

帝闕規模迴天涯物候新蓮花三點漏閭野（都中酒名）萬家春木少鷹棲屋埃狂馬觸人許多名利窟難作白雲身

道傍老樹

古木忘年世頹僵雨雪中怒龍投急澗奇鬼搏驚風鸛鵲巢頭禿蟻螬賀腹空（賀字妙腹空二字寫老樹尤妙）樵蘇莫頻顧留賦待庾公

舟中詠月次張俊公韻

一碧天無際孤雲總不留濕輝紛短褐纖影碎寒流我飲偏宜夜人悲正在秋誰知砧杵外應亦照樓頭

舟子（用前韻）

水急兼風利扁舟不可留許邪聞半夜欸乃發中流竹葉三河酒蘆花兩岸秋前途正修遠何日海東頭

漁翁（用前韻）

待欲乘風去還因晒網留釣絲垂淺瀨笠影動清流酒買三家市衣添八月秋平湖歸棹急風雨轉船頭

舟次聽雨（用前韻）

辛苦燕齊路孤蹤處處留浪掀方拒艇雨急又添流岸草聲何細篷窗氣總秋相依燈與我譁使避風頭

（四首作一氣讀機神自相環合景物與會亦互相發尤妙在一字不複意俱各出而各極其妙）

臨清塢

清濟交流處巍然鎮大東鐸鈴驚爽籟金碧耀高空法象諸天外瞻依大地中道當南北孔仰止正無窮

耕夫

隔隴見耕夫耕田意自如牛馴鞭尾懶雨細土塊疏昨夜風寒否今秋稼有無莫教官長怒作意早完租

（今日作令之難第一在催租若征輸不及額雖召父杜母亦難免於罰故敲朴追呼良非得已緩刑而多逋謫責於朝廷嚴刑而忤責誹怨於百姓雖廉潔慈惠知詞臣且無計免此而況其他）

泊臨清關

一葉下晴渚兀然朝復昏占風看旆尾驗水畫沙痕（身歷其地方知此句之確妙）樹老鴉能靜門高犬亦尊當關多虎豹歎息法徒存

新秋坐雨

自是秋無賴悲緣客有情雨疎簷溜脫風急紙鳴條細葛涼初覺（寫新秋最確）虛窗暗漸生兀然惟瞑坐何以慰凄清

又

秋入不時雨園空無可花半年全棄擲一室獨吞嗟絕塞風偏勁羈人髮易華餘生眞可惜豈特爲思家

羞江高樓孤燈自飲客愁鄉思種種逼人讀絕塞二句令人黯然魂消讀餘生二句覺欲泫然矣爲之奈何

又

獨客坐秋陰隨風萬里心羣雷山水落重絮野雲深酒醆因人熱歌喉笑我瘖家園渺天末何處起高砧

又

知有瓜期約閒中總未忘醒心悲細雨高厦散新凉齊魯已遼闊幽燕亦渺茫雲中秋色早不待雁來黃

詞臣爲予言集中有一題作數首者毋多存然如此種詩卽多多益善無可芟却也

計歸

五原秋颯颯吹動故鄉情惜別棋枰嬾謀歸道里輕前山雲半捲離雁翮將成預擬黃花綻籬根酒自傾

再經宣鎭

上谷西門路風中按帽行水強能仆馬眞境眞事寫得蒼涼沙漲欲平城初到尙多歎重來便有情一鞭珍重別他日夢魂縈

雨中發上谷

又渡桑乾去迷離客路長雲濃山忽淡風軟草初剛古驛添垂柳新花發野棠家園無近報猶自夢漁陽

全體秀勁骨法在王孟之閒

庭樹

庭樹橫傍愁閒窗日夜聲光從簷隙漏影入硯池明鸛哺鳴還咽鳩啼雨復晴蒼涼看不厭坐待月華生

甓廊新月

古戍笳聲靜閒庭樹杪長戀人猶未去勞我久相望小烏流棲影微雲抹練光午驚風悉翠榆莢掃空廊

從閒適中涵泳而出悠然有性情之樂亦須閒靜中讀之乃見其妙

渡洋河

驛騎憑河水滔滔共不閒夢中燕館舍鞭外晉雲山兩句中包羅無限山川物候未念幾時到但愁何日還急流無正影難與照衰顏

榆莢滿堦時被風有聲冷冷可聽

落莢滿庭墀窗虛月暗時聲加驟雨迴知被微風吹脫樹行更薄似錢空爾規開愁共堆積愼勿掃除之掃榆莢易掃閒愁難何以掃之惟有杜康

題八達嶺

畫地分山後披圖最嶺頭羊腸牽肚絡鹿角阻咽喉塞外推要害畿中拱上

游時平無警急哀角閉譙樓

宿懷來署中

亦復區中地淸和怯絮涼烏啼疾馬風那勞飛揚春樹微微綠宵籌特特長夢來都故里只作未離鄉

過雄縣南堤

孔道神畿地前朝古柳堤來力從極浦馬過踏春泥亦有魚懸市兼之鷺澡溪依稀如故里相向一含淒

詩到眞處山水雲物草木鳥獸俱爲性情之助然才不足以驅役之運化之亦不爲我用力足而性靈不得不推詞臣獨步

大風

颶母朝生怒封姨意復狂塵迷雙眼黑沙漲一天黃寫得雄快乘馬遭遭盡飛鳶站站翔自憐歧路裡誰念獨徊徨

題極大詩最難稱沙漲一天黃五字雅與題稱卽少陵集中未易多得

晚宿

苦欲貪程遠甯辭倦不支村荒門閉早日落馬行遲脫兎驚陳草栖烏問舊枝主人如解事燈火笑迎時

懷陸右臣

奔走我無暇思君更貧所嗟多在境不僅爲懷人一水但衣帶孤雲尚屈伸良宵頻入夢猶是隔年身

沂水

沂水春過岸經過似有情一泓人影澈千疊縠紋平沙嶺風摶就河橋草築成尋常胸次此十字不出臨流不敢濯羞與照塵纓

與川樹百

不是龍媒骨獵名應不祥問心甘薜荔窮不熱中顯不變塞詞臣不羈濯足聽滄浪雨雪非無意風塵未可忘窮通何有命豈曰效嚴光詞臣原不以利祿攖心故居官亦恬淡了留

雙虹堂詩合選　十七

見月

的的當簷月清光誰爲開知君東海物從我故鄉來奇想春屋無堅雪寒爐有剩灰小山叢桂好長此臥蒿萊

獻歲四日答王日牧以來詩意過憂憊依原韻奉和用寬之也

入春方四日四日已消磨四日那足惜一春應尚多時乎同爾我天也敢誰何大丈夫不可無此力量努力支眉骨氷霜漸就和

雞聲

雞聲殘月裏如哭復如歌大有清明處其如夢寐何物情眞可愛人智苦無多絕勝烏三足無言歲月磨

雪晴見月

雪月向人清高簷無夜聲雪邊雲外影月浸瓦行明白髮與相對遙情能自生來朝游冶處安步喜春晴

意致清淺然魄力正自深厚

春雪

當曙不知曙雪花開蚤春飛颺無定趣輕薄近寒人是春雪用意近而遠靜裏宜相對愁中應更親閉門僵臥者當耐遠紅塵

雪晴

最喜看晴雪雖晴雪尚存峩眉天削影長信月留魂虛白生書屋輕寒配酒罇遙遙城北路風裏釣魚村

河濱夜步

老大仍如此回頭愧少年人生憂迫促物理貴推遷波浪時相觸星河夜不眠春花屢開落今古此蒼天聲調似樂府古詞意骨韻全從漢人脫化來

贈丁後白時來吳陵改姓名爲蔣山雲字無定故云

雙虹堂詩合選　十八

石城丁後白茲耳久相聞其來海陵日忽變蔣山雲山人無定跡山雲無俗氛出山遇知己便當持贈君一氣旋轉無首尾可尋筆力雄健無比

舟誤

僮僕兒二老將將非所親田波野晶晶大日寒粼粼舟觸如仇岸村遙似避人妙句入情蘋開應是路一笑詫知津

宿馮店

鞅掌竟何益舟車乃半年醉眠明月地愁望白波天時物驚如許鶯花但赫然晚村新草屋夫婦笑燈前妙才快筆不過能直抒胸中所欲言已令人歎爲不可及

書懷

嗔薄屢聞客知貧但有妻閒愁時數雁不寐到啼雞窮愁中真境觸手青緗亂髠

頭素髮齊百年無定約何日遂幽棲

發眞州

曉發迎鑾道蒼驢刷耳行林巒隨地轉沙日向人明髩入風塵老詩因寂寞成（非老於詩者不知）弃繻誠壯即華竟愧終生

望江上諸峯

一氣引鴻濛驚濤動遠空（起句雄渾絕似浩然）平崖春繆綠削壁古留紅樵採無傾覆畊漁足困窮青天原浩浩何用學冰蟲

滎邑道中

簧塞不爲疲看山正所宜路迴忘近遠泉落辨高低野女摶春巳駕鵝弄水漪閒心貪應接況復艷陽時

當壚婦

貼貼（二字如見婉媚之致）當壚婦衬中別有香誰人看轉盼何處不柔腸但與笑顏看肯教春思揚迷離拚一醉四夢夜偏長

彈雀

挾彈彈黃雀雀飛弓屢虛柴人喧一笑雙翮忽高翔物智甯云狡人心自不良本原仁孝事何用羽毛傷

不寐

疲身能不寐兩耳納諸聲（旋中尤難堪）永夜頭堪白饑腸酒自鳴思兼奇正發人挾笑嘯迎晨轉雞更盡霜途馬鐸驚（極眞極細骨韻脩涼峭直不落俳小）

過滁陽

今日西南望諸峯正不還石蓮舒菡萏雲樹辨瑯邪（南畫佳勝如在目前）帶礪空存誓烽烟又似麻山河生涕淚古道日初斜

雨中過關山

帶雨過關西疊峯一望迷虛空盤鳥道恐怖祝驢蹄（關山險峻又在雨中恐怖之狀如見如聞）集水全欺路征衣半染泥山靈雖見妬不敢不留題

磨盤山

曲曲峰腰路盤迴直到巔馬如蟻附磨人似鳥粘天萬壑湍清籟千峯發暝煙往來多大雅不爲買山錢（人似鳥粘天一語遂令全篇生動妙句正不在多）

早發見飛雉

雉有文明德謀生草莽中朝飛雖不偶春野正無窮霓影翻沈霧翎聲動細風莫愁前路暗海日漸流紅（語中有比有賦於題不即不離言有盡而意無窮）

舟宿聞水聲

舟宿兼風雨波瀾夜觸船恐陸如有物層疊欲相先枕席昔連水籤簡面覲天（背面二字用得輕）清愁成不寐高枕愧長年

劉幼功招同向遠它何公度閔瞻屺陸吳州鄧孝威幷皓鳳二姬集劉季主結綠軒又移酒水西花樹下看玉蘭海棠拈蘭棠二韻

芳草無窮碧春花特地寒知君多野趣招我一相看樹影懸高寺（賦玉蘭可稱獨絕）衣香擁弱蘭深情不可盡移酒過前灘

又

水西花更好殘日復移觴雪艷連芳樹紅香發野棠倚風聽越燕藉草作胡牀暗雨催歸騎諸賓有剩狂（秀色亦是盛唐手筆不落中晚）

出汝陰東門花樹最勝同陸吳州賦得城東萬花國四首

城東萬花國有客醉花前冷艷如團雪空香不到天（觸境忽得佳句非意想可到）青回江上草紅殺夜啼鵑豈獨南中好春風未肯偏

二

城東萬花國騎馬一來看衆卉爭春色重陰生晝寒（花樹之盛盡於此句中見之）吐花占地脉剪綵困人官急雨如相妬殘英下冷湍

三

城東萬花國我到及春穠啼笑隨心事羞嗔向我儂鬢衰簪未得心亂妬難容安得常居此園名署素封

四

城東萬花國歷亂乃成幽鳥語如矜富人來不自由彌大迴雪陣立地幻丹丘好惜嬌顏色容余續勝游

（勝游祗好詩可以不游作詩祗好句可以不作四首中得空香不到天一句不惟一句可傳一首皆可傳不惟一首可傳四首皆可傳可爲知者道難與俗人言）

月夜同陸吳州王賓臣牛天章飲向遠它寓中

不見他鄉苦他鄉有至交去來都唯唯歡笑各呶呶正月當人影驚烏脫樹梢前蔬能博醉何用大官庖

王賓臣仲春客潁三十初度次陸吳州扇頭韻

遨遊當勝地初度及良辰壯是三旬日青如二月春（雅當不纖）食魚慚幸舍沽酒過東鄰誰和千秋歲天涯有故人

夜中作

有酒且傾杯花飛不更開縱眠心半醒隨夢事全來鬼入空林嘯雞當午夜催此中無獨斷鬢髮老徘徊

（三四幽細五六忽轉入奇險爲法便不平蕪）

歸道正陽留別

以得歸爲幸還因別又愁（天生甥管不可效顰）祖筵當驛路清淚滴征裘白髮春同老嬌花鏡日羞此心兼去住不語下青樓

又

幾日河干宿腰圍學柳條強留多語誤眞別自魂銷遠渚鶯頻囀離亭馬不驕恨隨芳草路千里共迢迢

剪棕櫚

一自埋蒿莽相憐未有人糾纏徒自聽剪拜敢辭辛夜雨應添淚春風爲拂塵甘蕉雖長進霜後不留身

寄弟穆如

一兄兼一弟同是最貧人無計糊其口（用古入妙）眞成患有身誰云窮則變不信富由勤努力種松菊歲寒之後春

（穆如丰神瀟洒磊落不羣詩酒嘯歌興會自遠飄飄然有凌雲之度余旅寓四明穩如栖遲湖上詞臣又抱疴不飲令人鬱鬱不樂乃知身安心閒是人生第一樂事貧固非不幸也惟穩如可與語此）

歸途雜詠

迢迢千里道偶爲浪遊來竹亂無奇節花新有媚才野蠶絲亦吐高鶴淚空哀自有相憐處他人莫浪猜

又

把袖難爲別相隨漢使槎人皆來勸駕郎豈獨忘家匹馬嘶芳草孤鶯怨落花誰云姿遠送終不到天涯

又

託月爲名字前身是素鸞飲餘眉陣懶歌罷口鋒寒削玉憐全體揉花作一團清輝時滿幄何用倚闌干

（傳之吳楚歌無其細婉張華周小史無其壯涼總是得力漢人方能有此）

滁陽道中

幾經兵燹後猶有數家村打麥金盈掌栽秧土滿門俗貧人力盡山老樹頭髡百戰前朝地今將沐至恩

再過清流山

雨雪關山道曾歌行路難今來晴霽日復有別離歎日積遂成遠磴危誰共攀茲心無阻隔終夜奉清歡

曉行

意隨征馬倦無那復行行山氣回頭影田歌隔隴聲小星臨水活活字妙殘月背人明綽有孤清處誰當共此情

曉行望月

素月揚華容團圞泛清駕起句似晉宋人語曾當我酒杯曾照我深夜驅馬我東來垂雲月西下瞻望不得見淚與南珠瀉

懷人

阿誰無賴甚終日踞胸中啼笑態千出尋常事一空影來留暫去心拙不求工試與榜人道安能慰轉蓬

其二

纔分前日手又計後來期轉悟忽成笑鞭心總入痴有懷輕道路無句賦仳離鍼線尋常事相關是可兒

其三

么麽何足道微影欲移天有意驅難去無端笑可憐懶生與僕怒貧沒主人賢盡道歸休好歸休殊不然三首意致空遠故俱存之

水口

古道驅疲馬山陬又水涯白茅吹弱穗黃荇照微花野屋人棲畝新田水滿車豐年有望吾亦念吾家清幽靈貴之氣浮動毫端義山晚晴諸詩有此丰格

坐

十日虛亭坐青天水遶林鳥聲驚筆墨花藥落胸襟漸有文章夢全生歡喜心晚來隨散步山遠氣沉沉此種詩最渾朴最厚重可覘詞臣福澤久遠處予每謂李長吉詩翻空出奇一字不肯尤人元氣渾淪則無復存矣豈壽者相

飲酒

髮短心逾壯顏頹興不磨閑臨初望月塘摘早開荷異國青田核南山白石歌轉境蒼異便覺峭逸唾壺多缺處起弄魯陽戈

霪雨書感

仰天常瞪目終日乏清歡雨歛羣生命衣添六月寒微吟寧有句忽歎似無端曉事湘娥竹垂垂淚不乾

詠水

愛水有清趣無如性善淫傾身雖善下遇物喜相侵滾滾風爲面亭亭月是心所嗟人易狎今古受浮沈一氣流動酷似劉隨州

病腰

上天仁愛甚屢爲告凶端與疾當㚤害驚心是廢殘夜長憂輾轉思靜識艱難悟得窮通理冰霜正不寒詞臣天性曠達故於窮通之理了然以疾爲天心仁愛眞可作養生之訣

讀史

朝廷求異士文武貴全材呂望終鷹佐曹參是狗才盾磨飛檄墨金築拜師臺談笑功成後長歌歸去來

贈燕

小晴看戲燕何事最多情故作無風折偏於掠水輕語如能刺刺憐直欲卿卿爲囑西飛日相煩寄遠聲寫得輕淺綽約而不乏其纖故妙

哭姪

求子似求仙偏教不永年叫名難入地癡恨欲讎天有命皆烰獨無錢贖罪愆（罪愆豈錢可贖乎真怨忿之言）鄰兒多復累昨夜棄河邊

釣

脫鈎眞足幸定痛又思來一餌何須戀老饕終不灰水中天萬里竿上命微埃（讀此愈知梁伯鸞嚴子陵之不可及）自合充人俎誰能聽乞哀

懷韓經正

奕奕吾韓子清才縱自天七絃通衆籟一篚飽諸篇貧是陶元亮詩成孟浩然何時重話舊風雨夜床連

苦雨次家季穆如韻

連陰相斷續如瀑復如烟決霤朝供盥翻堦夜警眠濕雲堆故絮高浪戰浮天雨味無甘苦人心不似前（雄渾蒼涼即起孟襄陽岑嘉州爲之殆無以過）

送來威遠之燕及其弟思遠歸浙

天地惜貧士驅之出故林（起得高異）勞人南北路知已別離心匹馬燕山遠孤舟浙浦深此時悲析玉他日看横金（余以饑軀浪遊浙東西間所投止者若李威若仙客詞臣尺木諸君子皆當世第一流天童雪竇招寶嚴陵皆名山水登奇峯望滄海詩酒笑歌所得不既多乎雖貧可以無憾）

送韓畊良南渡

艱難吾道塞鬱鬱事遥征沙赤雲陽路天清石首城龍頭期管子燕頷負班生勸駕知何日刀環秋水明（悲壯之氣足令窮士生色）

喜雨

秋熟反成夏流金大火燔怖人雷過屋立地雨翻盆（寫得飛動）蕉横一庭綠雲來萬里昏新凉看不見淸月到衡門

述夢

故母與故妻中宵入夢㕶看來顏不改只是瓜生泥死別驚重見魂歸恰共淒許多分付語惆悵恨窗雞

栢鄉夜宿聞鐘

北來無所聞日聞車馬鐸今日聽鐘聲一如夢初覺正音遠愈淸深理暗相酢（靜理令人會心）良友好思量塵中眞足溥

靜坐

日煖花枝重天高燕羽輕（起得有氣槪）徘徊吟石鼎盥漱閱金經香燼人生過蛛絲世網明（逢人當作如是觀）風塵無是處郁得百端生

旅榻

一榻便當戶單衾覆亂書客來爲上座月照似精廬有僕司鋪疊無人礙展舒所歡隨夢到此夜不曾孤

金臺懷古

（尋常字句出之高手便自蒼老）

欲招天下士臺乃命黄金圖霸諮長策高賢寧嗣音以行六出計兼動二疏心（昌黎君之去燕亦高於人一等）極目滔滔者兹風成古今

不眠

客睡才交枕故鄉千里情有燈留四壁無夢聽三更窗紙知風過星天識雨晴（寫旅況淒絶）不堪久寂寞正復賴鐘聲

雨後野望二首

令序淸和盡平疇景物賒晴光開島嶼生意滿桑麻鳥下知花塢帘高識酒家登臨舒老眼天曠正無涯

又

積抱天俱豁淸尊未可賒牧人憐細草蠶婦念新麻（摩詰得意筆）路種將軍樹山

藏處士家時艱勞永歎吞鍤入河涯

雨後見月

作客春還夏陰晴亦屢遷今宵雲忽破又見月將圓溜盡空庭寂光臨獨樹妍此時憎枕簟不欲受孤眠

紫西施 菊名

絕塞西風起寒籬鬭麗春色分栖蓉燕粧學浣紗人紫玉名應誤青腰性莫嗔相逢陶栗里須勝五湖濱

鶯粉黃

春為聲已寂秋花苞正肥問名疑寶相設色幻金衣林下雙柑熟門前五柳稀尊須攜斗酒無語看光輝

蜜輪

淺擷破清霜妖姿類割肪雲林秋黯澹青卷夜縹緗鶴翅團如此蜂窠細不

 二十七

妨郭珍能作賦何用擬蘭香

金穿宮

黃花臨砌綻粧束內家般好色貯華屋高柯依露盤步搖侵曉濕臂釧入秋寒移向長生殿君王帶笑看

姜鱗臺詠宮四首屬而和者不可數計大抵難免一俗字以題難於超脫更難於切當自非筆力高老氣魄深厚者為之非纖則縟矣故無有出詞臣右者非阿好也

元旦

昨日疑無日今朝事事寬貧士讀之愈覺其妙輪蹄離惡棧舟楫過新灘旭照如初霽春風似不寒所欣無剝啄遮莫酒容丹

清明虎墊道中

清明逢雨霽朝旭亦何妍小屋新花片深邨舊酒帘清麗語妙在深厚昔馳山左路今種海陽田盡道春風好春風又一年

愁吟

所念百不就茲生何自娛夢遊因以外心折窘之餘有感但扃戶無聊還讀書難排諸擾擾安頓到清虛

洗竹

洗竹還無垢鄰鄰十個青結荷為淨友與石傲塵庭隔葉鳥猶矚到梢雲所經恰逢山雨過閒挂古瓢聽

移竹

竹從多處乞還向醉時移鳥雀相隨到梧桐與較低晴窗應借蔭冷榻定添詩拂拭鵝谿絹空庭落月遲

詩到極朴極真處令人祇見其朗麗不見其真朴方是妙手若以粗淡率易為真朴者村學究所為也

游絲

曠曠復何有纖微忽點空能將高下意私逐有無風惹絮平偷白牽花便惜紅幾時勞慧劍中斷不西東

 二十八

其二

不揣生何處柔風與暖天本空為芥屬隨物作因緣胃屋蛛添網依簾篆結烟沾泥憐弱絮那復晚風前

善於賦物不失之纖小總由識高力厚

黃仙裳移居南鄰次壁間韻為贈

黃子愛山居今移近敝廬紙窗高結草茅屋下連書未用題凡鳥相過較魯魚計當晨夕聚以贖十年疏

仙裳曠世逸才吾黨中叔度也不得志於時而詩愈工字愈老興致愈豪當此之世如仙裳者又何必富貴為哉

題蘇蕙織錦圖

微妬遂蒙棄癡情徒自傷徘徊弄機杼宛轉成文章絕調創於我解人終是郎工甚亦逸甚至今圖畫裏想見手痕香

吳亞玉方康侯吳趾振仇松弟江西來王繼仁梅瑞仙泛舟西溪送

別留此爲贈

草草定交後一帆隨遠風漫勞人望北幾恨水流東海近雲垂地天低浪貼空不辭卮酒醉牢落正無窮

次吳亞玉原韻

山晴向着屐溪小不容舠麗手調清瑟空天把濁醪我愁寧有已君詣一何高莫向殘陽裏留人聽伯勞

次仇松弟原韻

勿復聲啁哳上林寧久依此心爲我用實未引君歸缺月隨天遠飢鷹背海飛西溪重撥棹應念酒人稀

野泊

噎口風何烈驚心地暫屯長年營竹木旅食禍雞豚偶爾晴還雨兀然朔復昏大都無是處聊此託萍根

秋寓天壇

僻境人俱遠低窗草與齊尋秋雙鶴廻支夜一蟲啼觀以涼能定心惟淡足栖（悟到語可作道書讀）颯然疑落葉疎雨過壇西

念亂

江海烽烟暗幽燕客路長雁猶憂梗塞人自認康莊去住憑誰寄身名竊自商此時生計穩寧不讓嚴光

中秋月華

月初無五色人自見爲華雨後搓圓蝀風前剪碎霞有心憐皓魄無夢到天涯不及光中雁南飛陣陣斜

出都門放舟南下

此地了閒事深秋放細船雁行遙隱隱蘆穗近綿綿白屋青蔬市黃花綠酒天人生如刻燭慙愧又今年

喜常梅仙叢含英聯舟

（友人招飲予亟稱詞叟詩才之妙同人欲予舉一二以驗其餘爲頌白屋青蔬市黃花綠酒天二語舉座無不歎絕）

歸棹樂如何況有聯舟者接談窗恰對撥悶書頻假皓月照過從涼秋共瀟洒翻喜前路紆常得親風雅（此種似古詩不似近體以對偶工妙故仍列於此）

清縣阻雨同梅仙含英夜飲

去日風淹宿歸船雨約程人無嗟所遇天未厭茲行伴結秋鴻陣鄰依夜柝聲濁醪姑取醉鄉夢恐頻驚（作詩者才不足反欲從正雅之外別尋出路要知無東野長吉之才求異不得詞臣詩卓然初盛未嘗絕不求異正是才大處）

八寶道中

潑潑一湖秋秋湖遠入舟水寒嘶荻足霜皎抹（抹字妙能化俗爲雅化稚爲老）蘆頭失路悲行澤懷人欲溯游自憐常鹿逐踪跡愧晴鷗

坐西庵雨夕東超然

閒房開野逕細雨弄秋陰獨坐忽無事避人誠有心砌蟲如見昵落葉偶相侵不畏衝泥苦同來驗夜深

秋海棠

脂肉籠媚秀衣裳雜綺羅下堦如望月經雨似淩波命薄愁無那羞深喚奈何最憐風稍緊零落掩蟲窠（從古樂府化出故清峭不似女郎詩）

聞磬

偶然蕭寺坐塵籟隔山城秋雨一番響梵音如更清石牀栖海月金佛傍茶鐺冥理知來去孤心忘送迎

渡河

取渡臨河曲大源信有之劈空分水土特地混華夷波冷雙鳧立沙荒匹馬

運東流憑一問到海是何時（峭鑿處似孟東野，高亮處似劉文房）

客中除夜

作客逢除夜蕭然我一身閉門閒白晝沽酒待青春免俗除苛禮追逋恕旅人（說至此乃見作客之妙）獨憐東海上思子累嚴親

喜陸右臣不果死得十一尤

東坡居海外傳死出其仇害涕空三日風聲竟一州事眞翻不信身在復何求百里今相隔君知我喜不

其二

謂君拚一死亦足了窮愁（我輩數奇不偶窮愁二字非一死竟無了法）磨蝎未相恕毒龍仍復留我將行弔慰人已說恩仇（言言可怖可欲）豈料綈袍內居然有應侯（古今臣之子而其貧如故建高牙擁車騎者不啻事詩書乃知才者窮之媒若爲才犯學事大年受禍位爲卿相名傳後世亦自有氣運可留之今日）

展墓

萬里作行客三年違墓門哀心但永慕魂氣孰相存墳土喜無恙草花如有言難將胸臆淚同薦澗中蘩

舟中聞雁

澤國新霜後淒然聞雁聲一江蘆荻冷片月羽翰輕各有營求事同生羇旅情平沙容作伴漁火莫相驚（此題作者國多郭河臣亦數見高老悽涼此爲獨絕）

曝書

只有書無恙年年曝日光徒然分卷帙全是未丹黃已食神仙字還聯風雨牀兵戈輕白面端不敵干將

懷人

塞北三秋雁江南二月鶯烟波同一宿侶伴忽相驚味信如茶苦身離似藥

輕醉來渾不懺恨殺酒無情

其二

塞北三秋雁南飛意若何稻粱殊黯淡風木更蹉跎雖曰冰霜少難言羽翼多最憐來復去時日暗消磨

其三

塞北三秋雁飛鳴自有儔奈何多矰繳未敢恨鵂鶹命似輕雲薄聲分細雨愁幾時栖宿穩不過月明樓

其四

塞北三秋雁音書寄阿誰可憐樓上月恨煞鮑家詩黑霧空千疊深林未一枝遙遙悲遠道何處說相思（前三首曠達此四首悲涼懷人之詩意中各有所寄故詩亦因之殊致）

假寓大來禪室

黃葉秋埋徑禪關晝不開分燈然棘莽借榻臥風雷身老愛餘景心清夢未來消磨猶剩事歌罷酒盈杯

秋齋

寒陰凋暮景寒候慚知微濕雨凝凝葉秋蚊惰著衣（惰字奇）夢常尋冷月人不到空扉時見殘鴉警應憐未息機

贈于羽可

結屋傍寒溝笙歌日夜浮門雖容駟馬性乃狎輕鷗寶劍隨無忌明珠與莫愁碧天秋水外雙月照風流

贈于俊生

俊生奇偉士一語便相親亦復能豪飲參差見古人感深多痛哭狂到失淸貧世事今難問高歌漉葛巾

夜雨崩墻起不成寐覓餘酒爇覆瓶溫而飲之

生平逢惡境但以酒消之（御境之法非此不可）黽勉求千日權宜了一時傾壺方傳醉剪燭復成詩此夜遂將半其他非所知

村中雜詠

（率爾成詩氣體高妙所以得性情之樂）

獨宿高齋裡蕭然萬慮空夢來蟲語住醒後佛燈紅長夜無堅酒疎窗有暗風披衣尋落月猶在菊花叢

又

初日照高林開窗且氣深沉潛貓守穴瀟洒燕披襟感物多真趣悲時有暮心茲身兼進退無意得前禽

又

惆悵月華明故燕絲猶繫新鴻字未成風露正三更只有簾櫳內遥知此夜情

又

閉戶坐秋陰村醪祇自斟暗燈依古佛疎雨共閑心鳥雀聲俱遠山林氣更沈紙窗驚一叩落葉偶相尋

（骨力消峭一意孤行極似孟東野古人以孟為寒以賈為瘦寒非寒儉詩到高極方可謂寒瘦非瘦削詩到潔極那得不瘦寒瘦正是兩公難及處讀詞臣此種詩可悟真理）

書懷

兀兀背燈坐孤情一往深也知人拊手不肯自違心懊惱過時日語言成古今（此句深而雋使全篇不可删）好花嬌欲動華髮却難簪

雙虹堂詩合選

廣陵張幼學詞臣甫著　同學諸子彙評

律詩

七言

天道應殊北地居爲倩烏衣聊寄語瀟湘萬里望來書

（律詩之妙至王李已極渾雅深厚朗麗高貴全是盛時氣象衰颯卑俗一字不犯其筆端今人纔拈管即附會鍾譚雌黃王李不知淺人學王李難學鍾譚易氣力不厚學問不大筆底不滿疎必不能學王李空疎之人徼有筆致即自許鍾譚識者陋之大約作律詩氣格欲高骨幹欲齊胸力欲遒勁聲情欲朗暢流動詞臣彙而有之安得不妙）

重登觀音閣

海上狂夫字曰顛重來白下問山川一秋客夢秦淮月萬里吳雲燕子天（此種妙句是興會所至不知其何自而得若欲刻意鍛鍊正未必有）汩汩波濤寒嶺閣蕭蕭蘆荻滿江田明朝楚水聲何急回首南中有暮烟

遊西山

野色溪雲認翠屏客來無酒覺寒生虛堂晝閉江南雨飛閣迷離海上晴（坐臥其間方知此詩之妙）萬族烟林藏廢寺幾枝霜路入孤城暫逢野老談遺跡當日笙歌滿帝京

逐去帆風塞鴻音信天涯
酒未醉時愁有緒夢纔醒處恨
問情多少萬派洪流盡向東寫來絕不作意不覺其牽覺其薄此是其耐力所至

蒼岳楚人遇於甘露山麓

公白社列淸班太岳巖巖未可扳飲水瓢寒巴子國飛空錫卓米家山秋
風夜月蒲團裏楚水吳雲杖屐間爲擬上人何所似江天千頃一鷗閒

此等詩全乎滄溟矣空疎淺薄者能爲之乎知詞臣詩之妙乃知王李之不易到

賞牡丹

花滿闌干酒滿巵錦堂淸宴對芳菲繁華上國舒紅藻富貴西河入紫微金
屋曉妝憐漢帝玉樓春色醉眞妃坐來花底連朝暮明日天香尚惹衣富貴詩仍是蒼勁故妙

雨望步陸吳州韻

萬疊山嵐擁翠屛一天濃陰落空庭望餘江上風濤白不了淮南烟樹青青白屬對穩而脆便不入俗窗外溼雲時片片愁中鬆髮欲星星片片星星意致淡宕亦不涉纖高居此日逢雷
雨經卷危樓傍杳冥

報畦允立投以詩卷

雙嶂鎭日鎖塵埃戶外驚傳庾鮑來玳瑁空梁看竹磬珊瑚架筆夢花開美
人遲莫雲中調公子風流鄴下才莫歎不逢楊得意祇今聲價重蓬萊落句健疎不弱

雨夜咏

抱膝荒莊憶舊遊一聲寒雨一聲愁坐來半夜愁還再聽到三更雨未休看
劍無光聯北極落花有恨寄東流生平不奈傷情事搥碎空中白玉樓此種詩似近于率然直抒胸臆不假一毫粉飾祇覺其壯涼不覺其率易

讀徐文長集

誰道儒生誰道將莫非仙鬼莫非痴仙鬼痴三字文長兼有之憂憂杜甫言言病擲地孫登
字字奇無可奈何惟有酒不知何以忽成詩二語爲文長千古知己前人入江捉明月舉
斧擊頭交在茲文長詩奇峭似長吉而空幻過之俳宕似少陵而硬過之無一字一句合俗人容易上口然實無一字一句不近人即四聲猿一劇無一字落填詞套筆筆欲仙越東後無作者惟王茂遠制義可相彷彿皆從空中來非人間思路可到不知何以忽成詩九原可作文長亦當首肯

無題

水際春明玉樹嬌鳳凰樓上教吹簫于今淮北驚秋藎自古長安勝日遙錦

字有情鴻寂寂布帆無恙水迢迢江聲兩岸人南北遺恨千堆在暮潮

其二

望望江南無數峯美人家在暮雲中起句瀟疎玉環有恨焚祇廟骨立無心問狄
籠書寄只愁魚尾赤淚深應妬蓼花紅命薄不如江上水因風托浪或西東應酬詩多非意所欲爲那得酣恣此詩直抒胸中所欲言自然淋漓滿志

夜坐密藏樓

高閣懸燈照夜喧犬聲和月滿山村臨詩有句珠千斛仗劍無言酒一尊支
法蓮花開白社邵平瓜色老青門英雄未賦枯禪骨何處荒凉不斷魂如此落句極自然極高渾可以爲法

夜飲作

空林月出影森森有客銜杯復鼓琴百斗傾時人半醉萬花深處我高吟音響秀亮而雄快世途動足分夷險情事回頭是古今從此不須多憤懣但將孤劍對

殘斟

即古人詩一篇不能句句好有一二語出色便可傳世況如此全局俱好者乎必傳必傳

七月同翟玉衡遊焦山

七月絺衣試亂流焦山已是十分秋（得此丰骨便峭）江聲夜靜疑崩石水氣朝來欲滿樓幽壑銘名傳雀瘞晴沙人跡雜鼉遊盤空荒磴同登眺不了峨眉一帶愁

詞臣七言律在諸體中尤爲傑出雄渾高華蒼老清峭全是少陵一語不落中晚三百年以來前有崆峒後有詞臣可相伯仲

翟玉衡及王子素閑石交也庚辰七月別而就予于京口欲有以寄之代爲書此

江北江南兩逗留傷心多少水悠悠暮山對酒自彈鋏夜月照梁空倚樓恨我半生如在夢別卿幾日便逢秋遙知極目風烟裏倦殺簾櫳不控鈎

人知其雄曠不知其深細唯深細在雄曠中見出故絕

雙虹堂詩合選　四

舟中即事（同陸右臣限陽字）

一水空濛衣帶長輕舟晚發布袍涼蘆花擬雪三分白草色和雲兩様黃野望不窮秋瑟瑟勝遊何處路茫茫引杯莫漫歌行路天外飛鴻正夕陽

蘆蕩（限風字）

霜天無際草迷空采采蒹葭入望中萬頃嚴霜浮大野一輪明月照飛鴻銀濤細細吹秋水鐵岸凝凝立釣翁爲語目前名利客好從鷗背看西風

讀爲學記始知初盛諸名手皆從古詩中脫胎近體仍帶晉宋人丰格者方是能手此詩有焉

舟中夜（限青字）

無邊野色逐輕舲雞犬聲中入杳冥村落人家依水草客行茶飯雜浮萍晚烟漸合前溪路岸火遙分隔樹星無酒亦能消永夜擁衾長話一燈青

此與休文湖中雁諸詩同一格調但體異耳骨娟神雋千古所同

遊西溪（限鷗字）

五里長堤九曲溝橫橋久立水颼颼困從孝子祠前坐渴向仙人井上遊（點綴實事通化得妙）一帶遙青吹野馬滿溪寒碧泛輕鷗澆愁那得無杯酒落落荒村不可求

繅絲井（限清字）

村市風乾葉有聲茫茫塵土暗冠纓人談勝事全如夢（相傳爲董永遇仙姬處考之於古亦傳疑耳故云）我對佳泉意欲傾飲處雪花依舌冷照來寒玉逼神清若將品水權相假白額高題第一名

九日山遊（限麻字）

年來離亂徧天涯且趁閒身學孟嘉走馬橋頭風入袖插萸巾側雨沾紗農夫傍籬鋤黃葉遊伴投菴問菊花濁酒新[illegible]拚劇醉中原兵火正如麻

全乎少陵矣少陵遇亂離故詩多悲涼慨惻之意此詩亦然

十六夜步月鳳山

雙虹堂詩合選　五

明月已過三五夜今宵尤勝兩三籌秋墳白草吹寒露高樹烏鴉起暗颸念此快遊成[illegible]嘯且於遠岸見扁舟百年身世都如是置我遙天白玉樓

一味爽健便與庸[illegible]霄壤

白下寄懷玉山袁伯龍（時在閩中與五山凌生鄰因有所寄）

不接歌譚又一年安危去住各茫然知君福履[illegible]如昨愧我疏狂不似前世事蒼蒼思縮手人情擾擾尚垂涎閉門抱膝真天上想像高吟梁父篇

覺如面語非筆力雄快者不能非性情深摯者亦不能

寄懷朱薦伯

凌厲如君乃丈夫肯將白眼對庸吾平原趙勝非豪舉燕市荊卿豈酒徒綠鬢徵歌三鳳醉青萍脫贈一龍孤裁詩遠寄相思苦遲日深村夢烏鳬

薦伯磊磊落落有古人風致讀此詩可覘其槩

留別武林高道一

地分江海隔風塵姓字因聲入耳頻得友本非身外事相逢如見夢中人筆力
清遒連宵把臂清譚滿一旦牽帆別恨新履亂雖堅雞黍約秋風千里憶鱸蒓

賦遠山同王驄馬限字

誰把文窗向曉推芙蓉臉際碧於苔江南烏道應難辨樹裏烟巒未易廻萬
古舊雲吹不散一拳新翠逼人來品題曾有驚人句欲賦慚無謝眺才

五六異絕唱也欲賦遠山者當閣筆矣

鴻雁遺歌 劉藥生刺史

鐵騎橫驅里宅荒海涯江滸歎茫茫鵂鶹自昔愁千里馬兕於今集一方憂藥生刺海
陵方鼎革初故云保鬢霜生戰伐明分心燭照逃亡何當亂後能忘亂不復驚魂到異鄉

宦遊風雅

風流太守擅雄才談笑詩從萬里來藥生風流儒雅同人中如漢公吳州詞臣皆其所識賞有國士之譽可謂知人能得士矣金

石作聲聞紙貴珊瑚架筆夢花開隨帆風雨勤清慮潑墨山川入雅裁豈獨
荊潭推唱和相期藉手賦蓬萊

王瓊仙脫籍歸呂子步驄馬韻

舞衣當摺閣常扃分付河橋莫度螢未免有情明月佩何堪揮淚夕陽亭亦諷
亦嘲他時斗酒雙柑會此夕牽牛織女星折柳不須歌更盡可知無力瀉銀瓶

王鞠翁得二鶴攜歌者翠英翠容招飲爲賦美人對鶴

趙家姊妹本傾城况有仙姿兩兩鳴簾額半垂嬌舞歇池頭緩步羽衣輕歌
來洛浦珠堪溜唳入緱山月更清共是蓬萊諸伴侶天風吹得下瑤京

句句標貼句句輕逸字字妖豔字字空翠宜鞠翁先生之亟賞也

西橋坐月

橋頭塌地笑如雷不醉不回醉不回起得豪邁本是天風吹柳散都言明月逐人
來一生幾度逢清會便欲裁詩乏異才歸去吮毫須記取白羅衿子汚蒼苔

起聯雄快極矣有三四之清超便足相稱以是知錬句難謀篇更難

贈徐達之

孺子中原一丈夫幾回持釜望烹魚爲龍不得甘爲鼠學劍無成又學書赤
縣有人窺傲睨青天何地著迂疏君言爾我無嘲舉有先生笑子虛

每恨謝靈運廣陵王墓下作情至矣而筆不快張孟陽七哀詩體荒矣而氣不雄若具此種才力當別有淋漓感慨處

題崔季子畫舫

幾尺珊瑚拂玉鈎釣鰲無餌海天愁水仙有魄兼詩癖寶繪無堂是浪游澤
國涼生千頃雪蘋香清浴一羣鷗匣中勝有雄心在分付蒼山與碧流

有此雋妙之句季公且賴畫舫以傳何幸得此

送徐達之遊吳下

礫礫饑鷹不受籠浪遊行李又飛蓬掉頭那川追巢父刮目從教羨阿蒙劍
吞蓉光凝夜紫檣陰楓影蘸秋紅他時吸盡吳江水破笑英人亦復雄

創遊平山詩

兵火之後城郭雖是人民已非臺榭傾頹烟火絕望荒溪斷岸不復
維舟古寺殘陽空悲牧馬余與右臣秋客廣陵攜酒與榼初陟山巔
目蒿心傷愴焉涕下爲詩紀事兼以寫懷

創遊

平時不暇辨晴陰爭買蘭舟度遠岑一自干戈蹂躪後都無壺榼浪遊心寫得
眞切悽惋傷懷勝事全如夢把臂危時欲入林爲覓居人談近况從經兵燹到如
今

集中古詩以塞上遊爲最律詩以創游詩爲最十三篇蒼涼雄麗雖起供奉拾遺于九原作之殆無以過

紅橋

紅橋簫鼓夕陽多今日頹垣挂薜蘿溪水不浮橋影去酒帘何處醉人酡城
阿別館空留蹟樹外殘虹自照波尚憶春遊酣醉袖侍兒扶過笑生渦

若張景陽有此等致詠史詩更不知如何悲涼巨麗矣讀此輒恨古人才少

將軍墳

茜涵霞觥潑赤雲將軍墓上草紛紛敲詩斷碣題翁仲酹酒荒原弔使君一水荷開容倚葉千章松盡獨留墳西風獵獵催歸路應有青燐照夜分

法海寺

緩步山椒覓昔遊蒿藜全沒古青樓翠微有壁容風入金碧無言聽雨流寓鳥客前題舊恨老僧茶後說閒愁斷橋久立生遙慕縠縠岡前一陣秋

荷香

十里殘荷曲沼通任舟行處水無窮看花隔渚疑紅袖謔酒回船摘碧筒雲過影隨魚鳥散日烘香在有無中菱歌不復聞新唱露冷波明一翦風

廣陵郊外雖無高山巨浸冶遊之地而繁麗爲天下第一自經兵燹彫敝滿目讀創遊詩感慨係之

遊法海寺見鄭子房舊讀書處

雙虹堂詩合選　八

故人舊館溪山曲游客新尊水樹涯昔日下帷猶有地今年挾策並無家一江南北違歌哭廣陵避兵者多渡江而南遭殺掠之苦更甚于江以北同人中多受此禍幾度干戈費歲華惆悵康成望何許滿庭書帶夕陽斜

廿四橋

鱗鱗烟火絕平原廿四橋頭悄斷魂不見簫聲酬翠袖空餘笳吹動黃昏彫傷草木無遺類斷續人家有剩垣廣陵屠戮之慘讀此可見興廢幾更今倍慘臨風含歎復何言

平山弔古

斷草驚塵幾度秋亂山殘寺憶同游徘徊古哲曾遺跡題跋當年舊酒樓一旦有家同作客幾回提劍欲封侯登臨共歎成今昔拾取荒岡萬古愁

平山飲酒望江南山色

蜀岡秋到草生埃把酒荒天誦七哀客似遠歸悲我去山如衰妓望人來摹寫衰涼之況登臨但許成遙望潦倒無何乏舊醅莫羨江南風物好潮頭旌鼓正喧豗

詩寫景要眞用意要曲如山如衰妓望人來數語眞而意曲非才人想不到寫不出

牧馬

苜蓿秋肥萬馬高紫髯碧眼佩弓弰燕支玉面金鋪腦赫鶡銀韉錦是袍綠野摧殘憂土著黃昏蹴踏聽天驕相逢辟易還相睨鞭外驚沙入二毛

題面雄态題意悲涼詩能從雄态中見悲涼眞是作手

長波酹酒

遺水遺山感慨多淚花添酒酹長波誰當擊楫盟如此徒爾聞歌喚奈何南國傷懷看洗甲中原遺恨失揮戈興亡天實爲之耳豈是隋家有阿麼明思宗之賢而亡國眞千古所未有非大清滅賊不戴之仇其何能雪

歸舟創游詩止此共十三首其觀音閣一首入五言律

雙虹堂詩合選　九

幾載兵戈反覆心乘閒乘興一登臨百年人物空流水一刻光陰欲換金殘照半隨顏色黯秋風全向鬢毛侵城頭鼓角如相惜牧笛漁謳暮靄深

唐之詩人必以工部爲首稱然使生于承平置身朝右雖才華蓋代不過燕公許公等耳唯身當離亂困窮播徙艱苦備嘗楚蜀山川涉歷殆遍其悲涼鬱噎之氣盡見于詩所以前出塞後出塞無家別垂老別遂爲千古絕調知此方可與讀詞臣創游詩並可讀少陵詩矣

眞州道中

沽酒人遲三老催過江風早布帆開林疎會見孤鴉出塵起時看匹馬來村落星星怡燕處江山鼎鼎歎飛灰書生何事勞行李莫是昭王已築臺

中秋泊觀音門同李穀友陸右臣飲燕子磯下

幾日蓬窗類戴盆喜逢佳夕泊江村石頭城外秋千里燕子磯前酒一尊聲調雄偉而疎曠月色依依遲劇飲山靈寂寂聽雄論明朝俛首趨塵俗記取青宵宿白門

遊欽天山

秋草消歇如燒焚秋山突兀如波紋千章老松照白日十里危磴盤黃雲游子欲哭故成嘯棲鶻聽呼如不聞前朝法物留款識會見荆棘難薅耘（一二奇峭三四高遠五六悽惻意總在落句見出集中必傳之作）

鷄鳴山

斷嶺巑岏秋草黃盤空小憩誌公堂人烟目下猶喧闐宮闕雲中未渺茫一帶湖光淸可鑒百年山勢鬱相望東南王氣天應白留得鍾山樹幾章（此時鍾山尚有樹今且濯濯矣雲氣亦不復氤氳其上何哉）（字字蒼峭句句壯涼變亂之餘才人難于捉筆惟此得詩人之體）

客懷

田園幽足養吾眞只向天涯寄此身幾卷詩書成負累半生時節是風塵（予生困阨盡于此二語矣讀之愴然）醉中忽歎緣慳酒夢尾多聲爲憶人亂起閭門傳信遠平安誰寄報嚴親

謁張環生老師

吐鳳才高夙所驚雕蟲何幸荷陶成張華久執文壇耳侯喜深慚國士名在昔本源推水木於今仰止屬山行階前尺寸容重足萬里封侯故自輕

丙戌九月念八日歸棹泊龍江同李穀友陸右臣諸友登夜雨閣山水懷人意蕭如也緣無季子之金遂乏平原之飲書以誌慨

亂山斜抱鏡湖秋有客來登最上頭白鳥一雙低貼水青魚三尺近浮鉤題詩筆與人烟冷沽酒囊因客況羞歸去不須頻悵恨龍江夜雨擬重游（讀至白鳥二句令人拍案叫絕詞臣得意時自應有此對成之句）

仲冬四日同陸右臣重登夜雨閣縱飲至暮步前韻

江山猶憶去時秋黃滿盧龍木萬頭雨閣有人尋舊恨月湖無恙印新鉤已舒阮籍窮途嘯尙負劉蕡我輩羞一醉臨風何限意復拈新句續良游（二首工力悉敵雨閣二語可補前首所未足此時興會豪邁有此雄快之作異人生樂事也）

晚烟

離離衰草覆寒塘極目煙橫疋練長半幅雲林秋黯淡一輪松月夜昏黃亂峯出浴芙蓉溼遠樹粘天翡翠涼纖向柳條斜拂處冰紈疑是絡絲娘（全體雋麗不纖具見腕力）

贈顧天目

黃菊籬邊忽遇君羨君肝膽一生眞談愁筆筆詩憐我斥俗杯杯酒罵人地主開懷黃氏子天涯落魄白衣身相逢未有瓊霜獻便許詞壇步後塵

新寒

兀坐匡牀倦不支北風吹日白絲絲典將舊服因沽酒覺得新寒又促詩（窮況寫得壯麗）白分閉門袁子臥誰憐獻曝野人痴夜來披褐階前立苦月當空雁影隨

淨海寺後小山步右臣韻

信步支迴杳靄中游山無導自能工笑禁石磴危尋逕閒撫松杉靜聽風巧匠鑿雲穿地腹怪龍拏爪礙天空（極似徐文長）荒苔合路無人到惟有鐘聲出梵宮

丙戌冬客游毗陵遇張娟如大家爲竟夜之飲詩以贈別

何以況君之卓然寒花淸影月娟娟拈來摩詰詩中畫可得朝雲景外禪幽意不離憐客夢素心相與愛涼天可知阮籍狂當恕許傍壚頭一醉眠

孟河次右臣懷娟如韻

由來異域皆愁域喜是他鄉得醉鄉忽忽幾番驚夢短孜孜驀地笑情長窮多野外風千里永夜河干酒一觴（豪甚亦細甚）遙憶琵琶抱紅袖相思空自滿吳航（詩之以豪氣勝者多可傳然難於入細豪可能也細而豪不可能也唯詞臣能之）

夜泊雲陽有懷不寐同右臣限字

紅牙初歇酒卮容瘴雨蠻雲奪所歡底事怕歸云有約傍人聞歎謂無端留
詩念我緘情寄拆簡知君帶恨看小泊江村聽雞犬酒醒衣薄夢難安

又

天涯彼此意難寒始信寃家屬喜歡錄事宮商隨酒尾接談珠玉落天端芳
顏不入歸時夢好句空留別後看爲問北來張敞去畫眉椽筆可相安（豪放人作情語正是不俗）

京口阻雪同陸右臣拈舟字

北風吹雪滿河洲極望瀰漫總耐愁醒我一年將盡夢阻人三月未歸舟（屬對工倩）
尋詩那復馱驢背破悶還須問酒樓爲念舊游何處所金焦咫尺浪過頭

京口雪舟懷張鬫友步前韻

淅淅寒飈翦暮洲尋春小杜自生愁半生舊恨三年約萬里雲濤一葉舟近
日交游惟綠蟻大都魂夢總靑樓傷懷且復悲時序雪點征冠看白頭

擬歸示陸吳州步前韻

當時春滿百花洲白雪歌淸字字愁杜曲幾回同換酒剡溪三次獨操舟詩
成細寫蝸頭舫人去猶存燕子樓爾我忘羊同一笑十年空守玉搔頭（鬫友曾附）

（吳州玉響守之不忘）

紅葉

古木經秋色較奢歸鴉踏處墜流霞若教苜蓿何繇樹認煞芙蓉不是花朔
吹飄來成絳雪臞仙掃去鍊丹砂山容底事多修飾爲與春風鬭麗華

冬日寄王子嘗

輞嗣高樓雲水間華門遙望海迴瀾三冬文史投班筆十尺珊瑚拂呂竿讀
禮夜寒思庀字裁書風厲勸加餐相思屢歎心無翼欲向來鴻借羽翰

壽萬龍符七秩

稽古先生富石渠文章東壁氣聯初一江霽月龍門棹數卷春風鹿洞書初

度人爭期耄耋大年君勿計居諸帝鄉異日徵更老佇看庭充束帛車

雨中寄鄭子房

日來多病困文園消肺詩荒瘦不刊幾帙亂書愁夜永一窗新雨勒春寒酒
逢太白寧辭斗詩遇康成欲護壇我已杜門君閉戶靑霞遙向嶺頭看（廷之五君詠云深心託毫素凡作詩非深心人必不工如此詩字字工雋字字蒼老非深心人安得有此）

答唐杜公雨中見寄步來韻

春雨沈沈隔壓談倦來擬效蝶名菴辭詩屢欲推君一獨酌何繇對影三（三字叫得雋）
閉戶淸寒同臥雪驚筵高致憶傳柑若教蠟屐能相過不惜搜錢博酒酣

又答

雨餘擬欲接高談雞黍山中賁晦菴境會窮愁惟我獨詩傳元白及君三讀
來有字皆成錦渴甚無人爲釀柑（二語較前首更勝）緣典驌驦餘少許步兵廚下共成
酣

懷江滸美人示右臣

江帆西指碧雲天無復嫦娥畫絳仙數載音書悲久斷一宵風雨憶相憐知
君綠鬢欣連袂惱我烏絲怨滿箋自是多情便多恨朝雲何日屬蘇髯（眞才人必深于情詞臣右臣者當世才人也宜其情深如此）

答唐韻言病中見和詩

小窗晴日照花枝陌上游人倒接䍦足懶未詢知己病情多猶和寄君詩子
春捫足吟三月游夏含毫賦一詞爲遣紅襟臨曉幙向君傳說莫春時

虞美人花次王聖輔韻

淒涼荒圃獨傷神細草毿毿生古春今日如何仍有淚當年似此不成顰帳
中夜月虛歌舞垓下悲風弔苦辛爲語花魂應自慰漢家宮闕幾成塵

榆錢

夾道千章種白榆晚來飛莢滿皇都淸貧那得盈三斗輕薄何繇辨幾銖栩

栩穿花疑化蝶翩翩入市想塗蚨樂游原上知多少買得春風一住無（結句眞足不朽）

柳線

春風習習過江城柳線千條掛晚晴綠滿古堤斜拂水青回新雨細成簪掠殘燕翦絲難斷擲盡鶯梭錦未成慈母手中應似此游人牽惹故園情（榆錢柳線不從題字刻劃與命題之意無與太刻劃又易纖小句句刻劃句句蒼老此非才人不能）

楊當時榆莢樓

飛宇新登適有餘子雲盤辟愛吾廬六宜賦就堪迎月萬卷名成爲貯書金粟遺光凝碧樹仙人低掌拭紅蕖謝公正屬蒼生望未必東山聽久居

話劉峻度齋頭歸而述此

兩脚行藏百歲身素心何用諱言貧平時風雅推忠孝亂後文章屬隱淪愧歎每生幾過事荒蕪多負未來人羊求一徑堪容足愼勿肩鋤費路塵

雙虹堂詩合選 十四

春興

狼籍風雲過眼前暖時拖步倦時眠干戈剩處貪佳會詩酒閒中憶少年白有好懷停鶴髮不教高爵累鳶肩五湖明月搖芳樹信口長歌任意船（杜工部曲江二首王元美以爲極至而茂秦病其僻不知詩到異處自不得求奧異也此詩之妙亦然）

同牛天章過越溪看海棠

暫放游踪過越溪海棠迎笑故垂垂豔隨麗日無停媚艷入和風有斷絲（語亦嬌豔）睡向茶烟深處穩談從花徑曲中宜拋書不盡因陪從春病闌珊倩鳥醫

雨中春盡東陸吳州

花開花謝雨如烟濁酒青燈各黯然愁緒千條同柳線春風十萬有榆錢只須漫減懷中刺便可歸休剡上船（看他用實處全以虛字點綴得妙）知己故鄉相念處此行端不異登仙

又

東風吹雨小紅稀坐隱行吟事事違半夜酒醒如失杖小庭人去欲添衣（妙語入情）張衡善賦愁寧四卜子多聞戰未肥昨日送春楊柳岸杜鵑啼道不如歸

念舊

涼秋九月有霜英先向懷人兩鬢生紅袖不擎杯裏月紫檀猶聽夢中聲（似古歌行）蓬窗獨坐應無賴客館殘燈但半明爲念牡丹亭下路攬衣私語落花驚（忽作娟細語妙甚）

次劉與襄來韻留別（時與襄代皓月作江城子一闋見貽以末語復之）

無命誰憐洛下生有神應頌孔方兄可堪人比梅花瘦那得身如燕子輕（全得少陵之神）新柳一雙淸潁路春風九十順昌城白頭豈是文君賦容向臨卭病長卿

皓月以舟送我於正陽

落花西去水流東花水相牽路又同有約密期穿線月無聊私祝石尤風（妙想亦淸語）

雙虹堂詩合選 十五

孤村得酒分程住返照看箇含淚紅不是阿郎心太忍閨中亦復望飛鴻（樸誠人眞情事）

次王元功見懷韻

八口嗷嗷兩脚忙歸來懸橐坐繩床文無用處三冬足語不驚人六月涼幸有山川容浪蕩可知天地惱疎狂素心共惜虛晨夕好爲經營深柳堂（極雄極朴是率然得之非有意爲雄爲朴者）

歸東陸吳州

不復鶯花燕草春自歌自哭病中身大如敗意雲催雨夢不關心我負人兩腋風生思陸羽千金裘敝笑蘇秦匆匆纔出南柯郡那信南柯事未眞

懷陸吳州

少年卮酒日相依老大翻令會晤稀萬里冰花游子去一春芳草故人違（七字所謂虛響而沈實也滄溟最愛此種）塵如野馬絪縕幻雨逐天風不定飛昨夜信來多自慰故園

新下董生帷

花月詩

軟風芳草滿河堤沙路輕盈弱羽垂麗日小窺將進酒好花輕折早開枝情同寶劍光初合夢入巫山雨不疑反否無聲春事老桃花人面總迷離

又

無端春夢繞金徽剪雨裁雲入細微明月有情懸客帳野花多刺罥人衣個中欲擬深江水意外相催駭弩機幾疊陽關雙淚落紫騮鞭下鳥爭飛詩之陋劫者有四絕無性情違心媚俗陋應酬劫處境陋窮悲涼衰颯陋寒酸劫寒鴉枯木粗腐無文陋學究劫嘲風弄月粧撮妖淫陋脂粉劫惟氣骨雄邁筆力蒼勁者可以免此四劫若花月二篇刺刺作情語而聲調仍高邁始知才人筆底無所障礙

曉發壽春

粉香初破夢中憐馬鐸多多入曉烟三郎當似不若多多二字之入神交集百端憂對水不如歸去怕聞鵑荒涼到處皆愁地冷落還須過雨天悽然如置身長途風雨間回首夜來風月處大河流浪觸孤船

贈惲香山時將別去復以兵留也

縮地論交事若何中原文字隔干戈虎頭顧子名方噪華頌班生鬢已皤起我九華成半臂留君萬竈歇橫磨浮沈未便傷遲莫轉眼商風許嘯歌香山先生高才博學爲葩壇主盟垂白阨窮不得志於時渡遊吳楚間竟有以推師目之者悲夫得詞臣知己雖死可以無恨

劉幼功公勇招陪劉藥生老師匡園看牡丹同陸吳州賦用明字

水外園林野外情一聲啼鳥到前旌披襟我在春風坐擇勝天教霽日迎荷令笑談香滿席太眞顏色豔傾城主人雅語能留客燈火何妨入夜明

又

尚有春風又喜晴相從聊作看花行擣霞製錦蓮苔豔補石移天到眼明楊氏諸兒聯轡入石家羣妾曳裾迎時人莫詫胭脂好多少嬌嗔畫不成子愛工部七言律詩瀟疎開遠脫盡塵蹊手錄至百餘首較諸艷體尤備於詞臣詩亦然

大風

大風高樹若爲邀激起胥江八月潮四柱虛亭橫過雨幾株疎柳竟成橋渴龍迸海全生怒溼燕撑泥不耐嬌如在狂飈迅疾中聲情俱妙我亦飄零同弱羽羈魂謾謾倩誰招

長安望雪

三瑞流光醮露盤六花分素覆琅玕夾城諸水無凝碧長樂千門盡廣寒北地飛沙天外落西山列嶂畫中看鳴璫曉騎來何促踏碎新鋪玉一攤方是長安望雪一字移動不得

潁節婦朱氏夫諸生病二年侍藥不倦死泣三日不絕聲縊於棺側

黃鵠孤生意若何九原停駕頗相苛留將我輩衣冠在愧殺人間珠翠多綵線永辭烏鵲月高飛如聽鳳凰歌殷勤好種連枝樹不作他年斷臂娥節烈盛事須有此佳句以稱頌之人何可以無才

不晤向遠它四年矣歷游燕秦至汝陰與余遇喜甚握袖而賦

萍流梗逐更何方汲汲秦鄉又楚鄉病劇都忘毛髮短饑驅寧畏道途長黃沙陣裏迷函谷苦雨聲中度太行闊大處寫得近情今日相逢成意外幾回狂笑淚盈眶

鄧孝威以客秋來潁余以今仲春至晤於覓深閣中云欲適歸賦此以贈

落葉聲中憶放船回頭芳草碧連天兩年未聽袟山笛千里今看潁水篇袖裏青蛇猶闇澹屏間紅粉最嬋娟時卿頭中名姬相逢又他歸時候匹馬孤城欲黯然

淮淝春漲

亂山春雨日迷濛濟決分行大對中赤岸千尋聽柔櫓蒼波萬古愁剛風絕妙古詩却在律中見出尤妙中流擊楫聲初歇半渡投鞭事已空今古劫灰飛爾許朝宗無恙

自歸東

劉公祠 宋將琦破敵於順昌卽今潁也故祠改別駕署夜中往往聞兵馬聲今遷祠於城上

蕩蕩中原恣橫行韡尖欲趯順昌城浮橋一獻疑先伏雷電交馳巧可乘此日寧辭身試敵如公眞以膽爲兵 一語說盡劉順昌 至今月照空祠夜猶有金戈鐵馬聲 高亮之筆可擬順昌旗幟

喜劉公勇自燕歸招同陸吳州鄧孝威向遠它諸子幷鳳皓一姬醉東園花樹下

衆園高樹落空塵此日逢君潁水濱一望眞如岩下電十年今見夢中人紫騮倏忽斷行路 公勇有事南中忽單騎北走過家門不入 黃絹依稀想受辛 時讀其贈別孝威句 歸到花前同一笑胡姬壓酒正留春

妙在自然尤妙在周匝

客中寒食風雨同鄧孝威陸吳州賦

春風九十客途看到得清明似改觀花事於人無厚薄余心特地起悲歡他鄉望裏沈烟合野哭聲中暮雨寒賴有知交開寂寞一杯喧笑當闌干

盛唐詩人七言律可傳者較諸體獨少以難於遠俗故也然過求高異則又失之所以王摩詰杜子美七言律可以爲法不過以眞率非以鎚鍊詞臣深得之矣

懷王自牧

甚憶蕭然王廣文詩篇日日出鮮新頗多水部驚人句不救先生徹骨貧一握久虛瓶裏粟五窮常伴病中身風塵老盡英雄面好向嚴江覓釣緡

自牧才情氣誼俱臻第一與予同客海陵爲鄰者六七年窮愁鬱噎詩酒嘯歌予兩人共之別後數年不相唱和聞近作俱在右臣處當共爲品題以問世也

虹縣道中元旦

一枕初酣隔歲人征衫猶漬舊時塵俗貧不覺衣冠異客久何知物候新對岸人家烟幾縷早春天氣日重輪披裘便自登車去省卻從前禮數頻

亦渾雅亦深厚當於此等詩看力量

宿州至永城

星霜十日飽迂程疲馬遙遙望古城枯木有時猶帶葉遠山無數不知名 妙句可思 邇來細嚼饑寒味經過粗知里俗情倦眼那堪還極目中州千里盛榛荆

窮愁語卻出之壯涼所以終是福澤人相

渡河至陳橋驛遇雪

急浪流凘竹箭同牽舟強溯手還封僵驢倒擲人如蟻濁酒矜沽柳作篷着地仍飛高岸雪吹衣欲破大河風攢眉莫漫歌行路阮籍羊腸正未窮

題中景色一篇歌行尚寫不盡只作一首律詩已無不寫盡而更覺寬然有餘讀之覺濁流洶湧風聲雪勢孤舟凍馬蕭蕭征人羅沓陳橋古驛之旁技至此神矣

游汪氏園亭

陵谷相爲亦泛常我來猶得見荒涼碧流婉轉還依石老樹支吾半壓牆地爲亂離成往昔人從闊別歎參商而今更憶繁華日紫藥紅梨隔水香

勻雅不鈎棘似白香山

丁野鶴攜家都下過出不意賦贈

一鞭南北竟三年式劭無期忽漫然入座便呑燕市酒開瓢先示帝京篇高陽酈子狂如昔湖海元龍傲倍前索米長安聊爾爾羊裘愼勿動星躔

又

水部新聞築浣花何須室邇歎人遐論兵座插黃衫客問字門喧白鼻騧入座樽皆千日酒投名刺不五侯家含凄動有經年別大壑深山自歲華

如鐘如鏞何等聲調庸筆欲摹一字不得

又

萍海茫茫道路棼三年合眼又逢君令威且註遼東籍騄耳應空冀北羣筆札未通須識性酒錢粗足莫論文登牀一醉無堪報持贈新詩當白雲

此詩已刪去祇存前二篇因持贈新詩當白雲一語妙其勢不止結束一首蓋三首結束處也故俱存之詩有數首一氣廻旋者不可芟卻大都類此

次堅白子韻轉投之時拒客也

羅浮寂寂夜深時梅影淸寒許夢知同是長干何不識雖非下蔡獨相思閒

情我自陶元亮聞道人誰審食其一飯胡麻生自感從前花片總容迷 筆墨閒適非氣矜者所及

江東釣隱詩爲張無待作

布襪青鞋古渡頭釣臺千尺浪流颸暫將不羨人爲餌拚向無魚水下鈎黃犬昔悲秦相國赤松今見漢諸侯江東日暮孤雲起知是先生已放舟 七言律難脫化甚有不欲捉筆者畢竟是才力少若能悉胸臆而談灑踈放逸安見七言律之不可登峯造極耶顧作七言近體者遠以工部爲師近以詞臣爲法

元宵宿宜溝驛

殊方風俗特鮮新便買明流 北地酒名 澣暗塵一市白分三邑界同村齊祀各祠神異妝赫赫時迴步土劇喃喃可笑人 不覺合譏者發粲 惟有破雲天際月清輝一樣照芳春

有懷

紅塵千斛骨難支何事驅車問路歧別入夢魂猶怯冷話當驢笑忽成思夜中縮脚求衣處霜裏蒙頭看月時 極俗事寫得極雋極粗事寫得極細眞奇文也 儒仲本無裘馬趣從今不必愧妻兒

壽陸夤兩尊人

鳳凰山中老居士方瞳炯炯生靈神知二陸在吳及晉以八千爲秋與春同蓮花供生世佛緣玉杖拄行仙人何用與鼂算甲子天吳皺海揚清塵 絕妙古歌御入七言律中更覺其妙此亦當以舉詩子美爲鼻祖

沈林公以浮玉山詩見示爲念舊游率然賦此

浮玉山顛我舊過殘雲衰草待消磨窗中一隙江全在水上三峯月最多 此聯當與孚玉同壽 浪跡壯年生白髮海門斜日望青螺舊游剩有邯鄲夢愧汝漁舟雲滿簑 林公爲浙岡大司馬家孫少席家累巨萬磊落不羈貴齋飲酒而外無所關晚年家徒貧詩徒工古詩直逼淵明近體酷似工部書法秀勁得晉人三昧同人無不推重之嗟乎紈袴子弟汩沒於齊梁聲色不知詩文爲何物者以林公視之直蠛蠓耳寥寥天壤欲如林公之才之品何可多得倘有以不善治家人生產爲林公咎者眞鄙夫也余每欲裒其遺稿壽之梨棗終窶且貧有志未逮因讀此詩附記於此願同志者共襄之

許盧不文梅花至邗上不得以水仙代寄

拂拂春風試歲華疎枝無復影橫斜憑將洛浦仙人步代取樓東妃子花水際玲瓏猶可愛江南消息不須誇應知折贈無分別一樣寒香滿碧紗 題甚碎詩能曲折盡致豈非僅事

賀張環生老師

渤海銷兵韜宿英漢皇行縣屈公卿政聞異虎傳南檄冠製神羊待北平耆舊牽帷瞻瑞采望明側席問蒼生補天共羨經綸大會仰星辰次舍清 近於應制體矣而骨格高老不俗當不爲鍾竟陵所嗤

懷陸右臣時聞客白下

燕雀何難爲借枝獨憐鴻鵠向仇池酒酣喝月天之下 奇句不可一世 夢好懷人水一涯異地久穿東郭履南方應服道衡詩偶然點筆喧鸚鵡滿目誰爲大小兒

又

豔草輕花歲歲春蒼天着意困奇人雙肩傀儡常騰笑滿橐江山足慰貧忽忽浮生全落拓寥寥知己半風塵奇菴此日還誰寄珍重當年漉酒巾 余兀兀董邸貧與病兼無相酬和者聞右臣欲來日夜望其至而不可得豈蒼天又有所以困奇人者使之不得以遨以遊耶

初冬卅行有感

朔氣清除昨夜陰寒威勒日尚森森舊遺高塚荒全沒新拍茆堂暖自矜 矜字入神 萎露蒲菰悲薄植隨陽鴻雁有蓬心河山自在年華改早晚吳霜點鬢深

懷友六首步桑楚執韻

蚤歲曾經學劍書於今老大只迂疏青山入夢何時到白髮兼愁未易鋤半郭半村聽布穀斜風斜雨釣鱸魚李愿有日歸盤谷司馬無勞賦子虛 謀隱居也

又

嗷嗷黃鵠唳相聞繪繳長途忽失羣白瀨有膏沈海水青鸞無髓續琴文窺

人夜月光虛滿老我春風恨轉殷砧杵鄰家雙淚落寸心何日不如焚 痛亡荆也

又

芍藥梢頭露未晞天涯芳草已菲菲盛年束髮亦有故暇日捫心殊少歸萬事醉來初較可一身老去乃知非兒童拍手春晴好雨後楊花不見飛 惜流光也

來日苦短去日苦多憂從中來不可斷絕每誦孟德詩爲之憮然不樂詞臣詩又令人不敢不樂

又

箕踞長松挂一壺濛濛短髮散頭顱愛鈔上巳蘭亭序喜看西園雅集圖郭泰登龍非我輩荆卿屠狗足吾徒寄言冠蓋誰家子彈雀何須不夜珠 思友人也

又

洛浦湘潭盛杜蘅佩珠如月炤黃昏當年杜曲人何在此日江東稿聽嬌翠館輸他花似姿素心羸得水如門撥琴不鼓求凰調慚愧相如犢鼻褌 閑逸情也

又

斗數尋庚注幾千白頭名利皺眉錢神農有妹乾綱漏后羿無妻月魄圓誰繫長繩留白日且舒雙眼傲青天鵾夷不羨黃金象細草微風任意船 舒鬱陶也

雨中書與陸右臣 時寓我橘巷中

橘巷雙脚歇風塵折耳茶鐺若下春的的當窗鶯語滑熒熒入目草花新孤眠聽雨又逢病久客多愁况值貧 病中苦雨正欲作一詩記愁忽得詞臣句朗吟數過如我所欲言遂不屬草 我道不妨滋味惡儘堪磨鍊未成人

再謁張環生老師

櫻筍蘭陵足半醺好將雙槳破苔紋伯牙屢負三神約韓子空裁五鬼文裘馬已更先達貴衣冠猶與上家分懸知大雅觀平等咫尺從教立雪勤

步龔孝升九日來韻奉答

客子霜生劍脊蓉竹西西去水重重蟲雕自悔三年業蚊觸時欽萬石鐘風入大荒吹塞雁月流孤館照寒蛩古人送別方深惜况是離筵幷未從

格調雄亮亦自性情中來有意效之不得

柏園分韻 三江

涼入秋齋草一窗 節候景物簇簇目前 羣公暇日過高幢清言樂令誰能折縱飲劉君未可降樹尾出烟都歷歷溪頭印月亦雙雙良游紀勝無多讓潘陸文章自海江

又十三覃

捲簾花雨散優曇新月中庭玉一函秋藕折絲思謝朓幽蘭滿宅見羅含清譚約入三更靜旨語能回數日甘興會轉深重洗醆上方鐘磬已諳諳

孝貞詩

誰言紈綺便優柔佳婦佳兒志兩酬天巧玉成留水火事當高義失衾裯嚴江浪急魚龍泣白岳風清雁鴿愁大藥駐顏無是處名能不朽即丹丘

飲龔孝升寓園同唐祖命丁漢公鄧孝威唐髯孫即席步宮紫玄韻

伏讀懸書近十年閒窗歲序頗流遷相逢石洞思傾斗吮筆烏絲欲滿箋日觀何人推曦鳳天津不待聽啼鵑 古麗而高亮 大魚想屬任公子細雨斜風莫轉船

又

清狂何問夜如年烏夢蟲歌亦屢遷明月清光遲水箭浣花新句膩濤箋聰明點筆思鸚鵡喉舌三更冷杜鵑鶂也最歡能一石知章那便似乘船

筆有奇氣不在字句間也

送唐祖命南歸

海市江城幾逗留掉頭今又問園丘妻兒不愧王儒仲鄉里還稱馬少游夢結三春邗水夜衣添六月敬亭秋 有此二語便不可删 歸囊莫道無餘物所著書成欲汗牛

又

信宿平原爲我留淫淫大火散炎丘頻沽竹葉添新句一載桃根足勝游徑
在杜陵廡二仲人歸宛曲近三秋王家玉麈須珍重丞相驢車有犢牛時還翠娵
歸

碧香亭

松杉隙處點茆亭萬綠茫茫接昊青天海屢教風滌蕩人烟但與氣沉冥行
歌喚鳥塤爲譜命酒攜花列作屏白水一盂香一炷人間不羡五侯鯖寫得幽遠有道氣然妙在不寒儉

官閣讀書圖詩

淮南春好值公餘淡月寒花滿石渠永夜刪塗非翰墨生民歌哭在詩書逢
時百里嗟雛鳳避劫三墳笑飽魚徙倚閒窗成獨眺老梅香足未開初未免應付矣然氣體不俗

周元亮憲使就園詩舟名

陸居非屋水非船泛宅浮家隔市廛濁酒新亭青鏡裏孤山別業亂雲邊秀亮
典切經營丘壑全無我刻劃鶯花半是天高寄不緣躭吏隱年年春色暗相牽

又

傲吏閒心寄酒杯鄂君青翰足裴徊山靈有信期人早水樹無邊望我來雋管
天成月棹翩翩芸壑度晴窗幅幅畫圖開可知元禮能容接共濟應慚郭子才

又

不鑿山根不引泉興之所寄便欣然起稍率然亦不俗生涯到處稱園叟澤國從教
號水仙桃葉夜歌青雀舫蘆花秋泛白鷗天莊生漫賦人間世隨意斜風細
雨前

又

大地桑麻一葉春鈎簾面面見鮮新何緣景物寬收我反訝山川暱近人自然
高貴野色遙從烟外至花林漸入望中眞乾坤許大安能盡淡日晴光到處身

壯麗雄快典貴清華身分直在嶺山之上他人即能如此精切必不能如此雄邁

唐祖命寓海陵彌月而余始至幾失之也聊爲此贈

山陰積雨滯吹篪猶及江亭未醉時斗宿畏光生一劍宛陵秋月炤雙眉徊
徨澤國支頤洒狼籍風花挂壁詩不惜濡雱躭答既茫茫烟棹接鴟夷

邀唐祖命丁漢公潘曉青鄭子房鄧孝威葉香城飲限八齊

樂遊原上草頭齊小燕隨泥貼貼低細把濁醪尋妙理強添紅粉作佳題有座
歌妓故云徵歌淡月明花外捩藻驚濤起竹西秉燭未能餘興在雙柑他日約重
攜

永康鎮澗聲

漫漫平沙一騎來陡懸絕澗晝圖開羣流合道驚雷起亂石攢空跳沫迴全乎
李賀矣崑崙使者諸篇正不及此不敢回頭人辟易幾回跼步馬駑駘桃花源好知何處問取
磯邊萬古苔

至壽春喜晤陸吳州

道盡滁陽抵壽春青山碧水幾回新金裘自笑留何物塵土應慚對故人眞境
卻寫得醒秀濁洒共嘗尋妙理征衣權解恕疲身相逢莫便言歸去離別重傷客
子神

不晤藥翁師四年於茲矣訪之穎上而遇諸壽春喜而賦此

雙足風塵不惜疲蹀泥千里到鍾離幾年官閣同吟處今日梅花正放時雄爽
令人心目俱快山水已知懷抱好風流應歎鬢毛絲誰言縮地無奇術姑射城頭仰
秀眉

雨中進艇之穎

千里依人并日餐風風水水度河干長淮怒欲吞孤艇急雨來能動遠瀾村
落幾家時警盜征衣一襲夜愁寒出門但愛春游好今日方知行路難此等詩似平平耳然高貴之氣正在行間字裏與卑瘋者逕庭

中秋後一日別張俊公

衮衮河山足壯遊男兒頭領舊封侯題詩險句過長吉佞佛前身是比丘我到江南黃葉落君聽塞北紫雲謳昨宵疊霧今明月偏不相隨看斗牛（俊公有舊知字雲生）

過聊城重經朱氏園亭（己丑同邵中田祁祁飲於此今七年矣）

相國名園倚水隈經過猶見舊樓臺千章古木青垂屋一徑寒蘇綠掩苔草閣他年留劇飲篷窗今雨憶雄才譬如久矣遺忘事此夜重新入夢來（妙句入情）

游任城古南池

柳岸苔沙展綠天當年曾醉李青蓮橈瞻東濟欣初疾（想見順流之樂）眉入南池爲暫掀水葉羣帆來往客石留隆碣短長篇從前勝地知多少一涉名人便可傳

又

荷葉田田拂柳絲高堂看額古南池碧漪紅樹嬌相媚白鷺青莎淨可思大吏乘軒來命酒傖夫捉筆也題詩人間儘有桃源地拗入深山那得知

天津道中中秋無月

近水兒童喜泊舟競陳瓜菓賣中秋湖雲忽撤重幬下海氣平添敗絮浮此夜淵醪淹北地誰家清興到南樓可知滿月姮娥而不照人間種種愁（尋常語用之於此偏覺切至動情）

留別雲中諸友人

同向天涯憶暮春一朝折柳獨傷神君留塞北貂將敝我到江南雁已賓（深情）涕淚不須彈別後平安先爲報閨人明年此際登堂約雞黍秋風浣細塵（聲調令人歎絕）

宿昔聞九邊山川奇特每爲神往丁酉春游宣雲夏過張家口口外即沙漠也迤長城而西得以縱觀沿邊諸山之雄偉白練一條蒼巖

萬疊停鞭指點眞如夢中生平之心爲之一快亦可以解嘲於浪游矣

忽漫遨遊過白狼雄心欲共九邊長山蹲虎豹苔斑駁人擁弓刀路渺茫（博大）塞外烟雲迷目睫雨餘蒼翠滴衣裳從知漸有承平樂野草花生古戰場（雄而偉）

又

披圖想像已神驚親到纔知畫不成飲馬昔時猶有窟受降今日幷無城（用筆天然）山因背老兼諸色河爲霖多合衆聲莫怖迢迢歸路遠且須覽勝快平生（題境曠渺題情壯涼著一筆弱便與題身分不稱一百十二字無一字不雄無字不充令人觀其題讀其詩快然意足斯亦可以無愧名流矣）

五日思里

清晝園亭坐綠莎微風高樹鳥聲和百年雲物悲身世五日鄉關阻嘯歌避暑只今河朔酒鑄銅何處大江波摩挲醉看朱蘿佩不及長房縮地多（塞上諸詩格律聲調雄麗不羣即此稱細潤矣而仍自清蒼）

雞鳴山道中

鯤海雲垂廣漠風儒生亦解佩刀弓山當曲折都如合路入嶕嶢僅得通萬馬奔騰千嶂裏一河流漫半空中（河流之勢如此）此身飄泊知何許欲問當年塞上翁

發左衞至陽和城（一水而絕流者二十餘次以河流曲而取道直也）

一脈河沙繞不休北來但以馬爲舟野人細（細字妙）鑿山腰住悍水齊爭（齊爭二字從悍字來故妙）石罅流屯堡暫逢頻拭目鄉園何處一回頭九原漠漠天無際爲念當年定遠侯（詩之清者貴奇清而不奇則庸矣神清氣清而鍊字鍊句出之奇創此高岑之所以獨絕也知此可與讀詞臣之詩）

天鎮道中懷友人

陽和城西驛路迤枳兒嶺上馬蹄頻行空赤日不相舍當面好山難與親一望無涯駕安稅百年有盡身徒辛科頭細啜茶烟綠愧爾水邊林下人（絕妙古詩）

（存之律中意見手筆之妙）

至雲中

一道盤廻與鳥爭（雲中二字寫得蒼翠）雲中端不是虛名水無數尺都名海村未千家便有城（塞上風景如在目中）要塞官人能騎馬危疆婦子解談兵此身荒忽如飛燕轍汝春巢乳翼生

（每恨南北朝諸君極雄快事寫得極迍滯令人不快此習初唐猶有之杜審言劉希夷掃除開闢之功正是不小詞臣此詩之妙只是一味高爽便不可及）

登小麒麟閣望城南諸山

層巖巃翠鬱相望鷄嶺燕然總未詳破敵曾聞唐戰伐勒銘何處漢文章（眞巨麗足敵漢文章）青螺獨擁疑姑射水墨纔皴類子昂更欲諦觀雲去就微風高閣布衣涼

虛白堂有石池道城外清河注之曲折而至移時卽盈可以寄目上谷著西偏也

虛白堂前已曠然琤琮況復有流泉纔過已遲修禊更惜初春少種蓮閒裏走來憑蘚石滿時分去灌蔬田一泓澄淨如懸鏡獨照荒寒塞外天

（雜之少陵詩中無以辨入之他人集中便覺聲異矣吾許詞臣律體可遠方工部知詩者當不以予爲妄也）

題居庸石壁

從來天險號雄關一掌平分萬仞山督亢有圖終得度燕雲無事反成閒（古來守險處今成內地矣詩皆實錄）高原野燒烽猶在老坎蒼苔血尙殷弔古停鞭舒浩歎驚沙作陣過眉間

自北口至八達嶺

平陂隔代久銷沈白水青山自古今地設千峯誠有限天留一綫豈無心終朝策馬疲還進四月披裘冷尙侵滿眼牢騷誰共語揚鞭隨雁度高岑

（王弇州七言近體冠於七才子者以其鍊字古而貴不肯下一平弱字遂覺氣體高凝讀詞臣塞上游諸詩覺精神磅礴於高山大川之間橫衝直撞無非供其驅洒者又不以追琢鍛鍊爲工也）

過景州張環生老師山村

河干立馬指山居云是先生舊草廬一代交游推領袖滿村桑梓盡詩書君辭玉尺清風在我到金臺講席虛挂劍未能含淚去望中烟雨白楊疏

王嬙故里

人家三五點村墟誰爲明妃指故居北塞透迤青塚遠東風潑刺白楊疏（七字可當胡撥四）當時謬寫峨眉畫後代訛傳雁足書今古沈淪同轍迹停驂憑弔一踟躕

響水鋪

馬蹄終日不曾閒路過千山與萬山絕壁臥雲疑世外平蕪結屋又人間洋河落水聲情急鷄嶺游馳意態頑（寫得如畫）小立市頭看草樹恰如湖上踏青還

題上谷書院

當年戎馬壓巖疆雄鎭初分鳥隼揚幕府只應求組練棘闈亦復重文章黃羊嶺外沙如米古柏臺前月似霜（工麗而高貴）小技雕蟲何足算涼州上士是金湯

鎭朔樓

不爲廟謨勤遠略從來山後入提封南臨涿鹿稱雄郡北據飛狐作要衝無敵將軍來鎭蒞有嚴天子（用經字自然入妙）自朝宗於今解甲興屯政十萬貔貅盡務農

夜風

高樹稜層宿鶴驚異鄉深夜倍含情熒熒月暈連雲氣衮衮風潮作雨聲疑鬼搏人森四壁伴燈留焰到三更江南儻有梅花使爲報天涯白髮生

（三四悲壯五六幽險更有末聯警妙安得不傳）

宣鎭雜詠

挈代提遼拱帝畿當年虎賁擁龍旂遊雲牧野馳初散壁月行營馬未歸城

堡尙存刁斗歇官衙猶設吏人稀麗譙此日聞哀角簌簌驚沙落布衣（寫得如許古麗）

又

傳聞竇憲勒燕然山在桑乾桒水前馬谷書開神駿過羊房春盡乳羝眠（寫得如許古麗）將軍漫拂兜鍪土田父羣耕苜蓿天指點廣靈門外樹手栽成拱十三年

又

川原迷漫動離憂水闊山長記舊鄴城互東西秦保障縣埋蒿莽漢諸侯（興博麗興壯涼）尙邅策馬飛狐口聊復淩敲鎻朔樓快讀李陵書一過玉瓢傾酒促椎牛

又

獨上高臺瞰大荒羣山如砌裏羊腸擬來那得身生翼魄動頻驚背有芒楯上題詩聊復爾幕中辭筆又何妨醉翻一覺三竿日不記江南是故鄉

送兪天水司理延安（河朔高涼雄傑之氣一筆掃盡必如此方可謂不負壯游古來詩人不負吳越山水者康樂也不負楚蜀山水者少陵也不負宜雲山水者詞臣也）

春明門外柳青青贈別何嘗可駐聽理得其平稱至理刑期於措是祥刑（妙在學究氣而實輕脫不板）三年報政推卿月一路扶藜望福星他日相思須訪戴擬騎叱撥過先零

梨花

不事鉛華只淡妝溶溶冷豔照林光青娥獨擁春寒絮玉燕雙迷月夜香雨後衣裳傳郁李風前眉黛借垂楊黃昏院落無關鎻偷傍桃花睨阮郎（粲士作豔語亦自幽麗）

春雁

馬首參差一兩行曉烟墜月各茫茫固知此日離矰繳猶念前途乏稻粱羽翼已成歸塞北音書不寄怨衡陽與君同在春風裏一是還鄉一去鄉（入情處正）

（不在深）

同陸右臣之邗次上韻

風流雲散纔今日北馬南征又遠行（時將有宜雲之游）一刻暫聯詩酒榻三年難慰別離情霜生短鬢空成恨雪壓深杯未易醒且殺芒鞋舒老眼蜀岡高處看春晴

互贈詩同陸右臣作

暫向河干對一觴哀此蹤跡之茫茫南天北天別竟別江涯海涯長未長（奇氣逼人）知交漸疎如剝筍世事飽諳成探湯他日相期莫相負下澤款段溪山傍

贈張蘭友

花滿江南三月天等閒花裏見神仙此時使我難言好何處令人不可憐（輕雋才人之筆）爲問韶年纔二八誰云弱水是三千風流合作芝蘭友只恐芝蘭尙未妍

閏元宵

插得梅花入琖筵重尋樂事更纏綿燈臨午夜千枝秀月與前宵一樣圓（最精切）綿繡都城堪入畫蓬萊宮闕訝登仙回頭試憶繁華境絕似中間又一年

贈孫蓉

溪山廻抱美人居聞是成都薛校書一片修蛾浮菡萏幾番團扇障芙蕖江南月好兼逢汝淮北風流謬屬予（亦正不謬）無限春愁消不盡酒醒香繞夢回初

夜央吟

塵俗如囚百尺深窗紙甫明爲所沈蟻羶負骨得梁棟蜣夯轉丸如玉金身經死過惡趣夢頭曾斷來癡想心行到水窮看雲起把臂幾時當入林

長安

何事長安僕僕來良辰幾度浪摧頹消磨白日殘棋局了當黃昏濁酒杯（旅況無聊一筆寫盡）一夢裏懷人全愾歎鬧中顧我半塵埃故鄉親友遲歸騎疑道今年未

放同

同陸吳州李杈及次鄧孝威壁間留別韻

客舍長安春又深蹉跎負卻看花心塵蒙屐跡迷天北夢逐征帆到海陰惜別十千沽美酒徵歌百萬買胡琴憑君爲語樓中燕隨便歸來聽好音

又

貂裘日醉五雲深畫角吹殘半夜心紫陌征蹄憐草色深閨羅襪惜花陰逢人漫出懷中刺知己誰聽爨下琴細讀新詩情滿壁可堪三疊渭城音

將北游留別同人

生平只合老風塵又掛征帆北問津燕市酒酣歌壯士楚臺雲暗憶佳人從他世上呼牛馬使我胸中自主臣寄語海濱高蹈者星躔何日聚陳荀

又

對酒還須仗劍歌請看潘岳鬢婆娑欲言自覺胡盧甚不飲其如感慨何度曲有心庭下里裁詩無計到滄波遙知別業清淮上垂柳蕭蕭暮雨多

喜韓石耕來湘陵聽鼓琴於丁漢公齋中

當年風雨話繩牀梗散萍流各渺茫投刺忽驚來范式彈冠深慰過王陽籌三四下尙催酒鼓一再行猶熱香千里故人寒夜客相逢誰復惜淋浪

近於率矣而豪駿之氣自在

贈王大哉憲使

當時草昧借前籌上士功名指顧收組練光搖河朔月旌旗影拂秣陵秋平原客昔皆珠履定遠侯今見虎頭聞道新亭饒水樹好開三徑揖羊求

訪天岩不值

暫叩禪關路幾迷秋輪杲杲閉茅茨細繙几上傳燈錄偏讀牀間弔影詩古佛新花相映發深堂高柳足棲遲芙蓉葉底微風過便是吾師棒喝時

趙乾存郡丞赴任時同人以水餞之並賦水餞詩次原韻

雙虹堂詩合選　三十二

水餞宗風舊有名祖筵重聽踏歌聲豈惟君子交如淡所念臣心守似清（妙不在典切而在疏曠）官閣梅花隨意好琴臺綠草逐春生從知折柳橋邊酒不及臨流一飲情

泮池筆影

橋門圓水鑑初磨中有晴峯漾碧螺春奮魚龍翻學海夜窺星斗落文河銀鉤入畫沙情老鴻爪留痕雪影多底事都人躭筆墨管城終古醮橫秋

聞周羽步詩名久矣偶於友人處讀其句依韻成此

類首當時駭弩機夢回猶自怯嚴磯共猜帳揭梅花燦豈信簾垂燕子稀幾載文章推鮑照偶然筆墨見王維半山煙雨誠佳勝祇恐攢眉未肯歸

又走筆爲贈索和

寂寞深閨易感傷吳天楚水兩茫茫半牀錦瑟陪幽夢一片湘雲剪素粧但有詩傳王韞秀更無人見杜蘭香常思少室山前事不道神仙許爾狂

附羽步次前韻

莫道天涯不感傷十年閒恨付蒼茫每憐俠骨慙紅粉肯學蛾眉理豔粧風度曲闌閒種竹花迷小檻靜焚香波瀾世路無青眼誰識人間我獨狂

讀羽步來句似有不平於中者次原韻以慰之

書生薄命古來傷說道紅顏卻杳茫玳瑁作梁棲海燕珍珠盈斛助梅粧夢酣夜月流蘇暖操就歸風咳唾香莫向臨邛歎蕭索他年車馬儘堪狂

附羽步再次韻

愁多豈是爲春傷月影梨雲事渺茫避世那知王氏臘違時猶作漢家粧陳蕃未下來時榻荀令空留去後香忽憶秋風鱸膾美扁舟一葉五湖狂

羽步有歸志再用韻以留之

雙虹堂詩合選　三十三

家傍蘇臺意易傷五湖烟水弔微茫紅紗宮試雕蟲技綠鬢慵梳墮馬粧敢向凌波窺鄭佩遥從詠雪嗅韓香相將正好憐文彩孤翼冥冥未足狂

次周羽步秋夜詠懷見柬韻

愁深遮莫酒盈杯半穩風燈戌鼓催菡萏恰臨秋水照猗蘭思近碧雲栽不容壚畔眠狂客空讀樓東想異才范叔一寒寧至此論交今日有羊哀

以悲涼慷慨之筆作綢繆繾綣之語畢竟疎曠意多嫵媚意少

代又琴答羽步送別廣陵次韻

亭畔勞勞折綠楊小窗深語敢相忘交離每怨三生石遲暮翻成四棄香斷雨殘雲迷獨嶺蒼波赤鯉下東陽秋風一棹歸心急握手前溪舊女郎

題高念侶公祖署齋精室次錢山銘韻

玄亭獨闢對千家坐鎮清時歇暮笳間借陽春噓弱草暫移冰鏡照晴花圖書几榻雙文淨鼓吹池塘一部譁衙下竊聞歌白雪品題應不廢管麻

次黃仙裳歸秭萩園見柬韻

此日簞瓢我自堪蘿條丹灶與僧龕只須言滿天之下何用名高斗以南筆意高曠白雪郢中慚獨和玄珠象罔喜同探相期聯袂春風裏歲酒先傳甲第柑

次黃仙裳元旦韻

抱膝寥寥東海濱枯髭點白又逢春閉門豈與世無忤有酒此其家不貧自然佳趣具足不朽曉起躊躇添甲子雪中迎謁少交親從茲急入漁樵侶二十餘年足隱淪

贈侯若孩次田雪龕使君韻

海陵秋月滿黃莎聞道侯生一棹過叱撥久踈髀肉老欃槍猶在創痕多公孫東閣誰招士祖價南岡但弔魔正欲相從攜屐去茫茫烟水問漁簑

詩貴蒼老然尤貴高秀徒蒼而不秀則傖矣予每謂作七言近體盛唐其體格也老杜其法則也靖節其骨幹也曹劉庾謝其神色也不從此陶鍊而出而遽欲求工恐難爲識者見知此者方可與讀詞臣之詩

聞田使君報罷

時艱屢擬早投簪賜玦還傳到玉音微有不平无妄事似乎先得欲歸心奪君海上新黔首還汝山中舊素琴今日功名原爾爾未須嚴子卜升沈

雪龕能詩善屬文爲一時風雅領袖今日爲守令者得此亦僅事也

詠瓶杏

梅英雪雪柳纔勻獨向東風占麗春薄暈不銷啼頰淺餘酲猶襯曉粧新爲愁堦雨成深避卻傍爐烟又小嚬藤榻板扉耽寂坐可堪顏色媚如人

贈仇松弟

落葉閒身此地吹何期開眼見清奇耀人瑤海三珠樹供我高齋一茗巵小有洞天生妙墨善畫好花顏色比新詩相逢恨在三年後不及仇郎飲酒時時以病止酒

鄭掌和拜影樓詩其先人超宗先生城西有影園讀書處也高兵臨城楊民誤聽其言遂擊讓害之拜影志思也

銷盡繁華逝水流對花晴日幾春秋一言豈是無將事滿目誰爲不戴仇卜者何居淹楚澤眉間有恨看吳鉤他年仁孝雖明處應亦傷心拜影樓

十五夜乘風落馬湖

十日蓬窗枕雨眠暝帆何意破湖烟淪漣遠近三洲水點亂空濛萬里天最是東坡得意句晝槳輸他風正利深杯酬此月初圓漁村亦自勞生事夜半鳴榔放釣船

舟行遇雨次前韻

爲愛星河夜不眠今朝忽散滿湖烟迷將嶺外千重樹亂我窗中一隙天聲響雖快人作潦倒閒想取醉茅柴何地有開門箬笠幾人圓昨宵好月應如故借向蘆汀照繫船

陳念共自懷慶歸里

早年簪筆未央宮青瑣初高折檻風臣職溢於將順外國恩深在疊移中楊

塵下邑衣蒙綵頓節高堂酒報紅闘道聖朝徵仗馬鸞臺應念舊宣公

琵琶豐麗之詩難得如此沈勵起結轉折俱可爲法

沈林公將游秦梁有留別八首次韻答之

海月高涼故國秋不將金影照離愁無聊且與看花縣有淚何由寄楚州河上悲生蘇子別夷門老作信陵遊探錢欲買金花酒信宿浮驂爲我留

又

敗芰殘荷野岸吹北風涼颯草離離時當閉氣龍猶蟄人有傷心雁便知南望蒹葭迷澤國西來笳鼓滿邊陲乾坤此日波濤裏敬念三緘有慎辭

又

梁苑他時我往還少嵩雙闕亂雲間濁河旱是傷心水王屋今成嵩目山辭客希聞歌白雪仙人或與駐紅顏他鄉風物生煩惱何日歸來十畝閒

又

荻岸湯湯雁正飛停驂執手看斜暉交游故國今全散城郭中原亦漸非客夢遠從千里到酒人應有半年稀遙知驛路蒼驢蹇欲折梅花雪滿衣

又

海內誰憐范叔寒衰年學步笑蹣跚朝炊白水沙迷飯夜涉黃河月滿灘行路多歧笻杖短經風欲破布袍單黃金子午盤蛇鳥山勢人情仰面難

又

東山好謝剩烟蘿黃卷青氈度濁河客子衣裳清月滿帝王宮闕暮雲多人間鼠嚇憐莊子海外魚雄困尉陀老作壯游君莫笑龍門積石舊經過

又

摔碎胡琴不肯鳴等閒蘸筆賦西征到門乞食陶潛拙覽勝題詩謝朓清渭北河聲遲塞馬洛陽花事閒林鶯悲歌豈獨推燕趙秋水伊人自有情

又

裘馬翩翩美且都誰憐老病困江湖翟家朱戶張羅否季子良田負郭無九節且攜看玉女十年端不嫁金夫繁星出沒曾何定碧海瑤天月自孤

惜羣選詩一大病然有不可芟却者又不得不惜也如此詩八首各有妙處絕無重複無可割愛陸士衡擬古十二首杜工部秋興八首尙有可删此必不可删

訪陸右臣於天寧禪寺王驄馬蘇克廉在焉明日韓經正沈得宗龔半千接踵至良晤也喜賦

密友無端各轉蓬年來溝水歎西東尋常海月空驚處併入秋風一笑中貧口竹廚分旅食閒心荻岸望飛鴻人間聚散須珍重日暮寧辭酒暈紅

併入秋風一笑中讀之覺知己惜呼笑語之況如在目前吟諷令人神往

次王覺斯宗伯祭告華山詩韻以當臥游

大上方

曾觀五岳有眞形閶道金天更杳冥雲峽巃嵸高士臥芝函隱隱上皇扃深知電火三生幻想到鴻濛萬古青不數岑嘉州矣身世若容爲脫網甘求大藥駐頹齡

將軍松

聞道將軍有故松豐隆奇怒幾時逢茯苓千歲餐金虎雷雨前身是老龍鍊句

華美而高巽夜半火吹山鬼月旱朝波捲景陽鐘勝游半爲浮生誤何日霜飛劍春蓉

十八盤

旅上危巒轉至窮兩峯中斷是天門氷奔石激龍湫冷雲散烟清鳥道存花落不驚高臥峽月來先到洗頭盆長圻屈曲應愁倦日永何妨憩草根

同心石

一掌芙蓉樹峻標苔封鐵纏足前朝懸崖納足蝸涎滑斷壁驚心玃臂搖採藥每逢毛女過斫松時供羽人燒峽經百尺復千尺已聚清魂近碧霄

諸峯

游仙何日學長生南北峯頭月自明白帝衣冠尊少昊青蓮呼吸近西庚五方列據疑無地四望虛空似有聲多少不教人到處洗心砰上石峥嵘

嵾陽殿

削壁劖苔六月寒東來風雨幻峯巒龍潭自古藏雷窟仙掌何須著露盤敢謂詩篇驚帝座由來宮闕滿長安幾時拾級嵾陽殿玉女容顏一借看

避詔洞

何人避詔老巖阿古士衣裳有薜蘿礨石不留羊仲徑穿天欲碎邵公窩當年使者迴丹鳳今日樵翁惜爛柯斂手從君消白髮未須驢背發長歌

蒼龍嶺 [illegible]

萬壑千峯望裏收學仙何必又封留臥龍羞見昌黎哭落雁思同太白游黛色千尋分鬼斧青天一匕覓神樓人間自有超凡處蟻垤蟲窠滯故丘

雨中岑寂快覽入永如登身華嶽之間探討不盡眞奇觀也

雙虹堂詩合選　三十八

過陸照四齋頭

畦花巷月足摩挲竹裏高齋靜自過清福不妨塵客妒渠不解有此新詩應較旅人多鬢眉但老無煩惱兒女雖長有嘯歌媿我浪游成底事十年留得骨嵯峨

寫懷

困既憂悲喜復狂人生最好是平常一家衣食但粗足四季溫涼幸不妨積得詩書遲兒子不求官長早完糧茅堂晏起酒新熟散髮披衣薦瓦觴

又

補葺詩書曲彔牀紙糊窗壁洗衣裳時尋藥餌非關病親得魚蝦取共嘗良友過從芟熱態老妻安靜歇紅粧年華甲子無藜杖不爲干戈走異鄉

此種詩白香山能如其眞不能如其厚劉夢得能如其麗不能如其齊惟工部能爲之斷斷可以不朽

秋日送王自牧之淮陰

山葉山雲覆酒杯愁心遙逐布帆開幾番舟楫人將老一片湖天雁又來儘欲疎狂拋俗慮更緣衣食走雄才風風水水淮陰道好上王孫舊釣臺

送自牧之淮陰同人皆有贈言此其最也

贈邵潛夫

年少知君老見君干霄逸氣尙如雲非關大壑龍當蟄自見秋空鶴不羣斧子有芝餐秀骨名山留地貯奇文他年若召林和靖爲報梅花酒正醺

贈智劍兼求答我

宿昔曾爲萬石君頓從蕉鹿悟聲聞燒殘紅燭留明月走徧青山見白雲爲問火牛誰挽鼻應知石女幾掀裙近來觸背書千卷說道曹溪欲盡焚

可謂幽奇矣而博大沈雄幽奇又不足以盡之

雨中書悶

一庭疎雨半簾風身在愁中婦病中蹇命竟無俄頃好飢年單使一家窮豈因中酒心常醉不爲休糧橐自空屈指古人誰取法強吟乞食效陶公

窮愁語寫得超曠全是筆力

雙虹堂詩合選　三十九

示超元

把臂他時媿入林蕭疎已見二毛侵頻年饑饉勞生事滿目糾纓廢素心折足有鐺難煑字燃膏無柱欲焚琴對君莫話愁中事君但言愁我更深

仲秋又岑自三塘來聞有遠行諸同人拈韻賦詩贈別多於邑之言余方寸亂不能成句於送之明日舟次補之時在座者田子樹百丁子漢公李子江衣暨寅兩叔姪江衣後至而詩最先成約爲短引備寫諸子詩爲一卷今日酒醒解纜而諸子不知亦一恨也

孤燭熒熒照酒巵黃花青雁別離時琵琶夜月殷勤淚紈扇秋風感慨詩好夢漸隨前路遠布帆聊爲故人遲何年意外如今日忽漫相逢慰所思

其二 時舟次宿遷右邑

紅袖當簾捧玉卮無情弦索碎心時泠泠落葉一河雨耿耿懷人幾句詩愁苦忽逢知己破遷延權說為君遲邗濤八月深如許莫訝臨風有所思

其三 時舟次邗上

黃英的的照清卮柳醉花眠想昔時孤枕濤聲如捲恨寒河風色獨題詩教人失意雙鴛去知我傷心過雁遲對影自憐還自笑不能從衆說相思

其四 時又擧別去渡江

臨行重勸碧螺卮珍重歧途握手時縱使情深寧灑淚偶因心亂不成詩涼秋落落移家苦一水茫茫解纜遲此別共知艱後會冷風清月一相思

贈魯子猶

落拓乾坤歎數奇青門此日種瓜時眼前尚有公侯氣（前曾為執金吾）才下誰為大小兒留得素封泉是酒寄將清興畫中詩相逢莫話生平事雨後黃花正滿籬

鄭日且邀同子猶子房季默右臣爾凝半千泛舟法海即席拈韻

冷晁孤影出松欄雨後花林亂後山去葉糝紅殘照裏遠峯吹碧暮雲間當杯在手寧辭醉破嬾登高不記還莫笑酒闌歸獨晚忘家纔博一身閒

琴怨

耿耿殘燈惜別離孤舟嫠婦忽低眉縷難五色同心結賦有三秋薄命詞錦字倩誰封雁足游絲無那罥花枝思歸別鶴關情處自分遙天皓月知

又

青峯終日隔滄江神女何緣下碧幢按理尋紋應已斷數絃當卜不成雙蒙羞今日同青舫訴怨他年異綠窗可羨苧蘿村裏婦鑄金人載五湖艘

又

秋鴻彈出斷腸聲白髮無端忽漫生叔夜廣陵成絕調伯牙東海定移情原非所止空三匝不得其平敢一鳴欲見江州舊司馬琵琶雖掩色猶赬

又

求凰有曲日相挑分付焦桐莫漫勞共羨碧梧棲暫穩那知白雪調原高年來世態看雞肋夢裏鄉心折大刀焚賁不妨逢俗士懶從人唱鬱輪袍

（四首廻環曲折無斷續無首尾直可作一首讀奇絕奇絕故盡收之非惜羣也）

蕭府君五雲德政

剩水殘山說帝都停驂指點路全蕪吳公臺下花開謝大業年來樹有無[illegible]女吟成長恨賦野人耕破莫愁湖風流太守尋遺跡留作興亡第一圖（復雷塘）

又

不重生男事未愚請看弱息換錙銖玉壺有恨凝紅淚金谷無情墜綠珠身是一萍歸思冷夢回午夜旅魂孤深閨此日添愁緒薄命新懸刺史符（禁遣嫁）

晨起見雪

朝來密雪弄寒姿怪底狂飆徹夜吹率爾逢迎同故友自然明潔是嚴師（[illegible]賦）小兒拍手問何物老婦蒙頭臥此時我對梅花花對我閒庭呵筆獨題詩（雪詩從未經人道）

書悶

鄰雞喔喔動寒晨拱揖奔馳患有身磨墨半池還字債為文一首祭錢神幾番酒醒生奇病况復燈昏憶遠人時序相催傷忽忽白頭寧獨為家貧

案頭蘭花盛開因憶昨歲客雉皋吳賓王贈花時

（三四極平常事寫來卻極奇創真詩人之雄）

客歲紅樓醉酒杯故人特地送花來得聞密語卿如解為比芳姿我亦猜臨鏡斜簪妝更好留香直待夢初回而今寂寞章臺路何用風前次第開

哭李江衣

落落乾坤歎數屯無親無息復家貧子虛未賦方勤學長吉躭吟竟殞身此日君翻辭濁世如今天亦妒奇人空庭不復聞清嘯夜夜悲風滿四鄰

江衣美才詩文卓爾不羣竟以夭死悲哉

呈王阮亭司理

君之皇祖古之賢秉節揚州海上天（公之祖曾爲維揚備兵使者）燥髮曾臨諸郡縣彈冠仍見昔川原詩書流澤遠如此父老扶藜歎果然楊柳春風無限好平山應續舊游篇

冬歸三塘遇風

朔風怒號老鵰翔白日冥漠百草黃進艇不前水春腹脹衾欲臥冰生牀妻孥撥火火然甲弓矢射雲雲似霜鄉里往來乃若此何當策蹇金臺傍

起句奇氣逼人三四寫得變幻五六落想似近而遠如神龍卷舒不可測度

壽劉愚公

二十年來慕老樗藥欄深閉賦閒居雌黃久與名流隔青白還因世法疎謖謖風松朝瀹茗煩煩珠樹夜攤書梅花鬢髮三分碧傲岸何其亦復如

忠孝先生殉白門之難愚公抱莪蒿之痛絕意於世閉門卻客近於傲岸實有隱痛非得已也

閉戶

閉戶經年遠俗譁醒時愁怨醉時差功名放我成居士衣食勞人媿上家細算始知貧不礙粗安便是福無涯眼前多少亂塵事黃鳥啼殘滿樹花

五六可觀詞臣素心即居官澹然無營亦用此意可謂加於人一等矣

暫歸水村書感

澤國茫茫浴鷺鷥先人遺待敝廬存荇絲立水青難盡魚尺量波白又翻溪數十重戀一葉稻三五頃遶孤村到來手澤如疇昔無復盤蔬侍酒尊

予於古人亦最愛此種詩皆出自性情無所爲而爲即詞臣集中必當以此種爲至

贈王子介

裘馬翩翩入帝京壯游誰不願知名琴尊意氣輕珠玉鄉澤猗那賤杜蘅騎鶴吹笙王子晉曉風殘月柳耆卿旗亭卮酒容傾倒豈羨雙鬟第一聲

豪曠之氣足滌繁靡

七月十五夜

大火西流意洒然可人單袷一尊前天將入夜雲如洗客甫驚秋月又圓釀麴滿庭收白露煮糜新水雜青蓮鄰家鼓笛聲何急知是盂蘭盆集老禪

最真亦最直然眞而麗直而厚過於元白

中秋陸無文次前韻自村中見寄答之

冉冉推遷意惘然蛩聲啼到小窗前飄零幾處雲同散惆悵中秋月獨圓撥悶但尋劉白墮投詩忽報李青蓮心清定是聞香妙欲向蒲團一問禪

雨夜不寐忽憶詩中風雨瀟瀟雞鳴膠膠數語因歎此中不知死卻幾輩賢哲枕上率成

風雨雞鳴天奈何欲曙未曙人婆娑雄聽舞智時自擲家雁畏寒閒細哦簷溜不如夢斷續天涯徧遺心經過悠然念及古君子一往情深深則那

讀此詩可想見詞臣性情淸曠不可及處

仲春於潁上招同魯子猶楊澹持馮大馮仇松弟看梅山舍陸無文劉超玄穆如弟繼至

諸子乘閒偶惠然輕舠襲破滿湖烟驚看柳線還正月不見梅花又一年（天然）野外有人逢陸羽醉中從客笑張顛山翁把酒向予說小閣東頭月正圓

妙句合人心曠神怡

壽陳牧菴年伯

畫閣春濃柳線黃酒卮遙接百花香樽前羊仲還求仲膝下元方又季方遊興獨開馳馬埒醉歌時踏鬬雞場西園此夜燒高燭照我稱觴逐雁行

蔡中丞夫人挽詩

曾向璇宮謫玉眞赤虬僊馭又傷神日邊鳳誥方加郡地下魚軒驟摧輪伉儷只今悲武子人琴誰與慰安仁贈錢他日酬勳爵難買泉臺一線春

又

豈從鉛粉歎銷沈琴瑟房中歇德音玉案流塵棲委帔香奩清淚哭遺簪青春白日雙鳧去源水叢花萬壑深神爽祇今猶未遠三神直上最高岑

挽京江魯子猶

早歲胸中富甲兵一江南北重才名每從水石師王宰恰近清明弔柳卿詞賦未刪珠錯落音容如見骨崢嶸身羈旅次魂歸去應畏金焦浪不平

又

白髮窮途強笑支腹中多不合時宜兩朝故老春風淚一代才人落月詩畫壁只今懷道子書裙從此重羲之兒曹縱到泉臺閉杖履何由慰所思

又

繐帳遥遥酹一杯楚雲吳樹盡堪哀香燈欲滅憐摩詰寒食無烟哭子推雨不斷絲渾是淚電常火總成灰新詩湛墨人今古几下梅花几自開

又

柳外黃鸝不住啼春雲春雨總凄凄生從海上依賢坦死向山中伴老妻執紼僅同懸劍冷舉喪誰與助舟齊太平已報新冲主莫畏江干有鼓鼙

子猶先生精於翰墨生平以詩酒自豪鼎變去官避亂海陵方之古人蓋東陵侯處士一流人而書畫尤足不朽詞臣四詩可作先生行畧

陳園賞牡丹

開徧尋常桃李叢暮春天氣綻殷紅爭將顏色憐妃子誰道栽培出令公掩面低徊青羽扇照妝高設絳紗籠須知此日豪華事不與人間富貴同

又

倚郭樓臺水一灣入門五步即深山土酥玉膾行廚裏翠袖紅裳寶砌間坐處屢添華燭照歸時猶帶國香還明朝尚有重游約金縷檀槽倩小蠻

麗密詩氣體仍輕華

次馮大澌來韻慰其旅懷

孰是他鄉孰故鄉醉中舒眼總蒼茫請看馬兎風塵熱豈似羊裘水澤涼老去拋書渾自在閒來對月轉輝光苟全儻得如諸葛雖病雖貧不礙狂

意致蒼茫不墮於直

初度書感

皇覽揆予初度時年年此日憶嚴慈無由具駟安寒素解辨訛魚念教思閉戶手芟庭外草銜杯口戒里中兒天公便許周花甲不過交頭十二支

去日苦多

孟德之言與此同悽惻

賀田樹百登第

挾策干時困頓同金臺道路馬蹄中吾甘落魄匏常繫君信丸泥谷可封天漢披襟鴻漸陸風秋翹首鶚橫空歸來猶及荷花好須向河邊問碧筒

喜于潁士刻中晚唐人全集

詩輕中晚抑何癡君獨窮搜博采之世遠已同蠹欲絕年衰纔幸豹全窺古人生而全閒處今日微言再續時愧我疎慵只高臥歸山不早著書遲

盛唐詩人非有意爲朴而自渾厚非有意爲澹而自清微中晚名家刻意求朴澹朴而太直有近於淺俚者澹而無味有近於庸平者大約皆以摹古人太過反合神氣索耳此中自有氣運不可強也如明朝三百年制義正嘉之不能爲成弘隆慶之不能爲正嘉生其間者正不自知然中晚之詩有的的可追古人者要在嚴於去存不以儇麗可喜而遽收之不以簡淡無華而遽棄之如中唐之劉長卿章應物張籍李賀晚唐之杜敬許渾李商隱溫庭筠才情心力皆能獨出手眼挽回氣運者不可槩以中晚輕之也須士深心於此予歸廣陵當與共訂之

閏七月藕荷皆彫落田樹百池中獨盛又開鴛鴦花一枝紅白各半花之瑞也詩以紀之

深秋菡萏漲新陂一朵平分豔淡姿擢秀不如芝五色發祥何啻麥雙歧窺將醉臉還醒臉聘得紅兒又雪兒絳袖玉顏相照映勸君沉醉曲江池

上元前一夕飲陸無文新釀

半年醞釀此時成錯認寒泉徹骨清客子意思都卓越主人肴核費經營到來簫鼓喧鄰屋歸去花燈歇滿城明夜月圓須痛飲還愁伏枕抱餘酲

仲春一日飲袁遂侯杏花下

宿醒朝起不曾醒又報新花綻小庭已見美人開玉臉肯辭豪士瀉銀瓶梅英避位疎疎落柳葉爭先嫋嫋青醉舞蹣跚君莫笑年光物色總流萍（筆意疏曠不落纖媚）

送趙乾符刺史同州

山信終南報好音水聲邗上咽離心雙旌渤海風沙靜千騎秦關雨雪深祖帳有人排筍玉天涯何日合蘭金也思一步彈冠後無那輕霜鬢髮侵（三四聲情俱壯不忍棄之）

春游雜詠四首

纔見春來又過春今春春色特相親林花喜照新生水社燕來依舊識人草色苔痕隨往復蜂鬚蝶粉共逡巡世緣我法都忘卻茗椀初停酒醆頻（身之所遇目之所見意之所至不知何以忽焉成詩不計工拙慊然自得此吟事第一樂境）

又

碧杳亭深興不孤閉門閒坐稱閒居因聲覓鳥枝柯密闢地安床竹柏疎樹隙遠天連比屋郊西殘月滿平蕪年中此會殊難得莫惜班荊盡一壺（酷似王摩詰他手不能如許眞如許厚如許疎遠）

又

塵中又困蝟集毛塵外暫來鷹脫絲（讀此奇句令人作出世想）溪水合時柳瑣瑣園門開處蜂嘈嘈閑中緩步綠莎淺不則醉眠紅日高雲容物態互徵逐今歲值得春相遭（詩到極奇極快處可以闢愁逐悶予至甬勾東登太白上玲瓏絕巘宿招寶觀海東旭日與讀詞臣此種詩惟此三事一豁心目）

又

寒食風多柳線斜卻攜詩卷住山家窗中餘夢猶行酒檻外輕陰似愛花（蒼涼之筆作幽細語更覺深厚）不放心情人易老自呼名字鳥偏譁江南應更饒佳興筍碧櫻

紅唱採茶

秋柳次韻（興之所至忽然而起忽然而止非有意爲四首也知此者可作四首讀亦可作一首讀併可作數十首讀以興會景物沓至紛來令人應接不暇）

霜裏誰招柳七魂蕭條彭澤掩柴門影流烟月無波俏聲入金銅有淚痕塞雁汀蘆誰綠野寒鴉古木幾江村白門門巷深沉處此際荒涼未忍論

又

蒲姿何事不經霜衰草殘荷伴曲塘赤葉連緜紅錦障青絲憔悴縷金箱紛紛似雪應慚謝濯濯如春久愧王記得宮中移動事教人長憶永豐坊（和王阮亭）（秋柳詩昔不曾充棟無不以箱坊諸韻攢眉强爲補拙予故罰步韻作詩所宜禁絕）

又

遠砧涼月疊征衣憔首芳華事已非白妓風流腰尚軟徐娘老大鬢應稀粗堪永夜烏鴉睡不見青春紫燕飛情盡橋邊曾惜別西風落日寸心違

又

榮枯代謝未須憐堅臥寒江飽冷烟寧與槁梧分寂寞不隨芳草共芊緜桓溫駐馬嗟嘻昔張緒同頭憶少年松柏有時摧拉盡春來先發渭城邊（强步人韻詩家第一惡趣依字酬和離於自然即感自然亦於性情無涉予每謂此事詩人所宜禁絕即才如詞臣秋柳四首不及春游四首他人可知矣）

飲陸無文葡萄酒看瓶中牡丹繡毬

西涼名酒洛陽葩襯以團欒白玉珈標置自高臨芍藥規模不遠近梨花佳人南國脂兼粉天氣東風雪捧霞對酒對花吾老矣肯將餘興少留些（香豔極矣而清蒼之氣自在）

懷陸無文馮大馮（時陸之蘇湖馮之黃州）

未耐饑寒出故林天涯思得繞身金江行定穩風波事山路應如險仄心閒坐閒吟懷獨苦對花對酒歎難禁歸來輟棹投驂後斷入烟霞恐不深

述懷

見隱無成鬢已絲但將杯酒了參差閒思佞佛殊無謂老漸憐兒大是癡曉起攢眉尋草稿春來開口笑花枝百年彈指聲中過粗略還他是便宜

讀之者必謂似杜吾獨謂似陶大約陶杜妙處在眞在朴此詩眞而老朴而雋深得淵明之神可爲知者道

虞美人花

紛紛開落滿閒庭似怨含啼晝不成薄命自憐雲錦色多情深怯雨風聲粉淹冷蘚香猶在血濺柔條恨未平楚帳漢宮同一轍怪他青塚不曾生

並蒂虞美人

作態生妍未肯休一枝奇豔幻雙頭圓光兩面皆堪照方勝同心總解愁曈子重輪時不利虞兮騅喚物之尤恰如當日悲歌後紅粉平分一鐲鏤

讀馬杏飆及其夫人倡和詩走筆爲贈次許師六韻

抱膝經年滄海隈塵襟灑灑爲君開青驄不受金羈勒紅粉何慚玉鏡臺佳句紛綸王韞秀新詞天曼賀方回時人莫笑新豐困轉眼鳶肩出草萊

獨游冒辟疆水繪庵

一水灣環萬木稠幽森寂歷總深秋頗多極境身難到尚有羣賢句未收擬挾岑書消鹵莽偶添歌吹亦風流生愁地主憎多事但以新詩當刺投

曾雉皋丁子硜兄客淮陰爲予言水繪庵之勝令人神往且予友陳其年讀書其中約予過從未得如願讀詞臣詩以當臥遊

贈友

回首河山百戰身牛衣蛙食故園存久寧爲我還疑我老不如人學避人必傳之句騰擾又逢三輔劇播遷豈怨一枝貧草堂殊少瀼西地每誦新詩但主臣

詩貴於眞然到極眞處難於耆秀遠俗此則惟詞臣能之是其天資高絕處

寄懷王自牧

一別王郎近十年屢將魂夢到遙天寵家兒女應都大海外文章定可傳耳目早衰鄉邑苦妻孥久住主人賢豈能束手空相對不若分鑣著祖鞭

又

別來無計可相存每到裁書欲有言甘苦已爲嘗後味炎涼也是過來門生當離亂無奇術得免饑寒即至恩至言至言想杜工部當年胸中亦當如是雖道賢明應理會可能抽筆但寒暄

自牧長才博學鬱鬱不得志予方嗟其不偶至生當離亂二語爲之鬯然悲復爲之展然喜

將之四明留別諸同人

不提長策走金臺久付閒身與酒杯毛檄捧來寧足喜韓詩傳出已無猜拚爲海上離羣雁別去山中繞屋梅妙句天然漫以撫綏相慰勉可知都未念非才

詞臣非百里才遙之濟事鹿足展其驥足牛刀之試徒以煩劇累才人不能不爲之扼腕

又

洽比過從昏復晨秦與漢與桃源人醵錢不等有多寡飲酒便休無主賓眞樂事非居官者所能有僅可迴車向阮籍豈能叱馭同王尊從今日食一升米俗吏那得希清貧

詞臣清貧猶昔可謂不負寒矣

又

滿頭風雪一帆開遙望江南日幾回夜艇潛過嚴子瀨春衫獨上越王臺孟陽豈敢航山酒李愷焉能闢草萊深懼疏慵當劇地諸君何以策駑駘

堇邑兵馬錢穀紛紜旁午令君撫字催科心勞政暑眞可謂戴星

又

鉛刀礱錯已經年寧獨無心一割賢猛氣從前推驥足卑官垂老愧鳶肩也思少展酬家訓無那多愁入祖筵他日不貪陶令米歸來重結酒人緣

奉和林殿颺太常天封浮圖詩次原韻

舍利光明護石闌登臨直擬到天端山嵐曉淨羣峯出海國秋深萬木殘諸佛箇中參進步使君高處念祁寒塵埃野馬何時盡差喜虛空放眼寬

又

礫礫罡風一掌分影留千尺與斜曛遙看雪浪蛟門島何處金泥大禹墳共道參廳眞爛熳可知戎馬正糾紛居高若使能卑聽慈蔭無須仰法雲

又

干戈稠雜海田荒有客登臨歎彼蒼東望旭輪何淺近西來秋氣總凄涼山形聚米眞堪數石磧屯沙未可量所賴憂時諸碩德筵前知道菜根香

又

大千世界等河沙一勺滄溟豈足加但有韓混關外米何須潘岳縣前花袂連武雨論黃石筆灑文瀾採紫霞擬作附蠅慚後至遙天絕嶠路應賒

林殿揚太常詩年華俊逸丰格超然刪私者雖多惟此工力悉敵

閨中積雨呈嵇司理

縠幔冰絲隔畫樓淋鈴想見曲中愁催完夜漏還相續滴破秋痕不肯休幾處落英憐桂子無端生耳念禾頭何時一掃陰霾晧魄成華對酒甌

九日湖上作

山畔高樓樓下湖湖中烟樹隔平蕪笙歌隱約爭名勝臺樹參差入畫圖雲幄重遮山幾髮雨絲輕釣水千珠也知勝地逢佳會屢欲登高氣力無

拜岳鄂王墓

黃龍未飲氣難降義骨千年福此邦豈獨中興推第一從來國士定無雙同時留守爭河朔繼啓蕲王捍入江再拜荒祠天欲暮幾聲寒雨打松窗

岳墓諸詩多襲套語此獨出心手正不必以激烈爲佳

湖上喜曹茀及至

客歲分攜贈柳條一番寒暑隔淸標忽從海北操舟至恰似橋東折柬招鏡裏重開西子面夜中吹徹馬融簫不緣官海無供給正以虀鹽見久要此實錄非虛語也

送岳銓部巡海

貂錫蒙茸擁畫戈江城遙望重臣過烟明後海歸帆闊雪滿前山獵騎多貔虎只今開玉帳鯨鯢何處擲洪波歸來自是春狼戾馬色桃花映綺羅

壯麗之色照耀山海非蒼老之筆爲之則靡矣所辨在氣骨之間非淺人所知

別唐祖命六年矣來自意外喜而賦此

白日蒼波去不還高宗時望敬亭山移雲入座驚援眼點雪盈冠乍破顏黍此中留日暮蓴羹千里共春閒年來倡和知多少半惜吾徒雅會艱

送同年潘梅庵之任天津

泱漭大江久滯留高天得戴過封侯熊羆禁典還分郡鹽鐵書成又借籌督亢秋深歸一掌泥塗蚤拔豁雙眸何時更藉扶搖力身傍元龍百尺樓

送徐唐山歸里

吳宮禹穴越王臺涉境成吟未易才四座淸風雙袖冷滿船明月一帆開青嶂翦水懸高鑑彩筆干雲動上台久憶蓴羹歸夢切因瞻太白重徘徊

雙虹堂詩合選

廣陵張幼學詞臣甫著　同學諸子彙評

排律

五言

感遇

古人金鏡列楚客玉文藏塵合中原失天開外侮亡青牛涵紫氣白水耀朱
光村聚南陽曜悲頻阮籍狂結廬當太白據石飲中黃暫歇伊周擬徒勞管
葛望揭車紉芰製膏玉溢芝房不忍同雞鶩無能甘稻粱蓄絲成帝衮裁錦
織雲裳爲擬岩棲意峩峩天漢章

排律用陶謝筆意便不失之板只求工麗不闇氣味未免着魔此詩須相其丰骨

坐蒼岳山房

兀坐無餘伴禪心與谷衍樹頹稀燕雀苔嫩受麕麚門蔭三眠柳園鋤五色

瓜庭昏朝雨過日落暮峯斜竹響時驚夢桐陰自覆花買山飛一錫榻石悟
三車臨帖矜鋒老鈔經較字差寂寥心木石舒卷氣雲霞闢戶開迎客分流
獨烹茶令人遊世外忘我在天涯坐久花移影談清鳥不譁肯容陶令至不
必歎人遐

排律用以應付只求駢麗絕無性情真筆墨間第一要事如此詩雖極工緻却不失性情之樂

冬日送錢鎮侯歸武原

風雅今應甲才名素所欽勾吳推季玉於越重昆金掞藻拈花筆裁文屬錦
心詛高闌是譜交重璧爲箴十月初瞻宇三旬又苦霖晤歌方恨淺離別又
驚尋海氣侵帆影江聲動劍鐔日南占候轉風北念寒深愧我無言贈懷君
有夢侵地人分楚越時序惻蕭森秦駐風霜色岑臺山水音相思似歸棹指
日度山陰

弔徐蓼莪先生

吾鄉有偉人清修體明德洪淵奮龍運高岡矯鳳翼釋擔宰黔庶閭閻賴修
飭單父惟坐理東柯賴宣力鴛班推最賦豹褎歌司直望重朝野諸道浸遐
邇極丹帷須遠猷黃袞企餘織上帝不憖遺二離忽虧蝕驚風動斗南浮雲
蔽闕北憂國無祭公安得不心惻

清明方子邀飲鳳山未赴

山頭風色好攜酒踏晴沙寒具環成餅春蔬豆茁芽喚耕經布穀簪鬢未桃
花人集竹林彥子就梅著葩無言陪白蠹有恨捉青蛇賦得君平白遙爭石
上誇

如一篇晉魏古詩與沈休文陸士衡諸擬古諸篇竟無以辨此排律之最勝者

送劉檗生老師備兵潁上

二曜啓東明列宿分野蟠躔次體健德奏績璇臺端大運與哲人五指操危
安駛驥當轍車大風吹鴻翰肉骨寧一方輻紛如三單長材既借箸大雅時

登壇文府推琲瑋武庫焜琅玕珠玉生咳吐色笑應和鸞我后嘉乃績鳳喙
賁殊丹奪我處單父輟岑起長歎高筵悵闋樂大艦悲西瀾筆壘有終極別
離無達觀旌旆天闕廻桃李春風寒觴行詠條肆且慶覆幬寬

雄健深厚無一筆弱具此厚力方許作排律

賀友入翰林

北闕占星氣東江貢偉人道成推領袖才茂重絲綸鹿洞天文在鸞坡帝命
新握蘭趨禁掖載筆稱陽春雅量懷公瑾高名邁伯仁海隅盤錯日開濟望
名臣

槐下午風輕

古柳青全徧新槐綠漸稠與萍搖碧浪和竹倚紅樓暫覺炎敲歇纔知細吹
流北堂開越燕南畝臥吳牛野女忙蠶月山農快麥秋荷鋤占牧夢岸幘謝
羊裘好友開三徑開心傲五侯清和良稱節汗漫以名遊酒醉含風鮓詩成

細雨舟人間憐穉穰觸熱欲何求

酷似張文昌野客樵客諸篇靜而遠澹而麗令人不知其排

題劉正心亦是山居

劉子具三樂梁生歌五噫橋中猶角勝海上已忘機衣結酴醾夢春添薜荔衣綠天香黯黯清閣燕飛飛覩已齊窮達人誰解是非終南成捷徑何似掩荊扉

體雖整麗而氣骨自古

次魯子猶來韶爲贈時避亂自京口來

骨髓今參政風流老右丞威儀心史著文獻酒杯徵閫外誰工拙泥中孰寢興憂貧羣口謫履亂一身憎有賦推王粲無家念杜陵簪緣風鶴屢盟逐海鷗仍節晚黃花在寒深白袷增感時雙袖淚道故一枝燈水閣魚書少城空虎氣騰金焦舊遊處何日擬同登

李小有游吳陵時予奔走江上歸而明月篇告成索予補綴勉爲賦此

此種詩須學問大有力健氣骨老丰格高方能爲之非淺人所能及

百里大賢路新亭顧屢違得人惟拱揖驅我是調飢下客盤飧苦將軍偉腹肥浪游除歲序清夢索裳衣虎兕歌行李蛟龍狎釣磯滿船詩勝月差得不空歸

法極緊氣極寬平極壯望之如赤城霞

劉愚公僅三招同劉藥生師及諸同人月夜泛舟至春雨草堂

秋風趨林薄素月揚花容載酒泛舴艋臨波搴芙蓉遙犬吠燈火棲烏發鶵從雅集及良辰嘉客無謬恭歌亂成劇笑觴行愬豐供舟岸坐屢更臧甬能不慵人生有至樂斷不在鼎鐘西園畫圖好而我幸躬逢

十四夜飲田雪龕使君寓菴蒙示以詩次答

小架紅英殘開窗碧蕉散風微簷鐸清展少苔錢滿新詩客裹多沽酒囊中罕長筵無俗客句長恨紙短明月代籠燈還坐盡私歎屬和慚前珠不是慵懶

浙闈中秋呈兩大總裁

北極承明詔南溟掌蟄雷風清棘闈鎖月滿桂堂開雁姿銜新茁龍門掃舊苔燈分奎璧次筵傍斗牛排薇省擲香在花磚帶影來神駒勞剪拂冰鑑絕塵埃此日庚樓嘯明年上苑杯天人應有策誰是董生才

雙虹堂詩合選

廣陵張幼學詞臣甫著　同學諸子彙評

排律

七言

中秋

雲淨霜空塞雁斜庾樓清興滿天涯昏黃海樹橫孤月明白江天浴亂沙一片夜聲雲外盡五分秋色望中賒芙蓉別院閒砧杵玳瑁空梁憶絳紗挂闕明河飛匹練當筵素女浴流霞長虹度曲驚瑤笛玉露生涼泣桂花太液池臺千古恨廣寒宮殿一時華幽人起舞光零亂醉向空階看莫邪

丰格絕似王龍標箜篌引音節古而聲情壯令人讀之覺忘其為排

送段文寶之秦郵

數載鄉心詠大刀帆陰西指廣陵濤秋聲嘯發延津劍海氣寒生范叔袍一道風塵千古恨滿天霜月夢魂勞夕陽遠墅人烟冷薄暮荒城鼓角高湖樹千重依斷岸江楓一片繫輕舠溪園自此稀談笑明月無心照濁醪

悲壯而岸異法老而力厚故無一懈筆無一粗筆

紫禁賜櫻

天仗初開太極前內傳珍果出芳園爭含翠羽交薹樹薦寢紅香到几筵濺齒不同朱柰澀迎眸欲並火齊妍緣生上苑先時熟為瀉珠盤特地圓兢列堦墀分口澤還將袍袖壓歸鞭常圖報稱殊無物惟有丹心近日邊

擬此種詩不巨麗不得然全是應制體究無情懷易於板重此獨秀脫

雙虹堂詩合選　五

雙虹堂詩合選

廣陵張幼學詞臣甫著　同學諸子彙評

絕句

五言

寄丁漢公步陸吳陵韻

海上初行日山中獨臥時（出手便覺超然）近來魂與夢惟有大江知（何等氣岸）

五言絕須令人讀之寬然有餘方是妙手如詞臣此種詩筆力雄健性情超曠言有盡而意無窮的的可傳

昭君曲

不有琵琶語明妃只自憐若知千古恨含笑出燕然

作昭君曲者陳陳相因得此獨開生面

美人贈花

花事應如故香風去不回可憐花勝妾猶得傍君開

情詞婉媚子夜讀曲之妙不能過此

秋月潭

怪石吐晴嵐江深接劍南浮沈無限事秋月照寒潭

博大而空遠短篇具長江大河之勢

伏龍洞

晴嵐經雨溼空翠著衣濃（五字中空濛無際）安得逢溫嶠然犀照伏龍

情艷詩至宋齊已窮工極巧無以復加然漢人渾蒼之氣蕩然無遺矣故初唐諸公以朴厚挽其頹波具有砥柱狂瀾之力余選詞臣詩最重其爽亮雄快之筆謂可方孟襄陽王摩詰至其作情艷詩全是漢晉不墮陳隋是其手筆高處

長堤

不識西溪路長堤但去來衣裾何故碧兩腋水如苔

明淨高潔似初唐人手筆

李浣生校書索筆二枝戲占

雙虹堂詩合選　一

別去無多日相思不受妝非關眉欲畫今夜必成雙 口頭語妙在生動若莊語便非

寄陸媒龍催竹

許我瑯玕玉呼童破紫苔夜來棲鳳過明月滿曾陔

馬詩

毛仲豢不馴韓幹畫不就八極有奇觀鞭影失清晝 奔軼絕塵之勢如見

又

虎韔銀成韉繁纓璧綮環 極鍛鍊極自然所以獨絕 東風袍袖冷吹出玉門關

又

削玉連泥疾鋪金滿腦寒 奇句如神駭之騰踔 天街踏殘漏霜落進賢冠

又

蹀躞狐狸塹錫名獅子花 奇氣逼人 汾陽聲價重帶雪蹴胡沙

又

春日天津橋香塵入柳條珊瑚遙指處紅袖亂相招 前四首蒼峭此首忽入麗情更覺雄快

又

照夜將軍白連錢御史驄留良容伯樂神駿愛支公

又

春暖多佳氣金鞭游大堤草深將受跡花落欲驚嘶 幽艷之氣非細心人想不到

又

夜永兜鍪重秋高苜蓿肥連屯烽火發驚鏃落銅衣 繁麗中忽寫到悽惋處無不入妙

又

九花生肉角六駿最拳毛畫角催辭櫪驕嘶認戰袍 奇而艷十首中予尤賞此爲第一

又

大宛重神姿中原勞遠師聖王方却貢市骨欲何爲 氣骨全是漢人雄而厚峭而細蒼涼朴老從孟德樂府中變化得來

分唐韻言案頭梅花占示

同在春風裏偏君獨占多重門關不住飛過白雲窩 筆力超卓故不覺其纖

雜詠

連理樹

耐得纏綿苦須知合戀深 艷而曲讀曲中無此婉至語 請看連理樹妾意與君心

鴛鴦塚

行樂既當前人生貴適意死後號鴛鴦何與生前事 深一層更覺悽絕

華山畿

一見能相死桐棺白日開華山山下女不羨祝英臺 予讀華山畿至天下人何限慊慊只爲汝輒覺語到真處加一字粧點不得是古人不可及處

浣沙石

一葉扁舟裏英雄各遂心 爲少伯夷光千古知己 浣沙溪上水何似五湖深

見鶴

獨鶴與天游暫栖山上頭可能憑羽翼寄夢到揚州 古詩之妙全在不作意此詩亦然

見紅樹

九月秋將盡驚看一樹紅蕎然鮮 鮮字奇妙 老眼忘却是丹楓

華髪

已負頭顱甚茲因髮得華偶然臨水照不敢笑蘆花

舟中煮茶

煮水聞水聲舟行亦自淸何如到家裏刺刺絮藜羹

北路

百里無一村孤村無一樹漠漠廣野茅店荒涼如在目前垂柳孕啼鶯俊殺江南路

又

河如佶倔字舟爲鈎勒筆奇句非蒼峭之筆寫不到蒿目問長年幾時臨一帙

乘風

人亦有飛時風帆與鳥隨梁山看不足談笑古南池

落葉

落葉不因霜風秋已半黃隋堤堤上客白髮看垂楊

蘭

淺碧難爲色幽芳別是春怪來邀顧盼得似意中人

解語花

花何能解語解語花之態試看欄中花一捻紅猶在

懷夢草

前人惜離別得草夢不阻予正苦夢多不須更懷汝旅人之夢大約皆家國正不必懷也

望夫石

有情化無情得以長延佇望夫夫若歸山中石應語予最愛簡文帝以帝王作閨奩詩聲情幽艷在予夜讀曲之上然不若此詩之蒼老也

璇璣圖

一蟣穿九曲千錦散千春文章無定愛惟愛慧心人女子慧心尤令人愛千古而後尚會人思

銷恨花

長恨綿綿在君王此擧虛雨淋鈴唱後悲悼復何如筆意最似沈休文

虞美人草

朱顏伴黃土千年紅不減莫作好顏色點點帳前血

聞鳥

長日送歸程漸與萸灣近別處鳥隨人聲聲啼舊浪

眞州理楫

下馬如完負登舟作到家只憐淸潁路空水照琵琶此則全乎漢樂府矣斷不落齊梁以下

夢

何術破閒關中宵度遠山夢中不說夢輕易放人還

過冶浦橋在六合

流水畫橋路晨風匹馬過欲憑雙淚寄不到潁川河

秋山

秋曉山如出秋山濟不驕不知秋所在但與意迢迢即起顏延之謝靈運爲之恐無以過

舟中雜詠

天氣全佳勝添衣不覺衣北風眞可愛秋後送人歸

又

兒女解行舟便是不虛食愼勿悲苦辛苦辛有氣力

又

正喇快乘風轉眼浪咽口來船且莫喜會須落帆走河道曲俗所謂故城縣一窩線也

又

近湖魚蟹賤乞賣得人嗔遥憶南中市千錢買細鱗

又

夜靜水痕平收盡漁者釣中流雙白魚潑剌時一跳

又

白雁初離塞青蘋正放花似乎閒得意相與占晴沙

又

渺渺燕齊路半夜聞吳歈蒸蒸牛羊羹有時爚蕙蘇

又

雲散天成白沙分水尚黃添舟爲畫幅况復對殘陽

又過閘

雙閘鏁羣流千人爭一線舟中姑已矣岸傍不敢見

又

故國三千里殘生四十年眼前何是處悠忽白雲天（目之所見絕不經思觸手寫來皆成妙絡人生無才不知負却天地間多少奇山水多少奇景物多少奇人女子不得一筆鈎出眞是缺陷）

正陽門聽御河水聲

匆匆（二字寫流水奇絕）御河水日夜傍橋鳴橋上橫金客惟聞車馬聲

城路

山路無破苦城路深五尺爲問路傍塵往來多少客

日出

陽烏自東生陰兎自西下相望不相親人間空晝夜（詞臣五言絕大約從漢晉樂府古詞中脫化來故筆力高老氣骨蒼峭平處朴處淡處直處皆得力古人處非淺人所知）

雙虹堂詩合選

廣陵張幼學詞臣甫著　同學諸子彙評

絕句

七言

遊焦山住松寥閣中

名山處處皆僧住游客投僧似出家塔下梧桐簷正美這間多費老僧茶（古宕之致脫盡板滯之氣亦詩家樂事也）

又

境僻全生出世心爐烟正熟聽彈琴明年若挈黃庭卷來占松寥一畝陰（濃麗令人動山居之興）（說得）

題焦先生三詔洞

先生自足垂千古三詔何爲便見高只苦今人不待詔川岩從此重縣巢（名言）

（足以碎世）

雷轟石

一王亦自成其品只管臨模大亦惜生怕役人多耳食故教雷雨破荒藤（遇一題能別出手眼詩便可傳若隨聲附和何爲作者）

同淮上沃荀伯儀仲張經午會平康顧氏閣中戲呈

幾綠垂楊幾樹花綠陰樓閣聽紅牙含毫豈有風雲思想入平康小婦家

報陸吳陵社事

海盡天窮只使君橫鋪地塌貯奇文（横甚亦縱著）高人若肯尋佳勝何處空山無白雲

鐘樓（步碑上韻）

一步繁華詫勝遊於今風雨不禁秋殘山剩水皆堪惜何必迷樓是鐘樓

雷塘（亦步前韻）

不復當時清夜遊橋邊衰柳幾春秋傷心惟有雷塘月夜夜流光照鑑樓 寄情深遠造語悲涼

月夜登淩雲亭有思

江天一碧夜嵐浮有客來登最上頭料得淩雲亭上月也流素影照青樓 青樓中可思者絕少爲詞中所思必不俗

烏龍港

霜落秋墳草不柔夕陽林晴鳥啁啁風雷何日騰鱗爪老坎虺頹水自流 吞吐有情語在題中意在題外

臥蕃淵齋頭口占

一刻閒身不偶然竹風松雨小窗眠夢中復有匆忙事催起庭前看暮天

亂後雜咏

國破君亡不暫支九州連袂豈無師劫灰百六將飛日擐甲三千欲解時

又

忽逢同里得生還垂淚開衣看箭瘢荒寺剪燈譚戰伐夜深銀粟逼肌寒

又

月冷烟明鬼不啼 讀之陰風颯颯 故人今夜重相思未經親見橫尸日只憶生前笑語時

又

爲訪知交入暝烟垂頭低語夕陽邊從人不識緣何事只怪豪呼不似前 生平悲憤無過甲申之事人生遇此異大不幸非大淸兵力幾無以雪恨

又

夫男脫績走沙場子婦隨軍入異鄉幾夜月從砧上過更無人問舊衣裳 七言絕難於出色即工部亦每從生處見奇此種詩妙在於生便不落俗

和十七女郎淚筆詩

琴心初不解求凰狼藉花枝出草堂未見故園成瓦礫逢人猶自問家鄉 淒然欲絕

又

驕驄促鐙就宮靴斂碧凝紅道路嗟拚面九泉羞不歇何須裁絹護風紗

又

弱骨情拚付渭流日間合伴夜分收教人轉羨沙場鬼索命呼頭得自由

又

擡頭頻問不平天打鳳驚鴛總不憐夜夜還家渾是夢還家眞個是何年

又

誰憐玉碎與珠埋一死良難忍垢來滿壁新詩千點淚芙蓉他日傍誰栽 女子被俘死爲第一者謂不得死者究是不肯死耳果天生義烈何患無死所不得爲偷生者藉口

延令道中限字

郊行欣集竹林儔垂袖徜徉野渡頭烟樹漸分江路近峨眉春水下黃牛

同籍兄弟飲顧小嗔別館僕以未與爲恨次日復集步席間韻

紅樓列炬散林鴉縱飲平康第一家獨恨寂郎拈彩筆畫眉無分傍菱花

飲小嗔處得遇馬緣贈字非線詩以譯之

帖艷分嬌酒未容春風吹夢宋家東牽人自有初花色一線無勞月裏紅

席中口占示右臣

相逢質個好相知那得迴腸便不思有夢不來君悟否玉人纔是翦燈時 七言絕到自然處最足見人性情以無鍛鍊安排之跡

品菊吟 有序

偶得見戢子浩如品菊吟讀之起舞既而昭陽顧大自過予齋頭尋菊見浩如詩欣然曰此吾執友也攜之歸夜挑燈和之朝以相示抑復快絕遂令予心口津津不復自抑矣夫人於所愛不能無言於凡廣平之

梅則有賦蘇子之竹則有記茂叔之蓮則有說又如玉川之茶則有歌劉伶之酒則有誦其他未易殫述皆言所愛也相傳淵明愛菊而獨無誦言偶於詩詞中略見之耳亦筆墨之憾也予性癡每欲爲補之愧文采不贍數擲筆焉夫草木盛於春夏至秋則商飈戒嚴卉木搖落故英華寥寥不可多得惟木樨芙蓉及菊耳然春夏之花分類甚多同類則寡皆各自爲族至如菊者奇姿幻態盡致極妍五色紛披大小錯落一族之中名以百計誠維致而皆有之則落落東籬其富可敵春夏宜其愛之者多也然愛之者多而知之者少華堂佐酒妖姬瓶供其以辱吾隱君子之高節殆甚焉今黃子手植之戴顧二子倡和以詩皆所謂知之者非耶而況素躭其清傲如張子者其能默默也哉因拈和而弁以言

大珠盤

漢臺仙掌樹金莖秋曉枝頭露顆輕分得鮫人多少淚（點綴珠字蘊藉）和盤托出贈淵明

黃牡丹

風流自昔原推晉富貴於今又似唐（用晉字說菊用唐字說牡丹巧思雋舌）多買胭脂描不就會須金屋貯花王

粉容嬌

素質凝秋不是霜恰如傅粉羡何郎娥眉淡掃嬌無那況復鉛華鬬艷粧

雪剪絨

飛瓊昨夜入璇宮碎剪天孫錦上絨散向人間作飛雪朝來寒色滿籬東

四面鏡

不似諸花向背人躊躇四顧影森森若令此君主詩社東西南北盡同心

金芍藥

四月遊稀白鼻騧又從三徑見名葩花神想爲秋容瀹屢向春風鬬艷華

朝天玉

脂粉都嫌只淡粧臨風低揖御袍黃問誰得似承恩態虢國夫人拜上皇（映帶朝天二字巧絕）

金雀舌

春來籬下日啁啁解語花開嗲已休自昔銜珠空有舌想應聲斷爲悲秋

錦邊芙蓉

江上芙蓉已遍開東籬忽又幻寒胎錦江不用重相濯都自文君臉際來

玉椀白

一枝寒玉似瑤尊兀坐淵明負葛巾安得蘭陵沽美酒盛來蓿砌醉花神

醉楊妃

昔逐羣英入禁中貴妃陪宴醉金風偶從羯鼓聲中放分得腮邊一抹紅

玉璽

掃除顏色獨超羣似有荊山寶玉紋疑是九重招隱士璽書銜鳳下徵君

早桃紅

晚節何緣幻早春柴桑疑與武陵鄰秋紅不似春紅落分付漁郎莫問津

桂花毬

同是秋英有定評原何又占桂花名非關素女私陶令金粟如來錯鑄成

燈色桃

依依紅暈入深嚬秋老天台誤問津嬌影模糊看不足絳帷遙望李夫人

白蠟瓣

凝脂差可擬溫純琢粉雕璃未足倫不信夜來移席看高燒銀燭愈精神

錦荔枝

閩中秋老錦堆圭色入寒香更可懷一騎紅塵迎輦進食時何似看時佳

以濟苕之筆作幽艷之句故不纖媚

前紅葉題又偶得絕句並書之

花葉從來色兩般葉如花色貫奇觀然而亦有花如葉不信君看綠牡丹

寄邑中諸同志

潛跡蕉窗思悄然沏絲如薺雨如綿可知近日無他夢夢繞諸君玉麈前

春風

滿苑春風柳似梳幾番入幙更翻書梅花吹落猶堪羨薇蕤殘英雪不如

七言絕句力不堅樂不老則如嗔詞矣故辭朴無媚寧直無佻

海棠一枝寄唐韶言

杏荞桃憨不足尋夢仙應訝射姑臨春風笑入紅無□好續梅花未了吟

露筋廟

澤國茫茫盡荻葦誰家少女出深閨至今尚有完身在不問當年肉與皮

天地正氣雖封火不灰解得完身長在之故方知皮肉是幻節義是真

過土木驛

土木當時戰氣昏須臾反正位重尊先朝尚恨無忠勇乃使君王暫北轅

乘風過秦郵

也是從前芥子舟分風劈水下揚州本期甓社湖邊住無賴雲帆不可留

豪致洒洒與工部春水生詩詠同一興會

秋日舟中懷塞上友人

六月布衾猶着絮三秋單袷反披襟須臾朔吹生西北念爾雲中雪更深

七月見雁

塞垣分外秋偏早七月風高有雁行同向江南誰較疾吳天相見是重陽

過雞鳴山望土木

雲出山兮山入雲兩般疑似未全分土人遥指雲山外帝子當年駐六軍

七言絕取徑平不若取徑奇用韻諧不若用韻險是避俗之法讀工部詩可悟此理

宣鎮東南有燕然山或云即竇憲勒銘處詩以釋之

南望燕然似列屏□餘林鬱插天青永元郡在提封內何用將軍近勒銘

圭山亭

小構山亭積石巔愁時登眺倦時眠鄉心屢作東南望古柳高榆隔暮天

情景

淒絕

旅燈

一燈明滅照空牀孤月朦朧轉曲廊薄醉易醒愁絕處起來推枕覓衣裳

寫盡

旅愁與人不敢多讀

又

熒熒四壁照孤清長穗偏從睡後明一餉還家眞好夢前山風雨不停聲

予客四明自春徂夏苦雨絕句夜不成寐詞臣紙上之言予身歷之矣

小窗六脉

清供園中覓野葩小瓶正正復斜斜無端急雨催歸屋少摘畦南紫蒂花

又

清課朝來炷好香臨窗流硯搦鍾王更從舊史尋遺事評跋中添一兩行

又

清音遠水入深池不是人間竹與絲更向中流添小石隴頭嗚咽不勝悲

又

清景諸山盡入城翠岩層疊峯紋明今朝測得來朝雨萬頃巒雲特地生

又

清心了不掛塵緣興到微吟倦到眠獨向圭山亭上坐扶搖風急看鳶肩

又

清夢常參沒眼禪起來白日又西偏出門便已拚飄泊只到裁書一惘然

作詩心要清身要閒偶爾興至自然成詩其詩必佳如此等詩得之清曠閒逸中便自卓絕

怪樹

古幹離奇偃蓋重天風爪鬣掛猶龍平生所見差堪擬除是幽州報國松

虛白堂四首

虛白堂前樹影涼淙淙流水響空廊終朝掃地鋪茵坐□看巢烏哺子忙

又

遠引流泉過射臺兩渠合抱又分開無端湧溢空堦裏知帶山頭急雨來

又

曉看山上白雲生山脊雲頭幻一平頃刻因風成百變儘堪持去贈公卿只恐公卿所好不在此

又

門開南北總山頭日日看山可遣愁今早小麒麟上望芙蓉新下白湘幃

雙虹堂詩合選　八

一片靈秀之氣浮動楮墨間詩人性情之樂此為得之

五日摘野花作供

荒庭獨掩得成幽牆外雞聲報午籌餅水肯教虛位置亂粹野草作瓶榴

偶然拈筆極朴極厚又極為自天分中得來

唐祖命中翰催妝詩步鄧孝威韻

宦海茫茫倦不支急流甘遜弄潮兒管城謝去中書令玉鏡臺前學畫眉祖命蓋任中翰

又

新詩裁就共銜杯滴倦銅龍未肯回一自玉人歸帳底黛中嚬笑若為催與祖命飲每歸必遲得翠娘後，歸必早

又

新舊芙蓉總一枝低眉無那燭花時瑤笙錦瑟催銀漏不整金翹更待誰

又

貼花鴉黃插彩鸞內家妝束鏡中看子剛喚取添新裂玉燕須教着合歡時爲翠娘廣簪珥

又

一曲琵琶聽別舟當筵聲咪惱蘇州自成已許令司馬欲水盈眶不肯流

又

縮髻隨成夢初酬就裏心關更細探我見猶憐今亦爾洞房原不是江潭

又

牟輪新月白團遮縷向青閨護碧紗莫道風塵原可戀江舟有客賦琵琶

又

私語分香是口脂含情未許外人知儂家性格原生異爲有催妝特故遲

雙虹堂詩合選　九

貂裘洛下與離披舊日徐娘笑我痴自愧未諳桃葉曲相隨先唱竹枝詞先余與江東商姬有攜歸之約，餘出未果

初選刪存其四細味之幽艷宕□忍棄去遂錄之

弔潘曉青

漁竿牧笛作□身讀勝溪山靜不喧村舍已同龐氏宅招□文笔改招魂曉青有山莊名招隱村，吉詞承賦詩紀，歸稿未果而卒

又

數日之前有唱酬篇看名字不相猶可知細事成奇讖竟以長眠當遠遊數日前□字遠遊，竟不果長往之讖

夢中贈野人

茆屋三間作隱君不求官吏不求文閒來牽犢田頭坐看盡天邊捲暮雲

試茶

酒曾醉入茶醒人醉醒醒醉便忘貧宿醒已逐松風散再覓葡萄若下春

解嘲

不會榮謀笑脅肩茆堂深坐類頑仙有時得意緣何事做首新詩當賺錢

詞臣品格之高於此可以想見

竹枝詞

淡紅衫子剪秋紗撩削雲鬟愛是斜午睡正酣緣中酒阿郎何得惱儂家

又

針線無心理緒煩除攤翻喜[illegible]輕柔畫來虎就鴛寧已塗得鳥成笑不休

又

永夜挑燈學鬪茶睡醒晴日壓紅紗除卻筆硯無他事且占鴛鴦一半沙

又

無限思量無限愁逢人強問一撩頭雙眉未解儂羞道輕向人前覺不休

閨奩香豔之句前溪已經絕頂故初唐人以質朴勝之宋元填詞亦自竟曲白言詩化來若歸而爲之必不傳矣此宋元詞曲之所絕勝也詞臣以蒼涼之筆寫艷冶之情故又可傳

贈歌者

詩緣[illegible]怨[illegible]淒涼[illegible]開情畫裏詩一曲驪珠[illegible]不去風流[illegible]必讓[illegible]兒

[illegible]園懷舊

當日蕪園坐讀書淡天雷雨一亭孤十年剩得閒身在興味相同老不如

詞臣五言古可謂得康樂淵明之神至其七言律七言絕俱從漢晉人陶洗得來人自不覺

雷

小樹陰中坐杳冥疾風吹雨雨尋人雷聲壓屋如相妒嚇倒瓶花水濺身

揚州十咏

甲申之歲兵掠維揚臺榭幾空士女困瘁吳州有詩歎之因步其韻

梅花嶺

鐵馬南來踏破春闈丁掃地坐戎臣重門鎮日無關鎖何處煙花欲惱人

天寧寺

摧殘金碧歇繁華貧衲依稀三兩家斷砌有風吹白草荒臺無雨長蒓花

念四橋

午夜魚龍聽泬寥蟲聲依岸草蕭蕭不復當時愛明月幾叢簫管戀危橋

邗關

風月平康舊有名紛紛絲管最多情只今舟泊邗關下鬼炬無烟照草聲

平山堂

荒風獵獵野棠開橫石當門繡古苔猶憶清明好雲日女郎攜手踏歌來

茱萸灣

隋代通漕有此途江村得盡隔平蕪中興飛輓仍西北笑爾投鞭得斷無

九龍橋

萬馬雲屯咽水淮橋頭花草怨酣春棘門灞上同兒戲細柳將軍何乃人

隋堤

隋堤烟柳幾今昔一度春來一番碧從今不復舊風流健兒馬嚙蠐螬跡

瓊花觀

瓊花無復舊時臺遺址空教認綠苔況復又經兵燹慘玉勾從此不須開

寶帶河

柔櫓輕鷗繞畫橋檣歌選妓鎮昏朝如今流水空明月辜負兒家碧玉簫

天下大亂竟受禍必酷名之蕪城自古已然地當江淮之衝勢所必爭一也兵自北而南居揚州以蔽江左二也鹺司所在賈人畢聚用兵者心利其藏三也子女妖冶傾天下最四也乙酉之慘不忍言聞者詞臣詩約略盡之

續揚州十咏

既和前詩又思遊覽所經尚多挂漏續十咏以廣之聊寄意也

蜀岡

岡勢委蛇泉脈遠隋家舊有芙蓉苑野花黃蝶絆游人今日淒涼照寒返

禪智寺

走馬上方春正韶橋頭紅袖互相招西風一陣吹戈甲夜夜花宮鎖寂寥

瓜洲

山容幾處湧江流曉市花聲徹酒樓何意化爲戎馬窟紅旗催鼓立城頭

福緣庵

水邊精舍堪遊從將軍拜佛兜鍪重老僧因果頗叨叨說出黃金大家用 寺僧德宗因以獲利故云

法海寺

平時不減樂遊原一旦荒涼不忍言人立斷橋生永歎滿山黃葉自幡幡

新河

畫船簫鼓趁芳菲落照蒼黃不肯歸聞道近來青草畔髑髏如雪夜生威

鑑樓

誰把迷樓改鑑樓謾言金鏡自千秋芙蓉夢破胭脂滋故是當年任竟儔

雷塘

月滿雷塘玉一團春來添雨水頭寬當時永夜浮鷗暖此日西風飲馬寒

芒稻河

一派滄浪可濯纓人家兩岸聽濤聲幾叢煙火經蹂躪江草江花空有情

杏花村

亭樹銷亡瓦礫存幾番寒雨弔花魂爲懷當日承平樂無數春風酒一樽 亂後蕭條之況觸目堪悲詞臣以壯涼幽邃之筆寫之可當蕪城數篇賦

索周羽步畫

不畫蛾眉畫遠山知君心手頗清閒烏絲漫向紅窗乞乞取西湖水一灣

秋潭

別浦帆稀水更深秋潭一丈底猶明潛鱗自貼泥沙臥縱有泅人亦不驚

洳溝道中

水氣涵山山草黃青松碧鸛滿山陽三家村裏孤烟起遥念魚羹蕨飯香

秋後燕

淺綠新紅事已非故人簾外尙依依西風人面涼如此爲問兒郎那不歸

夢有贈我以白海棠者

明白逢人贈異香夢回尋索只[illegible][illegible][illegible]將枕上殘詩句待寄南中白海棠 海棠無香白者獨香異奇種也唯廣陵汪氏有之不可多得讀此詩幽香襲人可當名花作供

留犢泉

留犢清風事頗奇生兒生 可 讀之可發一粲 於陵仲子非廉士只爲

病酒

醒不成眠醉又醒將心問酒費推評但求身上無閒事拚醉拚眠過此身醉閒二字真是難得

看菜花

紅白桃花深淺霞看花沽酒興偏賒[illegible][illegible][illegible]圖留心者不看桃花看菜花妙處在淺然以詩人興比工求之正是無窮

閨中作

跋

右張詞臣先生雙虹堂集八卷爲詩八百餘首稿凡七刻最後乃彙爲此集版本久佚今都不可見此從陸子才同年處假得鈔本子才吳州公後也吉光片羽殊可寶貴先生故與吳州同里同學同官浙省同爲名宦集名亦與吳州同取李青蓮雙橋落彩虹句意也其詩大都鎔鑄魏晉六朝三唐而出之以高寒典貴爲明代何李鍾譚兩派所不及在清初諸老中當爲一鉅子惜諸家選本止錄一二未足以厭飫讀者今將窺全璧亟付匠氏當必有熟思深味而知余言爲不謬者己巳民國九年九月韓國鈞

雙虹堂詩合選勘誤表

	頁數	行數	字數	誤	正
目次					
序	七	十六	十二	幅	幅
古詩五言	四	十五	二十四	燭	燭
	七	十	十七	影	形
	十二	二十一	七	眞	直
	十五	十二	四	捕	搏
七言	四	二十三	五	樓	樓
	五	十	十	茫	然
	七	二十三	十三	裹	裏
	八	九	七	眞	直
律詩五言	二	十六	一	禁	襟
	八	十二	題目	莊南	南莊
	十五	二十三	三四五	橫傍愁	傍愁橫
	十九	十八	十一	旋	旅
	二十	四	三	峯	蜂
	二十二	四	十五	總	苦
	二十六	六	六	友	夜
	二十九	十四	十五	廻	迴
	三十二	十六	八	漸	漸
七言	十二	一	七	容	寒
	二十三	十八	四	思	喧
	二十九	五	十六	蹇	塞
	三十	十七	一	擬	擬
	三十五	二	十	還	遙
	四十六	十八	三	又	久
	四十七	八	十九	動	種
排律五言	三	四	二十一	衣	衣
	九	二十一	夾注末字	織	識
	十	三	三	粲	鬱
	十二	十七	一	茫	芒

雨泉龕合刻

（清）季嫻 撰

《雨泉龕合刻》八卷，清季嫻撰，據國家圖書館藏清順治刻本影印。

季嫻，字静娩，一字㕕月，號元衣女子。清初泰興人。寓庸女，興化李長昂妻。弟振宜为藏書家。除本書外，還編撰《閨秀集初編》五卷，收入《四庫全書存目》。

此書卷首有季嫻弟季式祖、季開生、夫李長昂等序。全書八卷，詩集七卷，按詩體分爲樂府變、五古、七古、五律、七律、五絶、七絶。文集一卷，有莊履豐序、李清序、自序，前因紀、發願文、救濟説等文數篇，篇後有于生洲、莊雷章、李清等跋文。此書爲季嫻詩文合刻集。從其弟季開生、從弟季式祖作於順治五年（一六四八）的序可知，季嫻詩集此前曾由二人整理。其夫李長昂又言此前已有雨泉龕兩刻，數年來所著益多，因彙已刻未刻，則此集的整理亦有李長昂參與。在文集自序中，季嫻言文章分爲名世之文和醒世之文，前者儒者所爲，後者釋氏所爲。班姬、蔡姞已爲名世之文在前，自己則『就生平所歷暨見聞所觸漫爲醒世之文數章，以羽翼佛家之旨』。此書八卷中詩集分量重，價值也較高，《淮海英靈續集》收其詩兩首，稱其作品『遊心元虚，托情道味，賦詩不多，殊復令人咨盡，可謂德音』。今觀其詩，亦見佳句，如：『憐爾關山隔，書從塞北來。黄雲瀰大野，白草遍荒臺。風勁豺狼嘯，天高鴻雁哀。登樓應有賦，何日共銜盃。』（《得天中大弟訊》）文集收録的數篇文章，多述塵世無常，修行果報之事，價值不及詩歌。

（周　忠）

序

余疑天下士之有無久矣及晋謁吾母李夫人前仰其言論丰采而始疑其有進而讀其詩併得肆觀其所為文而益信其有因而自嘆〻其不有於虎觀雞林而有於香閨繡閣一奇也不以綺思艷句而有之竟以鴻材偉

識而有之又一奇也則稱吾母者或曰婦而賢或曰女而慧余曰此士之奇而得其正者也夫以女流而得稱士者古惟班姬蘊妹然女子能為詩文者不一而獨以士名二子者何也蓋抒華摛藻語多矯襲而不本於性情者不傳本於性情矣而嘯月吟風言不根於

倫理者不傳即以性情發其倫理而尋章摘句文不歸於大家風格者不傳而班蘊之在當時何如者性情之真倫理之篤讀其文者皆知之至其文之落〻大家人知其才之高學之摯而不知其父子兄弟夫婦之間相與以有成者最深也嗟夫千百世上下如班蘊

兩君子卓然自立者有幾哉如班蘊兩君子卓然自立而又有叔皮孟堅老泉子瞻子由以及世叔少游諸君子相聚一堂者又何可多得哉而吾母之在今日何如者母素貞靜不近紛華髫年即以大名世自待是其性情之真也孝友嫻睦懇〻於所當事是其倫理

之篤也以固翁年伯爲之父天中誂兮諸君
爲之之弟且以余母舅維翁爲之配則其文欲
不歸於大家不得况其才之高學之摯迥越
尋常萬萬哉嘗思性情倫理已之所可自必
者也人也父子兄弟夫婦已之所不能自必
者也天也天人之際吾母獨兩全之故能機

序三

應於心不拙於氣而一切濟世利物解縛破
執等見有觸於中莫不於文焉發之以洩其
奇而執於正班姬之績史蘊妹之衡經吾母
才與兩君子並驅千古而世之論者徒引裁
雲繪月與臥雪餐松輩同類而揚詡焉此固
吾母之所目笑而心夷者矣則不名之以士

不得也春秋之義丈夫而巾幗者則巾幗之
巾幗而丈夫者則丈夫之余故於雨泉龕文
集之行於世不贅序其所已及而深嘆夫奇
才之不易遘賢豪之聚於一堂爲尤難得表
其義以示天下女子之學爲詩文者且以示
天下士之自號爲詩文者

序四

年家愚甥黃升子允氏拜題

小引

大凡詩文炫爛之極歸于自然自然固詩文絕業也蓋妓好不足輔以鉛華牛鬼蛇神可以駭一旹而不足以傳千古纖穠詭異殆詩文所禁耳況邇来騷壘出壺類倣王楊歐杜之開唐高楊張徐之啓明趨於和雅虖昭昜李夫人有雨泉龕稿靈穎新秀予嘗序而行之近適小寄空王綺語有懺不甚捉管然語溢乎氣足思發於情眞不假雕鏤迨迨合拍殆默有以觚槩運出足與時派鼓歟哉予復爲品定以傳藍田羣玉稐辟獨稐吉光之羽得一已足正不在多也

旹

順治乙酉歲杪錢塘七十二叟蛻菴陸雲龍題于昭昜旅次

陸雲龍印

蛻菴

舊序

古今來以女媛稱才慧者毋慮數十輩卓文君甄后陶嬰曹大家蔡琰班姬諸淑率皆賦命淪落或居室坎壈或伉儷慘傷甚有名簡踰鈌貽譏女史造物妒才無人不免此太史公所以有無如命何之嘆而後之扼腕者有文章憎命達之說也獨近代范元白配徐淑優游偕老唱隨韻事躬榮貴而集高朗福星在吳此語然乎迺者伏讀昭易李靜姎雨泉龕集靜好

雨泉龕合刻　舊序　一

調於琴瑟雝喈集於塤箎庭有訓子之吟室有相夫之音哀颯之音絕響和平之音滿戶竊嘆造物之於君家翁媪獨厚而文章憎命在今日固亦有不然者予於昭易李氏有文字之契昔年交維章先生于白下風流騷雅掩映四隅讀淑配詩益欽其人昔王元美有言貧愁流滯人所不謂佳者而入詩則佳富貴榮顯人所謂佳者而入詩則不佳至感而爲文章九命之論覺此亦一偏之見豈其未讀徐淑李靜姎之

詩然乎時癸巳白露後二日莆田余颺頓首拜題

詩必幽不幽非詩詩必曠不曠非詩詩必逸不逸非詩詩必簡古奇麗不簡古奇麗非詩是數端也爲詩者而知之也不必爲詩者而知之也或曰女子重德而輕才非輕才也恐其才見長焉則覩德爲潤飾矣如有德而有才寧非完善乎吾姊靜姎吾之從姊天中詵兮之嫡姊也性純孝嘗刲股以濟其母嗜讀古人文而懿訓規箴固其允佩者矣姊抑慧甚學書工

雨泉龕合刻　舊序　二

於書學畫工於畫與夫氏維章慶相得云乃處華胄之家益甘澹泊而復肆志於詩凡動有所感靜有所悟靡不於此寫之奇句驚人輒諧聲中律其思幽其致曠其趣逸其筆簡古奇麗備諸美矣天下之奇女子乎天下之大詩人乎予曰當以是名家其梓之因與天中訂之爲之序

弟式祖孚公題于梧園

自余識字旹即朝夕學古期踏遍名勝交盡才杰以

舒古懷以廣古懽於今年二十餘三者猶[illegible]一[illegible]
自然日有及時具古質者余胡爲佚今有門內轟天
下者余胡爲賤足有闇房垂雅彥者余胡爲遐豈憶
先嫡母得子多夭余甫誕嫡即收爲辛勤字育更倍
已生余身托高深習忘天地及知圖報於一綫已痛
萱零於九泉銅冷空幃衣懸舊褰撫我成人聲顏安
在未能盡孝於母而轉思致敬于所生者則惟靜姎
姊自是見吾姊即見吾母然以姊之賢一割股以救

雨泉龕合刻　舊序　三

弟再割股以救母古今所希聖蒙共賛長適李門李
系公輔接踵貂蟬累席自姊于歸未有不嘆其事姑
孝事夫義者越數歲而姊歸寧母正病篤握余手曰
吾不幸兒與若姊當益歡余跪泣書紳竟日不能仰
視遲夕母亾姊日夕哀號髮焦目裂且思自决以隨
母冥下遊古云至孝近愚姊之謂耶其時余含泣即
不敢見姊乘間勸曰死者不可復生而保身正以成
孝姊敏人也何爲爾爾由是稍悟姊德如斯識可不

朽又何論文字之末哉乃姊秀擅閨中風高林下書
法鍾王禪參陶沈秉幽淑之性尋筆墨之盟故弟姊
十人中覛余尤篤云乃余不揣固陋振袂相從姊多
病余未能焚寇相之鬚姊多瑩余未能賦謝姈之雪
雖倡和日盈笥徒見姊魚魚而弟鹿鹿耳因請姊悉
出新章獨鏤佳句以快耳目焉昭昜居水靈之最挹
大海之襟才人秀女往往不絕而清思巧唱姊實冠
之異日者余飛五色筆拜五色絲上報　君父其將

雨泉龕合刻　舊序　四

一葦杭來共附詞仙之楫

戊子中冬弟開生寇月子題

序

夫古詩之作多疾苦憂思者爲之也發源天性借端時物故流金石炳日星與有耳有目悼吊千古焉乃至白髮短調舟叟皆悲竇母迴文寺僧亦泣謝嫂題帳而客慚蔡女吟琴而父服一似巾幗中嘗多不朽之言者余因之有感予年十六先宗伯見背內子郎賦于歸先嫡母接輿甚歡內子承順盡道晨夕與俱所可痛者先生慈貞沈痾內子多方寬慰時任參术

閱二年病篤遺囑云兒媳苦貧吾不幸後事當從薄母多費未幾而萱萎棘衰目枯心碎內子盡典簪珥竭歷襄祭葬事無難色余之子道賴以少完至先岳母生子多不育有內弟病瘧危先岳母誓與俱死內子遂祝佛割股以食之與全弟以全母又先岳母終以無兒居常鬱鬱不自得未及五旬積病垂死內子衣不解帶藥必親嘗再割股以進孝友淳篤殆女德中不易遘者哉余不才睽書史而棄丘園不克大成

以償其願內子恬然不介意每晨鐘夕梵之暇或誦古蕢篇或閒拈數韻以謝囂紛因女子不宜見才頗自珍秘不令人知丁亥歲余燕遊還見乎公天中諸內弟已摘數首刻於復東坡集中余笑謂曰爾詩已出此後無容諱矣及戊子霖兒幸叨秋薦偕天中兆上以十六歲兒離膝下內子之感也何似感彌深詩彌積余歸閱之歌咏中感其思父念母痛姑懷弟慰夫寄子之意詩以言志才也而德見焉乎公云此真

巾幗中不朽者不可以不傳因有雨泉龕兩刻然非內子志也數年來所著益多予因彙巳刻未刻嚴汰之共成此篇以質之作者

楚昜李長昂維章甫題

序

昔王武子之嘆其叔處沖也曰家有名士三十年而不知予於季叔母亦然亦家有才女幾二十餘年而不知葢緣之子于歸後惟敬戒是循雖有德弗耀而况炫才其不知以此今之以雨泉龕詩刊則予叔維章志也予讀未終卷輒躍然起曰異哉才夫爲詩難爲詩而出自閨雋則愈難誠見詩以韻勝然易折而入於情是才且貞者所獨忌也故於急棹中尤以遏

波貴但恐情之所謝并韻亦謝則筆不開鮮又於風雅索然耳故曰爲詩而出自閨雋愈難也獨予叔母爲詩則情去而韻獨留故端凝之氣浮於蔚紆彼姝者子遊詞冶調直優孟揮之耳且賡酬暇繼以唄持澹然遠也夫澹然之爲觀視斐然尤勝惟空生靈子叔母之詩進乎技矣雖然是不獨以詩聞其處室時曾躬禱母疾割肌療者再以孝思溢爲韻語故芬且旨也讀念母一吟嗚呼獨蓼莪廢哉抑余又讀叔母

新稽而有感也忠孝固同原孝慈亦一轍今吾弟讀書中秘遂翔燕邸其陟岵之思與予叔母倚閭之望應有同懷故今者流連想像見之篇什者獨憶子之詩居多孝於親者必慈於子信乎孝慈爲一轍也而忠孝之同原又於此可推已

姪清心水拜題

雨泉龕合刻 詩集

昭易李季嫻靜姒氏著

樂府變

河中之水歌

河中之水滔滔疾流汨我田苗囓彼高丘河魚大上鳥氏以愁我謂河伯伊誰之羞茗茗佚女抱持筌籆哀聲入雲長歌未休何幸今人癲疢易瘳

採蓮曲

滄浪亭西行採蓮蘭橈桂楫沙棠舷蓮花池上何翩翩何翩翩隔南浦往從之道且阻

蓮心苦

蓮心苦翠爲裳葉田田傍耶孃解一蓮心苦漸芬芳出綠波離紫房解二蓮心苦飛鴛鴦遠父母望垂楊解三蓮心苦辭故鄉離別意思未忘解四蓮心苦摧肝腸念二人獨徬徨解五蓮心苦嗟參商屬弟妹常在旁解六蓮心苦泝滄浪青銅鏡強自妝解七蓮心苦上高堂椎布衣事姑嫜解八蓮心苦解明璫承歡顏職酒漿解九蓮心苦甘糟糠燈淡淡織流黃解十蓮心苦多憂傷雙鯉魚意未將解十一蓮心苦水中央陟岵望天一方解十二蓮心苦緒茲茲生不辰怨何長解十三蓮心苦怯秋霜繡佛前禮空王解十四

生別離

嗟吾弟生別離余思爾當訴誰關河杳夢難追同羣雁天一涯花幾妍草幾萎歲時變歸何期

秋風謠

秋風起林葉稀兒千里母誰依解一秋風起響柴扉疑兒至褰羅幃解二秋風起欲寄衣長安遠岐路違解三

秋鴻辭

秋鴻自塞北稅此菰蒲鄉十十五五高飛成行榆關山杳泖盧龍水阻長百里一回顧千里一遠望離彼苦寒地來食新稻粱爲我謂秋鴻賴茲秋風涼

雨泉龕合刻詩集

昭陽李季嫻靜婉氏著

五言古

庭訓

衣破猶可補德虧補何有撫茲小兒女未辨莠與莠
胎教古所稱庭闈常恐後呼兒爾來前燕惰慎勿狃
既讀聖賢書莫忘父師誘少小謹容儀恂恂篤孝友
積學致榮名期在伊周右盡忠以顯親匪徒懷組綬

諄諄撲兒肩却顧執女手爾曹傷親幃行將奉箕帚
夙後起常先靜一尤所守昔有巾幗流芳聲垂不朽
尚其觀往編思與名媛偶門高志易驕植德斯永久
傳與王謝家皆令知吾牖

禮佛

晨起甫櫛盥長跽禮辟支瑤函金字經一一手自披
朕誦還復省人生果何爲葫蘆拋水底黄蘗止兒啼
惺惺守獨覺迷悟了不欺欲證上乘禪還叩天人師

閨詞

每怪青銅鏡輕送人顏老爲欲棄菱花曾照紅顏好
挑罷強徘徊對影憐春草花飛不待時秋風落葉早

靜夜聽泉

獨坐謝萬端有聲來高嶺環山束斷雲怪石鬭松影
松雲皆無言聲將何處領爲登最高層懸崖獻天井
泉鳴井四周鼓吹幽士省如風入松深鶴唳因霜警
吾寧無所酬援琴素絃整彈罷晤古情星落空江冷

閱女史偶成

坐我雨泉龕肆覽古今籍琅函滿匡牀讀書思有益
偶繙女史觀芳姿宛在册慨彼巾幗儔往往多奇迹
載誦諸詩篇佳言紛可摘翛然生清風宴坐靜心寬

懷山

豈懷康樂癖幽賞在高山遐情空有夢常寄白雲間

題漁翁圖

朝釣五湖秋暮宿垂堤柳相對不知名共酌蘆花酒

吊張夫人

張夫人籍隴西乙酉春予隨夫子任寧夏道邗水值亂卒猖起一葉所載書笈茶枰悉爲若輩所有適夫人來修眉環髻佩刀乘騎一似女俠約舟中人勿驚予出見詢予氏族夫人曰此名門女也憐且敬予遂妹呼予俄復有乘流爭渡者夫人拔佩刀示曰有觸人舟者斬衆皆定蓋諸卒皆張管士也明晨復次

海陵予乞援於夫人夫人以小舟載予迯舟忽覆予與夫人相持泣夫人更爲予畫計得入海陵城斯時予挾一子一女非賫白亦且葬魚腹而夫人實生予且生予子若女嗣後夫人亦寓邗上吾子時見之成通家好巳丑夏聞夫人亾矣予爲泣失聲今日之身誰之賜歟乃玉姿莫覩玄鶴之唳空聞珠淚雖零返魂之香鄭再爰拭淚而吊之以詩

年年此夜月令我思不禁驚魂猶躑躅空餘感[illegible]心愧無所巳何日報知音知音身巳故悲風雜暮禽禽聲空寂寂暗淚落寒砧蕭蕭看故柳故柳况成陰誰知長逝者一去杳難尋夜來頻入夢依稀牽我襟未接三兩語隣戶響孤琴孤琴斷復續芳姿獨掩衾吾欲相扶坐共話別離深

山居

寄居南山下相依不記年鋤田種新穀帶月聽流泉

細露成珠滴蒼松鎖夕煙野鶴簷前舞村雞草際眠不作浮名想煩憂安足牽人生能幾何貴得返其天

述懷

湖上有芳樹秋風至何早殘葉委沙堤新枝帶綠老開窗對明月月照他山好豈無歲寒心憂懷徒悄悄

採蓮

溪邊採蓮女含羞弄青荷欲去還留態芙蓉眩碧波

哭五姪婦

人生誰無老嗟爾何太早𡥀子未成人小女在懷抱
箱中有新衣笥中有遺稿永恨不能忘淚滴斷腸草

春雨連綿歷秋不止邑民艱食余哀而賦此

天意欲何爲積雨災蒸黎俯仰天地暗令人心悽悽
愁霧迷朝夕寒雲傍戶低四野成巨浸百穀委沙泥
鳥巢墜深澗悲鳴無所棲細民困已極誰能扶顛擠
願爲蒼生訴一見東方霓

哭天中大弟

弟昔萬里行肝腸已寸裂今爲地下遊涕灑更嗚咽
回念棠棣歡詩聯謝庭雪探囊拾青紫驥子忝同列
弟獨連翩飛玉堂負高潔厠身西掖垣封章敢結舌
誅戮甘若飴遑問生離別黃雲京闕遠邊草憂思結
日夕望生還何意成永訣堂前老父悲飲泣無可說
汝妻眼欲枯何能賦同穴有女聊慰情無子堂構絕
切聞有遺腹未卜繼世哲維皇錐降割詎恐菥芳烈
北風吹紙錢死灰難再爇白日照銘旌千古應不滅

感懷

陌上有柔桑新條發遠揚枝生蜀錦麗葉吐吳紈芳
成林始暢茂移植隨遠方故土難遽別千里空悲傷
清溪日夕流難洗此愁腸三眠蠶已成一旦來相戕
功成遭棄置世態眞顛狂我欲平人心終始愼勿忘

憶霖兒

朝起臨粧閣愁眉那復開一心懷萬里兩意共徘徊
不及將雛燕飛鳴任去來

題畫

高枝無可攀暗香人不見斷橋客過稀流水衣欲濺
鳥道橫遥空雲湧千峰變吾欲强登山練光入眼眩

中秋思父并憶霖兒

開窗待月來閉窗辭月出天涯憶遠人長夜風蕭瑟

慕仙

聞說海上仙終日食瓊英風捲嶂前雨雨霑石上枰
黃庭長在手何解惜餘生餘生既不惜何抑利與名

□名似棋局反復不成真攜酒花前坐停盃聽流鶯流鶯聲婉轉悠然響玉箏予心久慕此翹首芙蓉城

雨窗

雲合蒼苔暗風吹菡萏香閉窓無所事開卷蠹魚忙

榭包董

雨泉龕合刻詩集

昭易李季[illegible][illegible]缺氏著

七言古

種蘭歌

梯山曳露鋤雲根芟艾披荆得[illegible]節雖然數莖花無多已覺色香堪獨絕窗前偶有[illegible]莖斗一似先爲種此設養以綺石承若芳提[illegible]淨[illegible]疏其潔蘭兮蘭兮如有知孤標何必[illegible][illegible][illegible]

寒夜山居

連峯高聳環茅屋[illegible][illegible][illegible][illegible]蓋鶏羣宿山空樹凍夜無聲獨有懸崖飛素瀑烹泉和月煮鐺中茶濤相伴松風誤可知此地有怪情居之足以酬予夙

過花飛閣

花飛閣下見花飛綠肥紅綻春欲歸巡枝將折不肯折惜此芳非經歲別燕鶯新葉亦知愁蝶戀餘香意欲留餘香在樹風更吹但爛飛花再上枝

天中弟蒙　恩復官歸骸仍廕一子感賦

青衣小兒市上舞　官家新閉三錢府朱玉摛辭賦大招浩浩恩波到黃土猶憶當年侍從臣欲排閶闔批龍鱗封章偶失　君王意襆被長征萬里塵塞外霜風寒惻惻鴟鴞魍魎爭相逼空嗟埋骨適海頭九死遐荒歸不得　帝念孤忠輟筯哀金雞銜　詔到蒿萊衛公崖島收骸返呂相虔州許櫬回更爾慇懃傳特　旨功名仍復黃門使　璽書爲問象賢人賸

有恩施酬令子獨憐汝婦眶已枯仰天痛絕聲呱呱七旬老父撫棺泣團圞弟妹羣相扶深閨病姊愁思倦幾回夢識窮沙面攤余北望頌　皇仁感喟增悲淚如霰

瑞草篇

戊子秋霖兒薦鄉書有産芝茶具之瑞今已亥秋再行會試又於佛龕下産芝數本皆紺色庭下春蘭忽放二花經旬不謝而霖兒果捷春官因喜而賦此

閒房閒寂金風起北望關河數千里三春甚樹值三秋蟾窟清芬飄桂子吾兒鐵硯幾磨穿十年偃蹇誰爲憐片帆風送燕臺路高飛鴻鵠摩青天憶昔南闈鹿鳴時英華忽産瓊田芝至今淪落久抑鬱庭前草樹空紛披晨起偶向齋房坐龕底輪囷生箇箇摘得初看祗自疑朱柯紫蕚家人賀更復春蘭綻二花幽香拂砌抽紅葩楚些昔曾歌紉佩羅含宅內叢靈芽

乃知物理眞難明芝菌不種能自生科名已兆杜荀鶴胡然馥郁滋蘭英煌煌芝秀稱罕有貯蘭不必黃磁斗上苑泥金一紙來宮花喜落吾兒手

幼女月珠維章別室所生也予攜歸數月因欲歸省舟車不便復付黃姬尋以痘殤中秋詩以哭之

生來弱質玉爲雛顧爾芳姿松栢長雖未恩同離裏厚亦曾鞠養牽肝腸一旦朝華摧夜雨月暗庭除流

雨泉龕合刻詩集

昭陽李季[illegible]娛氏著

五言律

○元日

慶雲連寶炬物意自生春端月方開朔元辰正入寅
桃符驅宿[illegible]柏酒薦春頻人事都如昨韶華又一新

○春初

連雲迷雁徑百卉護春芽氣淑開新翠風和散遠華

梅梢微露白柳眼幾絲斜掃石烹餘雪閒窗試點茶

偶閱白太傅春深好和韻

何處春深好春深樵子家柴門依曲水竹逕遶殘花
柯爛因觀奕薪多欲倚車晚歸峰影亂坐倚片雲斜

○其二

何處春深好春深沽酒家酣吟梅蝕月醉臥杏[illegible]花
曾助詞人宴時停高士車結茅宵竹逕遠[illegible]斜

春歸延令懷昭陽即景偶成

故地懷人遠歸思盡日迷一江春水綠萬樹曉鶯啼
花落清波裏松欹石澗西綺窗憐瘦影獨對草萋萋

寄壽大人七十

望擬東山重文懸北斗名傳家餘孝友遶膝半簪纓
漉酒懷偏遠看雲杖亦輕升恒持獻祝聊慰未歸情

紀夢

夢陟高岡上望中魂欲迷細草春前綠幽花雨後移
野禽時俯仰白鶴自參差却憶鄉關杳言歸未有期

村居

幽境無人到山深孰與鄰檻泉清曉幕堤柳識前津
榻冷家園夢詩吟草木春翛然塵世外此地好棲真

春遊思天中弟

路杳迷雲際春風憶故鄉思隨歸鳥去愁逐柳絲長
舟泛清溪月花飛隔岸香歸來無所事別恨自茫茫

偶成

硯石常為伴詩篇足慰貧衲衣除俗累竹榻靜囂塵

好景難得

欲效鹿門隱共如荆布身還思山水樂癖痳久相親

步東園

欲邀天外月應陟白雲梯橋曲觀魚集枝高任鳥棲
叢陰龕小閣疎影落幽谿日暮東園裏飛花滿石堤

登問天閣

高天何可問徙倚對名花梅拙幹橫鐵榴開枝聚霞
歸巢燕語急當牖竹陰斜何必桃源隱居然處士家

晚望

日落禪關靜疎楊夾岸邊山高花拂月林遠樹依天
帆影參差見嵐花高下連樵歸望燈火白鶴卧青烟

五日

龍舟喧午節風俗重三吳榴映紅裙簇蒲添翠黛娛
果能成大藥何必佩靈符快讀離騷句忠魂尚可呼

贈維章從妹以貞道人

道岸子先游遙遙我尚留薰修塵累遠淡泊慧燈[illegible]
續佛繫珠閣金經滿畫樓倡隨無與傑坐老華山[illegible]

天恩皇兩弟過聡易與子兒讀書靜寄書屋

賦此志喜

几靜落花明牙籤擁百城管寧穿木榻終子乞長纓
一家學箕裘美時名棣萼成相將風雨夜不盡舅甥情

秋日憶　老父諸弟

驅車鄉路廻泣別野風前衰草凝秋露寒鴉帶晚烟
懷親新白髮憶弟舊青氊望裏江村暮經過更幾年

步月

藜火龕夜情還竹逕空亂雲看北度皓魄任懸東
琹響來幽室鐘聲出梵宮蕉陰閒坐月嘆息古今同

九日遇雨

深秋當九日涼氣足長廊把菊開新釀栽萸佩小囊
江楓深淺醉沙雁後先翔樹落風前翠芙蓉半頁芳

盆菊

連宵伏枕看菊未果霖見攜數本供床側遠
韻高香與夫子維章刻燭分吟相對殊不俗

也

欲採東籬菊清心對遠香蕭疎搖水鏡濃淡闘山粧
瘦葉含秋影斜枝倚夕陽不須憐寂寞孤韻遠匡牀

籬菊

余病稍起命二鬟扶至籬下看菊喜而賦此

秋欄桐影瘦籬菊漸芳菲碎玉裁寒艷攢金綴冷緋
落英供屈賦荒徑速陶歸偏與凡葩异霜姿傲曉暉

懷天中大弟

雨泉龕合刻　五言律　五

北望思吾弟秋砧起暮哀爲傷邊塞苦頻盼雁書來
淚落丹楓老愁看黄菊開聖朝多雨露竚待舊臣回

從孫台尹自海陵歸遊宫氏春雨草堂之勝欣然寄題

湖上柴門迥危橋亂石欹江城圖細草書閣靜朝曦
月照松花落窻虚山鳥窺年來依病榻搦管强裁詩

酬石夫人贈鸂鶒絲鷄

秋水蒹葭滿雲箋慰索居坐吟青玉案懶曳紫霞裾

言鳥傳仙使山雞舞夜除自慚無以報鎮日念[illegible]

得天中大弟訊

憐爾闗山隔書從塞北來黄雲瀰大野白草遍荒臺
風勁豺狼嘯天高鴻雁哀登樓應有賦何日共銜盃

得霖兒報志　時己亥以八月會試

十載辛勤日泥金上苑來宫袍分桂綠秋月動春雷
芝秀燈龕雨（時芝生佛案下）蘭香石砌梅（時春蘭又開二花）翩然離

病榻幃幔曙光開

雨泉龕合刻　五言律　六

又喜霖兒得授庶常

家聲淮海重弱子早簪纓鳳閣魚曾綮鸞坡筆舊横
新恩承紫陛世業起蓬瀛喜爾能繩武絲綸望令名

賀滄葦三弟改授御史

吾弟聲華盛功名著玉珂近知簪白筆喜見侍彤墀
驄馬人應避封章草自多緘書寄京國深[illegible]

送闗山五弟赴北闈

別弟三年久燕山此再行穿床思昔日（[illegible]）

憶前征明月出關好秋風叢桂清鹿陽應昔日春皆看遲鶯

喜天中大弟　恩予歸葬

聖主恩還遲孤臣去不回玉闕生來入冥路賦歸來
上國封章在佳城雨露哀好榮　優卹意珍重告泉臺

虎丘二女禪來邑僧舍病榻奈地僻人貧不堪容錫亟欲返梓因感

病榻深禪思寒江二妙來庭前無栢子舌底有蓮臺
布地黃金少傳經白雪哀滄浪今一別杯渡肯重回

冬至日憶霖兒

膝下兒雖遠欣看壻與甥長吟非爲別遠望若關情
昏哀燈花泛杯傳夜色清陽暉添線日氣響玉階聲

雨泉龕合刻　詩集

昭易李季嫻靜姎氏著

七言律

七夕　限韻

雙星遥度晚鐘初翠羽盈橋香引車今夕朱顏猶傅
粉來宵綠鬢應停梳凝凝舊恨風鳴佩漾漾新愁雲
襯裾乞巧樓頭誰贈巧常年空待五更餘

有懷越中山水髫時曾隨　大人宦遊其地

千頃湖光樹色連片帆搖漾水中天輕風時送漁舟
曲落日閒看野寺烟垂柳絲絲金綫舞浮萍點點翠
花圓回思舊事今難再夢遶錢塘江上船

三姪女同邵易值予在母家

聞汝歸寧邘水東離多幾欲話離衷一簾花影懷無
盡兩地相思夢亦通自擬憑欄傳佛偈相期坐月展
詩筒滄浪此夕留清韻何日親聽道藴風

中秋值雨

一庭凉雨感同遊冷月凄雲動夕愁庭樹影搖催落
葉塞鴻聲斷欲添秋當携斗酒登天柱虛擬豪吟坐
庾樓遠浦漁燈明數點憑欄漠漠水烟浮

〇秋懷

昨夜梧桐落綺樓朝來園菊已生秋風催鐵馬聲聲
急露冷銀蟾處處幽遠寺鐘疎依澗寂空庭香細傍
簾浮蘆花影浸江天月不待飛霜盡白頭

〇芙蓉

吹來玉露濕花光側岸芙蓉獨傲霜綠葉不隨楓葉
赤紅英相伴菊英黃蜀城日照開新錦江渚風牽醉
晚妝祇許伊人得持贈淡烟疎雨自生香

、重九值雨

待問蒼穹擬陟高秋聲滿樹伴吟騷減香籬菊飄紅
雨點絮江蘆舞素濤落帽未能追傲客題糕思欲繼
詩豪幽窗蕉葉敲寒夢惆悵登臨把白醪

病卧八月召太醫起生老人診視借彼禪語破

〇我病源遂有起色喜而賦此

窮骨支床半載餘老人鼓棹問吾廬五宗悟徹玄言
旨七發功高素問書相滅因知身是幻觀空自覺病
先除靜中已識無生理顧影翩翩失舊余

、夜坐

粧臺久已積塵多漫檢詩篇獨嘯歌家在夢中蓬鬢
老門臨秋水雁聲過山花影拂搖江月露葉寒侵怨
病魔夜坐不知清漏永幾星幾點傍銀河

、秋夜

夜清枕上聽梧桐古樹秋原隱釣翁石帶水痕波影
落月來松壑暮崖空鐘敲遠寺林初霧鴉噪高枝日
欲紅北闕利名車馬客家山應借夢相通

、文選樓懷古

煙銷六代久沉浮縹緲猶傳帝子樓作賦何人當檻
立卷簾山色隔江愁荒城落葉蕭蕭暮古寺疎鐘點
點秋遺恨中原尚戎馬空教南國擅風流

賦得隋堤柳

春雲淡淡覆蕪城望裏隋堤草自生飛絮雪霑輕輦過長條碧鎖暮烟平曲江波送垂垂影曉閣鶯啼樹樹聲直待東風一搖曳只今歌舞正關情

讀秦本紀

百年典籍肴書史滚滚長江日夕流七國事同秋霧散二崤偏鎖曉烟愁青山日暝干戈裏俠客風寒易水頭千古英雄誰復在長宵空惜劒光浮

秋夕思親并懷天中弟遠謫

蛩吟石砌咽秋霜葉墜梧桐送曉凉故國思親空有夢殊方憶弟自霑裳亭亭烟樹雲山外泛泛漁舟落日傍滿目愁連鴻雁影高堂桂子待飛觴

其二

憶昔聯詩燭影殘花開幾度隔關山南雲雁足無書緊北地羊裘有淚斑堂上老親多白髮閨中病姊損朱顏愁思欲話離羣恨野水蒼茫滿目間

得霖兒京中書作此寄慰

高柳鳴蟬各一天開函喜見北來箋去時舟楫荷香藥今日文章御墨鮮莫念故園頻入夢且供臣職任勞賢雙親黑髮成家慶待爾懸魚祝大年

別季復甥

北堂歸省暫回舟楚别依依楚水頭塞雁過江孤影瘦寒雲拂樹遠天浮碧穿莫畏霜花落筆凍還將蠹字修琴劒蕭條無所贈渭陽此際不堪愁

四詩以首篇爲佳

讀司李王公秋柳四首次韻

幽閣遲憐湘水魂垂楊影瘦掩柴門臨風離緒青絲結過雨空生碧蘚痕春色銷殘吹笛夜秋容慘淡隔溪村江邊颯落隋堤冷燕語鶯聲那更論

其二

張緒不姓王

吟蟲繞砌泣清霜衰柳寒鴉集野塘寶篋已藏團月扇玉禾爭入輓車箱依依自昔猶驚戍濯濯于今莫擬王日暮蒹葭秋水碧想同憔悴午橋坊

与柳何涉　犯題

其三

半池霜倒芰荷衣張緒風流嘆已非官渡碧隨秋葉落輞川浪逐釣船稀驪歌送別枝頻折錦纜牽舟絮不飛慨嘆十圍成底事當時空使壯心違

其四

長條蕭瑟倍堪憐還憶青青鎖暮烟無復前津眉似翠何時夾岸白于綿梅花夢杳羅浮月桃葉春歸石洞年彭澤五株寥落盡祇應擬醉菊花邊

雨泉龕合刻　七言律　六

己亥除夕憶霖兒

經年臥病掩禪關窗外松枝共我閒書得黃雞銷歲月吟成白雪老容顏尊前此際空憐別堂下何時見舞斑秉燭夜闌愁聽雁長安月遠隔雲山

立春日病小愈夜讀漫述

久臥匡床未識春辭床猶是臥床人南園花樹還如舊東海雲霞倏又新暫得身輕辭藥裹喜逢寵渥錫絲綸迢迢子夜燒紅燭漫檢詩書坐向晨

雨泉龕合刻詩集

昭昜李季嫻靜媖氏著

五言絕

詠草

王孫路傍草歲歲知春早羞殺春風花落花容易老

思父

菊葉經霜落鳴鴻驚欲冷白雲時遠望望斷千山嶺

雨泉龕合刻　五言絕　一

其二

百里煙霞隔愁深楚水濱滄浪看落日極目倍思親

彈琵琶

驕弦促纖玉飛響遏雲流彈到曲終處關山無限愁

東園夜泛

紅芳吹不散搖落一江秋夜靜蘆花岸還宜棹小舟

山樵

縱步訪山家歸途柳隱鴉野歌尋曲徑踏盡一林花

摘蓮子擲池中鴛鴦戲作

文禽偷採人倦倚芰荷棰拋果碎荷珠乍疑金彈墜

憶天中大弟仝霖兒北上

路遠征鴻渺天寒古木稀長安雪片片還似故園飛

與卞姫瑜芬對月彈琴

素指撥冰絃石泉激幽響高音和者稀獨有嫦娥賞

讀史

開卷閱古人古人義何深今人復成古曾似古人心

却暑

荷風生水閣香氣入簾多細雨開萍葉垂楊點碧波

閒院

披榛得古寺登塔破層雲樹老枝橫月鐘聲隔院聞

閱唐詩用明月照高樓句

明月照高樓樓高人慣愁長吟非怨別只是怕經秋

病中述懷

怨極翻忘怨愁深不解愁臘殘猶負病塵滿讀書樓

登拱極臺

落葉墜秋波鄉思奈若何高臺空悵望惟有客慨多

懷天中大弟

歸日知何日風霜應改顏修書頻閣筆愁絶望燕山

懷蒼葦三弟

臨溪望去舟野水自悠悠送別堤邊柳新枝又綰愁

春遊

坐石聽流泉春風草樹妍山高人跡迥野水正相連

望遠

日落寒江寂漁翁罷釣歸山村多野火處處掩柴扉

風

拂拂動牕紗淒淒感物華不須團扇力秋冷鬢雲斜

對菊思霖兒

纔見東園菊花開又半殘長安同日遠種得與誰看

其二

歲月驚時換今秋異昨秋思兒空有淚暗對菊花流

偶成

昨夜中秋月盈盈對畫樓樓頭人獨立圓缺夥深愁

初晴

雨洗庭階碧風吹菡萏香開窓來竹影明月上東牆

寄題春雨草堂

遙憶青山外幽人隱薜蘿門前春草綠細雨濕漁蓑

其二

獨步小橋西驚鴉飛復棲秋花沾露冷深夜自泥泥

謝三姪心水送芙蓉

雨泉龕合刻　五言絕　四

柴門晝不開秋花剝啄來為憐江上冷移影到庭階

霖兒北上拈此勉之　己亥會試

極目送行舟荷香傍水浮清淨未成調帆影逐飛鷗

其二

荆玉頻年獻春風苦病生芙蓉花正好為念鏡中人

月夜思　大人及霖兒

明月當愁夜聲聲清漏長幾回成假寐好夢到閨牕

宮怨

獨憐堦下草御輦昔曾過莫怨君恩薄其間風雨多

春遊晚晴欲雨

遠樹浮雲合春山烟霧深遙看香閣上爆影照疏林

庭梅

鳥啄蒼苔破空庭鎖白雲梅枝殘雪盡清夜暗香聞

懷兒

一子不堪離關山滿目悲祗因君寵厚未敢問歸期

哭三亡妹

雨泉龕合刻　五言絕　五

寂寞深閨月褰幃問故人蕭然環珮冷不見舊時春

其二

嘹唳天南雁孤飛嘆失群瑶臺雖有約忍別故山雲

雨泉龕合刻詩集

邵昜李季嫻靜姨氏著

七言絕

繡毬

猶疑餘雪綴春枝正值幽窓蔭綠時映月雙清圖素影藐姑仙子鬭瓊姿

步東園作

天桃初綻曉風吹乳燕飛飛日漸移我欲登樓望遠

客望中春樹滿前陂

櫻桃與維章分食

筐映雕盤出漢宮丹珠粒粒火齊同摘來素葉凝香艷猶帶枝頭昨夜紅

夏夜

渺渺滄流際碧天月光水影澹無邊環村積素浮球柳十里風香盡是蓮

孟夏同嚴君諸姨宴聚芍藥臺思及稽遠長徃感賦

履聲錯落日上迴庭前芍藥正開時去年共賞人何處今夕悽卒別後詩

初晴

窓前苔碧雨初晴風動荷枝遶砌横小婢不知春欲盡閒來撲蝶落殘英

野望

悠悠閒步路偏斜遥望春園起暮霞舊日殘紅悲滿

地今年又折杏林花

秋色

林木蕭疎噪晚鴉斜風欲透小窓紗莫憐秋影偏岑寂紅葉飛飛似落花

怯秋

蟋蟀空堦徹夜吟驚秋時起感秋心小樓昨葉飛紅雨水鏡盈盈照暮禽

秋晚

辭枝黃葉撲闌干霜菊全疎蕊甚寒孤夢欲隨秋羽
遠雁聲啼過幾林丹

季秋思親

別後鄉園入夢頻蕭蕭風雨帶愁聲黃花滿目催人
老寸草三春無限情

其二

漫漫野水起深愁遥望鄉關兩地秋寒雁一聲魂欲
斷思親空自倚高樓

南泉龕合刻　七言絕　三

其三

黃葉蕭森映落暉空庭獨立自褰幃白雲不解思鄉
意故向簷前片片飛

其四

斷橋疎柳鎖寒烟溪鳥飛飛兩岸邊江上客舟催晚
渡故鄉歸棹是何年

夢親

金風吹月月朦朧音範依稀泣夢中蛺蝶繞花花片
片鶯囘猶在小房東

除夕憶母

追憶慈顏覺夜遲時逢賈島祭詩時逃禪懶獻椒花
頌心痛難箋惜逝詞

思親

院外黃鸝啼柳陰乍聞猶似故園音歸時秋老梧桐
月轉眼溪荷疊翠深

懷維章生母湯太夫人

南泉龕合刻　七言絕　四

姑媳相依只歲餘曾無半刻見眉舒於今寤寐思難
覲風冷松花葉盡疎

天中大弟北試漫賦代柬

青山有路人何遠北地無情道里艱執別梅蹊勤訂
語杏林飛燕早南還

冬曉念蒼葦三弟北行

月影西沉曙色新鳴鵶催起遠行人寒霜踏盡馬蹄
白幾認村庄作故隣

、送維章之燕

淚滿征衣逐逝波君今別我意如何意中無限可嗟
語重疊關山比更多

、憶霖兒北試

愁心每逐北雲飛夜夜挑燈望子歸腸斷懶將魚雁
寄惟尋殘夢語依依

其二

花影參差小閣幽游絲百尺繫深愁登高試望燕臺

路滿目雲山倚畫樓

客路

客路鷄聲促曉程暮歸殘月樹梢橫徘徊欲作思鄉
賦愁集毫端寫不成

閨思

人倚松窗對碧山白雲長日護柴關誰憐芳草天涯
客一夕春風鬓欲班

倦粧

新竹之作

紫英亂墜小樓前蛺蝶憐香逐草邊多病只因[illegible]
去至今猶未識春天

別花

東風吹透綠窗紗晴艷枝枝散晚霞着意留春春不
住鶯聲啼落一庭花

落花

欲喚春留春已歸但餘鶯老報花飛柔香故故飄殘
蕊細逐輕風上舞衣

春餘

殘紅委砌憐芳草小院人稀風自掃春雀那知春已
深窗前日日啼聲巧

春遊遇雨

歸途細雨濕衣班滿載烟雲日暮還野鳥銜波當畫
舫牧童三兩過前山

病起偶成

半窗竹影搖清簟簾動春風散綠陰病起不知春早

琴傍心獨坐理瑤琴
、憶褚姨
朝來楓葉點秋山思入湘波深淺間玉骨難消風雨
恨土花老盡碧雲環
○眞娘墓
那堪花裏葬朱顏塚畔香車自在還惆悵當年歌舞
地淸溪長遶虎丘山
○題美人圖
雨泉龕合刻　七言絕　七
微露樓頭半面嬌含桃小口楚宮腰香風吹月重門
閉斜倚朱樓品玉簫
○讀楊椒山傳
丹心自許畱千古烈士當年敢惜生讀罷諫書空有
恨那堪庭竹動秋聲
述懷
簾外雲山映碧溪數聲啼鳥過窗西凭欄幾度慵針
線惆悵園亭日已低

○荅弟孚公
獨坐焚香刻漏遲寒燈剔盡苦吟時自慚不是蘇家
妹也向人前強說詩
次韻荅夫姊莊夫人
吾兒螢雪十年中幸得鵬遊九萬風宅相妙才眞玉
樹亭亭早見出樊籠
○其二
聚散常懷燕笑初難將眉翠鏡中舒迢迢道阻長江
雨泉龕合刻　七言絕　八
水小閣詩成飽蠹魚
、隱士
避地重巖托迹深竹輿懶御倚蘿陰常招籠鶴忘歸
路每拂蕉桐起暮吟
、憶霖兒
微風日煖柳垂絲堤畔飛花燕語時若上燕臺望春
色倚閭人在莫歸遲
贈天中大弟北上

梧垣持簡舊詞臣千里揚鑣謁紫宸今日閨中多病姊臨風遥念燎鬢人

○暮春

寂寞園林見落花依依猶自倚風斜蒼苔細雨沾衣濕無計留春只自嗟

贈姪心水

北園長日掩荆扉萬軸牙籤與世違碧樹九秋摇落盡惟餘籬畔菊芳菲

、寄慰天中大弟

天空嘹嚦鴈聲過塞外孤臣近若何一疏抗顔傳諫草會須重挹鳳池波

○秋夕思歸

楓赤花黄秋色齊歸思偏向白雲迷月明窗外凉如洗最是愁人烏夜啼

、○別燕

桂子香飄燕子稀辭梁歸去意還疑呢喃若為經年別又向簾前款款飛

秋夕懷天中大弟

梧桐葉葉響西風天外初飛塞上鴻今夕拈題誰共集博山煙冷夢關東

○其二

江南楓葉醉秋辭十月邊城雨雪漫縱有故鄉千兩絮角聲吹處客心寒

○○聞簫

庭樹西風落葉飄閒房獨坐影蕭蕭鏡中綠鬢今非舊那更愁心聽玉簫

○立秋

梧桐一葉報新秋高柳蟬鳴暮景幽遲月裁詩無好句滿庭蕭瑟起人愁

○咏梅

梅花寂寂倚窗寒只許臨風卧月看獨向空庭任搖落滿天冰雪一枝殘

姪孫湯孫從郡城歸同諸姪孫賞惜前命共詠
瓶中菊花賦此倡之
一枝聊寄小瓶香暮雨秋霜總不妨欲得謝庭新句
好夜深持取勸壺觴
霖見種菊偶題
霜葩徵開絕點塵移來廳下伴閒身帝京槐色三千
里先到東籬采菊人
村居
甬泉龕合刻　七言絕　十一
爲憐春色步蒼苔花影參差映玉釵遥望垂楊斜石
徑又移明月到茅齋
思歸
落霞片片楚江濱每向滄浪欲問津寄語延令諸弟
妹悲秋不似舊時人
贈天修四弟公車北上
上院飛花滿帝城東山人識棄繻生鄉園遥兩長安
道佇見春生雁塔名

題美人畫
凭欄無語聽流鶯笑向春風百媚生一自王嬙辭漢
闕至今愁殺畫中人
題雲邊桃杏畫
雲邊桃杏爲誰栽每到春風次第開種樹人歸何處
去鉛華洗却卧窗梅
驚秋
一春無語對花愁又見秋光映小樓落葉自流江水
碧蛩吟石砌夜悠悠
甬泉龕合刻　七言絕　十二
題瓶中白蓮花
入眼清芬照素心數枝還折楚江潯想應玉女慵梳
髻却掉搔頭白玉簪
雨後步桃花下憶天中弟
一春花事雨中忪緩步看花過竹廊寂是黃鸝聲睍
睆春風吹不到遼陽
閨怨

春光寥寂映窓紗誰向堦前種玉葩對鏡尚憐雙鬢綠年年羞見合歡花

楚宮詞

楚殿宮娥舞細腰纖纖輕擲紫檀槽君王夜醉章華館十二巫峯日欲高

咏蘭

葉碧香幽傍石栽清芬幾度襲人回根含霜雪空山裏欲待春風細細開

夏日思霖兒

細雨輕風送夕陽倚闌不見北來航想因虎觀繙經史未暇修書達故鄉

閱蘭咳集云虞姬墓草無風自舞因賦

空將粉黛怨龍泉千載孤墳鎖暮烟霸業已隨歌舞盡至今青草獨翩翩

秋吟

樓前雨過晚蟬鳴葉下高低三兩聲不是離人能寫恨凋殘林木夜寒生

晚禪

黃梅細雨落花天燕子呢喃繡幙前禪定不知朝與暮石階明月草芊芊

懷女

憶昔深閨點翠粧輕紅衫子映花芳成人各自東西去却似飛雛別故梁

秋深懷霖兒

秋風送雨雨蕭蕭一枕愁懷付夢遥忽聽南來天際雁欲將尺素寄雲霄

其二

玉露霏霏暗自傷望雲幾羨雁回翔當時只願成名早及至名成又斷腸

其三

朝見雲飛暮又還可憐空隔萬重山自從別後愁千種毋在深閨鬢欲斑

○其四
黃花滿砌委寒霜不爲悲秋也斷腸憶昔臨岐相送
語白雲深處是家鄉

偶成
花落閒窗几案清卷簾獨看蝶飛輕風吹水面文如
縠雨過松稍月半橫

返照
星角殘輝照碧窗抛書鎮日卧匡牀強裁詩句吟清

南泉龕合刻　七言絶　十五

暇惟望見歸共夕陽

○茉莉
嫩蕊含嬌晝不開晚風吹送晚香來粧成謝女聯詩
句鬢上斜橫白玉釵

○哭十六姪婦　徐爾勉
携手花間笛數聲羅衣冉冉自輕盈當年曾有蓮池
約今日瑤臺爾獨行

○霜蝶
枝頭冉冉覺身輕不向花叢戀落英渡水只愁雙翅
弱尋香更有遠山情

○斑竹
數尺琅玕檻外生風搖清影上雕楹枝枝解籜含新
點盡是蒼梧淚染成

○春歸
夜來風雨送花愁曉起停粧不上樓只恐望中春去
遠空留新綠在枝頭

南泉龕合刻　七言絶　十六

○寄慰霖兒
雞鳴攬轡欲朝天禁苑鴉啼御柳邊　聖眷只今多
寵渥莫緣清苦遽思旋

○贈影
顧影翩翩日夕疑相依弱質爾爲誰燈殘與我分離
去明月花前又復隨

曉粧
簾捲春光上玉鉤雲山冉冉伴余愁人生盡被鶯啼

老邪有閒心整鳳頭

○賦得隋堤柳

堤邊垂柳碧絲牽夾岸依稀興昔年爲問迷樓何處
是空餘山色遶雲烟

○其二

柔條怯怯裊風前粉黛三千邪足傳一自廣陵烟雨
散至今遺恨綠楊邊

○答夫子維章

井臼相依數十年聯詩燒燭書堂前功成辭爾猶疑
晚野壑吾廬世外緣

○病中重九茉莉尚開瓘孫移置榻前喜賦

香隨月影到牕紗霜後重開白玉花移向榻前供夜
永清芬那羨五侯家

○延令途中

十年睽隔喜歸鄉滿眼雲山帶夕陽兩岸垂楊烟霧
裏依依曾斷昔時腸

、勉劬莊季復時讀書余家

風雨牕雞莫憚勞吾家宅相果人豪他年馬上看花
日還記昭昜夜染毫

○題唐伯虎畫

一葉孤舟傍水隈流鶯枝上謾輕飛扣舷欵乃誰家
子載得烟霞月下歸

○○聞雁

戶外西風落葉聲挑燈獨坐到五更天邊鴻雁參差

過邪記關山幾許程

寄女妍　時寓郡城

隋堤碧柳帶烟霞遠望南天噪暮鴉與爾暫成今日
別菊英堪賦莫思家

、送壻之郡城

刻燭裁詩送別離何妨沉醉倒金巵明朝帆影揚州
月夾岸樓船雜鼓吹

步梅下思霖兒

日落西園移竹影鴉鳴柳月自徘徊天涯蕩宦無消
息落盡關山幾樹梅

○寒夜聽兒媳撫琴因念霖兒

挑盡殘燈夜已深小牕風雨聽幽琴相依姑媳惟懷
遠何日兒歸慰此心

○讀南史

六朝遺恨思無端霸業蕭條不忍看千古波流空浩
浩常教烽火照江干

、其二

鶯聲如管柘枝頭野鶴飄飄任遠遊嘆息百年真過
客山花零亂五湖悠

○賀姪孫九畹新寵

新人可愛舊人憐雨院燈花醉那邊寄語蕭郎須自
念莫教春恨見題箋

山居

殘花飄墜野人衣隔岸青松映落暉避俗不問村夫

晚落霞孤鶴兩飛飛

溪邊飛燕

芳草迎舟逝落暉百花深處隱漁磯溪邊燕子雙雙
影莫向深宮妒紫衣

雨泉龕文集

不坐蒲團不悟禪
月明圓缺不離天
缺能缺處留神看
三五良宵處處圓
一任雨風處處圓
共黃鶴坐到天明

雨泉龕近著序

佛者何弗乎人也不弗乎人則不佛矣是以
佛之視人無異人之視龕然而人能作佛龕
不能作人者何人與佛相近而龕與人相遠
也所以相近者何恃有此心耳龕未始無心
不明乎正法謂之肉不謂之心故人與龕之
關似乎相遠而又寔相近雖然天以下之男
子而知此者不得一二見況夫女子予讀雨
泉龕所著洞目駭魂不明乎正法不敢也不
明乎正法不忍也雨泉龕詩集直欲兄曹大
家弟班倢伃推袁朝野素矣雨泉龕主人曰
詩才也法德也與其使吾之才而弄詩寧脩

吾之德而說法弄詩祇自娛說法則自度夫自娛未必娛人而自度兼足度物其間有益與無益詎同日語哉今數其前因紀八識田中何井井不昧耶智慧之燈皎然一室明光之錦普覆羣生發愿之力甚弘濟窮之念復切戒殺放生化湯火為甘露破執解縛吹藤

蘇於罡風此身既幻林之可也妒何有乎斯雖靈照再來摩登重見亦將遜其悔悟之未猛因果之或迷者矣予問雨泉龕主人者何銓司之女侍御之婦宮保宗伯之媳五馬大夫之夫人新廢常之太夫人是

姻家莊馥豐頓首撰

序

予觀近代名媛往往能以詩稱獨不能以文著如朱淑眞桑貞白輩皆然何也雋語易工而鉅篇難構也即間有附文詩後傳於世者如徐小淑方維儀葉小鸞數人雖摛藻抒華猶是吟哦緒餘耳獨予靜娛叔母之文又能逈異于詩以別樹一幟故貴也夫叔母非短于詩者雨泉龕初集已久供海內膾炙在姑蘇則有施又王鼓吹新編在西泠則有陸雨矦明詩選

咸拔新標異與羣士連鑣而梁谿鄒流綺八名家女詩又亟稱其才德並全彙帙以梓且畢閨秀詩選出自叔母手訂者欲奉爲金科玉律以傳於不磨若是者亦云工矣夫工於詩難然工於詩又未爲難惟工於詩而并工於文此魚與熊掌所以獨貴乎兼收也蓋叔母善慧夙具旣本自天授而更究心內典豁然有得大約疢疾之來欲離而不離者魔在物者也而叔母能轉魔爲恩嫉妒之生宜化而不化者魔在我

若迺而叔母能返魔爲聖故以裁雲鏤雪剪水描山之嶽吐而爲文既成曰此非名世之文而醒世之文抑哉言乎乃今讀其前因醒妬諸篇晨雞暮鐘勿殊也讀其解縛破執諸篇點石雨花勿讓也讀其幻身發願諸篇金繩寶筏勿踰也讀其戒殺放生施濟諸篇福田仁祠勿並也則因嘆彼巾幗女流豈無專精竺墳期證無生者而意見偏枯孰起其悟文采湮沒孰達其旨若叔母遠性逸情風疎雲上故能以雅人深致闡淨門妙諦如散花鳴鐸色韻俱符又安在醒世之文不即爲名世之文耶且叔母詠歌諸什業紙貴洛陽今其爲文如之又加富焉當必有若又王雨侯流綺諸君復爲揚扢盛美或摘尤或廣收懸之秦市以遍走雞林俾一時讀詩又讀文者謂叔母抱茲濫才能駕淑真輩上以與小淑諸人齊驅而識解過之不亦美乎則請以予言爲左券可也

天一居士姪清拜題

自序

宇宙文章不一有名世之文有醒世之文名世之文其辭達其旨遠儒者所爲也醒世之文其辭達其旨近釋氏所爲也皆不與女子事然思班姬蔡姞既爲名世之文於前矣余雖不敏竊有不能默默者敢就生平所歷暨見聞所觸漫爲醒世之文數章以羽翼佛家之旨紀異則前因可述也虔修則發願可證也憂人之貧則立說以施濟之哀人之死則爲文以祭奠之以至戒殺放生心存萬物解縛破執事在一身醒妬雖微誠閨中之寶筏幻身非誕實人世之慈航若夫十牛頌子乃圜禪宗實錄而成偕載集後以誌一時所感發者也世之讀斯刻者諒余醒世之心則可矣如以爲欲得名於世則俚言臆識幾何不爲世爲訕笑也哉玄衣女子李季嫻識

雨泉龕合刻 文集

昭易李季嫺靜姎氏著

前因紀

予髫時隨祖母看演目連心爲之動因感世間一切幻化皆石火電光歸來即欲斷髮披緇茹素奉佛誓不出嫁悲泣者數月遂爾成疾老父切勸云汝數弟皆幼弱惟汝獨長且汝母止生汝一人汝爲此舉即絕汝母一脉是爲不孝況已納李氏聘且完此姻緣

成家後任汝修持可也爾時雖勉從親命然終覺鬱鬱夜夢一神人左攜鐘右持釜向予云西方開道場汝能闖過即一鐘也不能即釜矣覺後知落魔境既不能如願修持又恐本性易迷遂對佛發願三紀之外即當斷諸妄緣與夫分室求脫苦海自此念佛二六不間迨出室我姑愛我如女夫子維章亦相敬如賓予自念生死事大如坐針氈不復知人間家室之[illegible]惟望雲思親之念常耿耿於胸焉維章豪放不[illegible]不

同家人生産我思既爲人婦則當成人之家不辭俗累紛擾幾爲塵境所縛而宿疾頻作經年不[illegible][illegible]午冬歲予病苦甚頓發虔誠向佛懺悔與邑有高僧懶石者命霖兒往見之代爲陳情延誦金剛經大悲呪此廿九日事也越夕除夜維章同兒女置酒榻前予方伏枕維章勸予起予亦勉起人寂後予將就寢耳傍忽聞人云業修佛事我今已得超脫予驚問何人彼曰我前生爲秀才爾亦秀才與爾至交厚我素貧

變妻釵釧與爾同賈舟行至江爾利我財推我墮江中流盡取所有而歸後爾自揣業重皈依佛門希圖釋愆我奔訴冥司冥司云爾已悔心歸佛道行堅深直待來生結此公案今爾生爲女子我是以來索報耳予曰予負罪數十年汝何不索予命彼曰爾業重福亦重況又不忘前因以故遲遲然我日食爾神氣爾病遂日深且使爾日飲藥水償我昔年江水之報今懶石禪師持經功大我念寃寃相報終無了期願

從此相釋永結西方善果耳予[illegible]曰予罪業深重今蒙相宥一旦謝去其何以爲報彼曰得素有根器後必得道若肯於發願時祝願我亦入道即報我矣維章適至彼猶嘵嘵不已及霖兒來問予寢忽寂然予因問維章至何以言霖兒至何以不言彼曰此子後當大成我故相避後不將耳語或由沒有形家入間亦見之正月三日彼辭去聽經至晚復來予甚懼急問予今病苦如此汝既云解釋何去而復來彼曰

菴中乃清淨之所有諸天護法我不敢居今且向茅簷棲身待經畢當長往也復云凡人皆因一念所感念起魔至若能念無所着即諸魔不生我亦不至汝十二日晚又來予驚問故彼曰我今將長往矣予曰梵誦甫半何遽去乎彼曰高僧力大佛有法旨下冥司已許我男身托生山東未誦之經可處誦爲我出竅之助予求指引後事彼曰爾夙有善根不必另作思算了心即了生死也語畢而去不復再至予亦經

飯湯藥病勢漸減數月[illegible]上[illegible]請端坐臨水閣中感[illegible]不[illegible]少頃[illegible]下坐予予曰汝須去封煩躁心易一清淨心病可[illegible]予悲泣牽[illegible]相問同亡母如何[illegible]云汝母尚有餘業予號泣驚醒未盡所言深以不得親求易去此心爲悔旬日復夢人報云閻帝尊神至予未及迎已至榻前十數人擁立皆奇形異狀周身手挈偃月刀刀懸一肉心形似蓮房金質璀璨欲爲余易心予方自擣內心

何以出外心何以入俯視胸膈洞開已易內心懸之刀上令予自視覺污穢不堪予竊念此即六祖所謂妄想貪嗔諸心也醒後心猶微痛三日始定予將逝向老父老父喜曰凡古人夢易頭骨腦髓皆有後祿吾女得此奇夢亦是汝有善根況心是蓮形誠清淨之物將來必證善果予甚喜隨向父言諸弟或承歡膝下或顯名揚親予爲女子離別日多劬勞未報若能證道必取金蓮花爲父母置一座以報生我之恩

共萬一也此後心中頓覺了然遂與維章分榻維章上
先置二妾既不合意遣去又私蓄一姬范氏久藏外
室丁酉春予始知之予自原欲爲汝復置一人今既
有此何不携歸維章堅不肯從予思身中多病維章
又情違乃爾我復何爲與之同違哉即浼諸親戚與
維章議居兩宅聽予清淨焚修廢蒋此報父母了生
死道念日堅覺前所閲歷皆如夢幻仗我佛力因得
解脱心生歡喜始悟維章乃我善知識范姬亦我善

友助成我佛種者也耆年向道之志今始得遂予滋
幸矣是用誌其顛末以告世人偕修佛果共證大道
且使異日者維章亦當翻然省悔脱離塵緣同乘寶
筏以登彼岸云爾

嘗見人談陰司事大都非着魔之語則附會之
説此獨得之自證自修燈燈相入鏡鏡相交故
知悟在於心非關六度萬行　于生洲
不難於自度難於度人不難於除我見難於除
人見然未有自度而不度人我見除而人見不
除者　太夫人甘露灌心青蓮作筏真天勝兩
中第一流人物　莊雷章

跋前因記後

予嘗歎世之闢佛者謂人皆爲佛所愚以祈福
然則鬼亦豈爲佛所愚以釋怨故予讀前因記
而不覺躍然曰異哉秀才爾何氏何名乃以誦
經故結冤前生解仇一旦耶有如不信請援一

事以證予近過晉陵晤同籍薛諧孟爲言明新
安人事新安人患人面瘡能言每誦經則痛止
若輟誦則痛然誦愈力越數年方辭謂吾前生
唐李漸榮汝前生氏叔琮也當朱温遣汝弑昭
宗吾以宮人蔽帝爲汝所殺結寃數十世以迄
今見汝誦經志堅故去汝異哉斯事若合符節
雖然猶有疑新安人所仗者僅數年祈誦而兆
記所仗者則兩世皈依夫數年與兩世有間焉

乃佹有深淺故解有緩速若是乎同而異耶曰否否彼佹舊而此佹新舊者結寃自唐則歷年已久久或意淡故解易新者結寃自明則閱時猶近近方氣盛故解難想數年兩世之異其故當以此而究也攝於佛依於經又消弭於旣猛且堅之誦則又何勿同焉故李宫人信而秀才益信矣夢者誰予叔母季孺人也

姪濤心水甫

發願文

因果二字人皆指爲幻妄予獨信其不爽蓋生死輪廻皆造於心心不能了生死故有輪廻有輪廻故有因果因果者心爲之即心之愿爲之也愿之所發有善有惡而報隨之其惡也去禽獸不遠其善也即脱生死輪廻不難予以女子悞混塵勞近四十餘年濤夜思維上無以荅天地中無以報父母下無以救愚迷日復一日不思解脱浮沉苦海終何底止謹以十

二月朔日虔備蔬品淨香告於諸佛菩薩之前發願曰弟子上顯以洪鈞之末造附草木而同生幸含齒而帶髮猶得拔類而爲人夫何以萬物之靈而乃百苦之交侵癡愚狂惑旣貪且嗔形役役而疲影心憧憧而勞神憂多樂少福兮禍門觳然而病醜然而存豈積業之當報而未蠲予之衷誠予少而失志長而修行暨乎暮年益勵辛勤與相偕於大道乘急流而勇渡乎迷津惟我佛之垂慈假寶筏以誕登從此往

瓌化域永絕疑城煩苦不擾憂樂不驚疾癘不作災
殄不聞在家則家道怡怡在世則世路平平老親介
福慶加壽考嗣孫徵子奕葉昌榮亾者立超法界存
者普覆慈陰而且干戈靜息民庶清寧廣開覺路大
衍金繩羣飛羣走咸改毛而變角無貴無賤盡斷死
而超生寶樹紛披散遠方以甘露天花繚紗繞瑞世
以祥雲此弟子之至願亦我佛之同仁伏與慈悲接
引相助有成敢撮沙而比敬仰慧燈之式臨瞻蓮座

以匪遠尚昭鑒乎斯人
一籠而四時長花滿室而終歲不夜直上照一
天二天乃至三十三天無門不闢此願亦大矣
哉　于生洲
發願公普不減於老安少懷文氣亦欲上追西
京　莊雷章

施濟說

施濟之事自古難言之堯舜聖人也而曰猶病故近
世罕有言施濟者雖然予固女子也竊有志焉天下
有欲施欲濟之人每苦於無施之濟之之具有能施
能濟之人又不肯行施之濟之之事此施濟之所以
難也或曰不然天地如此其大矣人物如此其衆矣
凡我窮民少壯而貧饑寒切體室居無依死喪莫恤
以至疲癃殘疾孑孑無告者不知幾千萬人施濟而

欲人人無饑能乎則發大倉之粟以食之不足也人
人無寒能乎則竭大官之帛以衣之不足也人人授
廛能乎則廣廈千萬間以居之不足也人人死葬無
所撼疾病有所養能乎則棺槨參苓之用家與而戶
給之不足也施濟之難難以此也若此則施濟其窮
乎曰不窮予之所以施濟天下者使天下之窮民一
歸於佛佛之爲教能化惡爲信轉慳爲捨人有見窮
民而絲粒不與者見爲僧之人則樂施不倦且常在

之堂餈可飽也募化之衣单可被也寺院廓宇可棲也死者疾者骨可藏於塔也藥可取於寮也然則儒者施濟之一大法門也其有不歸於佛之窮民吾之施濟視吾力而巳力可以施濟千萬人即千萬人不以爲多可以施濟一二人即一二人亦不爲少而且目之所見耳之所聞可以用吾施濟者吾施濟之其不及見不及聞者不必強也嗟嗟堯舜不世出施濟不恒有持吾之說于以救施濟之窮也可

得是說也何難救施濟之窮堯舜可以無病矣

妙論天開　于生洲

從來有財施不如心施之說所謂視吾力而巳推斯說者居士沈舟孃子燒菴都是極善施濟處　莊雷章

祭被焚女文

戊戌上冬邑東南有火災一女子及一嬰兒死[illegible]夫嬰兒無知矣女子巳年十有四則何以亦其[illegible]焉子言曰是夜也皓月在天篝燈巳滅人泉皆[illegible]火忽發凡我閭里之人莫不倉皇趨避女子自[illegible]起不及衣裳而出及門其色若有難焉者復馳入老婦匍匐往救以無衣辭牽之至再不動不得巳而舍之老婦急走得脫則巳焦頭爛額矣噫嘻人當急難之際

雖志士不免苟且况區區一女子乃以裸體故不以暮夜喪廉耻竟蹈火而亾方之長沙義士冐火伏棺何多讓哉而蠢茲回祿不肯爲之疾滅是可痛也昔者介子推不言祿與母潛遁晉文公焚林子推死之後太原上黨西河雁門諸郡冬至之後百有五日皆絕火寒食憫厥志也予何獨不然乃命小髮以清水蔬蔌致祭其靈而爲文以告之曰嗚呼女子予不知爾之姓名胡秉禮而勿越竟赴火以亾身當夫[illegible]之

方揚也飛燄千丈吐光百層赫赫然遠耀烈烈焉上升既玄煌之蔽明月亦流火之亂列星見之者色懼聞之者神驚於是披衣遠覽東向悽愴號佛望救呼天幸聞深慮乎崑岡之然玉石俱壞巫山之灼芝艾並焚故仰祝於天帝虔禱於法王庶幾燎原可遏徙薪猶及以拯此一方之民詎意明珠不足以扞災荷華亦等於抱薪俄而天北風火南倚厥勢彌熾厥氣益蒸土崩瓦解棟折宇傾老者携幼壯者挾長絡繹

道路咸喘喘以出奔況復夜央衣裳顛倒被體不周惟保身之是急遑計夫多露之侵濡嗚呼女子當此焚燎銷鑠薰蒸炎赫之會即使短褐不完逐衆遠逃誰得議爾之失貞乃甘隕命於炎威損軀於陽精慷慨就死既貞且烈雖有賢母拯之弗能鬢髮枯而黑雲出朱顏朽而赤燄騰是何女子之尚義而此火之不仁於是時也天地為之慘澹神人為之憂傷女兮非池中之魚而竟受殃於城門即有火浣之裳木皮之裙安得舉而加諸其身鬱彼烈火曷為不鑒其貞志而乃戕此良人嗚呼女子爾其逝矣死者不可復活亡者猶可常存世人皆趨於利欲昧其本真譬猶終日握火而自謂抱冰爾能見危不亂正道是遵誠何愧乎古哲展矣其閨房之英尚其聽慧燈而消慾沐花雨以息心挹彼清凉解茲鬱蒸慈雲廣覆劫火不焚可以朝遊炎洲暮宿丹丘坐積荻之餘灰同姚光之長生則是難也因將予爾以三昧畀爾以大乘

予且欣欣然為爾喜而尚何欷噓之足云

蘭薰而摧玉貞則折而一段哀痛惻怛之情反覆婉切又如凄風苦雨偕之而來令人不堪再讀　于生洲

於戲女子燼矣賴有此文而女子不燼矣　莊雷章

戒殺文

或問予曰天地之內衆生所叢佛法利濟恩施無窮予事佛將奚先予曰戒殺曰殺胡可戒也凡物莫不有生。即莫不有殺。殺者生之所由啓也生者殺之所必至也。生死若循環然而予去其一。是欲不違而雨不霜而露也。殺胡可戒也。曰子之所欲者非生乎。曰然。曰、子之所惡者非死乎。曰然。曰、子之所欲物無不欲也。則子之所惡物無不惡也。以甚欲者予已而以

甚惡者予物。度非修。德。行。道。者。所。敢。安。也。夫以區區口腹之奉。而令引頸悲號於鋒刃之下。苟非至忍當必有聞之而愴然者。孟子曰君子之於禽獸也見其生不忍見其死聞其聲不忍食其肉是以君子遠庖廚也於是問者悠然而思。戚然而嘆曰。殺胡可弗戒也。

古語云天地間有萌可生有氣可吹必求長養無使零落大生廣生在吾五內是吾儒不殺生

稗子生洲

放生文

或問余曰放生有說乎予曰有易曰天地之大德曰生予是以放也曰予雖不敏天地所習聞也天職覆地職載萬物藉之以爲父母然而傾覆栽培固其所也故蟪蛄夏死蜉蝣夕終菌亾以日蘭敗於風天未嘗益之歲月地未嘗扶其危傾子惑於性命而曰師天地不已謬乎曰子見夫物之易壞未見夫物之長生也喬松之柯逾百年而不拔冥靈之幹歷千載而

彌紫海躍吞舟之魚霄戾負天之鵬若是者皆天地之所放也子何因枯魚在肆遂謂滄溟無縱鱗爽膚臥野遂謂山林無逸足哉曰吾子之放生則吾既得聞命矣敢問放之如何曰奪之刀俎之側置之川原之中走者縱之山谷飛者升之蒼穹遊者沉之江海伏者納之林叢當是時也或悲殘亾於烹醢或喜倖脫於樊籠掉尾大澤振羽霄空悠悠然莫測其所之浩浩然莫知其所終與天無際與地無涯則予放之

之褱也

內典云鷲頭作嶺雞足名山孔雀爲經鸚鵡語假字中兆鸛珠裏認鵝一切禽鳥皆具佛性故放生說法洞徹佛性眞如借福清修屬第二義

于生洲

放魚蟲而限之以池沼之窄放犬豕而疲之以歲月之深名曰放適所以殺之也必如篇中所論纔得物與物相忘而我與物亦無所繫著南

華經所以貴天放與

莊雷章

解縛說

天地亦有縛乎曰有日月星辰之有其紀山川草木之有其行經之以四氣緯之以八紘順則爲禎爲祥逆則爲咎爲殃使無爲之徽墨而授之繩準者胡爲乎動靜之有常人亦有縛乎曰有人之一身耳司聽目司視視聽專則耳目縛手能持足能行持行多則手足縛心主思慮所以縛耳目手足者而耳目手足反環而伺其用求一念之暇而不可得則心又爲縛

矣夫心爲至靈之物神明之宰而物以物交神以神引嗜欲萌起機智叢生凡諸憧擾之私不驅而自設之阱不招而自投之羅又其縛之甚者也然則縛亦可解乎曰可達人知天地之大一囹圄也於是乎遊其神於天地之先形軀之累一桎梏也於是乎放其志於形軀之外墮黜聰明遺棄萬類逍遙乎與無始者處而無物者遊斯其縛解矣愚夫愚婦觀已太眞觀物太假而大縛生焉貪者縛於財淫者縛於色與

勇者縛於氣沉湎者縛於酒爭名者縛於朝爭利者縛於市居者縛於家行者縛於路纍然而處者皆其貫五木而衣赭衣者也其又惡乎解之曰今之清淨爲教者亦可謂能解縛矣乎曰然是未可知也古之能解縛者代不數人自靈山大會佛祖拈花其時百萬人天皆垂首噤舌被其所縛惟迦葉以一笑印可之遂得解脫其後達磨西來九年面壁方直指傳心發明最上宗旨生人之大縛渙然而釋今天下衲子

薄解淺悟笠㡌芒鞋東馳西涉衣鉢即其食鉢也拄杖即其扶杖也甚至豐其室宇好爲莊嚴田園衣食不異恒人爲嗣孫百年計其愚至此縛何以解其稍稍明悟者珈衣蒲團縛其身語言文字縛其口談經經縛之談律律縛之談禪禪縛之名爲清淨寔增煩苦其縛有不可勝言者矣曰然則縛終不可解乎如君之所謂墮聰黜明者其眞能解縛者乎曰非也此如唐太宗之縱囚然今日放之異日而歸之身有重罪倖免一時非眞能解縛者也吾所謂能解者置之聲色之前雜之名利之中市朝可處不必山林衣食可豐不必凍餒持行視聽其身如故也物交神引其心如故也如猿鼠藤脫然撒手如遊荊棘一絲不掛則眞能解縛者矣

觀諸菩薩隨緣悟道則知自性遍一切處皆是入路　于生洲

抹煞晉人不落空障抹煞宋儒不落理障會此

解者眞可入水不濡入火不熱　莊雷章

破執文

人生不悟生死根因茫然而生冥然而死語之以一經半偈且猶不解而動云即心即佛妄也間有解者又膠滯於一經半偈之中以此求佛佛於何有無處覓生何從免死雖云一念善即生一念惡即死而以善惡分生死惡固執善亦未必非執存心思善善固可思而吾心已着一善存心絕惡惡固宜絕而吾心復着一惡一念之善一念之惡如水上葫蘆迄無定

日謂當執乎謂不當執乎予幼厭薄塵緣出家未果以此憂疑成疾數十餘年參悟徒勤神勞力倦竊念無常迅速未敢自昧本來己丑春忽悟心經自在二字欲求解脫無著爲宗斷諸所欲正宜在闤市叢中作大舟航普濟羣迷僅僅避俗出家自救自了猶然小乘也金剛經云一切有爲法如夢幻泡影如露亦如電應作如是觀即此數語已領一部大義持此破執執應立破若夫善惡生死之故自有解焉者不在一經半偈中亦不在一經半偈外迷即衆生悟即佛子惟以不言悟之而已矣

迷時人逐法解時法逐人佛說一切法爲除一切心我無一切心何用一切法此文全在無生死煩惱處醒愚人之除事不除心者　于生淵

當下妙會真是觸背不得　莊雷章

季靜娛詩

（清）季嫻撰

《季静娕詩》一卷，清季嫻撰，據國家圖書館藏清順治十二年《詩媛八名家集》本影印。

季嫻有《雨泉龕合刻》，已著録。

此書爲清鄒漪編《詩媛八名家集》之一，扉頁作『鄒流綺評閱季静娕詩選』，小引稱其詩其人『情韻蕭閑，靈機流動』，『德與才兼則惟静娕獨哉，余故表而出之』。選詩五十六首，内容主要爲寫景抒情與應和懷人，觀其詩，確如小引中對季嫻詩的評價，如《採蓮》：『溪邊採蓮女，含羞弄清荷。欲去還留態，芙蓉眩碧波。』短短二十字刻畫一位採蓮少女，讓讀者進入一個意韻悠長的藝術境界。

（周　忠）

小引

昭陽居水靈之最挹大海之襟才人秀女肩背相望而靜姎氏實爲冠云靜姎爲銓部公之女給諫公之姊而嬪于宗伯公之子者也王謝門庭貂蟬累席藉他人居其地不知作何生活而靜姎惟

恐錦汨米鹽才湮針線自其髫齡即侍尊人宦遊中州歷齊魯過燕趙攬山川之靈秀採風物之英華肆力縹緗翰墨閒蓮貝之暇日事吟哦所選輯閨秀初編舉世奉爲金科玉律一出一入斷斷如也抑予又聞靜姎至性過人嘗一割股以救翁再割股以救母古今所希而又事姑孝相夫恭訓子義御下慈古所稱三從四德殆無媿焉婦德如斯誠足不朽又何論詩文之末哉若以詩則他人所寸心嘔而脩髯枯亦不能道隻字者靜姎得之有意無意中情韻蕭閒靈

機流動譬之玄黄襍組絢爛奪目金石迭奏鏗鏘盈耳真令人胸曠神怡惟恐讀易盡洵粉黛所絶少而鬚眉所罕得也夫古今才媛亦不乏人而德與才兼則惟靜姎獨哉余故表而出之

梁溪鄒斯漪流綺題

季靜姎詩

目次

季靜娱詩

昭陽季　嫻靜娱著

靜夜聽泉

獨坐謝萬端有聲來高嶺環山東斷雲遮石圖松影松雲皆無言聲將何處領爲登最高層懸崖獻天井泉鳴井四周鼓吹幽士省如風入松深鶴淚因霜警吾寧無所酬援琴素絃整彈罷晤古情星落空江冷

採蓮

溪邊採蓮女含羞弄青荷欲去還留態芙蓉眩碧波

題漁翁圖

朝出五湖秋暮宿垂堤柳相對不知名共酌蘆花酒

種蘭歌

桸山鬼露鋤雲根芟艾拔荆得幽節雖然數莖花無多已覺色香堪獨絶窗前偶有黄磁斗一似先爲種此設養以綺石承若芳把彼清泉漉其潔蘭兮蘭兮如有知孤標何必藏巖穴

過花飛閣

花飛閣下見花飛緑肥紅綻春欲歸延枝將折不肯折惜此芳菲經歲別燕鶯新葉亦知愁蝶戀餘香意欲晋餘香在樹風更吹但囑飛花再上枝

五日

龍舟喧午節風俗重三吴柳映紅裙簇蒲添翠黛嫵果能成大藥何必佩靈符快讀離騷句忠魂尚可呼

九日遇雨

深秋當九日凉氣足長廊把菊開新釀栽萸佩小囊江楓深淺醉沙鴈後先翔樹落風前翠芙蓉半隕芳

步月

蓺火蘿龕足倩遥竹徑空亂雲看度北皓魄任懸東栞響來幽室鐘聲出梵宮蕉陰閒坐月嘆息古今同

春客延令懷歸邵陽

故地懷人遠歸思盡日迷一江春水綠萬樹曉鶯啼花落清波裏松欹石澗西綺窓憐瘦影獨對草萋萋（幽思妍韻）

靜映 三

步東園

欲邀天外月應陟白雲梯橋曲觀魚集枝高任鳥栖叢陰籠小閣疎影落幽谿日暮東園裏飛花滿石隄（寫景細潤）

登問天閣

高天何可問徒倚對名花梅拙幹橫鐵榴開枝聚霞歸巢燕語急當戶竹陰斜何必桃源隱居然處士家（急字妝）

晚望

日落禪關靜疎楊夾岸邊山高花拂月林遠樹依天帆影參差見嵐光高下連樵歸望燈火白鶴臥青煙（語足千古）

籬菊

秋欄桐影瘦籬菊漸芳菲碎玉裁寒艷攢金綴冷雛落英供屈賦荒徑速陶歸偏輿凡葩异霜姿傲晚暉（温潤而澤）

靜映 四

中秋值雨

一庭凉雨感同遊冷月凄雲動夕愁庭樹影揺催落葉塞鴻聲斷欲添秋當携斗酒登天柱虛擬豪吟坐庾樓遠浦漁燈明數點憑欄漠漠水烟浮（香逸）

重九值雨

待問蒼穹擬陟高秋聲滿樹伴吟鬢減香籬菊飄紅雨點絮江蘆舞素濤落幔未能追傲客題

樵思欲縱詩豪幽窓蕉葉敲[illegible]夢惆悵登臨把
自酹

秋興

昨夜梧桐落綺樓朝來園菊已生秋風催鐵馬
聲聲急露冷銀蟾處處幽遠寺鐘踈仮澗寂空
庭香細傍簾浮蘆花影浸江天月不待飛霜盡
白頭

（妙句）

芙蓉

吹來玉露濕花光側岸芙蓉獨傲霜綵葉不隨
楓葉赤紅英相伴菊英黃蜀城日暖開新錦江
渚風牽醉晚粧祇許伊人得持贈淡烟踈雨自
生香

衰草

王孫路傍草歳歳知春早羞殺春風花落紅容
易老

（真是漢魏詩）

與卞姬對月彈琴

素指撥氷弦石泉漱幽響高音和者稀獨有嫦
娥賞

彈琵琶

鵾絃促纖玉飛響遏雲流彈到曲終處關山無
限愁

山樵

縱步訪山家歸途柳隱鴉野歌尋曲徑踏盡一
林花

（引調清逸）

閒院

披榛得古寺登塔破層雲樹老枝橫月鐘聲隔
院聞

（歎驚人句）

禪關獨寐

多病故逃俗鳥音來遠谷晚風摇翠帷曉月破
青玉

（妙）

閱唐詩用明月照高樓句

明月照高樓樓高人慣愁長吟非怨別只是[illegible]

經秋

夢親

金風吹月月朦朧音範依稀泣夢中蛺蝶繞花花片片驚回猶在小房東（悲涼無限）

除夕憶母

追憶慈顏覺夜遲時逢賈島祭詩時逃禪懶獻椒花頌心痛難箋惜逝詞（情至語不嫌真朴尤極新雅）

憶滌兒北試

靜姎　七

花影參差小閣幽游絲百尺繫深愁登高試望燕臺路萬疊雲山倚畫樓（情詞真至）

客路

客路雞聲促曉程暮歸幾月樹梢橫徘徊欲作思鄉賦愁集毫端寫不成

閨思

人倚松窗對碧山白雲長日護柴關誰憐芳草天涯客一夕春風鬓欲斑

別花

東風吹透綠窗紗晴艷枝枝散晚霞着意留春春不住鶯聲啼落一庭花（妙句）

春餘

殘紅委砌憐芳草小院人稀風自掃春雀那知春已深窗前日日啼聲巧

春遊遇雨

歸途細雨濕衣斑蒲截烟雲日暮還野鳥銜波當畫舫牧童三兩過前山

靜姎　八

步東園

夭桃初綻曉風吹乳燕飛飛日漸移我欲登樓望遠客望中春樹滿前陂（寫景有致）

櫻桃

色映雕盤出漢宮丹珠粒粒火齊同摘來素葉凝香艷猶帶枝頭昨夜紅（典麗）

昭陽夏夜

渺渺滄流際碧天，月光水影澹無邊。環村積素浮疎柳，十里風香盡是蓮。

初晴

牕前苔碧雨初晴，風動荷枝遶砌橫。小婢不知春欲盡，閒來撲蝶落殘英。（有情有致）

秋色

林木蕭疎噪晚鴉，斜風欲透小牕紗。莫憐秋影偏岑寂，紅葉飛飛似落花。

秋晚

辭枝黄葉撲闌干，霜菊金疎䁥畏寒。孤蓼欲臨秋羽遠，雁聲啼過幾林丹。

季秋思親

別後鄉園入蓼蘋，蕭蕭風雨帶愁聲。黄花滿目催人老，寸草三春無限情。（溫爲韵語，幽秀特艷）（以孝思）

其二

漫漫野水起深愁，遥望鄉關兩地秋。寒雁一聲魂欲斷，思親空自倚高樓。

憶諸姨

朝來楓葉點秋山，思入湘波深淺間。玉骨難消風雨恨，上花老盡碧雲環。

真娘墓

可堪花裏葬朱顏，塚畔香車自往還。惆悵當年歌舞地，清魂長遶虎丘山。

題美人圖

微露樓頭半面嬌，含桃小口楚宮腰。香風吹月重門閑，斜倚朱樓品玉簫。（華生綃欲活）（得此妙）

述懷

簾外雲山映碧溪，數聲啼鳥過窗西。凭欄幾度慵針線，惆悵園亭日已低。

隱士

避地重巖托迹深，竹輿懶御倚蘿陰。常招籠鶴忘歸路，每拂蕉桐起暮吟。（深）（寄托良）

病悟

輕烟淡雨送宵愁病裡逃禪事事幽花墜小池
波欲皺應知六字一虛舟

和弟婦張季姑憐花

何處香風送曉鐘雙環乍響粉停春花魂對我
應含淚笑囑蜂兒且放鬆

哭慈親

可惜萱花謝玉顏半庭閒月冷松關問天何許

靜娛 十一

長如夢淚滴堦前色盡斑

其二

烟鎖楊溪宿乳鷗西風腸斷景淒淒相憐惟有
樓頭月夜半含霜相伴啼

秋曉

零露瀼瀼怨曉蛩山峰倒影惜芙蓉穠纖偏有
黄花傲骨畏霜寒不報鐘

和兒輩潜園待月詩

遠木重重翠不裁嶺鎖雲幕鶴頻開心窺素影
憑簫引吹盡梅花猶未來

與諸弟泛湖

浪碎湖心月風裁雨足雲遠鐘迎棹過蓮徑暗
香分

憶天中弟全淥兒北上

路遠征鴻渺天寒古木稀長安雪片片還似故
園飛

靜娛 十二

送外子維章之燕

淚滿征衣逐逝波君今別我意如何意中無限
叮嚀語重疊關山比更多

倦粧

繁英亂墜小樓前蛺蝶憐香逐艸邊多病只因
人北去至今猶未識春天

寒夜山居

連峯高聳環茅屋綠煙籠盡鵝聲寂山空樹凍

夜無聲獨有懸崖飛素瀑烹泉和月煮鐺中茶
濤相伴松風謖可知此地有性情居之足以酬
予夙

雨泉龕詩選

（清）季嫻　撰

《雨泉龕詩選》不分卷，清季嫻撰，據國家圖書館藏清順治刻本影印。

季嫻有《雨泉龕合刻》，已著録。

此書封面題作『季滄葦先生女兄静娛詩』，卷首季嫻弟季式祖、季開生、季振宜、夫李長昂等序，其子李淥撰凡例，其中季式祖序，季開生一序見於《雨泉龕合刻》。季開生另一序、季振宜序作于順治六年（一六四九）。李長昂序言舊有雨泉龕兩刻，又擇已刻、未刻共成一帙，授淥兒訂定，則此集的編選由其子李淥完成，而卷中又署諸弟同編，則其諸弟亦參加整理工作。凡例言季嫻至孝，詩集中懷親詩、痛姑詩居半，又有憶子詩、勉子詩等。全書收録詩歌九十餘首，詩後附小字評語，由諸弟撰。

（周　忠）

李滄華先生女兄靜娛詩

衍極論書
寸以內字法在掌指
寸以外字法盡肘臂

雨泉龕詩選序

古今來以女媛稱才慧者毋慮數十輩卓文君甄后陶嬰曹大家蔡琰班姬諸淑率皆賦命淪落或居室坎壈或伉儷惏傷甚有名簡踰鈌貽譏女史造物妒才無人不免此大史公所以有無如命何之嘆而後之扼腕者有文章憎命達之說也獨近代范元白配徐淑優游偕老唱隨韻事躬榮貴而集高朗福是在吴此語然乎迺者伏讀昭易李靜娛雨泉龕集靜好調於琴瑟雝喈集於塤篪庭有訓子之吟室有相夫之咏哀颯之音絕響和平之音滿戶竊嘆造物之於君家翁媼獨厚而文章憎命在今日固亦有不然者予於昭陽李氏有文字之契昔年交維章先生于白下風流騷雅掩映四隅讀淑配詩益欽其人昔王元美有言貧愁流滯人所不謂佳者而入詩則佳富貴榮顯人所謂佳者而入詩則不佳至感而為文章九命之論覺此亦一偏之見豈其未讀徐淑李靜娛之

雨泉龕詩　余序　又一

詩然乎時癸巳白露後二日黄田余颺頓首拜題

序雨泉龕詩

昔日安陵稱大家，當今作者古延許。慧才直壓山陰絜，奇字爰高雲水花。帙富百吟卑蔡拍，詩成七步軼曹葩。瓦棺銅篆泥紋碧，貝錦雲崑錦色赧。巧繪天心魚網幻，芳留月窟麝煤奢。淙淙幽澗泉聲静，矗矗長松標影遐。潔擬清霜聽鶴唳，雄如飛電激馳驅。洪濤瀲灧龍門水，絕巘丹青雁宕霞。情似二南抒性始，藻非六季但鉛華。聲文宛轉疑蘇蕙，智力奇瓌甲女媧。

未許班書閣下誦，已欽左賦雒陽譁。辭壇多少揺敵士，應自心慚衆慕鴉。

錢塘陸敏樹題

賦咏雨泉龕詩七韻三百字

昔有女媧氏天傾煉石補五色付天孫巧織雲錦纈
綮昔少昊氏厥毋曰皇娥𤀹浮遇白帝倚瑟著清歌
天地何無人杜維聽其折明瑺吐霞秀百臣咸遜列
天地何無人文章不自謝萬象紛杳寘儵然辭翰祖
相傳漢大家班姬與蔡琰藻修令史書筆續中郎骸
昔有右貴嬪名與兄思兼昔有謝道韞柳絮勝撒鹽
嗣美固多英徽音不足忺今有玄衣子邈若姑射仙

雨泉龕詩序　四

寂寂澹容與一龕對雨泉左手持貝書右手把漢箋
萬卷牙籤插案頭緗帙連淡然卻榮勢日日手一編
龕中開咏嘯賦就百唫篇清言翔逸藻柔翰響幽潺
素質豢紅舟雋姿壓芳嫣在晉為惠連在唐為岑參
在明方季重友夏羌足肩毋固大家子少歲攻書傳
阿父吏部郎阿翁大宗伯三弟綰銅符大弟居木天
阿㚒任䑸政今年三十四一子秀丰姿十五登書賢
余屬通家子承風拜蕙莚伏閤碩受書命帰從筆研

余屬通家子承風拜蕙莚伏閤碩受書命帰從筆研
年眷姪張茂枝囷亓氏題

雨泉龕詩選序

舊叙

詩必幽不幽非詩詩必曠不曠非詩詩必逸不逸非詩詩必簡古奇麗不簡古奇麗非詩是數端也爲詩者而知之也不必爲詩者而知之也或曰女子重德而輕才非輕才也恐其才見長焉則視德爲淵節矣如有德而有才寧非完善乎吾姊靜姎吾之從姊天中誑号之嫡姊也性純孝嘗割股以濟其母嗜讀古人文而懿訓規箴罔其允佩者矣姊抑慧甚學書工

於書學畫工於畫與夫氏維章慶相得云乃虔華胄之家益甘澹泊而復肆志於詩凡動有所感靜有所悟靡不於此寫之奇句驚人輒諧聲中律其思幽其致曠其趣逸其筆簡古奇麗備諸美矣天下之奇女子乎天下之大詩人乎予曰當以是名家其梓之因與天中訂之爲之序

弟式祖孚公題于梧園

原序

自余識字昔即朝夕學古期踏遍名勝交盡才杰以舒古懷以廣古懽於今年二十三者猶未一遂徐自慰曰有及時具古質者余胡爲佌今有門內槩天下者余胡爲賤足有閨房垂雅彥者余胡爲遐矚憶先嫡母得子多殀余甫誕嫡即收爲辛勤字育叟僂已生余身托高深習忘天地及知圖報於一綫已痛萱零於九泉銅冷空幃衣懸舊寢撫我成人觀顏安在

未能盡孝於母而轉思致敬于所生者則惟靜姎姊自是見吾姊即見吾母然以姊之賢一割股以救弟再割股以救母古今所希聖蒙共贊長適李門李系公輔接踵貂蟬累席自姊于歸未有不嘆其事姑孝事夫義者越數歲而姊歸寧母正病篤握余手曰吾不幸兒與若姊當益歡余跪泣書紳竟日不能仰視遲夕母亡姊哀嚎七十髮焦目裂且思自决以隨母寘下遊古云至孝近愚姊之謂耶故其時余含泣即

不敢見姊秉閒勸曰死者不可復生而保身正以成孝姊敏人也何為爾爾由是稍悟姊德如斯誠可不朽又何論文字之末哉乃姊秀擅閨中風高林下書法鍾王禪參陶沈幽淑之性尋筆墨之盈故弟妹十人中於余更膠漆云乃余不揣固陋振袂相從姊多病余未能焚寇相之鬢姊多唫余未能嗣謝姊之雪雖倡和日盈笥徒見姊魚魚而弟鹿鹿耳往余嘗草艸一刻續貂攻玉惟資世笑今特請姊悉出新章獨

雨泉龕詩選序　八

鏤佳句以快耳目爲昭陽居水靈之最挹大海之襟才人秀女往往不絕而清思巧唱姊實冠之異日者余飛五色筆拜五色絲上報君父其將一葦杭來共附詞仙之楫

弟開生冠月子題

原序

戊子歲杪余有事乎公車指旌前數日偕靜姊談永夕上下今古因出新詩質余有見者有未及見者則皆領異標奇探幽入妙作也余曰近存集傳海內矣繼此可無梓乎姊曰期吾弟捷後誌喜詩成淥甥幼甚不奢望將作勉慰詩待弟為學士呈拙艸於玉堂烏薿者洵如姊言姊且喜余且愧云湘然屈一羽其作辰科狀頭耶家報來啓函得百吟篇果有誌喜一

雨泉龕選詩序　九

律姊其愛余深曷克酬洪滲哉讀全詩覺似百煉之金爍爍也千追之玉瑩瑩也附寄片語請登棗梨使海內之人知其夫人又出雨泉龕刻家絃户誦為余館中生色矣

己丑夏弟開生拜書

原叙

葩經曰詩，而五七言亦曰詩。絕祖於風，律祖於雅頌，唐以詩制科，猶今之以葩經中式耳。葩經之傳海內，推昭昜李氏。其先文定公以鼎元入相，大宗伯公迄小有、少文、心水諸先生，以人文甲天下。五七言句雖數公有焉，長未聞閨中人孤出也。吾姊則有異。姊諱嫻，字静姝，一字衣月，別號玄衣女子。精女紅，通書史，究禪理，刲股以全母。適李氏維章，維章即文定公孫大宗伯公季君，當代名人也。姊孝事姑，敬事夫，進如京雁之餘，朝楞嚴，夕黄庭，幽如也。乃静悟於心者，動寄於詩，自以為不過抒其性情，而出之悉成絕構，靈異玄脫，去閨中脂粉。悵余俗吏任劇邑，不獲洗硯拂几，供吾姊揮毫，每遥惠片章，如錫珠百斛。於是知秀閨人而孤出以五七言名者，不遜李氏諸先輩以葩經名也。且德厚者報崇，此十五歲之甥早入賢書，與繼文定公而起者，是在湘然。余之序姊氏歟？詩乎哉！

己丑夏弟振宜詵兮氏題於蘭江官舍

李振宜印

雨泉龕詩選序

夫古詩之作。多疾苦憂思者爲之也。發源天性。借谿時物。情既真而語亦韵。故流金石。炳日星。與有耳有目。悼吊千古。焉乃白髪短調。舟叟皆悲。竇母廻文。寺僧亦泣。謝嫂題帳而客懸。蔡女吟琴而父服。一似巾幗中嘗多不朽之言。不讓古才士者。余因之有感。予年十六。先宗伯見背。内子即賦于歸。先嫡母接輿甚歡。内子承順盡道。晨夕與俱。所可痛者。先生慈貞沈

痾。内子多方寬慰。時時任參术勞。閱二年病篤。遺囑云兒媳苦貧。吾不幸。後事當從薄。母多費。未幾而萱萎棘衰。目枯心碎。内子盡典簪珥。竭蹷襄祭葬事。毫無難色。余之子道。賴以少完。至先岳母生子多不育。有内弟名百生者。病痘將危。先岳母誓與俱死。内子遂祝佛割股以食之。冀全弟以全母。又先岳母年四十七。終以無兒。居常鬱鬱不自得。積病垂危。内子衣不解帶。藥必親嘗。再割股以進。孝友淳篤。殆女德中

不易遘者哉。余不才。睽書史而契丘園。趨竹林而娱桃葉。不克大成以慰其願。而内子恬然不以措意。每晨鐘夕梵之暇。或誦古數篇。或閒拈數韻。以謝囂紛。因女子不宜見才。頗自珍祕。不令人知。丁亥歲余燕遊。還見孚公天中諸内弟。已摘數首列於復東坡集中。余笑謂曰。爾詩已出。此後無容諱矣。及戊子渌兒幸叨秋薦。偕天中北上。以十五歲兒離膝下。内子感也何似。感彌深。詩彌積。余歸閱之。歌咏中咸具思父

念母。痛姑懷弟。慰夫寄子之意。詩以言志。才也而德見焉。孚公云。此真女幗中不朽者。不可以不傳。舊有雨泉龕兩刻。久已紙貴吴越。兹當擇已刻未刻。共成一帙。鋟登木。以盡厭海内之望。余歸語内子。悉出所藏。授渌兒訂定。付之梓人。用補前集所未備。夫亦曰免俗云耳。敢爭衡謝蔡耶。

楚昜李長昂維章甫題

雨泉龕詩選敘

昔王武子之嘆其叔處冲也曰家有名士三十年而不知予於季叔母亦然亦家有才女幾二十餘年而不知蓋緣之子于歸後惟敬戒是循雖有德弗耀而況炫才其不知以此今之以百吟篇刋則予[illegible]章志也予讀未終卷輒躍然起曰異哉才夫為[illegible]為詩而出自閨雋則愈難誠見詩以韻勝然易折而入於情是才且貞者所獨忌也故於急棹中尤以廻波

雨泉龕詩選序　十四

貴但恐情之所謝并韻亦謝則筆不開鮮又於風雅索然耳故曰為詩而出自閨雋愈難也獨予叔母為詩則情去而韻獨留故端凝之氣浮於蔚紆彼姝者了遊詞治調直優孟揮之耳且賡酬暇繼以唄持澹然遠也夫澹然之為觀視斐然尤勝惟空生靈予叔母之詩進乎技矣雖然是不獨以詩聞其處室時曾躬禱母疾割肌療者再以孝思溢為韻語故芬且旨也讀念母一吟嗚呼獨蓼莪廢哉

姪清心水題

編次母氏詩艸

一舊編名近存及二刻百吟篇梨人迫請行世未遑細檢茲則屢訂而成者也

一圈評悉出舅氏閱者無以為過譽

一母氏至仁孝故懷親痛姑等題居半

一母氏作詩或立就千百言或經月不遑隻字每得句輒廢寢飡良有苦心

一母性甘沉寂鄙豪華穫之參悟之餘領筆便多幽逸

雨泉龕詩選　凡例　十五

一母氏詩欲秘而不傳近存一集舅氏強以授梓愧予幼而弗克揚親美也戊子幸叨鄉薦母訓云多燕遊還見百吟篇成讀一過有憶予詩焉讀再過有勉予詩焉詩也志遠矣言念劬勞何如報也今復出笥稿新舊刋為一編以誌三集所存之異令聞者見者知吾母之苦吟類若此

男渌百拜敬編

雨泉龕詩選

昭易李　嫺靜姎氏著　諸弟仝訂

五言古

靜夜聽泉

獨坐謝萬端，有癥來高嶺。環山東斷雲，怪石鬬松影。松雲皆無言，聲將何處領。為登最高層，懸崖獻天井。泉鳴井四周，鼓吹幽士省。如風入松深，鶴唳因霜警。吾寧無所酬，援琴素絃整。彈罷晤古情，星落空江冷。

瑩潔萬怏轉掉甚靈一結冷冷有餘韻

哭姪婦

人生誰無老，嗟爾何太早。幼子未成人，小女在懷抱。褓中有新衣，笥中有遺稿。永懷不能忘，淚滴斷腸草。

澹然深情自成哀響

吊張夫人

張夫人籍隴西。乙酉春，予隨夫子任粵東，道邗水，值亂卒猖起，一業所載書笈茶杯悉爲若輩所有。適夫人來，修眉環髻，佩刀乘騎，儼似女俠。約舟中人勿驚，予出見，詢予氏族，夫人曰：此名門女也。憐且敬予，遂妹呼予。俄復有乘流爭渡者，夫人拔佩刀示曰：有躪入舟者斬。衆胥定，蓋諸卒皆張營士也。明晨復次海陵，予乞援於夫人，夫人以小舟令予逃。舟忽覆，予與夫人相持泣，夫人更為予畫計，得入海陵城。斯時予挾一子一女，非膏白刃，且

葬魚腹，而夫人實生予且生予子若女。嗣後夫人亦寓邗上，吾子時見之，成通家好。已丑夏，聞夫人亡矣，予為泣失聲。今日之身，誰之賜歟。乃玉姿莫覿，玄鴞之唳空聞，珠淚雖零，返魂之香難再。爰拭[illegible]而吊之以詩。

千年此夜月，令我思不禁。驚[illegible]猶躑躅，空餘感慨心。心愧無所已，何日報知音。知音身已故，悲風雜暮禽。禽聲空寂寂，暗淚落寒砧。蕭蕭看故柳，故柳況成陰。

誰知長逝者一去杳難尋夜來頻入夢依稀牽我襟未接三兩語鄰户響孫琴孫琴斷復續芳姿獨掩衾吾欲相扶坐共話別離深

讀竟覺淒風苦雨一時從小窗而至

採蓮

溪邊採蓮女含羞弄青荷欲去還留戀芙蓉映碧波

嫵甚可匹太白采蓮曲

懷山

豈懷康樂癖幽賞在高山遐情空有夢常寄白雲間

逸氣沖襟生人新悅

題漁翁圖

朝出五湖秋暮宿垂堤柳相對不知名共酌蘆花酒

潑潑寫來偏覺幽妙

七言古

種蘭歌

梯山曳露鋤雲根芟艾披荆得幽節雖然數莖花無多已覺色香堪獨絕窗前偶有黄磁斗一似先為種此設養以綺石汞若芳挹彼清泉溉其潔蘭兮蘭兮如有知孤標何必藏巖穴

清姿濯濯

寒夜山居

連峯高聳環茅屋緑煙滅盡鴉群宿山空樹凍夜無聲獨有懸崖飛素瀑烹泉和月煮鐺中茶濤相伴松風謖可知此地有性情居之足以酬予夙

胸中無事眼中無人

過花飛閣

花飛閣下見花飛縹肥紅綻春欲歸飛枝將折不肯折惜此芳菲經歲別鶯驚新葉亦知愁蝶戀餘香意欲留餘香在樹風更吹但聽飛花再上枝

極婉轉飛颺之致。氣骨任爾陡健。

孤衾獨擁

五言律

元日

慶雲連寶炬。物意自生春。端月方開歲。元辰正入寅。桃符驅宿魅。柏酒薦香蘋。人事都如昨。韶華又一新。

妙情秀質。不讓初唐。

五日

龍舟喧午節。風俗重三吳。榴映紅裙簇。蒲添翠黛嫵。果能成大藥。何必佩靈符。坐讀離騷句。忠魂尚可呼。

矩度恬雅。尤喜其不墮節序詩窠臼。

九日遇雨

深秋當九日。涼氣足長廊。把菊開新釀。栽萸佩小囊。江楓深淺醉。沙雁後先翔。樹落風前翠。芙蓉半隕芳。

氣格矯健。不徒賦事爲工。

步月

黎火蘿龕足。情遥竹徑空。亂雲看度北。皓魄任懸東。琹響來幽室。鐘聲出梵宮。蕉陰閒坐月。嘆息古今同。

俯仰深情想見懷抱

春客延令懷歸昭易即景偶成

故地懷人遠歸思盡日迷一江春水綠萬樹曉鶯啼
花落清波裏松敲石澗西綺窗憐瘦影獨對草萋萋

妍麗似許景樊深秀似徐媛而幽思逸韻迥出其上

春初

連雲迷雁徑百卉護春芽氣淑開新翠風和散遠華

梅梢微露白柳眼欲絲斜掃石烹餘雪開窗試點茶

沉靜婉約寫景復有曠致

偶閱白太傅春深好和韻

何處春深好春深樵子家柴門依曲水竹徑達幾花
柯爛因觀奕薪多欲倩車晚歸峰影亂坐倚片雲斜

其二

何處春深好春深沽酒家酣吟梅與月醉卧杏林花
曾助騷人宴時停高士車結茅當竹逕遠旆漾風斜

妙句

情境淡遠此摩詰詩中畫也

春遊思天中弟

路杳迷雲際春風憶故鄉思隨鷗鳥去愁逐柳絲長
舟泛清溪月花飛隔岸香歸來無所事別恨自茫茫

溫潤而澤叩之其聲清越以長

步東園

欲邀天外月應陟白雲梯橋曲觀魚集枝高任鳥栖
叢陰籠小閣疏影落幽谿日暮東園裏飛花滿石隄

觸境皆幽無語不秀

登問天閣

高天何可問徙倚對名花梅拙幹橫鐵榴開枝聚霞
歸巢燕語急當戶竹陰斜何必桃源隱居然處士家

新異之氣拂拂從十指間出

晚望

日落禪關靜蹊楊夾岸邊山高花拂月林遠樹依天
帆影參差見嵐光高下連樵歸望燈火白鶴卧青烟

字句之間備見深渾

盆菊

連宵伏枕看菊未果孫兒携數本供床側遠
韻高香與夫子維章剗燭分吟相對殊不俗
也

欲採東籬菊清心對遠香蕭疏搖水鏡濃淡鬪山粧
叢葉空秋影斜枝倚夕陽不須憐瘦冷孤韻遶匡牀

菊詩易俗咏盆菊更難此詩妙在不近不遠

籬菊

余病稍起命二鬟扶至籬下看菊喜而賦此

秋欄桐影瘦籬菊漸芳菲碎玉裁寒艷攢金綴冷酥
落英供屈賦荒徑速陶歸偏與凡葩异霜姿傲晚暉

淺勾淡畫意致自是勝人

秋日憶昔

驅車鄉路逦迤别野風前衰艸凝秋露寒鴉帶晚煙
懐親新白髮憶弟舊青氊望裏江村暮經過更幾年

情詞婉摯丰度交游

懐天中

北望思吾弟秋砧起暮哀爲傷邊塞苦頻盼雁書來
淚落丹楓老愁看黄菊開聖朝多雨露竚待舊臣回

有情有態有光有聲孫興公云擲地作金石聲
篇有焉

贈維章姊以貞道人

道岸子先濟迷途我尚留薰修塵累遠淡泊慧燈流

繡佛懸珠閣金經滿畫樓倡隨無異操坐老華山樓

恆當

天選思皇兩弟過昭易與予兒讀書静寄書屋
賦此志喜

凡静落花明牙籤擁百城管寧穿木榻終子乞長纓
家學箕裘美時名棣鄂成相將風雨夜不盡曩甥情

通首深穩足號繡閣長城

懐天中弟訊

[illegible]斷[illegible]關山隔書從塞北來黃雲瀰大野白草遍荒臺風勁對狼嘯天高鶴雁哀登樓應有賦何日共銜盃

蘊藉似王孟

雨泉龕詩選　五言律　前十

清言似人[illegible]　似摩詰[illegible]

七言律

七夕限韻

雙星遥度晚鐘初翠羽盈橋香引車今夕朱顔猶傳粉來宵綠鬢應停梳凝凝舊恨風鳴佩漾漾新愁雲襯裾乞巧樓頭誰贈巧常年空待五更餘

意本少陵而以疏逸出之

興致淋漓極藻豔而不入俗由其骨秀也

中秋值雨

一庭涼雨感同遊今月淒雲動夕愁庭樹影搖催落

雨泉龕詩選　七言律　十

葉塞鴻聲斷欲添秋當携斗酒登天柱虛擬豪吟坐庚樓遠浦漁燈明數點憑欄漠漠冰烟浮

溫潤柔媚嚦嚦可聽

重九值雨

待問蒼穹擬陟高秋聲滿封伴吟騷減香籬菊飄紅雨點絮江蘆舞素濤落帽未能追傲客題糕思欲繼詩豪幽窗蕉葉敲寒夢惆悵登臨把白醪

用事雅倩

聲調清穩在盛唐中應與張謂伯仲

韵仿不入手格

秋興

昨夜梧桐落綺樓，朝來園菊已生秋。風催鐵馬聲聲急，露冷銀蟾處處幽。遠寺鐘疎依澗窈，空庭香細傍簾浮。蘆花影浸江天月，不待飛霜盡白頭。

取境高脫，聲韻亦綿渺動人。

芙蓉

吹來玉露濕花光，倒岸芙蓉澈澈霜。綠葉不隨楓葉赤，紅英相伴菊英黃。蜀城日照開新錦，紅渚風牽醉晚妝。祇許伊人得持贈，淡烟疎雨自生香。

不即不離，神情欲出。賦物詩全不以排實為工。

作何等神駭

三姪女回昭易值予在母家

聞汝歸寧甲水東，離多幾欲話離衷。一簾花影憐無盡，兩地相思夢亦通。自擬憑欄傳佛偈，相期坐月展詩筒。滄浪此夕留清韻，何日親瞻道蘊風。

真摯中英英露爽。

病卧八月召太醫起生老人診視借彼禪語破我病源遂有起色喜而賦此

羸骨支床半載餘，老人鼓棹問吾廬。五宗悟徹玄言旨，七發功高素問書。相滅因知身是幻，觀空自覺病先除。靜中已識無生理，顧影翩翩失舊余。

悟後語自無繫詞，塵勞中人未許多讀。

五言絕

秋夕思父

菊葉經霜落。鳴鴻驚欲冷。白雲時遠望。望斷千山嶺。

奇情曠遠。

憶天中弟仝孫兒北上

路遠征鴻渺。天寒古木稀。長安雪片片。還似故園飛。

深渾高亮。無閨閣纏綿柔弱之習。使樊嬰美麗發聲而歌。固當不媿前哲。

詠萍

王孫路傍艸。歲歲知春早。羞殺春風花。落紅容易老。

深情老筆。雜之漢魏中。當不復辨。

與卞姬對月彈琴

素指撥冰弦。石泉激幽響。高音和者稀。獨有嫦娥賞。

警俊橫厲。音節老成。

彈琵琶

鵾絃促纖玉。飛響過雲流。彈到曲終處。關山無限愁。

結語遠而不露。深得題外之情。佳絕。

東園夜泛

紅芳吹不散。搖落一江秋。夜靜蘆花岸。還寬棹小舟。

淡遠。得味外味。

山樵

緩步訪山家。歸途柳隱鴉。野歌尋曲徑。踏盡一林花。

引調清逸。

溪漁

獨釣浪頭花。輕舟隨處家。垂綸無俗侶。靜看鷺流斜。

深靜之韻。發於自然。

擲鴛

文禽偷援人。倦倚芰荷睡。拋果濟荷珠。乍疑余彈墜。

其二

採蓮撥綠房。直至香深處。驚起睡鴛飛。

古茂之氣。竟作樂府讀。

却暑

荷風生水閣香氣入簾多細雨開萍葉垂楊點碧波

秀折。

閒院

披榛得古寺登塔破層雲樹老枝横月鐘聲隔院聞

琅琅異響謝朓驚人句也。

禪關獨寐

多病故逃俗鳥音来遠谷晚風揺翠帷曉月破青玉

明霞滴自[illegible]麗。

閲唐詩用明月照高樓句

明月照高樓樓高人慣愁長吟非怨别涙是怕經秋

短歌微吟不能長。

病中述懐

怨極翻忘怨愁深不解愁[illegible]負病塵僃讀書樓

極真極切真是抒情寫性之語。

登拱極臺

落葉墜秋波鄉思奈若何高臺空悵望惟有客愁多

風景蒼涼邊愁無限一結何等淋然

懐天中弟

歸日知何日風霜應改顔修書頻閣筆愁絶望燕山

情思懨至聲調更復高古。

懐詵令弟

臨溪望去舟野水自悠悠送别堤邊柳新枝又綰愁

取意極新而雋永之味動人

七言絕

夢親

金風吹月月朦朧。音範依稀泣夢中。蛺蝶繞花花片片。驚回猶在小房東。

言外自見悲涼。

除夕憶母

追憶慈顏覺夜遲。時逢賈島祭詩時。迯禪懶獻椒花頌。心痛難箋惜逝詞。

悽楚之中更饒新麗。

思親

院外黃鸝啼柳陰。乍聞猶似故園音。歸時秋老梧桐月。轉眼溪荷疊翠深。

韻致悠然。

懷維章生母湯夫人

姑媳相依只歲餘。曾無半刻見眉舒。於今寤寐思難置。屋冷松花葉盡疎。

仁人孝子之言正在真處使人可思。

天中弟北試漫賦代柬

青山有路人何遠。故地無情道里艱。執別梅溪勤訂語。杏林飛燕早南還。

情至語不嫌真樸。

冬曉念誌号弟北行

月影西沉曙色新。鳴鴉催起遠行人。寒霜路盡馬蹄白。幾認村庄作故鄰。

寫景清脫。

送維章之燕

淚滿征衣逐逝波。君今別我意如何。意中無限叮嚀語。重疊關山比更多。

善於繪情。

憶淥兒北試

愁心每逐北雲飛。夜夜挑燈望子歸。腸斷懶將魚雁寄。惟尋殘夢語依依。

其二

花影參差小閣幽游絲百尺繫深愁登高試望燕臺
路萬疊雲山倚畫樓

慈愛曙注之情眂于毫素中筆筆寫出誰言近代
詩境事多而神情少也

客路

客路雞聲促曉程暮歸殘月樹梢橫徘徊欲作思鄉
賦愁集毫端寫不成

雨泉龕詩選　七言絕　十八

情辭真至如讀唐人三日入廚下等作悵不令敘
清江見也

閨思

人倚松窗對碧山白雲長日護柴關誰憐芳草天涯
客一夕春風鬢欲斑

身分不弱末後十四字更自超出

倦粧

繁英亂墜小樓前蛺蝶憐香逐艸邊多病只因人止

去照今猶未識春天

一結餘音裊裊

別花

東風吹透綠窗紗晴艷枝枝散晚霞着意留春春不
住鶯聲啼落一庭花

王龍標之遺音

落花

欲喚春留春已歸但餘鶯老報花飛柔香故故飄殘
蕋細逐輕風上舞衣

雨泉龕詩選　七言絕　十九

末句有情有態

春餘

殘紅委砌憐芳草小院人稀風自掃春雀郁知春已
深窗前日日啼聲巧

新鶯乳燕颸颸動人

春遊過雨

歸途細雨濕衣斑滿載烟雲日暮還野鳥銜波當畫

舫牧童三兩過前山

枕上松風爐中栢子爇氣清芬襲人衿袂

繡毬

猶疑餘雪綴春枝正值幽窗蔭綠時映月雙清圓素
影藐姑仙子鬪瓊姿

繡毬若無佳什此妙以淡爲妍

步東園作

天桃初綻曉風吹乳燕飛飛日漸移我欲登樓望遠

雨泉龕詩選　七言絕　廿

客望中春樹滿前陂

弇州評詩有情中景景中情此兼而有之

櫻桃與維章分食

色映離盤出漢宮丹珠粒粒火齊同摘来素葉凝香
艷猶帶枝頭昨夜紅

明麗如畫

昭易夏夜

渺渺滄流際碧天月光水影瀉無邊環村積素浮疎

杉十里風香盡是蓮

逸韻翩翩思致足樂

孟夏同嚴君諸姨宴聚芍藥臺思及諸姨長往
感賦

風暖鈎簾日上遲庭前芍藥正開時去年共賞人何
處今夕惟吟別後詩

撫今悼昔讀之愴涼悽惻此詩之能移人情者

初晴

雨泉龕詩選　七言絕　廿一

窗前苔碧雨初晴風動荷枝遶砌橫小婢不知春欲
盡閒來撲蝶落殘英

蕭散有致

野望

悠悠閒步路偏斜遥望春園起暮霞舊日殘紅悲滿
地今年又折杏林花

秀風如蕙

秋色

林木蕭疎噪晚鴉，斜風欲透小窗紗。莫憐秋影偏岑寂，紅葉飛飛似落花。

妙入箇中，唐人佳境。

怯秋

蟋蟀空堦徹夜吟，驚秋時起感秋心。小樓醉葉飄紅雨，水鏡盈盈熠暮禽。

結二語淡而有致。

秋晚

辭枝黃葉撲闌干，霜菊金疎蝶影寒。孤夢欲隨秋羽遠，雁聲啼過幾林丹。

聲色俱佳。

季秋思親

別後鄉園入夢頻，蕭蕭風雨帶愁覷。黃花滿目催人老，寸草三春無限情。

其二

漫漫野水起深愁，遙望鄉關兩地秋。寒鴈一聲魂欲斷，思親空自倚高樓。

論其風格，正如遠谷春蘭，幽秀獨絕。

病起偶成

半窗竹影搖清晝，簾動春風散綠陰。病起不知春早暮，傷心獨坐理瑤琴。

風骨天成，不屑六朝金粉。

憶褚姨

朝來楓葉點秋山，思入湘波深淺間。玉骨難消風雨恨，土花老盡碧雲鬟。

不必作酸楚語，自令人低徊留戀。

過名姬墓

遙望荒塋質已萎，好花忍見伴春歸。可憐寂寂陰房火，猶是生前畫閣輝。

慘淡不忍多讀。

真娘墓

可堪花裏葬朱顏，塚畔香車自往還。惆悵當年歌舞

地清魂長逴虎丘山

清挺縕藉讀從來真娘墓詩覺此篇嬌嬌獨出

題美人圖

微露樓頭半面嬌含桃小口楚宮腰香風吹月重門閉斜倚朱樓品玉簫

得此婉麗之筆遂使生綃欲活

讀楊椒山傳

丹心自許留千古烈士當年敢惜生讀罷諫書空有

恨那堪庭竹動秋聲

音節俱壯

述懷

簾外雲山映碧溪數聲啼鳥過窗西凭欄幾度慵針線惆悵園亭日已低

遣詞堅老

答弟孚公

獨坐焚香刻漏遲寒燈剔盡苦吟時自慚不是蘇家

妹也向人前強說詩

恬靜流利雜之盛唐中幾不復辨

隱士

避地壹巖托迹深竹輿懶御倚蘿陰常招籠鶴忘歸路每拂蕉桐起暮吟

寄托良深

憶綠兒

微風日煖柳垂絲堤畔飛花燕語時若上燕臺望春

色倚闌人在莫歸遲

明麗如畫

贈天中弟北上

梧垣持簡舊詞臣千里揚鑣謁紫宸今日閨中多病姊臨風遙念燎鬢人

綴語哀切此文生於情者也

暮春

寂寞園林見落花依依猶自傷風斜蒼苔細雨沾衣

桐引樓詩

（清）黄雲 撰

《桐引樓詩》三十卷，清黄雲撰，據上海圖書館藏清康熙二十三年（一六八四）刻本影印。

黄雲（一六二一—一七〇二），字仙裳，號舊樵。清初泰縣人。庠生。詩名於時。

此書卷首有吴宗濟、吴綺等序，詩歌按上下平聲三十韻排列，全部爲七言律詩。黄雲在揚州一帶頗負詩名，著述頗豐，除本書外，還著有《桐引樓集》《悠然堂稿》等。《感舊集》收其詩五首、《淮海英靈集》收其詩四首。此書吴宗濟序言黄雲『居恒課子，嘗言七言近體最難，乃集平生所製，都爲一編，分三十韻。其中險韻若三江、九佳，下平三肴及覃、鹽、咸等皆唐人詩中不一二見，先生獨不避險難。存詩頗多，顔曰家課，蓋自娱也』。《退庵筆記》對此作法頗不以爲然：『然以數十百首詩通用一韻，稠疊一處，令讀者連篇渾圇讀去，雖有佳製上口，都嫌熟爛，此例之最不善者』（《黄仙裳雜著》）。然吴序明言撰此書爲家課自娱，于弟子學習詩歌作法，亦頗便利。一些詩歌讀來情景交融、朗朗上口，如《贈晋陵王處士》：『半世疏狂成痼疾，十年浪迹在他邦。行逢歧路難收淚，望去鄉山又隔江。芳榭雨香花發早，畫梁春暖燕栖雙。梁鴻歌曲君應記，一奏凄風滿客窗。』

（周　忠）

序

黃子儼裳之爲詩也多矣往登之梨理者余數數見每誦輒得佳益神明於詩而不規規三唐七子者也今吳子方弘爲刻其七律分韻詩一種昔人云善爲詩者善選韻

用其易者馴者辟其險且難者黃子獨不歧視乎難易而更不難人之所難豈好幽尋曲叶常欲鈞奇哉亦才大而力堅氣昌而思贍取精既多而徵材不匱也凡人稱詩必舉李杜乃李杜七言近體太白

對偶每參差而少陵則時用拗體兩人雄才自喜故往往跌宕常格之外黃子難韻其即子美拗體乎方弘問序於余余鹺務孔殷手棘胸柴聊捉筆疾書數語以應里朕乾朕難列一鬻之鼎黃子其無笑

余寒吃人也

康熙甲子歲嘉平月浴佛日

蒲吾年家弟崔華撰

小引

先大人酷好吟詩余兄弟夙受趨庭之訓總角入塾便研究風騷時論謂於制舉業有妨先大人不聽也顧才學謭陋未能深造嘗以爲愧然遇詩壇名宿必虛懷請教最服膺海陵黃仙裳先生先生之詩晉魏三唐之詩也無體不備有目共見居恒課子嘗言七言近體最難乃集平生所製都爲一編分三十韻其中險韻若三江九佳下平三肴及覃鹽咸等皆唐人詩中不一二見先生獨不避險難存詩頗多顏曰家課葢自娛也余請付梓以嘉惠來學先生曰唯唯會家姑丈京江素存張先生南歸見而擊節從臾登梨且允贈以弁言先生遂不能私爲枕秘矣將見殺青之後紙貴洛陽先生之教澤也余不佞何功焉先生素與先外父大令鼎菴公父子爲莫逆交余因得識先生識先生而因梓行先生之詩水散百川仍以休陽程氏爲風雅之河源可也

新安後學吳宗溍方弘氏拜草

序

論交四海少慕袁絲作賦十年早逢叔度則仙裳我友此其人乎仙裳雅負俊人素懷奇節漢家童子江夏本自無雙宋代名流著作斯爲第一而田間藝黍恒願爲兄坐上推梨常聞與弟見孝廉於堂下獨養萱親入參佐之廨中無慚棣友是以高軒競過如看太學之碑美酒頻將每問元亭之字及乎時或改玉事異投珠將隴畝以終焉豈波濤之偶爾身充獄卒爰明李固之寃產破中人竟脫范升之罪斯其赴義足用廉頑矣僕壯聽雞聲曾同舊雨中憐鴻跡時憶暮雲而仙裳不與客俱竿因人熱廿年離恨相逢在桃葉渡頭九月愁心共話於菊花籬下搜其敝篋示我佳篇錢劉雅調是大曆之高才周柳新聲亦宣和之麗節氷壺一片清如洗馬之神鏤管十尋豪匪元龍之氣應羨波瀾獨老可追步於如花豈只格律偏高足娛心於藉卉也哉爰爲貰酒何登孫楚之樓遂爾和歌並擊荊卿之筑觀者竊笑謂曩客之何狂吾而起舞恨古人之不見也辛酉秋暮吳綺園次譔

桐引樓詩七言律分韻

泰州黃〻雲著　男陽生泰來仝輯錄

王阮亭先生選　休寧吳宗清叅閱

一東

溪亭讀書 戊午答友

敢云匿影類冥鴻四十年來半畝宮手葺藏書棲硯北榻橫谿竹隱牆東放閒難入輿王夢少小虛誇國士風縱賦甘泉頭已白故人何用薦楊雄

許青嶼侍御攜令嗣松年見過話舊于出兩男行酒兼悼陳澹僊黃禎臻馮鄴僊黎左嚴查伊璜諸公與青嶼別四十二年

捫蝨談看似昔雄蘭釭花映酒波紅崢嶸厨顧人猶徙彷彿陳蔡事可風野圃秋殘存傲菊江城夜靜度啼鴻平生師友凋零盡欲共將杯問上穹

送春日偶伽菴看虞美人花放 得空字

傍砌依欄數點紅美人花發楚王宮芳魂羅綺猶留影霸業輿亡總是空青帳酒杯攀去客綠楊鶯語戀東風衰年學道傷遲暮虛擲韶光付轉蓬

偕內子入廣陵舟中感舊 自甲申避亂東下十三年已無家可歸矣

十載還鄉舊路同一雙畫槳趁東風沙鷗闘影迎窗際堤柳搖光入鏡中夢到故園愁易醒語追離亂不堪終尋常愛讀蕪城賦肯信繁華逐轉蓬

泰輿客舍作 昭陽王歙州携尊同季孚公端木柔木父子

知已攜尊一笑同魚蔬猶有楚人風路穿古寺斜陽外屋寄青溪亂柳中幾輩菰蘆藏俊傑十年髀肉老英雄客途明日南薰轉芍藥欄邊又吐紅

申浦道中即事次日立春

推窗晴日射輿蓬曲曲溪橋雪未融犬吠孤村山影

裏人行亂竹水光中青陽節轉侵除夕歸路江寒畏朔風尚滯春申舊封域倚閭應念客飄蓬

丁景行方伯初度呈贈時見聘纂修通志

翹仰龍門四海同文章館閣屬宗工名藩已奏旬宣最開府行瞻節鉞雄八月樓臺圍玉桂萬家弦管樂金風微才濫與編摩列從此潛鱗起澤中

三月十九日重過邗上家園清持兄下榻

弟兄萍梗各西東此際維揚駐短蓬入座鬢憐今夜白開軒花憶隔年紅且斟碧蟻傾名酒莫向烏號憶

舊弓漸看柳風吹作絮春光何事去匆匆

汝寧喜晤宗弟倫敘叅戎

重地何當楚豫衡建牙專閫世元戎無雙夙著黃童譽坐鎮能高李愬功萬里鵾鵬翰遠擊一門兄弟盡才雄誰知白首章縫客虎帳新看棣萼紅

立秋前一日偕安邑景乾貞孝廉集李隱君幽居時乾貞下第將西歸暫畱令弟半刺公州署

鈴閣亭午拂炎風淺坐林端月似弓人在他鄉聞蟋

蟀院侵秋氣感梧桐誰言豪減窮途後不遣愁生久客中况是對牀眠未足馬頭安忍見離鴻

過鄢陵畱贈鄭公任世兄潛菴中丞仲子

邦溝三十餘年別無意驅車過此中隔代交遊存世講危疆保障憶先公隴頭休道傳書易谷口應憐晦迹同我已二毛君未老可能玉樹尚臨風

酬程次郊來自白岳見訪先是令兄孚夏有書至次韻

伯氏郵書附早鴻蘭槳未到信先通停車竹嶼迎晨旭解帶梅軒得好風青眼十年悲阮籍白頭今日媿揚雄雲霄讓爾扶搖去垂釣心期河上公

海陵喜晤楊無聲郡丞

當年詩畫兼三絕惟有閩南楊治中故國鄉山方落木全家吳越正飄蓬小窗潑墨迎梧雨虛館停杯受竹風聞道還官將北上不堪長路尚囊空

溱潼水村題聖壽寺示一公

烟寺重來逈不同當年傾圮感予衷荒階蛙跳蒼苔上廢苑烏啼夕照中已見樓臺沉水滸忽驚丹雘煥

神宮振興豈是尋常事共指東林有遠公

昔年同吳宛五並戀河北道中談及周櫟園侍郎予悽然淚落先生高義久不能忘也龍客榕客兩世兄聞之紀事有詩次答

記跨征鞍北道中偶談知已有山公故人纔覺隨川逝情淚頓看染袖紅老去生徒蓬鬢在重來門徑雀羅空今朝世講仍攜手淚許平生國士風

乙丑三月廣陵送鄭山公先生奉　命祀會稽山事竣還朝

聖主齋心坐法宮山川分祀遣臣工安瀾欲保無河患明德還應念禹功帶雪嚴程催去鷁經春艮訊得來鴻淮揚水勢關宵旰好訴流亡達四聰

客雉皐下榻冐園適崇川邊鳴廷刺史偕巢民司李暨令嗣穀梁聞步見過留其小飲

籬外水鷗飛欲起習家池上到山公過橋曲徑穿深竹解帶虛亭受好風五馬頻斬芳草綠一尊未盡夕陽紅主人賢自來嘉客獨愧東吳舊阿蒙

揚州志局同宣初朱公暨孝威武徵青若男泰

來坐月予與孝威又應聘赴省纂通志

編摩難得素心同解帶胡牀坐晚風小院愛看花影靜白頭羞映酒波紅又隨羔雁馳江上莫憶滄桑訴浙東醉後閒堦聯倚徙一聲南度見新鴻

贈別慈谿馮潔士世兄兼寄懷令叔鄭仙先生諸令嗣

清霜幾夕變丹楓送子揚舲返越東一代友聲存世好平生國士重門風也因婚嫁催頭白莫坐蓬蒿感道窮寄語連枝諸伯仲瑤華長望付歸鴻

海陵酬程禹門中翰見贈時以尋兄歸自粵東又為桂林太守經紀後事篇中及之次韻

誰道苔岑契不同十年彩筆仰文通黃山方詡潛雲海阮巷何期醉竹風灑淚南天迷斷雁解驂西粵振孤蓬幾朝簪散還薇省翻笑閒遊賦更工

奉和郡守施濤江先生午日內署歌筵見款次原韻

數月觀濤遶海郡朱輪猶得御文翁葵榴滿院燒長夏冰雪炎天失寸衷未向薜蘿忘處士誰言歌舞礙

清風平生亦具孤行志熱不因人童子鴻

明月樓觀女劇有懷嚴江司馬

雙旌久指越王宮花下何來蝶一叢妙舞清歌携粉黛曉風殘月憶妖童步兵中酒杯如減小謝題詩句更工身在歡場心在遠再登高閣望江東

隨施州伯奉送尊人大將軍南渡

揖客何當禮遇隆相從又渡大江東川原氣爽三秋節鯨鱷波恬萬里風鐵甕旌旗屯虎帳金山臺閣煥鮫宮漁村蟹舍皆安堵擊楫無煩老釣翁

閶門舟泊憶田大中丞綸霞先生移節黔南

皐橋疎柳映燈紅野客尋秋駐短篷黔徼春生荷鉞去江南月在庾樓空聊揮羽扇綏蠻服應寫名山續國風獨愧十年恩顧重無能趨侍愧吳蒙

贈王希任守戎

尋秋相訪看丹楓鈐閣圖書儒將風便舉匏尊留客醉閒揮羽扇聽談雄臣廬蓮社皈依後燕晉關河指畫中莫怪江城陰雨暗晴開已見吐長虹

抵邗上寓與教山房宗定九同史方山王浩川

黃儼裳七言律詩分韻　一東　七　家課一種

蕙圃竹村斗南鶴皐見過留飲張諧石繼至同用先分韻得一東　時己巳二月

迎恩橋下駐孤篷早遇同心訪梵宮滿目琳瑯羅國器一庭梅柳散春風西來路有祥烟繞東望天仍薄霧籠慚愧諸君高義重停杯數盼夕陽紅

夏日汝陽客舍同徐存永吳蒼浮劉振公諸子

那須避暑尋河朔老屋東頭竹篠中地僻此間忘赤日城空終日受涼風凌晨濁酒杯初把落月殘英局未終我輩素心原不隔笑他世態槿花紅

上巳同柳旃山過陳守府海陵寓樓即送之任

韓隱君返淮陰兼懷潘雲客杜湘草

萍踪難得一尊同忍對芳筵指去鴻祓禊隹辰青海畔落花僧院古城東長貧莫料韓夫子好客真逢陳孟公楚水燕雲存舊識欲將遠夢託晨風

海陵初晤吳水部蕺山世兄

聖主臨軒對策工果然國士有門風身居阮巷儁才上名在山公啓事中秖爲懷褒勞宵慮即逢疏導建奇功何當幕府持籌暇頻過看花半畝宮

黃儼裳七言律詩分韻　一東　八　家課一種

毘陵道中　同施使君和泰男韻

十載蘆漪夢此中秋波猶得放孤篷村墟野水橋通寺籬落人家柳抱楓遠浦日斜漁唱晚四天雲凈鶴摩空無能季子祠前拜終古仍懷縞紵風

冬日入城晤翁岱瞻話舊

曉發蘭城宿霧空蕭條門巷路斜通寒禽弄響聞沙鶴霜果留紅見海桐別意那堪逢歲暮壯懷爭肯說途窮風塵獨爾存青眼尙識東吳有阿蒙

舟雪和施使君

冋天漠漠凍雲同白遍江村有路通寒水一條明似
練青山幾點皓成翁螺杯簾內空燃火鶴氅船頭不
畏風宇下阿誰偃臥在還催皷棹訪蘆中

劉靜夫虞山來出嚴武伯見懷詩箋感舊賦答

憶癸亥于總憲北溟先生見聘同修通志于
巳物故泫然久之

逸民親過一樽同爲述鬚肴也似翁嗁首自從悲叔
子晉東仍許臥君公鳥棲竹塢猶殘雪燈閃柴扉正
朔風細詠新篇追往事不禁感舊淚珠紅

同巢菴大師侶上人看南城一帶桃花復茗飲

尤君植書屋限空字

老僧連袂看花去悃悵長堤夕照中愁緒紛如三月
草濃桃又是一年紅城隅遠樹投歸鳥溪上昏鐘出
梵宮居士竹窗清茗熟挑燈還與坐談空

吳馨聞招同蔣文斗宗定九史方山飲王山又

竹里三家子弟皆在坐時王子楚士文日新

婚

彥會何緣不約同舊交人是古河東廻崗緩踏榆錢

路盧檻閉吹柳絮風修竹滿林浮笋綠夭桃明日映
車紅陳荀子弟皆英絕也厕龍鍾白髮翁

二冬

雨中秋泛不得上平山堂

秋光開遍木芙蓉，欲上高臺眺遠峰。第五泉清方抱甕，棲靈寺近但聞鐘。笙歌此日喧全少，烟雨孤蓬興不慵。一帶松岡圖畫裏，夕陽猶擬再扶筇。

臘二十五夜錫山吳伯成大尹招同袁籜菴太守余澹心徵士雪夜集聽梧軒時爲余題畫松卷

爲壽元旻到臨邛，山色泉香暫倚筇。清署一樽邀過客，空囊萬事殆殘冬。侵簾暮雪寒威壯，橫檻早梅春意濃。纔得定交旋作別，高情唯有結心胸。

黃僊裳七言律詩分韻　二冬　一　家課一種

晩坐禮峰閣呈褚研耘先輩

攀崖度壑已迷蹤，虛閣憑高頓豁胸。塔湧晴空天似水，林堆暮靄樹如峰。幽人體素旁無慕，客路塵勞到欲慵。坐看僧歸斜照後，寺樓遥送一聲鐘。

辛亥元夜集丁謙龍宅余將北上先年大水災

江城踏月趁佳夕，良友甕頭春酒濃。復見荒年喧鼓吹，愁看澤國戲魚龍。揮杯未覺消明燭，堅坐何妨達曉鐘。幾日燕吳又分手，長途芳草漸茸茸。

京邸爲許生洲太史題新居雙松

下朝日日愛哦松，共識雲間陸士龍。一院濃陰團似蓋，雙柯對聳削如峰。夜涼子落敲庭月，風過濤清和禁鐘。大廈棟梁應有用，且看霜雪翠秋冬。

制府于大中丞初度時聘余赴省纂通志

長使兩江歸節制，殊恩特簡出重瞳。分明寒沍陽春日，直是東南天柱峰。輿乘苧看登國史，章縫亦許拜人宗。桂香月好攀鵰處，翹首軍門喜氣濃。

黃僊裳七言律詩分韻　二冬　二　家課一種

諸子招遊虞山值吳門撤兵余急於入越不及赴

三益論交此地逢，虞山名勝鬱重重。峰頭想拂劍門水，松下未聽興福鐘。前路兵戈防阻絕，明朝筇屐負遊從。江南歸棹鶯聲晚，尚買雙柑候戴顒。

蒲塘晩望

半年不聽海陵鐘，避地應知萬事慵。客館吟殘秋蟋蟀，故園開到木芙蓉。天空野月依汀靜，郊迥層雲潑樹濃。回首州城諸伴侶，幾時琴酒更追從。

武康山中晚晴 和韋丈象

辭罷田家春酒濃東窗睡起到高春雕甍潤滿添新瀑何處雲開吐舊峯喬木宅前鬪嚶鷁長松塢裏見耕傭欲乘竹筏沿流出好看晚山千萬重

喜湯惕菴先生重過廣陵崇禎末年司李吾郡曾以文字受知

邗江記取舊清風四十年來再此逢黃菊晚依陶處士青囊聊伴郭弘農霜留碩果今全少水似百川得所宗久別音容難遽認不禁瞻拜淚重重

燈夕漢中馬幼輿招隨四叔父飲堰上寓園

少微賢不讓梁鴻廡舍筵開月到松鄉味餅罍香秫酒旱年燈火訝雲龍倦遊且莫愁羈旅久敬還期快景從料得 皇威無阻隔兵戈棧路莫重重

首春西村田舍和吳公建

東郊連袂步從容春色新開江外峯此日晴偏宜載酒百年閒悔不爲農參差石上疎梅放潋灩橋邊凍水溶滿目風光又蓬轉幾時乘輿復扶笻

帆影樓即事 甲寅初夏

世情爭向熱中從滿堦紅藥月溶溶多才頗愛高門里作達難禁阮仲容城下稽天翻雪浪江南燧火雜雲峯吾儕猶共沉湎飲不信中山酒不濃

東村臘夜山寺暮歸

聞月尋僧聽遠鐘蕭條雲物逼寒容雙林伐木叢煙滅曲港敲冰凍水融到處春聲催夜火一年月色剩殘冬天涯風景傷遲暮獨立荒塗思幾重

冬夜集羅學博署齋兼送湯孝廉計偕北上

招尋芸閣值殘冬暖幙紅爐臘酒濃清語味含霜後

欖素心人對雪中松讐書薄宦羈桓傅入洛高名羨李邕最是明朝悵分手關山車馬路重重

得同宗弟兄書問

桃花江市別吾宗浦上書迴霜露濃避地僅堪糊八口買山方道踏千峯久知交態原如水未信人情但有胸惆悵聚離多少意好隨雁影一過從

易州李因之世兄往謁江蘇粮憲錢公陶雲賦此爲介 其尊人舊尹雉皐槪不能歸

雉邑曾交山吏部多情猶記李臨邛此來麾節羅千

騎別後音書阻萬峰京輦刺投艱把臂州民地近祇
潛蹤誰知易水通門子客含哀吟伴夜蛩
春暮集飲包侯賡先生海棠樹下同松陵沈竹西趙太沖南屏諸子時竹西將由白水縣再入都門
楊亭問字得相從暮色城南欲下春何意班荊談道
洽直須秉燭照花濃留歡月暗河邊艇望遠雲昏
上峰未到燕泰春已盡愁中送客怯扶節
范獻重自雉皋遠唁老母感荅先是已卯庚辰
間關子從事陳桐鄉翟涇來爾先生講學已

三十餘年矣
師門回首俱華髮三十餘年感舊蹤尚遇諭交存孟
博空期拜母過茅容舟航遠荷生芻薦塵土悲看繐
帳封更想桐川涇水沒幾時情淚灑墳松
酬程次郊世兄見過
季子才高江上逢風神濯濯秀芙蓉嘗依春草同兄
賦忍檢遺書啓父封相對清樽傾五斗回瞻白岳隔
千峰猶慚世講成衰老問字慇勤辱采葑
贈白眷司馬

司馬名高快景從清姿初日照芙蓉部民頗愧黃千
傾參佐眞逢陸士龍明月入簾涵水鏡干將出匣淬
霜鋒幾城借寇謳歌滿背見褒書下九重
村居殷性原至得徐健菴太史書
誰向墻東問野蹤木蘭舟載郭弘農曲江兩度來魚
□信□常時到玉峰沙抱羅浮波渺渺牛眠天目草
芊芊游鄉僻陋高賢過指點還期快景從
戴菩長南遊喜得吳廣文音問
浦渚歸航有戴顒自言吳苑忽相逢豈因解組餘氷

蓑翻累移家任玉峰意外過從書未附座中酬問語
多濃楊花如雪江干滿偏阻門前問字蹤
澄江蔣懸君初度予客雉皋作和徐石霞
蔣逕茶香伴短節十三年別隔芳蹤孤城曾駐秋歸
棹野寺同尋海湧鐘射雉驚花違百里家駒文史足
三冬春申浦上春醪熟應對濃桃想舊容
毘陵惲泰來持尊人涵萬先生手書見訪記別
去十七年
又逢澤國採芙蓉懷舊前修隔遠峰素壁猶留摩詰

壽山劝應憶海陵鐘來摶六翮才方健欲報雙魚與
豈慵閩嶠兵戈負出險一江何憚不攜節

馬魯士治中邊鳴廷刺史兌秋糧來泰停舟見
訪時遊戎錢麟圖先在座留飲有述

郡邑爭輸惟正供江城佳氣値晴冬朱輪公暇臨霜
徑白馬驕嘶踐雀踪話舊銜杯烹野蔌甘貧把卷對
青松吾儕結契風塵外應恕疏狂阮仲容

吳方弘自郡城來留同劉靜夫張質生小集竹
屋

吳質停橈已暮冬晨與二仲復過從鳥喧屋角三竿
日雪壓窗前一樹松滑箸霜蔬羞味美開餅露酒愛
香濃淹留絮絮傾情話欲別愁看江上峰

雉皋送別王成公

高名獨占大江東縞紵論交此再逢揚子驛前同折
柳孫弘閣上一登龍炎天把臂冰心在故舊啣杯梓
誼濃聚散百年知已重料應回首憶臨邛

輓含開士兼悼九默

蕭蕭霜鬢守南宗賣藥敲棋與未慵一自門人歸逝

水遂令老哭青松殘經猶映高樓月落葉空階
寺鐘臥病探君曾幾日故交從此不相逢

桐鄉人日　同吳統持和陳曉菴師

越國春回千萬峰城南孤館寄行踪一林紅蕚聞啼
鳥幾日春雷起臥龍年長客途愁轉劇尊開地主意
偏濃直教盡醉無拘束剪燭高吟到曉鐘

三江

燕邸酬許生洲赵鐵源見餞南歸張石谿李箕山許山濤實大同集

驪歌送客返邗江薄暮離筵倒玉缸籬畔黄花侵短屐松梢新月入疏窗風塵只道稀青眼壇坫誰當建赤幢輦下快逢雙國士平生湖海氣全降

道閑大師談經廣陵

大師說法遍吳邦纔赴松江又曲江花雨臺前跫趾錯香山社裏半眉麗一輪明月當秋寺十里垂楊映佛幢從闢金剛無任義人人盡道死心降

黄儀裳七言律詩分韻　三江　一　家課一種

張五丹九儀兄弟見招話舊兼懷令兄因亓中翰有崔較書侑酒

諸謝文壇建赤幢誰言白髮此心降美人才子同春恨銀燭金樽倒夜缸深院落花香漠漠畫梁棲燕語雙雙凤池襆被承恩者應念懷人夢遠江

上巳海陵小泰山修禊和田雪龕刺史

修禊佳辰雨未降開招謝守坐山窗高臺放眼春三月平野驚心水一江剩有好詞推絕妙誰當國士[illegible]

無雙蘇箑採得蘭盈把須爲從容磬玉缸

過關東席書樵宅時詩存選刻告成予寓雪和尚天寧寺

薄暮東籬吠小尨同人引竿坐秋窗天涯虎旅休戎鐙城外龍華建法幢苔井轄投聲寂寂蘭釭花剪焰雙雙刪詩尚惜偏遺楚卻許騷壇鴨綠江

修通志畢集朱齋三治中懷汲堂

三年再拜碧油幢南望懷人阻一江客子鎖闈收汗簡使君氷署啓春缸鬢眉不信人全改湖海空嘶氣

黄儀裳七言律詩分韻　三江　二　家課一種

未降舊日看栽花藥處燈前梅影已橫窗

甲子冬鄭山公先生奉　命祭告會稽山趨塘不及賦懷兼贈副使周龍圖儀部

會稽自昔推南鎮禋祀遙臨吳越邦絳節寒冬趨禹穴故山鄉夢隔娥江去時陽雁隨仙鷁歸日垂楊拂酒缸揚子渡頭嘶後至再來應拜碧油幢

報國寺松下喜遇粤東梁藥亭劉北雯兩孝廉

南粤詞壇樹赤幢忽從　帝里遇僧窗青松鹿苑真奇絕才子珠江亦有雙望去清標蘭綽約吟來佳[illegible]

[illegible]秋風却恨歸鞭速不得狂呼倒百缸

中秋江村遣興 同李赤茂

一年月色此無雙偏見荒雲擁暮江幾日好秋天黯黯誰家觀穫雨淙淙愁飄白露逢寒節細剪青燈話舊窗多病近來難久坐酒情今夕爲君降

程次桓書室

傾蓋邀歡坐小窗淹留盡日繼銀缸餘寒芳萼遲幽榭乍暖輕雷殷遠江酒對醇醪偏氣靜才逢英絕自心降他時塵外如相訪應記鹿門人姓龐

贈晉陵王處士

半世疎狂成痼疾十年浪跡在他邦行逢岐路難收淚望去鄉山又隔江芳榭雨香花發早畫梁春暖燕棲雙梁鴻歌曲君應記一奏淒風滿客窗

冬夜雨集孔東塘先生廣陵行署同人分韻得三江

北海門風建赤幢詩壇領袖歷南邦百壺美酒予降壁半夜清燈坐雨窗塵有商山爲世仰入[illegible]四十[illegible]心降他時歸奏平[illegible]英恩班制筆[illegible]江

寄吳五玉兼懷令叔公建

新依廡屋舊書窗綠柳濃花映佛幢雙鬢百年猶擕慕金經一卷足心降從來興廢同飛電薄俗炎涼付吠厖獨有嗣宗青眼在再擕[illegible]阮[illegible]春缸

施州伯奉特簡移守揚州送別

方州百折氣難降露冕新恩建赤幢臣矢冰心寧有二帝言廉吏果無雙澄懷對月登官閣清節觀濤傍曲江公去柴屏常靜掩擕詩誰復問蕉窗

王浩川昆玉邀集廣陵竹里同東塘定九兩先生暨方山用先文簡上木泰男鸞孫分韻兼懷山又先生眞州未歸 得三江

別墅邀賓坐竹窗青谿雨過水淙淙斜陽人影橋如隔遠浦漁歌船必雙風起梅英飄亂石盃香蘭味瀉春缸每來園主偏相左得見荀龍心已降

施文中赴任嚴州先過令兄泰署 時巳巳初春有船工之累

公子再來棠棣署雙旌遙指富春江自憐有事羈南阮却羨聯牀對北窗脉脉離心迷遠夢昏昏濤霧悶明缸只今父老雲霓望早晚重瞻照世邦

寒夜泛舟歸村

一河凉月晶無雙滿面霜威借酒降沙上纜牽泥路
滑船頭風急水聲淙巳知客意同饑鳥漸喜人家吠
小厖衣薄夜深霜露重早看燈火映疎窗

巳巳江上中秋逢和施使君 昨歲中秋借使君 泰男揚子江心玩
月

觀濤逢憶滯鑾江不共開搖畫槳雙此夕冰輪懸桂
舘前年雪浪濺篷窗孤吟離緒應千叠兩地秋懷各
一腔露冷夜深吟興劇山厨猶奠瀝餘釭

黃僊裳七言律詩分韻 三江 五 家課一種

留餘堂待雪 集飲鼎霞石暨子壻張子常單百雉戴文簡男泰來侄泰階孫鸞祥
分
韻

朊雲黯黯壓山窓客到呼僮問酒釭敢擬冰清隣玉
潤早驚陸海接潘江稀疎硯北梅香淺嘹嚦天南雁
影雙英絶梁園爭授簡祗憐枚叟二省厖

寄懷兩施世兄濤江先生公子從戊辰歸省今
祖大將軍巳三年矣

元老樓船擁節幢代親溫凊返南邦峠嵎明月珠非
一寳韞崑崗璧有雙倚夢定探懷橘袖緑揚應[illegible][illegible]

書窓世交三歲吳陵別早晚觀濤待曲江

戚階三粘徐雪巖半刺尋秋倚石山園余病不
能與遊分江韻

明牧真能奠海邦崇文総誦滿書窓已欣水國炊紅
米無復村籬吠小厖暇日尋秋過別墅同心看菊醅
春釭追陪莫訝稽東嬾不是襄陽也姓龎

黃僊裳七律詩分韻 三江 一六 家課一種

四支

平山堂大會于金觀察座上喜晤盛珍示中翰

奉懷王阮亭先生

故人已到鳳凰池久別容華繫所思元草亭前同問
字官梅閣上細論詩夢魂京國空千里賓客揚州又
一時把臂定須留十日濤聲月色正秋期

桃花塢集蔡九霞齋中兼示右宣幼淳兩令嗣

草堂沽酒聽黃鸝櫻笋江南四月時門颺柳風花似
絮座聆客語飯成糜末流毀譽寧終亂千古文章只

自知六載重逢雙鬢改又堪烟浦唱將離

江都宿僊女廟憶先君子

髫齡驛路將車處三十餘年陟岵悲風景全殊兵火
後笙歌尚記太平時神宮蒼蘚縈僊珮客舍垂楊颺
酒旗白髮燈前尋往事不禁回首重凄其

得耿又樸見和鳳凰閣小詞時以御北歸兼懷鐵源

江上人歸花落時旗亭沽酒聽黃鸝久欽東國無雙
士忽把西清絕妙辭千里間關勞遠望六年風雨繫
懷思比鄰聲價連城重何日同親瓊樹枝

寄許生洲太史

浪遊無事入京師謬賞高山得子期氷署撫松留醉
慣天街踏月送歸遲南村避客荒樵路白髮垂綸坐
水湄數載蹉跎書未達夢中猶解憶瓊枝

草堂對雪遣悶

北風連日釀寒威晨起開門白滿籬路塞樵難尋舊
徑氷融魚已泳清池誰言用武宜今夕秪覺懷人在
此時好折凍枝窗下嗅無錢空望酒家旗

哭施愚山之二兼悼王西樵陳其年趙鐵源耿又樸王惟夏諸公

良朋奄逝我心悲壇坫風流異昔時掛劍又添三匝
淚焚琴豈止七哀詩苔岑舊好陳雞絮風雪長途打
總帷老去莫矜人矍鑠可憐君鬢未成絲

賦得綠水送春帆為曹正子

何處紅樓玉筋垂春波渺渺草離離從來南浦傷心
地正是東門送客時烟水路遥催畫槳柳堤人返駐
斑騅風流公子多才思贏得河梁絕妙詞

吳介茲所營新居在溪上即鄒滿字之節霞閣
也鍾譚葛顧嘗遊止焉感而賦此

十年浪迹舊京畿，晚向淸溪占一枝。接踵風騷江令宅，親人魚鳥魯公池。板橋明月簫雖歇，草閣前朝柳尚垂。原是羣賢觴詠地，吾儕連袂再題詩。

廣陵集送李太虛宗伯歸豫章 同用首句

臨川弟子竟陵師，獨步金門上赤墀。故里烽烟爲客久，滄江白髮得歸遲。休言宣室曾前席，愁見河梁便折枝。此去家鄉徐孺宅，一竿春水釣湖湄。

京師別陳無名 章侯隱君之子

十里長途訪舊時，蕭蕭驢背一囊詩。淸狂髣髴倪元鎮，妙畫承家米虎兒。蝸舍暫棲燕市外，鹿車終返越山陲。對牀官燭頻揮酒，別去如何不夢思。

喜周子俶見訪 君授經栢鄉相國宅，上時方爲梅村吳先生立碑

才子雲間枉棹時，杏花庭院雨絲絲。絳帷舊設平津閣，宿草還謀有道碑。歸客正逢牽岸柳，騷人忽遇採江蘺。明朝別路頻回首，愁見垂楊颺酒旗。

之虞山訪沈仲嘅先生途中作

蘇臺歲暮匆匆客，乘輿扁舟訪所知。百里夢牽寧憚遠，數年頭白倍相思。山橋積雪迷松塢，水店斜陽露竹籬。雙槳逆流風又緊，虞峰猶道隔前陂。

送金泉憲子告回都門之三 仲男泰來出公門下

雲雨蒼黃翻覆時，君眞古道照鬚眉。科頭常自容嵇懶，讒口終難奪鮑知。應是蔦蘿依桂樹，敢當麟鳳目豚兒。燕吳從此輕分手，惆悵重逢未有期。

與張因亓對酒 令嗣伯鷹侍坐

一到開尊笑攬衣，故鄉猶得幾心知。舊從壇坫司牛耳，新許文章冠鳳池。子弟鵷鸞爭奮日，園亭花月暫閒時。行看載筆金門去，莫負佳辰倒接䍦。

周雪客世兄攜尊姚寒玉靑谿梅閣時同卓方水有塡詞之選

世講騷壇聚此時，長橋細雨到遲遲。柳梅漸映藏書館，珠玉爭羅絕妙詞。醇酒留歡人盡醉，白頭感舊淚雙垂。如何明日西州路，又向烟江訪楖師。

寄懷汪蛟門南歸暫寓白田兼呈叔定

燕吳數載費相思，詎料棠 恩返海陲。啓戶未荒松菊徑，對牀還賦鶺鴒詩。栢溪酒熟留人醉，白馬波寒鼓棹遲。手植平山今不改，舊時烟柳綠絲絲。

甲子十月　駕幸揚州天寧寺郎事和雪悟和
尚（賜御書蕭閒二字）
遠公邪水又蓮池方外停　鑾禮佛時歌鳥晚喧靈
鷲寺笑花春報早梅枝　龍章　聖王歡相賜禮數
山僧恕不知恰遇上元新甲子真人南下應昌期

次韻題江上女子畫
何勞姑射對氷姿尺幅應堪十日思倚案筆纔臨絹
素窺人鳥正坐花枝綠窗誰擅無雙譽紅豆爭投絕
妙詞近抱瑶琴甘獨宿鬢眉多少不如斯
黃僊裳七言律詩分韻　四支　王　家課一種

初冬集曾桐門齋中郎送計偕北上
雞黍同心話舊時負痾應訝獨來遲故人鬚鬢千莖
雪才子文章五色絲地暖早梅窗外吐杯深寒漏雨
中移明朝又送公車發梁甫吟仍卧海陲
孫豹人宗定九孫懷豐夜過陳君三集飲（時方彙試士子）
太丘西第有瓊枝十郡才華聚此時連袂客來殘雪
徑停燈人出讀書帷呼僮一笑催沽酒洗硯三更對
賦詩明日蘭橈又分發不勞投轄坐遲遲

汴梁客舍寄汝寧李無頗
南湖滿把擷香蘺公子心情白雪知五夜勞開留別
宴七年未報見懷詩狂奴舊夢邀檀板嘉惠清光照
素磁此日西遊難縮地汴堤空見柳垂絲
和寶應孫樹百明府喜予至自都門攜尊劉雨
峰山園有朱秋厓陳氷蘗在座（次原韻）
遠客歸心日夜馳攀留忍向故人辭陌頭不減三眠
柳驢背惟添數卷詩掃徑快談花吐處牽衣沉醉月
斜時知音萬里猶難遇白馬湖邊有子期
黃僊裳七言律詩分韻　四支　六　家課一種

待徐山人澹菴不至
四載深交忍割離傾盆老泪灑臨岐計時豈止三秋
隔苦憶難成一句詩藥肆可能支旅況病兒聊聽走
天涯無窮別緒君來吐抽遍庭篁到尚遲
蒲塘東偏營涉園數椽將移家
徑轉沙村接水湄老梅當戶石參差草堂曲折隨花
繞書幌清幽許燕窺他日移家寬旅夢此時對酒愜
心期萍踪本乏求安意慚愧鷦鷯占一枝

送李箕山重之西湖

數年清夢隔湖湄送子停觴繫遠思壽舫獨憐重載
酒倚樓猶見舊題詩歸期白露寒楓後去及黃梅細
雨時幾日故交欣在眼空囊無計得相隨

惲道生沈林公同集吳沅湘城東水樓感舊憶
來感遠

卷畫樓頭久別離故人重過宴南皮城邊芳樹禽猶
囀浦外和風棹轉遲幾向青山逃遠夢可堪白髮對
春卮無端十載不相見舊恨新愁雙淚垂

嘗陳刺史桐鄉道中作

黃僊裳七言律詩分韻　四支　七　家課一種

咫尺桐川趁絳帷今朝行路悵遲遲幾年喪道無天
問千里傷心有淚知鳥鎩鳥啼霜冷夜石門楓落日
斜時誰言夙昔尋師處寂寞空堂拔旅葵

丁巳遇徐健菴太史

邗上重逢伯子時蘇衣對我淚雙垂諸昆方奉總家
訓前歲猶呈壽母詩東海忽看沉月魄南陔忽報裂
坤維平山秋色堪吟眺幾度聞濤但益悲

和吳復生見贈時寓王從事任伯署中聞將歸
義烏覲省兼懷尊君賜如門兄

幕裏坐伊誰吳質同來豈豫期烽火間關疏萩
水風霜邊塞老鬢看方州從事臨慈母隔代通門得
故知醉聽啼烏遊子淚不堪作惡又乖離

攜尊繆墨書池上集諸同人觀荷時蔣務實自
燕邸來倪永清將之邗上沈子厚王野亭王
彤飈繆湘芷同限韻

望中千頃碧琉璃紅吐新荷已數枝炎歊不侵河朔
會好風多在習家池到門早匿脂車轄洗硯仍題對
雨詩遠客去來同此際狂歌莫惜倒深卮

黃僊裳七言律詩分韻　四支　八　家課一種

揚州小秦淮河房崔青時世兄習靜其中予過
訪和見贈韻

東西不擬數年離夙賞高山愧子期客館暫親孤櫂
影紅樓應著懊儂詞地憐躡屐來遊晚心喜披襟歸
去遲分手金尊持贈意他時對酒慰相思

送別吳蕺山使君北上

纔送河粱欲淚垂深交不在幾多時半生可笑同嵇
嬾千古真逢兩鮑知陌上愁聽鶯嚦嚦渡頭難折柳
絲絲奇緣前路重逢處薊北江南豈豫期

秋窻夜坐草休陽程又存處士行狀霞起公著
兩令姪見委遵遺命也令坦戴景韜粹玉父
子觸悲在側詩中及之
蕉陰不復再臨池孝友平生足我師直道敢希南史
筆遺言獨取蔡邕碑虛攀白嶽松如畫恐見東床淚
若絲按譜狀君秋雨夜幾回停筆想鬚眉

喜晤程鼎菴即送之歸黃山覲省兼懷高蒼巖
冶中章子覲廣文 時爲孫黍菴梓刻詩集
班荆方恨識君遲又向河橋折柳枝斑彩愛依黃海

日貧交代梓白狼詩到家籬菊歡春酒一路江楓靜
晚飈恥以豬肝累朋舊但言離隔有相思

梅谷大師贈端研藤杖
伴身萬里隨瓢笠道具歸來付所知石自端溪下巖
過杖爲南嶽老人遺談禪每助機鋒力研墨能揮絕
妙辭此際因緣應不淺詎須摩頂慰心期

眞州謁文丞相祠同顧與治賦
揚子江頭丞相祠行人停檝讀豐碑岍懸赤幟悽閒
府風捲洶濤認出師隔代精靈猶入夢百年身世竟

何爲可憐隣近梅花嶺墓草斜陽又一時

立春日王紹德內部署齋對水仙花
使院寥帷對酒時陽和雖換解寒遲久知犯雪無餘
卉且喜凌波有數枝芳草自茲爭麗日衝波何處問
東菑迎春不用青郊去淸賞先須倒百卮

廣陵酬丘柯村招飲 時爲貧士李若谷謀居
早梅冬暖着花時彥會揚州豈豫期冀北知音誰伯
樂山東才子是丘遲淸尊客舍開三徑大廈貧家庇
一枝健羨莫誇豪士賦千秋風雅占今茲

眞州訪吳士英止宿草堂
延陵孝友是吾師十載重來慰所思樓下呼兒催掃
榻花間洗硯索題詩淸燈莫厭頭雙白夜雨還添酒
數卮信宿淹留春正好紅桃未落柳垂絲

桐鄉縣雨中贈黍師
欲去西湖鼓棹遲那堪郭外雨絲絲老僧留客坐精
舍秋夜懷人成小詞鳴磬慣分馴鴿食炊茶聊拾墜
梅枝塵中多少勞勞事樹下閒眠又一時

白蒲客舍夢故園

甲子無勞紀義熙年年黃菊在東籬尋僧古寺雲深處浴硯清溪花吐時貧信一生原有命老知萬事不如癡薄田堰上荒蕪盡肯逐風塵長鬢絲

至日客感

不得廬居詠載馳節逢長至鬢絲絲共占雲物逢冬好獨遇窮愁怕日遲竹裏寒貪棲晚塢樓邊芳夢動春枝可堪回首慈容杳恐憶前年繞膝時

黃仙裳七言律詩分韻 四支 十一 家課一種

五微

卜居水村舟中作

桃花米熟鱖魚肥葭菼蒼蒼覆釣磯浪迹不知秋已暮幽棲甘與世相違含烟溪外花爭笑弄影灘頭鳥倦飛久被紅塵焦鬢髮遂初今返芰荷衣

癸丑北上留別李大尹時赴汝南太守之招余猶丁內艱

依親從未入京畿此去闌干淚滿衣到眼天涯芳草合驚心馬首白雲飛艮朋促晤方郵札稚子啼饑正掩扉總爲家貧輕遠道臨岐惆悵意多違

黃仙裳七言律詩分韻 五微 一 家課一種

汝寧南湖登觀音閣書事

鏡裏南湖碧四圍重樓複閣燕穿飛王孫此地逃芳草烟雨何年見白衣碑載舊藩禱雨大士出見故建閣云云一自滄桑八代換遂令簫鼓畫船稀多情惟有橫塘水依舊紅蕖媚晚暉

廣陵晤王黍戎話舊

古渡橋邊柳數圍將軍曾此握戎機風塵薊北多年別花月揚州萬事非夕照尚留衰草岸江潮猶打舊漁磯郵亭話故重攜手莫惜深杯坐共揮

甪里重過褚硯耘先生園居
東門風物尚依稀十載重過訪舊扉猶記濬池曾取
照那堪栽樹悉成圍簾前啼鳥留春住石上濃花對
酒飛把臂不須譚往事管絃清切易沾衣
諸子過飲寓齋時有楚客爲余卜
一逕霜華亂葉飛故交連袂到柴扉瓶中脫粟酒可
換溪上打魚人未歸聊假賦詩寬旅思忽逢譚易剖
天機頻年落拓頭顱老羞戴儒冠戀棘闈
題偃舟圖學使田公于崔太尊餞席見招論文
黃偃裳七言律詩分韻　五微　二　家課一種
友人繪圖紀事
憲使東巡彊節駐紅亭宴餞有胡威綱羅十郡才俱
盡吐握千秋事可幾夕照馬嘶攀柳岸孤蓬人隔釣
魚磯誰知夜半偃舟上相對停燈待布衣
海安鎮大女歸寧同子壻張子常舟中作
扁舟相對思依依十里蓬窗射晚暉殘帙開尊攜壻
讀病妻掃鏡望兒歸喜看晴鶴摩高漢莫聽秋蛩織
野磯堰口官橋將到否隔林燈火露柴扉
嘉興寓中遣懷
寒食還家願已違大江南北信音稀春深憑檻看花
落日暮登城數鴈歸漫滅豈猶存袖刺夢思惟是繞
庭闈滿挤痛飲難成寐不待聞雞望曉暉
下第自金陵歸夜泊朱家口舟中呈唐祖命
江南江北烟波接百里乘風願亦違宿浦爨分漁艇
火泊船月近酒家扉露寒漸覺征衫薄秋盡仍從舊
路歸幸有故交相慰藉中宵痛飲已忘機
泰興題茅太方先生祠
希董堂湮有舊基時移誰爲說芳徽典朝不愧江都
相大難能伸御史威古路行人搜斷碣荒祠棲鳥噪
斜暉江干或有遺賢在那得彤廷訪布衣
黃偃裳七言律詩分韻　五微　三　家課一種
輦下次徐合素見送南歸
東門秋柳尚依依執手貧交忍拂衣京洛纔謀十日
飲關山堪恨數年違丹楓驛路愁驅馬黃菊家園待
啟扉何事邊隅尚留滯故鄉無計得同歸
己丑瓜渚投贈黃石公曹子玉兩先輩
城郭秋雲弄晚暉江南歷遍舊人稀風塵何處逢黃
石山水之間見白衣古鏡不磨能鑑影新芝開擇可

忘饑當杯莫問行藏事才挑全家隱釣磯
壬戌春初喜程乎夏過訪卽用見投原韻兼悼
尊大尹鼎菴先生
記與尊人南浦別十年門巷歎伊威夢回白岳予惆
悵學絡青箱君庶幾掃徑鳥啼春草塢投詩人過板
橋磯今朝世講歡擕手數舊臨風淚滿衣
宫詹王公代祀南海復　命還朝奉待廣陵不
知其因病展期改道從陸悵然作（陽生泰來兩男同賦）
手栽堤柳亦依依日望停帆音信稀誰識九江頭使

節徐離二豎覲庭闈詩題南海遊殊快酒會平山願
竟違一硯不擕何足詫由來清德過胡威
和孫楞下使君天寧寺病中連日遲予不至
清羸堪笑力衰微兩地羈棲未得歸寺裏白雲穿樹
出雨中黄葉向窗飛百壺美酒投賓轄十日沉痾掩
客扉稍待寒原晴色動與君牽袂眺斜暉
送凌秋濤歸雙林
高堂拭目老萊衣共向殘秋送客歸江上帆開隨去
雁渡頭人立到斜暉明知聚首前期在不道分襟同

調稀吳越往來潮水便音書須爲訪漁磯
田雪龕使君擕尊花下
長日容誰欵竹扉數回相見旅愁稀杏花村裏留人
醉芳草天涯望客歸寂寞故交情更篤艱難吾黨道
原非當筵莫負如澠酒笑指雛鶯出谷飛
送吳韞齋赴都門覲省尊相國卽爲太夫人稱
觴時韞齋將謁選
相門才子戀春暉此去京華到是歸進酒待開西母
宴趨庭先着老萊衣蓬萊雲爛迎黄閣台座星明傍

紫微更羨佳辰除目下含香蘭署接恩輝
喜友人歸自閩粤
幾月征帆向北飛怪來簷鵲噪朝暉三年去國此重
見萬里尋兄還獨歸附郭腴田成廢產斷垣殘竹失
朱扉回家已似無家客婚嫁猶聞未息機
何垛場訪舊
槃艇多年舊路違荒烟秋草暗郊扉海鄉魚米仍前
賤鹽市樓臺再到非亂後親朋艱握手老來風月易
沾衣步兵壘塊應堆積好向壚頭酒共揮

重陽日集吳方弘齋中喜晤令兄姜綸話舊同
閻叔諸子
訪舊閒隨朔雁飛手持詩卷叩柴扉佳辰貰酒連枝會往事觀濤燕子磯三載離愁添白髮半生熱血淡斜暉通宵敢惜如泥飲惆悵巾車又促歸

東溪閒居和弘先姪見寄
地僻音書到亦稀往來空羡野禽飛夕陽江上春廻棹白髮溪頭病掩扉細煮黃精忘世味閒翻貝葉發清機承歡想見攜諸弟花下斑斕願不違

唐羅珦寄食僧寺後爲廬江太守歸而題壁齋
孫臨思先有和章余亦踵韻公守郡有靈芝之
白鶴之祥
飄零誰不笑荷衣除却僧寮何處歸王播齋鐘多飯後買臣金印忽腰圍訟庭頓有三芝秀公廨常停白鳥飛奕世文孫話遺烈吟來佳句發清機

喜陳藴玉遠歸見訪兼悼門人程琰琴
晨夕招提荷欵扉關山無故十年違花前奇字誰同問月下芳尊少對揮正喜聞聲忺倒屣如何說目欲沾衣遠遊記送雙連璧三晉人歸蜀不歸

程公著來自黃山同戴景韓見顧
一別蹉跎萬事非衰年悼女意多違慇勤顧我孤帆落恍惚忘君九月歸徑竹仍抽新笋籜庭榴不改舊容輝破愁難得來知己呼酒銀燈繼夕暉

辛亥九日潘子調齋中作 特先慈見背
射雉原頭閉夕暉孤蓬駐處叩柴扉蒹葭浦外遲鴻雁風雨尊前到白衣只有朋儔情未改況逢秋節意多違含悽莫向西城望無數慈烏繞樹飛

海陵同杜于皇飲孝威齋中即送之出南關不
及因留宿寓齋無何許漱翁亦至
不信軍城早鍵扉趨程貪嚼蟹螯肥疎燈竹院榻堪下涼月紙牕杯再揮前輩僅存人漸老舊遊深話事多違廿年一宿誠難遇莫向明朝便拂衣

寄李厚餘郎中 先生爲我謀居貽書當專予病未行
一別江南萬事非綠楊空掛野橋磯臨岐只恨輕分手攬馬誰知早見幾洞渚冷風吹破屋仙郎麗日映彤闈正平袖刺今猶在懸額回思淚滿衣

金觀察初度開宴喜雪（扣方郃村劉覺岈王宓草諸君）
憲府笙簫絳蠟輝柘枝舞處雪霏霏纔侵畫閣梅風
動早傍珠簾柳絮飛幽鼓三農占瑞應兕觥八郡頌
春暉嘉賓共奏南山什郢曲今宵和者稀
嚴提臺過令嗣海陵官舍
雙旌子舍到如歸長夏台光照海圻部下二天瞻紫
氣庭前五馬戀春暉迎薰綠竹涼堪趂調膳紅蓮摘
始肥世好久留徐孺榻侯門今曳薜蘿衣
燕山感事

黃僊裳七言律詩分韻　五微　八　家課一種

偶携瓢笠隨雲水誰信籠禽不放飛日日結茅朱戶
梗朝朝學畫艷姬圍真成劇病捹辭世久已知幾阻
拂衣金屋藝成人命賤却軀羸骨舊山歸
喜涵公從花山受戒歸兼呈法和尚
片帆江外掛斜暉寒雀聲中乍啓扉雙樹更將禪室
掃七衣初自戒壇歸浮生愧我仍流浪白髮如公早
息機況有高山在門內不勞訪道越郊畿
酬施文中司馬見訪不值時省令兄將赴任嚴
州

誰識紅塵有少微三年重過思依依探梅偶值扶筇
出命駕何期題鳳歸暫向謝庭留玉樹即臨嚴瀨訪
漁磯幸逢枕被從容日乘興還希再款扉
喜戴宏度遠歸
五十離鄉六十歸天南兵甲阻重圍纔聽柳岸鶯歌
喚復見柴門柳絮飛一輩親朋添白髮幾家典廢指
斜暉旁人莫問閒關事罷酒回頭淚濕衣
蔡蓮西龍文喬梓招集齋中同方郃村阮巖公
秦以御仲男泰來賦

黃仙裳七言律詩分韻　五微　九　家課一種

四十投簪世所稀傳經日日掩圜扉含香老幹江梅
艷弄響芳林谷鳥飛衡宇接連多舊德風塵擾攘識
先機不妨觴政官爲戲醉倒籠頭無是非
次韻別戴文屺（同朱萬子張涉蒼陳闇叔賦）
相逢命酒荷牽衣兄弟惟將菽水依烟浦此時仍返
棹柳塘明日獨開扉三村戢影貧原慣十載吞聲遯
豈肥難料剡溪重過訪歧途執手盡餘暉
次韻酬戴景韓見懷
莫怪徘徊行水次往時臨水送君歸寄來七字詩篇

妙又是半年笛信稀遠夢有情空悵悵舊遊何處不依依那能再踐城南約綠樹留鶯酒共揮

過宏陵鎮弔倪子雲兼示德星

故人言笑事依稀花嶼橋南掛落暉前輩風騷交恨晚草堂賓客至如歸趨程邕廹仍投轄泊岸宵深亦叩扉忽向文孫訪遺翰不禁清淚對沾衣

六魚

丁未移居雉皐作 時以舌耕糊口

江縣仍容僦草廬數年先業廢耕鋤晚依破硯足生計貧令老親無定居仁里風和春鳥喚南陔日暖早梅舒棲遲正爾饑猶樂誰說王門可曳裾

寄顧茂倫

老屋寒梅積雪餘幅巾竹屩步徐徐澄懷日對千陂水送老惟憑數卷書白石歌原藏輔佐紅塵夢不到樵漁江南耆舊年來少尚有靈光處士廬

梅淵公見招秦淮秋泛

白下秋尋盪槳餘同人醉倚夜窗虛霽來蒼翠山千疊閱盡繁華水一渠兩岸垂楊棲鳥後三更明月上潮初燈船鼓吹喧闐處寂寞秦淮見打魚

酬王築夫寒雨不寐見懷之作

王粲門前媿小巫含毫遲報隔年書嘗吟寒雨懷人句如坐垂楊貰酒爐青史讓誰肩纂述白頭猶共戀樵漁乾坤幾日春陽轉又見南枝綻雪初

承恩僧舍雨中課子讀書呈金觀察

日銜泥遠涉餘江梅落處憩僧廬莫嫌被雨開遊
且須念酬恩急讀書道合正期能斂跡市喧應不礙
清虛晴明一叩維摩座又是歸途杏萼舒

重晤吳北海計部

不信睽離廿載餘烟波相望阻音書白頭重對吳陵
酒舊夢難忘楚澤漁曉吹雁聲來浦外疎燈梅影動
窗虛如何明日英灣路君又西征我索居

為禹曆姪悼亾

來嫁荀郎十五餘一雙出水秀芙蕖常催問寢先鳴

黃偲棠七言律詩分韻 六魚 二 家課一種

珮最愛挑燈佐讀書曬藥影留花落後聞簫腸斷月
明餘紅樓此去爐香冷只恐人歸怯望廬

從崔正誼得陳簡菴音信

同心渺渺付離居片語誰藏十載餘海國菰蘆勞問
訊草堂松菊近何如猶聞郭外朝耕隴卻羨谿南夜
讀書行李到家應把臂為言潦倒滯州閭

吳門思家口號示蔡右宣幼淳兄弟

歲暮寒冰積雪餘恥同彈鋏出求魚渚田稻沒三年
水陶令瓶無十日儲梁苑王賓攀作賦平原絃酒竟

寥落誰知苦竹衙門下晨窺停烟正倚閭

申周伯鶂過雉皋寓園

僻巷城隅棲息處無人知是子雲居坐令好友忽然
過敢道素心今日疎竹下鋪牀薦午飯柳邊喚船買
溪魚披襟數舊對惆悵肯因老大輕居諸

村居喜河間門人單子履中書至

滹沱河畔定交初曾賞高文愛啓予遠道祇過千里
夢窮鄉忽接八行書草廬尚爾吟梁甫狗監誰能薦
子虛多少離情思對此夕陽西望下烟墟

黃偲棠七言律詩分韻 六魚 三 家課一種

季滄葦省覲歸里

愛日非關賦遂初高堂八十意何如勳名肯易南陔
樂定省姑令北闕疎閣夜校書耽博雅花辰訪友到
樵漁久從世講承家學猶未堂堂識魏舒

東歸偕諸子舟中作 時徵官柳寨河

片帆歸去海東隅已是清霜十月初幾處潰堤湖水
漲千村伐木柳條疎斜陽繫艇聊沽酒冬夜還家好
讀書老厭儒冠仍逐隊年年蓬轉意何如

探同學方白英病 己丑冬日

文園新病馬相如寂寞門庭悶掃除花影上堦侵藥竈竹光穿戶照方書已知才大人爭妬不道心閒體易舒親老微軀擔荷重百年還肯負樵漁

遙哭施愚山侍講之一

宣州太史侍　宸居小別俄驚二載餘折柳記陪官閣宴懷人纔接　帝城書祇因黃綬淹歸計不得青山穩結廬見病家貧孤櫬遠誰從身後問相如

春晚閒居寄鄭蒯思郎中

數年一致廣平書未必長河上鯉魚南浦落紅驚語

澀東風吹綠柳條疎杜門愧我終棲棘起草懷君早直廬霄漢故人徒間阻知音迴首倍踟躕

陳士振移居甓湖

寂寞城隅掩敝廬板橋明月照離居浮家湖上鷗堪狎僻地窗前草未除栗里縱貧猶嗜酒嵇康因懶不通書春風那有秦人到滿塢桃花看捕魚

西園訪竺上人即程處士園林舊址

喬木疎林曲水餘元龍舊宅遠公居讀書樓在空供佛洗硯池荒任養魚杖影步歸斜日外茶香談過晚

鐘初憑將道眼觀興廢畢竟幽巖好結廬

過鄧元昭太史故居

領袖堂堂有魏舒論交偏不棄樵漁八公忽落小山桂萬卷惟貽太史書西郭記看湖草綠南樓醉倚塔燈虛故人重到山河邈執手諸孤淚滿裾

梁母節孝建坊旌表江寧諸生梁之憲母明經顧夢游生女也

巍業高坊　誥表閭氷操四十幾年餘撫孤果見酬先志誓死無慚讀父書只有啼鵑妻枕畔那知芳草

綠庭除堅持一念頭全白多少鬢眉歎不如

首春雉皐李大尹枉顧姜堰寓居

條風故里狎樵漁賢宰經過詎未疎南浦暫停青雀舫干旄先造野人居啓扉園鳥啼春早掩卷窗梅映日初展待欲留王事迫山廚虛剪一畦蔬

懷本凝叔久羈寧遠時先慈見背

離家已是九年餘難向他鄉賦遂初海上園田荒五柳湘中憔悴滯三閭寄書擬仗當途庇掃逕仍驚好夢虛故里近來災疫滿傷心風木正居廬

太守施使君遠邀話舊下榻清署信宿告歸晤

徐隱君叔達相送有詩次和

論交四載只如初古道中朝有魏舒不向茅簷勤驛
使肯依官閣駐驢車同心況復真蘭契野性由來似
鶴疎豈學遺民歸伐荻山園待灌半畦蔬

送泰男應儲廣文聘偕赴含山

愛子登堂告別初雙親垂白意何如無妨耕硯聊糊
口不道離家好讀書南浦歌聲依餞席東門絲柳拂
河渠由來弧矢男兒志秪犢那勞更倚閭

黄偲裳七言律詩分韻　六魚　六　家課一種

繆墨書尊配李孺人哀詞五首之一

家園野外寂蕭疎勝日佳辰駐板輿愛向鏡光窺菡
萏頻携女伴看遊魚條風山閣梅將吐細雨林塘柳
又舒此後倩誰同射雉秪應痛哭獨廻車

雉臯示甬上門人董明試

霜葉凄風迓客裾異鄉孤館意何如遠裝備歷三江
路舊識何煩一紙書雖在風塵襟袍遠也知迎合世
情疎稍沾茂宰慇懃意定省還宜返里閭

奉唁諸麟倩先生　兼示令嗣駿男虎男

丈人自有通家分今日登堂百感餘聞說壟邊生宿
草不堪牀上檢遺書各天霜露蒹葭外千里關河鴻
雁初元季淹留寒大被含悲且爲一停車

訪張虎宿賦贈憶癸未與尊公玉立先生同學
知揚内美鹽臺讀書維揚書院不無今昔之
感兼示令弟[redacted]

僑寓維揚咫尺餘叩門斜日到園居一丘暫許躭雲
臥萬卷真能讀父書攜手二難花正吐停車三益徑
教鋤西臺被遇同前代感舊空憐鬢髮疎

黄偲裳七言律詩分韻　六魚　七　家課一種

邗上贈雲間吳西涯

風神灼灼秀芙蕖峰泖鄉音意致疎欲賦遠遊年最
少甘從逋客意何如他州夢醒依春廡舊第人歸失
賜書我亦無家棲研北蒹葭晚倚倍躊躕

月夜張孺子草堂留飲

西河一帶柳風好乘月遂造幽人居籬邊燈火啓蓬
戸几上水沉翻佛書種竹入門地不足沽酒探囊錢
有餘從今晨夕恣來往誰得似君情性疎

贈朱愼人樞部

省郎强仕早廻車實爲南陔賦遂初西第蓬蒿甘閉戶門生節鉞懶通書百年未替老萊願七業全典鄧禹廬自笑塵埃誰具眼深交偏不棄樵漁

三更舟抵白蒲

泛宅無端滯海隅重來屈指十年餘板橋荒草遮深巷霜樹啼烏想故居頗愛生徒舒羽翮却驚水旱困樵漁昏黃月色門多閉莫覔臨河賣酒廬

陳念共新葺曉樓

一辭畫省賦閒居倦鳥停雲意共疎臥處自然高百

尺歸來猶復愛三餘林通展齒容攜酒篋積苔花懶報書回首紛紜塵網客當年爭似好懷舒

口畊竹隱菴喜晤明眞上人話舊兼懷條山

會同慧遠叩精廬十七年中少致書人喜老來筇屐健寺經兵後竹梅疎重過鹿苑勞投轄早促山厨亟剪蔬說到荊溪棲法侶白頭久別意何如

越歸過古歡堂

倦游訪舊駐籃輿仲蔚庭堦未掃除作客我餘如水槖閉門君著等身書霜摧籬菊秋花艷風振江楓老

[illegible][illegible]最美留賓開萬卷析疑嘗擬過幽居

徐尙書南下至廣陵先哭汪主事墓觀者無不流涕

廣陵才子歸黃土腹痛廻車老尙書誰向一抔澆冷酒親紆八座哭幽廬松楸到眼青如藹孤寡驚心慘不舒最是仙舟賓從滿猶從地下眷樵漁

陳遜齋尊配初度

桃葉溪頭駐鹿車攜將德曜賦閒居汲泉每佐培蘭畹研墨親供寫道書偕隱族微堪對飽留賓烟火幾

曾虛登堂忽憶於陵婦歷盡窮愁意亦舒

羅景有大令解光化任望歸廣陵

許擲銅章賦遂初江干引領望歸歟也知晚節宦情淡自信先生世法疎父老定留開祖帳吾徒相待异籃輿巖疆此後平安未何似湖村坐讀書

俞寧世太史過海陵偕令叔周書令兄潔存見

訪即言別時以嫁妹客揚　和錦泉 陳芳

浙西才子推諸謝烟雨南樓讀父書彩鷁三春來古渡烏牟千里送香車班荊郭外新鶯喚投刺門前荒

草餘家樂霓裳方侑酒陽關又唱月斜初

王山史七十初度

華嶽峰邊處士居希夷高躅又騎驢甘貧破屋輕徵
辟傳世名山有著書硯北一門精翰札江南幾地訪
樵漁期君指點玄關秘函谷何年命鹿車

喜晤吳冠五子周世兄偕同龍客榕容夜話

仙遊莫怪鬢毛疎馬齒論年頻讓予躋攀記曾千里
外分襟又是十年餘風塵青眼誰卿已丘壑黃山有
舊廬最是孟嘗門冷盡先生偏不負歌魚

黃仙裳七言律詩分韻　六魚　　一　　家課一種

水村得王黍戎維揚書問時歸自荆門復遊楚
微

相近翻憐相見疎君真萍梗我為魚一身疾病波濤
內萬里閒關虎豹餘情想閉門空有夢舊交當勝入
無書廣陵好待重沽酒叢桂秋風八月初

七虞

揚州金太尊重建平山堂開工邀飲同程穆倩紀伯紫鄧孝威汪蛟門王轉運

金尊重洗到行厨五馬翩翩踏舊蕪何用風流誇慶
曆即看堂宇壯江都秋泉石甃疏寒碧夕照松岡入
畫圖鼙鼓不催人定勸落成幾日又提壺

重九同人醵飲程穆倩寓齋復醉登周孝侯讀
書臺晚眺　分七虞

莚葉西風吹老夫旅愁無限值秋徂且來闞酒酬佳

黃仙裳七言律詩分韻　七虞　　一　　家課一種

節不用憑高望故都遠信迢遙遲白鴈早年憔悴到
茱萸讀書我恨揮戈晚吊古荒臺夕照孤

白筠心毘陵來喜得趙止安書

春燈村舍剪屠蘇回首論心歲月徂不信鬢眉猶夙
昔卻憐草木幾榮枯棄官久愛陶彭澤託子今存鮑
大夫潦倒未能追杖履八行何意到菰蘆

從田刺史得夏邑陳簡菴音問

幾宵頻夢陳公子消息欣傳州大夫豈尚腰鐮尋野
蕨應猶把卷據庭梧同心可卜苦岑合一諾尤欽氣

蘆殊不道羇生淪落久于今文舉莅東吳

燕邸即事

敢言攬勝入　皇都故里薰風隔海隅望信久沉黃耳犬思親忽聽白頭烏觀荷開宴遊三島洗象臨波賜五銖日接新聞寬旅思分明再見太平圖

聽沈明府話慈利縣山水

六百幅員慈利縣三年南面領銅符溪聲雷吼夜牀踞山勢劍攢樵徑孤落日鹿偷岡下麥吹燈虎入竹邊廚君歸偏話爲官苦那得攜筇謝客俱

白門晤金大年詰舊 德州別去將十年矣推分令叔先生禮遇有加兼扶植敝門人鞏子履中感贈

多情大阮一函書文舉堂前倒玉壺記向平原留十日肯從傖父訪三都江干釣艇烟波隔天外離心夕照孤豈意蘇衣重握手白門秋柳正啼烏

承重居廬謝諸君子垂唁

煢煢隻影閉荒廬已見灰心萬慮枯一院凉風搖落木五更殘月伴啼烏長貧未免傷哉嘆多病時深老至虞幾處素車垂唁者赬然相對倍欷歔

魏子存公車過廣陵有詩見懷趙乾符半刺及余次答

郵亭嘶馬故城隅楚水燕雲接　帝都才子金臺方攬轡故人江郡正分符班荊岐路論心久戀舊連宵對月孤不是寄書催去舫與君十日醉醍醐

程翼天招集寓齋

琴樽小院入冰壺照檻荊花樂友于鶯舌送歌簧共囀柳風吹絮雪同鋪留連佳會娛今夕潦倒名場笑老夫應見斯文待英絕等閒搖筆賦三都

金陵贈門人張崑石時令弟蘧若領鄉薦

長將青眼望吾徒張儉中原一丈夫千里烽烟逃楚蜀十年書問阻江湖醉摩匣劍雄情起老聽慈烏血淚枯愛爾連枝方稱意相逢且得慰窮途

得徐徤菴太史書問 時仲男泰來將北上

數載音塵隔　帝都八行何意到菰蘆平津大度終開閣東郭先生猶據梧想去雲泉燕地美別來花月廣陵殊閒知舊典須編纂阜帽江東記得無

泰州題小西湖 和陳丹文

除御錢塘亦有湖種梅山已不名孤過橋花落桃兼
杏隔浦風翻柳與蒲開見酒傭衣犢鼻忽聞漁艇飯
彫胡青鞵布襪常來往爛熳狂歌信老夫

白門贈朱裔三郡丞

賤骨平生懶曳裾高賢相望亦心輸鴛湖孝子珠爲
淚鳳沼才人氷在壺麾守地纔臨越水治中名已冠
留都烏衣桃葉論文處笑引漁樵酒剩沽

寄贈介伯宗兄時客崔太尊署中

淵源江夏派非殊兄籍嚴江弟産吳千項果同先叔

黄僊裳七言律詩分韻　七虞　目　家課一種

度絳紗猶隔阮元瑜濤清官閣杯香遠月好胡牀花
影扶自是二難多道氣朝朝相對坐氷壺

送臯憲金公予告回都門之二 此首謂甲寅守揚州之事

匹馬相從入　帝都板橋茅店酒頻沽方期載筆靑
油幕不道觀荷名伯湖六一堂成重命酒西南烽警
不驚烏十年綏靜兼刑措忽憶鴟夷范蠡圖

白蒲許筠節草堂 兼呈里中前輩

書卷殘燈伴辟纑弟兄擁被聽慈烏久知南阮貧猶
傲自信山公在不孤水牖好風摇碧柳草堂明月上

高梧尋常醉墨淋漓處得意閒開筆陣圖

次韻酬卓子任見投

車笠論交道不孤騷壇斤斧讓公輸吹簫月夜吟難
廢中酒花時病未蘇四海白頭狂作客半生黃卷笑
爲儒君偏意氣雄豪甚那待名成愛五湖

廣陵送鄭山公銀臺報　命還朝兼寄俞郎弟

三月雙旌指　帝都平山方約酒頻沽忽臨官渡攀
楊柳愁聽離筵唱鷓鴣歸騎又隨歸雁遠送人兼值
送春徂見君親串煩傳致白髮連年念友于

黄僊裳七言律詩分韻　七虞　五　家課一種

何埰埸與潘夫閑話舊

十載論交與鼎姝海鄉移宅自江都詩才欲接潘懷
縣心許聊從趙大夫別墅種花開野徑草堂迎月上
新梧瓊枝對我慚衰老相見狂歌倒百壺

舟中讀友人哭傷諸奏牘

桑梓關情痛切膚傳君高義古人俱憂時獨灑賈生
淚拯溺還描鄭俠圖茶沸論心津路遠燈明把卷旅
愁蘇當年童稚頭齊白處仲能無擊唾壺

寄高澹人學士兼追憶錢塘諸駿男弟

太白先生懶據梧栢梁殿裏和都俞平分仙隱東方
朔占斷才名西子湖高翥青冥鸞鷫遠清光霄漢月
輪孤九衢連袂曾相識忽憶同時兩小巫

方恂如招集幽居同柳長在戴景韓程釆臣方
洛瞻令似峩又仲男泰來分韻戊辰首春
深巷喬柯鳥亂呼春晴連袂到菰蘆都知病骨應酬
減偏是貧交意氣殊新月梅梢侵短幌嘉魚海外入
中厨今年喜週谿租詔相約城南酒再沽座中食高麗魚

頌臬憲高公守揚善政李書雲先生屬賦

九重特簡明刑去萬戶猶歌賢大夫邗水恩膏來渤
海高爲渤海郡 平山風雅接歐蘇眼看瑞麥仙人掌手種
紅蓮名伯湖五馬渡江官閣在更誰清絶坐冰壺

崔青峙同謝晉侯先生北上賦懷時聞遐拔併
以志喜時泰男方應江南秋試
二載離群歲復徂久偕康樂返蒲吾高堂日望斑衣
至香閣頻憐好月孤忽報青錢膺上選又疑嬌馬去
皇都不知椎魯通家子得附微書入洛無

同人公餞孔使君赴海上

誰許王程滯道途西城斜日下平蕪且沽醇酒娛勞
吏忍見海風吹薄膚楊柳折時雙槳動牡丹開處一
樽徂笙歌本爲留嘉客翻悔離筵唱鷓鴣

汝寧東歸憶何子受久客秦中
君滯秦關我去吳東西形影限岐途揚州歸夢牽楊
柳越國鄉愁到鷓鴣迢遞關山千里隔艱難心事一
春徂同遊不得同歸去悵望斜陽滿碧蕪

錄舊頌言爲陳生一臣呈謝督憲王大中丞
元龍賓從滿東都愛子垂髫掌上珠一自鐵笳吹冷

骨頓令朱戶没荒蕪書哦文帙晨炊未客擁綈袍解
贈無堪念遺孤同郭振山公而在不教孤

贈史簡菴明府公見貽米楫時白駒河工告成
仙尹清名徹九衢久空臺省尚江湖青陽序又臨青
海白馬波全奠白駒體國萬夫登衽席愛才幾客賴
噓枯襄陽墨妙勞持贈把玩寧殊明月珠

歲暮葉子千別駕旅齋小集時同吳文起歸自
海上酒中出見二小公子
相違百日旅懷孤閉戶先生懶據梧歲暮荒城來二

仲月明滄海出雙珠催春風暖啅簷雀釀雪天寒涴
樹烏佇待功成將謁選明年翔步在天衢

贈薛叅戎

建牙吹角鎮東吳威署天山業再敷命酒逍遙揮羽
扇焚香臥起對陰符從臨玉帳鯨波息自得薰風蒞
屋蘓滿沼芙蕖斂鈴閣年年賓從看投壺

爲叅輿荆廣文嘿菴題君子堂是其荷池講學
處

碧沼田田蓮葉鋪講堂終日坐氷壺風人棻竹比君

黃仙裳七言律詩分韻 七虞 家課一種

子秦代古松稱大夫臨木欲邀明月對出泥不受點
塵汚怪來胸次全光潔自寫先天太極圖

送友應北闈秋試

風姿灼灼秀芙蕖王謝傳家迥自殊明月海中珠有
蚌青雲池上鳳成雛庭趨鯉也春方茂世講龍門誼
不渝此去策名賓帝里薰風萬里看搏扶

懷高輝景遊府

僾爾三秦一丈夫提兵西上過孤蘆燈前
酒袖裏曾携剪屍圖鄉客嗣來勞解

還珠何時相訪重携手同上狼峰聽鷓鴣

謝鍾山七十初度

孝友門閭風教殊隱君杖屨自愉愉一犂青鳳高陽
里十丈紅蓮名伯湖共許解紛追魯仲從知著論準
潛夫平生遠歷佳山水萬里猶肩陟岵圖

過席敬軒太翁故宅

鶍鶍聲聲霜草蕪少微昨夜殞東吳菊松最慕陶貞
士鹽鐵聊從漢大夫久識邗江懸地美莫傷遼海旅
魂孤如今瞑目黃泉下明月雙看蚌吐珠

黃仙裳七言律詩分韻 七虞 九 家課一種

德清蔡太翁七十壽子振尊人

藜杖方袍白髮疎太平時節足歡娛青箱教子致通
顯南國賴公輕輓輸半月泉邊梅正放呂仙橋上酒
堪沽通家夙忝中郎契也頌岡陵到座隅

立孺叔初度

梅開好鳥喚提壺華髮雖生與不孤家閱滄桑無隻
業天憐正直剩微軀懶扶藜杖遊朱戶閒訪山僧坐
碧梧短巷比來衡宇接恰空南阮竹林圖

南豐湯貫人世兄至廣陵征書謝咭仍送之去

淮陰蔡懷若人碩人兩昆仲

怪來枕畔聽啼鳥世講郵書到海隅纔向維揚[illegible]露仍趨袁浦謝生芻新墳忽漫蒙芳草古道誰猶念競孤孔李千秋吾黨在揮戈肯任夕陽徂

八齊

上巳集丁謙龍漁園

幾曲濃桃抱碧谿山園步屧路高低橋邊細草丰茸長塢裏春禽自在啼浣垢卻憐塵似墨遣憂拚共醉成泥十年上巳違鄉土禊集新詞此重題

客羅山寄懷張巽姿時任孝感令

南望晴峰綠草齊廿年兄弟數年睽秋風白首存知己涼月揚州悵解攜把臂夢牽羅國外各天人隔楚雲西那堪久客驅歸騎空羨桃花熠碧溪

送李爾孚治中北上

幾日東歸又解攜王程無限草萋萋正貪姜被吟花萼忽捧萊衣別杖藜楊柳不堪南浦折班騅猶望故園嘶簡書親命交相迫敢向青山戀舊蹊

假榻西園鄧孝威范汝受汪蛟門過飲遲王人不至次君三韻

綠樹紅橋鶴逕迷忽機盡日聽黃鸝野人鬚鬢渾堆雪公子衣袍尚解綈塵匣豈埋三尺劍羈魂空怨五更雞眼前麴糵足生事莫慮乾坤猶鼓鞞

送友人赴任會稽
昔年世好叨隣並今見銅章領會稽驛路好山青叠
叠江皋芳草緑萋萋去時栖火明吳苑到日荷風扇
越溪郡守自應虛左待才名不久徹金閨
步月過金共玉麋使宅時歸自粤西同王九有
冒青若諸子泥飲
秦淮秋老菊開齊院靜庭槐鳥乍棲好月豈能閒坐
卧故交空自隔東西三年再到銜巵酒萬里初歸洗
馬蹄正苦悶懷無處豁不期今夕醉如泥
黄僊裳七言律詩分韻 八齊 二 家課一種
寄王起渭時讀書五藉樓
西園舊好虓佳勝共許二難賓主齊幾度飛花邀讌
賞十年文詠藉提攜樹疑別後垂楊長池想春來碧
水迷記得連牀聽鶴唳如今蹤跡判雲泥
痛飲友人宅醒後作
阮家相望屋東西齋酒門前客駐私老樹横溪差有
致茅齋容膝亦堪棲都忘歸[illegible]當筵谷
鳥啼總是忘形歡轉劇三年此日醉如泥
重陽前一日對初菊

古城芳草歇萋萋晴日茅齋俯舊谿濁酒满斟酬令
節黄花初綻入幽棲閒中節屐人頻到靜裏棋枰日
未低獨我又驚時物變秋風心怯夜烏啼
席書樵見招舟泛 同蒋前民張璐房錢錦樹諸子分韻
水嬉自昔維揚盛况値昇平息鼓鼙白雪正飄千樹
絮清歌忽送一聲鸝誰家畫舫攜仙侶幾度旗亭見
舊題醉起留春澆濁酒夕陽無限草萋萋
不寐
宵來客思苦凄迷樓上高低戍析齊永夜愁心間蝶
夢一牕殘月伴烏啼交親遠道沉書信江國 皇威
息鼓鼙老見太平空伏處祇將生計問耕犁
黄僊裳七言律詩分韻 八齊 三 家課一種
鄧孝威舍人郡中歸程孚夏司城招集詠歸堂
三家子弟皆在坐兼追憶尊大尹鼎菴先生
同戴景韓程天有鄧若雍弟儀道男泰來分
韻得八齊
騷壇桃李久成蹊領袖人歸自竹西稍阮白頭差徤
在紀羣緑酒復提攜荒年水國哀鴻亂寒夜嚴城戍
析齊不到此堂逾十載含悽難續舊留題

送繆塈書廷對北上

少年聲譽動金閶，廷對文章煥紫霓。楊柳半依宮渡蘋，班騅爭向驛亭嘶。治安有策才推賈，京洛無書懶過稽。獨念見曹猶伏處，那能同聽帝城雞。

張子常來自海安文簡維執元暉上木泰男鸞孫同集娛暉堂時鶯祥詩先成

半年無故隔東西，今日郗家酒重攜。遠浦雲開初到雁，春城樹冷未聞鸝。況憂只說情懷惡，家宴何期少長齊。七步就中誇孺子，老夫含笑引玻璃。

寄懷戴明經任楚中

安道聲名重紫泥，故鄉隣並藉提攜。祇因遠宦頻年別，遂使交親兩地睽。江岸獨聽鶯嚦嚦，楚城回望草萋萋。他時畫舫南來處，欲把邗溝當剡溪。

丁卯深秋與泰男對酒懷田念始世兄

何事凌雲未有梯，秋風猶復蹶霜蹄。世交真欲盟金石，國士那容負品題。岱嶽浩歌看錫樹，江皐醉酒聽黃鸝。天生龍劍終須合，忍恁班荊在竹西。

張仲嘱邀遊惠山以入越不得赴庚辰舊作

訪舊舟停水寺西，綠迷城外草烟齊。漫勞張緒牽楊柳，共柰梁鴻去會稽。石湫泉香通遠夢，河橋花落是愁谿。莫教山上鶯聲歇，越酒還容幾甕攜。

海陵送別姜錦雯參戎北上補邊時爲探親邊刺史來泰邊已物故

將軍尙父元勳裔，秉鉞川西鎮疊溪。千里舟航探故舊，一麾形影隔雲泥。班荊對酒情偏苦，折柳臨河手再攜。此後擁旄何處所，肯敎魚雁阻書題。

田公樊半園同王彤飇倪永清顧景先諸子

芳園載酒共攀躋，峰泖人來自竹西。林下琴樽呼大阮，畫中泉石雜迂倪。舞迷叢蝶花將落，歌鬧新鶯日未低。正是清和天氣好，平原莫擬遽分攜。

丁楚賓攜尊孔使君寓樓小集

孔融門下有丁儀，步屧荒城少長齊。問字慇勤齋酒脯，望衡咫尺隔東西。半年王事空驅馬，今日閒心始聽鸝。說到麥枯炎火熾，仍將醉眼盼雲霓。

吳素求以郡丞代會稽太守入覲晤于廣陵

使君上計赴金閶，聞道朱輪出會稽。此地藩惟邀祖

[illegible]昔年瓜渚藉提攜，王程趁歲驅嬌馬，内苑逢春聽曉雞。報最許看臚不次，姓名先向御屏題。

松菊山房與穆倩話舊 次原韻

東京耆舊程夫子，亂後佯狂託簡兮。舊日雉壇慚我後，諸人玉樹與君齊。浪言子侄皆王謝，自信金蘭接呂嵇。醉去總應忘世事，不堪酒醒又聞雞。

長至集唐雨俊霞有文子鏤木亭同沈柜雙仲男泰來限韻

不是嘉招文字飲，柴關終日閉荒畦。半林暖景烘梅

黃仙裳七言律詩分韻　八齊　六　家課一種

雪，雨世交情重阮嵇。疊畫溪留前代額，家風詩愛昔賢題。今宵清酒三升後，淡易猶期一指迷。

閏元宵 庚辰和顧與治

赤阜燒燈驚疊見，魚龍戲共首春齊。往年塢有殘梅落，今夕梁無紫燕棲。遊騎香塵仍帝里，傳柑勝事又金閨。侯門月黑笙歌沸，誰念哀鴻四野啼。

病中奉和施使君重過海陵

懷人伏枕正凄凄，忽望雙旌暮雨低。隋柳綠深維畫舫，安榴紅吐待詩題。庾園頓有經年別，阮巷仍隣使虎西。布穀也知來舊主，爭迎朱轂盡情啼。

朱魯瞻初度

久欽搖筆吐虹霓，州里才名孰與齊。兩世陳荀同硯席，一街衡宇列東西。園林時把奇書擁，枕被還將弱弟携。最是我生黃菊節，高原望處白雲迷。

夏夜集徐石霞邸舍

客子行廚酒自攜，東城樹影半烏棲。凉風漸覺來蒼角，圓月旋看照水西。炎熱人情羞褦襶，中宵門徑歇輪蹄。一杯知已清言好，何必沉湎醉似泥。

黃仙裳七言律詩分韻　八齊　七　家課一種

喜王蒿伊見過

貧居老屋俯迴谿，君正朱輪出會稽。郄子方勞數載力，鶺鴒莫笑一枝棲。花間掃徑培松菊，竹下開尊聚阮嵇。獨念承恩領千騎，旌麾早晚又東西。

長孫鸞祥二十初度勗之 用杜句起

陸機二十作文賦，孫年不覺與之齊。三更正好親燈火，萬里方將試馬蹄。德薄高門非所望，世衰坦道肯教迷。嗟予亦奉過庭訓，頭白無成但慘悽。

如皋門人范粟園送董明府北上迴舟見訪夜

集上木姪齋中

送客迴舟過竹谿廿年師弟二年暌綠波南浦情懷惡芳草遙天望眼迷醉醒無端還剪燭悲歡幾許到鳴雞人歸又值春歸日且住爲隹絆馬啼

九隹

溪上晚歸

落落行蹤寄草萊何妨百事與時乖叩門剡水初迴棹沽酒文君不惜釵儉歲鴈臯啼北渚寒宵花月映西齋平生嬾問家人計醉後題詩倣詠懷

淮陰舟中喜晤錢彦林 府上壬午公車

長安道遠滯長淮恰遇名賢逐計偕盛世輪蹄通帝里隨身歌舞到天涯談深戍柝聽風亂坐久湖波與霧霾最美救時多秘策只疑高論與時乖

中秋集方爾止畬山草堂

長板橋頭處士齋中秋節序名吾儕酒沽白下由來美月滿青溪分外佳六代山川容浪迹異鄉兄弟足開懷良宵何幸同安土愁説今年百事乖 是年戊申地震

秋隹館即事

長夏雲峯向夕佳古槐門巷敞南齋風來小院全收暑客過同心可散懷滅燭露明三逕草臨波月冷一池蛙葛巾欹側人多醉相送猶能出水涯

送智劍大師歸楚黄即官凝之

千峰登陟信芒鞋七十如公體氣佳對客未除蓮社
酒辭家欲笑太常齋海邦遊戲馴鷗鳥松殿歸閒伏
虎豺此去逢人還借便莫教吳楚信音乖

梅谷大師經維揚止華藏菴同人過訪時趙鐵
源粵東典試還得阿宁和尚近狀

舄嶠歸曾聒我齋薰風又遇小秦淮齋廚飲水呼燒
笋餘習臨池講折釵階苑三春芳草遍羅浮萬里故
人佳韜車有客相傳說度嶺梅荒半虎豺

正月十三夜徐亨祖宅

黃僊裳七言律詩分韻　九隹　二　家課一種

板橋西畔水之涯欲買疎梅種小齋留客酒當燈乍
試送歌人與月俱佳此時淺渚藏龍驥何處青峰踏
草鞵最是十年鄰並後還鄉艮夕足開懷

姜滙思齷使以丁艱去兩淮

啼鳥昨夜繞山齋時事驚傳惱夙懷未見錢鏐輸海
徼可堪劉晏去江淮一春雨雪寒梅凍萬里風沙白
日霾最是蒼生辛望眼幾回搔首步苔堦

正月十七夜龔芝麓奉常招陪劉藥生觀察集
廣陵寓園便送歸潁上

風雨燒燈聚客齋故人猶記說秦淮正聯縞紵歡談
笑其奈笙歌惱別懷此際曉風開柳岸誰家侍史代
金釵明朝背發邗江水珍重魚書莫便乖

錢耐菴招同吳興公諸駿男錢錬百均厝仁洽
諸子飲海陵西山

木葉凉風點客齋攜尊選勝集吾儕地偏車馬湖西
少秋霽雲山日夕佳幾歲交遊依杵臼一時詞賦占
江淮豫愁南北征輪動不覺當歡愴別懷

汝南燈夕集清美堂　辛先民韓聞西何子受同賦

黃僊裳七言律詩分韻　九隹　三　家課一種

一林殘雪映西齋不信良宵酒似淮燈火堂容明月
入春風人並早梅佳地無戎馬全安堵座有笙歌亦
散懷更愛稚兒初學語綿蠻如聽鳥喈喈

同韓經正觀別者

細雨疎燈點夜齋交親勸飲佐談諧弟兄合盡百年
好離隔轉嗟人事乖連影雁行迷朔漠同枝花萼滿
庭階傷人亦灑天涯淚此際如何得好懷

人日初度宗定九山庄對酒

幾日和風拂水涯清尊親串敞高齋雪飄三徑氣衿

肅梅老一條花自隹白首無能慚馬齒青山有約負
芒鞋惟欣婚嫁粗成就未信棲遲履運乖

阮岍夫別駕索予詩刻去年晤于天濤弟齋中

佐郡政成餘暇日雄風執耳振江淮自慚瓦缶無音
節敢對嗣宗擬詠懷船去海雲徒漠漠春回谷鳥又
喈喈何時更過惠連宅重聽論文集我儕

贈戴雪舫

經史巾箱皆手錄先生嗜古過吾儕衰遲共説情懷
惡七十方瞻道體佳白首亂餘存布帽青峰貧後戀

棕鞵尋常問字康成宅書帶青青覆一階

臘月十五夜

荒徑青青亂竹排晚汀雲影淨空齋連朝喜見晴光
好殘臘難逢月色佳貧巷閉門將逼歲醉鄉沽酒足
抒懷寒花香綻南枝早即有條風到海厓

送友人應試北上

千里征車將北發春風黃鳥弄喈喈梨花幕下青衿
醴芍藥筵前白鼻騧彩筆定能摶羽翼泥金及早報
泰淮相如亦有凌雲賦敢信江東計吏偕

喜得粤中吳留村先生遠書荷分廉俸併親書齋聯有重簾不捲留香久古硯微凹聚墨多之句

幕府魚書萬里回草堂晨聽鳥喈喈平撑半壁需公
等高卧一丘容我儕貰酒得錢懸竹杖看山無夢試
芒鞵焚香洗硯餘清課椽筆常輝處士齋

雪老人大樹堂夜坐時馮孟庶來自丁溪鹽場同觀樹侶雲泰男分韻

謝寺鐘鳴客未回寒宵燈影靜空齋長聽高座揮松
麈勝訪千山踏鐵鞵茗熟亦能澆壘塊月來何處着

陰霾故人大樹將軍裔浪説行藏與世乖

贈分運李霄樹

鴛湖才子知名久冉里烟光繞竹齋千里遨遊依輦
轂一官轉運佐江淮青蓮詩句誰能似衞玠風流日
與偕姻戚幾人皆執友嚶鳴回憶鳥喈喈

朱魯瞻宮敘五携尊園博孔公署園時將之海

上

桃花吹片落官齋東道提壺二妙偕浮白未乾催蠟
炬踏青偏約試芒鞵屢乘小艇穿吳楚欲借長才事

夾排旦曉區分有成畫重倡風雅集吾儕

家集待仙閣 山子長音兩叔文簡繼執兩塔上木侄泰男鬱孫同拈韻

首春黃鳥未喈喈溪上和風敞敞齊急命壺觴梅塢早剏逢子姪竹林佳雲中青嶂虛笻杖身外紅塵汨草鞵七十當頭行樂晚劉伶有鍤莫安排

哭女十六首 之一

高車陋巷訪蕭齋汝在雙親少悶懷堂上両賓揮玉塵室中沽酒質金釵青春方幸偕鴛侶瘦骨俄驚與雀儕繡戶梅檀香片片觀空應已外形骸

李若谷河軒招飲其內子王端人大家能畫能詩爲吾郡閨秀之冠即事題贈

高士襟期與俗乖幽居每恨隔層厓今來僻巷方敲戶不信貧家累典釵簾捲柳烟迷曲檻水流花片灑空齋挑燈寫出芙蓉影一望秋光愜素懷

程彩臣招集新齋時將偕戴修來歸里同景韓翼天泰男賦

故人置酒聚新齋恰遇忘形愜曠懷甕裏芻香來北郭牆頭竹影出西街黃山又欲尋秋菊楚澤初聞縛虎豺暫迓維桑莫留戀待君同探早梅佳

喜雲中劉赤符司馬見訪 時尋孫司空南下將補郡佐

偶隨世講忽浮淮烽靖西南縛虎豺求友三吳聯縞帶尋親萬里負遺骸能詩久切停雲想款戶今酬伐木懷幾日七衡參佐去山川又悵隔層厓

初冬集程翼天寓齋同洛瞻景韓嶽子仲男泰來賦

郭外微酣躡屐回應知歸徑望吾儕重看菊影詩懷靜記傍荷香飲興佳千里愛仍牽杵臼十年交欲契

形骸何難卜夜城闉急霜路人稀月滿街

小春望後二日陳丹文四雨山房集飲同李忍菴泰以御仲男泰來分韻

踏來落葉響空階清絕西城處士齋客坐捲簾林似水觴飛燒燭酒如淮半天京月穿雲出一塢寒梅傍檻佳達矣劉伶日沉醉百年任運莫安排

送季調御世兄赴任福安

車騎庭前玉樹排青春公子最稱佳仙鳧爲入飛鳧閣捉鼻人乘白鼻騧甘澍早沾閩徼外惠風行被海

計涯幾年報績臺端去向憶琴樽處士齋

陳枚六且適園 同甘六龢俞可歆繆補山湘芷泰男賦

春殘開徑集高齋公子休疑與世乖願我終朝惟取醉誰人每事只言佳山園舊業培花竹世路新聞擯虎豺細雨晚晴樓閣爽空天圓月出陰霾

十灰

過拂水山莊憶錢宗伯

虞峯十里翠屏開宗伯園扉閉水隈叢桂自芳招隱地飛泉猶濺讀書臺百年碩果推遺老一代名山失史才求舊江南人愈少此中登眺幾徘徊

寒夜趙乾符署園同豹人孝威田授夜集

掃徑人來踏古苔琴軒如水淨塵埃開筵碧醑杯浮蟻閉閣清言月在梅永夜戟門譙鼓亂一年蓬鬢歲華催當歡不敢辭泥飲上客能文謝守才

邯鄲登叢臺

聞道邯鄲滏水側一丘野花相對開城郭幾更非趙國山川猶指是叢臺風沙滾滾征車過塞草青青獵馬回短衣騎射雄豪甚昔日武靈安在哉

白門重晤顏修來

廣陵相遇布帆催二載吳山越水隈北固遊仍懷北闕南塘瞥忽阻南陔擁簦頗慨探書願覽勝無慚作賦才豈意觀濤分袂久白門秋好又銜杯

崇川宿七椿書屋憶麥君壽廣文兼示諸令嗣

元昊先生逝不回蜺循遺迹重徘徊園寛更闢三間屋松去猶瞻七樹梅滿塢斜暉連古寺一宵寒雨滴空臺此中月旦高陽里繼述驚看總異才

雨

播秧時節甘雨來田家夢醒柴門開喧喧蛙部鬨前鼓隱隱車聲花外雷滿溪驚波浴鷗鷺昨日大澤飛塵埃爲霖亦似等閒事天心潛伏休疑猜

喜丁菫公大行省覲歸里

朝朝北闕想南陔得遂陳情別內臺一入鷁舟悤路

遠遙瞻鄉樹已顏開庭喧喜鵲歸遊子日暖斑衣獻壽杯更美親朋相慰勞好風催發歲前梅

馬溝道中書事

溝南溝北膏腴地二月扁舟此重廻村婦過橋挑菜去艋船迎水賣魚來百年蕉鹿歸春夢滿眼興衰付酒杯誰信田園非故主綠楊依舊擁樓臺

喜儀曹王公督船淮浦之二

淮波仍與隋溝接三百郵程易溯洄閣上觀梅何遜去寺前題石李邕來知貧過客惟傾酒懷古臨河獨

上臺更想公餘振文教風騷應愛楚人才

廣陵送倪闇公太史服闋北上

彈指三年出　帝臺今朝喜鵲噪宮槐白雲抆淚金陵別青史需才玉局催古渡人猶攀綠柳花磚吏定掃荒苔此行翔步平津閣寂寞誰噓黍谷灰

贈蔣玉潔大家披緇入道

不待晨鐘夢早回青絲髮落白蓮臺豈因薄命甘逃世定爲浮生轉自哀鄰女傍觀空泪雨道人猛省欲心灰從今筆硯都燒去漫說紅樓詠絮才

癸丑客都門喜董方南館選

三策天人金殿開玉皇親點入蓬萊承明載筆校皁至紫陌看花衛玠來辨色馬聲趨禁漏下朝簾影靜庭槐青春得意門如水寧澹還欽萬里才

輓崔凌岳廣文 廣陵太守公胞兄也

逝水東流哭不回鶺鴒㫁痛萬人哀孤衾夢醒秋霖滴官閣燈殘旅雁來莫憶父書攜弟讀已應身在任心灰溯源此地甘棠樹只算先生手自栽

趙又韓別駕招飲浮香亭 同呂半隱陸吳州儲顧如蔡補齋張石樓賦

簇曩春和三徑闢後堂銀燭照深杯舞衣塲上鶯廻
雪吹笛簷前正落梅幾月桑麻沾雨露一時賓客聚
鄒枚豈惟絳帳風流美展驥還驚別駕才

過蒙陰擬贈屈明府 公閩鄉人時故人附書

紫金關口夕陽開秋晚孤城畫角哀路自安仁花縣
過人從黃帝鼎湖來民貧織繭勤紅女山瘠生茶賽
綠醅知己郵書煩寄訊廣陵歸客暫徘徊

廣陵憶舊

不覺蹉跎白髮催少年心事付寒灰偶談紫陌廻車

黃僊裳七言律詩分韻　十灰　四　家詩一種

處曾受紅樓解珮來舞榭忽疑聞艷曲燈橋猶想鬭
新醅美人去後同遊盡杜牧疎狂祗自哀

呂半隱先生寓齋晤魯桐門自燕臺下第南歸
留飲感贈 同令弟旂山及函上人

攜儈偶過讀書臺門外征車自遠來朱夏葵榴方照
眼故園兄弟足斟杯鵾鵬且耐三年息龍驥終伸萬
里才正好披襟談契濶晚凉微雨淨炎埃

吳繡巖刺史見過 兼示令弟繼諳侍衛

刺史風流天下才當時蓉閣幾追陪霜飛北郭三年

別花落南城一艇來自有肝腸同鐵石豈徒詞賦過
鄒枚竹林兄弟逢非易莫惜狂呼舊酒杯

戴文岨濟川招集書齋兼懷尊人宏度姻翁

板橋深柳水雲隈訪舊柴扉喜乍開展齒誰侵三逕
草青聲祗傷一庭梅纔能菽水供慈養忍逐羊求費
宿醅醉去空樓應夢遠五更明月起徘徊

送吳渭公赴昭陽李氏完姻 同令師丁甲先賦兼呈尊人士英

攜得溫家玉鏡臺誰知避地好音來師門方作橫經
客相府還逢詠絮才吳苑曉風催畫舫楚山新月上

黃僊裳七言律詩分韻　十灰　五　家詩一種

寒梅從今快結同心侶常徹雞鳴事老萊

花朝李吾鼎招同昭伯元昆小集

自憐令節得追陪躡屐門前破古苔此地人同五斗
醉何年心似百花開謀歸細雨還移棹望遠重雲阻
上臺見說勾芒將畢達滄江昨夜有奔雷

揚州轉運署中餞送介伯宗兄歸嚴州 和吳方弘

書劍曾偕五馬來今朝忍送布帆開故人暫別官梅
閣鄉思頻催玉鏡臺十二年惟黃耳接一千里外白
頭回邗江師友殷勤待莫便藏身雲水隈

歲暮客天寧書思禹曆兩侄攜尊看竹亭國博

孔東塘先生適至留其小坐限來字

野寺寒冬猶作客有誰剝啄破荒苔頗因竹好阿咸至莫令杯空北海來昏墊芧看平瓠子騷壇羣待詠官梅謀歸牽犬同吳隱昨夜家人遺信催

早春吳薮山工部攜尊邀同宗定九仲男泰來暨幕中諸子集大隱觀東齋梅下論詩有贈

春挿行將闢草萊乘閒連袂訪仙臺丹房樹老山翁去隣館梅開水部來春鳥弄晴催掃逕新蜂迎暖傍

黃僊裳七言律詩分韻　十灰　家訓一種

銜杯延陵聘曾論詩後又見風騷絕世才

東臺新晴周遜之見招話舊

庭院風柔漸落梅青蒼滿地長莓苔門前香草幽人送座上醇醪老友來寒雨半春偃柳杏夕陽今日射樓臺尋常十載不相見端許沉酣懷抱開

奉挽新城王太翁阮亭先生尊人

文中化雨江淮遍世詎淵源有自來剛許趨庭南極晴纔聽陟岵泰山頹幾年曾看揚州月千里應懷官閣梅部下鈇齋磨鏡具白頭衰病但銜哀

甲子深秋邀休陽方戴程三姓同人集待仙閣

方子謂大戴子景韓程子大郊宗衍又令姪天有又梁暨仲男泰來是秋獨謂大領鄉薦

世好才真儷八裴相邀細雨踏莓苔虛言荒逕尋秋去只當貧家聽雁來琴酒竹林堪把臂雲山海嶠任登臺就中獻賦菀枯異尚想春江二月雷

喜得施文中嚴州書問兼呈令兄揚州太守公

萸灣昨歲送帆開目斷嚴江錦鯉來硯北心馳七里瀨江南人贈一枝梅誰知白髮羞彈鋏何處青山再舉杯家訓比肩能恪守高名吳越並崔嵬

黃僊裳七言律詩分韻　十灰　家訓一種

寄薛謙益京師兼呈于大中丞

北郭松龕鎖碧苔故鄉洪水尚爲災一從赴義號天去不復攜僧問字來幾歲珠光扃暗室今朝駿骨上金臺閒居何日司閽報題柱人歸老眼開

得姜汝皐書問兼寄陳章侯採菊圖次原韻

蹭別惟攜一硯回多君原是洛陽才但思折柳頻臨水不道看花懶上臺任日行蹤經楚豫何年唱和結王裴尺書妙畫來千里兕復瓊篇應手裁

酬閔義行留別和孔樵嵐韻

任辰蕃亍劉君開硯甕紫頭洗薄苔數載鱗鴻沉短
翰春宵花月助深杯已叨音賞稱孝爵未敢詩呈乞
乍雷欲藉羅浮芳草色掛帆何事遽西迴

胡荊南先生舟泊泰郵附王司直有詩見懷奉
和
湖月披帷快在來遙知十日積懷開船歸楚澤逃芳
草家在泰郵足舊醅好夢頓虛頻悵望新詩一讀一
徘徊獨憐北渚瀟湘外萬里尋師豈易哉

春初家石文叔座上喜晤俞廣淵因拉過尊園

留飲予亦薄携壺榼
高軒枉過阮家來躡屐還同踏淺苔春早玉梅陰未
吐園開金鎖澁初開東風掃徑迎斜照舊夢聞歌傍
小臺偶爾携壺見芹意兵厨豈是少新醅

閒居喜蘗巖大師見過
三徑苔封少客來科頭倚杖讀書臺疎籬門掩當斜
日白社人過正落梅小坐沸鐺山茗熟清言揮麈海
雲開顛毛種種空流涙欲把塵心付劫灰

重晤方翼堯于吼劍齋

方于相過好懷開數月湖床吟碧苔渡口人拏[illegible]柳
夫江頭[illegible]落[illegible]來[illegible]眼[illegible]山[illegible]勸
舉杯夕[illegible]影中人又遲不[illegible]立[illegible]

正月十六[illegible]赴任澄
江
將軍專閫大江[illegible]人留信
宿他鄉良友共[illegible]甲[illegible]如[illegible]半夜胡床月
上梅此去[illegible]安邦[illegible]合[illegible]才

戴文叱[illegible]川來自[illegible]今[illegible]山置酒朱[illegible]仙寓齋

時[illegible]仙[illegible]
二妙巾車[illegible]且徘徊歌[illegible]餘詩
卷[illegible]花影一庭空[illegible]雲陰終日不
成雷[illegible]欲別仍[illegible]向

丁卯八月遣和仲男[illegible]兩花[illegible]秋望
秣陵[illegible]色正佳哉木末[illegible]鳥啼紅樹
少荒江日[illegible]紛紛[illegible]人千里[illegible]尋山酒
一杯病起[illegible]南渡後柴門倚杖[illegible]徊

登文游臺懷古　高郵郭外

泰郵萬柳綠烟堆何處崢嶸百尺臺遺址尚存今水
郭羣公足冠宋人才趂佳風日聯文詠對好湖光費
酒杯此日登臨何所見亂藤滿地野花開

清持兄喜予入郡置酒集諸兄弟叔姪

隔歲探梅醉小臺秋風重到桂花開城邊月照濤聲
壯江上人隨雁影來世事浮榮同露槿道心真冷付
寒灰尋常一别添華髮把臂寧辭數舉杯

爲何雲壑轉運悼亾

廣陵笛響入秋哀圓月光昏玉鏡臺七字清才吟柳

黃仙裳七言律詩分韻　十灰　一

絮幾年内職佐鹽梅悼亾詩定推情種擊缶心應著
死灰風雅宗盟何遽在那能雜佩復重來

張蒔蒼丁謙龍齊玄卿同訪聞遠叔田舍

山村曲曲水雲隈載酒當年想舊梅柳帶欲將孤艇
繫鶯歌似喚故人來麥秋稍可回飢饉梅雨何緣潤
草萊但得躬耕貧亦足久知冠蓋意全灰

風雪中張苞九子常馨定兄弟自海安來堰上

會葬先慈

荒沙壘壘水縈洄野樹平原夕鳥哀滿地蒿萊新兆

啓一天風雪素車來范張汝穎交難繼雞絮南州道
久頹誰得似君敦古義相持清淚滴寒灰

崇川友人垂問星河先叔祖感舊有答

高軒曾枉阮家來三徑春晴掃綠苔濮院調笙新曲
就後堂明燭綺筵開梨花繡幕飛還定燕子雕梁去
復回誰信繁華歌舞地十年彌望長蒿萊

黃仙裳七言律詩分韻　十灰　二

十一眞

廣陵康山讌集懷古山以康公海得名當日急救李崆峒先生曾一見劉瑾非失身也忌才者以此中之淪落過此

一丘突兀聳城闉才子名留揚子津江外六朝山色在檻前十月菊花新誰甘兎迹全知已恨不同時見古人莫又琵琶筵上弄悲風急響似西秦

癸卯冬邗上喜晤趙韞退大叅話舊先生辛巳序予制義

舊事東南盛主賓山公清望獨嶙峋久從元晏懷知已重過維揚少故人城月尚憐今夜好嶺梅猶記昔年春相逢又看輏車發惆悵西風立暮津

慈仁寺松下作

長安松下讀書人滿寺清陰灑葛巾舒簟堪逃六月暑驅羸懶逐九衢塵詩成聽鳥渾如和酒盡探囊不似貧却怪兒童傳刺到高軒幾輩訪遺民

金陵客舍先送宋旣庭歸吳門

敝裘孤劍浪遊身無事秦淮滯幾旬地傍莫愁呼酒盞秋逢宋玉領騷人塞鴻嘹嚦過荒苑陵樹紅黃想舊春何似還家貧亦樂皐橋舉桄進鱸蓴

重泊朱家口有懷祖命

汀蘆岸柳全凋落烟火人家自結鄰仍解杖錢村酒店忽思舟伴舊情親犬迎生客依然吠月出寒江分外新此地秋冬兩行役百年蓬轉暗傷神

寄懷周櫟園先生以糧道署左藩時修江寧全志

通識由來道軼倫也從分陝見經綸百年文獻資元

老六代江山有主人桂醑憶追官閣宴梅風又報戟門春相思耻逐干時輩徒抱琴書臥海濱

訪吳蕊僊女衲于逸園亭閣觀其作畫

應悔多才與佛親僑居一見亦傷神紙窗潑墨成深坐溪閣薄寒能中人頗料北遊非失計可堪東道尚愁貧把茅隨地聊容膝羨爾閒雲自在身

酬學憲趙使君海陵試峻枉駕茅舍兼懷田綸霞先生

早梅官閣衡文畢十月淮南暖似春大啓龍門羅俊

彦仍臨白屋訪幽人從疎禮法衣冠樸見慣旌旗鷗
鳥馴忽憶子方初按部也曾茅舍駐朱輪

市隱園集送王巽公歸婁東

莫愁湖上擬留賓一曲驪歌酒數巡江郭秋殘重九
日王家年少𠀤三人也知分手添新恨不道還鄉剩
舊貧此夕勸君須盡醉芙蓉亭子月如銀

酬李青雲都垣見贈

求聞未必聞能賜且得盤桓故里春棋墅尊開携野
客練裙書就與吾人空堂瀉雨絲絃妙曲檻銜花鳥

雀馴只恐東華門外路軟塵猶待碾車輪

重宿南山寺時先慈見背

城南歸棹記殘春半載重來迹已陳秋寺雨荒黃葉
逕松門犬吠白衣人仍牽行役勞難靜豈獨居憂病
且貧雞骨禪牀聊偃息垂思何事不傷神

城南樓送春兼餞潘雲客北上

東風欲去又逡巡越客追歡任幾旬此際登樓沽美
酒明朝臨水送行人簫吹江岸鶯歌亂雪灑柴扉柳
絮新何事銷魂南浦上不能留客況留春

和鳴六侄見懷

別離不用話艱辛且喜危痾復有身瘦石茶鐺窗紗
外秋燈梵唄水之濱隋堤祓禊風流散阮巷琴樽夢
寐頻忽寄瑤華開便面清詞妙墨對吟人

初聘錫山令吳伯成明府 [illegible]

季子才華久絕倫梁鴻溪上種桃新喜看劇邑綿慈
母稱與名泉作主人數[illegible]談堂清[illegible][illegible][illegible]蔀屋暖
如春公餘對客談風雅入座慚非折角巾

得吳徵蘭書爲其尊人請序詩稿

開函何事不傷神世講迢迢隔海濱絳帳在家歌舞
散青山埋骨草花新從知孤影依慈母忽把遺編哭
故人多難賴君能自立尚期六翮起高旻

廣陵志局吳青壇垣中過訪　談尊大人輒垂淚兼懷朱爾三郡丞

語兒溪上多蘭茁渴仰延陵更幾春載筆敢賡青史
任觀濤忽遇白衣人重經戰地肝腸裂久戀湖村鷗
鷺馴寄語昔年舊知已臺城久不御朱輪

寄曹荔軒使君兼索筠石介弟畫蘭

風流公子並機雲常向瓊枝夢想頻盛事喜從
龍

攀出舊游重對戟門春芳梅折取催佳句香草圖成
贈美人獨我識荆雖有願隔江猶未棹青蘋

廣陵雨夜病中懷歸孝儀

四海深交幾弟昆觀濤正到曲江濱誰知客舍愁滛
雨偏向窮秋病旅人幾處畫圖雲似墨昨宵清夢月
如銀出門平陸江波阻那得晴光聚飲醇

懷卞公謙之別駕

記得登龍快飲醇數年疎懶任州民清溪漁艇聊藏
拙當路豬肝不累人吟想蕪城明月上樽開官閣早

梅春幾時行部羅浮館再許門來折角巾

秦淮志局喜晤鄭瑚山郡丞

棘院欣逢鄭子眞東西廨屋乍爲鄰文章海內推雄
霸開霽眼中無此人曲檻疎燈裹幔晚空堦細雨勸
杯頻方輿纂竟秋仍在同看南岡紅樹春

于督憲癸亥初度貢院開筵讌集纂修諸子乃
屬江寧太守于公郡丞朱公主席恩禮有加
愧感賦謝

萬家歌舞慶生申簪筆題詩五十人鎖院長筵鋪碧

臨府僚司爵借朱輪天高皓月臨軒滿秋晚黃花吐
砌新爲　國禮賢同有願須成信史報　楓宸

京師胡念蒿先生寓齋同戴雪岑唐質行祈公
世兄夜集時先生將赴豫章觀察

千騎行看寵命新薰風門外動征輪豫章榻俟留賢
者燕市酒堪偕故人迹若乍逢旋作別心從久濶倍
相親明朝南下雙旌遠依舊他鄉夢寐頻

廣陵送九烟兄南歸時有唐詩快之選

浪跡傳經邗水濱又衝風雪出江津尋書記事如師

事詩選前人遜後人籬鷃一枝仍憩息嶧桐千尺自
嶙峋常慚髮白誇君健鐵骨明年七十春

次韻酬閩中毛文山大尹見訪不值

仙吏風標逈出塵蓬蒿枉駕不嫌貧柴桑君慕陶元
亮谷口余輸鄭子眞京洛廿年同氣久苔岑千里定
交新誰知海角羈棲客偏阻花時掃徑頻

送洪生丹霞之吳門訪韓慕廬太史將北遊

乍解堅冰揚子津胥門恩顧忽艱辛寺樓鐘響孤篷
去霜樹烏啼野店春郵札洪喬須得報過江洗馬莫

傷神煩君寄語韓夫子官閣梅芳早待人

初春五日栩長在丁謙龍儀甫弟見過留飲懷

周安劉孝廉胡繼韶守府

幕府羈棲好弟昆江城蓂葉五開新不妨正月飄餘
雪相過衡門探早春貧賤傲人無手板疎狂漉酒有
頭巾如何二妙邗關路芳草青青碾去輪

書思禹曆兩姪攜尊華藏菴是日立春

半年無事走風塵客路羈遲遘此辰花鳥僻依城外
寺栩梅偷放歲前春雙林尚掃留賓榻十載空存漉

酒巾更喜籍咸相對飲玉山高矗遜嶙峋

贈太守崔蓮生先生予爲選訂公餘詩略時剞

劂告成

漢廷加意二千石大吏持衡第一人才比飛濤騰瀚
海心同明月徹秋旻蜀岡又覩文翁化謝埭重歌名
伯仁更喜公餘愛吟咏洛陽紙貴棗梨新

海安鎮訪周芭公不值時客雉皐幕中

五栩門荒越海濱干將歛鍔混風塵三年寄食心良
苦千里浮家歲又新浦外白鷗羣唼藻樹邊青笠對

蛩綸如何停棹春塘晚不得嚉杯共故人

卓子升進士家園招同餞送任仲檀太守魯振

公大令北上 余紫蕃孔樵嵐伯藍素臣暨簡咸東郊兩令弟同限韵

謝家兄弟開筵處芳草愁看碾去輪柳帶拂波難綰
客鶯歌對酒倍傷神衆留楚澤旋金闕花種河陽待
玉人還向揚州停十日他時夢遠見何因

丙寅冬初海陵酬孔東塘國博見訪時奉命

副學士孫公監濬海口

金馬人臨青海濱分猷有意副儒臣濬川祗命遵虞

典聽鼓鳩工寓孔仁秋草澤荒歸鴈集和風地暖早
梅新菰蘆姓字叢存記却愧東京折角巾

元日竹窓讀史前戊辰爲崇禎登極之歲予勝

國諸生

白髮重逢兩戊辰孤踪江上尚垂綸龍飛神武澄清
歲馬齒膠庠教養身一代賢奸歸逝水百年花草又
新春鼎湖仙去遺民老青史開披淚滿巾

雨中張諧石攜尊寺樓時予送仲男應省試

白門秋色望行人兒病猶羈揚子津兩日難禁風雨

一尊堪念弟兄貧不擇香靜含禪意質雁聲來徹
義戈總是天機非豫定吾儕何用避艱辛

丁卯秋中喜程旦伯至海陵見訪

多君別我長相憶藤杖山苗苛野人三載空令馳白
岳一帆何意到邢津尫羸病骨重攜手風月秋光快
飲醇兩姓見曹方獻賦直將窮達付蒼旻

酬宮定菴學使遠書見存

持衡齊魯雄風地帝簡南宮第一人盡採珊瑚歸鐵
網獨懷冰雪報楓宸馳驅方廹趨王事寂寞誰猶訪

黄僊裳七言律詩分韻　十一真　九　家課一種

釣綸自是先生多道氣孤梅寒谷欲添春

長夏喜周冰持見顧草堂

扃扉孤臥海東濱市上紅塵無碾輪南陌怪非穠纖
客北窓來訪羲皇人幽棲陋巷輸汪度笑對周郎是
飲醇何事論文垂老日名場蹀躞得麒麟

酬王方日見投

海東淪落老樵民公子才高賀季真蘿薜幽棲徒有
癖芙蕖新句總無塵誰人肯訪牛醫後今日初誇公
瑾醇金馬待君繩祖武長楊載筆奏應頻

偪歲喜程次郊重過海陵兼懷季夏宗衍天有仙掌又粱緒子

誰期長至到江津幾度然疑信未真別近五年勞夢
想交深三世最情親臘梅全照荒臺雪曙鳥先催小
院春此日放襟纔對酒不逢諸謝又馳神

酬王方日世兄見贈

海東淪落老樵民公子才高賀季真蘿薜幽棲徒有
癖芙蕖新句總無塵誰人肯訪牛醫後今日初誇公
瑾醇金馬待君繩祖武長楊載筆奏應頻

許瀫雪先生八十初度

黄仙裳七言律詩分韻　十一真　十　家課一種

滄桑稀見老遺民碩果江南得許詢晦迹誰知前進
士行吟聊託楚騷人燈明劉閣傳經遠酒載楊亭問
字頻白髮羅浮堪結隱桃花深處穩漁綸

送姚子遜赴東萊兼示令弟于四

嚶嚶鳥囀百花辰縞紵揚州識面新下馬解囊沽美
酒過橋攀柳送行人詩名早占雲間秀蓮幕應生海
岱春誰信白頭徒拙守雙龍看爾出風塵

寄吳伯成大令

藏星何事不艱辛真見江南借寇恂百鍊崢嶸存鐵

骨萬家寒逼得陽春看山須識心原暇貰酒從知橐
也貧夢裏梧軒人宛在剡舟欲發又逡巡

張石樓招集齋中令叔令弟暨仲男同在坐兼
懷尊人詞臣大尹

芳時斗酒聚東隣張緒庭前柳色春遊宦十年歸正
晚相思千里見何因才華倚馬驚過父情話挑燈擬
達晨莫怪别來頭鬢白兩家兒姪盡成人

文昭弟邀遊北寺再聽法大師講是日立春

西堂聽法不辭頻況復陽回野寺春暖日檻前明老

栢條風門外起青蘋此中滯義歸冰釋昨日微言待
引伸更喜齋鐘聞四遠隹辰晴已慰農人

雲陽訪姜子翥不值 時客錫山佐吳明府校刻合淝公詩集

丹陽郭外停雙槳丁卯橋頭訪故人山徑菁蕪眠病
犬府門喬木抱迴津玄經應許侯巴讀安邑能知仲
叔貧第二泉邊仍握手此宵岑寂悵無隣

許茹庸齋中雅集

殘冬安得有隹興酒熟先蒙名旅人燈下香醪清似
蕙雪中凉月白如銀情徵地主貧逾厚交託高賢久
更親醉後忘形渾爛熳不知誰送返城闉

東溪元旦

十年纔見故園春慚愧東西南北人細把清尊酬令
節喜將白髮侍慈親鵲鳴竹塢朝光滿船泊茅齋野
水隣但使天倫饒樂事幽棲從笑阮家貧

何雲壑轉運招集園亭觀家伶

柳凝成綿草似茵東風欲去尚逡巡園亭便擧留春
宴花月應歸顧曲人嬌鳥故窺珠箔影香醪難放玉
杯醇誰知穠艷歡場裏亦有微言契道眞

十二文

旅館早發

野店燈殘酒半醺起看斜月照江雲堦前宿雨幽花潤城上啼烏曙色分單薄客衣增旅思艱難世路賴同羣西風蕭摵芙蓉冷回首衙門閉木濆

喜晤慈谿馮潔士世兄　余曾執經令叔鄭仙先生

舊人幾輩盡離羣話到滄桑不可聞孺子遠慚黄叔度中朝親事小馮君迢遥秖結鬭湖夢才拙方耕姜堰雲此日阿咸敦世講相將岐路惜斜曛

送徐春坊健菴服闋北上

數載廬居勞王眷青宫園綺待爲羣朝衣載筆趨丹陛淚眼回頭望白雲江浦餞筵喧古驛河橋嘶馬戀斜曛京華會見清寧慶前路好音頻寄聞　時地震之後

懷俞廣淵大尹

雙橋衙宇遥相望世外論交我與君鄙吝自慚黄叔度風流常憶沈休文爇香人侍清如月抱卷門關[illegible]似雲紅袖倘容重拂硯恨無隹句寫羊裙

逢鄭子綱話舊　憶甲申二月令姪超宗席上廷直士預亦臣師六織集[illegible]

曉携筆石寫烟雲七尺昂藏早建勳披褐竟成今隱士種瓜原是故將軍竹林歡宴渾如昨江渚羈棲久絶聞何意剪燈談隔代感懷無限不成醺

送宫定山北上補選憲副

南浦斜陽酒未醺同人送别鮑叅軍笙歌驪馬喧青帳竹樹山園鎖白雲梓里萬家能頌德名藩何地待標勳君行我又衙門掩莫惜瑶華遠寄聞

送汪舟次太史册封琉球　時賜御書中山世土四字額

節使樓船出海濱正東紅日擁祥雲天威遠震今無敵宸翰同須古未聞萬里魚龍恬窟宅中山島嶼守耕耘國靈文德重敷後世仰神州戴聖君

懷唐祖命時年七十

五十年來唐舍人才名江左更無羣憂時賈誼言爲藥罵坐灕衙氣似雲秖借頹陽驕謝髮常邀醉墨寫羊裙乾坤求舊君非老再起投竿可建勳

初春同孝威集山漁齋中對雨

春陰肯許悵離羣知已悲歡不用文菸逕半鋪當戶蘚茅簷低壓入城雲難辭行役牽塵事每接清言抵

異日早曉逢晴期並載野梅香裏去江濆

贈舊咸陽令張天任兼示㝡人靑門諸令嗣
垂髫四十餘年契管鮑論交不足云花縣名高百二郡金臺才冠五千軍長貧萍要誰青眼到老心情戀白雲次第鳳毛看繞膝劉家豚犬愧無聞

寄李若士總戎詒居諾公令姪
十年長揖大將軍小阮何緣未識君泚筆纔題行道影飛帆忽趂渡江雲毎吟珠玉勞予夢若炙風神過所聞驛路三千難握手附書惆悵對斜曛

次韻酬景乾貞見贈即送歸安邑
白鷗沙上忽爲羣幾日披襟又送君別路忍攀江北柳歸心遥指太行雲當年獻賦雖遭刖聖主臨軒正右文愧我藏刓遺世網鳳樓還待郢人斤

季甫宫諭飲是日見贈尊夫子墨蹟蘭亭
西州舊路日斜曛曾䜭銀鈎白練裙世講才慚孔北海永和蹟覩右將軍芝蘭道契交堪締松石遺堂酒易醺幾輩棣華爭濟美竚摶翎羽入青雲

江寧贈王元倬孝廉
□國翩翩推冠軍忽甘拖膝不求聞迴車最愛南陔日拄杖懶看鍾阜雲騎髮遍邊尋故老冬青樹畔結緇羣我來快把高人臂且共論詩到夕曛

宿朱家口感舊憶唐祖命
曾賦懷人宿水濆宣城唱和意殷勤孤帆又泊朱家口妙墨空留白練裙未信存亾分逝水豈惟契濶悵斜曛仍沽村酒蓬窗坐鄰笛悽清不可聞

高素其初度
載筆風流高舍人南宫曾奪五千軍摶鵬壯志差堪

慰吐鳳長才未有羣郎日還除需建立平生寧澹薄聲聞雉壇進酒同袍滿也到遼東一布裙

送景海一牛刺丁艱歸安邑
辭家佐郡向江濆爲國忘私許建勳矢志僅嘗吳地水思親惟指太行雲夢回慈竹猶堪戀書到哀猿不忍聞白馬素車將送遠欲攀棠樹駐斜曛

吳水部載山署齋喜令師徐蒼浮先生來自臨官賦詩次答
十年結納柱紛紜未識臨官舊隱君絳帳河汾羅將

和白衣海嶠御烟雲踰期莫慰臨風想命駕曾蒙遣
信聞今日南皮衛宇接不嫌頻造賞奇文

無題 和如皋冒無譽同用首句

除却巫山不是雲飄飄誰曳蔡霞裙忽從射雉車中
見應許吹簫月下聞春去紗窗花是影夢來蓬島玉
為群當年解佩人何在空倚西樓望夕曛

寄畬趙止安時寄居瓜渚

自擔書劍別何汾孤雁南翔久失羣壯志飛騰應尚
在離憂瑣屑不堪云三山嵐嶂浮朝雨萬里風濤送

黃仙裳七言律詩分韻　十二文　二

夕曛卜肆舊當城下路幾時江畔又逢君

歸吳陵酬清持兄見贈

菊香家塾追隨處日日淸樽細論文未老二毛爭笑
我平生一事不如君樓頭好月秋光共渡口哀楊路
又分慚愧頹齡叨友愛江波深遞此情慇

雁字 次沈恒雙韻

臨池倦後步江濆極目長空雁幾羣不異銀鉤揮白
練直將詩句寫迴文數行草草斜還正辨體人人合
又分鳳翥龍翔更奇絕無端思巳入風雲

寄大梁朱叅軍潤生

故人燕市記離羣十六年來信少聞長夏每思河朔
會高風應傍信陵君舊居綠柳垂深巷遠宦黃河隔
暮曛忽夢還轅重對酒白鷗溪畔滿閒雲

寒夜和來威遠

天涯歲暮此留君孤館蕭蕭客思紛霜色白迷三徑
草月光冷浸一庭雲巳悲朔雁霜前見且喜隣雞酒
後聞得與故人同榻臥少微星巳動天文

海陵遊戎署齋喜晤吳季茂先生 兼呈留村督憲

黃僊裳七言律詩分韻　十二文　十　家刻一種

聽梧軒裏久離羣介弟高名天下聞縞帶喜交吳季
子軒車尋枉信陵君渡江一路飄紅葉近海千村浸
白雲戎幕夙叨恩顧重縶維猶望鑒殷勤

張子壻偕四女歸寧荊人置酒命賦

朝催種藕及春分入夜幽蘭滿室芬几上燭花頻剪
穗樽前兒女笑論文巳欣白髮完婚嫁漸擬閒身逐
水雲酒罷細君研墨就正思題句曙雞聞

朱天錫招集楚陽署齋同柳長在繆補山陳藹
舟仲男泰來分韻 天敘太史之胞弟

烟波送遠忽離羣南浦迴橈客思紛明燭高堂勞貰酒青春才子最能文帆檣破浪千層雪鵰鶚摶空萬里雲載筆君家原故物庾樓那滯鮑參軍

丁謙龍對酒

齠齒追隨我與君却慚蕭艾倚蘭芬才高南國誇黃絹羈慕平生戀白雲玩世浮沉羞立異逃禁澹泊不求聞竹林酒熟掀髯笑誰及雙珠善屬文

桐鄉贈鐵元超孝廉 陳子抑世兄屬贈

公子翩翩王謝羣間關几歲歎乖分窮愁難放剡溪

棹八十精書貝葉文學道自甘師鈍斧無心久已屬閒雲何當零落陳蕃後猶荷垂情顧盼慇

遠歸集諸子 余羽尊貢黃理薛木菴吳犀年同拈韻

白鷗溪上久離羣幾月相思未可云客到酒香薰枕簟人歸帆影帶江雲劇談都爲心情合高興難將醒醉分珍重鄉園存舊侶定知樂事屬論文

袁天駒武闈秋雋

弱冠翩翩早冠軍里中年少不如君風流妙擅穿楊技開美能爲露布文秋戰姓名標桂籍世交聲氣重

風雲小侯鄧禹眞堪美麟閣今來又建勳

庚午至日施太尊邀泰男飲一情堂恭見懷次韻

兒曹赴約燕城去曝背銜軒對此君醴酒去冬今夕聚笙歌絳帳隔年聞早梅官閣香初綻明月揚州好十分誰似山公心甚適當歡頻念舊同羣

寄胡祈公世兄 時有令兄之痛

世講翩翩好弟昆九年書信不相聞長悲祖帳臨燕路空望師門隔楚雲東海正期鵬奮翼南陵姑忍雁

離羣今朝函丈重陪侍芳草懷人日未曛

喜侄塔王稀任守戎見過

莫訝音書久絕聞荆門車馬踏春雲花朝節近燕傳語穀雨晴開梅吐芬静聚敢希謝道韞乘能又見左將軍論文覓日杯同把抑愧蔬盤祗水芹

同學王再沂八十

記得髫齡共採芹當時氣奪五千軍竹林老友存嵇阮天闕徵車待紀羣適意把書門靜掩閒情對菊酒微醺回思五十年來事不見高堂見白雲

陳副戎見訪話舊

數奇不讓李將軍青海樓船未建勳解劍渚田馴水犢杖藜僧寺訪山雲奚囊驢背詩頻就大被花間酒易醺三十年來重聚首不堪岐路又乖分

輓季吏部余臨池受業師也

一家霖雨蒼生遍八十山公健絶羣門內喬松方倚漢膝前威鳳正披雲重經太傅西州路誰寫羊欣白練裙絳帳尚存模範遠銀鈎空把泣斜曛

廣陵留別清持兄

菊香家塾追隨處日日清尊細論文未老二毛爭笑我平生一事不如君樓頭好月彼堪共渡口衰楊路又分慚愧頹齡叨友愛江波淼淼逐此情慇

十三元

陳念共給諫二安書屋落成

舊山叢桂此中存更喜園寬闢小軒歸養晨昏眞樂志賜閒丘壑亦蒙　恩鄴侯好積書千卷彭澤頻拈酒一尊藥裹詩篇堪送老愛他啼鳥隔花喧

寄馮律天時隨總漕帥公督師江右

四明狂客今詩伯車笠吳陵舊誼存百尺樓看庾亮月十年人在孟嘗門江波平處綏南服淮柳青時返北轅幕府賴君知姓字不教書劍老丘園

宿嘉興遥呈陳桐鄉先生

滿目殘陽映水村嘉興城外又黃昏迢遥孤艇須投宿兵過千家早閉門遠樹烟光沙際白澄潭月色浪中翻不堪感舊懷前路一夜何曾穩夢魂

李素園觀察招同杜于皇吳園次雅集限尊字

肯辭千騎訪鱸尊丘壑棲遲道自尊喜士到門先倒屣論文燒燭促開樽秦淮風月留嘉客閩海烽烟失故園神往十年纔御李遽蒙青眼愧王孫

訊方爾止喜予重過白門兼傷顧與治

二三耆舊阻江村帆影西風又白門魚素斷時勞夢
想竹扉開處忽過存百年浪迹人將老一代名山道
自尊最是彥先零落後不堪相對賦招魂

贈諸大將軍 用唐人起句

三十登壇衆所尊累朝節鉞出名門鳳毛苞彩非無
種儷李金莖自有根坐鎮數年推雅量安民一念答
殊恩黃泥澗路春行獵桃柳風恬海上村

李莊與趙止安對酒

莫怪相看勝弟昆菰蘆今日幾人存愁當命酒猶防

醉事到傷心不忍言野水春來波更碧淺山雲滿路
將昏多君緩步還相送遠火青青漸出村

李書雲都垣除夕生日

家居曾度幾揆辰一日身閒亦是恩芳歲又從忙裏
換道心時向靜中存一杯東閣娛梅柳四世華堂聚
友昆想見元正偏戀　闕夢攜鴛鷺入　君門

陽兒之江上中途遇雪

剔罷孤檠啓蓽門一天風雪莽雲昏辭家初放今宵
棹沽酒却投何處村自愧飢寒驅愛子誰能羈旅重

王孫勞生須信難高臥未敢懷安守故園

貢院修通志山陰友人攜樽同顧我在歸薪傳

蔡九霞靜御弟夜集

越人南國寄名藩編纂紛紜藉討論局外已勞勤彈
方月中何事費開樽桂藏鎖院亭臺僻秋冷虹橋蟋
蟀喧令節良朋同醉臥不將歸夢憶江村

阻風靖江縣桃上作

幾日驅車濁泥坂孤燈伏枕縣南門猛風急雨打荒
店絡緯[illegible]織喧窮村獨行端爲少儔侶不寐豈由無

酒樽百年出處已失計眼前勞逸何足論

廣陵送王中州應試北上 故文通相國之孫衡陽徇節太守公之六子也

相國文孫好弟昆北遊回首輒聲吞方攜賦草呈三
殿欲爲忠魂叫九閽柳岸一從嘶去馬蕪城且共盡
離樽百年桃李陰仍在誰向婁京憶舊恩

寄懷李仍耳

新秋夜叩辟彊園倒屣開軒月未昏松菊曠懷存栗
里文章奇氣偪龍門琴堂懸榻恣泥飲竹屋挑燈暢

瘖言此日海隅迴望處雁鴻啼不到孤村

過顏佳蔭舊居

入望烟墟接水源詩人舊宅此中存雙鷗尚喚門前藻老樹全荒橋外村避地孤踪甘濩落登壇健筆自飛翻頃來衡宇空相近五字吟成孰與論

石月川見餞北上

燈火疎梅照小軒酌君斗酒共清言幽芳絕愛蘭生谷踽踽殊慚蝨處褌此日牆東逋客去他時江外故人存四方弧矢平生志敢望雲霄翮可騫

贈許澂雪先輩

楚江不復採蘭蓀晚戀維桑返里門年力未衰雙劍去艱難飽閱一心存白鷗澤國烟波濶老樹西城夕照昏想見遺鄉仍逆旅詠懷詩就與誰論

寄穎上劉公巘吏部先是見贈有五言排律

漠漠停雲穎水濱江南曾此擷芳蓀一從鷁首迴千里長對銀鉤誦五言粉署簪裾輸命駕竹林風月戀開尊尺書未致空相憶懶性真同蝨處褌

李木菴宮坊見訪天寧寺寓話舊時尊大人吷君先生逝踰一載兼志悲悼

白馬寒風到寺門象賢相對使聲吞經傳七業尊家學籍守三朝報國恩數理烟帆心欲往未申雞絮愧徒存不堪感舊思賢意話到平山夕照昏

劉雪舫哀詞 次俞耳君韻

廣陵原是故青門此日招魂江上村徐墓欲將孤劍挂謝庭愁見少微昏曾憐犬竇纔營娶每憶烏號罷舉樽白髮舊人皆逝水夕陽心事向誰論

吳雲逸見招法海寺一帶泛舟時届寒食同將

前民張諸石李若谷吳子乘諸子

鎮淮門外竹西村畫舫朝朝鼓吹喧楊柳春衣飛鑾影桃花人面帶啼痕那能選佛尋觴詠且喜怱年挾友昆芳草平山終古在舉頭斜日又黃昏

過青山

松壟巋然華表存舟師指點葬英魂金牌忽聽寬西顧鐵鎖從教撤北門同列自戕先許帥六朝清惡又王敦當年南渡真兒戲空望青山涕淚繁

雉皋送別長孺兄歸南村時余亦有北征之役

[illegible]日廻車江上村僧房留得野梅繁實綠老病逃坡市豈爲田園戀子孫序齒衰宗余最晚論心古道爾能存天南地北乖分苦不待聞鴻已斷魂

春夜石月川昆仲齋中集佳蔭簃門季雅宏音諸子見送北上限韻

燈火凍梅飛小軒酌君斗酒共清言幽芳絕愛蘭生谷躑躅殊慚鳳處樊此日驅車連客去他時江外故人存四方弧矢平生志敢望雲霄翮可騫

酬閩中陳觀察叔霞見贈兼懷令叔覲齋先生

交道能將古處敦孤踪萍梗信乾坤愛君誰下南州榻過我常聆鄰舍樽貧去高歌彈舊鋏憂來兀坐蹴芳萱應同大阮舒狂眼醉指斜陽哭海門

病中哭李奎瞻明府

賣盡琴書旅食貧途窮無計問家園一官幾醒東阜夢孤館應歸易水魂鴻雁叫霜悽客舍菊花含雨落江村平生伯樂空銜感十載深知未報恩

送春前二日戴景韓寓齋同倪永清戴文簡分賦時景韓病起

枝頭鶯老柳花繁城角斜陽在蓽門二仲屐來仍掃徑潘郎病起又開尊東風幾日留行客南浦明朝黯別魂望雨却嫌河宿爛中宵憔悴不堪論

沈凝峙偶遊海陵寓棲賢精舍同融峰師茶話

未訪雲間孝子村海陽書劍忽過存麥蘇僧院猶留榻水俊人情只閉門逃沼碧蓮含露笑搏空黃鵠入雲翻客中問法支公座欲把安心仔細論（凝峙刲股療親繹堂司成舁稱之）

汝寧南湖五月歌筵奉招閩中諸孝廉餞其南

歸（翰思馴駕家侖叙森茂同集）

芙蕖十里舊南門檻外紅旗列騎屯滿寺雲濃山磬冷一溪花落水禽喧漫將歌舞留賓醉已覺衣裳漬酒痕我輩登臨終古在不須興廢此中論

蕭克廉招往南村看桂以事未赴

幾人連袂過南原入耳寒蛩草際繁避地僻應稀枉駕典衣貧不廢開樽亭前桂樹花爭發池上秋蟾影未昏最是小山賦招隱羈棲偏阻到衡門

夜別潘未閑修人父子同王天言書室留飲

何因曉叩故人門明發萍踪去海村徑曲乍窺開卷
地春深未訪落梅園三更醇酒還頻勸十載離心闕
細論師弟下帷聊此息青雲指顧化鵬鶤

湯惕菴先生索贈謝秋水處士

騎髮曾聞謝皐羽先生堪共古人論百年黃卷足生
事半世青衫憶舊恩教設河汾開將相道尊伊洛得
淵源吾師衡宇應隣近情話常攜濁酒尊

喜晤田抱南即送歸梁園兼呈尊人雪龕刺史 時抱南爲宮太史稱觴來江上途遭胠篋

紅塵長路勢如焚何事勞驅別故園文舉久登元禮
座田光未報信陵恩來經險阻心無悔歸望雲山雨
又濕不道高堂思愛子夢回日日倚衡門

挽李維章

使節承恩粵海濆青春相府識文孫閨中詠雪偕鴛
侶江外携家隱鹿門故國白雲勞望眼楚天斑竹見
啼痕生芻薦處方惆悵驀聽鐘鳴離垢園

邗關不寐 隆冬入越壬辰

竟夜無眠積枕痕數年心事倚誰論老親病更離懷
亂少弟貧惟瘦骨存十日孤舟停水郭五更蕭鼓在
城門最憐此際高堂夢應繞天涯伴旅魂

荒園晚望得馬旻徠寄書兼致詩刻

東閣故人星散後海雲停處掩柴門樓頭雁過霜林
曉城下潮迴水氣昏一卷新詩牽寤寐八行良訊達
寒温官梅歲久疑零落何遜風流賴爾存

同孝威飲允叔海陵寓園 陽泰兩兒鸞孫在座

躡屐城西叩竹門非宵細雨別孤村城荒梅柳春猶
好歲晚風騷道自尊美酒急沽三斗至舊人應有數

家存年來少長皆岑合大被還共穩夢魂

十四寒

偶同阮鍾南先生過韓園看花 時阮公將回山左

新晴不怕出門難遠客扶携至考槃一塢柳深貪路僻滿園花好未春殘狂奴高會慚中散舊事中原憶謝安牽袂燈前須盡醉他時千里思無端

席書樵將返棹廣陵留行有作

百里何曾行路難也催畫槳發河干縱饒快作三旬聚猶欲淹留一夕歡東郭銀魚清似雪舊家露酒碧如蘭綠楊紅杏芳春節忍負鴟絃傍月彈

俞膽人侍御初度

太史文章壓雉壇承恩持斧萬人歡東山偶負烟霞疾北闕行彈獬豸冠豈為愛閒增體健轉因遺事得心安自慚問道追從久霄漢何由振羽翰

懷長甲弟

似子方為行路難閒歸空手值冬殘但令坎壈存窮骨何必風波怨惡灘林雀啼饑猶帶雪江梅吐艷欲銜寒雁行慚愧稱知己相助無能振羽翰

同秦以御過宗定九山莊

數載重來問考槃樹深苔碧染衣冠半村斜照雨初霽一塢好花春未殘藏酒色清浮臘雪新篇才湧入風湍尊前密友兼親串肯負韶光不盡歡

送姜定菴京兆赴任奉天

勉承親命遠之官風雪揚州歲欲闌臣子義寧辭況瘁高堂天已錫平安餞筵美酒鸎黃嫩到日春波鴨綠寬見說千山尤競秀政成詩句賞烟巒

侍四叔父暨本凝閒遠諸叔瑞芝堂夾飲

桃花欲放帶春寒阮巷蕪荒路幾盤北道凱歌勞遠

望東山碁局許傍觀偶隨杖履閒芸案且向江湖載鴟夷此日天倫饒樂事風塵門外正漫漫

程乎夏歸舟交安陵鎮郵寄一律兼簡戴景韓

暨男泰來次原韻

千里君仍別呂安戴逵過我話宵闌濁醪猶向鄰家貰秋月獨從江外看須信遠書勤驛使敢令稚子厭騷壇天涯知己應無幾兩地盟心有寸丹

丁未王駲馬下第 次韻

年少無煩急一官寥天獨鶴去程寬何妨更進王孫

食不許輕憐范叔寒　帝里杏園虛夢想江鄉竹嶼報平安南歸舊路頻沽酒猶喜胡姬帶笑看

續伯子判官奉使赴鹽場安民

未信承平有揭竿兵戈不用海邦安實因慈母爲人信忍把饑民作賊看曉日新鶯迎去旆春風弱柳拂征鞍此行竚見萑苻散仍繪流亾報上官

廣陵追送天中羊長玉不及

千里曾經過呂安中原風雅獨登壇到今把卷虛相憶翻悔停車未盡歡遊展也因山水好空囊其奈道

途難我來君去偏相左惆悵邗關夕照殘

寄懷徐方虎太史（憶同舍邗尚書于京師西山餞予南歸）

徐穉論交重歲寒六年魂夢繞長安西山宴餞秋如昨邗水情深泪不乾茗上白雲懷子舍江南黃髮老漁竿幾時仙鶴重歸省便道蘆中訪舊歡

周鹿峰曹楚航陸貞一招集承恩僧舍（予將北歸）

松房人靜晚鐘闌三益攜尊集古歡共向江南充外史還歸澤國理漁竿宵深雨霽星仍爛地暖梅開菊未殘難得同聲復同舍艤舟猶復駐長干

贈如皋令趙亮弼明府

素琴古調有誰彈三晉龍門萬仞看經學南宮大小戴人宗北斗山韓初離水火仁君至應念孤清吏道難珍重山公相介意薄遊寧必爲豬肝

金陵長干寺塔燈（和方樸士）

神工仙斧幻無端突兀南崗聳大觀飛拱插霄丹鳳翥明珠噴火玉龍盤千門士女焚香對萬國共球駐馬看何事六朝灰劫後薪傳獨此峙長干

次韻酬耿又樸宮坊見懷之二

千里空思見呂安清顏如對月光寒故人彩筆青霄上野客漁竿白水灘岱岳道尊瞻豈易陽阿曲好和原難八行欣把銀鈎字饑鳳琅玕當食餐

夏夜同人集邗別駕樸公署齋

涼飈六月亦高寒不信官齋似考槃沽酒敢虛醇酒意典衣長集布衣歡疎篁吟韻消炎暑白鶴幽棲養羽翰早晚甘霖如應禱野人歸去穩漁竿

喜程孚夏來自白岳

歸戀慈闈出復難停雲日日望江干竹林忽作三年

別間火衖同五月看重過問奇呼載酒再來獻賦續
迎 鑾綠窗孤影行堪慰早晚蕭郎又夢蘭

賦得天寒有鶴守梅花 同邵青門大鸛璨梅韵

荒墟點點竹松寒晨灶無烟出考槃誰向草堂深雪
裡獨將臨水數枝看衝風騾路驅車馬就暖[illegible]陽舞
鳳鸞只有仙禽饑不去也依稀影伴袁安

丙戌冬海陵餞戴初士北上 同何鶴明余濟心劉旅皇餞酒作

征帆逝落夜漁灘一點河燈照酒寒喜從黃灣尋舊
識兒歌桃葉接新歡馬嘶驛路尋難錯霜過河梁白

黃僊裳七言律詩分韻 十四寒 二

未乾此處向非燕市月幾人擊筑醉[illegible]

寄李厚餘比部勞苦海關兼示餘丙文

憂民聖主廢臨饕此日奇才試錯盤貧[illegible]衙後
至忠勤君不避先難荒沙白草連天接[illegible]紅桃何
處看併使徐陵吟與減工感[illegible]句再[illegible]

擣尊舟中送吳水部同內[illegible]

滿目離愁醉後看[illegible]村[illegible]新安[illegible]庭舍疎
雨破屋誰家倚[illegible]原足輔
齊桓同心定泰宣[illegible]王本[illegible]生有廿丹

俞宗齡宗藝兩甥齋中同朱質人上木姪泰男

偶集 即令祖天木先生之別墅

比隣數月失追歡開遍紅榴蕙草殘偶爾過門停蠟
屐何妨開甕只蔬盤登堂頻叙渭陽誼回首難忘獬
豸冠不厭白頭潦倒甚詩成催刻碧琅玕

吳澹寧至自白嶽下榻程肇修次桓兄弟寓齊

余同蔣玉淵過訪留飲得寒字

三年不共此盤桓又向江城集古歡才子家山藏鹿
柴老夫生事穩漁竿浮來綠蟻霜螯紫開遍黃花木

黃僊裳七言律詩分韻 十四寒 三

葉丹久坐嚴風吹病客綈袍猶解禦新寒

朱艾人水軒小集 兼贈敏錫魯瞻青嶽諸令嗣

少小追隨厠雉壇秋風呼酒醉相看青雲令器誇英
絶白髮先生喜壽安烏几劈箋閒潑墨水窓疎柳映
垂竿虛名身外殊爲累堪笑人間行路難

重過水村題茅舍壁 贈王含夫先生

此鄉彌望水漫漫茅舍零星倚舊灘風緊人家張獵
網船歸稚子接漁竿波濤汨没連雲白景物荒凉與
歲寒猶憶隔年隣舍宿見春紅米夜燈殘

得錢仁洽書問向年同客令弟山銘大尹羅山縣署中令弟已没

憶昔中原締古歡窮途大謝共相看龍岡寺裏曾修禊甿阬關頭記採蘭一别雲山渾見阻廿年歌哭總無端多情尙枉瑶華贈相望何由振羽翰

喬特簡齋中醉後作兼爲林伯逸留行

花前揮盞人沉醉重索題詩共倚欄圓月兄逢今夜好霜毛不比去年看關情兒女愁生事屈指漁樵耐歲寒莫向江干歌折柳薰風池館且留歡

辛酉奉酬胡荆南先生留别次韻

十載離居事事難相逢加額頌親安未同名驥飛程遠欲附青松守歲寒盤葦乍停舟又發蓴絲將採菽同餐天涯後會知何地不顧烟帆掛竹竿

清明後二日陳陶思携尊集諸知舊

新烟漠漠罩林巒炊黍人來集舊歡春暮未聞黄鳥唤天寒纔見杏花殘百年騷雅容鞭蹬一日清閒讓考槃安得銷烽歸底定菰蘆夢穩釣魚竿

送羅廣文之任光化

十載追隨訂古歡新瞻旌旆出江干牽衣祖帳方愁别此取臣心不避難幾處哀鴻勞撫集常時雙鯉報平安君行此後誰知已白髮淮南倚釣竿

卓太翁偕壽子升簡成東郊尊人

鴨綠千山秀幾盤關東橐餘欲瞻韓青春久美人如玉芳佩長吟澧有蘭天上紫泥方錫寵膝前儒將早登壇無窮蔗味供雙笑花月揚州取次看

雉皋李大尹春正三日入郡舟泊堰口留同家光祿叔小飲

陽和宇下萬家歡偷念勤勞謁上官鶴首淮揚津路

遠郵亭風雪憐人寒挹來清味交如水話到同心氣似蘭不遣竹林爲地主行對留取醉春盤

將北上集羅廣文枝閣

佳篇秀削比琅玕相許論詩到歲寒傍檻凉風吹早桂侵堦白露浥芳蘭塵中敢擬霜鋒淬别後誰憐古調彈不盡傷離知已意征途猶復勸加餐

十五刪

舟中作

蓼花垂露滿河關曉色迷茫草樹間曠野天低渾接水隔江雲起不分山每攖世故難終隱自厭塵勞敢慕閒前路爨烟菰飯熟釣竿虛倚近漁灣

九日集劉雲麓州伯署齋令兄海速出成魯公畫扇見餉并係以詩賦謝兼懷魯公

海署逢秋晚倍閒誰從尺幅寫雲山久知畢妙饒名理一對松泉浣俗顏此日仁風勞解贈平生幽意最

相關成速更有移情術琴酒何時快往還

朱偲鎮拜岳忠武祠

百戰收功指顧間岳家軍令重如山班師似出高宗意逢惡徒成秦相姦青史不平空浩歎黃鸝無緒自間關金戈鐵馬縱橫地古廟猶存落照閒

初夏宮定山招集西園同丁漢公劉僅三沈圃望陳念共田公燮張㶌峰蔡補齋諸子限山字

太史風清轉得閒芳園愛與客追攀雷鳴忽過花間雨日落還看城上山四海干戈歸底定十年桑梓切痌瘝前途報主應無暇且共行吟水石灣

將之武康同陳澹偲刺史宿桐鄉北郭靜室

先生有事入春山許昇籃輿共往還隔縣路無三日遠百年人到幾時閒城邊涼月堪移棹竹裏名僧待出關暫向東林留一宿渚花烟磬已開顏

唐參軍招同金耳中諸駿男宗定九遊法海寺觀荷遇杜思曠桑楚執諸子劇飲

亂入田田鴨共闌採蓮舟過寺門灣柳邊度曲聲初細塘上逢人語不閒簫鼓廻時風送櫓牛羊下處日

沉山仍期看月西樓宿任閉重門未擬還

去虞山次韻酬榮霜崖見

極目東南戎馬間蘇臺行路此時艱一尊佳日虛良友孤棹含情別晚山汪度愧爲黃憲後高踪堪與啓期班勞君詩句猶相訂轉眼丹楓吾谷灣

吳非止招陪學憲胡公游眞州東園兼懷令嗣木林農部

東郊別業水雲灣十里扁舟易往還一塢穠桃猗帶雨滿園叢桂自爲山簪裾國器能承順丘壑當年供

蓑開從此籃輿頻至止抱琴攜甕亦開顏

寓天寧雪後登梅嶺踏雪偕崔青峙家介伯兄
次泰男韻

風雪招提只閉關醉餘掩卷客愁間嶺頭寒尚攜見出世外貧偏讓我閒短策過橋侵石齒遙峰帶日露烟鬟此時東閣聯吟者未許騎驢得共攀

將之都門宮紫陽西園見餞醉後復同丁漢公
過飲吳雨三方弘兄弟寓齋

春風送客鳥關關車馬倭遲戀舊山不道夜深來竹

塢已忘人醉隔花間明朝南浦愁分手此夕清燈照別顏珍重故交相慰藉貧游能定幾時還

過栢鄉相國魏貞菴先生招飲葆石堂同金長真太守

柱石中朝第一班草茅雖得覲清顏巾車入洛吳公引採藥還鄉謝傅閒屐倒遽蒙開碧醑燈明細與話青山誰言吐握高風邈即在鄗南槐水間

和以御同趙太史都門步月見懷之二

貧賤羈栖豈慕閒當年輦轂日追攀鄰家蟻綠催佳句大被雞鳴話故山館閣祇留瓊樹在江湖聊聽客

星還回思踏月依依處報國寺東門未關

送汪芾斯分運守制歸西湖

煮海勞公試百艱十年宦迹賣魚灣甘棠有蔭留南國白馬行嘶指故關堤外柳垂牽舫住湖邊梅早待人還班荊頓結平生契相送斜陽黯別顏

海陵天目山子祖居也晉王治飛昇處後鹿女
道成亦履江水而去事載郡志

家傍琪華有故山深松舊路記躋攀仙翁煉藥井仍在鹿女凌波襪未還出世有心終擬出求閒何日始

能閒枌榆父老相傳說笙鶴常聞縹緲間

崔太尊招飲內署觀馬公魯士與吳瑞徵對奕
宗定九男泰來同賦

涼風清署鳥關關木槿花紅亂竹間下榻却慚徐孺子圍棋仍侍謝東山兩鄉忽作半年別百冗纔分一日閒僚佐生徒泥飲後起看明月下西灣

九日平山登高和吳馨聞乙卯作

南北東西幾歲間今年重九在邗關無端歌哭尊前酒極目烽烟何處山秋色最憐楓葉赤溪光莫映鬢

毛班故鄉兄弟堪留戀且共行吟落照間

冬過京口

重鎮南徐作楚關江清草白水潺潺臨風鼓吹烟中舫映日樓臺雲外山往事憶來歸蝶夢故園荒盡隔萸灣蹉跎二十餘年後霜鬢頻憐過此間

鄭鞠思榷關滸墅

使君持節領吳關日坐澄波綠嶼間尚有貧逋懷未暢了將公事晝常閒閣迎西爽裁詩就人帶泉香載酒還何必豬肝累知己相思一見亦開顏

村園歲暮酬金又鐫郎中寄書兼分廉俸

悔向風塵鬢欲斑一園噪雀閉深關石嫌廢砌徒思補松愛繁枝未忍刪從賣琴書縈別夢且憑觴詠破愁顏故人誰念相如病歲暮郵緘到故山

廣陵次韻酬倪閣公北上留別

金馬門前白馬還士龍寧久滯雲間簪裾袞袞開芳宴車笠依依話故山濤響似聞豪士唱月明常見玉人顏萸灣一別予東下又喚溪鷗伴守閒

天寧雪大師欲歸隱三峯李書雲先生暨諸長者闔郡堅留不能成行喜賦

久厭塵勞擬就閒三峯原是祖庭山白椎忽擲謝公寺紅葉虛看吾谷灣小別一年成底事羈棲百里積愁顏法幢留得維揚住先向烟蘿共破顏

八月十三夜過虎丘刺史公舟中同俞子襄男泰來賦

客路中秋兩日間扁舟恰過虎丘山花移晚桂孤村外酒買名泉綠樹灣遠塔崚嶒懸鷲嶺暮鐘杳靄度松關何須看月千人石近水蟾光意更閒

昭陽拱極臺孔使君爲海光樓懸額招同人賦詩得閒字

丹樓新與海雲間何使題名許共攀黃鶴不來吹笛客夕陽空照賣魚灣澆愁擠醉難成醉出世求閒那得閒四十餘年重至止登臨看取鬢毛斑

朱以陶自興化見懷次答

病回偏有無窮事竹裏扃扉豈是閒數載貧能添白髮三更夢不隔青山花開隣叟携詩過日落樵僮市藥還何故石交分兩地空留月掛小橋灣

懷章子覲新安廣文去年附韓寶雲寄予札
曾訪澄江烟水間七年不復奉清顔門開梅福之官
去書寄韓康賣藥還問字生徒趨絳帳吟詩筇屐傍
青山獨憐草土離群者憔悴寧惟兩鬢斑

羅山署中喜晤李筠仙明府夜話即送之歸八
閩
花落鶯啼雨滿山我來春晚算君還情懷脉脉思謀
面車馬遲遲未出關快覩新知忘夜永飽聽舊尹話
時艱明朝又趁孤帆去鄉夢羈愁總不閒

爲蔡九霞悼亾 時應聘客都門
徵車催促出吳關帝里紅塵虛往還誰識糟糠遊地
下却教猿鶴怨空山桃花塢裏音徽杳慈竹叢邊血
泪斑遊子欲歸腸斷絶深閨無復夢刀環

送田曲江先生宰壽昌四首之三
松峰梅嶺魏馱山遠近民居積翠環聽訟不離青嶂
裏題詩常步白雲間瘠田歲熟爭輸稅僻地風淳少
作姦聞訪遂安黃處士尊前如我日追攀 謂敝宗兄介伯

酬淮上吳纍峰見訪不值
[illegible][illegible]誰堪季子班楚雲迢遞阻追攀高踪抱膝菰蘆
[illegible]遠思揮絃山水間浦外客來留袖刺雪中人出鎖
柴關還家忽覩瑤華贈獨對庭梅想玉顔

李奎瞻太尹舟過堰上相送馬潭步登查龍野
望
懶向琴堂數往還舟迴堰口足追攀貧家只有清泉
供勞吏恰逢今日閒麥穗飽垂梅雨後鶯歌不斷柳
烟間牛亭漁浦堪遊眺轉眼風帆碧樹灣

庚午徐東海先生初度遙呈
溪春記送出揚灣秋盡江南橘柚班暫假還家溫枕
被殊恩修史坐湖山心閒漁唱樵歌處夢繞蘭臺石
室間次第編摩看入告應知嘉賞動龍顔

本問叔西園改青蓮禪舍
塵埃半點不相關別墅花開日往還捨宅原知非我
有休心早得對僧閒安貧飲水勝求祿晦迹爲禪笑
買山座客莫談蠻觸鬪來聽清磬白雲間

和徐蔓墟自秦郵暫歸晤孝威懷子遠出之作
半年不得接清顔却訝君來我掩關孺子榻仍鋪竹

衷合人杯定把松間詩囊已富還嫌少遊屐因貪
不開莫戀秦郵多美酒鹿車猶望返家山

張斯吾六十初度

奠尊漾碧照朱顏令節弧辰邗水間客至登堂開白
雁入開採菊見南山季[illegible]催廻[illegible]仲[illegible]薦愛
徧開況有象賢能養志肯將含菽與[illegible]

一先

段雪菴過小閣看梅 次韻

結屋青溪古樹邊得離塵鞅即爲僊此時横檻看花
笑幾日平橋愛柳眠發興自能留短詠過從不待敬
高筵多君道氣兼風雅每對開襟意灑然

集吳斯纓齋中送春

花香鶯語競喧妍未覺居諸已暗遷日暖荷錢將貼
水風廻柳絮欲粘天常因酒熟來佳客每對春歸惜
少年惆悵旅懷無賴甚數經三月海東邊

黃琶巖七言律詩分韻 一先

千齡上人招同蔣豫立別駕海陵小泰山登眺

同集者戴文簡王文度兩壻陽泰兩男

開士伊蒲集衆賢高臺景物最幽偏南收嵐色添重
檻西映湖光待數椽酒戒難拘陶栗里詩情還遇謝
臨川幾朝梅杏芳菲處莫惜聽鶯解杖錢

鹽場經范公捍海堤

海若安流五百年回頭難想舊風烟崩潮直入魚遊
釜内地逝菰水接天千里堤堅成捍堰萬株柳長邊
映田豈知今日淮河勢別有勤民范相賢

焦素園泰興署齋夜集

江縣貧無買笋錢多情名客敞芳筵論文雅足快疇
昔乘興來應屬偶然細雨樽開明燭夜清歌人在斷
腸天預愁南浦分襟處一帶河橋柳似綿

陸吳州自浙中督學引疾歸里

正喜文翁教澤宣尊鱸忽返季鷹船門栽五柳春方
好蚌吐雙珠月正圓入世久妨求道願　賜閒猶是
拜恩年垂髮變慚頭先白車笠逢君意宛然

詠海陵甘烈女次段州伯韻

鐵石爲心閨閣賢贊貲多少正堪憐紅絲燕肯窺他
戶並蒂花原是夙緣環珮反爲千古重綱常端借一
人傳自慚待字芸窗子空逐鄰蕪草共湮

喜許青嶼侍御見過

隔代音書久不傳雲泥出處各悠然承家繼斧負無
忝到老漁樵耻受憐宦海任天嘗紀夢丹霄覓路許
遊儷別來彈指驚衰晚四十年過又二年

婁東修復前備兵使者馮晉僊先生祠宇感賦

憶昨驚心丙子年誰將隻手獨扶天舉朝半醉烏程
酒名士拚沉白馬淵黨禍消時公又死風波定後鼎
仍遷寧知廟社丘墟日俎豆東南有數椽

宿瓜渚感舊

瓜渚孤城積水邊十年重過倍凄然故人經亂遷衡
宇商婦停燈喚客船辛苦中宵聊伏枕陰晴明日預
占天江樓月落荒雞唱身世踟躕總廢眠

廣陵劉升如宅看八仙花相傳即古瓊花 和顧書先

瓊花消息久茫然此卉何殊洞府仙八面堆瓊搖素
艷重臺砌玉鬭嬋娟詩題瀛苑三千客酒貰揚州十

萬錢后土祠荒隋代遠劉郎邀醉寫吟箋

喜晤雲間徐合素話舊兼懷蔣四兪

櫛盥整衣纔欲出牆頭帆影含朝烟竹扉開識故人
面柳岸泊來何處船把臂此間得意外清言永日同
悠然解囊貰酒莫辭醉猶憶蔣徑相周旋

庚申閏中秋

菊香時節桂風妍誰說佳期尚隔年已過半秋秋未
半却看圓月月仍圓淸宵鬭酒添濃露才子題詩續
舊箋六十白頭纔兩見不禁起舞向嬋娟

學憲胡公歸楚奉送眞州看新城舊江口一帶

桃花吳爾戎置酒

好是春風三月天驪歌送別楚江邊因過酒谷能投轄爲見桃花也繫船書劍東遊茵未暖烟波西望眼仍穿幔亭黃鳥如留客啼罷還來繞席前

十四夜高上公州署燈宴

高陽會裏接羣賢剪韭筵開酒似泉殘雪庭前燈四照早梅枝上月先圓從知地僻無戎馬未信年荒有管弦却笑野人疎懶慣明朝又返釣魚船

黃隱裳七言律詩分韻　一先　家訓一種

雉皐客舍同潘竹舫懷邵晗伯

半月江皐望眼穿廣陵歸客尚茫然甘貧不欲停安邑排難那容失魯連道院衰梧風颯颯家山叢菊雨娟娟殘燈冷酒通宵話夢醒雞窗又獨眠

天中孔晉允進士謁選北上紆道尋人金陵因見訪時予客驛憲署中

抱膝隆中久臥暇藥欄花映草堂前輪蹄謁選數千里車笠論交十五年訪舊笙簫聽絳帳摩空鴻鵠指青天無能陪覽秦淮勝深院遲君探酒錢

吳復生過桐引樓拜陳刺史遺像

爲失鍾期久絕絃遺蹤何處倍悽然像留兵火滄桑後樓在荒寒水石邊往事揮杯仍有淚故人同榻豈無緣趨庭倘問經過地忍忘崇禎十五年

送呂半隱卿藻兄弟扶親櫬回蜀中

去子離鄉五十年錦江空憶舊山川全家避寇餘霜髩萬里歸骸訪墓田回望并州猶眷戀重聽杜宇倍悽然幼安鄰並情難割風義長留東海邊

奉酬馬魯士郡丞遠書見餉

黃隱裳七言律詩分韻　一先　家訓一種

宅邊秋水自淪漣城市扃扉別有天吟罷倚樓鴻影度倦來掃徑菊香妍幽居恥復累知己廉吏貧偏餉酒錢誰記窮交常問訊也應慚歎白眉賢

李守府盧西署齋同鹿冰心孝廉仲男泰來小集時小女劇病

關情兒女費憂煎忽對良朋暫釋然看雪難過處士宅擕觴還上孝廉船一雙白眼隨今雨千里青齊隔暮烟何幸披襟如夙昔照人春月正娟娟

寄程次郊

[illegible][illegible]遥阻海雲邊千里書翅動隔年王子久虛乘興
棹安仁重賦悼亡篇舊山啼鳥春偏苦寒食夭桃雨
更妍何似離家仍北渡竹林且覓酒人緣

與馮潔士話舊尊公留仙中丞保全復社令祖
太夫子爲滁陽冏卿篇中及之

中丞功德竟回天力挽甘陵善類全公子文風真不
減江州祖澤久逾傳節逢秋氣輪騷雅人對平原足
酒錢借問承家何所似盛年心事託游仙

吳匪翁侍御壽 錫山令吳伯成先生尊人

父老江南獻壽筵遥贍喬岳坐幽燕烏臺績並雲臺
盛椿樹輝連玉樹妍自有陽春宣世澤祗將廉俸買
清泉君家舊占山陰籍初度蘭亭集衆賢

姜長卿西湖來得胡豹生手書 庚辰舊作

門外孤蓬帶越烟尺書千里接郵傳六橋笑我囊終
澁五嶽知君屐未旋風弱柴扉還閃燭家貧蘆簟已
勝氈何堪杯酒添寥落霜月偏於愁處妍

次韻酬許元錫重九前三日見訪不值

不覺東皋三載别閉門苔滿雨中篇清風對酒思玄

度白首讐書老伏虔野浦斜陽移樹杪閑階寒菊吐
霜前誰知步屧虛相訪佳句留題轉悵然

徐方虎見訪話舊兼示令嗣太史子貞 時龔端毅逝久

契濶重逢意惘然依依情話小樓邊龍駒已羡馳千
里馬齒空慚長數年東閣詩添新倡和西州路老舊
風烟今朝海嶽銜杯後南北飛潜又各天

邗上喜晤譚左羽調邊北上兼呈金觀察

月白濤清桂始妍廣陵忽遇孝廉船承恩赴闕三千
里數舊連床十八年野水孤蒲容遯迹秋風鴻鵠看
高騫應知父執山公在不使空囊緩着鞭

聞謝暢菴先生訃

邗署横經五十年别來人事幾推遷賓鴻路遠從高
蹈白鹿臺荒闕講筵不道山頹歸大夢難將道義問
青天白頭奔喑風波險豈爲囊無磨鏡錢

官叙五奏其招同靖江孫湘侯武進楊旋吉夜
集時余送施將軍初歸

浦上初廻送客船望衡秋老失周旋酒逢孫楚直浮
白亭認楊雲舊草玄一院桂香全浥露半簾月上忽

收烟故人不遠江南北萍跡仍來定幾年

楊村留别諸親友

桃飛紅雨柳吹綿纔得東歸掃墓田竹馬兒孫歡捧杖幔亭親友競鋪筵休嫌黃鳥啼春晚準待青溪看月圓世故忽牽驅我去登車回望重悽然

贈吳吾始

知君肝膈近君賢爾汝情深數十年交到白頭愁老至世無青眼恥人憐柳橅[illegible]稻粗收近[illegible]田想見萱闈供膳後呼兒洗硯寫[illegible]

趁汝南上巳阻雨中都諸文學置酒爲劉杜西鄧伯群柴席珍

祓禊何須憶往年長途風雨暮春天萋萋戰地迷芳草纍纍荒陵擁亂烟倚榻却驚歸夢斷開襟全賴酒人賢洛陽知已空相待不得晴暉助着鞭

揚州道上晤張吳縣辰生話舊

一别無端廿七年忽逢𢹂晰情依然故人通籍領[illegible]邑小弟帶經耕渚田熟視界覺鬢鬚改數舊豈惟[illegible]序遷世情轉眼不相識君能存記何其賢

送門人程琰羣隨令叔祖扶青之任新津

製錦人臨濯錦川追隨才子竹林賢西南罷戰烟塵淨井邑分符化雨宣問字猶存楊子宅揮毫重訪薛濤箋岷江東下魚書易老去相關有鄭玄

新秋閒居酬朱度聆汪其賢見過

賴得幽居少俗緣雨荒三徑滿苔錢山中弘景閒鋤藥門外洪崖咲拍肩回首蹉跎成老大寄身安穩有林泉當時講道斜陽晚相送溪橋野樹邊

晚抵邵陽 丁卯

夕陽影裏停舟處城郭依稀事變遷楚將墓荒風偃草三閭廟在水粘天誰燒官燭迎車騎尚想旗亭鬬管絃四十一年人再至白頭回首重凄然

丙辰大水村居酬汪無襄見懷

不須洚水說堯年大地波瀾勢接天六月同時沉稼穡千村何處有人烟程遙酒貴孤城外病起書來落日邊客舍已憐多感慨也知憶舊倍凄然

與州鼓樓閒步遇廬州楊雲又齊士尢陳雙尢

任類長誦其新詩

又非袁虎吟佳句意外聽詩識衆賢金斗山邊名下
士白沙樓上夕陽天春江澎湃驚才藻玉樹芳妍倚
少年聞道觀光將入洛班荊還解杖頭錢

慰孝感毛搏九海陵旅思 時將赴福寧幾州守徐公品章之約尚未能前適季調御世兄闈行予貽書奉邀與之偕往

才高不讓杜樊川落魄無端滯海邊遠道憶人心似
醉客窓支枕夜如年寄書楚國稀回雁附載閩江有
便船早晚箋函如報可頓令愁絕渡頭烟

月夜觀梅

幾樹垂垂草閣前宵深客散燭收烟一林香靜過淸
晝滿塢光寒詩雪天放眼醉醒寧有倦孤吟行坐總
堪憐露臺月觀花多少不付沉酣也熟眠

和王允文陪高澹人太史遊焦山次原韻

孤峰別峙海東邊萬古名留焦孝然十里幽偏離滯
戶三冬興劇値晴天深松抱寺疑無路斷碣沉沙已
有年想見題詩西日下南徐鐘磬入歸船

挽戴山子

邗江鳴咽水濺濺共向揚州惜寓賢高蹈早辭彭澤

今從見徵上孝廉船山東論佚曾遊少天下曾經大
戴傳最感蒹蘆頻問訊今朝西笑倍凄然

送段玉川州伯歸草堂

僕夫且與緩加鞭丈老衢巷屢滯邊持蓋誰知能福
物拂衣歸計可留賢郵亭斜照斷垣高南浦野風吹
白蓮記得下車先賜訪離筵今日更凄然

庚午人日七十初度承鹿俊君見贈

淸溪門掩綠楊烟白髮翛然草玄一輛皇車供獨
往數聲漁唱趁高眠貧相賞過二千石爲舊忭逢七

十年吟誰可寄東陽何幾回長嘯對青天

張于常招集中泥飲

舊侍似者見弟貴諸業池上亭亭王筆刻燭夜方
永其奈如泥人欲醉時月自明樹樹外花雖不到枕
邊邊湖聲綠柳桃花岸夢投暮夾上酒船

邗上喜晤韓閩西

見心情不似前汝南別後指幽期征塵鬢七千
霜鬢濃霜一兩年急雨囊空婚嫁債無秋草滿秋
田況慢々少忌領吐梅下朝過有酒錢

二蕭

棲賢菴赴墨上人茶話

晨興猶未歇狂飈宿雨青郊潤麥苗山舘鳥啼方獨坐僧房茶熟忽相招一叢修竹摇紺殿幾樹垂楊映板橋滿眼陽春回大地卻憐雙鬢雪難消

春盡日天濤弟招諸子集紅橋即別歸東堰

多時海甸别漁樵喜有同聲訂久要名士詩篇憑碧醑廣陵花月在紅橋不堪南浦催驪唱那更東風亂柳條小謝憶家先我發幔亭聊共永今朝

寄懷陳伯璣時客遊邗上 余方居盧海陵

忽報征帆繫柳條蓼莪吟苦卧山椒懸知鬢改多年别未信書沉百里遥彭蠡漁竿荒舊宅廣陵明月上秋潮客亭問字車應滿不得相從暮與朝

顧臨邗招集廣陵北郭旗亭

山園過盡又紅橋不惜尋梅二里遥野店競開臨水際遊人漸盛遍花朝香芹味美登華俎新燕身輕掠畫橈何事當歡忽惆悵哀鴻耳畔酒能消

同范獻重泛舟訪鄧孝威因過春雨草堂遊眺夕照路連沽酒岸詩人家隔綠楊橋市河過雨清還淺小艇穿林近亦遥魚唼荇絲浮水面鵲銜花片步山椒暫逢好景聊游泳雙鬢三春雪未消

喜邵蔡九霞即送之歸吳門

白下萍逢訂久要又看吳客遠乘船言歸家在桃花塢相送人過長板橋明暨不殊江月白知音偏賞爨桐焦渡頭珍重輕分手敢信仍來赴晚潮

次韻酬趙洞門先生見贈

一枝聊爾寄鷦鷯何處青山可避囂傲骨那曾工仕

宦淺才猶自滯漁樵長憐道遠稀鴻羽每憶花開闕酒瓢斆載子山詞賦伴誰人西第最相招

辛酉花朝經秀野園忽憶丙辰舊遊寄李癖硯太史秦以御表弟兼悼趙鐵源太史聚離今昔之感情見乎詞

莫向揚州負此朝舊遊江店酒帘飄烟蕪自滿新河岸絲柳仍垂古渡橋亭下漁磯如又改壁間題字未全消四人飲伴三人在對景能無念久要

春暮北郭舟泛何昭侯彭爰琴何奕美金在五

正夏兄弟同賦

隋苑東風趁早潮好從北郭買蘭橈春陰楞重絲全韓風暖鶯歌舌漸調幾處開屏臨野水誰家吹笛過紅橋江關極望音書阻忽謾愁心到酒瓢

遊仙次吳中翰鶴山韻

丹崖絕壁挺松喬塵世敷榮有艾蕭不及仙蹤雲共水猶然幻夢鹿依蕉嘗聞採藥留幽壑日見吹笙在碧霄可歎百年流浪客蜉蝣爭得似鷦鷯

龔奉常席上送劉觀察自揚州返潁川醉後劉

公亦拈韻復同諸子送龔公出京江由白門北渡歸淝水

酒闌清夜歇吹簫幾處晨鐘度浦橋看啓巖關飛楚騎欲攜殘夢上吳舠三山隱見浮朝雨六代繁華指暮潮見說重逢期未定紅燈細剪醉今宵

同孫豹人劉愚公沈林公過易田授借園對雪

竹嶼花谿景物饒晚軒留坐自晨朝城隅亂雪飄千頃石上新梅吐一條熱釜急炊沽到酒紅燈寒照傍來貂兔園賓客工詞賦慚愧鄒枚此並招

憶夕佳樓夜宴

滿水垂楊舊板橋扁舟我過不辭遙三更月落杯同把五字吟成蠟未消座上笙簫頻顧曲渡頭風雪獨迴橈只今惆悵思前事忍向崇川再趂潮

至金陵先東周向山時送泰男應秋試

觀光南國復乘潮繫纜人來是久要屈指別將驚匝歲披襟訪不待明朝客窗兒病芙蕖瘦園館心馳秋水遙竚待月圓叢桂好挾箙沽酒到山橋

雪後泰興道中同鄧孝威野望

凍梯稀疏掛板橋青郊正月尚蕭條已知雪盛斷蝗種不見春寒蘇麥苗沽酒野梅村店少驅車斜照去程遙同心指點堪遊目江外山嵐白未消

虞山泛湖望玉峰書事

涵望平湖百里遙玉峰突兀刺雲霄黃頭麥浦划雙舫村婦絲簧曬竹橋落日欲尋禪舍宿迷津欣見酒帘飄頻年落拓滄江上入耳吳音解土謠

寄許願民中翰

望去廛渦一水遙舍人休瀚懶登朝起居嘗訊維摩

座衣帶初勝沈約腰明月鑾江頻入夢秋風笛步記
相邀何時話舊歡携手呼酒山樓聽晚潮

清明酬沈國望招飲

佳辰不道雨瀟瀟入耳烏啼助鬱陶野外踏青無麗
日城中拔木有狂飈杏花村裏誰沽酒楊柳樓頭罷
弄簫竟日把書惟獨酌故人堅約過山橋

成陔三宅重對牡丹陳丹文沈予厚繆補山同
限韻

看花西第又良宵數載花光分外嬌洛浦忽如逢解

黄仙裳七言律詩分韻　二蕭　二　家詩一種

佩秦樓但不聽吹簫幔亭贏得詩千首羯鼓催添酒
幾瓢將世胭脂誰貌得粉墻燈影若爲描

別嚴州司馬後追憶併示諸梨園其侍史名嬌
鶯艷侶語花催春篇中及之

公子風流才思超隨身艷侶伴詩瓢官齋讌飲頻燒
燭畫槳淹留未趂潮花影近人如欲語鶯簧入耳尚
餘嬌韶華忽漫催春去惆悵行吟廿四橋

上巳後二日紅橋舟泛張山來置酒

春暮揚州樂事饒偶來張緒即相邀禊亭未聽喧鶯
語寒食行看變柳條是處吹簫臨野水幾人鞭馬過
紅橋白頭秖合沉沉醉莫傍斜陽歎且謠

過丹陽送施大將軍同溥江刺史次仲男泰來韻

畫槳纔過丁卯橋丹陽雉堞望來遥孤村燈火停荒
戍曠野星河耿碧霄櫓載舟中陳太守旆回天上霍
嫖姚何當兩世邀恩顧官燭燒同看晚潮

雉皋唁范獻重文學憶庚辰同從事陳州伯翟廣文講學予後予即入都
門

三十四年投分意青松寧識爾先凋高山絃斷愁今

黄僊裳七言律詩分韻　二蕭　六　家詩一種

日絳帳風凄想隔朝入夢依然眠竹里吟詩誰復送
河橋此行一灑羊曇淚又逐飛蓬萬里遥

樵園對月

酌罷隣家酒一瓢寂寥園景在殘宵開軒月色藏深
柳繞舍鴉羣靜晚條霄漢雲收天宇濶沙汀路白水
烟消夜深守戶難相送遥望人歸過野橋

寄題林子縉西村草堂

何處幽居可避囂廣陵城外即山椒騎驢客過仙人
掌載酒車停古渡橋靜裏書窻橫玉軫春來花鳥茁

蘭苕衡門咫尺西郊路未得探梅到野樵

友人見過

風吹林樹葉蕭蕭有客衡門問野樵百里羈棲難把
臂廿年遊處憶垂髫折來黃菊秋將老話到青山酒
易消坐久尊寒燈又暗一聲新雁度殘宵

寄劉銓部時客金陵

一別山公三歲遥每依京輦想風標記霑芳宴登東
閣更賜瑤華達大僚作客萬難情脉脉奏箋幾阻夢
迢迢龍門咫尺猶相隔日望卿雲麗碧霄

三肴

甲寅金郡伯長眞先生重建平山堂冬日泛舟

登眺

十月邗濤氣泬寥短航挈伴出西郊松依古寺同烟
瘦山湧新堂似竹苞應運河山方鞏固遊魂豺虎莫
咆哮纔禓獨幸歸綏靜復古崇文慶茹茅

羅公枝閣卽事

素心幾輩足論交身入宮齋似草茅連日冷雲封竹
徑今宵新月上梅梢從更春令情懷換但領微言塵

慮拋何事逐晴楊柳絲巾車歸路又東郊

遥和老威雪集范獻重別圃

風雪漫天暗遠郊行人裹足鳥歸巢偏尋衡宇歡持
酒相對鱸壇論拔茅飄絮定埋蒼石徑堆瓊應壓舊
松梢狂奴倘與留髡會一石無能笑斗筲

姚伯輔金吾賣卜詩

素葉金閶盡珥貂于今被褐老衡茅卜居幾欲從漁
父筮卦分明得遯爻日暮烟昏孤鶴影天寒雪積翠
松梢下簾把卷掀髯笑何事楊雄賦解嘲

王九有招集新居
冬予揚州笑繫匏偶看霜菊到衡茅人真抱道琴同
靜屋㈱藏書竹可苞深夜肯虛文字飲十年方託歲
寒交何當江路烽烟靖結隱青山有舊坳
李季子過訪荒菴
連袂同人過北郊晚風簷外竹聲敲才非宏博遺明
詔心戀菰蘆守遯爻莫問西成未盡稿偶談前輩淚
還拋荒亭載酒煩諸子痛飲何勞賦解嘲
學博丁公在三齋　詔東下未得枉顧賦懷

黃偃裳七言律詩分韻　三肴　二　家課一種

詔書正月下丹霄惟海分齋有舊交方望儒臣捧黃
紙不知僊鶴過青郊官橋柳色猶含孕山閣梅芳漸
解苞惟集雉堞宜讀後颿帆十日醉衡茅
呈李山人
沙邊幽鳥迹相交一日清閒深樹坳此地吳風敦縞
紵何年楚貢責苞茅林中講道師兼弟人外論心漆
與膠每薦水花塵慮淨虛窗蕭槭竹聲敲
張隱君
先生名譽重江皐人士南徐慶拔茅八口幾年甘隱

遯一門三世託知交已聞老至貧能樂未信澄觀濁
可淆採藥更期探萬壑春風蘭蕙綻香苞
田曲江彭椿若二公攜尊待仙閣同田秀長男
泰來分賦
麗日和風滿近郊竹扉虛掩舊山坳一庭花落堆紅
雨三徑鳥鳴來素交讀古何曾窺半豹潛身猶欲守
初爻諸公肯載元亭酒只合題詩代解嘲
春初戴宏度見過梅軒同沈國望對酒 予三八 皆兒女
姻賦

黃偃裳七言律詩分韻　三肴　三　家課一種

江上孤居守遯爻巾車百里到烟郊誰知連袂新姻
婭原是同聲舊漆膠窗靜鳥能傳好語春香梅已綻
芳苞平原十日須留戀早擬提壺藉白茅
別孔東塘使君
對處譙人問辟巢身先群彥訪衡茅公餘幾度尋詩
詠道合何能判漆膠暫借甁瓶磨利器行看甯雨奮
騰蛟今朝匹馬臨河別斜日難禁淚不拋
歲暮集陳丹文四雨園臘梅花下同孔東塘包
俟齋兩先生沈桓雙分得三肴

半天斜照下烟郊歲暮能將塵事抛夕鳥投枝收組
闌寒花横檻綻香苞夙耽琴硯閒中趣也愛漁樵人
外交幾日芳園春意换早鶯來聽滿林梢

曹秋岳先生同遊金陵南崗登樓遠眺

佳辰選勝踏香茅高閣憑虛出樹梢幾處好花明遠
墅萬家烟雨暗春郊攜尊剩有閒中樂作客還邀塵
外交歸路數盤嵐色晚馬頭黄鳥弄交交

新秋同瀨江錢達人諸子補山園觀荷聞歌感
舊

林間烟火出山庖座接新交與故交最愛殘荷鋪綠
水已看早桂綻芳苞詩篇豪氣吞湖海酒興豪年愧
斗筲更聽清歌感疇昔泰青猶在瀨江坳

同鄭若千諸子集繆湘芷天香書屋懷尊人墨
書廣文督工海上

扃扉懶與世相交誰肯迂疎守遯交適客息心方在
野同人連袂且于郊斜陽映水收城角新月穿雲露
竹梢忽憶停觴還憶遠功名青海竚騰蛟

重集周望貞北郭草堂分郊字

[illegible][illegible]蕭簷倚杖檐重來仍聽鳥交交斜陽掩映幽人
扃破屋横欹隱士巢酒盞京應難稻柚書籤多欲綢
蟏蛸不困二仲催乘興老嬾誰扶出遠郊

送蔣豫立别駕奉使入都寄呈[illegible]人振宗先輩
時司榷務

榷務殷繁不覺勞仍同[illegible]白守蓬茅先生持正真模
楷令子論交似漆膠水袖暗香斑待舞江村菊老遯
高交無因一展登堂敬[illegible]逐輶車去遠郊

同人春雨草堂[illegible][illegible]兼懷定山太史

不用春遊出遠郊探梅閒訪舊山坳遶檐香影落波
面映日花光明樹梢亭午提壺風細細深林布席鳥
咬咬何郎落下空相憶猶待和羹入御庖

庚午九日水竹居風雨小集　毛甥九滄五在戴文甥男泰來同分韻得交字是日婿蔣王希仔守戎剝歸泰與汎滬寄懷

誰將日月忽輕拋怪底黄花未吐苞多病又逢重九
節閉門猶集歲寒交白衣竟不來籬落紫蟹香還出
野庖只有將軍歸路遠愁看風雨暗江郊

贈友

春水船歸自遠郊天晴新月上梢行看馬首燕泰去難別平生爾汝交漏永酒狂偏爛熳燈殘詩思不推敲遙知此後勞回首稚子才華已拔茅

陳母挽章

鏡破湘南遠繫匏暗風淒雨苦相交笛哀孤館驚泰淚泪落臨江漬楚茅草土芝驚三秀苗蒿廬鳥有白鴉巢慈闈形影愁相隔猶卜佳城在近郊

夏日得程文郊休陽遠書

竟向鳩茲返舊巢羅浮高會一時拋貪供慈菽停遊

屐纔摘園茶念遠交棣萼有情欽式好樗材無悔賴于郊回思昨歲蓮塘宴一石豪吟壓斗筲

白蒲丁氏山莊

作客頻年寄雉皐君家弟侄最淡交久知姜被歡同氣行見于門慶拔茅勝友命觴淸晝永虛庭對菊世情拋柴扉歲歲閒身健真覺東原是樂郊

程宗韓紫臣兄弟過水軒留坐時天寧根公自

霍山至宗韓將歸黃山

柴扉風戛竹聲敲客踏樓尋有故交雨過琴書收宿

潤晴開花藥遊芳苞歸舟又趁烟溪漲詩稱寧將茶塢拋幾輩去來今夕話剪蔬聊與坐山庖

閏七夕前一日無文自西村至同俳男集補齋

別業限巢字

執友西來自遠郊百年隣並忍相拋幾收宿霧開青嶂旋剪殘荷蓋舊巢光映涼蟾來露薄啼殘絡緯寺鐘敲老生對坐常談好不羨揚雄賦解嘲

史卜周見贈令祖太華先輩十七帖臨本

寒園爲我掃蓬蒿奕世通家義甚高鐵向右軍傳筆陣不殊公瑾飲醇醪溪林鳥宿風如霽虛館燈明雨似毛誰得及君承祖德百年文獻見清操

呈贈總督于公

孺子何緣拜圯橋甘齡多病擲青袍半生漁釣情原淡盡室饑寒氣益豪忽向轅門瞻劍履許依壇坫論風騷隹辰箸佩蹤堂日世外今收一謝翺

酬羅景有年伯見送西遊 時余先慈見背

間關萬里不辭勞忍向春郊踐野蒿此日蓼茶心自苦當年湖海氣原豪荷衣䘏我從油幕花管輸君吐白毫賴有別離堪慰藉天涯知己舊同袍

吳五玉節母哀詞

阿母貞名冠雉皋百年鬒鬢愧吾曹登堂慘澹猶三徑愛子孱羸早二毛青史自應標節操素冠愁見守蓬蒿最憐園菓垂垂熟不得親嘗遠樹號

贈別嵯使裘公

風流柱史信人豪持節淮南意氣高情白本期酬玉春塵埃不欲染秋毫無殊鶴氅來行雪只當蘭橈一聽濤今日柳堤驄馬去陽關聲裏首空搔

趙乾符半刺署園同周雪山賦 趙今之大麟 癸未五經聯捷

年少循良佐郡勞江皋芳草照青袍貧歸傲吏存餘鶴僻嗜奇書賣佩刀趙氏滿門逢白璧周郎一顧盡醇醪海棠花下鈎簾坐幾度吟詩見月高

寄吳霞舉秦懷秋在閩舊遊

滄家皂帽傳經處十載音塵隔雉皋不道龍鍾存我輩纔看頭骨露兒曹百篇欲讓詩才捷五斗常思飲

興豪最是夕陽花水外夢中芳墅亦遊遨

鹽場贈某分運 其幼子十歲能詩

共許中丞品鑑高兼才受事獨賢勞淮南劉晏真人傑膝下甘羅一鳳毛退食燕閒揮玉麈春霖斥鹵豔金桃蘭亭會裏知名久徒望龍門首重搔

廣陵桐臺雨望和陶山人

落落東陽老布袍得錢先與貫村醪雨中烟樹桐臺遠城外風帆雉堞高閒和詩篇消歲月不逋名姓免塵勞清宵欲叩玄關秘雲海何年見湧濤

海陵送虞咨牧暫歸山陰

鄉邦再造不言勞疏鑿仍來問海濠剸割自應推利器交遊難得是醇醪還從祖帳謀沉醉莫向家山坐鬱陶問道選人虛左待河陽幾日種仙桃

家居酬李季霖比部見訪公乃王阮亭先生姻戚

海甸扃扉擬避囂仙郎匹馬到衙皐酬知敢負遴才意盡瘁誰如治水勞柱下名尊交獨晚南州鬢白氣猶豪吾儕宗主君親串忽憶春雲岱嶽高

贈周麟人寫大士像將滿三藏

先生出世志偏豪謨墮塵埃笑我曹濁界誰能通慧眼佛光應見落秋毫數竿窗下竹新長一片門前草未薙大士垂慈如示現不須南海涉波濤

奉酬阮岸夫先生見存公山左威海衛人時入幕處州

故人別後守蓬蒿頭白遙知也二毛十載遠書勞錦鯉千言儷句瀉秋濤括蒼浪迹攜藤杖威海閒居戀布袍誰說轅駒長局促道心還望鶴鳴皐

送州廣文淮陰田曲江先生宰壽昌四首之一

同心攜具枉衡茅慈酒頻邀醉苦蒿東郭春晴先藉草南樓秋爽必登高每因荒歲捐修脯慣爲諸生煩縕袍忽向別離懷往事河干佇立首空搔

河憲孫屺瞻先生枉駕草堂次日又之昭陽

王事馳驅肯憚勞重來阮巷訪蓬蒿未容賈讓終三策忽訝安仁換二毛榴火窗前燒赤日竹風坐上吼清濤河橋明發愁相送應望烟波首重搔

送春前二日倪永清過飲時選刻詩最

聞道髯公能枉過開扉倒屣出蓬蒿衰遲飲跡甘丘壑英絶箋詩接鄭毛池柳綠焦新雨澁園桃紅落晚風號客途須踐留春約仍向貧家引濁醪

寄懷王公蒿伊督工海上

幾番循卓荷榮褒疏濬仍觀海上濤只有盡心堪報主從來任事不辭勞塵中訪隱停官騎燈下論文醉濁醪應似覃懷王別駕三公豫佩呂虔刀

送繆補山赴丁溪工所兼懷徐西泠沈桓雙韻

陞沉誰與奠坤鰲　聖主南廵未憚勞不惜金錢捐内帑幾更節使歎洪濤炎蒸無暇張荷蓋竹冷那容解葛袍旦晚南州同底績好音寄我急揮毫

吳宗五學閒居

風塵馳逐不知勞羨爾幽居早避囂閒鼓一枰娛我輩擬將萬卷付兒曹烟霞以外情無戀竹石之間品自高今日杵春交臂處相看氣誼重同袍

答魏守戎見懷

西風長嘯對天高三徑知君久息勞此際黃花娛綠酒當年白馬着青袍誰憐多病憐苦土未信離居改鬢毛何意八行蒙問訊愁看去雁首空搔

東塘先生送　駕後回海陵

黃儷裳七言律詩分韻　四毫　六　家藏一種

闕里先生品格高龍舟賜宴彩輕舠何當逐隊留行色誰識攜琴荷蓑濤此日離懷山疊疊數年身事水滔滔前途去住猶難料且共樓頭醉濁醪

晚春郊望忽接補山歸帆時李沙村亦自泰安返里兼懷監督王蒿伊先生

相思日日坐蕎阜東望烟波首重搔岱頂幾經窺白練海隅猶未覩紅桃懷山底績成平土買犢歸耕擬賣刀不是同心追賈讓那容花下醉芳醪

東徐魯生世兄州半刺雲巖公之令嗣

不知其子視其友應識超宗有鳳毛百里棠陰江上滿累朝門閥浙東高瞻依每入三更夢省覲來觀八月濤料得潛防嚴命切清宵過我一持螯

寒夜彥超姬田集竹廬遲景韓交鄉不至

連宵促坐論風騷遙望前修景鄭毛此際旗亭新壓酒他鄉石友舊同袍擔簦聲響知風壯樓外看痕見月高銀燭半銷蕉漏轉不來二妙首空搔

贈周守戎

江淮轉運重屯漕年少登壇詰六韜不信年公非綺

黃儷裳七言律詩分韻　四毫　七　家藏一種

帶果然公瑾是醇醪鋒鋩那是當年運新恙還因爲積勞此日披襟談道處相看氣誼勝同袍

贈王仲超入楚

不用流年感二毛孤舟萬里氣偏豪人間詩畫推三絕匣裏兵書韞六韜鵰鶚變聲芳草暮衡湘極目楚雲高遙知落拓無家者白水蒼山信所遭

五歌

寄懷嘉興墨菴和尚沈仲方也

昨歲相逢鬢已皤文儒學佛砥流波久從法界欽龍
象猶向人間痛蓼莪東寺風烟應似舊盛湖蘭蕩近
如何塵中勇猛誰能並慚愧光陰付擲梭

蔣前民置酒張介子玉蘭樹下邀同孫豹人龔
半千孫無言送諸駿男之濟南

石上尊開藉綠莎好花如雪滿庭柯入林黃鳥來何
晚過檻東風去已多不信顛狂由劇飲轉增惆悵爲

黃偓裳七言律詩分韻　五歌　一　家詩一種

清歌青齊岱色雖相待忍放春帆渡汴河

寄譚愼伯時監視鳳倉先是京師別于李笠翁
筵上

君才易水溯春波客歲論交接玉珂擊筑共傾燕市
酒挑燈曾聽綠珠歌喜監庾廪持朝節怕曳長裾守
釣簑想見散衙開卷坐翠峰抱屋碧嵯峨

孟端士宮諭見顧金陵志局時服闋北上兼寄東海徐先生

還朝含淚謝嚴阿數載家居廢蓼莪君自青宮需導
引予慚白首與編摩玉壺美酒新亭勸金馬才人故
里多記得花谿邀痛飲南州高興復如何

奉懷廣督吳伯成先生向爲余題周侍郎所贈松泉畫卷又昨秋纂修通志頗蒐採先生著作篇中及之

十載經營下尉佗再臨百粵靖兵戈雍容裘帶年開
府指畫山川馬伏波妙畫松泉曾品跋如椽著作入
編摩梁谿歲歲桃花滿常倚山亭聽棹歌

立春前二日郡守崔蓮生先生招同施愚山侍
講讌集署齋

太史還朝將渡河平山地主集鳴珂醇醪快舉論交

黃偓裳七言律詩分韻　五歌　二　家詩一種

晚樂府新翻寓感多臘去和風生燭焰窗明殘雪在
梅柯同心不惜如泥飲愁聽紅亭折柳歌

和劉雨峰海陵寓園懷陳太史兼以見東之作

荒園三逕遍藤蘿回首伊人奈別何遠夢不能通[illegible]
漠苦言曾勸愼風波池邊柳蟬吹綿少石上花濃[illegible]
雪多誰向殘春舒醉眼關情才子獨悲歌

甘露寺絕頂呈姜眞源先生

野寺前朝甘露多凌雲亭子高峩峩金山鐵甕最麗
小古人來者更相過陰崖猶存漢碑碣戰壘即是[illegible]

山河不遇羊公好登覽等閒無計窮烟蘿

白門送羅弘載北渡

霜後森森百尺柯平生正骨鬱嵯峩歡場不醉烏程酒古調原矜白雪歌世難豹韜猶未試家貧蓮幕復來過北風銜鴈江頭別轉眼韶光似擲梭

金陵西郭過王左車故居

浮家終傍舊山河想像平生奈若何遯世百年甘蔑落命名諸子寓悲歌莫愁湖畔愁雲黯孫楚樓邊楚淚多猶記春波送南浦重來落葉忽辭柯

送春日方樸士招飲紅橋舟中即事

朝朝縱酒恣高歌猶戀東風棹綠波柳絮漸吹烟寺少夕陽偏傷畫船多已慚白髮眞堆雪不信韶光似擲梭幾度送人長作惡黯然南浦復如何

重陽前二日同沈仲方奉邀豫章黎左嚴山左趙韞退楚江劉空綏三公集平山堂之鑑樓

次韞退原韻　辛巳舊作

紅塵空愛說山阿載酒凭高始放歌勝日閒人隋苑少荒原秋色竹西多肯容弱羽隨黃鵠不道喬松接

女蘿齊楚幾朝分手後江南有夢此重過

丁念劬別駕招遊平山堂同顧樵水朱晝初丁布三仲祖尼諸君子奉待胡念高先生不至

歐堂修復幾回過小別韶光付擲梭望去雲山長罨畫栽成梧柳忽高柯客愁寒食連朝醉腸斷妖童一曲歌何事謝公無限興佳辰偏阻到巖阿

州伯段玉川先生雪菴世兄過飲待仙閣時將歸里

攀轅其奈不留何報　國楨眞阻負痾驪馬即看千里去草堂能得幾回過炎天梧竹凉陰在異地雲山遠夢多兩世樽前須痛飲詩瓢終是待江波

己丑揚州寒食

寒食揚州事若何依然百戲竹西多烟花隊裏難尋路簫鼓聲中不辨歌金勒賽飛雲外燕畫船齊織柳邊梭回思兵後空城過細雨青燐遍野莎

霜降後一日過陳善百話舊

三十餘年付逝波殘秋門巷此相過砌蟲入夜呈哀響庭樹經霜挺舊柯略近酒杯緣病減同添華髮爲愁多燈殘莫訝詩難就應念莪蒿久廢歌

次田刺史韻送令表弟倪若孩歸吳門佇君

廿年劍履種青莎乘興扁舟訪舊過廿載播遷人尚
在他鄉親戚淚偏多久從吳市尋梅福閒過迷樓吊
阿麽歸去洞庭瓜正熟烟波更好理漁簑

趙五弦以慶遠太守致任歸里 之二

還家無計奈貧何官祿胡威清較多儉素祇應餘典
籍分糧常是及烟蘿幾人津路存青眼數頃湖田付
白波贏得臨觴開口笑溫柔侍史妙琴歌

溪上過方爾止不值時有舍淝江右之遊

欲見舊人方處士青溪門掩旅愁多鶯峰寺外雲歸
浦長板橋頭柳拂波總爲一寒輕跋涉頻教八口寄
烟蘿客中衡宇空鄰近對酒詩成祇自哦

奉答褚硯耘先生見懐

越鄉風物近如何依舊開門掩薜蘿蟋蟀晩吟黃葉
雨蛟龍秋吼洞庭波百年離別身將老千里間關枉
幾過珍重新詩遙見寄匏尊頻引慰蹉跎

蔡子冓廣文祁間書來兼得胡荊南先生音問
志喜

丹陽同事扶風帳薄宦遙聞謝薜蘿山水篇中藏吏
隱松泉聲裏和弦歌楚吳幾歲疎音驛淮海多君憶
釣簑更喜師門消息好板輿花下日婆娑

丙寅秋寄慰吳方弘

聞君哭子似西河誰療沉思起重疴伏枕百回驚入
夢臨流雙影淚添波花飛已恨三春逝駒隙俄驚半
載過安得披襟相譬解夕陽烟樹隔山陂

送吳蘋山水部之昭陽理河務兼示幕中諸子

世講論詩好切磋忽啣朝命楚山阿不同薄俗歡新

雨常過荒齋撫舊柯相訪北來青雀便關情南望白
雲多乘橇但使規模定池吐芙蕖待醉歌

贈別王內部紹德北上

聖主憂民浸綠波部臣持節此疏河均須國帑偏枯
少領袖羣僚惠愛多黃卷隨身推博雅清琴養德入
中和菰蘆名宇勞存記巴唱難希白雪歌

除夕孔使君寓東菴包倓虞先生攜尊守歲同葉
于唐吳文起
泰男分賦

番鎮仍攜遊邑過他鄉守歲傍維摩誰言冷署逢迎

少偏是貧交意氣多破寺風來敲徑竹暮天雪重壓庭柯三年除夕人如舊對酒驚看髮半皤

雒皋留别張孺子 次原韻

知音無奈别離何重到衡茅醉放歌門外韶光芳草換簷前春色老梅多一貧且喜骨猶在百折原來氣不磨我已白頭君正壯青雲事業莫蹉跎

夜坐讀吳佛眉和詩感賦時余以嫁女西歸

咏絮風華豈足多夜寒霜落鳥移柯素蟾只向窗間照隹句猶從夢裏哦牽犬我方艱拮据買山誰為選

烟蘿明朝衰柳歸帆路愁見鷗鳧泳夕波

廣陵喜晤何蜀山話舊 癸丑都門龔宗伯邸舍同餞飲光紀伯紫白仲調時時聚首計别去十四年蜀山隨補泗水令今解組入河憲幕中

誰繼廬江大小何驚才似子寶無多尚書宅裏杯同把處士床前句屢哦應許交情堅似石不堪歲月去如梭河陽歸後庾樓客青鬢依然我髮皤

初夏雨後集包學師署齋花下同倪永清王彤颺上木侄分賦

昨宵微雨潤烟蘿清署招邀薄暮過花影橫斜上粉

笙簧聲斷續繞庭柯開傾地主青尊醴好聽詞人白紵歌待得播秧真應禱海邦仍約頌嘉禾

周櫟園先生六十初度

茲辰生我意如何實為蒼生負澗阿心事百年空草草頭顱几日已皤皤休言當路逢迎拙且喜名山著述多吾黨有人追杖屨那能對酒不高歌

已巳冬日奉和施使君見懷

紅塵其奈閉門何日日傳經守澗阿對竹閒惟沽濁酒賣琴狂不廢高歌雪深勞念袁安臥榻掃空思孺

子過却羨鄴侯滿珠玉黃堂怡更著書多

辛未元夕集尤君植宅同嚴玉嶼拈韻

荒州元夕事如何處處閒門掩薜蘿貧友猶能沽濁酒清言差勝鬬笙歌梅窗月入欺紅燭柳岸冰融露綠波莫訝嚴寒天地閉白頭惟願息干戈

和陳晉錫雪後半舫玩月

鶴氅微吟倚玉柯清光滿地月無多夜深猶盼旗亭酒寒劇都停隣女梭何遜閣邊青是夢張融船外白疑波戴家近在橋西住只似雲山阻若何

虞書樵過堰上見訪 次韻

懷人渺渺隔江波乘興扁舟堰上過十載交情盟杵臼五言詩句奪陰何別經春夏書郵少說到存亡涕泪多不是相思呼命駕柴扉終日鎖烟蘿

哭溧陽彭伯母 爰琴尊堂

衡守清風映薜蘿遺經課讀倚鳴梭方徵才子高陽里忽送慈闈薤露歌心苦百年存節操家貧萬事任蹉跎白雲莊裏煢煢客不待聞悲廢蓼莪

丁謙龍初度

懶向明庭佩玉珂君才南國調春波任見晚歲誇連璧舊帙終身廢蓼莪年長名根渾欲斷家貧酒債不嫌多羅浮天目居相近偏我頻過訪薜蘿

客中閏七夕和程姬田

每歲橋成一度河雙仙匝月怨頻過聚離不信如流電時序應驚似擲梭凉夜倚樓秋興劇孤燈伏枕旅愁多隣家玉笛清歌妙入耳翻偏喚柰何

六麻

蔡撫軍重建滕王閣

丹䨱百尺煥朝霞映帶江光十萬家昨日荒榛斷牧蕘草來飛拱駐春鴉三王詞翰曾標幟千乘諸侯此建牙旄節已歸淮水上南人猶把召棠誇

酬宋射陵過海陵對酒見懷時余客延令

分明襟帶咽天涯佳句開吟到日斜江浦亂飄楊柳絮州城半落牡丹花同袍久別方縈夢白髮因貧不在家停棹莫嫌荒陋甚還期十日醉流霞

蔣冰心玉潔兩女士以詩見呈因憶尊人瑞徵老友

何來門外七香車問字登堂愧絳紗原上草荒亡友墓風前絮落綠窗花慕蘭頻愛舒雙蕙鍾郝還驚産一家憶舊把詩三歎息中郎有女亦堪誇

四明馮大咸鄭僊兩先生父子相繼為滁州太僕卿州人戴德重修祠堂潔士大行走奠祖叔有詩敬和一首

滁陽祠廟古城斜公子重來聽曉笳兩世使星臨四

寺百年卿月照瑯琊時移樣桶風華振境僻雲泉薦
設賒何日辦香伸夙誼歐梅應不惜開花
金觀察署齋餞施憲副愚山即送遊吳兼懷吳
伯成明府蔡九霞處士
唱罷驪歌酒更賒故交相隔卽天涯幾宵東道頻投
轄明日南薰忍放槎茶熟品泉吳隱座華香夢庯茶
經家奚囊名勝徐收盡莫上高城聽曉笳
雨阻山遊遣興
水漲前溪亂柳斜青鳩啼殺杏園花關心香草攀崖

滑過眼濃雲到嶺遮江上春愁憑對酒天涯旅夢許
還家開軒何計舒懷抱正有殘陽照晚沙
廣陵奉待學憲趙閬僊先生時送余大中丞北
上
鳴鳥嚶嚶綠樹斜搴帷容御李君車別來淮水仍邪
水開遍桃花已萊花送遠驪歌依祖帳吟詩僊舫駐
晴霞頻年勞瘁倫閒處風景揚州酒易賒
朱愼人樞部移居雉皐
省郎第宅不求華江縣萍蹤亦是家爲慕仁風問田

舍久將儉德式浮夸樓頭夜照藜燈艷檻外春明玉
樹斜書乘此來攜萬卷可容間字到侯巴
董大將軍宅燈宴予將北上
畫堂簫鼓競交加莫問銀蟾未吐華高會賓朋饒俊
彥侯家燈火爛雲霞良宵早卜豐登兆春酒常陪歲
月賒獨我驪駒唱門外又攜孤劍走天涯
春興過陳其年同過季子常山居 時會葬季銓部公
西州回望莽雲遮歸計殘年感歲華不謂登車逢舊
好何妨索酒過貧家霜寒庭橘全留翠沙暖江梅漸

作花暫共對杯懷抱展故情離緒又交加
元日段玉川先生雪巷世兄留飲行署 有泰男隨侍
使君解組未迴車半載羈棲隔絳紗命酒重登徐孺
榻將車如到朗陵家春宵歸雁催鄉思客館芳梅換
歲華幾日覃懷人欲返太行西望又天涯
成价人宅看牡丹 次令嗣陟三韻
爲送春歸感歲華牡丹時節酒空賒不須灑淚開元
事猶喜看花御史家卜宅無心來巷北游蹤有夢到
天涯池塘幾日新荷吐再擬沉酣問麯車

人日奉酬州刺史施公潯江枉駕草廬
長守蓬門詠白華不因城市損烟霞誰停東道諸侯
駕來訪南州處士家靈鵲喧傳簷際語疎梅笑吐檻
前花如何投刺主人出還待論文叩絳紗

送凫仙弟偕鄧傑人大尹補選北上 凫仙工于繪事
十年夢不到東華送汝秋風正別家鴻雁連聲來遠
浦鶺鴒分翼起晴沙交遊輦下堪耘硯親串河陽看
種花江外倚門雙白髮頻期負米莫心遐

留贈東皋諸同人 爲許元錫張孺子石含銳

黃儷裳七言律詩分韻 六麻 四 家課一種

射雉原頭落景斜偶因訪舊駐征車幾人契濶懷初
慰十日淹留典更加野渚呼風鴻作陣冷雲吹幕雪
爲花那堪歲暮仍分手愁聽孤城動晚笳

初晴諸子見過 同繆畢書張山侶
剪韭烹葵酒易賒何人躡屐過貧家孤村全未啼黃
鳥寒食纔驚吐杏花水漫麥畦鷗自浴烟開漁浦日
初斜亂離親戚還相聚幾處軍城急暮笳

雉皋寓齋酬張葛民
令節離親倍憶家偕遊遣審未心遐輕雲半罨護頹
垣寒日初晴下淺沙共笑疎狂人世棄難禁衰老鬢
毛加相看本自忘機侶惡聽叢林噪晚鴉

分綠閣看梅因讀公言弟新詩
鄰園醉罷角巾斜屐齒猶能踏草芽濃碧樓頭空偃
仰亂紅衣上欲沾花皋原到眼烟光麗文酒藏身歲
月賒莫羨西陵饒秀句近看小謝出吾家

新秋夕霽 同及門董明試丁堯日鹿秋吳元驍夔鳴宇褒顧御珍諸子
蕭蕭疎樹晚凉加緩步行吟過水涯壁上人歸驢暮
續河干風起散殘霞清砧近夜聲初動新稻成花香

黃儷裳七言律詩分韻 六麻 五 家課一種

漸賒觸眼又驚雲物變那堪留滯閱年華

看竹軒呈聞遠永思兩叔
楊柳垂絲覆水涯畫橋掩映綠重遮流鶯未到先攜
酒新蝶高飛欲上花郢國春深歌一曲漁陽夜半鼓
三撾相扶潦倒渾忘醉松際俄驚月早斜

寄懷宋既庭將任貽陽廣文 鼓盆後令弟蓼天先生已登相府
知音百里隔蒹葭入望洪波浸落霞倖薄晚同吳市
隱秋悲偏對楚人家平津閣啓門風盛玉鏡臺封春
恨賒誰似澹然全不着道心淸欲比黃花

同靜御過子敬弟千仞侄寓齋醉秦淮秋色

江夏淵源本一家相逢愛我未心遐堂前杯斝陳三雅樓上圖書富五車月色一庭蛩語靜秋光滿院桂香賒良宵喜共連枝會正有鴻音度遠沙

送春日酬徐滄浮錢少陽朱以陶見過留飲時吳水部將于役海口

群公羈旅在天涯連袂勞過處士家好鳥頻啼烟外樹東風也戀檻前花遙知荷鍤時難緩不道當壚酒易賒惆悵送春逢送客湖村忍望片帆斜

吳雲逸於黃山搆觀頤堂爲尊人介以公娛老之地

盛事偏存吳札家門風曾閔足堪誇幽人投老棲黃嶽孝子題詩補白華祿養誰能幾善養福遐應見引年遐何時一拜茅堂後親傍烟霞看採茶

宮詹歸惺崖先生展　陵後暫假南歸便道省視河憲孫大司空見訪話舊時相別十五年

迢遞燕吳歸路賒茱萸灣口夕陽斜承恩未返山中駕力疾猶尋海上槎片刻荒城聽畫角故人心事指明發何當白首漁竿客也荷慇勤意有加

司空孫公寓園秋日玉蘭着花與方虎徐太史吳赤一匡期叔侄王季守徐西泠奉次原韻

辛夷噴雪鋪簷牙嫋嫋西風吹絳紗使君駐節詹然見賓朋呼杯喜欲譁爲隣正有木樨樹作伴那無山杏花園中百卉競吐艷氣類肯讓蓮生蘇

陳丹文西雨山房看秋蘭

西城別墅足烟霞桂老盆蘭又着花空谷應廻俗士駕幽芳却入楚人家秋陽烘影香能迸山鳥窺窗靜

不譁細酌名泉傾蟻酒流連那問月光斜

懷查二瞻探女梁苑久客令倩大尹署中子是年有四小女之痛

關攜筆石走天涯久滯梁園樂事賒道韞膝前吟柳絮潘郎縣裏看桃花冬春過眼駒同迅見女關心鬢早華誰信別來情緒惡望君疑是泛仙槎

春雪遣興次和牧伯施公

樓臺二月撒瓊花細逐東風入碧紗昨日芳園初綻蝶今朝綠樹有饑鴉梅茵欲共鋪梁苑柳絮新翻[illegible]

謝家不似衡寒驢背冷催觴寧待鼓聲撾
吳方弘為余選梓七律分韻詩併請令姑丈素
存張公作序感贈方弘與令兄姜綸皆能詩
次家介伯宗兄原韻
吟成七字鬢全華賞我殊慚筆夢花乞序左思遇元
晏論才吳質過篌芭塵埃知已真無忝家塾蕪音愧
有加誰識謝庭風雅盛新詩春草句爭誇
喜晤秦郵葛淑臣同飲張九躍宅 次質生韻
蒼茫烟水隔蒹葭入望盂城落照斜自是葛陂有龍

杖不須勾漏問丹砂一壺濟世高人意萬卷傳經處
士家今日海隅欣握手且同張翰醉流霞
喜晤喻可歇話舊即送之昭陽兼寄周恕菴太
史
廿年契濶酒初賒又指昭陽遠放槎意外忽逢歡若
夢別來難盡事如麻櫱搖烟水新荷動門掩江城客
樹遮到日文園應病起海榴紅映楚人家
得沈少尹子達手書知從江右奉使入都已抵
邗關賦懷時見寄蘭箑兼望侍尊先生南歸

又向邗關聽晚笳選才四度役京華地降予舍空紆
道心畏王程不恤家離箑三湘思路遠閩蘭千里未
心返此行扶侍同南下相待東籬醉菊花
送春日慶雲山房對牡丹憶巢大師駐錫石門
禪房寂寂鎖烟霞偏是花時不在家白社送春呼掃
徑門人留客解烹茶舊山剩有奇葩供破慢仍將紫
艷遜閩道謠溪多長者祇園方聽演三車
除夕浙絡呂叔返舟過壩上見訪即別壬子元
日雨中擬之

相逢除夕催歸客堰口無能挽去槎今日呂安能命
駕當年張儉已無家長途忽值陽春[illegible]
雪加何似草堂停守歲濁醪同把對梅花

七陽

送春前一日集華藏菴時將之白門　分韻　鄭鞠思

九十韶光付醉鄉渡江猶自滯維揚閒攀韓柳過南浦偶逐飛花到上方流水一如禪意靜青山爭似故情長春歸明日人將別誰對薰風共舉觴

喜晤吳興公先是別于陳澹僊刺史家澹翁已歿

走馬逢君古戰場數年吳越隔風霜鬢須未覺看來改歲月徒驚別後長莫憶典衣眠醉里可堪吹笛過

黄僊裳七言律詩分韻　七陽　一　家課一種

山陽存亾去住皆成恨岐路銜杯淚滿裳

題汴梁貢院　即宋宣和艮嶽

黄河灌後事堪傷全盛東京憶汴梁烟鎖閒花新使院鳥啼垂柳故宮牆滄桑訪舊少遺老樓觀憑高空夕陽亂定招徠三十載蒿蓬猶有半城荒

嚴州伯延修邑志宿宮紫陽北園同陞懸圃張九草寒夜作

郡乘千秋此共商大夫開局輞川莊居然二陸東西屋不比元龍上下牀林烏月明停夜語窗枝風靜護

春詎嚴史法應須繼筆空慚贅末行

瓜洲登于氏嶽起閣

江上名園數辟疆百年興廢事堪傷堂前秉燭喧官騎石上開花臥酒狂水閣毀時巢燕去琴牀賣後井梧荒滄桑多少繁華盡此地重來弔夕陽

仲子泰來就婿宗氏山莊呈定九姻翁

遠攜少子就東牀春近山村草漸芳小院窗梅窺玉鏡短轅壺酒繫烏羊幽居心羨田間樂垂老情牽兒女長過此一婚身債減那能五嶽恣徜徉

黄僊裳七言律詩分韻　七陽　二　家課一種

王左車安節橋梓招集莫愁湖同李雲田黄心甫方爾止俞部弟支山上人

慚愧典衣沽甕酒右軍父子信清狂美人去後湖光在僧寺占居臺草荒剩有鷗鳧眠野浦秪將鐘磬送斜陽三年兩度停橈過總值秋風惹斷腸

立夏日嘉興和王季延

蔓延灌木宅邊荒花落城南古戰場嚙葉几家蠶箔響焙茶何處爨烟香不堪憂旱思梅雨好共迎薰坐柳塘老去潛夫猶著論惜時空悔酒徒狂

送學憲訶念莪先生歸楚便道眞州看十里桃
花 吳介臣參戎攜酒同余及淮刺史用九令孫書思含任限韻
一塢穠桃十里長將軍愛客爲攜觴早聞竹屋啼黄
鳥稍見村橋肉綠楊麥隴霏微經宿雨幔亭留戀到
斜陽武陵郎在眞州岸何用迴橈憶故鄉

施文中省令兄州伯見訪海陵時將北上
白馬青袍畫省郎板輿遥送自炎方對床玉筍浮芳
蟻夾道瓊枝看堵牆幾日銓曹虛席待百年遺軸許
身藏薰風小院鶯啼處肯過論詩到夕陽

冬至前一夕寓旌忠寺朱敏錫中翰置酒同馮
補之徵君賦朱尊人艾卿馮尊人定遠皆余
同硯老友
同心對酒氣飛揚兕觴紅爐坐曲房窗外鐘鳴纔吐
月階前梅冷乍添霜頹山欲似嵇中散執友殊慚盛
孝章豈待明朝添線後早疑東閣漏聲長

恭送撫軍余公佺廬先生榮擢都憲赴任北上
去年專檄聘余纂修通志
仁風宣遍古吳疆 帝簡夔龍總憲綱南國甘棠留
世澤盛時威鳳上朝陽埋輪親見揚風采飲水人爭
勵雪霜外史編摩蒙檄取歌驪亦許戀門牆

送卞謙之別駕赴任泰州
十年參佐蒙恩顧相送離亭落日黄官閣好詩留水
部覃懷慈母去王祥雖然五馬泰關近未免雙魚驛
路長喜得嚴疆遷秩早清華轉眼陟臺郎

王西樵吏部重過廣陵
至孝眞能格彼蒼曾于貝葉覩清揚書憐絶妙銀鈎
體人想無雙錦帳郎秋草西湖空悵望春鴻隋苑復

迴翔挐舟擬就籃輿語多病何堪阻一方

奉寄李廷尉映碧先生
久聞啼鴂歇年芳碩果誰猶傲雪霜舊史門風存杜
下累朝文獻在昭陽苔錢檻外千重積書帶窗前幾
尺長何日披帷容問字一帆秋水溯滄浪

訪孫樹百明府客揚州天寧寺時新病起將赴
內名
隔年沽酒別林塘聞道清羸守藥囊對菊正思陶靖
節勝衣忽見沈東陽荒園野色穿蕭寺老樹秋聲動

蜀岡敢惜如泥燒燭飲幾朝黃鵠入雲翔

春湖書屋對牡丹 王白舫俞騤臣咸憲伯蔣穆天徐夔摅侄圯公同賦

北園花下前宵醉復把城南當洛陽國色不誇丞相府白頭偏逐少年場還疑舞蝶迷春夢又恐啼鶯笑酒狂此日詩成誰見賞沉香亭憶李三郎

雪夜孫豹人自崇川見過堰上弟天濤置酒

嚴寒歲暮急歸裝猶訪衡門荷不忘正喜燭花紛几席俄驚柳絮繞池塘白頭作賦存孫綽青眼移尊有季方耆舊晨星相見少忍教容易去江鄉

江都相董公仲舒故宅在兩淮轉運署中

策賞天人猶出相漢家留意在諸王雖然經學存繁露詎似青宮輔智囊遺井鹿眠蕪草綠舊祠人薦藻蘋香先生志不存功利精爽何妨住此鄉

暮春登西溪土山乃董丞故里于家信適至

好友攜尊孝子鄉登臺一望意惄惄殘春作客縈歸夢寒食思親惹斷腸海岍濃桃連碧水州城遠樹隔斜陽故園有弟通問問差勝平安寄八行

韓孝廉招集西園

紫燕新來語畫梁西園春氣滿林　日池邊柳影搖寒碧牆外花光鬥夕陽白髮幾人猶健在舊遊萬事付蒼茫歡場肯負如泥飲更約佳辰數舉觴

張輿委刺史自崖州歸過于海陵舟次之一

別來何事不滄桑依舊吳陵見綠楊水木蒿丘須暫展驊　虎氣曾終藏登堂我痛雙親杳算齒兄多一　淮五馬如臨江夏宅悲谷井復舊黃香

訪周叔也不值時去白門同令兄展如賦懷

與兄弟頻年別思向江城共採芳春水船遊邀笛

步故園花落讀書林際情親感難安處到膝間閑漸小康大謝歡逢杯在手不禁搔首對斜陽

金陵喜晤程宗衍醫令侄天有觀揚又累諸子

時予亦同送泰男應試

三世論交舊誼長謝家觸目盡琳瑯棣更接無雙士騤騎李衛第五郎桃葉簾櫳端正滿秦淮亭館桂初芳嗟予侄同來此斥鷃何當逐鳳凰

冬日文博宗兄攜侄禀六招飲半山園 晚宿報恩

白髮欣逢序雁行相攜晴日上南岡春光幾樹梅先

滄舊物六朝松更蒼沽酒不妨尋野店看山正好趁
斜陽關門早閉餘酣在大被還裹惠遠房

眞州過紀伯紫故宅兼憶魏叔子 禧亦客死眞州

數年重過白沙岡風景無殊客思傷秋水園仍喧鴈
鶩綠楊樓尚閃帆檣南州高士遺踪杳東郭先生舊
宅荒誰信支筇惆悵處一聲隣笛又斜陽

邸抄中知吳戢山世兄榮擢銓曹
陛見優獎喜見予詞

咫尺天顏對御牀銓曹又得覲龍光舉朝交重無
雙士當宁稍知員外郎溫語共聞宣殿陛好音先
播達江鄉從今啟事逢休暇嵇阮無疎竹下觴

一清堂奉別五馬施公是日舟宿宜陵鎮

豫章今復在維揚文酒淹留德意長賓榻乍逢徐孺
子吟牘猶念沈東陽衙風難達官橋路宿槳仍隣校
射場惟望夙興堅素志一清堂上好晨光

長夏吳方弘從泰興來見顧病榻 丁卯

憶昨江鄉醉草堂西城遊眺趁斜陽別當白鴈黄花
候重顧茶鐺藥臼旁兩地覊棲深悵望一年時序[illegible]

炎涼相關先問徵蘭夢不但留君只舉觴

攜尊舟中送施文中之任嚴州施公有隨身家
伶唱陽關爲別

介弟分符指越疆桃花影裏錦帆張東門祖帳將分
手南浦嬌歌復斷腸怕對波濤堤柳綠忍看人去夕
陽黄政成竚侍膺殊寵棣萼承恩出上方

林亦韓見訪不值

難得停車訪蓬蓽正宜看竹命壺觴尋人此際偏相
左畏暑同時趁早涼歸見嵇門題鳳字去聞荀座落
衣香兒童未設清泉供搔首徘徊到夕陽

喜王漢卓見訪于一老友令嗣也自荔裳觀察
逝後相依令兄蒿伊圳鶴頃奉使督河同來
敝邑

烏衣才子疑槃瓠投刺門前倒屣忙名父儼然分具
體虎賁不待肖中郎一千里外音塵阻廿五年來淚
泪長莫恨風騷銷宋玉華宗知已又孫陽

徐雪巖半刺署齋夜集 同上木泰來賦贈

妻孥何事遣還鄉獨坐空庭對夕陽作吏尚餘書卷

氣闢尊新爵竹豚香巳憐衙舍清如水自恃臣心潔
比霜循分莫嫌官獨冷迺寒歷後又春芳

海陵重修胡安定公祠堂落成美德清孫侍郎

晋水施太守

千秋知巳又孫陽足信蘓湖教澤長馬臥春蕪祠宇
廢鴉啼喬木講堂荒忽驚粱棟來新燕頻有宫墻映
綠楊賢牧況逢文舉至下車先拜鄭公鄉

重過天寧寺悼雪大師

方丈雲封碧蘚荒鴉翻大樹夕陽黄全輝謝寺新金

殿開殺匡山舊草堂未得逃塵參祖印再來駐蹕惜
支郎今朝撒手懸崖去塵客猶揮泪幾行

題塘西卓氏傳經堂贈火傳次厚父子

記搖書槳趁斜陽何處塘西問講堂藜火光中天祿
閣雲山影裏鄭公鄉詩書幾變新灰燼呉越會成古
戰場獨有巋然數椽在累朝常薦藻蘋香

真州過紀伯紫故宅兼憶魏叔子魏亦客死真州

數年重過白沙岡風景無殊客思傷秋水園仍喧雁
鶩綠楊樓尚閃帆檣南州高士遺踪杳東郭先生舊
宅荒誰信支筇惆悵處一聲殘笛又斜陽

許表姪董傳重葺孟晋齋兼呈尊太史

荒園射雉古城旁又見文孫葺草堂花嶼重舒他日
艷書倉猶護舊時香丹心故國銘金石彩筆興朝吐
鳳皇忽過平輿誇肯構感懷今昔向斜陽

雷音上人于海陵重葺鄭潜菴先生書院

中丞功德在維揚五十餘年豈渺茫蔓草竟荒楊子
座靈光猶指鄭公鄉香添廢鼎新烟篆花發臨河舊
講堂名教振興吾輩事却慚灑掃累支郎

壬午虎丘中秋呈劉玉受馮猶龍兩先生是年余選刻社稿同寓仰蘓樓

幔亭處處桂飄香鐘磬笙歌雜上方二老樽前携遠
客千人石上對秋光更闌度曲聞簫細病起勝衣怯
露凉最愛虎丘明月好百年能幾到呉閶

庚午經木月菴感舊記乙酉曾借讀松房今巳七十

弱冠俄驚兩鬢霜西城非復舊風光禪房水月長無
恙隣院梅桃春又芳欲覓劉郎歸宿草曾携宋玉侄
東墻百年德意空虛感倚杖踟躕到夕陽

王蒿伊別駕郵到河憲王大中丞東山集恭讀

賦呈二首之一

轅門屬吏有王祥處士墻東舊隱長介紹未緣稱賤
子奇書那得賜茅堂鞠躬遠近皆無斁承蔡晨昏耿
不忘鉤衣裳對清絕處偉人傑出應明良

崇川讀范墅鄉異羽先生蒙題樵青詩卷

觸暑扁舟到白狼東林耆舊許登堂既遊濱海奇山
水又見中朝老棟梁四海共尊山吏部三吳獨峙魯
靈光題詩仍錄漁樵子相對徘徊在夕陽

黃仙裳七言律詩分韻　七陽　二　家謙一種

春盡待俞郎弟不至先是與姜西溟同南下姜
先抵廣陵

先後馳驅阻雁行眼穿不見到維揚懷歸已屆三春
暮堅待仍停六里莊官渡日斜空倚杖覺亭花落獨
持觴張華表取機雲出好對輿圖報上方

寄何昭侯文選兼懷金正夏世兄

觀濤曾遇駐舟航明月揚州數舉觴記向兵廚携阮
籍再登官閣憶何郎郵亭書信鴻千里釣艇蒹葭水
一方中表有君扶植在不須回首恨茲茲

張巽姿見過贈詩次和歸自崖州巳十年所

只合高陽混酒任升沉何事不親當軸空已教鳴皋
鶴豐草猶迷適野麋身隱蘆中漁釣足碑留海外姓
名香白頭兄弟鄉觴處五十餘年誼最長

真州長至晚坐武林金殿臣合肥朱又宕無爲
齊士允六安楊雲又見過留飲同陽泰兩兒
限長字兼憶舒城任穎長先入舟中

歸鳥投林趁夕陽客中聯璧酒觴香暮天連袂來同
調佳節驚心話異鄉情話莫辭燈細剪多愁翻畏日

黃仙裳七言律詩分韻　七陽　三　家謙一種

初長誰人繡被孤舟臥烟水悠悠憶檢郎

贈潘竹舫

重逢忽點鬢霜華看君多一歲强康喜老來人正
健不堪貧後歲添花惟留好月臨花徑尚有奇書滿
竹牀妻子鹿門知學道升沉前路付蒼茫

冬至歸白蒲與顧學元對酒作

歲暮回舟入海鄉佳辰寶王復持觴緗書尚喜陳編
在歸榻都忘碧蘚荒野雀避羅投瞑樹疏梅迎檻綻
朝陽誰期數月奔馳客清話方知此日長

次韻酬周縈露見送時以內人病遄歸

衣夜留歡不盡觴一封書信促歸航臨岐忍聽驪歌

發[illegible][illegible]嶺嫌驛路長別浦鷗憐停碧水荒祠月想過

鄉周郎年少多才藻淚說衣留荀令香

黃僊裳七言律詩分韻　七陽

八庚

曉行

度嶺穿林十里程長河漸没未天明無端馬齒成衰

齒誰說雞聲是惡聲浦濶烟光迷遠寺橋廻樹影露

孤城萊書空自携驢背緘口年年戒論兵

重過秣陵不復見顧與治

數年不復賦南征舊路重遊百感生流水板橋桃葉

渡斜風細雨石頭城誰人齋酒迎中散當代論詩失

顧榮宿草一庭三徑廢偶過門外馬頻驚

黃僊裳七言律詩分韻　八庚　一　家課一種

九日宿來青軒懷舊是王敬哉先生讀書處

漠漠層嵐暮靄橫荒田牧馬正悲鳴當軒御墨存前

代多病孤節剩老生幾點紺紅楓樹色百年幽咽澗

泉聲曾聞太史藏書處重過題留最有情

賦得夏雲多奇峰贈馬魯士治中

南畝炎蒸烈日明荷亭欹枕看雲生幻爲丘壑眞難

辨道是峰巒畫不成寧似蜃樓爭頃刻豈徒卿旦頌

昇平崇朝膚寸隨車處願化甘霖潤海城

李欣碧先生招集郡城寓齋同姜鐵夫魏叔子

程穆倩鄧孝威宗鶴問令弟艾山賦
蔬盤真率見深情舊事閒譚酒易傾青鎖尚存前進
士白衣原是舊諸生三秋野菊花留盤十月寒濤氣
未平遺老欲求諳掌故讀書人坐楚陽城
客白蒲池上督園丁種柳
垂楊垂柳古蕪城移向東臯趁臘晴此日植根聊近
水他時長葉好藏鶯恰當桐樹偏多致斜傍桃花更
有情堪笑客居猶野性故山門巷欲榛荊
桃花塢暮雪宿蔡九霞息關桃上作
黃□裳七言律詩分韻 八庚 二 家課一種
酒闌吳苑雪縱橫大被留人荷友生滅燭不愁芸閣
暗因風時灑紙窗鳴無煩遠水移舟棹早卜明年稔
稻秔只有嚴寒滯江外蕊闈溫凊倍關情
因亦雲郭寄懷龔定山先生
四海蒼生望不輕忍令多病待鈞衡酒杯頻憶劉三
雅綿蕞猶羈魯兩生江國春帆浮遠樹帝城烟柳囀
新鶯今朝入洛機雲便倘見山公為致聲
酬覃懷叚雪菴世兄見贈
千里將車蒞海城南宮才早冠簪纓欲如陳紀為兄

小雒得胡威比丈清涼月濤聲連水郭暖風荷氣入
香溢誰期油幕深沉裏知有江東老步兵
冒辟疆招集枕烟亭對梅
主人好客興不減辟疆園子建春晴早梅開爛映疎
柳百舌啼鶯來好鶯久傷髮白泪塵事安得嚴棲老
此生纔接舊遊又遠別東皐回首空餘情
次韻奉酬耿又樸太史見懷兼悼鐵源
憶友同君筑不鳴當年燕市酒縱橫經綸未展趙充
國豪氣先摧禰正平空館停雲秋夢冷舊遊芳草淚
黃儼裳七言律詩分韻 八庚 三 家課一種
痕生虎賁尚擬中郎在何况塤篪無限情
重陽前二日集帆影樓同紀伯紫周雪客諸子
屈指行看節物更喜無風雨暗孤城酒樓正可留孫
楚秋淚偏能感步兵中澤萬家鴻引吭鳴[illegible]何處菊
含英吾儕觴詠真消受忍負南崗九日晴
揚州天寧寺步月同秦男次孫放山韻
沉醉仍攜同舍生何妨踏月到天明空街烟水欲千
頃高堞麗譙纔二更犬吠松陰微露影鳥棲殿角靜
無聲連朝逐逐紅塵者對此應忘世上名

訪張天任留飲蒿齋曷人青門兩令嗣在座

弃母茅家歲幾更重來霜雪滿頭生感時忍對新魚
筍多病難逢老弟兄芳草堦除微雨過紫荆庭院夕
陽明明朝又欲驅車去十里離亭獨聽鶯

呈贈制府于公北溟先生之二

大吏芸編多典型安民至論莫如清但令豺虎潛逃
匿何必雷霆日震驚靜夜矢天惟盡瘁平生行學不
求名祗愁旦晚鈞衡去奪我江南萬里城

汝寧楊埠橋成美金太守

百丈飛虹一載成汝墳父老惠歌聲北連潁水橫官
道南接平輿峙古城題柱相如慚過客濟川傳說信
名卿從今不用望洋歎車馬歸途自在行

延令同姜西溟游北關季園

輞川門巷鳥嚶嚶竹嶼幽深水鏡清老桂有花娛晚
歲高桐留葉助秋聲揮觴石上忩眠坐散髮林中嬾
送迎開徑不嫌來二仲答齋琴酒叩柴荆

周維京深翠草堂

世好重逢最有情芳園爲我啓柴荆十年踪已九[illegible]

別百日陰纔一月晴烏正囀時人語亂花當此處夕
陽明白頭未敢辭泥飲萍迹難期再游城

陽兒歸自郡城喜得西湖鄭有章書問

秋到荒原物候更倦游離索不勝情聞蛩方怯涼衾
枕見雁頻思遠弟兄誰寄寒溫書數字獨憐蘄鬢雪
千莖兒歸忽得瑤華贈清夢今宵在鶴城

州伯嚴公招同江右吳繡巖西蜀李先素江寧
王衡之宴署齋

刺史延開夜閣清石榴花外鳥嚶嚶荒城偶枉名賢
駕醴酒聊申地主情青眼謬叨舒阮籍白頭多謝識
侯嬴何當早歲笙歌會愁見中宵河漢明

過龍亢書事

漢縣龍亢襲舊名行軍五代有遺城鴉翻夕照梁皇
塔草沒豐碑桓傳學瀰本湯湯同雪噴塗山隱隱似
雲橫無窮故蹟彈丸地吊古聊堪慰旅情

同錢麟圖副戎送令弟瞻麓之粵東謁吳總督
予亦附書

西風嫋嫋鷓鴣聲誰代難兄萬里行自是感恩輕道

路翻因送遠繫衷情前途安穩移舟檥到眼承平假甲兵君與洪喬堪委託魚書應達五羊城

送春日席書樵移尊郊外 和王春華 龔紫濤

白髮疎狂老步兵相期豈是爲深名三春好景從晴得十載深交以淡成出郭酒香尋野店隔江山色入軒楹流鶯似惜東風去啼向枝頭不住聲

東臺場將歸和鄭半癡見送

數月愁心向我傾驪歌忽送去州城時逢新霽偏增暑入覺窮交更有情斜日野塘雙槳急暖風深樹一

蟬鳴秋期不久過蓬逕只恐還家又遠征

李素園觀察見訪廣陵志局闕于展待賦呈

勞向松門訪姓名晨光枝上鳥嚶嚶編摩幾日羈秋寺文酒三年隔會城閒就廣陵看月色好臨揚子聽濤聲平山地主情全缺慚愧秦淮倒屣迎

和唐濟武太史題訪戴泉贈崇川戴善長

雲臺寺外官橋畔舊井泓然水至清歲歲照人涵鑑碧朝朝對月覺潮生幽閒自得山中味恬淡寧知世上名今日品題逢陸羽訂交君子豈虛聲

奉和施太尊應 名於清河縣覲 上謝恩紀事詩次原韻兼奉懷靖海大將軍

龍舟傳名淮揚路兩岸濃桃照眼明去日方州馳一騎歸時露冕建雙旌 聖朝廉節千官最曠代榮名四海驚自古清風兼父子胡威那及使君清

施文中郡丞招飲令兄海陵署齋觀家劇時將赴任嚴江

嚴江司馬最多情顧曲風流舊有名老儋白髮映紅燭妖童閨產能吳聲三年重別又千里百盞徐傾忩

五更幾日浮香亭外別更于何地聞吹笙

衛輝題望京樓

劇寇中原苦甲兵故潢仁孝有遺名福藩泒衍親雖敵史相書遲事已更幾樹啼烏殘壘在一池芳草廢宮生我來策馬斜暉裏猶剩高樓指望京

程宗衍見慰悼女次答

休陽信使到江城望遠翻憐百感生香閣那禁明月暗哀猿誰聽斷腸鳴羸軀飲恨徒添痛世好郵詩負有情珍重苦言應割愛直須訪道見客成

頌高學憲碁溪先生時蒙仰予 七言近體
持節伊誰擦水鑑秋光全映絳紗明北方先輩尊高
鳳南國人宗得許衡訪駁矢忠寧惲猝飲氷報主不
求名巴吟也博陽春和設醴休誇厚穆生
李枚及徐爾正雅集沈國望齋中二三隣曲訂
娛老之會 得貞字
望衡何幸接耆英藜杖逍遙樂太平誰說城居無大
隱須知履坦得幽貞閒來三徑招看竹春到雙柑早
聽鶯問道肩隨長者後不徒飲酒換公榮

陪施使君於有此廬坐雨餞副戎置酒同王正
子冒巢民俞錦泉成陟三俞陳芳分韻得情
字
良會能攜爾正平韎門鼓角靜無聲小窗剪燭初聞
霙細雨留人不出城正理詠言逢舊好暫抛案牘得
閒情嚴疆牧守同心日觀射常來細柳營
廣陵晤史沅草話舊 時丙戌初秋為相公掃墓
一肩瓢笠擬孤行只合湘洲採杜蘅楓葉平山如昨
染濤聲楊子未全平渡遠何處招歸鶴廢壘猶然

春鶯從楚衣冠芳草墓梅花嶺上月初明
滯吳門聞孫阿滙客邗將有廣陵詩選寄懷記
丙午經六合縣奉訪已復六年
竹西烟月自蕪城騷雅多年冷舊盟須是先生操水
鑑共推佳句擲金聲秋征會展登堂敬東道難忘命
酒情歲晚君來予又出隔江風雪阻酬賡
南歸出都門作
燕臺留滯竟何成白露江南採杜蘅自笑頭顱空老
大祗將詞賦博虛名御河斜照留人醉華路衰楊送

客行渡得桑乾重回首黃沙影裏是都城
吳閶訪祁門陳公季都閫不遇時任崇明水師
秉文令弟也 公季與合淝龔尚書交厚
雖未披襟詠友聲數年前已識難兄誰云霄漢無青
眼空向烟波作老兵子姪長成宜督課山田瘠薄可
歸耕如何同作金閶客雪棹鷄鳴先我行
內弟李子祥自昭陽來晤別十餘年矣 其姊氏沒久
相見開顏魂亦驚瓊枝非復舊書生雙親淪沒荒廬
墓八口逋逃困踐更但有鄉音分楚澤那無歸夢到

吳城深宵情話殘燈盡回首存亾淚滿纓

四朋陳茗木百孫父子寓玉士齋中余同翔龍

過訪留飲限韻

旅客羈棲每繫情晚風牽袂到南城幾灣碧水環孤圃一片濃花照短楹園館栩為賢主下筭魚味是越人烹留歡欲盡牀頭酒須信貧交意不輕

薛鳳山遊府招遊狼山逢張無畝都閫話舊

駿馬萃斷細柳營將軍載酒出南城三冬日霽山容肅萬里波平海氣清徑費攀躋偏有興座逢故舊倍

多情回思十八年前事不道重來白髮生

心甫兄俞部弟同見碩鷲峰溪上

野寺楓林亂鳥鳴有誰連袂過紫荊青溪門外半烟水一姓尊前皆弟兄久別乍疑人鬢換浪遊却笑馬蹄輕從來白下饒詞客况對秋風感易生

贈頻如內兄園亭即事兼示山濤

步屧遊春晴清明桃雨檻前落丘壑松濤風後生入座酒香浮碧蟻隔簾歌發囀雛鶯鄰家中表存昆弟話舊渾然倍有情

攜仲男泰來尋師久任蔡九霞息關灝行張僧

持偕琴友朱于石見訪

剌投忽覩故人名行李仍停不出城五字袖中真絕調七弦囊裏舊同聲楓橋水解催船去桃塢燈紅照酒清明日別離悲又奮蔡家書半付門生

沈國望中翰太母孫夫人輓詩

一家全倚未亾人獨子京華滯幾春結綬悔從千里別采茶甘食百年貧繞墻烏鳥號清晝撲面楊花攪素塵今日閭門歸駟馬登堂何處不酸辛

程紫臣世兄花燭　鼎菴六郎

佳夕瑤琴叶玉笙青春才子佩芳蘅諸荀我意推難弟小謝人言似阿兄萱座捧觴偕鳳侶紗窗入夢警雞鳴雁行婚娶于今畢却向名山憶尚平

今世說書後贈杭州王丹麓

世說與書予最嗜過于元凱癖丘明只今晉代空遐想更有臨川具勝情冷比澗泉流可漱清疑霜橘覺味初烹把來一日常三復枕秘無勞說論衡

李秋水哀詞

不棄江東老步兵素琴書卷寄幽情伴身幾客存膠漆賣藥無人知姓名木望秋清心縹緲燕歸僧舍識分明來年綠柳桃花峤忍聽春風杜宇聲

送文賓門歸漢上

十年馬齒愧稱兄輪爾千將吼欲鳴彷彿禰衡遊北海分明郭解出東京連天秋水揚帆影握手斜陽折柳情莫向他鄉漫留滯青春方待請長纓

陳遜齋座上喜晤溧陽潘偉雲

星聚堂開傍石城相逢剪燭話幽情才名久共欽潘岳婚嫁新聞追尚平欲借清尊寬旅思敢辭寒雨坐溪更瀨江棣萼芳菲滿不及黃門好弟兄

聞遠叔携同張子常塔散步過廣福西寺二古刹訪竺堂乾乾時因唁陸莫兩東下

海縣青陽掛古城旅愁得伴愛閒行看花漫過東西寺哭友猶含生死情松下談經知夢幻世間寄迹等棋枰老僧相對塵心盡忽聽疏鐘報一聲

息浪菴贈偉師

揚子津頭路可行結茅悲憫爲羣生門開正對金山塔松秀遥連鐵甕城老觚貯收防溺者孤鐘清遠和潮聲年年浪息江平穩轉歎人心浪易生

送春日廣陵六里莊別墅吳言修侶張亦陸喬梓招飲

田舍爲園復近城子孫知讀亦知耕隔江遠岫羅羣嶂入港春潮繞數楹黃鳥林間留客醉牡丹亭畔促詩成池塘明日薰風轉莫惜如泥臥落英

懷季闇山世兄　余書法授自尊大人又向年載宏度之便煩寄書褚硯耘孝廉篆代取報章篇中及之

嘉禾司馬最崢嶸驃騎羣誇第五名北面筆傳山吏部南湖書致褚先生林園看竹逢時懶富貴飄雲過眼輕絳帳別來頭盡白世交重見定關情

九青

園居遲韓經正不至

離索空將野戶扃獨逢晴日坐溪亭風輕蛺蝶迷花幔日暖鳧鷺占柳汀宿霧漸消春寂寂素琴纔撫水泠泠誰人蕩漾臨南浦草綠蘋香棹短舲

經落帆亭是癸巳春與陳澹僊先生別處

故交十載散浮萍檇李風烟此再經今日獨齋磨鏡具當時相送落帆亭東門蟻酒春猶綠南浦絲楊晚更青只有寢園生宿草鶺鴒啼處不堪聽

喜惲涵萬枉過小齋賦贈此地爲令兄香山舊遊秉寓追憶

一徑蓬蒿啓舊扃謝家難弟屐初停岸花南浦抽蘭蒞海樹東風叫鶺鴒長想奚囊探麗句暫移藥竈寄禪庭多年靈運過從處回首池塘草又青

夏夜歸寓孚元相送塘上

凉風出戶酒初醒樹色烟光暗野汀葉響鳥驚前夜雨波明螢亂一池星寥寥村舍門多閉送送河橋屐屢停此際開心眞世外扁舟直欲泛滄溟

六月望日俞錦泉舫亭觀荷聽歌

面面虛窗照柳汀臨波非舫亦非亭蓮紅僊媛都爭豔歌妙遊魚漸出聽未許陂池誇習氏也知縱誕忽劉伶針樓幾夕商飇動又約同看牛女星

丙辰六月述舊寄友

當年鋒鍔淬青萍挈伴風光憶舊經簫弄畫橋楊子渡酒呼秋月可中亭存亡多少腸猶結身世蹉跎鬢忽星兒是歲災艱把臂洪波一望接滄溟

和李侍郎讀水經注憶洞庭

北渚曾尋帝子靈芳蘭杜若遍沙汀一從去楚成前事卻爲披圖想舊經黃鶴磯邊山疊疊岳陽城外水冥冥由來宗炳臥遊意笻屐何嘗出戶庭

秋夜竹窗紀夢宴俞廣淵明府宅醉後作

伏枕遊思入杳冥津頭打鼓忽揚舲分明洛水人同盤彷彿湘靈瑟可聽紅袖拂箋催麗句青衣解佩授丹經椒漿正把雞先唱惆悵寒螢月一庭

送泉憲金公同都門之一

斜日驪歌不忍聽津頭打鼓看揚舲紅塵體倦尋三

徑白首交深自廿齡楊柳平山臨地拱甘棠南國插
大青從今民鑒堂前過留得深仁永勒銘

過泰興贈張蔚生明府（以興化令攝篆此邑仲男泰來是先生及門）

博物張華仰盛名武夷秀矗翠爲屏買肝自不累安
邑問字還容到草亭鶯谷樹高聞睍睆桂風一夜過襲
芳馨村村穫豆秋霖霽五袴歌興一路聽

嘉興贈吳巨手

看山春去幾曾醒連袂猶邀載酒亭芳草路迷餘烏
與稱花樓敞近鷺汀懷歸此日思張翰碎地誰人似

管寧最是城南賓客散亂蛙聲裏月斜停

夏日安陵道中

孤纜衝風曳短舲篷窗斜啓夢初醒滿河兩色籬花
白深樹人家屋瓦青饑去傳餐分草具倦來沽酒得
旗亭前途雲淨晴光闊幾鶴摩空刷羽翎

李其山歸自南康出匡廬遊記見示

匡阜歸來駐短舲讀君遊記坐溪亭居然靈運攜山
屐不讓酈元註水經瀑布雷奔拖練白香爐日射照
烟青即看彭蠡軍書靖五老峯頭許勒銘

贈邵幼常徵君

名士南譙舊典型滁陽山水毓精靈史才籍籍推南
國賦草琅琅奏大庭清操獨持同石介中襟靜對似
蘭馨西軒梧葉秋風起雙鳳行看刷羽翎

過上谷飲沈太守國瑩署齋

上谷經過馬暫停故人聲譽播芳馨無分風土皆推
赤難得民謠獨覩青烈日牽裾陳濁酒南薰解帶坐
虛亭晚涼旋別胡威去驛路蟬聲取次聽

送李天助遊吳越

二月輕風放短舲春程非復舊時經沙汀乳鴨眠新
草驛路殘梅覆古亭千里夢回疑月落一船人臥見
山青期君多載雙柑酒入耳啼鶯仔細聽

西遊留別曾子猶先生兼示陸無文沈得宗王
驄馬諸子

歲晚辭親去汝寧故人牽袂到門庭離鄉此日堪回
首閲世誰人更眼青閣夜酒杯寒漠漠關河風雪晝
冥冥洛陽如起廣陵思頻望天南牛斗星

遴亦文李荃揆寒夜見過

二妙能過戶不扃暮寒沽酒坐談經家貧堪笑鑪
火月白翻疑雪滿庭已費耕犂三載力終勞宵旰萬
邗寧草廬傍舍相隣近處士星斷傍客星

寄答門人丁堯日鹿秋

非關相視眼偏青問字肩隨到草亭莫向雲間誇三
陸須知海畔有雙丁一枝梅信傳消息萬里秋風剔
羽翮最羨藏書歡承侍高堂白首並康寧

施州伯内署西園新齋落成招飲賦詩

前賢恭闢風流地又向西園構草亭青卷乍侵花影

亂酒杯宜照竹光何嘗因盡瘁憐勞吏向望頤生訪
道經何意此中仍下榻陳徐佳話久晨星

送田虞文宰壽昌之四

桑麻徒誇蒲柳青郎官星照壽昌亭喬柯霜雪方堅
幹海鶴雲霄正側翎南浦波前離思滿富春江上折
音聽政成早覩文翁化應拜耆英奉典型

元夕後二夜戴景韓招飲同許漱雪鄧孝威泰
男分韻

風雪餘寒趁戶扃忽驚門外草抽青芳春已過燒燈

節幽興還來載酒亭座有清言承玉麈盤羅佳味勝
侯鯖爲歡得傍良師友内顧終牽心不寧

輓吳孺人仲舉明經之配兼慰令嗣徵蘭

先友交深足典型屢貽雜佩佐談經別來草綠停雲
館想去燈紅顧曲亭自共寒松撐雪澗養成雛鳳奮
雲翎羈棲未得椒漿奠遥拜天南婺女星

雅集陳丹文園齋分亭字 和孔使君

西園地僻戶常扃世誼尼山重典型四月桑蘇沽細
雨三年蹤跡混浮萍侵堦花影呼僮掃隔院鶯聲與

客聽幾日勞人將北上祖筵愁見又紅亭

廣陵客舍聞張九草訃

邗上驚聞吾友逝寒燈夜雨客愁醒方期竹塢春醪
滿未信蘿窓藥竈停寂寞卞和終抱玉崢嶸劉向早
傳經蓬蒿高躅推名父無忝如君孝可銘

次郊寓齋同彥超泰男小集遲景韓不至時令
兄季夏有書至兼寄新茗

小謝風流詠鶺鴒世交幾輩總忘形閒過地僻樓臺
靜露坐花沽筆墨馨茗葉及時勞遠寄鶯聲遲客欵

[illegible]白髮孤吟者應念江城[illegible]

贈林伯通 茂之老友令姪

論交塵外最忘形慣醉林家放鶴亭白眼無求[illegible]
世青箱有後足傳經山川閩國開茂嶠花月秦淮老
客星縞紵轍盈天下士遊喧難得戶常扃

次韻酬李盤石見贈時歸自滇南

相看不改舊山青猶記題詩對鶺鴒遠道兵戈全阻
絕故鄉兄弟半凋零到來黃葉秋初染去日紅顏鬢
忽星君已東歸散千騎獨憐辛苦尚傳經

易田授凌洲喬梓招飲心聽堂話舊 同繆永公賦

菊籬霜老步郊坰五十年來楊子亭堦下新英添玉
樹眼中耆宿剩晨星當歡痛飲餘豪氣默坐含光守
道經送我出門京月上四天撥霧覩空青

聞孫侍郎訃哭之

學士騎箕返玉清震雷裂地撼柴扃人嗟瑞彩收鸞
鷟帝憫孤忠立殿庭鳩杖頓驚衰鬢白召溪不改
舊山青八騶海上尋樵隱恩顧回思祇淚零

宮半村招陪徐雪巖半刺集西園花下 同俞可飲繆蒲

山仲男泰來分韻仍寄懷定山太史友鹿貽安叔姪

早梅時節展曾停記得懷人賦鶺鴒連袂又尋芳草
避提壺重集牡丹亭畫中湖石侵雲瘦鏡裏絲楊拂
水青山簡但逢風日好不妨騎馬出郊坰

庚午上巳錢麟圖招集起雲山房 憶戊辰此地此日錢公同祁青門餞徐蘋村司成返浙今二君皆限名方陳丹文顧雪坡成陟三張石樓同拈韻

何期此地有蘭亭故舊相看眼倍青幕府暫回同旅
客山僧翻許作居停遊魚吹絮衝波出嬌鳥啼花隔
岸聽記得往年偕二仲餞筵分手醉還醒

昭陽鄭君翔先生見過年八十三矣

牡丹時節戶常扃躡屐城南顧草亭老去許君頭未
白童年識我眼猶青一經舊業貽堂構三世寒家重
典型從此髦勤同衛武老人星是少微星

季母吳孺人節孝 聯一尊堂時採入州志

風摧藟蓓苦伶仃誰信呱孤甫四齡萩木堂前承子
職霜燈機畔授遺經高陽才竟冠閭里列女貞方著
汗青從此移家五峰下草堂婺彩耀春星

聞張九草訃

邗上驚聞吾友逝寒燈夜雨客愁醒方期竹塢春醪
滿未信蘿窗藥竈停寂寞十和終抱玉崢嶸劉向早
傳經蓬蒿高躅推名父無忝如君孝可銘

友人病起

去年念我寄參苓此日聞君瘦鶴形總是窮途無好
抱却憐多病廹頹齡兒完婚娶差堪慰心熱榮名且
暫停從此身輕娛歲晚松龕端擬奉金經

泰興趙維翰大尹初度時視篆海陵

按歲江臯播盛名魯恭清節足儀型連[illegible]花映[illegible]城
黄仙裳七言律詩分韻　九青　二　家詩一種
璧巫矜歌來五馬庭宇下三冬仮暖日天邊萬里省
雲翎佳辰父老躋堂處也許扶笻拜德星

十蒸

和泰以御同趙鐵源都門步月見憶

邗關一石醉還勝不欲高車我獨乘盛世金吾寬夜
禁天街銀燭爛宵燈遥憐握手行新月應對同心憶
舊朋御路軟塵堆幾尺曠懷孤寄有誰能

春初四日集李明府奎瞻寓齋

久向龍門拜李膺寓庭掃徑集良朋滿城雪淨梅香
淺幾日風和草色增搜篋典衣沽美酒呼僮投轄剪
春燈艱難猶幸存吾道莫信人情冷似氷
黄僊裳七言律詩分韻　十蒸　一　家詩一種

揚州天寧寺贈雪悟大師

賭墅遺基種祇樹六朝頹廢一朝興金身不用求西
域正法于今在海陵紺殿重重輝曉日麈談箇箇澳
春氷衰年願得師摩頂何事降心尚未能

長至日王彤颺見過舊溪草堂

木落寒溪踏幾層到門中表即良朋移牀好趂頹簷
日把盞還挑午夜燈老去青萍奇有氣病餘白髮懶
無能兒曹只似藩籬鷃那及扶搖六月鵬

季滄葦迎社茶村去泰與有書招予賦答

十年南北空奔走應見鬢眉老杜陵海郡豈期人再
至山陰聞說與堪乘前途水鑑誰雙眼當代風騷此
一燈心喜故交書信到却因多病怯扶藤

梅墅訪沈康侯

貧家猶苦病侵淩寂莫園扉掩亂藤靜裏方書翻更
熟秋來衣帶瘦初勝且將樂意分魚鳥爲辦閒心對
佛燈努力尚須強飲啜無能餽藥愧良朋

喜吳澹寧見訪兼懷孫執升

嚶嚶鳥喚碧梧聲晝樂人來自廣陵執手忽驚新鬢

髮離心正想舊賓朋海鄉萸菊深杯共越國烟波遠
思增我似步兵空訪道幾時長嘯接孫登

鹽憲姜滙思座上贈沈元白

數年湖上謝時名交合東南意氣蒸隱几堂前羅遠
岫讀書簾內閃殘燈羣推氷鑒真無忝細飲醇醪愧
未能此日荷衣遊幕府素心仍共水波澄

奇男歸自吳門出王員照畫片見示

寧勞著屐與擔簦兩月遊踪路幾層妙畫乞來婁水
客新茶分自虎丘僧暮春時節晴偏好滿眼雲峰與

月乘怪我隔年吳苑過避兵艇子只氷兢

吳節母七十壽計守貞五十年 時令嗣五玉適躋五十

白日孤嫠怯履氷一門弱肉飼蒼鷹蓬頭芳草三春
淚機畔遺經子夜燈堪歎蓼茶艱備歷那知稀艾齒
同登回思五十年來事只有皇天鑒可憑

春夜過羅景有學博

齋廚鱠韭聚賓朋冷署寒帷氣若蒸鳥哢竹邊門未
掩人來雪後屐堪乘酒消宿甕催爐茗月閉殘宵有
闘燈說到生徒遭水儉當歡愁歎又相仍

贈義興孫湘侯文學

東皐何意結良朋歲暮登堂百感增舊業江南荒十
畝遺經機畔趂殘燈數莖短鬢憐予拙萬里長風待
汝乘岐路黯然無半語回看雲樹一層層

舊谿草堂喜諸子見過

惠風輕颺野烟澄草樹晴香襲擔簦白鳥帶聲穿柳
巷桃花吹片落魚罾從歸遠市尊常滿但列閒筵客
早增斑坐競誇循水次傍溪軒檻可高凭

書樵山房對菊 遥和燈字韻

見説隋宮搖落後詩人亭館興堪乘不辭霜徑移朝屐猶愛秋光續夜燈綠酒背虛佳節序白頭難得舊賓朋頻年兩度東籬會偏我羈棲就未能

題李易齋山居兼示凌滄洲繆墨書令嗣大令

條風吹送酒波澄白髮鄉園戀舊朋雪色欲鋪梅下徑書聲偏傍竹間燈早春晴霽遲多日高閣雲山繞數層墻愛羣賢皆國器清時奮翮愧無能

姜堰淨業寺贈天中法宗和尚

淨業千秋此再興固陵人復到吳陵祇將一句傳心

印斷許長明續祖燈天目峯晴凝瑞靄羅浮水暖渙春冰虎溪幾輩來賢哲接踵宗雷我未能

次周湘芷韻贈陳燮公遊泮時見知李石臺先生

人士漫誇姑熟勝山川奇秀甲金陵久從里社交陳孺早向龍門御李膺婀娜拂人春月柳清光照我玉壺冰江城此日牽芹藻轉眼扶搖事可憑

杜蒼略集陳彥遴齋中夜話兼懷荔軒使君同仲男泰來拈韻

病渴無心過西第空堂銀燭酒如澠清尊地主逢文舉白髮詩人是杜陵訪舊豈因乘夜雪傾談直欲渙春冰同聲忽憶燕山客遠樹紅黃隔幾層

過歲戴景韓寓齋同邵青門戴修來泰男限韻

萍踪幾輩聚吳陵剡水今來興可乘白雪肯教揄絕調素心寧許隔良朋纔離二豎霜風怯不待三更海月升荒歲臘殘塵事迫悠然觴詠有誰能

哭女十六首之一

自歸張緒別無能鄉里人多賢孝稱伏枕未明催問

寢縫裳佐讀自挑燈爻風淡泊甘藜藿羸體清虛薄綵繒今日影堂懸小像珮環儼坐玉壺冰

程孚夏維揚雨中訪杜茶村

故交消息到吳陵相約觀荷去未能酒賽烏家浮玉椀詩宗杜老得金繩帆檣白下虛前度烟樹紅橋隔幾層知己聚離應有數不容長嘯共孫登

過王文度孫婿悼其尊人兼示令伯師尚

姻婭睽違遽變更烏衣門巷舊遊曾君家共說祥兼覽兒輩殊慚玉與冰野浦霜楓紅冉冉小橋烟柳綠

層層登堂忽漫音容杳回首存亡淚滿膺

送徐爾虛廷對北上

烏衣王謝舊知名甲第中丞擬復興鳴鹿昨年看小
阮安車此日聘孫弘久疎戚里朱門改重到都城白
髮增此去臨軒應借箸好抒積學慰良朋

破鏡詞爲張爾弼表兄 兼示令嗣荆石蕃室

賢哉中闈似良朋日日雞鳴勵夙興佞佛晚持離垢
偈碎繡常傍讀書燈松筠並茂年方遠羔雁聯來事
可憑何意荀郎悲破鏡愁雲茅舍鎖層層

贈趙又韓以京口別駕攝篆海陵令祖曾爲淮
揚撫軍

甘棠四十年前植世澤江州萬口騰又喜代庖賢別
駕共誇繩祖大中丞堂前明月簾堪捲閣外芙蓉檻
可凭獨念遠歸纔御李清標真映玉壺冰

哭天濤弟 兼示姪山孫

輞川莊種柳千層西第樓臺曉日升喜見驪珠遊泮
水愁聞紅粉哭青燈菊松未肯荒三徑裘馬何曾逐
五陵也是吾家門祚薄偏摧雁羽恨填膺

秋日答沈處士見寄兼憶梁園陸爾知以前此
曾爲處士說項也

阮敬高士骨崚嶒十載閒棲願服膺路阻雪園懷橘
客夢依茅屋織簾燈遥憐瀨洑清秋在不信蹉跎白
髮增慚愧臨風託知己荆溪何日興堪乘

袁輔若招陪王公蒿伊于補山園時立夏前二
日

病起扶筇怯不勝故人齋酒欸王弘三春荏苒猶餘
幾二載蹉跎到未能黄鳥立翻枝婀娜紅桃開倚石

崚嶒正當布穀吹狂颶盼斷甘霖但拊膺

程又存初度令胥景韓索贈

龍門未接程夫子坦腹頻將雅操稱想去出塵春月
柳何當濯魄玉壺冰友于花萼良堪重箸障銀鈎頗
豈能歲晚熊羆徵夢遠不憂薪火續書燈

十一尤

毛馳黃招同郭臯旭諸虎男舩兒子陽生集湖上酒樓因同步斷橋至孤山經望湖亭復訪廣化寺諸處

十年擬作越江遊襆被今朝愜所求樓閣曙來空遠眺湖山佳處在清秋度橋攀柳行過寺憩石寨裳坐待舟不信夕陽簫鼓靜巖城吹角尚夷猶

癸丑初入都門

三十餘年慈膝下今朝忍作薊門遊金臺骨在誰青

眼帝里人來已白頭御柳綠遮雙輦道宮鶯啼出五城樓山川風景應無異只覺從前路阻修

朱錫鬯太史典試畢見訪話舊即送還朝先迂道歸省檇李

絳帳笙簫出石頭江干楓落木蘭舟持衡南國報嘉命擊筑長安念舊遊阮籍酒杯仍曠放買臣腰綬最風流東歸肯負平生約十載詩題湖上樓

草堂雪夜

漠漠荒雲覆荻洲雙扉虛掩暮溪頭滿河野火[illegible]

牕一盞寒燈照敝裘臘酒只須門外貰梅花尚見宅邊留躊躕身世難高臥欲買漁竿上釣舟

邗上同漢陽李雲田送陳秉文歸祁門

無端作客共淹留送子蕭蕭返故丘聚久淚傾浮白夜夢回人隔擁青樓三秋稼圃晴雲卷千里漁汀晚[illegible]收來歲楚吳潮信便莫忘書疏報揚州

送汪舟次太史冊封琉球 之二

于舍依依得暫留王程門外已鳴騶選才威遠膺嘉命同氣承歡慰白頭學海只今臨浩瀚採風兼待續

春秋君顏喜及親顏喜歸見梅開歲未周

金陵訪周向山值小園梅放

班荊一笑分原投更值春晴愛此遊斜日木邊梅影靜東風橋外柳絲柔貧家樂志餘千卷別墅藏身有一丘敢負深宵文酒會布帆將掛下吳洲

癸亥秋應聘纂修通志鎖院中同人述懷兼呈諸當事

採風萬國先吳會文獻江南愧白頭幕府徵賢虛左席鎖闈綵筆盡名流夜聞淮水寒潮壯老見臺城野

草秋久幸車書歸一統好依猿鶴守林丘

揚州遇姚總戎茂孳（時令兄伯輔精于數學）

逆旅聞聲識故侯停車一笑上高樓久嗟雲霧埋元豹尚逐風塵抱蒯緱卜命欲疑河洛理藏身難遂鹿麋遊太原猶憶劉裴語貧賤江湖又白頭

送劉公戩南遊

十年汝潁約依劉晚過蕪城分更投啓事暫逢休澣暇觀濤正及曲江秋由來襟抱儕皋鶴一任風塵對海鷗觴詠留連曾幾日吳門又放木蘭舟

郡守崔蓮生先生清名　上聞為天下冠賦贈

盡說繁華古揚郡黃堂飲水一無求不惟善政誇三異先有清名冠九州遶郭荷香召伯埭開簾月好庾公樓翻憐　內召鈞衡早借寇難留惠我儔

喜崔公以清廉　特簡轉運（仍用前韻）

周官課吏廉稱最清慎勤原不易求黃霸昔年名潁郡胡威今日在邗州重臣煮海勞心計擢署籌邊有舊樓暫借大才由　帝簡摩霄鸞鳳豈常儔

登姑蘇北寺塔晚眺

嵯峨千尺峙吳洲與客閒登最上頭鄧尉山光窗外入太湖帆影檻前浮忠魂尚想波濤壯霸國空憐麋鹿遊往事廢興都莫問欲因初地證清修

江南志局呈謝安撫徐大中丞（時同修五十人閱四月餘常餉餚菓不缺）

開府勳名第一流裔雲縹緲罩江樓旬宣惠澤留南國節鉞雄風鎮上游國史待成羅郡乘方輿先集獻皇州迢迢棘院烟波外飽德何才副纂修

過素上人故居（在旌忠寺內祀岳忠武有昭明文選樓兼示浮村）

結隱維揚有沃洲師攜瓢笠此焚修門荒南渡將軍樹鐘報蕭家帝子樓欲了幾經頻對月重過落葉忽先秋門人傳法仍龍象支許應容續舊遊

雪園李腹公張仲若侯仲衡諸公同客維揚見訪奉邀舟泛忽以事渡江悵然作

不惜典衣沽美酒殘春十日醉揚州平山堂下垂楊好煬帝宮前碧水流授簡兒曹工作賦辭家寧免恨登樓如何忽鼓西湖檝辜負城南藉草遊

爲麥秋渚留行

枯如洗露光浮子夜清歌月滿樓江外主人頻勸
酒浙西才子忽驚秋絕聞四壁哀蛩響未必雙林落
水秋且共歡娛緩歸思水雲迢遞是揚州

邗上寓華藏菴徐松之來自吳門張山來置酒
同汪快士扶晨張諧石小集

細雨櫛黄綻海榴抱琴蕭寺尚淹留開窗江近嵐光
入背郭林空塔影浮公子攜尊尋白社旅人下榻待
揚州畫船簫鼓維揚盛爭及清吟共倚樓

送戴景韓歸休寧

黄僊裳七言律詩分韻　十一之九　五　[illegible]一種

柳岸艤舟動別愁荒城經歲憶同遊開樽特待遲明
月問字頻勞就白頭人去離浮空望遠路迴練水耐
尋秋他時定買王猷棹尚約重來伴海鷗

聞查伊璜先生客廣陵庋藏先有此寄

山中懶得著春秋釣艇江湖任去留謝傳自耽絲竹
樂澄公頻共海鷗遊百年弱植叨培育千里音書悵
阻修何幸停橈度殘臘已教飛夢達邗溝

寄宮貽安山左

儒宇東西舞共遊自君之出少賡酬寂寥隣巷[illegible]

月照縠溪園有白鷗千里趨庭猶負笈一窗製錦竚
鳴騶明湖壇坫聞詩處想見佳吟滿瀛樓

州伯施使君倡復萬壽樓同人畢從建醮豫慶
是日有雷鳴鶴舞之祥

形勝東南最上頭時來依舊湧丹樓已無海氣浮鯨
鱷自有奎光射斗牛築址忽逢雷電發建標爭指鶴
群遊憑誰再啟禎祥運五馬榮兼萬戶侯

施公特恩移守揚州奉送宜陵道中留別有詩
和原韻

黄仙裳七言律詩分韻　十一之九　六　家課一種

承恩五馬渡邗溝不愧清名第一流人吏曉風催命
駕鶯花明日獨凭樓觀濤仍挈留徐榻貫雪誰來訪
戴舟從此西園知已去幽棲懶得出門遊

鶍鷄橋泊舟吳水部見過補山留飲李氏杏花
樓偕季子久菴黎文男泰來限樓字　次日郎送孫司空之泰部

鶍鷄橋頭曉泊舟故人留榻杏花樓城邊亂水寒仍
壯屋角饑烏噪不休莫向三杯開醉眼久知萬事付
東流最憐明日征帆動南浦綠波無限愁

恭迎靖海大將軍同令嗣刺史公入舟

閩南入覲有通侯龍節新辭五鳳樓感激實緣叨世誼追隨何幸附仙舟澄波影浸孤村外涼月光懸野樹頭幾日雙旌淮水上可容揖客識荊州

西湖晤郭臯旭話舊先是乙酉訪陳濬仙先生於當湖交臯人舟葬侍御見貽道書數種

記得平湖訪舊遊乘芳曾上弄珠樓佳辰日月空流水前輩松楸已滿丘閒把道書隋苑夕遙思公子棹江秋今朝把袂追疇昔奉信行藏愧白鷗

孔東塘先生于役海口置酒北樓和留別詩

使者辛勤去海頭暮春亭館集同儔啼來黃鳥芳林茂落盡紅桃野水汎新命為民驅跋涉催觴卜夜忝淹留祇愁幾日乘槎候衙沼南華獨倚樓

深秋聞丁在三先生重過廣陵趨晤不值悵然作

君歸少我送行舟慚愧平生膠膝投重茵籃輿廣陵驛又攜劍鋏越江遊悲秋正擬同看月望遠空憐獨倚樓此後治裝將北上須留十日醉揚州

聞汪季甪訃哭之金太守重建平山堂定蛟門與余先主其事

壎篪異姓分原投忽漫淒清感舊遊謝氏草芳池半面陸家月缺屋西頭同心迸淚泉三峽曠世埋才士一丘回憶平山未修復燕臺吾汝早諮謀

喜冐巢民病起兩令嗣及書姬金氏同時刲股

閨門刲股疾初瘳雙孝仍兼紅粉樓參朮不充貧藥籠清癯祇曳敝羊裘詩豪到處邀青眼家破誰人念白頭歲晚相思風雪夜那能訪戴一拏舟

酬周聖貞見贈兼追憶尊公蔘翁先生

前修名重海東頭人指藏書有舊樓每愛長才摧瀟虎漫勞短巷訪醫牛詩來高調慚同調歲儉貧遊少共遊誰謂家風芳躅遠斷山猶擬見周侯

和段雪菴旅懷時將侍尊大人歸里

欲向萸灣放葉舟官齋書並破琴收炎風乍聽新梧落碧漢旋看大火流行路賴君調饍膳扃扉剩我著春秋他時王屋人千里誰共吟詩遣四愁

辛酉八月十四夜同蔡九霞張因亓桃葉渡觀月逢武康韋六象小飲時四人皆送子弟應

秋試

棘闈深鎖肅更籌門外忪閒事不侔頭白再來桃葉渡月明休說漢宮秋青山舊侶逢詩伯玉笛新聲近酒樓窮達兒曹各有命吾儕清夜且嬉遊

東臺塲晚望

誰識無聊此浪遊荒塗訪古思悠悠𡎺郎河畔寒流急捍海堤邊野草秋只有鹽烟青似墨不逢蜃市幻爲樓斜陽孤劍行吟者萬事蹉跎催白頭

海陵晤王景州寄呈尊公先生用見投韻

三年文酒不同遊驚見蘇衣對敝裘陟岵忽添風木恨懷人方切水雲愁鴻啼遠岸來哀信雪漲橫塘駐客舟庭訓平生重詞賦招魂容達楚山幽

白門晤陳陶菴話舊令兄遜齋留飲齋中

滄桑後竟不同遊童稚論交早白頭晦迹我猶歌扣角依人君欲賦登樓愁聞鐵笛軍城起莫看銅駝蔓草秋何日延津重會合深談且共典鷫裘

酬席書樵過華藏見訪

郭外看山倚寺樓無端數載不同遊逃禪自愛棲靈境求舊誰能重白頭細雨半天橫晚照賓鴻萬里報新秋謀身只合沉沉醉莫向塵中拭蒯緱

舍上人之昭陽寄弁山平子籀史北海豐羽子翟湛持諸子

塔影微茫宿霧收蒹葭杜若滿滄州浮杯欲趁溪流靜托鉢先逢菰米秋舊邑故人應健在頻年多病倦皈遊吳山楚水連襟帶肯信相思已白頭

春夜過陳陶思齋中同雉皐潘竹舫山子叔泰男分韻

青舍清閒守一丘嚶嚶鳴鳥肯相求舊交不爲閒關阻中表偏因風雅投淑氣着人攜便面暖烟熏我脫重裘芳蘭漸吐舒梅蕚倘約城南訪白頭

高澹人先生南下寒冬病觸未得走晤

承恩休沐越江遊衣白先生省舊丘烟水重尋盪槳路雲山僻愛弄珠樓旋看北闕來丹詔且許東湖伴白鷗回首廿年京洛別負痾無計慰離愁

庚午清明奉懷槎仙使君仍次空陵送别韻

去年此日送邗溝兩岸濃桃夾碧流寒食又扶花下

杖相思袚上水邊樓亭臺幾處爭吹笛士女傾城出
盪舟不信西園仍聚首清宵鼓掌夢同遊

賦得海日生殘夜

未信金輪水上浮振衣高踞萬峰頭無邊曙色微微
破不斷潮聲滾滾流影動扶桑通蜃市光連玄圃露
現樓遙知義伯寅賓處鳳闕鐘鳴析未休

初夏清詩兄齋中對酒三姪寄桐歸自宜城

謝家池上曉風柔與設胡牀掃一丘紅藥欄安沽美
酒白頭人喜接名流已驚出谷新鶯早不信當軒綠

黃仙裳七言律詩分韻　十七　二

葉稠遊子敬亭書久斷果然天際下歸舟

淮陰湯介石見訪蔞塘

袁浦音塵悵阻修十年堰口復同遊友朋久恨如雲
散歲月應驚似水流君剩窮愁空望遠我稱風木愈
悲秋別來存沒情多少酒冷燈殘話未休

喜晤姜冰臯叙言別

何處征車憶舊遊汴河同上十三樓長翻越水尋芳
芷不道揚州對石榴小別十年人鬢改相思千里客
心愁酒酣執手斜陽裏又是銷魂惜去留

春暮程穆倩拓同西陵朱熙績且菴昆仲小集

旗亭

高士留賓笑解裘嬰嬰黃鳥喚芳洲清時國器逢連
璧故里湖光負一丘夕照檻前花片落東風堤外柳
絲柔客途忍聽春歸去且醉城南舊酒樓

十二侵

武康山中度岑嶺灣

春山無路不崎嶔，路轉荒林度晚岑。松鼠竄枝過廟
脊，竹雞散翅入籬陰。沙明小市斜光滿，灘響奔流亂
石深。轉出嵯峨唯一徑，相呼對面不聞音

許師六招同穆魏叔子小集

殘冬折柬荷招尋，綠酒紅爐緩暮深。客坐且從文字
飲，故交寧為歲寒心。堂開雨響逃宵柝，窗靜梅芳逼
素琴。三十餘年成逝水，那能數舊不開襟

黃儼裳七言律詩分韻　十二侵　一

酬范大佐見贈來禽館石刻

孤琴撫碎少知音，偏是貧家道義深。竹院帀門虛倒
屣，梧窗離筆寫來禽。平生酷有臨池僻，舊宅由來翰
墨林。此日投桃非感惠，回瞻笏圍倍沉吟

江上追送胡荆南先生

荻花楓葉滿江潯，牧馬群嘶夕照陰。隔岸閒雲初出
岫，空潭秋水已盈襟。仙舟前路攀非遠，國士當年寵
不任。從此石頭城下別，烟波西望楚天深

讀雨泉龕合稿書後

詩絮才偏入道深，多年西第作祇林。曾聽繡佛烏絲
髮，已得蓮花清淨心。草長鶯飛春寂寂，定香疏磬院
沉沉。此生斷證菩提果，流浪鬚眉淚滿襟

同戴景韓過程孚夏新居留飲

閒攜安道訪苕岑，北郭逶迤一逕深。風雨肯寒知己
諾，山川不隔故人心。堂開綠酒燒銀燭，室有紅妝抱
玉琴。能篤世交延故舊，留歡豈問月西沉

寄題崇川南山草堂

垂老閒居發道心，草堂何處足棲尋。蘆漪鼓檝漁歌

黃儼裳七言律詩分韻　十二侵　二

起雲影，對門山色深。沽酒餅空穿小市，讀書頭白隱
長林。江城秋眺初攜手，早約從遊抱素琴

送長甲弟之陽羨

江南三月乍晴陰，公子辭家思不禁。谷鳥亂啼搖槳
路，惠風初散採茶岑。轉因行役添幽興，莫為羈愁負
苦吟。路過西陵閒倚棹，詩成寄我一開襟

寄施愚山侍講

椽筆空登著作林，孤桐　睿賞遇知音。早留金馬編
前史，未信青山易素心。茂苑附書勞訪舊，石頭沽酒

記聯吟雉壇領袖追隨久一朋何堪白髮侵

許青嶼先生攜令嗣嵩年館南交同方恂如移尊見過予與青嶼久別方子則比鄰而居

丁卯橋處甫里吟荒廬芋榼酒重斟滄桑久潤餘霜鬢衡宇新連愜素心燭剪窗雞晨喔喔簾垂風析夜沉沉多年一聚仍分手悔賸毋忘有嗣音

浮香亭獨步

邗江百里隔音塵尚愛甘棠樹有陰花落自來虛閣影月明留得故人心樓臺靜悄秋簾捲燕雀飄零暮靄深回首十年恩顧重舊遊緩步一追尋

送陸鶴田觀察戍山左之二

多難彌知道氣深良朋執手莫悲吟晚年義易書堪讀陋巷儒居樂可尋南浦驪駒離遠別西臺鱗檻未銷沉　廟堂事事承前烈應體　先皇護惜心

冬日周向山攜尊雨花臺登眺感舊

攜得醇醪且對斟南岡一上一沉吟蒼蒼山色長蒸變浩浩江流自古今梵塔烟收橫落日荒祠風緊聚寒禽憑高若不如泥醉空惹盈頭白髮侵

金陵留別朱自牧 與治令倩盼柯其樓名

闔戶全無塵事侵對君靜氣似山林書成洗硯窗間坐句妙盼柯樓上吟話舊世交初把臂多愁秋客正聞砧維揚烟樹澄江外歲歲毋忘有嗣音

王子蘭招遊狼山途中作 同歸遠生康濬僧王山友

籃輿襆被就雲岑雖是秋殘正可尋多謝貧家攜酒意足知狂客愛山心奔濤江海聲方壯遠樹紅黃色未深此去扶笻皆道侶松房信宿待連吟

詠官齋綠竹

官舍多年草色深橋迴亂竹小亭侵傳聲蕭摵常疑雨遠勢平敧欲作岑林下幸交君子臂池邊堪照野人心新篁幾日將成笋齋酒攜琴思不禁

贈西蜀楊東子孝廉 硯蓮觀察之子

元亭問字此相尋公子青春瓊樹林錦水豈能方展藻峨眉欲取並高深果然傾蓋十年舊敢負開尊一片心世故漫牽驅我去孤帆回首倍沉吟

懷吳蕺山水部駐節昭陽

故人一別冷瑤琴極目斜陽烟水深楚澤暫親垂釣

[illegible]淮山應切望雲心起看黃菊全鋪徑又聽新鴻早送音時序倏遷風景換相思兀坐衹長吟

和清持兄九日見懷

大被西軒冷布衾今朝聞雁忽關心却因年長秋多感雖受師傳道未深照眼壺漿浮碧玉開屏籬菊吐黃金白頭重九猶餘幾醉把新詩百遍吟

送王內部紹德北上

軺車銜命昨東臨數月論交契頗深激賞辱題千里駿清音長想七絃琴荷錢別正盈南浦榴火歸看滿

上林雖是憫勞縈內名夢回饑溺尚關心

倚石陳翁八十偕壽

不必名山訪向禽韡冠荔服愜幽尋喬松傲雪千年翠老鶴凌霄萬里心丹穴九苞羅彩鳳白頭並坐鼓瑤琴何當衡宇叨鄰近樂我花時醉每沉

海陵孫司空行署喜晤徐方虎太史時自粵東初歸司空方偕諸使者踏勘海口

高情難得徐司業萬里衡炎旅病侵纔返蠻天遊子棹忽牽窮海故人心雙魚入手呼明燭一硯隨身傍

[illegible]吳越兩年良訊斷荒城意外又披襟

哭女

七字愁拈作楚吟好春風景斷登臨枝頭歷亂鵑聲苦窗外朦朧月魄沉淑女清如羞濁界閨房秀欲掩儒林畫工寫得傳婷影誰畫梅根兀坐心

丁卯秋日奉柬崔蓮生先生 時令似青時世兄應試北闈

佩舟坐待月西沉八載論交兩世深焦尾久邀知巳顧豬肝常繫故人心江南攬轡來同調冀北搏秋待好音獨有貧家不才子抱書猶守舊山岑

和陳丹文龍典放生池晚眺贈蒲菴大師

維揚一別已冬深半載塵封燕子岑猊座威儀俄壯麗花宮金碧未銷沉淮山木落秋方老楚澤烟昏客少尋支許唱酬真足慕那能縮地接佳吟

久滯廣陵答周羽步見懷

芙蓉搖落晚江潯小別無端秋氣深百里音徽徒入夢兩鄉風月倍關心浪遊不擬淹歸計多病新應費苦吟已分當壚貧亦足馬卿才調竟誰尋

甲申後逢故人話舊

當年兵甲亂如林精衛寧知瀚海深細雨孤燈今夕
話青山宿草故人心可憐飲血中猶契不道揮戈日
已沉江表尚存門下客白頭相對泪沾襟

種菽園獨坐李湯孫袁海聲過訪

荒逕新鋤亂石深故園風物倍蕭森斜陽城上嘶邊
馬落葉堦前步野禽幾度把書成獨坐一時連袂到
同心蔬盤濁酒交情永騷雅當年愧不任

喜慧雨大師自四明復來舍桴菴兼呈黃長孺師甬上人善畫梅

兵火驅人返舊林雉皐秋色正蕭森誰言故里堪歸
老不必名山始息心慈照畫梅殘月入園荒種竹碧
烟深只今蓮社賓朋在好伴餘生傍此岑

挽陳觀察太史聞經兩令嗣與予交善

觀察遺榮返舊岑一門兩世訂交深太常聞樂逢夔
曠天祿傳經接向歆別墅暫容開掃軌蒼生尚想再
爲霖誰期衡宇江橋畔隣笛淒清雜暮砧

宮叔五邀同吳子班夜集適宋既庭書至宮靖海人

涼風庭院乍開襟對酒吳吟又越吟詩卷崢嶸名父
裔魚書珍重遠人心不堪旱魃愁雲漢那復焉瑰聽
杵砧莫訝朱絃稀識賞瀛臺才子最知音

己巳施郡伯初度

漢家守郡兼侯爵特節公尤曠古今楊子秋濤廉吏
操平山明月大夫心鄭僑惠國慈爲母傅說登朝早
作霖通德題門叨異數忍冷[illegible]白負知音

喜田郎中左拾暫假歸里

粉署仙郎三載別暫容休沐返江潯鄉邦原自尊謙
德閱歷彌知長道心開閣校書梅照檻登臺携艷鶴

鳴陰還朝職務仍填委且共閒尋老竹林

上木姪西齋看紫牡丹憶癸丑過柏鄉醉魏石生相國花下

散步斜陽已在林興來何必待招尋良辰臺上空張
幔沽酒花時肯惜金簡授當筵情悄悄詩成深夜醉
沉沉廿年魏相鄗南別紫艷今朝又入心

雪中柬答王敷言次見投韻

淮南留滯已冬深楚客離鄉思不禁詠絮對梅成舊
夢堆瓊戛竹有清音眼看波遠舟投浦心羨天寒鳥

入林但是旅愁難撥遣荒齋頻過一聯吟

庚戌重歸姜堰將逼九日

西風堰上倍蕭森久客初歸白髮侵哀雁數聲穿荻浦殘陽一片搖楓林出門且結尋秋伴侍母無勞陟屺吟獨念關關將遠役不堪高舉起愁心

黃仙裳七言律詩分韻　十二侵

十三覃

龔孝升先生奉使粵東

十載浮沉書數函行藏猶自老江潭雪中旌節來天上花下輶車去嶺南萬里關山虛祖餞幾人風月聽清談王程亦賦征夫句翹首長干百意含

上巳平山試第五泉

棲靈寺畔涓涓瀨細路松間我舊諳最是禊辰宜水潔偏于鄉味覺泉甘吟詩客愛親寒碧洗鉢僧多就石潭夕照馬嘶人去後獨留清淺伴烟嵐

黃仙裳七言律詩分韻　十三覃

黃介石自浙中持陳澹僊先生手書見訪海陵留宿道故兼訂南遊

閉戶嵇康懶不堪交親見訪話江南一亭月上初三魄千里書來第五函心苦近年添白髮霜寒舊墅熟黃柑扁舟好共尋師去相待還應泊晚潭

西方寺晤顏修來吏部 時見託寄衡山令弟家信

得似嵇康懶亦堪廣陵相遇酒杯酣鬢看魯國推男子風月江南領妙譚好古夜捫黃絹碣揮毫晴借[illegible]天巷他鄉况有連枝會詎遣浮沉札一函

懷范汝受久客楚中

蹁躚濁世佳公子共許揚州范十三家破長貧惟我
共路難遠涉賴君堪重闡黃鳥移春樹尚採芳蘅帶
楚潭縱是日歸歸未得入行何惜一郵函

劉僅三水南別業

一別州閭釣遠潭熟遊花逕罕開三同人與未衰秋
杪孝子居仍戀水南舊閣藜存燃太乙雄心灰盡禮
瞿曇白頭涉世愁才淺醉飽何曾敢戲譚

汪觀瀾先生九十初度 兼示叔定較門兩令嗣

淮海古星極在南百年文獻獨君堪神僊游戲東方
朔紫氣關門李老聃教子風雲標赤幟娛賓花月恣
清譚佳辰齊致岡陵頌笑對庭梅酒正酣

歸種菽園東張詞臣

久學嵇生懶不堪故園雜草葺茅龕城中野色如城
外巷北鶯聲似巷南竹簡夜攤忞獨笑花籬春好約
同探陶隣將徑頻來往斗酒無煩戴氏柑

姜堰道中初聞鶯

半月市井塵撲面放帆初喜臨潑潭忽聞樹杪有清
韻繞覺耳邊無俗譚柳岸弄音時上下蓬窗度影成
兩三安得閑招戴仲若再携斗酒遊城南

春盡日携弘先諸子姪登曲江南樓

去年春盡集城南回首同遊散不堪此日聽鶯仍載
酒幾人攀柳尚停驂窗前美景斜陽送江上愁心碧
草諳只有竹林情似舊攬衣高閣對烟嵐

呈總督于北溟先生

中丞厨傳飲泉甘頭上天青霽蔚藍裘帶無殊羊叔
子雅歌仍見祭征南禾心霜雪相澄映鐵骨乾坤此

荷擔惟有孤忠持報　主不將誦讀負書函

冰幢開士招集南院時于菴側結廬養母

爲聽秋聲到郭南虎溪人迹影過三最憐黃菊山齋
靜不必伊蒲水味甘眠坐臨池參墨客鉢盂奉母卽
瞿曇筵予失恃還來此獨對空門悲淚含

揚州遇閔宫用話舊

相逢却憶泰郵別不省連年客汝南鼇祉湖邊纔擘
蟹天中山下又停驂窗燈細剪談方健街鼓頻催酒
正酣况遇廣陵秋月好恰來叢桂待同探

酬智劍大師偕田雪龕太守步屧過訪不遇
海內高名我舊諳楚中男子證瞿曇偶過荒徑秋光
晚忽見疎林夕景含散帙閒開饒逸興樵蘇不爨只
清談法幢猶冀少時住共採芙蓉向曉潭
歲白東齋夜集時馮潔士將歸甬東
多病經年別巷南強扶羸骨此重探清霜滿徑餘殘
菊寒月一天澄晚嵐深夜開樽逢謝眺舊鄰卜宅愧
羅含冬來風物悲遊子莫遣衰楊綰去驂
醉孫幼白海棠樹下 幼白乃王藥夫高足曾刻師遺稿

懶性風塵走不堪江鄉匿影寄茅龕偶緣春晚過橋
北何意花開醉巷南鳩鳥巢邊喧雨色濕雲城上壓
山嵐多君夙負河汾筴遺草重刊美出藍
入洛道經宗定九東原村莊因止宿
沙路崎嶇我舊諳數家烟火住村南竹松未改蔣生
徑雞黍却添陶氏男捉鼻東山知遠志挑燈茅屋恣
清談何堪世故仍分手明日巾車隔晚嵐
羅學博署齋秋夜小集
吏隱青氈懶亦堪橋門塔影映澄潭一年好月憑欲

夜開徑素心來兩三海國歲荒勞貰酒　帝鄉囊乏
尚停驂霄闕人靜空天望陣陣哀鴻度遠嵐
嵺關客舍雪後酬毛亦史虞道嚴諸子見過
誰憐荒店獨停驂連袂衝寒更不堪微雪謝風騰朔
雪迢迢關北到關南鑪消榾柮灰全冷杯薦村醪酒
未酣此際清言傷陶謝冰開愁又去江潭
饒文擘學博齋中雅集
咫尺扃扉隔塵談桃花落盡柳毿毿但令鄭監樽能
設縱使嵇生懶亦堪近海人家催布穀昨宵時雨喜

盈潭三春高目知多少得聚同心且盡酣
金陵友人初度
平生樂志在書函十載班荊締盍簪然諾雄壇過季
布風流幕府繼蘇耽前期共指賜程遠佳境如同蔗
味甘幾日黃花催勸酒南山剛在石城南
同丁田來周龍生過棲賢菴
何處幽棲可共探寒林葉盡見茅菴融冰道上泥猶
滑曝背簷前日正南話久不知風色暮歸遲應爲酒
杯貪柴扉入夜家家閉霜影星光冷一潭

汝南送金麗明進士歸京師覲省兼謁選

驪歌疊疊柳鬖鬖半載依兄別汝南酒熟通宵頻取
醉花開何日不同探舞衣去曳高堂彩執戟新從漢
殿簪秪惜故交相望遠他時淸夢繞江潭

詖詞

鍾郝諠猶接美談高門千頃碧波潭萱英秀挺堂玄
北葛蔦榮敷山又南庭下文禽紛瑞彩尊前遠黛拱
晴嵐廣陵花月年年事偕老從知蔗境甘

堰上閒居喜席書樵遠書見存

逃離春港送歸帆兩月情懷別後諳入夢果然來驛
使開緘如與對淸談池淡水影澄明鏡雨霽烟光幻
夕嵐老去愛才眞若渴鍾期目我尚餘慚

送羅臨思返邗上 兼呈有韋懷祖兩兄

君居城北我城南茅舍幽棲傍碧潭千頃那能齊叔
度少年今復見羅含花開五斗嘗邀醉月好三更未
罷談忽指邗關仍返棹河橋愁折柳鬖鬖

正月十七夜枝閣夜集 同許漱石王春明李苾及王驂馬袁帝簡渚君

橋外輕波動碧潭春來芳徑又開三伴吟書閣梅香

淩留客由廚水味甘燈市烟花喧卜夜朱門槐柳靜
停驂淡交偏愛延諸子不愧人宗吾道南

次和姚恭士見訪 永言前輩之孫同學鄧孝威婿也

門外初停才子驂氷花舍日照空潭孔璋名素推河
北阮氏家原住巷南同郡交遊難數遘他鄉親串此
重探三冬襆被藏西塾未及淹留半夕談

雨中孔使君寺樓上木攜尊邀同包侯賡茅于

唐諸公小集 已巳正月

閒凭高閣望江南光復烹泉彌勒龕觀海幾朝臨八

駿聽鶯二月蓄雙柑板橋細雨行人出茅屋疎燈遠
樹含子姪阮家齊進酒誰堪揮麈佐淸譚

已巳寄贈學憲高太史

至性平生播美談絳帷多士荷天函風騷直接高常
侍月旦無殊許汝南豈有珊瑚遺鐵網真同水鏡照
澄潭龍門不遠墻東路未得瞻韓祇自慚

雉皋舍枒菴是黃蘗公處士授經處

棲託閒同彌勒龕硯田辛苦賴君堪百年晞髮謝皋
羽一卷旌心鄭所南梅向雪邊森古幹山從霧裏出

瑞鳳樹子七尺空流淚鞭蹬追隨願亦甘

贈夏叔素

傾蓋相逢訂盍簪西江才子衆情諳承家久擅雕龍技對客新聞捫蝨談一代風雲推俊傑十年書劍佐征南海邦清宴開蓮幕騎馬歸常酒半酣

十四鹽

懷洸國望治中久任括蒼

括蒼高踞萬峰尖士女羣誇佐郡廉地曠多松炊有炭官貧飲水食無鹽幾回春好逢行縣盡日山青愛捲簾何處相思縈別夢隱侯八詠句應添

花朝同周子俶姪書思禹曆集丁漢公漁園

隹辰偏見雨廉纖二月輕寒入短檐撲蝶人稀春闃酒落梅風起客開簾放懷難得烽烟靖話舊無端情淚添欲向羅浮舒望眼燈花明日應晴占

贈州伯殷玉川先生

海邦民物苦危阽大厦于今得楩柟羣怪難逃犀火照一塵不障水晶簾烟收天目晴嵐吐波暖羅浮潤澤添敢望南州叨敬禮郤欣京尹遇劉惔

李磐石歸自滇南重晤話舊兼悼小有平子天助

楚陽停棹宿霜蒹別後行藏豈豫占萬里風塵驅驛騎百年心事負腰鐮還家頓有山陽感糊口猶從硯北淹此日重逢數疇昔西城斜照下高檐

登海安鳳山飲文昌閣 子埒張子常置酒同方宗子賦

春烟收盡露山尖勝地逢人十日淹高樹梧崗看鳳集丹樓帝座應奎占葉舟暖水循鷗路柳岸條風動酒帘更喜偏安街鼓靜酣呼莫問夜厭厭

悼遠友

讀易寧忘勸守謙生還著草竟空占故人都自縈清夢從所唯應見紫鹽南國帛書逝遠鴈西園梅月挂虛簾是非信史他年事不覺臨風老淚拈

十七夜雨中集趙半剌署園觀燈

官貧好客興逾添誰道良宵閉彩蟾花影紅搖燈影亂雨聲清入竹聲兼都忘沉醉憑投轄不爲高吟愛捲簾佳節海邦烽燧靜胡牀合坐夜厭厭

纂遁志畢出貢院言歸 同錢武子鄧孝威何雍南宗鶴問董蒼水蔡九霞靜御弟賦得簾字

東南佳會應星占行李秦淮遂久淹青史分曹邀載筆蒼山獨往負腰鐮辛勤謾說能趨事老大徒知學守謙秖念賴閣人去後虹橋月又映虛簾

寄京口友人兼懷程崑崙別駕

京口歸聞孫楚說隱君高致世難兼春來柑酒開題句閣外江山任捲簾北固僑居人未遠東臯遯迹歲將淹何時過訪仍尋舊幕府縱寉有老髯

初夏邗上喜晤藕堇大師出詠梅三十首見示索跋時應請赴淮

龍象威儀材楩柟東來吾道合星占路經柳岸鷲飄絮詩詠梅村硒撒鹽問渡船浮淮水上掃壇人待楚山尖遥知解制深秋後仍約潛夫共守潛

丙寅九月山中有贈

詞臣南國待衡遍舊路維揚切具瞻自愛頗知存節概相成恐不體清嚴翩翩仙舫初開幔處處茶樓盡捲簾爭覩玉顏詩盛事巖棲應笑老夫潛

程子夏詠歸堂燈宴兼懷令兄雨門中翰 陳叔霞朱大瑞何龍若儀適弟同賦

半年稀問酒家帘堂額前賢喜再瞻城角柳梅森小院樓邊燈火映疎簾春陰輕爲東風煖街鼓催緣刺史嚴大謝來遊會有約何時同醉夜厭厭

上木蛙招同姚恭士張子常戴文簡仲男泰來

集書齋朱冀縣臨至分得十四鹽
文親雅會展仍添阮巷斜陽在屋檐風㬉草烟初上
砌春與花氣未薰簾自然同志中情洽豈獨論年別
絲非莫絕滿堂文字飲歡呼能有一霜髯
秋杪攜賜泰兩兒過施使君州署西園鶴詠承
日公歸自白下 四人分韻面賦
歸舟歸載滿書籤寧可官廚淡食鹽白眼竹林慚阮
籍滿言京尹是劉惔園開蒼蘚全鋪徑菊少荒莫欲
拔簷風雅節令誰砥柱敢陪刺史論詩嚴
典但發七古律詩分韻 十四鹽
東皋先生復來海陵晚集寓齋陳鶴山吳文起諸子同限韻
海甸重逢愁緒添風光深夏任趨炎如泥櫻筍空盈
市似火葵榴忽照簷才子何曾矜作達老夫終是不
能潛行藏莫說渾難說雙燕生憎語畫簾
雪晴汪穗岐賓咸兄弟從維揚來集繆湘芷書
齋時尊人廣文河工告成歸自海上同李非
閒語山師男泰來分韻
一湖東來蜃氣添海城牆色照南簷床頭漉酒誇浮
蟻日昨評詩鄙撒鹽才子風流原掩映道人襟度自

安撫節令疏導功成後不向參軍說紫髯
歲暮感舊贈江右戴遊臣世兄兼示令嗣季良
尊人初士先生康辰下第訂交
廣陵盤桓經歲近年沒于徙所
入洛南州戴孝廉振衣高步萬峰尖遠東遷客歸青
塚戎幕賢郎遇紫髯囊裏豹韜多秘策林頭龍劍露
鋒鋩德門竚見春陽轉香吐新梅又撲簾
適俞門妹六十初度錦泉中翰之配
粉黛紅樓滿鏡奩由來盛德合柔謙張玄莫怪常稱
妹道韞應知笑撒鹽黃菊舒香窺綺席秋鶯送曲度
貞儀裳七言律詩分韻 十四鹽
珠簾鳳毛三世鳳池上丹詔恩看次第沾
冬日閒居遣懷寄施使君
經年臥疾歲將淹掃軌堦除碧蘚添竹裏雀聲喧北
牖梅邊日影護南簷閉關長至尤安靜讀易乾初卽
主潛持世有人勞擔荷窮巖送老伴書籤
關東卓子任來自廣陵繆補山招集蓮塘同桓
雙諸子
塘上秋光傍酒帘斜陽晴失雨廉纖幾輞碧葉桐陰
減一片朱花水面添遠客興鄉移蠟屐青春同學換

清淨百年七夕難逢閏尚與平原十日淹

十五咸

冬日入吳毘陵道中作

急取重裘換薄衫陰天寒日漸西銜雪微獨樹蹲饑鳥風迅蓮舟放飽帆十字碑應沉蔓草九龍山已露層巖今宵擬傍泉邊宿妙酒名茶味不凡

郟雲堂留別清持兄兼示弘先書思寄桐辰宸禹曆乾修鳴六諸姪

舊日梅開寄此巖到來莎逕又重芟池邊得句偕康樂竹裏揮杯盡阮咸漾碧藻香魚自泳亂紅花片鳥能銜東齋多少堪留戀惆悵烟波引去帆

臥石山房作屈翁山顏修來程穆倩汪扶晨同次席書樵韻

得接同人卦筮咸觀濤竟爾緩歸帆猶存黃菊開荒徑難傍青松臥舊巖醉遣愁懷憑五斗老聞世事欲三緘秋冬幾度逢高會不覺巖風怍客衫

桐影菴即事和吳又山

吳質呼朋訪碧巖晚鐘聲已靜松杉宵來躡屐情先重但遇論詩口不緘深院花香蕉酒盞虛簷月影射經函林中觴詠攜才子尚望乘風萬里帆

懷本凝叔久羈寧遠

常向江頭望楚帆眼看紅日又西銜不聞陽鴈傳鄉信空對桃花憶舊巖骨肉祇應依幼女艱難誰為換青衫窮途無力相迎致慚愧家駒薔阿咸

八月二日白門集蔡九霞寓（華九秉廷王右宣／幼孚泰男同賦）

石頭前後駐征帆南國同聲卦筵咸莎徑晚停名士駕桂風香著少年衫秋中炎火威初退朔後涼蟾魄尚函老愛秣陵烟寺好欲攜笻屐訪千巖

金陵答贈王安節時同李雲田兄心甫弟俞部集其西郭草堂安節是方爾止壻

黃巖叢七言律詩分韻　十二載　一　第韻　一種

涼秋作客葛為衫名士庭前草未芟此日忽年慚叔夜誰家邏壻得蕭咸莫愁湖上呼清酒孫楚樓邊駐遠帆醉後行吟倉吊古一江斜照晚山銜

暮春得景乾貞孝廉書問（先年聚於／令弟署中）

惠連清署論交去三晉雲山隔遠巖蝴蝶夢中來雁字碧桃花下折書函即看詞賦登金殿自笑琴尊老布帆何日覩濤仍至止小園蕪徑促重芟

廣陵喜晤次萬姪來自浙中是介伯兄令嗣秉懷毛馳黃

永署銜杯客不凡嚴灘初到脫征衫難兄淵度真黃憲才子清標更阮咸懷橘北來纔暖席觀濤南去又開帆歸途便過箋詩宅尚附寒溫札一函

劉僅三招同黃九烟張幼韓徐九巖令弟膚公竹里對菊

霜老烟寒徑草芟桂花久發小山巖交聯少長林名竹道合苔岑卦是咸白屋肯容披短褐青峰聊自託長鑱何當我輩猶高會莫為蓴鱸放布帆

暮春酬諸子見過（咏方行／薦舉）

黃巖叢七言律詩分韻　十五載　一　第韻　一種

少弟郵來書一椷東田布穀草重芟躬耕自許同王霸啓事無勞薦阮咸載酒暮春追曲水看花細雨濕青衫羣賢不棄龍鍾老頻過論文有舊巖

揚州天寧寺送雪和尚應三峯之請時新自興化說戒歸

大江南北爭迎致不許袈裟戀舊巖楚將廟前纔洗鉢虞公山下又停帆雷音遍吼開昏夢法乳垂慈療衆饞謝寺緇徒望歸切松門徑肯待秋芟

喜宗定九姻翁至自東原夜集孔東塘國博署

園同秦孟岷岳賓如孔石村汪維宣汪柱東
賦
有客升堂徑草芟東原才子駐春驄蔓牽岱岳八千
里手捧衡門書一函穿屑小橋藏雪霰刺天奇石俯
松杉潑杯十日堪留戀一任梅開落舊巖
寒食前一日集東墉孔公署園時自海鄉暫還
州城同王漢卓閔義行黃交巖趙岱凡男泰
來分賦
昨接征夫書一函津頭打鼓見廻帆記攀弱柳分南
黃仙裳七言律詩分韻　十五咸　　[illegible]記一種
浦忽指濃桃簇舊巖展墨自憐身尚滯開尊又喜徑
重芟爲歡幾日勞人去仍望烟波落照嵌
喜鄭若千見顧即同訪宮牛村留飲次日將之
何阜
邗上瑤華接幾函緇塵入座拂征衫尋常一飯慚東
道咫尺同心訪北巖春動早梅疑欲吐霜深寒菊不
教芟今宵且共壚頭醉愁見烟波掛去帆
慧上人西湖來得雲居和尚書寄吳岱觀丁葯
園毛馳黃卓火傳王丹麓諸虎男卓次厚諸

君子
錫來鳥語亂松杉橋外烟開落照銜海甸窮秋方捲
戶雲居信使忽郵緘西窗渺近聞漁唱南郭江寬見
賈帆蓮社攀賢如在過應知徑草亦須芟
正月十七夜戴景韓寓齋喜晤虞山顧雪坡話
舊
安道今朝卦筮咸虎頭只許隔層巖何期久濶同柑
宴却爲貧交來布帆廊下華燈猶待剪門前芳草未
堪芟與酣自請留兒住卜夜無勞罷酒監
黃仙裳七言律詩分韻　十五咸　　[illegible]記一種
暮春再集補山園同湘芷殿颺泰男野望適李
沙村歸自山左
藉弄清明曾幾日山園小徑又重芟已看野菜迷黃
蝶尚有殘桃襯碧巖舊好面逢猶訝夢新聞口述勝
郵緘如何三歲離鄉者初見緇塵洗客衫
程姬田海陵寓齋看桃花喜晤六令弟業臣兼
懷孚夏北上於郊南歸
世好前宵責手函桃花全綻小山巖因扶病骨臨芳
逕恰遇連枝駐遠帆夜靜鐘聲停又沸樓高月影[illegible]

猶銜諸昆若在歎投轄難免更番作酒監

休陽程公麟七十初度

七十年來猶孺慕白雲長繞舊山巖千金著信重然諾三世論交有籍咸佳日兕觴桃爛熳暖風勸酒燕呢喃誰知同齒輪君處膝下鵷雛總不凡

舊燕樓近詩

（清）黄九河 撰

《舊燕樓近詩》一卷，清黃九河撰，據泰州圖書館藏《辟蠹山房叢書》鈔本影印。

黃九河，字天濤，號浮螺。清泰州人。涗生子。監生。以詩名京師。

此書收録黃九河爲追悼其亡姬陸小雲所作《今春怨琴心十三解》，又收陸氏所作《髻雲樓拈花十絶句》。二人詩每首都有詩評，詩末都有總評。據絶句後跋，此書編撰於康熙十五年（一六七六）。陸小雲才貌雙全，名聞於黃氏友人間，故其友人亦多有感觸，卷首有陳維崧等序及黃雲撰陸小雲傳，卷末附録黃九河友人所作慰言詩，有宗元鼎、孫枝蔚、鄧漢儀等十八人。

（周　忠）

序

琴怨發乎情所謂情之所鍾吾輩爲甚是耶非耶原夫人以情生過情非情也不及情亦非情妄情非情也無情尤非情是故以張平子之爾雅而有情好之謡以陶元亮之耿介而有閒情之奏或一往而情深或不勝其情至極之情隨正變備美風詩發憤抒情爭妍騷賦天壽之怨其亦有深感於古之情也夫而況王道本乎人情人情之盡神山可移海水可立幽者可顯往者可生見天地之情類萬物之情流連忠孝之情旁達生民休戚之情胥此物此志爾今而後染巫岫之朝雲寫琴聲於銀漢施諸琬琰淪之金石於以補情史之未逮而耀情劫以無疆諒亦古今有情人所公倡而弁和者矣否則蘭期菊候雨泣風歌人各有懷情何繇臆遣哉鍾山友人客庵趙起元庶先甫譔於吳州之玉照堂

序

若乃香薰江夏黄郎夙負多才粉琢清河陸女尤工巧笑妾家射瀆相鄰漂母祠邊郎住吳陵不遠玉人橋下一自參媒氏妁遠移稱意之花遂令鳳舞鸞歌競唱定情之曲迎來桃葉空北部之胭脂嫁得文鴦壓南朝之金粉奚勞隔巷更看新人詎必提筐還逢故婦固已極綺羅之勝事寕徒豔花月之新聲然而菱鑑難圓桂輪易仄樓中嬴女只想吹簫殿裏嫦娥偏思竊藥花何年而不落烏何事而恒啼甚至南陽鞠水不見延齡西域名香焉能續命蟲有可憐之號草多獨活之名以致黄泉白月佳人齧鍥臂之盟碧海青天方士無返魂之術唾殷紺袂猶期燕婉於他生泪滴鮫盤還結綢繆於再世天乎已酷人也奚辜傷如之何吁其悴矣時則窗下簸錢遥聞臏響鏡中紅面恍見殘痕生憎翠竹難掃愁蛾不分緋桃偏描笑靨緑珠一去彌增衛尉之悲碧玉無歸長切汝南之恨況秋風夜雨之經心更斷墨零紈之觸眼韭花一寸依稀幄裏之香柳葉數行零落匳閒之粉此郎

達人齊物太上忘情魯酒可以合歡靈犀於焉蠲忿終無以弭彼幽憂療其疢疾者矣嗟予井公縱博本非行樂之方玉女投壺孰是爲歡之具茫茫蒼昊索笑何年浩浩黃輿埋愁無地凍合銀河將天上之魂銷更甚賣來金盌彼人閒之腸斷何多蓋自天荒地老而來暨夫歷劫窮塵以後傾城傾國代有其人爲恨爲悲古多斯事僕也生亦情多老而才盡酒闌燭跋偶披傷逝之吟月落河斜閒展悼亡之作屬綴蕪詞用弁綺語白楊齋畔千秋長恨之歌黃葉村前三

尺小蠻之墓陽羨弟陳維崧題

何龍若曰讀天濤琴怨詩掩抑摧藏沈吟拉雜情纏軫外恨寄絃中眞李青蓮所云余但寫聲發情於妙指而終不知此曲之古今也丁巳秋從陽羨師過堰口凡坐秋嘉館者三晝夜師成此序悲踰帝瑟泣甚羊碑昔人謂潘黃門善爲哀誄之詞以視此文笑安仁何足云江也師又有念奴嬌一詞若令檀板銀箏高唱於朝雲墓左定使桃花亂落如紅雨矣

題辭

性耽綺語前生應是湯休身本恨人今世遂同江令往往情鍾我輩時時夢落天涯吳陵黃子才比雕龍海縣陸姬詞堪引鳳既已心諧綠綺豈虞命薄紅顏金屋塵飄望帷中而不見玉京信斷求海外以無蹤遂譜北塞之音兼憶西禪之笑方丈麗農百川東赴女蘿薜荔九面南疑捧詠回環掩編惆悵匪特黃泉豔質閒滋別後幽悰徒令白屋吟魂傳作襄中佳話爾楚陽弟王熹儒歙州氏撰

詞話一則

陳維崧

黄子天濤有亡姬之戚鄧孝威常作截句以慰之句云休啓珠簾還遠望朝雲墳在落花中讀之淒然欲絕如秋窗聽林猿夜嘯也天濤倩姜子尺玉於紈扇上爲繪此景余以丁巳初冬偶憩秋嘉館側再三吟諷亦繫以詞調寄念奴嬌詞曰南陽詞客慣多愁善感最能吟寫近爲黄郎題恨句淒咽如聞夜話説道江南每年寒食細雨啼山鷓落紅萬斛朝雲墳在其下更被水墨輕描丹青淺抹倍把愁腸惹短短墓門花似血點入倪迂小畫蝴蝶成團蘼蕪滿路鬧煞前村社倚樓人在爲他淚點銀帕天濤見之得毋又頻喚奈何耶余小阮次山亦倚調成詞詞曰髻雲樓上記綠波輕颭水晶簾額娶得蟲娘年正小賞徧梨花寒食惜夜添香嬉春傳粉並坐人吹笛東風亭院晝長何限憐惜今日人去高樓倚闌凝望變作傷心色小影如塵何處是紅雨夕陽明滅鵑魄啼殘蝶魂飛去幾點哀桃皺花飄成淚離愁片片堆積余門人何生得臨江仙詞并綴楮尾詞曰誰瀉鮫盤和碎墨離鸞恨惹楯箋小樓明月又經年白楊枝太苦疎影護嬋娟讀罷倚欄成小立衰梧亂拍燈前勸君莫上十三絃土花埋碧玉湘水有啼猿何生名鐵字灑之京口人

秋信初嚴梧枝盡脱荒煙宿砌寒月當樓檢玉臺之新詠序有徐陵撫洛浦之遺珠人來曹植捲絲帳以言愁對竹牀而掩泣乃思雀釵曉映當年人喚鍼神兔管朝灰此日行多春蚓況蘭房侍寵弄班姬之扇尚爾驚羞桂殿司香留蔡琰之文胡焉

辟蠹山房藏書

長逝湘紋簾畔笛破方收燕子樓頭妝成何處梨花寒食空勞帝子孤魂墓雨中秋不見霍家小玉直怨結琴心恨移花影妒鸂鶒之纏綿厭鴛鴦之婉戀但儂歸天上夢落人間無返魂之幻術得縮地以埋憂所賴猗歟彤管齊鳴别鵠之音麗矣香匳一助淋鈴之曲凡衍杜若甫識

小傳

舊樵愚兄雲仙裳甫譔

陸氏小雲字羽嬉鹽城人少失怙恃終鮮兄弟爲阿姑昭陽虞夫人收養膝下恩愛如所生夫人故儒家夙擅風雅之目女紅之暇課以筆墨綠窗畫閣娟秀自矜每花月佳夕夫人撫羽嬉而言曰以汝才色非得海内名士風流不足稱良匹也以是王孫貴公子問聘者多皆不當夫人意嗣吾弟天濤過訪夫人素聞其名又得其風貌遂許字焉香車入門年二十有

海[illegible][illegible]房叢書

一矣羽嬉性温順天濤百口之家羽嬉事上御下咸有恩紀内外交譽之天濤貯之髻雲樓朱欄曲徑梅雪梧風與鏡光簾影相爲掩映畫中人不過是也羽嬉既典書籤盆工吟詠諸凡先意承旨穎慧絶人天濤多四方交座上賓客常滿所得詩畫及他技巧輒攜入與羽嬉焚香瀹茗第其甲乙以爲笑樂嘗疑趙明誠李易安故事無繼響者今觀天濤誰謂古今人不相及也兩美必合纏綿婉孌纔閲三歲豈意佳人命薄一病竟不起耶嗚呼傷已天濤腸斷欲絶無意人間賦悼亡之詞重來潘岳下鍾情之淚又遇荀郎室中姬侍雖不乏人而倩女云亡粉黛都無色矣殘香遺挂畫委空牀小字紅箋猶存麗句謂天濤忍見之乎冢在天目山前與鹿女臺鄰近夕陽芳草細雨淒蛩天濤悲從中來即策杖松門徬徨悽愴不待年年寒食方翦紙招魂也所著有倦繡吟暨玉照堂倡和諸集藏於家

舊燕樓近詩

海陵黃九河天濤甫著

今春怨琴心十三解 有引

辛亥季夏有事于廣陵二十四橋之間紆道入昭陽往迎羽嬉時薰風戒暑荷芰騰香畫舫簾開新妝玉映生平遭際以此爲幸曾燕婉之幾何遂爾巫雲去峽也緬懷陳跡香夢無多誰爲解語之花竟失生香之玉向所稱閨中莫逆者今安在哉無術返魂譜歌代哭命之曰今春怨怨不止于今春今春者兩歲茹慘中景物相遭之際也又計之曰琴心十三解解不止于十有三十有三解者亦非始非亂適遇其數之偶然也悲夫彼漢宮之夜望豈宋閣之秋思時序之足以役其懷者蓋由情緒之無所托而能定耳花落鳥啼莫知所適舉而歸之琴琴之爲商爲徵未可知琴之通乎怨亂格乎冥晦亦未可知而要之情之所鍾一往遂深雖骨化形銷斯誠有所不泯也已矣乎佳人難再得今而後凡千春萬春有如此春而千解萬解亦有如此解已

月西下

寤素娥兮寐素娥清光落影奈如何黃姑石注三生淚烏鵲橋題百恨歌無計可增天路廣倩誰能挽海瀾多天窮海盡終難覓漫學靈均壁上摹

吳薗次曰開手便見深情眞使人讀之淒然已不減落葉哀蟬之曲月下歌之當復淚溼靈犀一片矣

張僧持曰月不能不西下得天濤一吟而明月竟入懷矣少陵云落月滿屋梁猶疑照顏色余一爲詠之覺天上雙星終古不沒奈何

天涯山小

嵐分岱華影浮湘九點煙青入渺茫縮地何人知異術量空無尺到殊方恍疑眼角千迴顧恰憶眉痕一抹香安得朝朝還暮暮遙攜雲雨慰高唐

孫豹人曰神山虛渺乍有如無字字箇中移向他處不得予欲以此詩配白香山長恨歌取其聲情酸楚相似也

劉長康曰憶向同天濤過廣陵余入洪都天濤自往昭陽迎羽嬉其爲閨秀素所知也將謂雲迷楚岫正爾長存豈期鳳別秦臺倏焉永逝丁巳季夏余尚羈千里之外江蓮盡放午夢難回讀天濤天涯山小詩恍然如昨吾意天濤費長房縮不盡相思地女媧氏補不完離恨天矣草綠馬遲寧無增感

王景州曰幽情逸響句麗神孤置西崑香奩集中

又復踞高座而唱妙音楞伽說法隨在現身迴環健羨固不僅九疑空綠魂斷瀟湘已也曹文虎曰門外重重疊疊山遮不斷愁來路天濤握管時應憶遠山眉嫵觸目增懷

玉除花落

盈盈香豔着初枝何據東皇判別離休矣向春三涕隕悄焉攙我一心知鶯喉冷斷青陽曲燕羽飛殘白苧詩洛浦芳魂巫峽夢招同苔砌鬭相思

鄧孝威曰天濤有少君之慟僕適過娠口坐其書閣有句以慰之云年來悵極東風暫倚高樓瀉碧筒休啓疏簾還遠望朝雲墳在落花中天濤讀之揮淚罷酒今覽落花一章令僕亦徬徨神動所謂情之所鍾固在我輩耶

彩雲飛斷

拂掃虛空玩彩霞纖纖飛斷落誰家飄蕭越女匳中錦憔悴江郎筆上花光帶河流淪劫外影隨風去散天涯紅妝翠黛丹青佩儘記新愁付碧紗

季孚公曰彩雲易散語最傷心僕本恨人那堪多讀泣而訴訴而泣不惟江郎欲死直令越女欲生宋份臣曰自古奇女子往往不得佳匹陸姬之適天濤幸也未久而逝天何厚其始而薄其終耶附念八字弔之秋風颯颯夢凄凄日日相思落照低雲斷影消無限恨巫山萬疊望中迷

漏聲長

猶是春宵漏刻聲如何絮絮夢難成寒生遠水遙山恨冷盡清歌妙舞情無奈風搖多斷續可憐露浥獨分明憑誰寄屬司天手爲減金壺幾點輕

孫無言曰嘗讀韓偓畫漏迢迢夜漏遲傾城消息杳無期之句情致纏綿令人絕倒今讀漏聲長佳詠正復同之心怯空房酒闌長夜多情宋玉復見天濤矣丁漢公曰我夢江都好自是千古情種風斷續露分明情事如畫令我魂消嗟夫夢短漏長佳人難再天濤情況良亦苦矣痛矣

芝蘭香暗度

可是芝兮可是蘭水邊尋去石邊看英英郁郁留何處馥馥芬芬眷故山性作行雲情作雨枝驂彩鳳葉驂鸞悄然來聚飄然過問遍東風只倚欄

沙定峰曰楞嚴經云非因非緣亦非自然天濤無中造有火裏蓮生情翻到極積想成無無可奈何化空成有有于無意味中偏多意味于無可下口處偏能下口于難著字句閒偏有字句芝字蘭字香字暗字度字無微不析試問天濤畢竟香在甚麼處錢目天曰取象曰比取義曰興芝蘭香暗度何象可比何義可興花落無言東風又不解語讀天濤詩如置身玉壺冰矣朱式玉曰此比興題也空行則無著落實搆又鮮靈機此作影虛若鏡氣渺如絲意旨清微寫風手也

銀河步遲

銀漢西流萬籟希乘風暫下彩雲機虛聲謖謖行還止玉影翩翩是也非獨跨蟾蜍愁未慣相扶牛女倦將歸仙槎杳渺榆關閟夢繞方州何處依

曹九咸曰淚隨聲下幽感遙屬欵若浮煙乍斷還續中有人焉渺不可即所謂魂來楓林青魂返關塞黑誰能不太息而痛哭耶

王玉掌曰情至則歌泣兩深思極則幽明咸感其所以惓惓而不能自已者惟天濤自喻之且恐天濤并不自喻也

蜨夢輕

夢入逍遙第幾篇來時杳杳去仙仙微塵影裏風揚絮小鑑光中水浸煙粉翅舞開三寸海花鬚捲破一絲天古今物化真難定紙帳寒燈夜似年

趙彌揚曰思穿九曲筆具五丁爐錘奪造化南華自喻尚覺情文未至

杜武功曰真耶幻耶天濤耶羽君耶三寸海一絲天六字尤為輕字傳神且怨情詩結句那得如此老到求之漢唐閒正不多得

金潛五曰丙辰七夕坐天濤杜來閣時涼風將引羅衣欲秋天濤設瓜果集賓朋酒半酣因感牛女渡河事淒然出其如君陸羽嬉髻雲樓遺稾拈花蜨夢十絕併悼亡琴怨十三解見示信手披閱至輕一律頓令人骨化形銷如置身幽蘭叢桂之閒遂不能復醉客有彈箏者其聲哀怨飄風忽驚桐業為之震撼滿座欷歔因不終席而散余獨宿閣中不能成寐擊枕而歌曰幾年淚溼湘紋紙最是情人情不死梨花蜨夢已悠悠一灣明月照高樓風聲斷續蛩聲切愁來展轉愁難歇知他何處會秋娘臥看銀河瀉影長起質天濤倍增惝怳

張五丹曰魂幽幽而不返魂珊珊其來遲柔情麗質猶于夢中彷彿一三也

繡幃香燼

鄭重煙浮一縷閒無端夢冷半牀薰穿簾裊裊歸何許傍枕霏霏賸幾分不是帶雲天際散多應藏火月中焚寒灰撥盡魂難返擬向蓬壺叩少君

冒辟疆曰余昔哭宛君淚枯腸斷有碧落黃泉之痛今讀天濤詩纏緜悲惻知奉倩神傷尤不堪與箇中人道安得少君之術為我兩人傳鈿盒金釵之信也

姪月舫曰嘗讀致光義山香奩諸詠謂古人摹擬太深第恐世間無此情況也今讀大阮繡幃一律真足前邁韓李而後稱獨步矣香魂渺渺情緒緜緜行將覓東方子求一懷夢草為吾叔一夢見何如

蠹食迴紋缺

信是璇璣字味甘芸香不解蠹魚貪凋零九疊鴛鴦冊破碎重緘荳蔻函意隱針先無計補音淪句外許誰參會從脈望環中祝增訂遺文布斗南

李天敍曰錦字遺愁金針惹恨天敎缺限偏在才子文人知吾天濤者碎玉難免失聲愛吾天濤者煉石何須妙手也

春衣不治

寂寞針神不可招琵琶空羨鬱輪袍柳絲搓亂鶯兒線杏幅裁偏燕子刀澧浦無靈捐玉佩滄浪有淚寄冰綃何堪更啓芙蓉篋翦尺依稀手指勞

陸懸圃曰天濤此詩淚痕滿紙愁緒如絲逸韻幽情而加之神工鬼斧當與黃門遺挂在壁之句爭工於異代耳

季端木曰閒刀尺之遺澤見巾箱之故封氄服儼兮猶具繁華謝兮焉從此等語古人摹寫殆盡人從何處著想讀此詩深情逸緒更覺蒼涼莫謂廣陵散爲絕響也

五夜杜鵑啼

玉漏迢迢漢影沈孤衾怯聽杜鵑吟三更月冷雙行淚百折山迷萬里心攢碎湘靈南浦瑟敲殘嬴女尚方砧聲聲莫促人歸早望帝風流未可尋

毛亦史曰丙辰冬盡潁客張子九攜天濤見苔書歸知天濤有如君之變悼亡慟絕著作甚多予未及見也祇以琴怨十三解示予命予爲之丹黃嗟乎琴操遺徽子瞻淚筆請名公評閱者衆矣珠玉在陳終惚瓦礫之無當然千里郵筒似難以空函塞責及讀至三更月冷雙行淚百折山迷萬里心二語爽然自失矣不知天濤何以造句至此風流不墜正在江郎天下文章當歸阿士

佟藩望曰子規聲鶗鴂聲夜猿聲冷月黃昏淒風苦雨同此一樣淒惋

華龍眉曰鶗鴂已不堪聞杜鵑那能再聽惟有攜倦繡吟一卷往來於天目山前見有雌鴛鴦飛下時卽是倩女離魂耳潘生之詞荀郎之淚何能不怨入素琴耶從此可不彈雉朝飛止可操烏夜啼矣

陸右臣曰孟東野有言杜鵑聲不哀斷猿聲不切讀天濤此什眞哀切之至轉令老人復多情態

留春不住

遶爾青陽逐逝潮無邊花事飲中消嫌他風力嗔他雨卸我桃妝破我蕉梁苑客愁應閣筆楚宮姬瘦若無腰春心不肯隨春去一夕相思萬古遙

姜西溟曰最愛蕭皋恨人悼亡百首皆七言近體集唐之妙竟是無縫天衣嘗歎錢子葆馚眞才子也吾天濤琴怨心眼迴別讀至篇終哀音怨亂春隨人去筆淚交淋舍人不得專美於前矣憶戊申雲陽捧袂荏苒十年伯氏仙裳屬題寄示天濤應不忘丁卯橋邊依依聚語時也

顧仲光曰曲終人不見江上數峯青讀之已不禁神往況是篇更有甚焉者歟

總評

程穆倩曰天濤才如海情如海名士既得傾城忽爾云亡其哀悼之詞不可窮盡使人贊歎流連我不知愁對此始欲悲耳

白孟新曰客春將過堰口卽知天濤兩載傷亡有路隔重泉之感豈謂閉戶高歌撫琴動操悲怨乃爾耶爲之三歎

陳念共曰佳人云亡恨事也如其不亡焉有此絕妙好詞乎雖然讀未終卷我腸欲斷不能再評

佟彥昇曰向都門得從天濤遊見其人品文章華下鉅公競相折節豈謂別去倏爾八年昨侍家叔

南遊承天濤枉存以體中小極未能倒屣薄暮過西軒時積雨新霽明月初昇桐影橫階蛩聲亂砌見仲光師掩關挑燈讀琴怨詩三歎不置予問之知爲天濤作也披閱一過詞旨悽惋嗟乎曾天濤亦爲兒女子所動耶不知天濤義腸俠骨原非淺近人所能料有姬如此眞閨中良友也人琴之歎其能免夫

吳岱觀曰昔人讀子荊除婦服詩有云不知文生於情情生於文覽之淒然增伉儷之重今讀天濤是篇眞可追跡古人深爲折服

席允叔曰深情幽思展轉不已較之比紅兒詩愈覺悽惋自非鍾情人安能作此斷腸語耶

阮鶴緱曰予與天濤訂交來相別殆十載矣天際雲帆忽爾顧我竹林且持其著述數帙示予予讀之欽喜交集獨有悼亡十三解諷詠一過掛起悲風花沈暮雨天下第一等佳人得偶第一等才人第一等快事變成第一等恨事天濤那得不悲我亦與蛩聲俱咽矣

陸天聲曰寒楸紫玉遂成再冉之煙釵墮裙拖尚留珊珊之影古人于此久已傷心天濤哀青鸞之長逝寫白鳳之佳篇究轉而歌頻呼欲出

季柔木曰情之一字生可以死死可以生天濤其鍾情之至者乎披誦之下輒喚奈何

附羽嬉髻雲樓拈花十絕句

陸小雲

梅花

梅花有信到南枝愛就梅花索笛吹吹到夜深新夢破鈎簾人靜月如眉

姚心綰曰淡煙疎雨臨風欲絕安得梅花一瓣飛落人間以慰幽情乎寶焰滿前倍增悵歎

周翼微曰法曹一樹他年再任揚州玉照雙林今日不逢仙子展卷見羽嬉此詠爲之慨然

芳蘭

芳蘭何處倚春開息息香風次第來擬傍新花終日坐不教折取到妝臺

范汝受曰靈腕舒空慧心照遠極其風致不離這箇想見對花深坐時

叔長音曰十分惜蘭正十分自惜

弟文昭曰幽蘭露如啼眼此李長吉句也芳草汀洲詠蘭人今在何處

梨花

梨花新洗上春妝縹渺臨風最斷腸怕是年年寒食近夜闌微雨度空牆

羅景有曰意態婀娜俱在筆墨之外當于有音無字處尋之

許山濤曰有花蕊之蘊藉無派眞之浮夸吐納煙雲驅馳風雅讀此知天上仙才自不肯久留人世而天濤之思念不置良有以夫

李湯孫曰只此一絕能使年年寒食彷佛羽君于梨花微雨閒天濤可以無恨

繆黃目曰梨花夜雨煞甚凄涼怕是年年寒食近羽娘自讖也暫此驚魂欲斷矣

桂花

桂花香散碧空寒新月朦朧露未乾愛煞小山風景別一枝長倚鏡中看

許漱雪曰秀而雅逌然嫣然

吳夢翔曰即景寫照自喻驚人仙子嫦娥非塵世久堪留住

吳雨山曰玉露秋香不與春風桃李爭鬭芳華羽君自託深矣何搖落之速耶月中雲外此際此時寧獨天濤爲之隕涕

酴醾

酴醾分乳撲懷酥慵倚雕欄白玉鋪摘得新葩收拾好銀槽滴滴響眞珠

兄度若曰玉色照人銀槽絕響柔豔中饒有嶒時山雨欲來颯羽嬉此什令人想當年架樓頭

海棠

海棠過雨不勝柔虹枕霞衾溼彩浮自是太眞新浴起六宮春色等閒收

陳緯雲曰少陵不作海棠詩爲其涉于嫵媚此作偏以嫵媚擅長正其破藩籬以出也

張與參曰閨幃才女古今有之能以歌詠自著者近不多見讀此覺海棠歌不得專美于前

芙蓉

芙蓉映水吐秋芳水漾新紅瓣瓣香卻似澹煙微月裏薄酲風態見吳娘

吳野人曰詠水漾新紅之句清神逸致灑灑飄飄芙蓉羽嬉前身耶池塘露冷月黑香殘回首

虛房宜天濤之繾綣無已也余爲賦池蓮歌四首其一曰隨郎何處行清風池水邊風吹荷葉捲得使儂見蓮其二曰今日池中落昨日池中開只愛池中水流去又流來其三曰盲人嗜蓮花瘖人食蓮子無緣見顏色心苦不能語其四曰入泥采白藕藕斷見亂絲纏縣有底用無復芳菲時

張桐仙曰雋語怡人芳心如臨風誦之即謂羽嬉未死也可見

葉桐初曰清水出芙蓉天然去雕飾羽嬉此作天然之中不妨雕飾熟到極處故巧到極處

姚舒恭曰深情雅致一往悠長而賦性澂徹亦如芙蓉秋水掩映毫端讀其詩邃想其人羽嬉將無自況

徐亨祖曰寒山詩云未必長如此芙蓉不耐寒得羽君詩足令人索氣

荳蔻

荳蔻臨風悄自疑東風昨夜鬧花枝那憐新綻春心小十二樓花一樣吹

秦以御曰東風夜鬧微雨欺花弱質柔芳那堪輕折然花開主人曾有愛花不愛摘花時之句不識羽君能解嘲否

張靜山曰金閨繡榻不止畫眉寫自慧心遂爾入雅殆非以詞出佳人始擊節而稱賞也

陳時可曰極詼諧極鄭重說得東風可笑

夜合

夜合臺邊秉燭看偏宜良夜閑新寒似嫌簾外風

如翦不放春心散畫欄

田太虛曰帶笑朝雲含羞暮雨最得此花之彷彿羽君詩殆得此花之心事矣且風韻清新復饒靜婉所謂組練之工自臻平淡者也他人製此不過妝點無鹽弟度千曰句句是詠夜合卻句句非詠夜合其筆調圓活處遍觀閨媛中無有出其右者固知江淮靈秀鍾在羽君

牡丹

牡丹新豔有誰羣不使春光賸半分莫向花間餞春色十重錦帳護香雲

鄭有章曰此題不難工麗而難秀逸觀其下筆之妙無半點塵俗染其毫端羽君身有仙骨宜乎其永也吳六平曰二十八字中前十四字占盡地步蛾眉不肯讓人後十四字九十春光欲代天公留住且格亮詞高併前九首因之振起結得渾收得住香匳乎豔情乎羽君羽君以制作自命矣夫復何言

總評

宗定九曰嘗讀崔灝詩雨消巫峽夢回早花落武陵春去忙饒有琴心幽怨不謂天濤十三解更勝前人至拈花十絕新英滿地粉瘦朱愁安得不爲荀奉倩重傷懷抱耶楊東子曰天濤居煙水縹緲之鄉有圖史花樹之美又得羅衣從風吹氣勝蘭之人日侍其側共相吟詠如此數年雖玉腕朱顏行就壓土令人歎絕而詠又致天濤宛轉纏緜一倡而三歎之羽嬉可謂厚幸天濤亦云鉅福矣張儒子曰昔世尊拈花會中諸大弟子無一解者惟迦葉破顏微笑是其靈根慧性別有承當未易一二爲小根小智者道也今讀羽君拈花諸什想天濤十二樓中會心人固自不少但不能不屈天濤爲迦葉破顏而笑耳然迦葉笑天濤哭爲哭爲笑是一是二請天濤于痛定時下一轉語王正子曰讀碧雲樓十絕柔情曼調豔筆奇思直與溫李匹敵此詩中娘子軍也惜乎造物忌人奄然羽化須覓返魂香爲天濤作撮合散可耳

後跋

右十絕拈花勸飲又每絕之中必見新字皆屬鄙意是時小雲初抱衾裯即初試筆硯每當燕坐輒賦小詞而諸絕成于擊鉢之餘用粘小閣以誌閑情自雲散煙沈香銷燭燼久已謝絕歌詠忽覩舊作重理新愁能無憶對酒當歌擘箋染翰時乎外有玉照堂倡和及倦繡吟一卷雖復敗墨殘縑竊勝遺膏賸粉諒稍存其手跡實如覩其釵痕容當續鐫以質同志時丙辰三月三日浮螺山人九河再書

予向詠新柳有欲舒青眼情難寄但說蛾眉事

己非之句蓋借新柳以寓感亦謂世間琴響易沈花容難再每有才侔道藴豔比瑤英而憔悴凋零以抑鬱終其身者亦豈有情旣和諧緣由巧合雖分同絡秀而寵踰翾風復生薄命之嗟斷腸之恨者乎乃余甥天濤之小星陸氏羽嬉賦性溫柔秉資聰慧周旋于筆牀硯匣之際倡和夫錦心繡口之篇稱佳勝矣一旦魂逐彩雲骨埋黃壤令予驚惋其何可言讀其拈花十絕風神色澤一一可人尤使人悼歎流連不能自已也羽嬉昔嘗誦予新柳詩豈知弱絮終于飄泊長條易至摧折也哉繡閣詩人蔣葵冰心謹識

附慰言

爲黃天濤悼亡 調寄菩薩鬘

江都 宗元鼎 梅岑

髻雲樓上東風起柔情不斷如春水春水漾桃花餘香戀碧紗 柳煙寒食節杜宇啼紅血莫更憶吳娘玉簫排夜長

天濤見示琴怨詩及陸姬詠花十絕因次定九菩薩鬘得二闋書卷後

三原 孫枝蔚 豹人

樓頭忽聽琴聲起曲中哀怨非流水莫怪懶看花無人捲碧紗 損眠非一節句句心頭血長吉作嬌娘難求人命長

樓頭終日吟聲起傾城名士魚和水解語一枝花香風透帳紗 依然逢令節不見帬如血亦不少蟲娘徒誇諸技長

天濤琴怨集成次定九菩薩鬘三闋兼弔羽姬

鄧漢儀 孝威

春寒簾幙人慵起玉妝消減情如水不信貌如花黃塵掩薄紗 而今逢令節便認青衫血何處憶蕭娘更兒長又長

碧窗眠柳垂還起舊時寶鏡沈秋水反覆看簪花思
伊坐碧紗　怱怱過八節繭紙昏如血收拾付秋娘
歌聲任短長
當初樓角冰輪起萬花團簇朱欄水今日放新花妝
樓賸絳紗　傷心風雨節重拭烏絲血慧絕是珠娘
一枝斑管長

讀天濤琴怨詩誌感二絕　如皋　許嗣隆山濤

老絕琴心嬾是眞讀君琴怨轉傷神回頭二十年前
事也是黃門一輩人
碧落黃泉何處通新詞舊恨覺怱怱人間元不留神
女只當襄王一夢中

爲黃天濤佳儷射陵陸羽君悼亡調寄惜分釵　如皋　張圯授孺子

昭陽路東陽樹總是安仁腸斷處髻雲樓彩雲收杳
花簾幙楊柳樓頭悠悠　北邙里寒食紙不許情人
心不死展題箋淚潸然五更月落叫煞啼鵑煎煎

題天濤琴怨暨髻雲樓詩調寄小重山　興化　李國宋湯孫

錦字零香跡宛然多情絲一縷繫花邊妒花風急是
何年枝上影些箇怎禁憐　花倚畫簾前樓頭人去
也渺如煙休猜碧落與黃泉知不遠只在散花天

讀琴怨詩誌感　李愼行端木

知君凄絕悼亡篇讀罷新詞我亦憐不是紅顏嗟薄
命天公妒殺小嬋娟

題叔天濤琴怨詩集調寄綺羅香　一　泰來交三

南國香銷西園紅歇黯淡燕朝鶯暮鏡裏鸞分難把
飛瓊留住惜一點翠黛波心趁雙槳碧天蓮浦到如
今巫女無蹤夢魂不識楚山路　劉郎懊恨已極怕
上高樓望來時官渡花月良宵只少秋娘眉嫵烏絲
卷秀句吟春是雲素斷紈零處料娙娟圍繞花間百
般相慰語

天濤以琴怨詩寄示奉慰一章　興化　李蘭九畹

絳河渺渺一星孤悵絕神都不可呼怨入烏絲翻作
曲心將紅粉畫成圖文窗句好花陰在繡被香留鏡
影無三月又當三十日因君顧盼上清珠

琴怨歌爲天濤悼亡賦　江陰沙張白定峯

海陵城畔秋風起蘼蘅零亂芙蓉死多情杜宇怨紅
飛一血一聲明月裏鹿女臺邊卜比鄰年年墳上草
如茵郎今細雨寒煙地當日清歌妙舞人畫樓無恙
殘膏冷梅花梨花時弄影孤鸞對鏡若爲鳴咫尺銀
牀斷修綆一寸眉峯萬里心天荒地老怨彌深舊日
求凰琴故在惜卿不作白頭吟我亦頻年悲伉儷冰
絃斷處鍾期逝怨到無言怨更眞碧空渺渺雲無際
撫琴欲哭又吞聲願將慧劍斬柔情君不見子昂一
撲胡琴碎贏得新詩滿帝城

和陸羽君謦雲樓拈花十絕句并慰天濤　山陽張養重虞山

梅花曾折向南枝無那春風故故吹今日花開人不
見空餘新月似蛾眉

芳蘭曾記一庭開屐印苔痕不再來莫把湘蘭彈舊
曲相思淚滴滿琴臺

梨花一樹粉爲妝寒食何人不斷腸杜宇三更啼未
歇風飄殘雪過東牆

桂花秋半露初寒一自香消淚不乾我亦淮南舊賓
客爲君常憶月中看

酴醾釀酒酒如酥芳草爲茵翠錦鋪今對好花誰共
酌兩行清淚灑鮫珠

海棠風韻自溫柔細雨輕風色欲浮可惜香銷紅已
歇飛來片片倩誰收

芙蓉出水淨幽芳撥櫂風來十里香今日空房蓮子
盡苦心難再會秋娘

荳蔻今春花可疑梢頭香滿去年枝開殘何事無人
摘分付東風慢慢吹

夜合花前昔共看酒醒私語立春寒更誰今夜籠燈
照露溼花邊小曲欄

牡丹不與衆芳羣同賞三年一旦分玉砌雕欄人寂
寞養花天氣覆春雲

讀天濤琴怨漫賦　調寄鳳凰臺上憶吹簫　秦定遠以御

消散行雲佳人不見空餘衰草斜陽對春花秋雨中
夜徬徨總有香溫玉軟何處是著意歡場待將這深
愁解卻地老天荒　難忘玉臺如故歎人間泉世兩

下茫茫想幽魂此際一樣凄涼倘趁寒煙冷月靈軿駕重到高唐也應聽琴聲三弄粉淚千行

琴怨五章爲天濤悼亡作　李頫 箕山

重撫綠綺絃絃響何其澀虛窗悄無人似有悲風入

東家有流水西家任水流樓前香車過惆悵下簾鈎

妝成問夫壻入耳久無音忽見佳人眉乃是天目岑

美人家澤國昨年被洪水人自楚鄉來芙蓉花頓死

日坐綺羅叢憂來誰共語梅影照閒庭舊日題詩處

爲天濤悼亡即步定九原韻 調寄菩薩蠻

錦州 席居中 允叔

向空裊裊煙絲起芙蓉一片沈秋水難見有情花孫幃冷絳紗　哀音與促節淚點都成血夢裏遇蠻娘相偎細語長

戊午清明讀天濤琴怨詩偶成 調寄江紅

長洲 蔣梧 荊名

筝響如琴東風裏分明寫怨何處是綠莎青冢桃花人面鹿女臺前芳草夢玉鈎斜畔垂楊線又無端飛下一雙雙穿簾燕　白花飛狂蝀亂紫玉去輕煙散恰曉風殘月杜鵑啼遍花外賣餳寒食近樹陰釀雨春光黯恨夜深擁被數殘更鈎銀蒜

弔羽夫人　舒著 宣一

一夢風流只楚王朝雲今復去高唐情深蜀鎮緣難續淚下河陽恨轉長紅雨綠陰春寂寂黃昏青冢月茫茫人琴零落知何處淚盡深閨有數行

讀琴怨一集悽惋欲絕敬成絕句奉慰天濤

王士瀚 蘐山

髻雲樓望高千尺燕子雙歸人影隻一片梨花寒食雨春情脈脈青衫溼

奉輓羽嬉少君兼慰黃子天濤 調寄念奴嬌

鄧昺采 扶風

巫山玉女戲人間正是花開時節鴛枕鸞衾眠未足醒來猶覺寒怯斜倚雕欄低吟畫榭怎宵經時別而今已矣繡餘彷彿堪說　可憐薄命朝雲多情紅線露泣梧桐月寂寂妝臺人不見淚溼青衫如眉回想當年琴心挑取夢鎖鴛鴦結玉簫有緣他生應學啼血

終

戇臣出關草

（清）季開生 撰

《戇臣出關草》四卷，清季開生撰，據國家圖書館藏清康熙刻本影印。

季開生（一六二七—一六五九）字天中，號冠月。清泰興人。寓庸長子，振宜兄，嫻弟。順治六年（一六四九）進士。選翰林，旋擢禮科給事中。順治十二年（一六五五）以諫言得罪，謫關外，卒年三十三。《清史稿》卷二百四十四有傳。

此書國家圖書館著録爲《戇臣出關草》一卷，又作《戇臣出關草》一卷《戇臣出關草輯遺》一卷《冠月樓詩》一卷。此書封面題作《戇臣詩稿》，内含《戇臣出關草》一卷、《出關草輯遺》一卷、《戇臣冠月樓詩》一卷、《冠月樓詩輯遺》一卷，卷末有《戇臣詩稿跋》。《戇臣出關草》卷首有杜濬、姜宸英、徐乾學等人的題語，《出關草輯遺》卷末有季振宜書後，季慎行後序。全書卷末有盛治《戇臣詩稿跋》。全書收詩一百余首，含《出關草》和《冠月樓詩》兩部分，《出關草》作於順治十二年獲譴關外後，内容爲流放期間的生活，如《尚陽堡即事口號》《玉門感興》等，多寫關外的生活經歷及内心感受。季開生歿後的順治十七年（一六六〇）朝廷命復官歸葬，廕一子入監讀書。此時《出關草》詩稿由其弟季八士收藏，諸名士獲觀并作題語。《冠月樓詩》作於順治十二年前，内容爲季開生在京爲官及往返家鄉期間的生活，如《入西山善應寺》《到家》《廣陵道中》等，多寫與朋友、家人的來往等日常生活。據盛治跋，康熙六年（一六六七），季開生父寓庸出其所藏《冠月樓詩》并《出關草》，『是編特怪其遭逢圣世，而言之過戇以遭譴也，因以戇臣題稿』。則由季寓庸將二書合編，題爲《戇臣詩稿》。季開生被姜宸英稱之爲『本朝開國第一名諫臣』，其詩也頗可觀，《淮海英靈集》和《江蘇詩徵》各收其詩十首，《清詩別裁集》和《晚晴簃詩匯》亦收其詩若干。

（周　忠）

出關草題語

凡讀史至忠烈慷慨生死流極之會莫不感憤涕霅心肝裂摧而況天叙骨肉躬親其際者哉此天中關外藁而滄葦書後玄其序列倩事淒斷不可多讀也雖然忠義一心也兄弟一氣也此豈得以生死隔值天中表忠歸櫬而滄葦復以直言履危浩氣後先日月爲薄直謂天中不死可矣又何必深致痛於遺編今日南宫案頭展閲斯卷大義萃一門友愛篤存殁覺肅肅氷霜在縹緗卷軸間因斂襟爲識

乙巳嘉平念有二日毘陵唐宇昭

世有忠臣功未必及民世有功臣忠未必匡主故兼之爲難兼之者謂之功忠之臣在今獨見季天中給諫耳給諫初爲曲突徙薪之言卒無爛額焦頭之迹士類悲之然其功鏤刻於天下匹夫匹婦之心而其忠終錄於玉几之末命亦可以瞑矣乃嘗昔語人猶有嫌其好名婪言者今從令弟滄葦侍御處得觀南宫所藏給諫塞外詩卷深情亮節略無怨望之意然後益歎斯人忠愛性成無時不發覺唐魏鄭公願爲良臣不願爲忠臣之語猶多一安排揀擇矣

戊申陽月慕沈道人鍾離杜濬倚裝題

此本朝開國第一名諫臣詩也讀此遺墨者當念祖宗優容直諫贈卹便蕃無非陰培國家元氣而鼓動忠臣義士之心給諫雖死猶生也若僅以爲孤憤幽愁之作與夫沈湘弔纍者同其慨慕失給諫當時抗疏本旨矣給諫甫殁而侍御君復以廷許權相幽縶西曹者槩月以此廷令季氏兄弟同時後先直諫名振天下然遭逢

聖主俱獲昭雪爲萬世史冊光豈不偉哉此卷爲其季弟南

宫所藏南宫才贍學殖縱横萬卷顧獨什襲此紙則豈獨鶺鴒急難之誼可念其趣尚亦可概見矣余與南宫讀書者三閲月今將鼓棹而南而南宫亦北詣公車出此卷屬題行矣南宫繼兩兄之懿軌將在是矣若以此卷隨行驅車土銼中時一展誦之觀其真氣跌宕怨而不誹亦文字之一助也

己酉二月晦日四明姜宸英拜題

季子南宫出其尊兄天中先生謫所詩若干首余既慕其人又服其辭翰之高敬仰愛歎不能已已遷謫之詞莫如

騷騷主怨誹而天中和緩者則其言用不用異也此其感入九泉之死靡憾者但屈子在謫十有九年終不見其主之一悟以死天中召還旦暮事耳而委身長沙年同賈傅是可哀也今追錄優渥及其後人諫官身後之榮誰復及之敬識其後以志吾慕且以慰南宮友于之誼云

死平傷彭齡頓首書

天中給諫以建言謫戍關外有出關詩篇皆湘纍澤畔之吟也甲寅冬余夜過給諫季弟南宮出詩卷與吾友陶子秉燭同聲諷吟其辭激宕其音淒婉與霜天斷雁聲相應

抑爲之蕭聊侘傺相對瀾翻不能已已夫人負忼慨欝結不平之氣發憤而爲言必鏗戛金玉横厲風雲一唱三歎有風人之遺意雖上下千古誦其詩未嘗不知其人今觀給諫之詩如見卽其人可想已惜也未竟其才而以諫謫死南宮又爲余言給諫五六歲時吏部公憐愛之會大宴張樂携侍賓筵演雜子卿持節牧羊事酒半徹樂座客盡起更衣給諫惝怳若有思逡巡離席拊几長息曰戇十九年矣吏部公微聞歎聲乃大驚于是心甚奇之其後揚聲諫垣樹奇節以自表見不肯局促死牖下于筵前之一歎徵之矣予野人不知朝事然每見近世冠進賢據要津者大都洪涊取容全軀保祿位耳遇天下大故往往如寒蟬之結舌給諫乃能奮死以信其說終于竊主使江淮南北之民陰受其福而人不知惜也未竟其才而僅僅以諫謫死也雖然若給諫者死無憾矣給諫死而以愧夫全軀保祿位至洪涊取容而猶巧爲緣飾之詞以盜名欺世雖其身尚靦顏視息而其心則已朽之久矣噫夫卽此靦顏視息之軀能幾何時亦既化爲殘烟腐草零落糞壤而給諫直聲在宇宙間予故讀給諫之詩而甚思夫給諫之死爲

無憾也因觀諸公題語感歎而題其後

毘陵惲格拜書

右南宮先生所藏天中長公給諫手迹而滄葦侍御爲之題識卷尾遷謫之感友于之戚纍纍數百言言皆絕痛畢讀未竣而侍御亦已捐館矣然劍匣而光芒尚存蘭摧而芬芳未沫南宮喟歎人琴珍襲遺墨將置案乘一讀一哀其敎敎於天倫無已之思尤可風也予故重題以志敬慕

次日惲格又書

往歲戊子天中先生爲諸生赴試金陵避近桃葉渡上與

余兄弟暢論彌日越六年余偕季弟應試入京先生在禮垣執弟子禮修謁握手道故極驩未幾抗疏直諫
上震怒不測余候先生邸舍揚揚如平常將赴
詔獄猶論詩三百篇離騷漢魏源流升降掀髯而談略無愁慘之色笑語余曰五湖烟水與君共之耳今大司馬宋公時爲庶吉士告假南還余附其舟行襆被將發爲先生復留一日至滄州值朱灣子侍御至云季給事長流遼左矣與宋公相對駭嘆不自知涕之交頤也吾邑潘山人弱木隨先生出塞一日杖策還里瞠目審視悲喜并集先生寓

書於余娓娓數百言戀廷幃念朋好言皆悽惻非復都下赴獄時語嗚呼其可悲也已
世祖皇帝追念直臣下詔褒美欲還蔡邕於朔方徙馬融於右屯而先生先已長逝矣先生敦友誼重意氣藹乎若春風溫和及與言國家大利害目眥都裂嘗病近日言官如寒蟬仗馬捫舌喪心卒以之獲罪遠讁絕域不三四年風流雲散旅櫬網蟲而首鼠脂韋者多躐致通顯以爲容容多後福究之先生名在天壤垂休竹帛而庸流與草木同腐果孰得孰失耶歲己未六月余過延令先生之弟南宮出遼左詩稿相示悲歌慷慨意致歷落筆墨勁挺生動距抗疏出關之歲蓋二十五年而先生之興情固可想見其即事有云絕塞有山多北向重邊無水不西歸雞鳴夢訝參朝晚烏哺心傷進膳遲哭李龍衮云人間愁苦矜先脫天下艱難誰共肩送左大來先生塟云未遂首丘須淺瘞好留枯骨待恩波先生雖遷謫而每飯不忘君父而預知貫日之虹
聖明終垂信諒送左先生語遂成詩讖此余所展卷欷歔而不能已者也

崑山門下士徐乾學書

讀天中遺蹟慷慨沉雄何其才大而思深也乃年僅三十有三而賚志以沒悲夫人誰無死即百年同於旦暮顧有所以不死者存天中以直言謫戍彰彰足人聽聞豈尋常等夷可同日而語哉介弟南宮追惟往事十餘年猶欲獻滌法即茲一事推之其平生之孝悌可概見矣今人于祖父手澤猶或遺之而況於兄弟乎南宮珍藏此卷一如覯兄之容聞兄之聲出入不恐遺以弟道而兼子道子所以敬兄而弗已也憲世之薄於兄弟者當亦聞風而悔悟乎

西江主一山人湯來賀拜手書

余總角讀制義即知有先生文醇品卓竊已想見他日立朝風釆而先生自中秘入掖垣果以真諫議顯矣主聖則臣直雖一時遷徙卒蒙恩詔歸儀郵蔭頎獨不得望見顏色高山景行於余心實有餘慨近客廣陵獲晤令嗣念東先生磊落儁上則又竊謂忠義有後如見先生然閱先生少穎而博富有著述李杜光芒未由一發余蒙茂已念東延余西席亟問遺集則多散佚論所僅存者出關艸及冠月樓詩耳余不能詩焉

知詩然讀冠月樓覺清俊多事外遠致出關一草則沉鬱悲壯可泣鬼神而溫柔敦厚風人之旨故在蓋其忠愛素積緣境觸會情至處對之如聞其聲真令我逋寃而感息也嗟乎先生明經甲第金馬玉堂之選耶論儕俗人已謂稍古榮矣使先生隨時俯仰無所短長不過循資晉秩久則侍食中書止耳豈能受知黼座爲世名臣輝映青史立頑起儒俾讀遺稿者嘖嘖忠義文章哉余讀先生詩而知先生之詩可傳也惟先生故益可傳也

慈湖後學葛宗孟拜題

戇臣出關草

古延李開生天中甫著

七言律

關前誌別

共嗟離肋
主恩全餞酒蕭條轉授鞭奄普灘半魚陣淺句離天潤雁
行偏不辭馬骨埋邊雪敢惜牛衣臥寒烟今日玉關無內
外臨岐握手莫潸然

洗馬橋贈王三使君

靈崕北下莽蕭蕭舊是單于洗馬橋野樺帖山垂白葉番
河歸海鼓紅潮共傳化日銷兵甲不厭寒星送使軺萬里
天書自西出吟鞭應數斗牛遙

尚陽堡即事口號

新燒懸崖凈積莎遠隨甲騎渡柴河虎頭在客休投筆雞
肋從軍笑荷戈骨肉書傳遼塞少桃泉話入故園多邊城
老將秋霜下夜半聞笳起自歌

其二

草橋跨澗水粼粼不厭羊裘把釣綸每愧野人勤給米久
勞隣媼代炊薪床前見月家園夢雪後聽鴻兄弟情淵漏
已成詩與淺三秋不敢憶鱸蓴

其三

九日登高怯望鄉惟逐籬菊一枝黃嚴風易結杯中雪旅
火難融被上霜燒遍野蓬封兔穴春啣池芡補魚糧隣翁
索畫歸來晚還把殘編對夕陽

其四

扶杖何從覓好詩流光半付苦寒時衙門盡日空車馬冷
飯連宵織網絲痼病已拌人獨棄貪閒深幸地相宜敢因

鴈積窮年雪悵望長安花滿枝

其五

蘆管吹殘舊賜綾獨啣杯酒慰寒燈彈冠髮短兼冰斷把
劍歌長待月增李廣遺碑今臥虎尉遲行館久歸僧空山
寂寞孤松老藜杖凌晨共鶴登

其六

西風不掃土床塵零落柴扉雜野燐罷釣每投漁舍宿携
樽時傍土人傾孰知世態爭啣擲遍閱交情更愛真水力
漸堅山脊險邊城掛月數峰新

其七

題詩愛坐老僧家不倚天河望漢槎白雪半消青海霧紫雲全借赤城霞界巴石人横蔓草祠門銅雀影踈花深山麋鹿客僧隱何必東陵好種瓜

其八

鑿氷十丈得泉歸却望千峯白雪圍海岸漁樵生計淺天涯親舊過談稀頑山入屋霜連枕斷壑當門月上衣狼虎任啼兒女哭夜添松火敵寒威

其九

五雲長繞舊皇畿萬里孤臣寄翠微極塞有山多北向重邊無水不西歸雞鳴夢訶參朝晩烏哺心傷進膳違寧惜煢煢沙雁影難隨霜月入關飛　玉關之外水皆西流入海

初呈剩師

窮邊攜手忽驚猜君未能歸我復來兵火十年人一見家鄉萬里夢同回愁隨赤羽霜中接悶倚黄花雪後開破衲自今堪結隱羊裘莫問子陵臺

集師雪海齋中又用前韵

風波滿眼不自寛愛僧能乞遣客來身入千山心自遠吟成四坐首俱回秋空邊塞狠封冷月射沙場雁陣闊戀我詩思今更拙醉揮清塵約登臺

次沈謙受韵贈剩師

照徹人天長夜情不勞星月轉棋枰老僧指上山河現卧佛燈前龍象行呵雪寫經談咲冷踏雲傳偈往來輕眞無何地容諸有萬刼同歸一磬聲

觀獵後訪沈子

罷圍壯士氣還騃萬馬爭驅東海涯隔浦歸鷹千樹直遥峯驚雁半行斜獨沓越調尋詞客共典吴鈎向酒家却羨

休文能閉户呵毫雪夜賦梅花

贈順上人棲石洞寺

孤飛逸鶴不知回會見曇雲座上開遠塔鐘聲垂檉栁當階幡影動菜息誰參証果三生諦肯爲拈花一笑來東海萬年懸佛日

先皇陵寝接經臺

題劉處士像

名山不厭老傳經隨處空齋條見態聲迴隔風塵千卷白高懸月旦一簪青南宫久望徵君駕東海仍留處士星罷釣

灘頭聞鶴嘯飄然攜子誦黃庭

送陳素庵師相還朝

春光絕塞動旌旄　帝里恩光照賜袍未忍積疴忘
聖澤依然舊德沐
天褒黃花東望冰霜結碧海西連星宿高邦咲野人心共
愛攀援不惜相君勞

哭李龍衮

寒霜耿耿玉階前肝膈相親已十年入掖同懷新自簡出
關分袂舊青瑣人間愁若矜先脫天下艱難誰共肩鐵石

知君終不改乘箕萬載壯幽燕

送左大來先生葬

重關不禁旅魂過夢裡看君渡塞河白日總悲生事少黃
泉眷羨故人多荒臺啼鳥圍松栢廢苑寒雲鎖薜蘿未遂
首丘須淺葬好留枯骨待恩波

石洞寺酬順法師

倒影銜山海氣浮正逢新月上山門烟含石脊移龍谷潮
轉峯腰帶鶴村坐破蒲團同一咲耕殘碑碣莫重論因君
能信無生理爲寫遙天過雨痕

遼陽道中

關連白草暮雲平東望龍樓紫氣生烽羽久停無夜哭營
絃將動有春耕海潮仍洗殘兵壘邊月曾窺大將營陴堞
唐宮皆寂寞惟聞山杵夜虛鳴

香巖寺

幽人愛月夢還醒皎月峯頭雲不扃古殿明懸雙澗白虛
巖靜結萬松青烟收石磴從麋宿鐘散天門共鶴聽不得
遼公同一咲徘徊深夜坐疎星

龍泉寺

萬壑虬松起夕凉振衣西望入蒼茫窻開幽瀨三峯月榻
倚空烟九殿霜隔塢山鐘流鹿澗當門野水落魚床豊碑
破盡苔花老古佛無言坐講堂

五日憶親

佳節從人一啟扉沙場蒲艾自依微山雛坐椰晴初轉野
杏臨門露未晞異地冰霜今日減高堂杯酌昔年違雲峯
尚阻西南望邦見隣家鬬彩衣

宿苗鎮鄗一粟齋

絕塞秋深帝闕東仙臺過雨客星同華陽鐘散松陰外天

漢雲輕鶴夢中邊笛漫隨花漏永南冠更對酒卮空那堪
倚枕烟霞裡落葉蕭蕭接舊宮

喜剩師至

遠公久老住山心拄杖穿峯散學吟過雨蛇龍翻絶壁驚
秋蟋蟀亂虚砧可憐舊夢依蓮社誰寄新詩與竹林眞欲
藏身冰雪底空潭獨夜聽鳴琹

同笛錬師讀左大來先生徂東集

虞卿去國竟長休平子愁多賦特留邊雪從教埋杖履岱
雲猶自望松楸爭飛獵馬麦詩冢獨挽狂瀾送　帝州只

恐遺編難再讀元都已白少年頭

輝大師放食

覺王門啓大慈禪光映毘羅十丈蓮座近祇園通妙諦塵
揮戰壘出新詮天龍倚海參心印山鬼隨風禮面然月下
孤峯秋色淨寒山鐘動鶴歸先

堡居戴孝臣茆堂賦偕李木齋吳雪帆郝復陽諸公

銀州城外卓堂東鐵嶺諸峯入望中棋局肯遺天下事菜
盤眞見古人風送迎野鶴宜清渚舒卷閒雲任碧空帶醉
忽然添酒伴殘樽移對晚霞紅

至堡似左觀野大兄

過雨邊沙一望新特驅欵段訪諸荀山楊濯濯難戴烏野
燕飛飛時近人共惜雄才眞結隱深知志士耻言貧呼兒
爲我結茆屋那得車緇城市塵

剩師還山和李木齋韵

春風新入海東涯莫擬蒲團轉法華正遇荒堤繞插柳懸
知洞室未飛花錫移塞外同爲客鞭指山前可是家欵段
少遲收雪後天山共踏翠微霞

慰吳雪帆

天心本自惜淸風一意全公公乃東白髮當杯莫惜醉高
談遺日寧須工出塵鷹豸羣應忌絶塞絃歌道未窮不復
飄零愁李白冰霜竟得故人同

寒夜偶成

郝連夜靜古烽墩萬嶺雲收月到門天地側身心自若風
塵滿髩舌空存山容豺虎村常冷春近魚龍海欲溫五斗
松醪須盡醉倚樓王粲向誰論

王贈剩師

千山積雪晝陰陰踏雪扶笻更獨尋擬和新題重閣筆忽

拈往事一沾襟湯休貞屬工詩各惠遠番深念王心紀錄
幽忠功不細欲令萬世仰規箴

出關草輯遺

古延季開生天中甫著

七言律

玉門感興

玉門關外俯寒林飄颯驚濤海國深巖巒積雪無冬夏亭閣浮雲變古今誰遣羽書寬北顧頓令鐵騎得南侵援師坐視英雄死天地常懸慷慨心

邊將紛紛邊餉催可憐公帑不曾開果因厚積能持國何恠軍需耗客財內府或煩他日慮長垣寧恃數重臺那堪

帥蘖兢頻集縱有貔貅志亦灰

降臺縱飲月如霜忽見飛騎襲大梁後勁不聞環虎帳中樞早擬避龍荒邊材入選推裘馬停獻誰知雜佑商休道玉關天下險曾驅十萬挫東胡

防邊烽火射高旌介騎如雲擁北平出帑何曾須健士撫戎原自累書生冰霜易折中丞節吳越難憑太宰盟萬國車書今一統不勞帶甲戍長城

壁居酹李木齋先生

山人結宅傍山隈愛客逢門盡日開潦草詩篇還縱酒颶

零蹤蹟更登臺鐘亭孤鶴扶雲出笛冷群童踏月來松栢
荒崖春又過誰人重念濟川才

送陳素庵師[illegible]還朝

春先絕塞動旌旄　帝里恩光照賜袍未忍積痾忘　聖
澤依然舊德沐　天褒黃花東望冰霜結碧海西連星宿
高却笑野人心共愛攀援不惜相君勞

登鐵嶺三清觀

塞嶺高登興自如獨憑筇杖探山蔬巖危九折逢僧引殿
古三清共佛居風送亂蓬荒堠遠泉依破碣海潮餘不知

出關草　二

邊塞春深淺西望浮雲鬱未舒

步陳行恭競渡韻

江城酒伴憶相邀龍舸衝江爭弄潮傲客蒲觴迎日泛名
姬綵襪任風飄旌麾蕣自空中落金鼓偏從浪裏囂誰念
楚宮烟雨散靈均倍悠不須招

剩師弔孫西安先生墓先生諱蕡字仲衍洪武間流
竟坐藍黨誅葬安山

子規啼斷故山春萬里還來采蕨人詩卷前生曾種禍袈
裟偏代忽相親倘知塵世難容直敢信文章可護身寂寂

孤墳平白草好依鐘磬問高旻

與君戴孝臣邡堂上李木齋吳雪帆郝復陽諸公其二

客來不冠出從容自道嘗識山趣濃細雨須君精奕策長
宵許我暢談鋒窗中既得林巒對門外從多虎豹蹤擬覓
一丘呈素友夏雲晴放幾重峯

呈贈剩師其二

笑癖吳錫問法王高陽公子不曾狂玉臺晨爨三千草金
屋宵辭十二行願結河山成淨土經聞日月湛清光却憐
學上西園客歲歲春風憶孟嘗

出關草　三

出關草書後

此余兄安置遼東諸什也順治乙未余兄建言得罪徙

彼出關庚子夏早

世祖章皇帝下詔自責將賜還余兄而余兄不幸於巳亥年

巳没

世祖特旨允歸葬故里其時余正譽對闕老幽錮西曹不克

酹酒車後惟賴一二長須赤脚扶櫬東來老嫂幼姪柴

轂逶迤凍雲斜日疾苦呻唫勞勞草草與牛鐸聲互應

見折遼河推冰掛帆寂爾南歸有弟如此其慘爲何如

耶余因憶兄出關時送抵通州詠河梁之詩唱陽關之

曲御人載泣入日銷魂余有詩云過渡乾坤渾隔世相

看秋水滿衣襟直以謂愁苦之辭而已矣而不意死别

爲之讖也迄乙巳余歸里於南宮弟書舍中閲兄遼東

近體詩纍纍然若生如未觸手皆與一時放逐諸臣

登高吊古唱和往來者讀歌再三吁可哭矣讀出師表

而哭則忠臣也讀蓼莪篇而泣則孝子也余兄爲人優

柔溫潤鬚眉可畫而詩之澎湃慷慨有壯士所不敢及

收精注日其靄歛須臾若可於行句間尋之如九原可

作當燒燭狂飲掉尾厲角一澆其胸中磊兀嶔嵜之素

所蓄積而烏用哭爲哉雖然賈傅長沙鵩飛感賦又不

能不以痛哭古人者痛哭余兄矣余昔幽錮西曹薄暮

神動兄入余夢醒而有作今則書之於遼東詩之後以

付南宮弟南宮弟珍重其詩者五六年於今矣而余今

年始得讀之吁亦晚矣

亡兄入夢夢盡淚存書寄柩前用代清酒

聽野獸錚錚高山石嶇嶇金風吹淅淅白水流瀰瀰河

廣激長流流急岸崩屺兒兄隔彼岸欲就乏舟艤遂有

濟乎者亂流舟若駛呼兄兄呼弟相見甚相喜攜持各

一手分明見十指顔色非平生無復舊冠履契濶豈多

年別離昨日爾長跪問我兄胡爲瘦至此兄云汝不知

我今長巳矣出處異管寧闔盡遼東豕形骸關塞外日

閉黄泉裡青藤纏木棺寒冰浸骨髓隣寺聆鐘鼓隔土

箱荆杞天險難踰越地老瞻岵屺朋友宿草盡耶孃四

千里耶精神正健孃食無甘旨三妹又長逝白髮將誰

倚汝嫂日失光蛇蠏覓燕市從來敬寡嫂青烏化童子

莫我兒饑寒我兒方生齒我聞淚下雨長跪不能起我

一欲有所啟收淚復長跪白馬眞死友弟曾無錢紙瘞東古戰塲賢愚屍積委鬼强將軍倚兄弱文章士一唱和者稀筆硯雜弓矢燐火連破冢託足兄焉恃兄云汝不知夜臺無曉理偷兒盜靑氊魂憑烏皮几沽酒邀修文冉冉荒烟水欲行我自行欲止我自止

天王聖且明循環有泰否招魂復徼宮旅櫬歸桑梓所遺七八口汝當速經紀寄語掌史官愼勿掛靑史

天王原無過我徒癡妄耳我聞淚下雨長跪但唯唯唯唯更悽悽得無我已死

附錄送兄過通州河

今朝何事出關城獨是今朝天欲陰新馬不知高下路大河難問淺深心方刀跋扈無親友詩畫蕭條自古今過渡乾坤渾隔世相看秋水滿衣襟

康熙乙巳臘月八日燈下書書就漏下三鼓時挑燈寒語者硯席馮先生也

弟振宜書後

出關草後序

從來詩之爲道最易感人而忠憤之詞其感人尤甚若屈大夫之騷諸葛武侯之表文丞相之歌雖百世而下三復遺編猶令人咨嗟感嘆而不能已况一門叔父誼關骨肉其咨嗟而感嘆更當何如也我叔父匆殞晉安謫塞外工詩古文詞且善書畫精音律議論上下古今時出詼諧聞者往往絕倒唐白太傅宋蘇學士流亞也登甲第以庶常改諫垣矯矯風節有爲固寵保妻子之臣所逡巡畏葸而不敢爲者叔父毅然爲之竟以建言得罪終沒戍所嗟

羈跡五年去家萬里望帝闕而傷心盼庭闈而揮涕目之所見身之所經莫不形諸歌咏戊申秋九月過茶村杜先生寓齋入叔父來袖一卷索先生題辭則出關全稿也手錄披讀其氣沉雄其聲悲壯大半與一時放逐諸君子登高把酒互相唱和作也然皆忠君愛國之誠纏綿固結于中而旁見側出情生文文生情觸處爲之感發若騷若表若歌因可以類觀矣傷哉叔父身死窮荒魂歸故土九原有知相之欲出時漏下三鼓用題數行以誌悲感殆不覺子淚之與燭蠟而俱墮也

姪慎行拜叙

戇臣𥨊月樓詩

古延季開生天中甫著

五言古

四月十五夜登麥家山

一山木及遍賈勇爲夜遊麥家有臺樹體位與山謀登頓
謝躡杖清懷得匹儔喜當風露處幽語鹵泉流好月不肯
下竹木成高秋空烟動襟袖一抹東南州

山險

境僻鳥難疾坡危馬故遲峯峯成觭角弱磵安能支松泉

向秋泣音響何淒其烟雲渾不辨風雨若潛隨林南牧笛
近天籟非世怡見客撫牛背告我山中岐既得履周道翻
懷驚險時

良鄉道中懷所見

新燒雜藏野空天幕古戍落木聚雲輕哀楊悲日暮遥見
燕市兒捽馬問高處面色姤初桃細腰五花布代馬得人
心風嘶而霜步狐兎且潛蹤無驚臂鷹怒

阜庄驛

舊吏餓而逃新吏餓而死有姓姑勿言驛吏已如此落日

下枯楊亂鴉飛不止

掛劍臺眺張秋新決口

來登掛劍臺橫睇張秋水長河隔重湖淼瀰數百里入夏又霪霖央兆如破紙咫尺衆水歸交鬪遠空裡崩雨接奔雷驚弦激怒矢臺上草掊搖潮汐相移徙過鶴不能鳴舟楫安敢恃

七言古

黃河風雨

風聽黃河羨大觀快哉此行得親切一葦中移殊微渺四

冠月樓詩　二

廣湖聲如沸熱河身突兀使人駕那堪風雨相抽撤雨東狂遮艘外山風嚴怒刺檣中鐵老櫓但愁黿鼉搖長絙只恐蛟螭掣惟余臣子至誠心問天尚若言辭拙須臾天清地復寧雲中之人俱周折黃河天險豈無神恃此誠心爲風徹因斯得悟忠告理鱗亦可攖檻可折誓將風濤不死身直立　照例吐心血

舟次濟寧登少陵南池太白酒樓壁間和詩甚衆感而歌此

高人何地不可遊遊者何人不可友山不必高水不必深

雨公之樂樂詩酒偶然聲跡到人間來者何勞分不拧笑余生平守區區不肯隨人學奔走過此囊筆無報章此意知公公許否

入西山善應寺

下山上山異草木出山入山異天地山空歷歷清泉聲結引松風寫秋意雖云樂此不知疲忽接家報心亦悸奮然爲登最上層雲抱峰迴壓危寺掛壁黃花冷笑人苔封破碣何朝字八十老僧揖不完逢人偏說當年事

石門驛

冠月樓詩　三

石門古驛雲參差先賢負米昔曾至三年遊宦子職疏歸路懸經孝子地古今何必跡相似孝子以身復以志可憐捧檄爲親喜此情原不爲官美但得親安子始安世上浮名身後事

五言律

喜伯兄長松南至此歸省之由也

久別望兄至兄來更憶親五更雞夢三載未歸身星鬢還如舊風襟幸日新　聖朝崇孝治烏鳥擬先陳

同里周子初至夜酌

去年人再至今日喜逾前孤棹衝寒水雙旌破暝烟風悲
故里隔月悟異鄉圓新舊長安客停杯共惘然

贈秦生

秦生天下士清譽滿人間春日尋藥草秋風放白鷴贈貽
篇屢至微辟使空還既抱冥鴻志誰歟為買山

其二

秦生天下士未老竟投閒客有陶元亮姬惟謝小蠻微風
知燕羽淡日見花顏扶杖清溪側長歌白雪還

其三

冠月樓詩　四

秦生天下士別業近西山客對疎花笑人先倦鳥還窓隨
嵐影曲橋就水彎尤羨梁鴻婦甘心桑者閒

其四

秦生天下士不受俗緣攀雙屐千山靜孤琴十畝閒細君
悲酒癖豪客賛詩頑為受支公鶴經秋羽更刪

贈姜年丈北歸

寒水厭孤篷君為意外逢歸心南北異客路管絃同停檝
山相向卯杯月正中莫教歌舞倦各信一帆風

酹須介祭

蓬旅滯寒濱天涯傍德隣河山寬醉眼風月爱閒人酒在
他鄉好情同久客真但愁沉火夜未慰倚閭親

夏鎮移舟

敢私遊舫便不念倚門憂事意低雙櫓寒威斂一篝羔裘
敝再補竹屐厭重修車倦爰乘水今將更易舟

四月八夜憂雨

暮氣老氤氳愁懸夜更勤麥秋關旦夕佛節間悲欣山月
全延佇溪風已散聞憂時應有淚灑向未歸雲

喜張成二師至

冠月樓詩　五

白眼寡相識交情師弟真長將長往意獨許獨醒人瀑散
晴巖雨花開水國春餉饑令可慰詩酒答芳晨

留徐鎬節

夢思勞八載一見樂何如古道杯前接深情月下舒蒹葭
秋水闊鴻雁越天疎莫漫言歸去留君賦子虛

和鎬始寒江聞笛

寒蟾寂萬籟何處出秋聲天靜風斯遠江空月倍明湘猿
啼獨宿塞雁語遙征應念孤舟客離愁不敢生

贈陳瞻山

出處從特會陳生古道存高梧清覆榻幽竹秀兼村月出
開潮面雲歸掩澗門罷琴仍抱膝孤興欲誰論

舟月

繁星低大壑孤月吐遙天濟彩虛簾內輕輝薄鬢邊垂恬
聞醉後寫意得愁先客塵何能倦新茶起自煎

空山坐月

片月萬松橫吹濤細似笙物能虛以受人得靜而明天澗
雲流梵山高鶴報更不妨支石坐有夢到虛鐺

蒞湄秋集賦別諸友

江南秋色老離思滿秋山落日登臺古高雲鳥鵲閒琴聲
浮合潤峰影入虛閣何事難爲別詩壇酒社間

秋後十五日得雨步徐元將孝廉韻

夜扁舟裡虛窗馳迅雷雲催帆影落風折柳枝來河北
方新雨淮南減舊災應憐九夏過爲救亦涓埃

贈韓古洲

烟水虎溪南高朋喜得三栞情泉自冷花事酒何堪似我
宜借隱逢君可共談遲山供傲癖幽賞恣清酣

古洲席間次韻

狂生今更狂舞劍復傾觴隄柳風前色園梅雪後香有人
同杜老若爲識周郎空數橋南約溪雲掩石梁

望夕登山

好月散幽思山顏見所宜何旋松下覓心上竹前披冥去
天逾澗泉歸石更危遊情今可慰莫問夜何其

其二

不厭憑臨約同登月滿樓石危雲意斷澗老水聲柔素影
人深慰高情客共收買山何處好此地且淹畱

苦雨

霪霖將一月春聲似淺秋古砌苔生藻閒亭鶴伴鷗尋詩
頻折屐沽酒厭乘舟怕見簾前雨登高不下樓

懷徐竹關

昨夜維舟地今宵帳獨看孤臣蘭作佩處士籜爲冠月愛
長河淨風憐古戍寒從來遺世者語默近人難

秋溪見月

金波動素掃清思欲飛揚踏月隨鷗侶呼雲數雁行冠移
竹葉翠衫借稻花黃不恐臨溪別招攜坐石梁

聽歌偶成

新晴愁共見客愛恐心違酒力仍難勝詩腸何處肥簾虛
羞月冷夢破怪星稀况是清歌後遲𢌞不忍歸

夜即梧園訊家兄不遇

爲愛梧園好溪橋踏夜凉同來月易盡獨立漏偏長宿露
低蓉葉歸雲隔雁行應須前訂約奇字待相商

懷宋子弗

深林當夏結入夜儼初春戢若何時勝徵花此夕貧蛙吹
遲接𦊸鳥夢不關人愁陽芳蘭侶誰爲幽竹隣

懷同年張恕斧兄弟

今夜長河月偏宜靜者看清輝垂練帶素影對檀冠古陌
棲烟淡空庭積水寒懷民應未臥何事寄詩難

七言律

武城登舟

乍𪾢霜鼙試放篙絃歌舊地絶驚濤山連燕岫思來轍水
接淮流羨去舠倚劍天空堪入夢提壺逕僻可徵騷番憐
昨日寒林裡辛苦西風綻布袍

謝范端臣招飲

私恢高賢隣水鄉歡招邀舫共扶觴詩騰河北張公紙酒

厭城南韋氏霜異姓白眉君是長天涯青眼我猶狂談深
香怪蘭煤淺月暗寒林第幾塘

光岳樓同端臣賦得獨上高樓故國情

東昌舊閣岱巔横我獨登臨感慨并芳草極天鷗共語白
雲滿地雁孤征樽前峰插鐘山色月裡河流邪水聲縱使
詩成愁不寐哀笳又向故園生

光岳樓望月

孤燈幽室客心驚起步披裘寒照明憐淡長門圓欽夢寒
凉遠戍古今情城從隴北沙中見舟在山陰雪上行獨怪

徘徊難定處光澄河漢已三更

其二

纖阿吹影璧輪流及物清輝致各幽三楚星雲偏媚夜六
橋絃管更宜秋烟輕曲巷常相語風急衰營角共憂御風
我欲憑虛問竹色桐陰未可收

雪

剪冷浮丘何可譏同雲葉葉釀寒威青髻侍女梳羊髮碧
眼仙人掃鶴衣月晦偏宜瓊絮積巖虛不碍玉塵飛休言
蓑笠江邊好獵馬銜山猶未歸

寒河敲冰
各舫爭敲水骨穿却將膠澁處如前霜催細浪時時漲風
送殘冰處處連錫立新璞光欲亂息窺破鏡照難圓呵毫
待覓愁憂句山老湖荒慘澹天
過分水龍神廟
水北舟南難計程榜人忽報此間平河身舊衝黃雲合泉
力新衝白鷺橫望闕儻鄉臣子意辭齊別魯主賓情風潮
上下分多少便覺乘流一葦輕
寒舟冰上月

天闊不險見蒼茫白袷山人坐淺航過眼嚴寒堅瘦水驚
心素影寫虛梁雙清微隔壺沉雪一冷全收鏡倚霜愛此
帆前多野色客懷鄉思靜相忘
賦得野渡無人舟自横
秋高天淨水悠悠斷盤譁畱一艇浮放鶴客來風又叫聽
琴人去月空流百花溪外簫絃冷九里灘前草木憂錦纜
珠檣今在否山川無恙此虛舟
同端臣懷同鄉諸友
浮槎日月水爲隣蕭瑟寒涯一頓臣俠劍常懸終是怯敝

裘莫典始成貧敲凌掃雪相酬和朗月清風遍主賓漫說
近家思更切燕臺尚有未歸人
河橋驛步端臣韻
凭欄一望水天連隄隔疎林但有烟家葺枯荷遮敗尾岸
藏衰柳挽空船閑雲掩浪橋難出老鶴依人水懶穿却憶
西湖三四月相看伯仲果誰賢
其二
共愛河橋水一限無邊野色倚天開青驄倦翮翔歌舫赤
雁分聲渡酒盃樹凍番資風力減琴寒轉與雪光催新詩

慰藉成豪舉遲爾羊裘上釣臺
其三
倚檝寒涯賦壯遊雲光淡寫夕陽浮青山有意迎青眼白
帢無心對白鷗水引亭臺橫北郭風迴簫管出南樓醉來
忘却身仍客遮莫河橋欲逗留
其四
寒飈一夜剪平蕪日落新燒見巨湖岸濶風聲歸檝櫓天
低雲氣合菰蒲漁罾乍舉紛高下戍柝遙傳間有無獨愛
晚山明滅處窓開不厭米顛圖

抵廣陵驛

休驚詩客瘦髩皤旅夢鄉愁今可劉百幅雲光低赤旆千
流濤邑遶青帆裹楊陌斷蛟龍守若竹巖虛風雨函二十
四橋無恙否玉簫樓下草初芟

到家

連年遊子未歸身慚愧乘傳拜二親脂牽繞離霜雪厭班
衣乍接管絃新弟兄笑我鄉音改伯叔憐余孺慕眞寸草
有心言不盡躑躅何以報三春

其二

登朝敢借望鄉難青鎖沾恩暫許寬仲蔚園林嗟半改少
遊親舊幸俱安池前鶴唳風前聽閣上梅花月上看還憶
南溪松竹好相携春酒問魚竿

其三

契濶頻年辱注存歸來意氣得親論劍琴舊是呼雞社松
菊原非題鳳門長者高風垂素帶美人月下見清尊窗前
特設徐孺榻夜醉離騷可共溫

其四

未敢豪從詩酒班新歸滿目歎維艱城樓斷角風高下江
浦枯槎月生還昔日兒郎多徙役舊家門第幾判盟更憐
阡陌經年水野老愁窺租吏顏

畱潘山人

乾坤獨許作閒身湖海相看意最眞流水入琴風自古松
花過簷月無塵冰霜原不因人熱松竹何須慮爾貧元度
欲歸春尚好果能小憩待詩隣

王將軍席間看劍賦贈

仙鐔俠穎困難窮試把青萍對落楓匣裡龍紋飛紫電坐
間斗氣吐青虹寒冰結秀芙蓉綬秋水澄華菌萏籠冷冷

霜渠知報主天山怒吼立奇功

月夜懷家中諸弟

徘徊難倦此山楹幽照澄澄竹舍明能靜始知閒是福驅
愁權借酒爲兵杯前見月山河影雪後聽鴻兄弟情一嘯
荒城哀角應玉繩低度忽三更

餞春步東萊趙明府韵

春光九十蕩微風無數離愁相送中新柳漸迷荒苑北殘
花應亂御溝東酒依細艸搖江綠人戀斜陽沒野紅最是
高樓年少婦不堪芳事捲簾空

代贈

許作詞航坐右人柳枝分映綠衫新蘧波平盡通微月巧
烏啼來聞好春竹葉有情申舊約蓮花無語想前身琴聲
鶴影難遺爾湘草於今喜共紉

賦謝葯房王人

齊空秋水絕時名此地堪留醉酒生梅落小山宜積雪竹
舒幽谷稱新晴詩酣白眼交能老峰列青眉畫未成壇左
得君差不俗池花溪鳥結深情

代辭蕭劍音

臘盡河陽古木踈誰憐大地賜和噓三秋未賦愁先緒十
日仍留興自舒懷刺欲投羞倚馬封函將寄泣枯魚故人
別後餘清塵雖有明蟾孰對於

懷里社兄弟

獨坐何堪今夜長疏砧杵萬家忙月移京影穿羅幕風
度清音到竹廊無限鄉心遥落木不成客夢惜啼螿薊門
霜重鴻來少忍使秋高斷八行

懷同學諸子

之子幽居隔水隈波流春翠復濛洄雪消古寺雲千里風

掩關門月一臺蔡閣停盃斜逸史蕺湄擊楫念仙才山陰
何日移王棹奇字爭投冠月來

清渠舟中賦送座師洪相公經畧西南

聖代康綏出至誠元戎十乘白天行旌旗日麗龍蛇色笳
鼓秋高江漢聲薄海風雷
仁主澤溪宮宵旰老臣情側思朝野心同切佇見登勳入
帝京

其二

誰非　王土冀俱安元老提師黙奠歡分陝功成麟閣峻

格苗恩寄虎符寬五溪明月依弓滿八桂清霜拂劍寒棠
咏江南今似昔心隨童叟載香看

五言絶

對酒放歌

雲新琴閣竹風老劍亭梅今古供揮麈江山待舉杯

其二

邀花卸鳥性呼酒放詩才自昔忘機者鷗羣勿浪猜

舟聲

橹拼灘聲外徐收晚色中歸雲能避月怒水欲追風

謝友人索和詩

風多山葉少寒重燭花輕欲續悲秋賦其如久客情

舟月

蓬窗上水影月出天輕輝坐愛深溪寂如逢靜侶歸

拜月

高天流素影清淺白雲端吾以意相授寧同人所看

來青晚眺

漁掛新灣鯉僧巾帶雨泉高臺宜遠眺淡月寫江天

與知巳交許近詩

相知我與汝箏墨見其心天下肯如此昭華無碎琴

醒客

好月初秋夜其如君別何清姿非世賞應與夢中過

攜家

塵市少相識攜家烟水東溪堂誰伴我老鶴與孤松

秋夜

萬慮杯中消孤燈枕上書草堂今夜雨賓雁獨紛如

悲感

小燕飛還怯夭桃落尚緋愁封新馬鬣衰草夕陽微

擬樂府子夜歌

相逢幾易夕春風吹小艸兩月擬郎顏三月伴阿嫂

其二

愛爾花前好怪爾燈前惱誰知好時惱但覺惱時好

其三

郎言妾色姣低頭看指爪不言欲郎知至誠豈弄巧

其四

宛約就闌干謙光答花鳥不愁郎心多但怪妾年小

其五

蓮葉映蓮花花喜蓮葉密小姑歌采蓮含羞歌不出

其六

花在玉郎前妾在玉郎側妾貌不如花佇立空何益

其七

思郎可告誰紉蘭寄郎佩蘭亦有牽枝郎豈無牽意

其八

郎身東園花妾心東流水花落次年芳東流則無已

七言絶

寄訊兮三弟時初任蘄州

蘭江草木昔云美燕嶺雲霞今可依想到高堂新白髮天
涯兄弟宦情微

其二

車塵馬足刻難寬城丁驛吏咲爲官堂前不敢登魚鮮莫
嘆而兄苜蓿盤

其三

白頭滿地蒼頭哀作令能兼擇才聞爾梅鴞栖國士向
人懷抱甚時開 蘭邑環山皆白頭賊藪

其四

驚心雙老倚柴扉後爾之官先爾歸爲問蘭江五歲别幾
時攜手共斑衣

截月

截月虛舟夜不扃逆聞雁語動寒汀離騷讀罷無人問山
影低窗半面青

幽懷

江蘺澤芷獨醒時我有幽懷人豈知忽憶少年無賴事强
人月夜課新詩

竹枝詞四首寄嫡姊靜姨

滿紙冰霜照月清勤緘新句寄燕京如看綠萼春初色似
聽黃鸝雨後聲

其二

還憶青梅如豆時弟兄席地共聯詩阿姊未成先自咲偷
閑且看小鶯兒

其三

羨姊家居近水鄉櫂歌日日振滄浪於今小築惟容膝半
擬巢艛半茗舫

其四

弟得南旋姊北行到門聽說更心驚雖平最是徐淮水不
及秋風雙雁情

拜巢子固先生墓

無言桃李已如斯鶴雀呼兒遶栢悲正是客腸將斷絕北
風吹折墓門旂

荅家人問

池畔無魚蓮葉涼鷺鷥閒卧水空香獨招明月當軒坐此
境清幽豈易肖

廣陵道中二首

荒蘿欹葛倚松楸隄上黃雲㸦不收笛罷牧童相對語隨
家宮院此高丘

其二

雲散天河月淨流誰人對月起淸謳當年絃管今消歇有
客停舟莫近樓

淮陰懷古

新燒懸崖出釣臺傳是王孫釣魚處河水洋洋可藥饑幸
無亟承從軍去

其二

饑者見而與之食兒女子情如此耳惟哀王孫不望報俠
哉此言不死矣

贈別張子

張子孟雍南垣翁冢君也能世其業破地作隹山
水癸巳春冢君迎之襄理園事而余獨匆匆燕行
短歌四章用申別惆臨岐贈言愧不能工

其一

山能委曲水縈洄丘壑逢君樂受裁車馬不宜塵市隔月
來林下寫天台

其二

溪壑谷羽各相安絕異人間雕繪看小設釣臺幽竹裡家
君得月理漁竿

其三

承家深得丹青理位置林巒氣自幽遂使主人重惜別連
宵無月也登樓

其四

再進溪堂酒一卮凌晨便是別君時從來山水關心切隹
客頻應入夢思

冠月樓詩輯遺

古延李開生天中甫著

七言律

野望示友人

天高野霧壓寒林有客登臨思不禁嗟余帶下仍留劍惜爾江頭獨鼓琴積雪未消秦嶺曲悲風又起漢碑陰眼前無限滄桑泪分得歸云別雁心

夜泊

夜泊勞勞問旅程非關浪跡漫舟行歸帆在渚浮沉意落

雁連沙遠近聲半舫凉颸趨披夢一篝淡月倚闌情鬪雞欲舞當呼酒醉把千將當枕橫

接鄉青寄長松孚公兩兄

著作從來窮更好遺珠未免爲兄傷文能避俗方成古詩果驚人不厭狂青眼何人悲璞玉白眉有弟識干將經霜梅柳春相待莫怨幽姿冷辟彊

舟中遥憶同館諸子賦得千里暮雲平

蒹葭落盡只衰蓬人立陰霾寒氣中四野長風吹漠漠一天新月照朧朧敲冰得句懷陶穀對酒無言憶孔融漫說蓴鱸歸去好山衣水轂笑孤鴻

憶同省諸子賦得江色映疏簾

水次清源河水清水聲欸乃自逢迎詩文荇藻懷氏意画入蒹葭道子情洛女氷綃珠借影鮫人雪練竹爲明諸君月下舒長嘯曾否離群憶步兵

七言絶

廣陵道中示朱翰青

寒河曲曲抱城流月落城樓邃更幽珥筆籠燈君莫笑山川佳句待人搜

戇臣詩稿跋

天中李子余同年友也余家廣陵距延令百餘里耳天中
名童子時已駿爽有奇氣於詩過目輒成誦爲文若不經
思挧管立就殊斐亹可觀善山水似摩詰而中有詩卽詩
亦必擬寬作者之堂順治戊子鹿鳴燕後歡然握手且謂
何相見晚然意自此金蘭縞紵卽百年今日始矣公車北
上尊酒歎洽英縱談及古名臣必毅然以致君堯舜爲已
任禮闈報捷余雖謬附青雲而天中則讀書中秘余望之
作天際眞人想謂天中誠公輔器他日從容論道抒所素

抱黼黻太平指顧間事耳無何補闕拾遺豈意抗疏而竟
以一蹶遠徙化鶴歸來耶當時
恩綸特注邮典優渥天中直聲得
聖主而益彰九京之下應慰忠魂而余與天中年誼雅愛邃
至生死訣絕悼嘆其何能已已康熙丁未余壽年伯因是
公公一見欷歔謂允康於吾子同年爲最契今猶服官政
將吾子何在不禁淚涔涔下矣既而曰吾子卽早世吾孫
千山長矣頗岐嶷常見若天不負吾子吾孫將爲麟爲鳳
上報

國恩下光家乘且聞余有弱息申以秦晉之約竊余並冠吾
孫而又出其所藏冠月樓詩并出關草謂吾子嘔心瀝血
忠孝至性畢露是編特怪其遭逢
聖世而言之過戇以獲譴也因以戇臣題稿余對之又復躍
然以喜天中有子且有是集天中爲不死矣况氣節强立
在人耳目他日
國史修名臣實錄知必首推天中幾先未雨力可回天當比
古之遺直匪徒以一詩人珍今而寶後卽余同年友亦藉
有榮施矣若其詩之出入風雅上下漢唐當世才人必有

能辨之而傳之者余可以無言第言其人之俊偉卓犖雖
死猶生者爲吾年伯慰且書諸卷末示余賢倩誌其先君
子之德義文章而思所以光大之以益不朽云
年家姻弟盛治拜手謹跋